在日朝鮮人資料叢書18

木村健二 編

在日朝鮮人国勢調査資料

一九四〇

1

緑蔭書房

凡例

一、本資料は『昭和十五年国勢調査』（内閣統計局）のうち、「第二一表　産業（小分類）、職業（小分類）、年令ニ依リ分チタル内地在住ノ朝鮮人」を底本とした。

一、収録にあたっては、不鮮明箇所が多いので、小社で補修し、容易に活用できるようにした。

一、本復刻版の判型（Ａ５判）にあわせて原表を縮小使用した。表題・備考等は共通しているので収録にあたっては省略した。

一、解説は本巻の巻頭に収録した。

解説　一九四〇年の国勢調査について

木村　健二

一

一九四〇年に実施された第五回国勢調査に関しては、その結果報告は一九六一年になって、総人口、男女の別、年令、配偶の関係、本籍地及び世帯に関する統計表が刊行され（第一巻）、その後各種の経済的属性につき、第二巻（産業分類、一九六二年）、第三巻（職業分類、一九七三年）として印刷・公表された。この間、一九四一年には道府県、郡島嶼市区町村別人口が官報で公表され、一九四九年には結果の一部が「結果報告摘要」として刊行されたという（第一巻まえがき）。そして、上記の三巻本には、日本人（当時の「内地人」）に限って同上に関わる数値が掲載されており、外地人・外国人に関しては、第5表として、「民籍または国籍および男女別人口（全人口）―全国」として、表1のように、男女別人数のみが掲載された。

しかし実際には、第二十一表として、民籍別（朝鮮人のみ）の年齢別（一歳刻み）及び産業別（小分類別）の職業別（小分類別）人数（全国及び各道府県別）が存在するのである。それは、「産業（小分類）、職業（小分類）、年令ニ依リ分チタル内地在住ノ朝鮮人」というもので、原表は国立公文書館つくば分館に所蔵され、総務省統計局でCD版によって閲覧することができ、一橋大学経済研究所社会科学統計情報センターには、マイクロフィルム版とプリントアウト版がある。ただしいずれも、職種の欄が不鮮明な部分が多く、末尾に示した「昭和15年国勢調査職名表」と照合したり、前後の職業小分類の並びから判断しなければならない。

全体的な調査の概要に関しては、本国勢調査が、一九二〇年の第一回に続く定期調査の第五回目であり、「国勢調査ニ関スル法律」（一九〇二年制定、一九二二年改正）にもとづいて行われた大調査であること、調査事項は、1．氏名、2．世帯にお

表1　民籍・国籍及び男女別人口（1940年、日本内地）

民籍国籍	総数	男	女
内地人	71,810,022	35,777,983	36,032,039
外地人	1,265,049	762,578	502,471
朝鮮人	1,241,315	744,296	497,019
台湾人	22,499	17,584	4,915
樺太人	986	545	441
南洋人	249	153	96
外国人	39,237	25,449	13,788
総計	73,114,308	36,566,010	36,548,298

出典：総理府統計局『昭和15年国勢調査報告』第一巻、1961年、362頁より。内地人・総計には沖縄県を含む。

ける地位、3．男女の別、4．出生の年月日、5．配偶の関係、6．所属の産業および職業（現在および一九三七年七月一日）、7．内閣総理大臣の指定する技能（指定技能）、8．兵役の関係、9．出生地、10．本籍地、11．民籍または国籍であったとなっている。これらを、銃後一般の者については、世帯主または世帯の管理者が自ら記入して申告する自計申告方式をとっている（内地在住朝鮮人の志願兵も若干いたが、それは「縁故世帯の一員」として調査されたという）。また、調査組織としては、内閣統計局を主管部局とし、内閣総理大臣―府県知事―市町村長の指揮系統を通じて行い、各府県に国勢調査の事務を処理するため臨時国勢調査部を置き、実地調査はこの時任命された二五三、六九〇人の国勢調査員によって行われたという。そしてこの調査員が、二一〇、六五〇調査区に配置され、申告書用紙（世帯票）が一世帯ごとに配付され、この時、申告書のほかに「照査表」が作成され、世帯および世帯人員の確認に役立てられたという。調査は、一〇月一日の前一〇日間を事前調査期間とし、申告書を配付するとともに照査表を作成し、調査期間は一〇月一日から一週間として、この間に調査員は申告書を受け取り、検査するとともに、記入不備の点があれば申告義務者に訂正させたのである。

集計および結果報告については、先に述べた通りであり、その他の集計結果は戦時下の「特殊事情」によって公表されず、一九六一年から刊行された「昭和15年国勢調査報告」全三巻においても、先の表1に示すように、日本内地に在住した外地人（そのうち朝鮮人は一、二四一、三一五人で全外地人の九八・一％を占め、台湾人は二二、四九九人、樺太人は九八六人、南洋人は二四九人であった）に関しては、男女別人口数しか記載されていないのである。

二

総務省統計局に所蔵されている原表を利用した研究としては、岩佐和幸の大阪に関するもの、木村健二の山口県に関するもの、樋口雄一の全国的な数値を掲げたものをあげることができる。

岩佐[二〇〇五]は、日本資本主義の発展における移民労働者の社会経済的役割を明確化するという観点から、都市構造の変化を軸とする地域経済論的視角から、在日朝鮮人移民労働者にアプローチするとし、「昭和十五年国勢調査」をもとに、一九四〇年の人口比が一・七%であったこと、なかでも一九二〇年代に商工業の発展によって「帝国経済の中枢化」した大阪に、道府県中最多の朝鮮人が流入し、多民族都市化していったとする。そこでの職業は、一九三〇年の国勢調査によれば1)金属機械、被服、紡織、窯業などの特定の工業部門、2)土木建築部門、そして3)都市雑業部門に属し、一九四〇年になると工業従事者の割合が一層高まり、朝鮮人の七五%がこの産業分野に属し、そして全工業従事者の九・六%を占めるまでになったと指摘する。とりわけ、金属精錬業や工作機械器具製造業、塗装業等に多くの労働者が従事したこと、職業分類では九六%を「作業者」が占め、なかでも荷扱夫等、小使等、見習工といった補助的作業者が多数を占めたという。職工に関しては、男性では旋盤工、金属加工工、塗装工、ガラス工、ゴム工といった重労働で危険をともなうもの、女性ではミシン工や洋裁師などの紡織関連が多く、建設では末端作業を担う「その他の土木建築作業者」が多かったという。そして最後に、工業部門ではボトル・ナット等の製造業や鋳物業、裁縫業や編物組物業など、商業部門では食料品等販売業や旅館・下宿業、労務供給業、料理飲食店などの業種の「経営者」層が出現してきていること、それは滞在期間の長期化にともない、朝鮮人内部の資本蓄積と階層分化が進展していったことを示すものであると指摘する。なお岩佐[二〇一三]では、朝鮮人の離郷率の高さを示しつつ、大阪という都市に焦点をあて、労働・生活両面で都市内部へと構造化されるなかで、民族ネットワークを通じた非公共的関係から主体的な定着・再生産が進んで行き、戦後へも製造業・商業部門において一定の継承がなされていることを指摘している。

木村[二〇一七]はまず、一九二〇年、三〇年、四〇年の各回における朝鮮人数を、全国、山口県、下関市、宇部市(一九二〇年は宇部村)に関して、総人口比、朝鮮人男女比とともに示している(一九四〇年の総人口比は全国が一・七%、山口県が六・一%、下関市が九・六%、宇部市が一二・八%、同年男女比は男一〇〇に対しいずれ七〇前後)。ついで、古物商などの自営業者や「有識的職業」の登場のあとを追い、そうした層の内地同化に果たした役割について考察するという観点から、山口県内在住朝鮮人の職業大分類別人数を一九三〇年と四〇年に関して提示し、この間に「有識的職業」や「管理監督技術者事務職員」が一定程度増加したが、全体としては「労働者」、それも「炭坑従事者」や「荷扱夫仲仕倉庫夫運搬夫等」、「その他の土木建築作業者」と「農耕園芸作業者」「炭焼夫」が多かったことを指摘している。

樋口[二〇一八]は、在日朝鮮人の料理店・飲食店が戦時労務動員下の「産業慰安所」に転換していくという想定のもとに、一九四〇年国勢調査原表(第21表)より、産業分類として料理店・飲食店業、貸席・待合・置屋・貸座敷業に所属する朝鮮人の職業別人数を示しており(一四頁)、料理店・飲食店業に三、四四〇人の朝鮮人女性がいたこと、その職業は大部分が芸妓・娼妓・酌婦(一、四一九人)、女中等給仕人(一、三三五人)であったことを指摘している。

以上のように、一定の地域別あるいは全国的でも断片的な産業・職業に関しての研究はなされているものの、全国的な規模で在日朝鮮人を全産業分野・全職業分野にわたって検討したものはなく、また、全国的な動向と各地域別の動向がどのような関係にあるのかも、ほとんど言及されてはいない。そうした点からも、本資料の価値の大きさを知ることができるであろう。一九四〇年一〇月一日という調査時点は、既述のようにその前年に朝鮮人の労務動員が開始され、三九年七月に八万五千人、四〇年七月に八万八千人が動員されることになった時期に重なる(外村大『朝鮮人強制連行』岩波新書、二〇一二年、七二～七三頁)。しかし、それ以前に一〇〇万人規模の朝鮮人が日本内地に在住していたのであり、そうした実態を示すうえで、またとない貴重な資料ということができるものである。この全国集計原表とともに、各道府県別、あるいは市別の資料をあわせて利用することによって、戦前期の在日朝鮮人史研究は格段に進展していくと確信するものである。

研究史

・岩佐和幸[二〇〇五]「戦前期大阪の都市形成と朝鮮人移民労働者」(『歴史と経済』第一八七号)、一～一一頁
・岩佐和幸[二〇一三]「第3章　近代大阪の都市形成と朝鮮人移民の構造化」(高嶋修一、名武なつ紀編著『都市の公共と非公共 20世紀の日本と東アジア』日本経済評論社)、九五～一三六頁
・木村健二[二〇一七]『一九三九年の在日朝鮮人観』ゆまに書房、第1章
・樋口雄一[二〇一八]「日本国内の朝鮮料理店と産業慰安所」『季刊戦争責任研究』第九〇号、一〇～一九頁

表2　金属鉱業の職業内訳

職業	男	女	計
坑内採掘夫、採炭夫	1,669	3	1,672
坑内運搬夫	3,695	5	3,700
其ノ他ノ土木建築作業者	549	0	549
荷扱夫、仲仕、倉庫夫、運搬夫、配達夫	355	0	355
小使、給仕、雑役者	741	43	784
其ノ他ノ作業者	204	6	210
その他共計	9,078	180	9,258

表3　石炭（亜反ヲ含ム）鉱業の職業内訳

職業	男	女	計
一般事務職	273	3	276
坑内採掘夫、採炭夫	32,433	356	32,789
坑内掘進夫	3,677	15	3,692
坑内支柱夫	1,874	17	1,891
坑内充填夫	1,351	15	1,366
坑内運搬夫	3,240	72	3,312
露天採掘夫	330	50	380
選鉱夫、選炭夫	536	611	1,147
土砂採取者	141	7	148
其ノ他ノ土木建築作業者	629	19	648
荷扱夫、仲仕、倉庫夫、運搬夫、配達夫	2,033	82	2,115
小使、給仕、雑役者	1,202	226	1,428
其ノ他ノ作業者	743	37	780
その他共計	49,462	1,549	51,011

表4　鉄精錬業及材料品製造業の職業内訳

職　業	男	女	計
製銑工（熔鉱炉其ノ他ニ依ルモノ）	175	0	175
製鋼工（平炉其ノ他ニ依ルモノ）	207	0	207
金属板圧延伸張工	222	0	222
金属棒、條圧延伸張工	205	0	205
金属製管工	117	0	117
金属線伸張工	651	5	656
金属切断工	113	1	114
鋳造工	123	1	124
其ノ他ノ金属材料ノ製造加工作業者	287	16	303
旋盤工（金属ニ加工スルモノ）	101	0	101
ガス熔接工	110	0	110
パイプ工（造船所ノ銅工ヲ含ム）	128	0	128
其ノ他ノ土木建築作業者	353	0	353
金属酸洗工、洗滌工	102	0	102
荷扱夫、仲仕、倉庫夫、運搬夫、配達夫	1,568	6	1,574
小使、給仕、雑役者	1,562	30	1,592
見習工、養成工（他ニ分類セラレザルモノ）	138	2	140
其ノ他ノ作業者	188	9	197
その他共計	8,437	103	8,540

三

実際の在日朝鮮人数を、産業大分類（Ⅰ農業、Ⅱ水産業、Ⅲ鉱業、Ⅳ工業、Ⅴ商業、Ⅵ交通業、Ⅶ公務・自由業、Ⅷ家事業、Ⅸ其ノ他ノ産業、Ⅹ無職業）及び、そのうちのさらに小分類ごとに、最多の職業に関して示すと、まずⅠ農業では、1．稲作が九、五六〇人で、そのうちの職業は農耕作業者が九、五六三人（男六、五〇九人、女三、〇五四人）で最多であった。これとほぼ拮抗する形で27．炭焼業が九、二〇六人で、そのうちの職業は炭焼夫が八、九三八人（男六、七七一人、女二、一六七人）となっていた。ともに女性が一定の人数を占めていること、一歳刻みで示された年齢構成でみると、四〇歳代以上の年齢層にも一定のふくらみをみることができる点が特徴といえる。Ⅱ水産業については、29．漁撈採藻業が最多で三、九〇〇人（男三、三八一人、

表5　土木建築業の職業内訳

職　業	男	女	計
一般事務者	295	7	302
土木技術者	185	0	185
土砂採取夫	2,433	24	2,457
鍛冶職、刃物職	104	1	105
鋲打工	105	0	105
大工	243	0	243
左官	621	3	624
コンクリート枠組工	242	1	243
鉄筋工、鉄網工	180	0	180
コンクリート工	2,456	5	2,461
石工	251	0	251
屋根職	166	0	166
道路工夫、アスファルト舗装工	1,727	0	1,727
鳶職	1,032	1	1,033
其ノ他ノ土木建築作業者	81,526	353	81,879
自動車運転手	146	0	146
人力車夫、馬方、馭者	129	0	129
荷扱夫、仲仕、倉庫夫、運搬夫、配達夫	3,066	54	3,120
守衛、監督	171	0	171
小使、給仕、雑役者	2,305	174	2,479
其ノ他ノ作業者	925	25	950
その他共計	99,591	667	100,258

女五一九人)であり、やはり女性が一定程度を占めていた。

Ⅲ鉱業においては、34.金属鉱業が九、二五八人、35.砂鉱採取業が三七一人、36.石炭(亜炭ヲ含ム)鉱業が五一、〇一一人、38.其ノ他ノ採鉱業が七九四人、39.土石採取業が七、四四三人となっている。それらの職業の内訳は、金属鉱業では表2に示すように坑内運搬夫が最多であった。石炭鉱業は表3に示すように、坑内採掘夫、採炭夫が最多で三二、七八九人を数えた。年齢は圧倒的に一九歳から三二歳にそれぞれ一千人を超す規模で集中していた。また女性も選鉱夫、選炭夫において男性を上回ったが、農業における

表6　商業・交通業・サービス業における上位職業

産業（千人以上）	男	女	計	上位職業	
蔬菜類販売業	1,730	271	2,001	物品売買業者、仲買人	1,300
鮮魚介類販売業	1,091	78	1,169	物品売買業者、仲買人	693
乾物販売業	1,081	242	1,323	物品売買業者、仲買人	851
菓子、パン類販売業	1,178	150	1,328	物品売買業社、仲買人	550
木材、竹材販売業	1,393	16	1,409	荷扱夫等	618
セメント等販売業	1,176	30	1,206	荷扱夫等	428
薬品、衛生材料販売業	1,803	56	1,859	物品売買業者、仲買人	1,201
新聞発行販売業	5,202	22	5,224	荷扱夫等	2,556
古物商	34,969	3,135	38,104	物品売買業者、仲買人	29,277
鉄材、鋼材販売業	2,525	47	2,572	物品売買業者、仲買人	1,326
其ノ他ノ金属材料販売	1,010	43	1,053	物品売買業者、仲買人	648
其ノ他ノ物品販売業	1,620	172	1,792	物品売買業者、仲買人	775
料理店、飲食店業	2,507	3,440	5,947	料理人、コック	2,029
鉄道軌道業	1,072	44	1,116	荷扱夫等	255
旅客自動車運送業	1,856	7	1,863	自動車運転手	1,645
貨物自動車運送業	6,027	6	6,033	自動車運転手	2,985
小運輸業	3,391	22	3,413	荷扱夫等	2,647
其ノ他ノ陸上運輸業	18,302	338	18,640	荷扱夫等	15,461
船舶運輸業	5,400	22	5,422	舵手、水夫、舟夫	2,525
浴場業	1,355	259	1,614	其ノ他ノ作業者	924
清掃業	3,402	15	3,417	其ノ他ノ作業者	2,434
家事業	944	2,366	3,310	家事使用人	3,271

ほどの多さではなかった。

Ⅳ工業においては、多種多様な品目の製造業に分散して存在し、もっとも多かったのは40．鉄精錬業及材料品製造業で八、五四〇人を数え、その職業の内訳は表4に示す通りである。男性がいずれも大部分を占め、いわゆる工場の職工的職種が並ぶが、荷扱夫、仲仕、倉庫夫、運搬夫、配達夫や小使、給仕、雑役者が多くを占めており、将来の職工としての見習工、養成工は少数であったことがわかる。また年齢構成をみると全体的に比較的高齢者が多かった。

大分類としては工業に所属し、最多の従事者をみたのは、310．土木建築業であり、その職業の内訳を表5に示した。その最多の職種は其ノ他ノ土木建築作業者であり、八万人を超し、土木建築業全体の八〇％を超していた。其ノ他ノ土木建築作業者は他の表2、表3、表4にも登場したように、他の産業にもみられたのであり、全体として総人口の一割近くを占めていた。その詳細な「作業」の内容に関しては、監督的・技術的なものではなく、補助的・雑役的仕事であって、日雇によるものが多かったといえよう。また年齢構成についてみると、其ノ他ノ土木建築作業者では二八歳がもっとも多く、全体的に二十代から三十代に大きな塊をもっていたのである。

表6は商業・交通業・サービス業関係を一括して示したもので、それぞれ一千人以上の従事者のいる産業に関して取り上げている。もっとも多かったのは396. 古物商であり、それについで451. 其ノ他ノ陸上運輸業がともに一万人を超していた。そのほか五千人を超す産業としては、394. 新聞発行販売業、441. 料理店、飲食店業、449. 貨物自動車運送業、452. 船舶運輸業などをあげることができる。その際の職業は、物品売買業者、仲買人であり、それに荷扱夫、仲仕、倉庫夫、運搬夫、配達夫が続いた。441. 料理店、飲食店業と494. 家事業においては女性が上回っていることがわかる。このほか職業として多かったものとして、354. 牛乳販売業や394. 新聞発行販売業の中の店員、売子、注文取、集金人であり、朝早くからの過酷な労働に従事したものであった。396. 古物商の中身も、物品売買業者、仲買人とはいっても経営者的なものではなく、屑物拾い的なものが大部分であり、ここでもやはり上記の店員等も多数を占めていたのである。441. 料理店、飲食店業では、女性で旅館、料理店等ノ番頭、女中、給仕人と芸妓、娼妓、酌婦が多数にのぼったことは樋口の研究の通りである。

四

なお末尾に、内閣統計局『昭和十五年国勢調査職名表』（昭和十七年七月）を示しておいた。実際の「原票」では、産業別（小分類）にそれぞれ現出する職業名が並んでいるのであり、その順番はこの職名表に依っていたのである。

以上の結果を、一九三〇年に実施された第三回国勢調査における「外地人及外国人ノ職業（小分類）」と照合すると、このときの総人口は四一九、〇〇九人であり、この一〇年で二・九六倍に増加したことがわかる。職業分類は三七六種に区分されており、これについても末尾に数字とともに掲載した（在日朝鮮人の該当者がいない場合は飛ばしてある「外地人及外国人ノ職業（小分類）全国、朝鮮人の部」内務省統計局『昭和五年国勢調査報告　第二巻　職業及産業』一九三五年、二二五～二二八頁）。最多は土工の五八、四五八人で、ついで日傭(ト単ニ申告シタル者)一九、一二五人、仲仕、荷扱夫、運搬夫一〇、八〇五人となっていた。今後は、それぞれの職業の中身を検証しつつ、比較可能な形にし、三〇年と四〇年の変化について検証することが求められよう。なお、職業分類の再構成については、一九三〇・四〇・五〇・五五年の四時点を比較したものや(日本労働協会調査研究部『国勢調査による職業人口の再構成』一九六五年、ただし二一分類)、先の岩佐や木村のそれぞれ独自の分類に組み替えた比較分析がある。今後はこうした再構成表を用いながら、さらに精緻な比較検討がなされるべきである。

なお、在日朝鮮人の人口と職業を長期にわたって調査し公表したものとして、内務省警保局による『社会運動の状況』(三一書房復刻版)のデータがある。もっともその人数は、一九三〇年末で二八七、七〇五人、四〇年末で一、一九〇、四四四人となっており、いずれも国勢調査人口より少ない。また付表にある「職業別調」では、一応産業別の職業別人数が示されているが、一九四〇年では無職も含め六二職種に過ぎず、詳細な分析は難しい。

最後に、同じ一九四〇年に日本帝国各地で実施された国勢調査の結果を民籍・国籍別に集計した第十表もあわせて掲載した。朝鮮人についてみれば、日本内地だけでなく、日本帝国の各地に在留していたことが判明しよう。このうち朝鮮の分に関しては、このほかのデータとして現住地(道・府)、本籍地や産業別・職業別人口(大分類)があり、それは戦後韓国において「朝鮮昭和十五年国勢調査結果要約」として復刻・公表されている(『韓国統計月報』経済企画院統計局、一九六二年)。

目次

在日朝鮮人国勢調査資料

一九四〇

1

昭和15年

国勢調査

内地全体

第21表

内閣統計局

[小社作成表]

3　原表表題

統 計 原 表（全人口ニ關スル分）

依リ分チタル內地在住ノ朝鮮人 ———— 內地全体 （ 1）

[illegible]従業者		小使、給仕、雑役者		2 事 … 作						3 [illegible]作	
				總数		[illegible]		[illegible]		總数	
男	女	男	女	男	女	男	女	男	女	男	女
				3	1	3	1				1
				8	5	8	5			1	1
				6	4	6	4			3	4
				11	2	11	2			2	2
				14	6	14	6				1
				8	7	8	9			3	3
				15	8	15	8			4	1
				11	9	11	9			3	2
				3	8	3	8			2	3
				5	2	5	2			2	2
				4	4	4	4				3
				5	7	5	9				1
				4	5	4	5				2
				9	5	9	5			1	1
				3	14	3	14			1	1
				6	2	6	2			2	4
				4	6	4	6			1	
				1	7	1	7				2
1				6	5	6	5			3	3
				10	5	10	5			1	1
				7	4	7	4			3	
				16	4	16	4			4	3
				11	5	10	5	1		5	1
		1		5	7	5	7			1	
				5	7	5	7			2	1
				8	3	8	3			4	2
				19	2	19	2			3	2
1				15	7	15	7			4	1
				18	8	18	8			5	4
				17	8	17	8			1	3
				8	1	8	1			7	
				7	2	7	2			1	3
				6	3	6	3			3	
				9	1	9	1			3	1
				4	2	4	2			1	
				10	1	10	1			2	
				9	1	9	1				
				10	2	10	2			4	
				7	1	7	1			1	2
				11	2	11	2				
				4		4					
				5		5				1	
				1		1					
				1	1	1	1			2	
					1		1				
										1	
				3		3					
		1		15	6	15	6			1	
2		2		367	195	366	195	1		88	61

第二十一表　産業（小分類）、職業（小分類）、年齢ニ

産業 職業 男女 年齢	1 [illegible] 作									
	總數		[illegible]者		農耕作業者		[illegible]夫		[illegible]作業者	
	男	女	男	女	男	女	男	女	男	女
十二歳以下	5	19			15	9				
十三歳	29	31			37	31				
十四歳	62	73			62	53				
十五歳	[illegible]	67			105	67				
十六歳	[illegible]	86			117	86				
十七歳	155	77			184	77			1	
十八歳	170	103			170	103				
十九歳	177	100			177	100				
二十歳	208	98			208	98				
二十一歳	202	75			202	75				
二十二歳	141	85			141	85				
二十三歳	143	102			142	102				
二十四歳	153	105			153	105				
二十五歳	137	73			137	73				
二十六歳	139	100			139	100				
二十七歳	158	93			158	93				
二十八歳	150	100			150	100				
二十九歳	184	107			184	107				
三十歳	138	91			138	91				
三十一歳	187	117			188	117				
三十二歳	159	78			169	78				
三十三歳	158	92			158	92				
三十四歳	205	96	1		204	96				
三十五歳	210	89			210	89				
三十六歳	139	60			138	60				
三十七歳	181	72			181	72				
三十八歳	199	65			198	65	1			
三十九歳	171	77			171	77				
四十歳	198	77			127	77				
四十一歳	128	66			178	66				
四十二歳	172	66			172	16				
四十三歳	194	61			194	61				
四十四歳	154	49			154	49				
四十五歳	128	46			128	46				
四十六歳	114	29			114	29				
四十七歳	18	24			118	24				
四十八歳	70	33			90	33				
四十九歳	[illegible]	[illegible]			122	25				
五十歳	116	34			116	34				
五十一歳	93	22			93	22				
五十二歳	89	22			89	22				
五十三歳	54	11			54	11				
五十四歳	49	18			49	18				
五十五歳	37	13			37	13				
五十六歳	47	17			47	17				
五十七歳	29	14			29	14				
五十八歳	34	11			34	11				
五十九歳	33	13			33	13				
六十歳以上	213	78			212	70				
年齢不詳										
合計	6516	3054	1		6509	3254	1		1	

備考　1. 本表ノ人口ハ内地在住ノ朝鮮人ナリ。
2. 年齢ハ滿年齢ヲ以テ表ハス。

職業/男女別/年齢	1稲作 総数		経営者		農耕作業者		炭焼夫		農業作業者		其ノ他ノ農産,林産作業者		小使,給仕,雑役者		2麦作 総数		農耕作業者		炭焼夫		3雑穀作 総数	
	男	女	男	女	男	女	男	女	男	女	男	女	男	女	男	女	男	女	男	女	男	女
十二歳以下	15	19			15	19																
十三歳	39	31			39	31									3	1	3	1				1
十四歳	62	53			62	53									8	5	8	5			1	1
十五歳	105	67			105	67									6	4	6	4			3	4
十六歳	117	86			117	85									11	2	11	2			2	2
十七歳	185	99			184	99			1						14	6	14	6				1
十八歳	190	103			190	103									8	9	8	9			3	3
十九歳	177	100			177	100									15	8	15	8			4	1
二十歳	208	98			208	98									11	9	11	9			2	2
二十一歳	202	75			202	75									3	8	3	8			2	3
二十二歳	141	85			141	85									5	2	5	2			2	2
二十三歳	143	102			143	102									4	4	4	4				3
二十四歳	153	105			153	105									5	9	5	9				1
二十五歳	137	73			137	73									4	5	4	5				2
二十六歳	139	100			139	100									9	5	9	5			1	1
二十七歳	158	93			158	93									3	14	3	14			1	1
二十八歳	150	100			150	100									6	2	6	2			2	4
二十九歳	184	107			184	107									4	6	4	6			1	
三十歳	138	91			138	91									1	7	1	7				2
三十一歳	189	117			188	117					1				6	5	6	5			3	3
三十二歳	159	78			159	78									10	5	10	5			1	1
三十三歳	158	92			158	92									7	4	7	4			3	
三十四歳	205	96	1		204	96									16	4	16	4			4	3
三十五歳	210	89			210	89									11	5	10	5	1		5	1
三十六歳	139	60			138	60							1		5	7	5	7			1	
三十七歳	181	72			181	72									5	7	5	7			2	1
三十八歳	199	65			198	65	1								8	3	8	3			4	2
三十九歳	171	77			171	77									19	2	19	2			3	2
四十歳	198	77			197	77					1				15	7	15	7			4	1
四十一歳	178	66			178	66									18	8	18	8			5	4
四十二歳	172	66			172	66									17	8	17	8			1	3
四十三歳	194	61			194	61									8	1	8	1			7	
四十四歳	154	49			154	49									7	2	7	2			1	3
四十五歳	128	46			128	46									6	3	6	3			3	
四十六歳	114	29			114	29									9	1	9	1			3	1
四十七歳	118	24			118	24									4	2	4	2			1	
四十八歳	90	33			90	33									10	1	10	1			2	
四十九歳	122	25			122	25									9	1	9	1				
五十歳	116	34			116	34									10	2	10	2			4	
五十一歳	93	22			93	22									7	1	7	1			1	2
五十二歳	89	22			89	22									11	2	11	2				
五十三歳	54	11			54	11									4		4					
五十四歳	49	18			49	18									5		5				1	
五十五歳	37	13			37	13									1		1					
五十六歳	47	17			47	17									1	1	1	1			2	
五十七歳	29	14			29	14										1		1				
五十八歳	34	11			34	11															1	
五十九歳	33	13			33	13									3		2					
六十歳以上	213	70			212	70							1		15	6	15	6			1	
年齢不詳																						
合計	6516	3054	1		6509	3054	1		1		2		2		367	195	366	195	1		88	61

年齢	3雑穀作 農耕作業者 男	3雑穀作 農耕作業者 女	4豆作 総数 男	4豆作 総数 女	4豆作 農耕作業者 男	4豆作 農耕作業者 女	5甘藷、馬鈴薯作 総数 男	5甘藷、馬鈴薯作 総数 女	5甘藷、馬鈴薯作 農耕作業者 男	5甘藷、馬鈴薯作 農耕作業者 女	其ノ他ノ農産、林産作業者 男	其ノ他ノ農産、林産作業者 女	6蔬菜栽培 総数 男	6蔬菜栽培 総数 女	6蔬菜栽培 経営者 男	6蔬菜栽培 経営者 女	6蔬菜栽培 農耕作業者 男	6蔬菜栽培 農耕作業者 女	果樹園芸作業者 男	果樹園芸作業者 女	養鶏作業者 男	養鶏作業者 女
十二歳以下			3	1	3	1		1		1			1	1			1	1				
十三歳		1	3	7	3	7	3	1	3	1			1	2			1	2				
十四歳	1	1	3	4	3	4	1	3	1	3			1	3			1	3				
十五歳	3	4	6	10	6	10	4	2	4	2			5	1			5	1				
十六歳	2	2	2	11	2	11	2	1	2	1			4	6			4	6				
十七歳		1	8	9	8	9	4	2	4	2			8	4			8	4				
十八歳	3	3	10	8	10	8	3	1	3	1			5	6			5	6				
十九歳	4	1	11	11	11	11	2	3	2	3			6	2			5	2				
二十歳	3	2	15	8	15	8	2		2				6	1			5	1	1			
二十一歳	2	3	4	8	4	8	3	1	3	1			10	1			9	1				
二十二歳	2	2	7	12	7	12	5		5				7	5			7	5				
二十三歳		3	6	7	6	7	3	2	3	2			9				9					
二十四歳		1	4	8	4	8	3	1	3	1			10	6			10	6				
二十五歳		2	12	5	12	5	2	2	2	2			12	3			11	3				
二十六歳	1	1	9	4	9	4	7		7				13	5			12	5				
二十七歳	1	1	9	13	9	13	1	1	1	1			11	3			11	3				
二十八歳	2	4	9	5	9	5							14	8			13	8				
二十九歳	1		1	5	1	5	5	1	5	1			13	9			12	9				
三十歳		2	7	7	7	7	3	3	3	3			20	5			20	5				
三十一歳	3	3	9	5	9	5	1	6	1	6			27	3			27	3				
三十二歳	1	1	7	5	7	5	3	2	3	1		1	14	5			13	5				
三十三歳	3		14	5	14	5	4		4				15	4			15	4				
三十四歳	4	3	5	5	5	5	3	1	3	1			17	3	1		15	3				
三十五歳	5	1	11	7	11	7	5	2	5	2			16	4			16	4				
三十六歳	1		8	3	8	3	1	2	1	2			15	4			15	4				
三十七歳	2	1	14	4	14	4	3	3	3	3			9	3			9	3				
三十八歳	4	2	9	2	9	2	3	2	3	2			13	5			11	4				
三十九歳	3	2	10	6	10	6	5	2	5	2			19	2			19	2				
四十歳	4	1	6	3	6	3	7	3	7	3			11	5			11	5				
四十一歳	5	4	10	5	10	5	5		5				12	1			12	1				
四十二歳	1	3	11	6	11	6	5	1	4	1	1		13	4			13	4				
四十三歳	7		8	7	8	7	4		4				9				9					
四十四歳	1	3	13	2	13	2	3	2	3	2			13	2			12	2			1	
四十五歳	3		9	3	9	3	4		4				7				6					
四十六歳	3	1	3	4	3	4	1	1	1	1			6	1			6	1				
四十七歳	1		8	1	8	1	2		2				5	2			5	2				
四十八歳	2		9	2	9	2	3		3				6	3			6	3				
四十九歳			7	5	7	5	6		6				7	3			7	3				
五十歳	4		7	4	7	4	3		3				11	5			11	5				
五十一歳	1	2	6	6	6	6	7		7				7	2			7	2				
五十二歳			4	1	4	1	3		3				5				5					
五十三歳			5	3	5	3	1	1	1	1			4	1			3	1	1			
五十四歳	1		2		2		3		3				5				5					
五十五歳			3	1	3	1	1		1				2				2					
五十六歳	2		2		2								1				1					
五十七歳			2		2								2	2			2	2				
五十八歳	1		2		2								2	1			2	1				
五十九歳							1		1				1				1					
六十歳以上	1		10	4	10	4	1		1				16	4			16	4				
年齢不詳																						
合計	88	61	343	242	343	242	141	53	140	52	1	1	446	140	1		431	139	2		1	

職業	6蔬菜栽培										7花卉栽培,高等園芸											
	其ノ他ノ農産,林産作業者		物品売買業者,仲買人		店員,売子,注文取,集金人		小使,給仕,雑役者		其ノ他ノ作業者		総数		農耕作業者		果樹園芸作業者		造園師,植木職		其ノ他ノ農産,林産作業者		其ノ他ノ土木建築作業者	
年齢 ＼ 男女	男	女	男	女	男	女	男	女	男	女	男	女	男	女	男	女	男	女	男	女	男	女
十二歳以下											1				1							
十三歳																						
十四歳																						
十五歳												1				1						
十六歳											6				5							
十七歳											3				2							
十八歳											2				2							
十九歳					1						3				3							
二十歳											1	1			1	1						
二十一歳					1						1				1							
二十二歳											1				1							
二十三歳											1	1			1	1						
二十四歳											4		1		2				1			
二十五歳					1						1	1			1	1						
二十六歳					1																	
二十七歳											1				1							
二十八歳							1				3				3							
二十九歳									1		1				1							
三十歳												1				1						
三十一歳											2	2	1	1		1	1					
三十二歳			1								1				1							
三十三歳											1										1	
三十四歳							1				2				2							
三十五歳											1				1							
三十六歳												1				1						
三十七歳																						
三十八歳			2			1					2	1			2	1						
三十九歳											1				1							
四十歳											1		1									
四十一歳											2		1									
四十二歳											2	1			2	1						
四十三歳											1				1							
四十四歳												1				1						
四十五歳	1																					
四十六歳											1				1							
四十七歳																						
四十八歳											2				2							
四十九歳																						
五十歳																						
五十一歳																						
五十二歳																						
五十三歳																						
五十四歳																						
五十五歳																						
五十六歳																						
五十七歳																						
五十八歳											1				1							
五十九歳																						
六十歳以上																						
年齢不詳																						
合計	1		3		4	1	2		1		49	11	4	1	40	10	1		1		1	

職業 / 男女 / 年齢	7花卉栽培，高等園芸				8種苗業										9果樹栽培							
	荷役夫，仲仕，倉庫夫，運搬夫，配達夫		小使，給仕，雑役者		総数		経営者		一般事務者		造園師，植木職		蚕業作業者		総数		経営者		一般事務者		農耕作業者	
	男	女	男	女	男	女	男	女	男	女	男	女	男	女	男	女	男	女	男	女	男	女
十二歳以下															3							
十三歳															2							
十四歳															8							
十五歳															12						1	
十六歳	1														21	2						
十七歳															20	1						
十八歳					1				1						22	2						
十九歳															21	1						
二十歳					1								1		18	3					1	
二十一歳															20							
二十二歳															12							
二十三歳															8							
二十四歳															11	1						
二十五歳					1								1		15	1						
二十六歳															7							
二十七歳															11	2						
二十八歳															13						1	
二十九歳															10	1						
三十歳															9	1						
三十一歳															9							
三十二歳					1		1								11	1						
三十三歳					1						1				16		1					
三十四歳															8							
三十五歳															8	1					1	
三十六歳															4							
三十七歳															7				1			
三十八歳															8						1	
三十九歳															10							
四十歳															7							
四十一歳			1												5	1						
四十二歳															4	2						
四十三歳					1								1		2	1						
四十四歳															3							
四十五歳															2							
四十六歳															2	1						
四十七歳															3	1						
四十八歳																						
四十九歳															1							
五十歳															2							
五十一歳															3						1	
五十二歳															2							
五十三歳															3							
五十四歳																						
五十五歳															2							
五十六歳															2						1	
五十七歳															2							
五十八歳																1						
五十九歳																						
六十歳以上															3	1						
年齢不詳																						
合計	1		1		6		1		1		1		3		372	25	1		1		7	

年齢 \ 職業	9果樹栽培								10甘藷, 甜菜作				11茶栽培				12麻栽培						
	果樹園芸作業者		造園師, 植木職		小使, 給仕, 雑役者		其ノ他ノ作業者		総数		農耕作業者		総数		其ノ他ノ農産, 林産作業者		総数		其ノ他ノ農産, 林産作業者		其ノ他ノ木, 竹, 草, 藁類製品ノ製造作業者	
	男	女	男	女	男	女	男	女	男	女	男	女	男	女	男	女	男	女	男	女	男	女
十二歳以下	3																					
十三歳	2																					
十四歳	8																					
十五歳	11																					
十六歳	21	2																				
十七歳	20	1																				
十八歳	22	2							1		1											
十九歳	21	1																				
二十歳	17	3							1		1		1		1		1		1			
二十一歳	20																					
二十二歳	12																					
二十三歳	8																					
二十四歳	11	1																				
二十五歳	15	1																1				1
二十六歳	7												1		1							
二十七歳	11	2							1		1											
二十八歳	18																					
二十九歳	10	1							1		1		2		2							
三十歳	9	1																				
三十一歳	9																					
三十二歳	11	1											1		1							
三十三歳	15																					
三十四歳	6						1		1		1											
三十五歳	7	1			1																	
三十六歳	4																					
三十七歳	6												1		1		1				1	
三十八歳	6		1						1		1											
三十九歳	10								2		2											
四十歳	7																					
四十一歳	5	1															1		1			
四十二歳	4	2																				
四十三歳	2	1																				
四十四歳	3																	1				
四十五歳	2	1																				
四十六歳	2	1																				
四十七歳	3	1																				
四十八歳																						
四十九歳	1																					
五十歳	1				1				1		1											
五十一歳	2																					
五十二歳	2																					
五十三歳	3																					
五十四歳									1		1											
五十五歳	2																					
五十六歳	1																					
五十七歳	2																					
五十八歳		1																				
五十九歳																						
六十歳以上	3	1																				
年齢不詳																						
合計	359		1		2		1		10		10		6		6		3	2	2		1	1

年齢 \ 職業	12麻栽培 小使,給仕,雑役者 男	女	13薬草栽培 総数 男	女	其ノ他ノ農産,林産作業者 男	女	其ノ他ノ作業者 男	女	14其ノ他ノ農耕業 総数 男	女	経営者 男	女	農耕作業者 男	女	蚕業作業者 男	女	其ノ他ノ農産,林産作業者 男	女	小使,給仕,雑役者 男	女	其ノ他ノ作業者 男	女
十二歳以下			2		2				1	3			1	2				1				
十三歳			2	2	2	2			2				1				1					
十四歳			2	2	2	2			5				2				3					
十五歳			1	5	1	5			1	7			1	7								
十六歳			7	6	7	6			5	6			3	5			2					
十七歳			6	12	6	12			6	5			5	5			1					
十八歳			3	14	3	14			6	9			5	7			1	2				
十九歳			4	7	4	7			6	1			6	1								
二十歳			4	6	4	5		1	6	2			3	1			3	1				
二十一歳			7	6	7	6			9	4			8	3			1	1				
二十二歳			4	5	4	5			7	2			5	2	1						1	
二十三歳			6	6	6	6			17	2			11	1			6	1				
二十四歳			5	5	5	5			16	4			9	4			6	1			1	
二十五歳			7	3	6	3	1		18	2			12	1			5	1			1	
二十六歳			4	8	3	7	1	1	17	3			8	2			8	1			1	
二十七歳			3	7	3	7			16	3			8	2			7	1			1	
二十八歳			8	5	8	5			20	2			15	2			5	1				
二十九歳			8	17	7	7	1		27	8	1		14	7			11	1			1	
三十歳			3	4	2	4	1		17	3			11	3			5	1	1			
三十一歳			3	11	3	11			25	3			18	2			5	1			2	
三十二歳			5	6	5	6			21	2			15	1			6	1				
三十三歳			12	10	12	10			22	4			16	3			6	1				
三十四歳			8	10	8	10			20	3			16	3			3				1	
三十五歳			3	7	3	7			20	3			13	3			6				1	
三十六歳			5	9	5	9			21	4			11	3			10	1				
三十七歳			8	3	8	3			20	5			13	2			6	2			1	1
三十八歳			6		6				28	3			21	2			5	1			2	
三十九歳			9	1	9	1			23	5			18	4			5					1
四十歳			16	3	16	3			17	4			9	4			7				1	
四十一歳			13	1	13	1			23	3			15	3			7				1	
四十二歳			6	3	6	3			21	2			18	2			3					
四十三歳			10	4	10	4			21	4			13	2	1		4	2			3	
四十四歳		1	4	3	3	3	1		10	2			9	2			1					
四十五歳			7		7				16				11				4				1	
四十六歳			4		4				15	3			13	3			2					
四十七歳			4	1	4	1			16	1			13	1			3					
四十八歳			5	2	5	2			13	4			11	3			1	1			1	
四十九歳			7	1	7	1			14	4			10	4			4					
五十歳			5	3	5	3			9	1			7	1			2					
五十一歳			3	1	3	1			7	1			7									1
五十二歳			5	2	5	2			5				3				2					
五十三歳			4	1	4	1			6	2			3	2			2				1	
五十四歳									5				5									
五十五歳			1	1	1	1			2				2									
五十六歳			1	1	1	1			3	1			2	1			1					
五十七歳			1		1				2	1			2	1								
五十八歳									1								1					
五十九歳			1	1	1	1				1								1				
六十歳以上			5	5	5	5			9	1			6				3					1
年齢不詳																						
合計		1	247	200	242	198	5	2	617	133	1		428	107	2		164	22	1		21	4

職業 / 年齢 / 男女	15搾乳業 総数 男	総数 女	一般事務者 男	一般事務者 女	食料品技術者 男	食料品技術者 女	畜産作業者 男	畜産作業者 女	其ノ他ノ農産,林産作業者 男	其ノ他ノ農産,林産作業者 女	罐詰,壜詰,食料品製造工 男	罐詰,壜詰,食料品製造工 女	煙草ノ他ノ飲食料品嗜好品製造作業者 男	煙草ノ他ノ飲食料品嗜好品製造作業者 女	其ノ他ノ土木建築作業者 男	其ノ他ノ土木建築作業者 女	自動車運転手 男	自動車運転手 女	人力車夫,馬方,駅者 男	人力車夫,馬方,駅者 女	荷馬夫,仲仕,倉庫夫,運搬夫,配達夫 男	荷馬夫,仲仕,倉庫夫,運搬夫,配達夫 女
十二歳以下	4						1														2	
十三歳	8	1					6	1													1	
十四歳	11						7		1												2	
十五歳	19						13														6	
十六歳	17						12						1								1	
十七歳	16	1					29						1								9	
十八歳	47				1		29		1				2				1				7	
十九歳	41				1		26						2				1				6	
二十歳	31						16				1						1				3	
二十一歳	21						16														2	
二十二歳	29						16														7	
二十三歳	63	2					48	2					1								6	
二十四歳	41	4					35	3													3	
二十五歳	44	1					35					1					2				3	
二十六歳	37	1					29														4	
二十七歳	46		1				35						1				1				2	
二十八歳	49						37						1								5	
二十九歳	50	2					33	2													4	
三十歳	37	3					25	3							1						5	
三十一歳	49	1	1				35		1					1							1	
三十二歳	33						27														2	
三十三歳	29						18														4	
三十四歳	46	1					34	1	2												5	
三十五歳	42	1					22	1					1								6	
三十六歳	20	1					21	1													2	
三十七歳	23						19														1	
三十八歳	21	1					16										1				1	
三十九歳	26						17														4	
四十歳	24	1					17	1													1	
四十一歳	26						19														4	
四十二歳	21	1					17														1	
四十三歳	10	2					8	2														
四十四歳	9						6												1			
四十五歳	9						6														1	
四十六歳	5	1					1												1			
四十七歳	12						8														2	
四十八歳	8						6														1	
四十九歳	5						3														1	
五十歳	9						6						1								1	
五十一歳	4						3															
五十二歳	10						8														1	
五十三歳	4						2															
五十四歳	3						1															
五十五歳	4						2															
五十六歳	1						1															
五十七歳	1						1															
五十八歳	2						2															
五十九歳	3						1														1	
六十歳以上	6						5															
年齢不詳																						
合計	1116	25	2		2		780	17	5		1	1	11	1	1		7		2		118	

年齢	15 搾乳業														16 産牛業							
	店員, 売子, 注文取, 集金人		守衛, 監督		包装掛, 壜詰工, 罐詰工		小使, 給仕, 雑役者		見習工・養成工(他ニ分類セラレザルモノ)		其ノ他ノ作業者		其ノ他ノ職業者		総数		農耕作業者		畜産作業者		其ノ他ノ農産, 林産作業者	
	男	女	男	女	男	女	男	女	男	女	男	女	男	女	男	女	男	女	男	女	男	女
十二歳以下							1															
十三歳	1																					
十四歳	1														1				1			
十五歳															1	1			1	1		
十六歳	1						2								1				1			
十七歳							6	1			1				3				2			
十八歳	3						1		1		1				2				2			
十九歳	2						2				1				4				4			
二十歳	4						3				3				1				1			
二十一歳	2				1										2				2			
二十二歳	2						2				2				1				1			
二十三歳	3						2				3				1							
二十四歳							2	1			1				1				1			
二十五歳	1						2				1				2				2			
二十六歳	1						3	1							4	1			1	1	1	
二十七歳	2						2				2											
二十八歳	1						4				1				1				1			
二十九歳	3						5				5				4				1			
三十歳							5				1				3		1		1			
三十一歳	1						7				3				4				2			
三十二歳							4								4				3			
三十三歳							4				2		1		5				4			
三十四歳							2				3				1				1			
三十五歳	1		1				8				3					1				1		
三十六歳	1						4				2				3				3			
三十七歳							3								3				3			
三十八歳							3	1							5	1			2	1		
三十九歳							4				1				1	1		1	1			
四十歳	1						3				2				3				2			
四十一歳							2						1		2							
四十二歳							2	1			1				1				1			
四十三歳							2								2							
四十四歳							2															
四十五歳											2				1				1			
四十六歳							2				1	1			2				2			
四十七歳							2								2				1			
四十八歳							1								3				2			
四十九歳							1								2				1			
五十歳											1				1				1			
五十一歳							1								4				3			
五十二歳							1								1				1			
五十三歳							1				1				1							
五十四歳											2											
五十五歳							1				1											
五十六歳																						
五十七歳																						
五十八歳															1				1			
五十九歳	1																					
六十歳以上							1															
年齢不詳																						
合計	32		1		1		103	5	1		47	1	2		84	5	1	1	57	4	1	

年齢＼職業＼男女	16 産牛業 其ノ他ノ土木建築作業者 男	女	人力車夫, 馬方, 馭者 男	女	馬丁, 牧夫, 蹄鉄工等 男	女	物品売買業者, 仲買人 男	女	店員, 売子, 注文取, 集金人 男	女	小使, 給仕, 雑役者 男	女	其ノ他ノ作業者 男	女	17 馬産業 総数 男	女	一般事務者 男	女	畜産作業者 男	女	小使, 給仕, 雑役者 男	女
十二歳以下																						
十三歳																						
十四歳																						
十五歳																						
十六歳																						
十七歳											/				/				/			
十八歳																						
十九歳															/				/			
二十歳																						
二十一歳																						
二十二歳																						
二十三歳									/													
二十四歳																						
二十五歳																						
二十六歳					/								/									
二十七歳																						
二十八歳															/				/			
二十九歳					3																	
三十歳											/											
三十一歳					/				/													
三十二歳							/															
三十三歳					/																	
三十四歳																						
三十五歳															/				/			
三十六歳																						
三十七歳															3				3			
三十八歳			/								/		/									
三十九歳																						
四十歳											/				/				/			
四十一歳											/		/									
四十二歳															/						/	
四十三歳	/												/		/				/			
四十四歳															/				/			
四十五歳															2		/		/			
四十六歳																						
四十七歳											/											
四十八歳													/									
四十九歳													/									
五十歳																						
五十一歳											/											
五十二歳																						
五十三歳											/											
五十四歳																						
五十五歳																						
五十六歳																						
五十七歳																						
五十八歳																						
五十九歳																						
六十歳以上																						
年齢不詳																						
合計	1		1		6		1		2		8		6		13		1		11		1	

18養　豚　業

職業 / 男女 / 年齢	総数		経営者		農耕作業者		畜産作業者		其ノ他ノ農産, 林産作業者		其ノ他ノ土木建築作業者		自動車運転手		荷扱夫, 仲仕, 倉庫夫, 運搬夫, 配達夫		店員, 売子, 注文取, 集金人		小使, 給仕, 雑役者		其ノ他ノ作業者	
	男	女	男	女	男	女	男	女	男	女	男	女	男	女	男	女	男	女	男	女
十二歳以下	1						1															
十三歳	2	1					2	1														
十四歳	4						4															
十五歳	1	1					1	1														
十六歳	2						2															
十七歳	3	3					3	3														
十八歳	5	1					4	1														
十九歳	1						1												1			
二十歳	5	2					4	2					1									
二十一歳	3	3					2	3											1			
二十二歳	7	2					4	2					1						2			
二十三歳	2	2					1	2							1							
二十四歳	3	1					3	1														
二十五歳	5	1					5	1														
二十六歳	10	1					9	1											1			
二十七歳	9	1					7	1					1						1			
二十八歳	6	3					5	3											1			
二十九歳	11	3		1			11	2														
三十歳	9	1					9	1														
三十一歳	7	1					4	1							2				1			
三十二歳	8	1					8	1														
三十三歳	11	3					10	3											1			
三十四歳	9	3					4	3			1								4			
三十五歳	16	3					16	3														
三十六歳	9	5					9	5														
三十七歳	9	2					7	2									1		1			
三十八歳	8	2					8	2														
三十九歳	7	3					6	3											1			
四十歳	14	4					12	4	1												1	
四十一歳	13		1				12															
四十二歳	12	2			1		11	2														
四十三歳	4	1					4	1														
四十四歳	7	1					7	1														
四十五歳	5	2					5	2														
四十六歳	7						7															
四十七歳	5	4					5	3														1
四十八歳	8	1					8	1														
四十九歳	6	2					6	2														
五十歳	5						5															
五十一歳	5						5															
五十二歳	2	1					2	1														
五十三歳	5	1					5	1														
五十四歳	3						2								1							
五十五歳																						
五十六歳	2						2															
五十七歳	2						2															
五十八歳	1						1															
五十九歳	1	1					1	1														
六十歳以上	10	5			2		8	5														
年齢不詳																						
合計	290	74	1	1	3		260	72	1		1		3		4		1		15		1	1

年齢 \ 職業	19 養鶏業 総数 男	総数 女	経営者 男	経営者 女	一般事務者 男	一般事務者 女	販売仕入係事務者 男	販売仕入係事務者 女	果樹園芸作業者 男	果樹園芸作業者 女	炭焼夫 男	炭焼夫 女	畜産作業者 男	畜産作業者 女	蚕業作業者 男	蚕業作業者 女	養鶏作業者 男	養鶏作業者 女	其ノ他ノ農産、林産作業者 男	其ノ他ノ農産、林産作業者 女	自動車運転手 男	自動車運転手 女
十二歳以下	1	1															1	1				
十三歳	2								1								1					
十四歳	2																2					
十五歳	9	1				1											9					
十六歳	2																2					
十七歳	4																4					
十八歳	7	1															6	1			1	
十九歳	11	2															10	2				
二十歳	10						1										9					
二十一歳	5																5					
二十二歳	9	3															9	3				
二十三歳	9	2															8	2				
二十四歳	8	2															8	2				
二十五歳	9	2															6	2				
二十六歳	7	1															7	1				
二十七歳	9																7					
二十八歳	8	2															7	2				
二十九歳	10	1															9	1				
三十歳	3	3	1														1	3				
三十一歳	15		2														13					
三十二歳	16	1															12	1				
三十三歳	14	4											1				13	4				
三十四歳	9	1															7	1			1	
三十五歳	6	2															4	2				
三十六歳	12	4	1														10	4				
三十七歳	6	2															6	2				
三十八歳	7	1															7	1				
三十九歳	9	2												1			7	1				
四十歳	2																2					
四十一歳	6	1											1				4	1				
四十二歳	10	5														1	10	4				
四十三歳	5	1											1				2	1	1			
四十四歳	4	1															4	1				
四十五歳	5												1				4					
四十六歳	4																4					
四十七歳	3																3					
四十八歳	5	2															5	2				
四十九歳	4	1															4	1				
五十歳	1	1															1	1				
五十一歳	6	1										1					6					
五十二歳	1	1															1	1				
五十三歳	3	1															2	1				
五十四歳	2																1					
五十五歳	2																2					
五十六歳	1	2																2				
五十七歳																						
五十八歳	1																1					
五十九歳	2																1					
六十歳以上	4	1															4	1				
年齢不詳	1																1					
合計	291	56	4			1	1		1			1	4	1		1	251	52	1		2	

年齢 \ 職業 \ 男女	19養鶏業								20孵卵業				21其ノ他ノ畜産業											
	鶏夫,牧仕,飼夫,運搬夫,配達夫		店員,売子,注文取,集金人		小使,給仕,雑役者		其ノ他ノ作業者		総数		養鶏作業者		総数		農耕作業者		畜産作業者		養鶏作業者		其ノ他ノ農産,林産作業者	
	男	女	男	女	男	女	男	女	男	女	男	女	男	女	男	女	男	女	男	女	男	女
十二歳以下																						
十三歳																						
十四歳													2				1					
十五歳													2									
十六歳													3				2					
十七歳									1		1		5				5					
十八歳													8		2		6					
十九歳							1		1		1		3				1					
二十歳													4				3					
二十一歳									2		2		2				2					
二十二歳													6	1			5	1				
二十三歳					1								4	1	1		2	1				
二十四歳													3				2					
二十五歳	3												3				3					
二十六歳													4				3					
二十七歳			1				1						1				1					
二十八歳			1										6	2			4	2				
二十九歳					1				1		1		3				3					
三十歳					1				1		1		7				5					
三十一歳					1								4		1		2					
三十二歳			1		2		1						3	1			2	1				
三十三歳									1		1		3				2					
三十四歳					1								4				1		1			
三十五歳					1		1						2								1	
三十六歳							1						1									
三十七歳									2		2		6				3					
三十八歳													2				2					
三十九歳					1		1						4				3					
四十歳													4				2					
四十一歳					1								1				1					
四十二歳													4	1			1	1			1	
四十三歳					1																	
四十四歳													2				2					
四十五歳													3				2					
四十六歳													1									
四十七歳													1				1					
四十八歳																						
四十九歳													5				2					
五十歳																						
五十一歳														1				1				
五十二歳													2	1				1				
五十三歳							1						1		1							
五十四歳					1								1									
五十五歳																						
五十六歳							1						1									
五十七歳																						
五十八歳																						
五十九歳					1																	
六十歳以上													1				1					
年齢不詳																						
合計	3		3		13		8		9		9		122	8	5		75	8	1		2	

年齢＼職業・男女	21其ノ他ノ畜産業										22養蚕業						23蚕種製造業					
	畜舎夫,牧仕,飼育夫,運搬夫,配達夫		店員,売子,注文取,集金人		小使,給仕,雑役者		其ノ他ノ作業者		其ノ他ノ職業者		総数		蚕業技術者		蚕業作業者		総数		経営者		一般事務者	
	男	女	男	女	男	女	男	女	男	女	男	女	男	女	男	女	男	女	男	女	男	女
十二歳以下																						
十三歳																						
十四歳					1						2				2							
十五歳			1		1						2	1			2	1		1				
十六歳			1								3				3		1					
十七歳											2	1			2	1	2	1			1	
十八歳											2				2							
十九歳			1		1						6	1			6	1						
二十歳					1						1	1			1	1						
二十一歳											1				1							
二十二歳					1						3	1	2		1	1						
二十三歳					1							1				1						
二十四歳					1						1				1							
二十五歳																						
二十六歳					1						2	2			2	2	1					
二十七歳											5				5							
二十八歳					2						1				1							
二十九歳											2	1			2	1						
三十歳					2							1				1						
三十一歳	1										1	1			1	1						
三十二歳	1										1				1							
三十三歳					1						4	2			4	2						
三十四歳					2						1				1		1		1			
三十五歳							1										1				1	
三十六歳					1												1				1	
三十七歳					1		1		1		1	1			1	1	1				1	
三十八歳												1				1						
三十九歳	1										2				2							
四十歳					2												1					
四十一歳											3	1			3	1	1				1	
四十二歳	1				1						3				3							
四十三歳																						
四十四歳											1				1							
四十五歳					1																	
四十六歳					1						2				2							
四十七歳											2				2							
四十八歳											1				1		1				1	
四十九歳					2		1					1				1						
五十歳																						
五十一歳																						
五十二歳					2																	
五十三歳																						
五十四歳							1															
五十五歳												2				2						
五十六歳					1						1				1							
五十七歳												1				1						
五十八歳											1				1							
五十九歳																						
六十歳以上												1				1						
年齢不詳																						
合計	4		3		27		4		1		57	21	2		55	21	11	2	1		6	

年齢 ＼ 職業 ＼ 男女	23 蚕種製造業				24 造園業																			
	蚕業作業者		其ノ他ノ作業者		総数		果樹園芸作業者		造園師,植木職		土砂採取夫		其ノ他ノ木,竹,草,蔓類製品ノ製造作業者		其ノ他ノ土木建築作業者		店員,売子,注文取,集金人		小使,給仕,雑役者		其ノ他ノ作業者	
	男	女	男	女	男	女	男	女	男	女	男	女	男	女	男	女	男	女	男	女	男	女
十二歳以下					1				1													
十三歳																						
十四歳					1				1													
十五歳		1			3				3													
十六歳	1				2				2													
十七歳	1	1			2				2													
十八歳					1				1													
十九歳					2				1										1			
二十歳					5				4						1							
二十一歳					1				1													
二十二歳																						
二十三歳					5				4								1					
二十四歳					2				1												1	
二十五歳					5				5													
二十六歳			1		11		1		10													
二十七歳					7		1		6													
二十八歳					7				6				1									
二十九歳					17		1		16													
三十歳					2				2													
三十一歳					10				9						1							
三十二歳					14				14													
三十三歳					6				5												1	
三十四歳					9				9													
三十五歳					13		1		11						1							
三十六歳					7				7													
三十七歳					1														1			
三十八歳					10				8										1		1	
三十九歳					4				4													
四十歳	1				3				3													
四十一歳					3				3													
四十二歳					4	1			4	1												
四十三歳					5				4		1											
四十四歳					3				2												1	
四十五歳					4				4													
四十六歳					2				2													
四十七歳																						
四十八歳					1												1					
四十九歳																						
五十歳					4				4													
五十一歳																						
五十二歳					2				2													
五十三歳					1				1													
五十四歳					1				1													
五十五歳																						
五十六歳																						
五十七歳																						
五十八歳																						
五十九歳																						
六十歳以上					1				1													
年齢不詳																						
合計	3	2	1		182	1	4		164	1	1		1		3		2		3		4	

年齢 \ 職業・男女	25 其ノ他ノ農業 総数 男	総数 女	農耕作業者 男	農耕作業者 女	畜産作業者 男	畜産作業者 女	其ノ他ノ農産, 林産作業者 男	其ノ他ノ農産, 林産作業者 女	其ノ他ノ木, 竹, 草, 蔓類製品ノ製造作業者 男	其ノ他ノ木, 竹, 草, 蔓類製品ノ製造作業者 女	小使, 給仕, 雑役者 男	小使, 給仕, 雑役者 女	其ノ他ノ作業者 男	其ノ他ノ作業者 女	26 森林業 総数 男	総数 女	経営者 男	経営者 女	一般事務者 男	一般事務者 女	農, 林, 水産学研究員 男	農, 林, 水産学研究員 女
十二歳以下															1							
十三歳	1										1				2							
十四歳															9	1			1			
十五歳	1												1		8	4						
十六歳	1						1								10	5			1			
十七歳	1												1		22	7						
十八歳															23	9						
十九歳	2												2		40	4						
二十歳		1												1	42	4						
二十一歳	2												2		49	4						
二十二歳	3		1				2								78	5					1	
二十三歳	4				1		2						1		83	6			1			
二十四歳	2	1		1									2		81	5						
二十五歳	3						1						2		73	5					1	
二十六歳	2										1		2		90	2						
二十七歳	10						9						1		98	8						
二十八歳	3						1						2		84	6						
二十九歳	8						1						1		110	3	1					
三十歳	2						1						2		96	4						
三十一歳	4						2		1				1		98	2						
三十二歳	5						1						4		95	2						
三十三歳	6						3						3		91	6						
三十四歳	7						2				1		4		113	2						
三十五歳	4						1						3		85	1						
三十六歳	4						3						1		63	2						
三十七歳	4						2						2		68	6			1			
三十八歳	1	1											1	1	64	3			1			
三十九歳	6		1				3						2		68	2						
四十歳	5						1						4		63	1						
四十一歳	2												2		65	1						
四十二歳	3						1				1		1		54	1						
四十三歳	2												2		61	1						
四十四歳	3												3		53							
四十五歳	2						1						2		30	2						
四十六歳	3						2						1		30	1						
四十七歳	3						1						2		41				1			
四十八歳	4								1				3		31							
四十九歳	3						1						2		28	3						
五十歳	2						1						1		14							
五十一歳	1						1								16							
五十二歳	3						3								20	1						
五十三歳	3						2						1		14	1						
五十四歳															15							
五十五歳	1						1								9							
五十六歳	1												1		11							
五十七歳	2										1		1		10							
五十八歳	2												2		7							
五十九歳															8							
六十歳以上	5						2						3		21	4						
年齢不詳																						
合計	133	3	2	1	1		52		2		5		71	2	2345	124	1		6		2	

年齢＼職業・男女	26森林業																					
	農耕作業者		果樹園芸作業者		造園師,植木職		造林作業者		伐木夫,造材夫		炭焼夫		其ノ他ノ農産,林産作業者		土砂採取夫		曲物職		其ノ他ノ木,竹,草,蔓製品ノ製造作業者		料理人,コック	
	男	女	男	女	男	女	男	女	男	女	男	女	男	女	男	女	男	女	男	女	男	女
十二歳以下									1													
十三歳									2													
十四歳							2		4		1	1										
十五歳							2		4	2		1		1								
十六歳							1	1	5	4	1		1									
十七歳							1		13	5	2	1	3									
十八歳							3		11	3	2	4	1	1						1		
十九歳							4	1	11		3	1	5	2								
二十歳							1		23	2	2		1	1	1							
二十一歳							2		23		6	1	4	1								1
二十二歳							12		29	2	2	1	6		1							
二十三歳							5		41		4	2	4	2								
二十四歳							15		21	2	2		12		1					2		
二十五歳							4		42	2	2		1									
二十六歳							4	1	50		5	1	10		2							
二十七歳							4		63	5	1		7	1								
二十八歳							4	1	51	3	5	1	7									
二十九歳							6		59	1	5	1	11									
三十歳	1						3		45	2	8	1	9		1							
三十一歳							9	1	44		8		10									
三十二歳	1						3	1	50		6	1	5		1							
三十三歳			1				3	1	51	4	1		6	1	1							
三十四歳							9		57	2	5		9		1							
三十五歳							3	1	42		2		11									
三十六歳	1						3		34	1	6		4	1								
三十七歳							2		39	2	3	1	3	2	1							
三十八歳	1						2		35		4	2	5		2							
三十九歳							2		37	1	2	1	9									
四十歳							5		30	1	2		3									
四十一歳							3		37		1		7	1								
四十二歳									31	1	2		5		1							
四十三歳							4		30		2		4	1	1							
四十四歳					1		5		31		1		2									
四十五歳							2		11	1	1	1	6									
四十六歳							1		16	1	1		4									
四十七歳							1		24		3		3		1							
四十八歳							3		13		2		2				1					
四十九歳							1		21	1		1	3									
五十歳									8		2											
五十一歳	1						1		7		1		3									
五十二歳							1		14	1			2									
五十三歳							2		9	1			2									
五十四歳									9		1		2									
五十五歳									4		2		1									
五十六歳									9				1									
五十七歳							1		8													
五十八歳							1		4		1											
五十九歳									4		1											
六十歳以上							4	2	12		1	1	1	1					1			
年齢不詳																						
合計	5		1		1		144	10	1221	50	112	25	195	17	15		1		1	3		1

年齢	26森林業 コンクリート工		石工		道路工夫, アスファルト舗装工		線路工夫, 保線夫		其ノ他ノ土木建築作業者		其ノ他ノ電工		機関士, 運転士, 機関助手（蒸気機関車）		人力車夫, 馬方, 馭者		荷扱夫, 仲仕, 倉庫夫, 運搬夫, 配達夫		物品売買業者, 仲買人		店員, 売子, 注文取, 集金人	
	男	女	男	女	男	女	男	女	男	女	男	女	男	女	男	女	男	女	男	女	男	女
十二歳以下																						
十三歳																						
十四歳									1													
十五歳									1				1									
十六歳																	1					
十七歳									1								2					
十八歳									6													
十九歳									7								7					
二十歳									8						1		2					
二十一歳									4						2		2					
二十二歳					2				11	1							4		2			
二十三歳					1				15	1							6		1			
二十四歳					3				17								4		2			
二十五歳					1				16								2					1
二十六歳					1				10								5					
二十七歳							1		10								7		1			
二十八歳									9								5					
二十九歳					1				16								6	1				
三十歳									15								8	1				
三十一歳									16								6					
三十二歳					2				16						1		4					
三十三歳			1		1				14								6					
三十四歳					3		1		18								8					
三十五歳					1		2		10								10					
三十六歳					1				9								2					
三十七歳							2		13								2					1
三十八歳					1		1		8		1							1				
三十九歳									9								2					
四十歳					1		1		11						1		5					
四十一歳	1				1				10								3					
四十二歳							1		8								2					
四十三歳					1		1		7								5		2			
四十四歳					1				5								4					
四十五歳					1				6													
四十六歳					1				4								1					
四十七歳							1		3													
四十八歳					1				5								1		1			
四十九歳									2													
五十歳									3								1					
五十一歳					1		1		1													
五十二歳									1								1					
五十三歳																						
五十四歳									3													
五十五歳									2													
五十六歳																	1					
五十七歳									1													
五十八歳									1													
五十九歳									3													
六十歳以上									1													
年齢不詳																						
合計	1		1		26		12		337	2	1		1		5		125	3	9			2

年齢	26森林業 守衛,監督		小使,給仕,雑役者		其ノ他ノ作業者		一般ノ官吏,公吏(他ニ分類セラレザルモノ)		27炭焼業 総数		経営者		一般事務者		農耕作業者		造林作業者		伐木夫,造材夫		炭焼夫	
	男	女	男	女	男	女	男	女	男	女	男	女	男	女	男	女	男	女	男	女	男	女
十二歳以下									21	17											20	17
十三歳									23	14											23	14
十四歳									58	26											58	25
十五歳									65	59						1			1		63	58
十六歳									84	78					1				3		79	76
十七歳						1			119	94					1				4		111	92
十八歳									133	106									4	1	125	104
十九歳					3				169	90									2	1	166	89
二十歳			3	1					161	89									3		157	89
二十一歳			2		4	1			157	91									4	1	151	89
二十二歳			4	1	4				132	69									2		126	67
二十三歳			3		2				204	88			1						3		199	82
二十四歳			2		2	1			225	64					1				3		216	64
二十五歳			1	1	3				210	81					1				2		201	80
二十六歳			1		2				225	30										1	222	88
二十七歳			1	1	3	1			260	85									4	1	254	84
二十八歳			2	1	1				229	91									4	1	233	88
二十九歳	1		2		1		1		260	86									3		255	86
三十歳			3		3				224	60									2		217	60
三十一歳			3	1	2				233	63	1		1						5		222	61
三十二歳			2		4				237	74					1				3		232	74
三十三歳	1		3		2				228	67					1				3		215	66
三十四歳			1		1				226	47									2		219	45
三十五歳			2		2				217	64					1				1	1	212	63
三十六歳			1		2				181	26									1		179	26
三十七歳			1		1				225	36			1						2		220	36
三十八歳					3				214	50									4		209	50
三十九歳			3		4				218	37									9		209	37
四十歳			1		2				218	39			1						3	1	210	38
四十一歳			2						194	39			1						3	1	185	38
四十二歳					4				184	27			1						3		177	37
四十三歳			1		3				194	38			1					1	3		187	37
四十四歳			3						147	31									2		141	30
四十五歳					3				114	22					1				2		111	21
四十六歳					2				107	10					1				1		105	10
四十七歳	1		2		1				90	11									2		87	11
四十八歳									108	13									2		104	13
四十九歳			1	1					123	18									4		114	18
五十歳									84	14									1		82	14
五十一歳									76	13							1				75	13
五十二歳					1				69	18					1				2		63	18
五十三歳			1						61	9			1								59	9
五十四歳									35	6									1		34	6
五十五歳									36	4											35	4
五十六歳									24												24	
五十七歳									29	4											29	4
五十八歳									27	3											27	3
五十九歳									38	5									1		37	5
六十歳以上			1						101	28									2		98	28
年齢不詳																						
合計	3		52	7	66	4	1		7007	2199	1		8		10	1	1	1	106	9	6771	2167

年齢 \ 職業	27炭焼業																				28其ノ他ノ林産生産,採取業	
	其ノ他ノ農産,林産作業者		其ノ他ノ木,竹,草,蔓,藁類製品ノ製造作業者		其ノ他ノ土木建築作業者		船長,船(総噸数40噸未満ノ船)機関士(船ノ機関長及機関士)		人力車夫,馬方,馭者		艀夫,舟仕,倉庫夫,運搬夫,配達夫		物品売買業者,仲買人		店員,売子,注文取,集金人		小使,給仕,雑役者		其ノ他ノ作業者		総数	
	男	女	男	女	男	女	男	女	男	女	男	女	男	女	男	女	男	女	男	女	男	女
十二歳以下	1																					
十三歳																						2
十四歳		1																				
十五歳											1											
十六歳		1									1	1										2
十七歳		1	1		1						1	1										1
十八歳	1				1						1				1			1			2	1
十九歳					1						1											1
二十歳											1											1
二十一歳		1			1						1										2	
二十二歳		1			2						2	1										
二十三歳		1									1										1	3
二十四歳					1		1				1						1		1			1
二十五歳	2	1			1						2				1						3	2
二十六歳					1						2									1	6	1
二十七歳					2																	
二十八歳		1		1	1												1					1
二十九歳									1										1		4	
三十歳					3						1						1				1	2
三十一歳	1	2									3										4	1
三十二歳											1											
三十三歳	1				3						4	1					1				2	
三十四歳	2	1									2			1					1		2	
三十五歳											1						2				4	1
三十六歳	1				3						2								1		2	
三十七歳	1										1										2	
三十八歳									1												1	2
三十九歳																					1	
四十歳			1														1		2		2	
四十一歳	1				1						2						1				1	
四十二歳	2										1										2	
四十三歳	1										1						1				3	
四十四歳	1				2						1					1					1	
四十五歳												1										1
四十六歳																					2	
四十七歳					1																	1
四十八歳											1								1			
四十九歳					2						2								1		1	
五十歳											1											
五十一歳																						
五十二歳	1		1														1					
五十三歳											1											
五十四歳																						
五十五歳	1																					
五十六歳																						
五十七歳																					2	
五十八歳																						
五十九歳																						
六十歳以上	1																				2	3
年齢不詳																						
合計	18	11	3	1	27		1		2		39	5		1	2	1	10	1	8	1	54	27

職業 / 年齢 / 男女	28 其ノ他ノ林産物生産, 採取業								29 漁撈採藻業													
	其ノ他ノ農産, 林産作業者		パルプ工		製紙工		小使, 給仕, 雑役者		総数		経営者		一般事務者		販売仕入係事務者		簿記係事務者		通訳		船長(総噸数40噸以上ノ船舶ノ船長)	
	男	女	男	女	男	女	男	女	男	女	男	女	男	女	男	女	男	女	男	女	男	女
十二歳以下									3	1												
十三歳		1				1			8													
十四歳									27	3												
十五歳									44	5												
十六歳				1		1			79	7				1								
十七歳		1							136	21												
十八歳	2	1							152	34									1			
十九歳		1							144	34												
二十歳		1							155	42												
二十一歳	3								134	35												
二十二歳									123	27					1				1			
二十三歳	1	1				2			164	24	1											
二十四歳		1							153	22	1		1									
二十五歳	3	1				1			147	16			1								1	
二十六歳	6	1							144	35												
二十七歳									138	26												
二十八歳		1							122	19			1									
二十九歳	4								130	21	1											
三十歳	1	2							107	16							1					
三十一歳	4	1							118	12			1									
三十二歳									92	11												
三十三歳	2								99	17												
三十四歳	2								85	7												
三十五歳	4					1			70	6												
三十六歳	2								67	8												
三十七歳	2								93	5			1									
三十八歳	1	2							74	14	1		2									
三十九歳	1								59	10												
四十歳	2								60	4	1											
四十一歳	1								45	3												
四十二歳	2								60	7											1	
四十三歳	3								61	8												
四十四歳	1								38	1												
四十五歳		1							23	3												
四十六歳	2								31													
四十七歳						1			20	3												
四十八歳									38	3			1									
四十九歳	1								21	1												
五十歳									23	1												
五十一歳									18	1												
五十二歳									19	1												
五十三歳									16	1												
五十四歳									3													
五十五歳									3	1												
五十六歳									5	2												
五十七歳	1						1		3													
五十八歳									4													
五十九歳									5		1											
六十歳以上	2	3							17	2												
年齢不詳									1													
合計	53	19		1		7	1		3381	519	6		8	1	1		1		2		2	

年齢 \ 職業 / 男女	船長（総噸数40噸以上ノ船舶ノ船長） 男	女	船舶機関士（総噸数40噸以上ノ船舶ノ機関長及機関士） 男	女	其ノ他ノ農産,林産作業者 男	女	漁撈長 男	女	其ノ他ノ水産作業者 男	女	其ノ他ノ木,竹,草,蔓類製品ノ製造作業者 男	女	製氷工,冷凍工 男	女	料理人,コック 男	女	潜水夫 男	女	機関士,運転士,機関助手（蒸気機関車） 男	女	船舶運転士（総噸数40噸未満ノ船舶ノ船長及運転士） 男	女
十二歳以下									3	1												
十三歳									7													
十四歳									20	2	1											
十五歳									37	5												
十六歳	1								62	6					2	1						
十七歳									98	21	1				2		1					
十八歳									120	34					2							
十九歳									107	34	1						1					
二十歳			1		1				106	42	1				1		1					
二十一歳									92	35												
二十二歳									94	27												
二十三歳					1				112	24											1	
二十四歳	1		1						104	21	1				1			1				
二十五歳			1				1		91	16					2		1					
二十六歳			1		1				99	35					1		1		1		1	
二十七歳									96	26	1		1		3						1	
二十八歳							3		84	18	1							1	1			
二十九歳							2		87	21					1		1				2	
三十歳	1								80	16									1		1	
三十一歳							5		81	12							2		1		1	
三十二歳			2						70	9							1	2			2	
三十三歳			1				1		75	17							1					
三十四歳			1				5		59	7					1							
三十五歳			1				2		50	6					1		1					
三十六歳							2		50	8							2					
三十七歳			1				3		59	5											1	
三十八歳							3		52	14							4				1	
三十九歳							1		48	10					1		1					
四十歳	1						2		47	4												
四十一歳									38	3							1					
四十二歳							2		45	7												
四十三歳			1				2		47	7								1			1	
四十四歳							1		29	1												
四十五歳									19	3												
四十六歳									27													
四十七歳			1						17	3											1	
四十八歳			1				1		32	3												
四十九歳							1		20	1												
五十歳							1		22	1												
五十一歳									18	1												
五十二歳									16	1												
五十三歳							1		13	1												
五十四歳									2													
五十五歳									3	1												
五十六歳									3	2												
五十七歳									3													
五十八歳									4													
五十九歳									3													
六十歳以上							2		15	2												
年齢不詳									1													
合計	4		13		3		41		2467	512	7		1		18		19	5	4		13	

職業 / 年齢 / 男女	29 漁撈採藻業																		30 母船式漁業			
	船長, 船機関士（船ノ総噸数40噸未満ノ船ノ機関長及機関士）		舵手, 水夫, 舟夫		艀夫, 伝馬, 艀漕夫, 運搬夫, 配達夫		店員, 売子, 注文取, 集金人		守衛, 監督		汽罐士		火夫, 油差		小使, 給仕, 雑役者		其ノ他ノ作業者		総数		一般事務者	
年齢	男	女	男	女	男	女	男	女	男	女	男	女	男	女	男	女	男	女	男	女	男	女
十二歳以下																						
十三歳			1																			
十四歳			3			1							1		1		1					
十五歳			5										1		1				1			
十六歳			10				1						2		1				5			
十七歳			27		1		1						5						2			
十八歳			21				1						3		2		2		1			
十九歳			26				1						7		1				6			
二十歳	3		26		2								11		1				6			
二十一歳	1		20		1		1						17		1		1		7			
二十二歳	1		16										9		1				7	1		
二十三歳	2		23		2						1		18		2		1		9			
二十四歳	3		27		3								9		1				8			
二十五歳	12		23		1						1		11		1				5			
二十六歳	3		26		1								7		1				5			
二十七歳	3		22		2								8						4			
二十八歳	6		20										5				1		8			
二十九歳	4		25		2								4		1				7		2	
三十歳	3		14		2				2				2						8			
三十一歳	1		21						1				2		1		1		9			
三十二歳	2		11										3		1				6			
三十三歳	1		16		1								2				1		4			
三十四歳	5		14																8			
三十五歳			13		1										1				8			
三十六歳	2		9										2						8			
三十七歳	2		21		2								2		1				1			
三十八歳			9						1				1						6			
三十九歳			7										1						4			
四十歳	1		6										2						7			
四十一歳			3		1								1				1		3			
四十二歳			11														1		3			
四十三歳			7		1		1		1										5		1	
四十四歳	1		5										2						1			
四十五歳			2																2			
四十六歳	1		3												1		1		1			
四十七歳			1																1			
四十八歳			1		2														2			
四十九歳																			2		1	
五十歳																			1			
五十一歳																			2			
五十二歳			3																1			
五十三歳			2																			
五十四歳			1																			
五十五歳																			1			
五十六歳	1								1													
五十七歳																						
五十八歳																			1			
五十九歳			1																			
六十歳以上																			3			
年齢不詳																						
合計	58		503		26	1	6		6		2		139		20		11		179	1	4	

職業 年齢	30母船式漁業																					
	販売仕入係事務者		船長(総噸数40噸以上ノ船舶ノ船長)		船舶機関士(総噸数40噸以上ノ船舶ノ機関長及機関士)		其ノ他ノ水産作業者		機械火造工		其ノ他ノ木,竹,草,蔓類製品ノ製造作業者		製氷工,冷凍工		料理人,コツク		其ノ他ノ飲食料品嗜好品製造作業者		船舶運転士(総噸数40噸未満ノ船舶ノ船長及運転士)		船舶機関士(総噸数40噸未満ノ船舶ノ機関長及機関士)	
	男	女	男	女	男	女	男	女	男	女	男	女	男	女	男	女	男	女	男	女	男	女
十二歳以下																						
十三歳																						
十四歳																						
十五歳																						
十六歳							1								1							
十七歳																						
十八歳							1								1							
十九歳							1															
二十歳							3															
二十一歳							2						1									
二十二歳							2				1											
二十三歳							3															
二十四歳							5															
二十五歳							1						1		1							
二十六歳							2								1							
二十七歳																						
二十八歳							1															
二十九歳							2															
三十歳			1				2		1													
三十一歳	1						5															
三十二歳							3															
三十三歳							1								1							
三十四歳							2								1				1			
三十五歳							1															
三十六歳							2															
三十七歳																						
三十八歳					1										1							
三十九歳																						
四十歳							2														1	
四十一歳							2															
四十二歳							1															
四十三歳							2															
四十四歳																						
四十五歳							2															
四十六歳																						
四十七歳							1															
四十八歳																						
四十九歳							1															
五十歳							1															
五十一歳							2															
五十二歳													1									
五十三歳																						
五十四歳																						
五十五歳							1															
五十六歳																						
五十七歳																						
五十八歳																	1					
五十九歳																						
六十歳以上							1															
年齢不詳																						
合計	1		1		1		52		1		1		3		7		1		1		1	

産業 / 職業 / 男女 / 年齢	30母船式漁業 舵手,水夫,舟夫 男	女	荷扱夫,仲仕,倉庫夫,運搬夫,配達夫 男	女	無線電信通信士 男	女	汽罐士 男	女	火夫,油差 男	女	小使,給仕,雑役者 男	女	31魚類養殖業 総数 男	女	其ノ他ノ水産作業者 男	女	舵手,水夫,舟夫 男	女	荷扱夫,仲仕,倉庫夫,運搬夫,配達夫 男	女	32介類養殖業 総数 男	女
十二歳以下																						
十三歳																					/	
十四歳																						
十五歳			/										/		/							
十六歳	2										/										/	
十七歳	/								/												/	/
十八歳																					/	
十九歳	3								/													
二十歳	/								2				/				/					
二十一歳	/								3													
二十二歳									3		/	/		/		/					/	
二十三歳	3		/						/		/		/		/						/	
二十四歳	2				/																	
二十五歳							/		/				/		/						2	
二十六歳	2								/													
二十七歳	/								2												2	
二十八歳	/		/						4		/											
二十九歳	2								/												/	
三十歳	/		/						/		/											
三十一歳	3																					
三十二歳	/								2													
三十三歳			/						/				3		3						/	
三十四歳	3								/		/											
三十五歳	3								3													
三十六歳	3								2		/											/
三十七歳	/																					
三十八歳	/								2		2		/		/							
三十九歳									3				/		/							
四十歳	2		/						2													
四十一歳																						
四十二歳	2																					
四十三歳	/								/													
四十四歳	/																					
四十五歳																						
四十六歳									/													
四十七歳																						
四十八歳									/		/											
四十九歳																						
五十歳																						
五十一歳																						
五十二歳																						
五十三歳													/						/			
五十四歳																						
五十五歳																						
五十六歳																						
五十七歳																						
五十八歳																						
五十九歳																						
六十歳以上			2																			
年齢不詳																						
合計	41		8		/		/		40		10	/	11	/	8	/	/		/		12	2

年齢	32介類養殖業		33漁類養殖業				34金属鉱業															
	其ノ他ノ水産作業者		総数		其ノ他ノ水産作業者		総数		経営者		一般事務者		販売仕入係事務者		簿記係事務者		通訳		鉱山技術者		機械技術者	
	男	女	男	女	男	女	男	女	男	女	男	女	男	女	男	女	男	女	男	女	男	女
十二歳以下								2														
十三歳	1						3															
十四歳							19	3														
十五歳			1		1		15	5														
十六歳	1			1		1	47	9			1											
十七歳	1	1					95	13			1											
十八歳	1						180	9			1											
十九歳			1		1		290	4			6											
二十歳							496	15			6				1							
二十一歳			1		1		495	9														
二十二歳	1		2		2		467	11			2											
二十三歳	1		2		2		597	4			3											
二十四歳							680	11			3								4			
二十五歳	2						529	3			2											
二十六歳							472	6			1								1		1	
二十七歳	2		1		1		461	10			2											
二十八歳							473	8	1		8								2			
二十九歳	1						433	7	2				1						3			
三十歳							344	3	3		1								2			
三十一歳							368	4	1		2								2		1	
三十二歳							270	6			2				1							
三十三歳	1						256	3			3		1									
三十四歳							265	4	2		2											
三十五歳							239	3	3		3								1			
三十六歳		1					153	1			4											
三十七歳							158	6			2								1			
三十八歳							176	2			1						1		1			
三十九歳							155	2	1								1					
四十歳							138	3			1											
四十一歳							110	1	1										1			
四十二歳							105	3														
四十三歳							88	1														
四十四歳							79	4														
四十五歳			1		1		68	2	3													
四十六歳							40		1													
四十七歳							43															
四十八歳							43	1														
四十九歳							30				1											
五十歳							38															
五十一歳							36	1														
五十二歳							26															
五十三歳							31															
五十四歳							19															
五十五歳							12		1		1											
五十六歳							6															
五十七歳							1															
五十八歳							12															
五十九歳							2															
六十歳以上							22	1														
年齢不詳							3															
合計	12	2	9	1	9	1	9078	180	19		59		2		2		2		18		2	

職業 / 年齢	34金属鉱業																					
	化学技術者		木工技術者		土工技術者		船舶機関士(総噸数40噸以上ノ船舶ノ機関長及機関士)		鉱工学研究員		農耕作業者		果樹園芸作業者		伐木夫,造材夫		炭焼夫		発破係		坑内採鉱夫,採炭夫	
	男	女	男	女	男	女	男	女	男	女	男	女	男	女	男	女	男	女	男	女	男	女
十二歳以下																						
十三歳																						
十四歳																					1	
十五歳																					1	
十六歳																					5	
十七歳																					16	
十八歳																					35	
十九歳																					44	
二十歳	1																				61	
二十一歳													1								86	
二十二歳																					58	1
二十三歳							1												1		83	
二十四歳																					98	
二十五歳																			1		80	
二十六歳	1																				77	
二十七歳											1										81	
二十八歳																					74	
二十九歳			1																1		75	
三十歳																			1		63	1
三十一歳	1																1				75	
三十二歳																			2		54	
三十三歳																					63	
三十四歳															1						54	
三十五歳																			1		60	
三十六歳															1				1		42	
三十七歳																			1		37	
三十八歳																			1		38	
三十九歳																					34	
四十歳									1						1				1		40	
四十一歳																					33	
四十二歳					1																37	
四十三歳																					31	
四十四歳																			1		25	1
四十五歳																					16	
四十六歳																					16	
四十七歳																					13	
四十八歳																					10	
四十九歳															1						5	
五十歳																					11	
五十一歳																					12	
五十二歳																					11	
五十三歳																					6	
五十四歳																					2	
五十五歳																					3	
五十六歳																					2	
五十七歳																						
五十八歳																					1	
五十九歳																						
六十歳以上																					4	
年齢不詳																						
合計	3		1		1		1		1		1		1		4		1		12		1669	3

職業	34 金属鉱業																				
	坑内掘進夫		坑内支柱夫		坑内充塡夫		坑内運搬夫		露天採掘夫		選鉱夫,選炭夫		土砂採取夫		鑿井夫,ボーリング工		焙焼工,焼結工,団鉱工		非鉄金属製錬工(其ノ他ノ炉ニ依ルモノ)		非鉄金属製錬工(化学操作ニ依ルモノ)	
年齢 / 男女	男	女	男	女	男	女	男	女	男	女	男	女	男	女	男	女	男	女	男	女	男	女
十二歳以下												1										
十三歳							2															
十四歳	1						4		1	1	2	1										
十五歳							3		3		2	4										
十六歳	1						16	1	4	1	3	4	1						1			
十七歳					2		36		7		11	11	3						1			
十八歳	2				12		59		10	1	18	6	2						2			
十九歳	7		2		7		120		7		15	2	3				1		3			
二十歳	10		5		13		232	1	13		31	9	3						10			
二十一歳	12		3		9		239		12		12	6	1		1		2		6		2	
二十二歳	4		2		12		239	1	11		14	5	5				1		10			
二十三歳	13		6		10		220		15		16	3	5				1		6			
二十四歳	20		12		15		219		16		4	7	5				1		16			
二十五歳	21		7		10		258		18		16		10				1		6			
二十六歳	22		7		16		218	1	13	1	13	4	7						9			
二十七歳	20		4		8		203		23		12	3	3				1		5			
二十八歳	22		6		20		204	1	18		9	2	3		1				5			
二十九歳	22		3		8		187		11		12	6	2				1		7			
三十歳	20		4		11		146		8		8	1	1				1		2			
三十一歳	24		1		7		150		12		6	2	4				1		2			
三十二歳	13		3		6		109		9		8	4	2									
三十三歳	10		3		2		91		13		9	1	3						1			
三十四歳	14		5				94		8	1	7	1	3						1		1	
三十五歳	17		3		2		82		7		4	2	2				1		1			
三十六歳	7		2				42		10		6		3						1			
三十七歳	13				3		52		16		4	2	2						1			
三十八歳	9		2		8		50		3		9		8				1					
三十九歳	8		2		4		46		10		3		6						1			
四十歳	9		1		2		35		11		3	1	3									
四十一歳	7		1		1		24		9		2		6									
四十二歳	7		1		1		25		11		2	1					1					
四十三歳	10						17		5		1	1	3									
四十四歳	5		1		1		13		6		2		2									
四十五歳	5		1		1		11		7		2	1	1									
四十六歳	2						5		3				2									
四十七歳	1		1				3		7				1									
四十八歳	6		1				8		5			1									1	
四十九歳							3		7				1									
五十歳	5						3		6													
五十一歳	2		1				4		2		1	1	1									
五十二歳	1						4		8													
五十三歳	1						2		6		1		1									
五十四歳	4						5		1				2									
五十五歳							2		1													
五十六歳											1											
五十七歳	1																					
五十八歳	2						2						1				1					
五十九歳	1																					
六十歳以上	2						5		3			1										
年齢不詳							3															
合計	383		90		191		3695	5	369	5	279	99	111		2		15		97		4	

34金 属 鉱 業

年齢＼職業	其ノ他ノ金属製錬作業者 男	其ノ他ノ金属製錬作業者 女	其ノ他ノ現図工 男	其ノ他ノ現図工 女	鍛冶職, 刃物職 男	鍛冶職, 刃物職 女	機械火造工 男	機械火造工 女	鋳造工 男	鋳造工 女	其ノ他ノ金属材料ノ製造加工作業者 男	其ノ他ノ金属材料ノ製造加工作業者 女	パイプ工(造船所, 鋼工ヲ含ム) 男	パイプ工(造船所, 鋼工ヲ含ム) 女	其ノ他ノ機械器具製作作業者 男	其ノ他ノ機械器具製作作業者 女	手仕上工 男	手仕上工 女	機械器具製造工, 修繕工, 保全工 男	機械器具製造工, 修繕工, 保全工 女	料理人, コック 男	料理人, コック 女
十二歳以下																						
十三歳																						
十四歳																						
十五歳																			1			
十六歳																	1					1
十七歳																						
十八歳							2															
十九歳					2																	2
二十歳					2						1								1			4
二十一歳	1										3		1						1		1	3
二十二歳											2											4
二十三歳			1		3						2										3	1
二十四歳					3						1				1							
二十五歳					1																	
二十六歳	1				1						3											
二十七歳					1																4	1
二十八歳					4				1													
二十九歳											1										1	
三十歳					1																	
三十一歳					3						1				1							1
三十二歳																						
三十三歳					2						1											
三十四歳	1				1																	
三十五歳																						
三十六歳											1											
三十七歳																						
三十八歳																						1
三十九歳					3																1	
四十歳																						
四十一歳																						
四十二歳																						1
四十三歳																						
四十四歳																						
四十五歳	1																				1	
四十六歳					1																	
四十七歳					1																	
四十八歳																						
四十九歳																						
五十歳																						
五十一歳																						
五十二歳																						
五十三歳																						
五十四歳																						
五十五歳																						
五十六歳																						
五十七歳																						
五十八歳																						
五十九歳																						
六十歳以上																						
年齢不詳																						
合計	4		1		29		2		1		16		1		2		1		3		11	19

34 金属鉱業

年齢＼職業	大工		左官		鉄筋工, 鉄鋼工		コンクリート工		石工		道路工夫, アスファルト舗装工		線路工夫, 保線夫		鳶職		其ノ他ノ土木建築作業者		其ノ他ノ電工		メッキ工(皮膜防錆工ヲ含ム)	
	男	女	男	女	男	女	男	女	男	女	男	女	男	女	男	女	男	女	男	女	男	女
十二歳以下																						
十三歳																						
十四歳																	3					
十五歳																	2					
十六歳																	2					
十七歳							1										5					
十八歳							1				1						9					
十九歳																	10		1			
二十歳													2				19					
二十一歳													3				18					
二十二歳															1		15					
二十三歳							2				2						20					
二十四歳							2				1		4		1		27					
二十五歳											1		2				15					
二十六歳					1						1		2				18					
二十七歳							1										19					
二十八歳							1						1				23					
二十九歳											2		1				24					
三十歳							2						1				19				1	
三十一歳			1										1				23					
三十二歳							1		1								15					
三十三歳											2						17					
三十四歳											2		1				19					
三十五歳											2		1				20					
三十六歳							1				1		1				9					
三十七歳							1										13					
三十八歳									1		2						19					
三十九歳							1				1						18					
四十歳	1																16					
四十一歳																	15					
四十二歳																	12					
四十三歳																	13					
四十四歳									1		1						13					
四十五歳							1										9					
四十六歳											1						4					
四十七歳																	12					
四十八歳											1						6					
四十九歳							1				1						8					
五十歳																	11					
五十一歳																	8					
五十二歳																	5					
五十三歳																						
五十四歳																	3					
五十五歳																	2					
五十六歳																	3					
五十七歳																						
五十八歳																	3					
五十九歳																	1					
六十歳以上																	4					
年齢不詳																						
合計	1		1		1		16		3		22		20		2		549		1		1	

職業・男女／年齢	34金属鉱業 金属酸洗工，洗滌工 男	金属酸洗工，洗滌工 女	バフ磨工 男	バフ磨工 女	実験工，試験工，分析工 男	実験工，試験工，分析工 女	機関士，運転士，機関助手（蒸気機関車） 男	機関士，運転士，機関助手（蒸気機関車） 女	運転手，助手（電気機関車，電車，気動車） 男	運転手，助手（電気機関車，電車，気動車） 女	自動車運転手 男	自動車運転手 女	人力車夫，馬方，馭者 男	人力車夫，馬方，馭者 女	荷扱夫，仲仕，倉庫夫，運搬夫，配達夫 男	荷扱夫，仲仕，倉庫夫，運搬夫，配達夫 女	店員，売子，注文取，集金人 男	店員，売子，注文取，集金人 女	企画手 男	企画手 女	守衛，監督 男	守衛，監督 女
十二歳以下																						
十三歳					1																	
十四歳															2							
十五歳																						
十六歳					1										1							
十七歳															2							
十八歳															4							
十九歳															7							
二十歳															21							
二十一歳							1		1						21							
二十二歳															20						2	
二十三歳											1				18						1	
二十四歳											1				29		1					
二十五歳															13							
二十六歳															15						2	
二十七歳	1														22							
二十八歳									1						16						1	
二十九歳									1						15						1	
三十歳			1												10							
三十一歳															18							
三十二歳															11				1		2	
三十三歳															17				1			
三十四歳													1		15						1	
三十五歳							1								13						1	
三十六歳															10							
三十七歳															4							
三十八歳															7						1	
三十九歳															7							
四十歳															5						1	
四十一歳															4						1	
四十二歳											1				4							
四十三歳															3							
四十四歳															4							
四十五歳															2						2	
四十六歳															3							
四十七歳																						
四十八歳															2							
四十九歳															1							
五十歳															1							
五十一歳															3							
五十二歳							1								2							
五十三歳															1						1	
五十四歳															1							
五十五歳																						
五十六歳																						
五十七歳																						
五十八歳															1							
五十九歳																						
六十歳以上															2							
年齢不詳																						
合計	1		1		2		3		3		3		1		355		1		2		17	

年齢 \ 産業 職業 男女	34金属鉱業 原動機(電動機ヲ除ク)、捲上機、ポンプ、通風機、空気圧縮機、コンベヤノ運転工 男	女	火夫,油差 男	女	包装掛,壜詰工,罐詰工 男	女	荷造工 男	女	小使,給仕,雑役者 男	女	見習工・養成工(他ニ分類セラレザルモノ) 男	女	其ノ他ノ作業者 男	女	35砂鉱採取業 総数 男	女	一般事務者 男	女	坑内採鉱夫,採炭夫 男	女	坑内掘進夫 男	女
十二歳以下														1	1							
十三歳																						
十四歳									4	1			1		2							
十五歳									3	1					2							
十六歳									10	2					2	1						
十七歳									10	2					6							
十八歳	1								18	2			2		4							
十九歳									44				11		13							
二十歳	1								46	1			17		16				2			
二十一歳	2								41				15		8				1			
二十二歳	1								53				15		10							
二十三歳	1								49				14		13				4			
二十四歳	1								58	2			27	1	10							
二十五歳	2								47	3	1		17		13	1			2			
二十六歳									32				10		11				5			
二十七歳	1								38	1			12		15				2		1	
二十八歳	1								43	5			9		14				3			
二十九歳							1		40	1			10		14		1		1			
三十歳	2				1				27	1			8		9				2			
三十一歳			1						25				7	1	13				4		1	
三十二歳									21	2			8		12				4			
三十三歳									16	2			2		10				2			
三十四歳									27	2			5		14				8			
三十五歳									12				1	1	5	1			1			
三十六歳	1								9	1			1		10				2			
三十七歳									7	3			1	1	8	1			2			
三十八歳	1								10	1			3		8				1		1	
三十九歳									5	2			3		11				3			
四十歳							1		6	2					16				3			
四十一歳									5	1					10				5			
四十二歳	1								1	1					8						1	
四十三歳									2				2		10	1			3			
四十四歳									6	2			1	1	5							
四十五歳									5	1					18				3			
四十六歳									2						3							
四十七歳									4						6				2			
四十八歳									3						4							
四十九歳									1						3							
五十歳									1						3							
五十一歳									1				1		7				2			
五十二歳															3							
五十三歳									2						4							
五十四歳									1						1							
五十五歳									2						2							
五十六歳															1							
五十七歳																						
五十八歳									1						3							
五十九歳															4							
六十歳以上									2						7							
年齢不詳																						
合計	16		1		1		2		741	43	1		204	6	366	5	1		68		4	

年齢 ＼ 職業	35砂鉱採取業																							
	坑内支柱夫		坑内運搬夫		露天採掘夫		選鉱夫,選炭夫		土砂採取夫		製錬工(平炉其ノ他ニ依ルモノ)		其ノ他ノ金属製錬作業者		其ノ他ノ金属材料ノ製造加工作業者		手仕上工		其ノ他ノ土木建築作業者		荷造夫,仲仕,倉庫夫,運搬夫,配達夫			
	男	女	男	女	男	女	男	女	男	女	男	女	男	女	男	女	男	女	男	女	男	女		
十二歳以下															1									
十三歳																								
十四歳					1																			
十五歳			1		1																			
十六歳																								
十七歳					3																			
十八歳					2																			
十九歳			2				1																	
二十歳			2		1														2					
二十一歳					1								2											
二十二歳			1		1		1																	
二十三歳			2		4																			
二十四歳			1		2				1															
二十五歳			2		3				1															
二十六歳					3				1												1			
二十七歳			2		4																1			
二十八歳			1		4				1															
二十九歳	2		4		1								1						1					
三十歳	1		1		2														1					
三十一歳			2		4				1															
三十二歳			1		3						1						1							
三十三歳	2		1		2				1															
三十四歳			1		3																			
三十五歳					3																1			
三十六歳					7																1			
三十七歳	1				4																			
三十八歳					4		1														1			
三十九歳					6												1		1					
四十歳	1		2		9														1					
四十一歳					4																			
四十二歳	3				2				2															
四十三歳			1		6																			
四十四歳					4																			
四十五歳			1		6																1			
四十六歳	1																							
四十七歳					4														2					
四十八歳					4																			
四十九歳					3																			
五十歳					1														2					
五十一歳					4																			
五十二歳					3																			
五十三歳					3																			
五十四歳					1																			
五十五歳					2																			
五十六歳					1																			
五十七歳																								
五十八歳					3																			
五十九歳					4																			
六十歳以上					7																			
年齢不詳																								
合計	11		28		140		3		8		1		3		1		2		10		6			

年齢＼産業・職業・男女	35 砂鉱採取業 小使,給仕,雑役者 男	女	其ノ他ノ作業者 男	女	36 石炭(亜炭ヲ含ム)鉱業 総数 男	女	経営者 男	女	一般事務者 男	女	通訳 男	女	タイピスト,筆耕 男	女	鉱山技術者 男	女	機械技術者 男	女	電気機械技術者 男	女	電気機械通信技術者 男	女
十二歳以下					25	51																
十三歳					73	67			1													
十四歳	1				109	80			1													
十五歳					228	79			2	2												
十六歳	2	1			399	70			2	1												
十七歳	2		1		888	63			4													
十八歳	2				1479	80			4		1											
十九歳	10				2038	62			4													
二十歳	9				2636	52			6		1		1				1					
二十一歳	4				3599	64			2						1							
二十二歳	7				2847	37	1		8						1							
二十三歳	3				3016	54			12		1				1							
二十四歳	6				3024	54	1		7										1			
二十五歳	5	1			2535	42			6		4				1							
二十六歳	1				2627	56			6		4											
二十七歳	6				2447	66			10		3											
二十八歳	4				2187	55			12		1											
二十九歳	3				2144	39			18		2				1							
三十歳	2				1792	48			12		1				1							
三十一歳	1				1854	42			18		2								1			
三十二歳	2				1680	34			10		1											
三十三歳	2				1456	43	1		12		1											
三十四歳	2				1494	34	1		11		1				2							
三十五歳		1			1360	32			9													
三十六歳					894	22			4													
三十七歳	1	1			1009	24			6		1										1	
三十八歳					996	21			13		1											
三十九歳					885	28			8		1				1							
四十歳					823	11			13													
四十一歳	1				647	21			7		1											
四十二歳					688	18			9		1				1							
四十三歳		1			557	10	1		5		1				1							
四十四歳	1				373	12			3													
四十五歳	1				202	9			6		1											
四十六歳					216	11	1		5						1							
四十七歳					205	9			4													
四十八歳					172	10			3													
四十九歳					163	4			2													
五十歳					144	3			3													
五十一歳					99	6			1													
五十二歳					98	6	1		1		1											
五十三歳	1				83	4			1													
五十四歳					45	4			1													
五十五歳					40	3																
五十六歳					29	1																
五十七歳					24	1			1													
五十八歳					28	1																
五十九歳					24	3																
六十歳以上					84	3																
年齢不詳					2																	
合計	79	5	1		49462	1549	7		273	3	31		1		12		1		2		1	

年齢 \ 職業	36 石炭(亜炭ヲ含ム)鉱業																					
	電気化学技術者		電気技術者		其ノ他ノ工業技術者		船舶運転士(総噸数40噸以上ノ船舶ノ運転士)		農耕作業者		果樹園芸作業者		伐木夫,造材夫		炭焼夫		畜産作業者		其ノ他ノ農産,林産作業者		発破係	
	男	女	男	女	男	女	男	女	男	女	男	女	男	女	男	女	男	女	男	女	男	女
十二歳以下																						
十三歳																						
十四歳																						
十五歳																						
十六歳					1																	
十七歳													2									
十八歳																						
十九歳																						
二十歳															1						1	
二十一歳			1												1			1				
二十二歳															1							
二十三歳							1								1							
二十四歳							1						1		2							
二十五歳													1		4	1						
二十六歳													1		2						1	
二十七歳															2						1	
二十八歳																					1	
二十九歳													2		1							
三十歳									1							1						
三十一歳													1		2							
三十二歳			1										1								2	
三十三歳															1							
三十四歳													1		2				1			
三十五歳															1						1	
三十六歳															1						1	
三十七歳	1														4							
三十八歳															1							
三十九歳																						
四十歳													1		2							
四十一歳																					1	
四十二歳															1							
四十三歳																						
四十四歳																						
四十五歳															1							
四十六歳																						
四十七歳																						
四十八歳																						
四十九歳											1											
五十歳																						
五十一歳																						
五十二歳																						
五十三歳																						
五十四歳																						
五十五歳																						
五十六歳																						
五十七歳																						
五十八歳															1							
五十九歳																						
六十歳以上															1							
年齢不詳																						
合計	1		2		1		2		1		1		11		34	2		1	1		9	

36 石炭(亜炭ヲ含ム)鉱業

年齢	坑内採鉱夫,採炭夫 男	坑内採鉱夫,採炭夫 女	坑内掘進夫 男	坑内掘進夫 女	坑内支柱夫 男	坑内支柱夫 女	坑内充填夫 男	坑内充填夫 女	坑内運搬夫 男	坑内運搬夫 女	露天採掘夫 男	露天採掘夫 女	選鉱夫,選炭夫 男	選鉱夫,選炭夫 女	土砂採取夫 男	土砂採取夫 女	鑿井夫,ボーリング工 男	鑿井夫,ボーリング工 女	混銑炉工 男	混銑炉工 女	製鋼工(平炉其ノ他ニ依ルモノ) 男	製鋼工(平炉其ノ他ニ依ルモノ) 女
十二歳以下	5										1	1	5	27								
十三歳	15	1	1						1	1	2	2	10	52	2							
十四歳	31	3	3		2		2		2		4	4	10	53		1						
十五歳	64	3	5		5		1		17	1	8		29	53		1						
十六歳	192	12	17		16		23		30	2	9	1	13	37								
十七歳	489	11	69		25		42	1	78		8	3	18	22	6	1						
十八歳	929	19	115	1	35	1	55	3	109	3	14	3	33	36	4				1		2	
十九歳	1311	12	159	1	55	2	77		187	2	12		16	30	2		1				2	
二十歳	1733	16	207	2	79		96	1	223	1	5	2	28	19	3						1	
二十一歳	1731	20	211		93		92	1	199	2	8	4	22	25	5		1				1	
二十二歳	1899	8	214	2	100		107	3	220	3	6	2	23	16	2		2				1	
二十三歳	2077	19	241		99		99		185	3	14	1	16	19	2		2					
二十四歳	2056	15	225	2	118	1	101		229	6	5	3	16	11	7							
二十五歳	1694	15	213		90	1	82	1	171	2	11		19	11	8	1					1	
二十六歳	1771	30	218		85	2	67		195	4	10		22	17	3							
二十七歳	1667	23	184	1	74	1	71	1	170	4	10	2	27	17	6	1						
二十八歳	1467	23	176	2	77		58		127	5	14	1	18	9	5							
二十九歳	1438	13	169		74	2	63		137	3	14		13	13	7							
三十歳	1248	11	147	1	72		40		94	4	8	2	12	14	2		1					
三十一歳	1281	14	114		78		44		120	5	10	4	18	8	4		2					
三十二歳	1121	10	133		65	3	26		109	2	9	1	13	7	4							
三十三歳	981	11	113		63		28	1	85	5	6	3	10	7	1							
三十四歳	996	8	121		70	1	26		97	2	6		20	12	7	1			1			
三十五歳	872	7	87		50	1	31	1	67	2	5		8	6	4							
三十六歳	596	7	76		47		15	1	45	1	6	1	19	5	6							
三十七歳	691	6	62	1	55	1	18		47		12		6	11	3		1					
三十八歳	637	8	65		60		24		49	2	10		11	5	9							
三十九歳	588	6	58		47		24		44		8	3	6	11	2							
四十歳	512	5	60		40		6		47		11	1	3	2	2							
四十一歳	389	8	40		32		10	1	28	1	9	1	11	6	8							
四十二歳	451	3	29	1	33		8		29	3	8		11	5	8							
四十三歳	350	1	37		27		10		31	1	7	1	6	1	1							
四十四歳	246	2	25		18		8		10		4		1	4								
四十五歳	191	1	16		23		1		12	1	5		2	2	1							
四十六歳	139	3	13	1	8		3		3	1	2		6	4	1							
四十七歳	100	3	12		10		2		9		6	1	8	1	4							
四十八歳	94	4	6		12				8		4		6	3	1							
四十九歳	92		6		7				2		2	1	5	2	3							
五十歳	76		9		10	1	1		5		3		4		3							
五十一歳	50	1	7		9				1		2	1	6	2								
五十二歳	40	1	6		5				1		5		3	2	1	1						
五十三歳	41	2	4		2				2		5											
五十四歳	15		1		3				1		5	1	2	2								
五十五歳	12				2				1		3		1	1								
五十六歳	7				2						1		2	1	1							
五十七歳	6				1						4		4									
五十八歳	11		1		1				1													
五十九歳	10	1									4		1		1							
六十歳以上	27		2		1				2		5		3		1							
年齢不詳	1																					
合計	32433	356	3677	15	1874	17	1351	15	3240	72	330	50	536	611	141	7	10		2		8	

年齢	36 石炭(亜炭ヲ含ム)鉱業																							
	非鉄金属製錬工(電気炉ニ依ルモノ)		鍛冶職, 刃物職		機械火造工		鋳造工		旋盤工(金属ニ加工スルモノ)		撓鉄工		板金鋲打工		電気熔接工		電線被装工		配線工		其ノ他ノ機械器具製作作業者			
	男	女	男	女	男	女	男	女	男	女	男	女	男	女	男	女	男	女	男	女	男	女		
十二歳以下																								
十三歳																								
十四歳															1									
十五歳			2																					
十六歳																								
十七歳			1																					
十八歳																								
十九歳																			1					
二十歳			2		1				1															
二十一歳					1																			
二十二歳									2															
二十三歳			1						1		1													
二十四歳									2								1				1			
二十五歳																								
二十六歳			1		1		1																	
二十七歳																								
二十八歳	1				1				1				1											
二十九歳																								
三十歳																								
三十一歳					2																			
三十二歳																								
三十三歳																								
三十四歳									2															
三十五歳																								
三十六歳																								
三十七歳																					1			
三十八歳																								
三十九歳																								
四十歳																								
四十一歳																								
四十二歳									1															
四十三歳																								
四十四歳																								
四十五歳																								
四十六歳																								
四十七歳			1																					
四十八歳																								
四十九歳																								
五十歳																								
五十一歳																								
五十二歳																								
五十三歳																								
五十四歳																								
五十五歳																								
五十六歳																								
五十七歳																								
五十八歳																								
五十九歳																								
六十歳以上																								
年齢不詳																								
合計	1		8		6		1		10		1		1		1		1		1		2			

年齢 \ 職業 \ 男女	手仕上工		機械器具部品仕上組立工		機械器具総組立工		航空機部品組立工		自動車組立工, 修繕工		電気機械器具組立工		機械器具製造工, 修繕工, 保全工		石炭乾溜工		活性炭工		成型工（煉炭ニ依ルモノヲ除ク）		革縫工	
産業	36 石炭(亜炭ヲ含ム)鉱業																					
	男	女	男	女	男	女	男	女	男	女	男	女	男	女	男	女	男	女	男	女	男	女
十二歳以下								1														
十三歳																						
十四歳																		1		1		
十五歳									1				1									
十六歳	2												3									
十七歳							1						2		1							
十八歳	1		1										4									
十九歳			1										6									
二十歳			1										5		1							
二十一歳									1				2		1							
二十二歳	1				1								7	1	3							
二十三歳	1												4		4							
二十四歳											1		1		3				1			
二十五歳			1										6				1					
二十六歳											1		4									
二十七歳			1										4									
二十八歳													1									
二十九歳															2							
三十歳									1				3								1	
三十一歳													2				1					
三十二歳							1						3		2							
三十三歳													1		1							
三十四歳													1									
三十五歳											1											
三十六歳															1							
三十七歳													1									
三十八歳					1								1									
三十九歳													2									
四十歳																						
四十一歳																						
四十二歳													1		2							
四十三歳															1							
四十四歳															1							
四十五歳																						
四十六歳																						
四十七歳																						
四十八歳															1							
四十九歳													1									
五十歳													1				1					
五十一歳																						
五十二歳																						
五十三歳															1				1			
五十四歳																						
五十五歳																						
五十六歳																						
五十七歳																						
五十八歳																						
五十九歳																						
六十歳以上	1																					
年齢不詳																						
合計	6		5		2		2	1	3		3		68	1	25		3	1	2	1	1	

36 石炭(亜炭ヲ含ム)鉱業

産業／職業／男女／年齢	木工		料理人,コック		其ノ他ノ飲食料品嗜好品製造作業者		其ノ他ノ製品ノ製造作業者		大工		左官		コンクリート枠組工		鉄筋工,鉄鋼工		コンクリート工		煉瓦積工,タイル積,築炉工		石工	
	男	女	男	女	男	女	男	女	男	女	男	女	男	女	男	女	男	女	男	女	男	女
十二歳以下																					1	
十三歳				1													1					
十四歳									1													
十五歳				2																		
十六歳				1					1													
十七歳											1											
十八歳									1													
十九歳																	1					
二十歳																	2					
二十一歳				1					1								1					
二十二歳																	1					
二十三歳			1	3																		
二十四歳			2	1													3					
二十五歳																						
二十六歳				1											1		3					
二十七歳							1		2													
二十八歳				2											1		1					
二十九歳																						
三十歳				1					2													
三十一歳			2	1					2				1									
三十二歳			4						1													
三十三歳			1														1					
三十四歳				2					1													
三十五歳			3				1	1														
三十六歳			1								1											
三十七歳			1	1	1				1								1					
三十八歳																			1			
三十九歳	1		2	1					1													
四十歳			1						1												1	
四十一歳			1																			
四十二歳	1			1					1													
四十三歳			1						1													
四十四歳			1																		1	
四十五歳			1	2																		
四十六歳																						
四十七歳			1	2																		
四十八歳																						
四十九歳			2																			
五十歳			1																			
五十一歳			1																			
五十二歳																						
五十三歳																						
五十四歳																	1					
五十五歳																						
五十六歳																						
五十七歳																						
五十八歳			1																			
五十九歳																						
六十歳以上			1														1					
年齢不詳																						
合計	2		29	23	1		2	1	17		2		1		2		17		1		3	

36 石炭(亜炭ヲ含ム)鉱業

年齢 \ 職業	道路工夫,アスファルト舗装工 男	道路工夫,アスファルト舗装工 女	線路工夫,保線夫 男	線路工夫,保線夫 女	鳶職 男	鳶職 女	其ノ他ノ土木建築作業者 男	其ノ他ノ土木建築作業者 女	発変電工 男	発変電工 女	其ノ他ノ電工 男	其ノ他ノ電工 女	機械試運転工 男	機械試運転工 女	機関士,運転士,機関助手(蒸気機関車) 男	機関士,運転士,機関助手(蒸気機関車) 女	運転手,助手(電気機関車,電車,気動車) 男	運転手,助手(電気機関車,電車,気動車) 女	自動車運転手 男	自動車運転手 女	車掌 男	車掌 女
十二歳以下							1	1														
十三歳																						
十四歳							2														1	
十五歳							4	1					2									
十六歳	3						5	1					1				1					
十七歳	1						10				2		2		1		2		1			
十八歳					1		20	2									3		1		1	
十九歳	1		1		1		22										2		3			
二十歳	2				1		31	1			2						1		2		1	
二十一歳							19		1		2						1		2			
二十二歳							27				2								5			
二十三歳	1						38												4			
二十四歳							30	2			3								3			
二十五歳	1						31								1				1			
二十六歳	3						31				1								3		1	
二十七歳	4						28	1											2			
二十八歳		1			2		23				1											
二十九歳	2						19	1			3								1			
三十歳	2				1		15				1											
三十一歳	4						13															
三十二歳							27		1													
三十三歳	2						16	2			1											
三十四歳			1				21	1			1											
三十五歳	1						19				1											
三十六歳	1				1		9	1											2			
三十七歳							12												1			
三十八歳	1						19															
三十九歳	1						15															
四十歳							12				1											
四十一歳							10												1			
四十二歳	2						15															
四十三歳	1						10															
四十四歳							13						1				1					
四十五歳							7	2											1			
四十六歳							4						1									
四十七歳	1						10															
四十八歳							7															
四十九歳							7															
五十歳							5															
五十一歳							3	1														
五十二歳	1						2															
五十三歳							3															
五十四歳							5															
五十五歳							2	1			1		1									
五十六歳							2															
五十七歳							1															
五十八歳																						
五十九歳																						
六十歳以上							4	1														
年齢不詳																						
合計	35	1	2		7		629	19	2		22		8		2		11		33		4	

年齢 ＼ 職業 ＼ 男女	36 石炭(亜炭ヲ含ム)鉱業																							
	機関車手, 運転手, 操縦手, 信号手, 踏切手,		船長, 船(総噸数40噸未満ノ船)機関士(船ノ機関長及機関士)		舵手, 水夫, 舟夫		人力車夫, 馬方, 駅者		荷扱夫, 仲仕, 配達夫, 運搬夫, 配達夫,		電気通信技術者		電話交換手		其ノ他ノ医療従事者		物品売買業者, 仲買人		店員, 売子, 注文取, 集金人		企画手	
	男	女	男	女	男	女	男	女	男	女	男	女	男	女	男	女	男	女	男	女	男	女
十二歳以下									4	1												
十三歳							2		11	1												
十四歳								1	18	5									1			
十五歳					1				37	2				1	1							
十六歳	1						2		37	3												
十七歳							1		68	3												
十八歳							3		85													
十九歳									89	8												
二十歳	1								94	5							1					
二十一歳					1		1		108	2												
二十二歳							2		103	1												
二十三歳							2		108	1	1								1		1	
二十四歳							3		195	4												
二十五歳							8		85	1												
二十六歳							3		86	2												
二十七歳			1				5		73	3												
二十八歳							8	1	88	4												
二十九歳	1						10		87	3					1							
三十歳							8		57	2												
三十一歳							5		67	5												
三十二歳					1		6		68	2												
三十三歳							3		59	5												
三十四歳							9		48	2												
三十五歳							9		53	6												
三十六歳									24	1												
三十七歳							5		27													
三十八歳							3		39													
三十九歳							8		28	1					1							
四十歳							6		45													
四十一歳							3		39	2					1							
四十二歳							5		24													
四十三歳							2		22	2											1	
四十四歳							1		16	2												
四十五歳							2		10													
四十六歳							1		11													
四十七歳									18	1											1	
四十八歳							2		10													
四十九歳									13													
五十歳									9													
五十一歳									12	1												
五十二歳							1		8													
五十三歳							1		7													
五十四歳									2													
五十五歳									7													
五十六歳									6													
五十七歳									4													
五十八歳									3	1												
五十九歳							1		2													
六十歳以上									7													
年齢不詳									2													
合計	3		1		3		125	2	2033	82	1			1	4		1		2		3	

年齢 \ 職業 \ 男女 \ 産業	36 石炭(亜炭ヲ含ム)鉱業																		37 石油鉱業			
	守衛, 監督		原動機(電動機ヲ除ク)、捲上機、ポンプ、送風機、空気圧縮機、コンベヤノ運転工		起重機運転工		火夫, 油差		荷造工		小使, 給仕, 雑役者		見習工, 養成工(他ニ分類セラレザルモノ)		其ノ他ノ作業者		其ノ他ノ職業者		総数		鉱山技術者	
	男	女	男	女	男	女	男	女	男	女	男	女	男	女	男	女	男	女	男	女	男	女
十二歳以下			1								6	9			1	1						
十三歳			2								19	8	1		5	1						
十四歳			1				1				20	10	6		2	1			1			
十五歳			6								31	10	3		13	3						
十六歳			3								24	9	4		9	2		1	1			
十七歳			10				1	1			32	10	1		9	1						
十八歳			4				1				34	12			27							
十九歳	1		12				1				38	7	1		31				1			
二十歳	2		17		1						38	5			44				1			
二十一歳			1				2				44	7			37	1						
二十二歳	1		11								57	1			39							
二十三歳	1		13				1				45	6	2		34	2			1		1	
二十四歳	4		12				1				50	7			34	2						
二十五歳	2		3				1				53	9			37				1			
二十六歳	3		9				4				36	7	1		47	3						
二十七歳			9				2				45	11	1		44	1						
二十八歳	4		9				2				55	6	1		31	1						
二十九歳	1		6				2				44	3			26	1						
三十歳	1		4				1		1		35	10			25	2						
三十一歳	2		2				2				29	3			24		1					
三十二歳	2		6				3				36	8			23	1	1					
三十三歳	6		7				3	1			27	6			26	2						
三十四歳	6		2				1				24	5			14							
三十五歳	4		5				1	1			21	6			22	1						
三十六歳	3		3				2				20	4			10	1						
三十七歳	4		4				2				26	4			14							
三十八歳	7		3		1		4				23	5			13	1						
三十九歳	3		1				2				24	3			7	3	1					
四十歳	3		7				8				31	1			10	2						
四十一歳	4		4				2				24	1			12	1						
四十二歳	3		3				2				25	4			8	1						
四十三歳	2		3				3				21	4			12							
四十四歳	1		2								12	4			8							
四十五歳	1		1								16	1			4							
四十六歳	2		3				3				6	2			3							
四十七歳			2								12	1			4							
四十八歳	1		1				1				12	3			3							
四十九歳	1						2				14				3	1						
五十歳							1				9	2			3							
五十一歳							2				3				2							
五十二歳			1								13	2			8							
五十三歳			2								11	2			2							
五十四歳											8	1			1							
五十五歳											9				1	1						
五十六歳			1								5				2							
五十七歳			1								2	1			[illegible]							
五十八歳											7				2							
五十九歳											4	2			1							
六十歳以上											22	2			6							
年齢不詳																						
合計	75		197		2		64	3	1		1202	226	21		743	37	3	1	6		1	

産業 / 職業 / 男女 / 年齢	37 石油鉱業								38 其ノ他ノ採鉱業													
	坑内採鉱夫, 採炭夫		其ノ他ノ土木建築作業者		小使, 給仕, 雑役者		晃電工 燈電工(他ニ分類セラレザルモノ)		総数		経営者		一般事務者		簿記係事務者		電気通信(有線, 無線電信通)技術者(技士以外ノモノ)		坑内採鉱夫, 採炭夫		坑内掘進夫	
	男	女	男	女	男	女	男	女	男	女	男	女	男	女	男	女	男	女	男	女	男	女
十二歳以下																						
十三歳																						
十四歳					1				1	1												
十五歳									3													
十六歳							1		10	1												
十七歳									18													
十八歳									21	1					1				1			
十九歳			1						41	2									1			
二十歳			1						34				1						2			
二十一歳									29										4			
二十二歳									39										1			
二十三歳									37	3									1			
二十四歳									39										1			
二十五歳	1								38										2			
二十六歳									39										3			
二十七歳									32				1						4		1	
二十八歳									35										4			
二十九歳									29										2			
三十歳									30	1									7			
三十一歳									23				1						1			
三十二歳									20										3			
三十三歳									22										3			
三十四歳									29		1								3			
三十五歳									22				1						5			
三十六歳									18	2									9		1	
三十七歳									13	1									2			
三十八歳									19										1			
三十九歳									14													
四十歳									14								1		4			
四十一歳									10										4			
四十二歳									12										3			
四十三歳									11										1			
四十四歳									10	1									2			
四十五歳									5													
四十六歳									1													
四十七歳									5										2			
四十八歳									6													
四十九歳									7										3			
五十歳									6										1			
五十一歳									6										2			
五十二歳									7										3			
五十三歳									3										1			
五十四歳																						
五十五歳																						
五十六歳									2										2			
五十七歳									2										1			
五十八歳									2													
五十九歳																						
六十歳以上									6													
年齢不詳																						
合計	1		2		1		1		781	13	1		4		1		1		89		2	

産業 職業 男女 年齢	38 其ノ他ノ採鉱業																			
	坑内支柱夫		坑内充填夫		坑内運搬夫		露天採掘夫		選鉱夫, 選炭夫		土砂採取夫		鑿井夫, ボーリング工		非金属精錬工		其ノ他ノ窯業, 土石類ノ加工作業者		道路工夫, アスファルト舗装工		其ノ他ノ土木建築作業者	
	男	女	男	女	男	女	男	女	男	女	男	女	男	女	男	女	男	女	男	女	男	女
十二歳以下																						
十三歳																						
十四歳										1											1	
十五歳							1				1						1					
十六歳					2					1											3	
十七歳			2		6						3				1						1	
十八歳			3		17		1				3				1						1	
十九歳			4		20		1			1	1		1		1						6	1
二十歳			3		17						2						1				6	
二十一歳			1		18		2														4	
二十二歳					20		1				6				2						6	
二十三歳			1		12		1				5				3						5	
二十四歳			1		14		2				7				7						5	
二十五歳					13		3				3				8						4	
二十六歳					9		3				6				7						7	
二十七歳			1		6						4				5						7	
二十八歳	1		1		10		2				4				4						6	
二十九歳					11		2				1				3				1		2	
三十歳			1		6		3				2				5						3	1
三十一歳			1		2		1				4				4						7	
三十二歳					3		2				1										3	
三十三歳			1		3		3				3				5						2	
三十四歳					6		4				5				2						5	
三十五歳	1				3						5				3						3	
三十六歳					3						1										2	
三十七歳					2		1			1	3				1						4	
三十八歳			1		1		1				3				3						6	
三十九歳					2						1				3		1				3	
四十歳											1										7	
四十一歳					1		2				2											
四十二歳					1						3										4	
四十三歳					2		1				2										4	
四十四歳							1			1	3										3	
四十五歳					1		3				1											
四十六歳																					1	
四十七歳											2										1	
四十八歳									1		1										3	
四十九歳					1						1										1	
五十歳							2				1										1	
五十一歳											2						1					
五十二歳	1				1						1										1	
五十三歳											1										1	
五十四歳																						
五十五歳																						
五十六歳																						
五十七歳											1											
五十八歳																						
五十九歳																					1	
六十歳以上											2				1						2	
年齢不詳																						
合計	3		21		213		43		1	5	98		1		69		4		1		132	2

年齢＼産業・職業・男女	38其ノ他ノ採鉱業												39土石採取業									
	鑿岩夫,採鉱夫,支柱夫,運搬夫,選鉱夫		守衛,監督		原動機(電動機ヲ除ク),電動機,ポンプ,送風機,起重機,コンベヤー等ノ運転工		荷造工		小使,給仕,雑役者		其ノ他ノ作業者		総数		経営者		一般事務者		鉱山技術者		船舶運転士(総噸数40噸以上ノ船舶ノ運転士)	
	男	女	男	女	男	女	男	女	男	女	男	女	男	女	男	女	男	女	男	女	男	女
十二歳以下													6	2								
十三歳													15	3								
十四歳													22	5								
十五歳													44	9								
十六歳									5				53	9			1					
十七歳	1								4				73	10								
十八歳	1								2	1			96	12								
十九歳	3								3				119	19								
二十歳											2		150	14								
二十一歳													132	20								
二十二歳									2		1		177	18								
二十三歳	1						1		1	3	6		247	22								
二十四歳	1										1		229	16								
二十五歳									1		4		230	17								
二十六歳									2		2		246	21								
二十七歳									2		2		235	21								
二十八歳									1		2		235	23			2					
二十九歳			1						1		5		238	17			1					
三十歳											3		194	16								
三十一歳									2				279	28			1					
三十二歳	3		1		1						3		240	8			1					
三十三歳			1								1		228	18								
三十四歳	1										2		270	13								
三十五歳	1												262	11	1							
三十六歳	1								1	1		1	165	12			1					
三十七歳													198	8	1							
三十八歳	1										2		221	15			1					
三十九歳	1								1		2		243	14					1			
四十歳											1		245	7	2						1	
四十一歳									1				178	7								
四十二歳											1		233	11								
四十三歳											1		215	12	1							
四十四歳											1		133	9			1					
四十五歳													108	8								
四十六歳													112	5								
四十七歳													117	3			1					
四十八歳											1		113	4								
四十九歳											1		117	7								
五十歳													97	4	1		1					
五十一歳	1								1				67		1							
五十二歳													81	2								
五十三歳													57	3								
五十四歳													27	3								
五十五歳													34	1								
五十六歳													28	2								
五十七歳													19									
五十八歳									1				23									
五十九歳													18	1								
六十歳以上											1		83	1								
年齢不詳																						
合計	16		3		1		1		31	5	45	1	6957	491	7		11		1		1	

年齢＼職業・男女	39土石採取業																					
	農耕作業者		伐木夫, 造材夫		発破係		坑内採鉱夫, 採炭夫		坑内掘進夫		坑内運搬夫		露天採掘夫		選鉱夫, 選炭夫		土砂採取夫		鑿井夫, ボーリング工		鍛冶職, 刃物職	
	男	女	男	女	男	女	男	女	男	女	男	女	男	女	男	女	男	女	男	女	男	女
十二歳以下													2	2			4					
十三歳													2				9	1				
十四歳													4	2			11	1				
十五歳													11	3			25					
十六歳											1		13	3			30	4				
十七歳													15	1			42	2			1	
十八歳													25	2			55	2				
十九歳			1										25	5			18	2				
二十歳							1	1					32	4		1	93	3				
二十一歳									1				30	3			71	5				
二十二歳													56	3	1		79	5				
二十三歳	1												65	2			137	9	1			
二十四歳											1		63	4			121	6				
二十五歳	1										1		52	3			126	4				
二十六歳					1		1						70	1			127	5				
二十七歳			1		1				1				57	11			130	7				
二十八歳					1								61	5			129	6				
二十九歳							1		2		1		63	2			130	10				
三十歳					1								54	2		1	111	5				
三十一歳					1				1				68	8			165	10				
三十二歳													63	3		1	143	1				
三十三歳							1		1		2		60	6			123	4	1			
三十四歳					1				1				68	2			162	6				
三十五歳							2		2				68	3			152	5				
三十六歳							2		1				40	4	1		99	6				
三十七歳							2						56	2			108	3			1	
三十八歳					1		1		1				32	2	1		139	7				
三十九歳					2				1				59	1			144	8				
四十歳							1		1				53	2			164	1				
四十一歳							1	1					53	1		1	101	3				
四十二歳					2		1		1		2		56	3			139	7				
四十三歳			1		2		1				1		45	5			135	5				
四十四歳									3		1		23	5			81	1				
四十五歳											1		26	1			65	5				
四十六歳			1						1				20	2			80	1				
四十七歳							1		2				19	1			84	1				
四十八歳													29	2			71	1				
四十九歳							1		1			1	20	2			82	1				
五十歳							1		1				16	2			67	1				
五十一歳					2								15				43					
五十二歳							1		2				13	1			50					
五十三歳												1	6				45	1				
五十四歳											1		4				17	3				
五十五歳													10				19					
五十六歳													7	1			18					
五十七歳													3				16					
五十八歳													3				19					
五十九歳	1												3				12					
六十歳以上													17		1		59					
年齢不詳																						
合計	3		4		15		19	2	24		12	2	1675	117	4	4	4100	158	2		2	

年齢 ＼ 産業・職業・男女	39 土石採取業																					
	タレツト工		機械器具製造工,修理工,保全工		石炭炉工		窯業原料工		成型工（旋盤ニ依ルモノヲ除ク）		施釉工		其ノ他ノ窯業,土石類ノ加工作業者		大工		石工		線路工夫,保線夫		其ノ他ノ土木建築作業者	
	男	女	男	女	男	女	男	女	男	女	男	女	男	女	男	女	男	女	男	女	男	女
十二歳以下																						
十三歳																						
十四歳																					1	
十五歳																	1				1	
十六歳																						
十七歳							1						1								1	
十八歳										1							1				1	1
十九歳					1												1				7	1
二十歳													1		1		2				4	
二十一歳							1										2				10	
二十二歳													2				5				11	
二十三歳																	8				8	
二十四歳							1										4				6	
二十五歳													2				6				8	
二十六歳						1	2										5				6	1
二十七歳																	4				12	
二十八歳													2				5				8	1
二十九歳							1						2				9				9	
三十歳							2										3				6	
三十一歳													1				5				5	
三十二歳																	3				7	
三十三歳			1										1				5				11	
三十四歳	1																4				7	
三十五歳																	9				4	
三十六歳																	3				7	
三十七歳													1				3				8	1
三十八歳													1								5	
三十九歳							2	1			1						3				7	2
四十歳							4						1				1				4	
四十一歳																	2				7	
四十二歳							2										4				8	
四十三歳							1										2				8	
四十四歳																	2				6	
四十五歳							1						3				2				1	
四十六歳													1						1		5	
四十七歳																	1				6	
四十八歳													1				1				3	
四十九歳													1				1				6	
五十歳							1			1							1				3	
五十一歳													1									
五十二歳													3				1				3	
五十三歳																	1				1	
五十四歳							1														4	
五十五歳																					2	
五十六歳																					1	
五十七歳																						
五十八歳																						
五十九歳																					1	
六十歳以上																	2				1	
年齢不詳																						
合計	1		1		1	1	20	1		1	1		25		1		112		1		230	7

年齢	39土石採取業																					
	其ノ他ノ電工		運転手, 助手(電氣機関車, 電車, 氣動車)		自動車運転手		船舶運転士(総噸数40噸未満ノ船舶ノ船長及運転士)		舵手, 水夫, 舟夫		人力車夫, 馬方, 馭者		鑛夫, 仲仕, 鑛夫, 運搬夫, 配達夫		店員, 売子, 注文取, 集金人		守衛, 監督		原動機(電動機ヲ除ク), 捲上機, ポンプ, 通風機, 空氣圧縮機, コンベヤノ運転工		起重機運転工	
	男	女	男	女	男	女	男	女	男	女	男	女	男	女	男	女	男	女	男	女	男	女
十二歳以下																						
十三歳													3	1								
十四歳													3	1								
十五歳													3	2								
十六歳											1		5							1		
十七歳													8	2								
十八歳					1								10	5	1							
十九歳											3		12	6								
二十歳					3						1		12	3								
二十一歳					1		1				1		13	10								
二十二歳	1		1		8								18	6								
二十三歳					2						2		21	4								
二十四歳											3		22	2								
二十五歳	1				3				1	1			26	4								
二十六歳			1		2						1		28	5						1		
二十七歳					1						3		24	1			1					
二十八歳					1						1		17	4			2					
二十九歳									2		1		12	4								
三十歳					1								12	4			1					
三十一歳											1		29	6								
三十二歳					1						1		17	3			1				1	
三十三歳											2		19	6								
三十四歳									1		1		23	1								
三十五歳									2		2		15	2								
三十六歳					1								10	2								
三十七歳													15	2								
三十八歳					1						1		16	2								
三十九歳					1						4		15				1					
四十歳													9	3			1		1			
四十一歳													11									
四十二歳									1		3		11	1			1					
四十三歳									1		2		11				1		1			
四十四歳													14	1								
四十五歳									1				7	1								
四十六歳													1									
四十七歳											1		2									
四十八歳									1		2		4									
四十九歳													4									
五十歳											1		3				1					
五十一歳													4				1					
五十二歳													5	1			2					
五十三歳													1				1					
五十四歳																						
五十五歳			1										1									
五十六歳													1	1								
五十七歳																						
五十八歳													1									
五十九歳																						
六十歳以上													1									
年齢不詳																						
合計	2		4		22		1		10	1	38		499	96	1		14		2	2	1	

産業 職業 男女 年齢	39土石採取業								40鉄精錬業及材料品製造業													
	罐詰,壜詰,食料品製造工		荷造工		小使,給仕,雑役者		其ノ他ノ作業者		総数		経営者		一般事務者		販売仕入係事務者		タイピスト,筆耕		林業技術者		機械技術者	
	男	女	男	女	男	女	男	女	男	女	男	女	男	女	男	女	男	女	男	女	男	女
十二歳以下									9	2												
十三歳					1	1			30	5												
十四歳					3	1			66	9												
十五歳				1	3	2		1	142	3			1									
十六歳					2			1	157	4	1		1					1				
十七歳				1	1	3	1	1	264	4					1			1				
十八歳					1	1	1		264	5			4	1								
十九歳						4	1	1	354	8			4									
二十歳						1		1	353	4			4									
二十一歳				2			1		378	4												
二十二歳				1		2		1	360	1												
二十三歳					2	4		3	399	1			3									
二十四歳			1	1	5	1	2	2	402	6			1								1	
二十五歳		1	1	1	1	3	1		372				2								1	
二十六歳				2	3	3		2	405	4			3								1	
二十七歳						1		1	373				2									
二十八歳				1	6	4		2	406	1			2		2							
二十九歳					3		1	1	305	1			2									
三十歳					1	2	2	2	292	3			1									
三十一歳					1	2	1	2	302	2			1		2							
三十二歳							2		289	1			1		1							
三十三歳				1			1	1	241	1			1									
三十四歳				2		1	1	1	262	4			2						1			
三十五歳					3	1	2		229	1												
三十六歳									141	1												
三十七歳			1		1		1		132	1												
三十八歳					1	2		2	148		1		3									
三十九歳					1	1	1	1	165	3												
四十歳					1	1	1		162	1	1											
四十一歳					2		1	1	121	3												
四十二歳					1		1		161	2												
四十三歳					1	1	1	1	113	3												
四十四歳					1		1	2	99	4												
四十五歳							1	1	70	1												
四十六歳						2	2		62	2												
四十七歳								1	54													
四十八歳							1	1	61													
四十九歳				1	1	1		1	46	1												
五十歳								1	54	1												
五十一歳									37		1											
五十二歳			1						29													
五十三歳				1	1		1		24	2												
五十四歳									16													
五十五歳							1	1	15	1												
五十六歳							1		10													
五十七歳									9													
五十八歳									10	1												
五十九歳			1			1			13	1												
六十歳以上					1		1	1	31	1												
年齢不詳																						
合計		1	5	15	48	46	32	37	8437	103	4		38	1	6			2	1		3	

産業／職業／男女／年齢	40鉄精錬業及材料品製造業																					
	電気機械技術者		電気通信機械技術者		化学技術者		窯業技術者		土木技術者		其ノ他ノ工業技術者		船舶運転士（総噸数40噸以上ノ船舶ノ運転士）		農,林,水産学研究員		炭焼夫		露天採掘夫,		選鉱夫,選炭夫	
	男	女	男	女	男	女	男	女	男	女	男	女	男	女	男	女	男	女	男	女	男	女
十二歳以下																						
十三歳																						
十四歳																						
十五歳																						
十六歳																						
十七歳					1												1					
十八歳																			1			
十九歳	1														1							
二十歳																					1	
二十一歳											1											
二十二歳																					1	
二十三歳																						
二十四歳							1														1	
二十五歳																	2		1		1	
二十六歳																					1	
二十七歳																			1			
二十八歳													1									
二十九歳																						
三十歳																			1			
三十一歳																	1		1			
三十二歳																						
三十三歳																						
三十四歳																			1			
三十五歳																						
三十六歳																						
三十七歳																						
三十八歳																						
三十九歳																						
四十歳																						
四十一歳																						
四十二歳																						
四十三歳																						
四十四歳									1													
四十五歳			1																			
四十六歳																						
四十七歳																						
四十八歳																						
四十九歳																						
五十歳																						
五十一歳																						
五十二歳																						
五十三歳																						
五十四歳																						
五十五歳																						
五十六歳																						
五十七歳																						
五十八歳																						
五十九歳																						
六十歳以上																						
年齢不詳																						
合計	1		1		1		1		1		1		1		1		4		6		5	

年齢 ＼ 職業 ＼ 男女	40鉄精錬業及材料品製造業																							
	土砂採取夫		焙焼工,焼結工,団鉱工		製鋼工(電気炉ニ依ルモノ)		製銑工(熔鉱炉其ノ他ニ依ルモノ)		混銑炉工		非鉄金属製錬工(電気炉ニ依ルモノ)		製鋼工(平炉其ノ他ニ依ルモノ)		非鉄金属製錬工(電解ニ依ルモノ)		非鉄金属製錬工(其ノ他ノ炉ニ依ルモノ)		非鉄金属製錬工(電解ニ依ルモノ)		造塊工	
	男	女	男	女	男	女	男	女	男	女	男	女	男	女	男	女	男	女	男	女	男	女
十二歳以下																						
十三歳							1														1	
十四歳					1						1		1									
十五歳			3		1		2				1		4									
十六歳			1	1	1		3				2		2								1	
十七歳			2				6		1		2		5									
十八歳							4				3		12									
十九歳			4		2		8				7		4		1						2	
二十歳			4		3		6		1		2		10				1		1			
二十一歳			2		2		7		1		5		8		1						1	
二十二歳			5		1		11				8		5						1		1	
二十三歳			4		4		13				1		14								4	
二十四歳			2		1		9		2				15								1	
二十五歳					3		8				5		12								4	
二十六歳			2		2		7				8		14								6	
二十七歳			1		2		8				9		13						1		2	
二十八歳			1		1		6		1		6		7				1		1		5	
二十九歳					2		6		3		4		8									
三十歳			1		2		7				5		8				1				3	
三十一歳					3		7		1		4		12								1	
三十二歳			2		1		9				2		8				1				1	
三十三歳	1				4		2		1		3		4								3	
三十四歳			1	1	4		6				2		7									
三十五歳	1				2		8		1		2		3								2	
三十六歳							7				1		3									
三十七歳			1		1		1				2		3									
三十八歳							1				2		1									
三十九歳			1		1		4				2										1	
四十歳					1				1		1		2								1	
四十一歳	1				1		2		1				2								1	
四十二歳	1						5				3		4				1					
四十三歳					1						2		4				1				1	
四十四歳	1						1						1						1		2	
四十五歳							1		1		1		1								1	
四十六歳							4						1									
四十七歳							2		1		1											
四十八歳							1						2								1	
四十九歳			1								1		2									
五十歳							1						1								1	
五十一歳					1																	
五十二歳							1						1									
五十三歳			1										2									
五十四歳													1									
五十五歳																						
五十六歳																						
五十七歳																						
五十八歳			1																			
五十九歳											1											
六十歳以上	1								1													
年齢不詳																						
合計	6		40	2	48		175		17		99		207		2		6		5		47	

年齢	其ノ他ノ金属製錬作業者 男	其ノ他ノ金属製錬作業者 女	非金属精錬工 男	非金属精錬工 女	其ノ他ノ製錬工 男	其ノ他ノ製錬工 女	写図工, 青写真工 男	写図工, 青写真工 女	其ノ他ノ現図工 男	其ノ他ノ現図工 女	金属加熱炉工 男	金属加熱炉工 女	金属板圧延伸張工 男	金属板圧延伸張工 女	金属棒, 条圧延伸張工 男	金属棒, 条圧延伸張工 女	金属製管工 男	金属製管工 女	金属小物圧延伸張工 男	金属小物圧延伸張工 女	金属線伸張工 男	金属線伸張工 女
十二歳以下																					1	
十三歳		1													2		1				3	
十四歳	1																		3		4	
十五歳	1												1		1		2				5	
十六歳	1						1						2		4		5				9	
十七歳	2										1		5		6		3		3		10	
十八歳	1												9		5		4		2		13	
十九歳	3	1	1				1				1		15		7		5				18	
二十歳	6												13		10		5		4		22	1
二十一歳	4				1						5		15		14		5		3		37	
二十二歳	4										4		14		11		7		2		19	
二十三歳	9		1						1		3		14		5		1		2		30	
二十四歳	6	1	1								7		15		5		7				22	
二十五歳	2		1								3		12		9		6		3		31	
二十六歳	4	1	1								3		12		12		5		7		27	
二十七歳	4										1		12		11		3				34	
二十八歳	3										1		13		15		1		1		28	
二十九歳	2										1		11		8		5				23	
三十歳	4										2		9		10		6		2		29	
三十一歳	2										1		3		11		8		4		29	1
三十二歳	3										2		7		8		5		1		22	
三十三歳	2										2		6		4		4		2		20	
三十四歳	4		1								4		7		9		2		2		21	
三十五歳	1										2		7		3		1		2		20	
三十六歳	3												4		1				2		15	
三十七歳	2										3		3		1		1				16	
三十八歳	1		1								1		2		6		4				22	
三十九歳											1		1		9		1		1		21	
四十歳	1										1		4		3		1		2		18	1
四十一歳	1										1				1		3				7	
四十二歳	2												1		2		7				15	
四十三歳											1		1		4		1				7	1
四十四歳													1				1				11	
四十五歳	1														1						6	
四十六歳															1		1		2		2	
四十七歳													1		1		1				3	
四十八歳															3						5	
四十九歳	1																1				3	
五十歳													1		2		1				4	
五十一歳																	1				2	
五十二歳	1																					
五十三歳																						
五十四歳	1																				4	1
五十五歳																						
五十六歳													1								2	
五十七歳	1																1					
五十八歳																	1					
五十九歳	1																				1	
六十歳以上																					3	
年齢不詳																					3	
合計	85	4	7		1		2		1		51		222		205		117		50		651	5

年齢 \ 職業	金属撚線工 男	金属撚線工 女	金属疵取工 男	金属疵取工 女	金属切断工 男	金属切断工 女	鍛冶職,刃物職 男	鍛冶職,刃物職 女	機械火造工 男	機械火造工 女	熱処理工 男	熱処理工 女	金属熔融工 男	金属熔融工 女	鋳物木型工 男	鋳物木型工 女	鋳物砂型工 男	鋳物砂型工 女	中子工 男	中子工 女	鋳造工 男	鋳造工 女
十二歳以下																						
十三歳	1				1		1															
十四歳					1				1						1						1	
十五歳	2				2		1		1												5	
十六歳		1	1		1		1		3								1					
十七歳	2				4		2		1		1		4		1		1				3	
十八歳	1				4		3		4				2				1	1			4	
十九歳	1				3		2		2		2		1		1		3			1	4	1
二十歳	3				4		2		2		1										3	
二十一歳	2		3		4		4				2		4		1		5				3	
二十二歳	1				4		4		2		1		4				1				6	
二十三歳	2				4		1		7		2		7				2				5	
二十四歳	3		1		5		5		7				3								11	
二十五歳	2		2		3		3		3				1				1				8	
二十六歳	1				4		3		2		1		5				1				7	
二十七歳					6		3		2		3		6								5	
二十八歳	1				2		1		5		1		3		1		4		1		5	
二十九歳	1				5		3		2		1		2								3	
三十歳	1		1		2		4		3		1						1				6	
三十一歳	1				5	1	3				2		4				1				4	
三十二歳	1		1		5		1		1		1		2				1				3	
三十三歳	1				4				2		1		4		1		1				2	
三十四歳	1		2		9				1		3						1				3	
三十五歳					5		1		1		1		2						1		5	
三十六歳	1		1		5		2				2										2	
三十七歳			1		3						2						1				3	
三十八歳					1		1		1				1								3	
三十九歳	1				1		3		2				1				2				3	
四十歳			1				1				1		2				1				4	
四十一歳	1				3		1				2				1						1	
四十二歳	1						1						2				3				3	
四十三歳					4				2		1											
四十四歳	1				2																	
四十五歳					4				2				1				3				1	
四十六歳																					2	
四十七歳							1														1	
四十八歳							1														2	
四十九歳							1		1													
五十歳	2		1		1																	
五十一歳	1				1																	
五十二歳																						
五十三歳																						
五十四歳																					1	
五十五歳					1																	
五十六歳																						
五十七歳																						
五十八歳																						
五十九歳																					1	
六十歳以上																						
年齢不詳																						
合計	36	1	15		113	1	60		60		32		61		7		34	1	2	1	123	1

Caption: 40鉄精錬業及材料品製造業

年齢＼産業・職業・男女	40鉄精錬業及材料品製造業																							
	特殊鋳物工		其ノ他ノ金属材料ノ鍛造加工作業者		ケガキ工		旋盤工(金属ニ加工スルモノ)		旋盤工(木材以外ノ非金属ニ加工スルモノ)		タレツト工		卓上旋盤工, 小型機械工		ボール盤工		手削盤工, 形削盤工, 竪削盤工		プライス盤工		歯切盤工			
	男	女	男	女	男	女	男	女	男	女	男	女	男	女	男	女	男	女	男	女	男	女		
十二歳以下				1																	1			
十三歳				1	1																			
十四歳			3	2			6																	
十五歳			4				9		2		1													
十六歳			3				9						1		1									
十七歳			7	2			9				1													
十八歳			10		1		8																	
十九歳			8	1			9		1															
二十歳			13	2	1		6								2				1					
二十一歳			10	1			3								1									
二十二歳			11				3						1											
二十三歳			11		1		5				1				1		2							
二十四歳			9	2			4		1															
二十五歳			6				3																	
二十六歳	1		20	1			2																	
二十七歳	1		5				2						1											
二十八歳	1		14	1			5								4									
二十九歳	1		22	1			1				1										1			
三十歳			10				3																	
三十一歳			14				2								2									
三十二歳			8				1		1						1									
三十三歳			8				2																	
三十四歳			10																					
三十五歳	1		5												2									
三十六歳			4				1																	
三十七歳			3	1																				
三十八歳			10				1								1									
三十九歳			11				1																	
四十歳	1		5																					
四十一歳			3				2								1									
四十二歳			6				2														1			
四十三歳			7				1																	
四十四歳			1				1																	
四十五歳			5																		1			
四十六歳			3																		1			
四十七歳			3																					
四十八歳																								
四十九歳			2																					
五十歳			1																					
五十一歳			3																					
五十二歳			2																					
五十三歳			1																					
五十四歳																								
五十五歳																								
五十六歳																								
五十七歳			3																					
五十八歳			1	1																				
五十九歳																								
六十歳以上			2																					
年齢不詳																								
合計	6		287	16	4		101		5		4		3		16		2		1		5			

年齢 \ 職業 \ 男女	40鉄精錬業及材料品製造業																					
	研磨盤工，ラツプ盤工		ラッピング工(手作業ニ依ルモノ)		捲鉄工		鋲打工		板金鋲打工		板金工，ブリキ職		金属プレス工，打抜工		ドラム罐，ブリキ罐製造工		ガス熔接工		電気熔接工		其ノ他ノ溶接工	
	男	女	男	女	男	女	男	女	男	女	男	女	男	女	男	女	男	女	男	女	男	女
十二歳以下																						
十三歳							1															
十四歳											3		1				1					
十五歳	2														1				3			
十六歳	1										1				1				1			
十七歳	2										1		2				5		1			
十八歳	1		1		2		2		1				2				5					
十九歳					3						5		3		2		4		4			
二十歳			3		2		1		1		2		1		1		5		3			
二十一歳	2		1				1						1		1		5		2			
二十二歳	1		1		2		3		1		2		1				4		1			
二十三歳			1		2								1		2		4		1			
二十四歳	1				3		2		2		4						5		2			
二十五歳					2		1				2						7		1		1	
二十六歳					2		2				2		1		1		12		1			
二十七歳			1		3						2		2		1		5		2		1	
二十八歳			2		1		1				5		2				3		3			
二十九歳					1						1		2				5				1	
三十歳					1		1		1		1						4					
三十一歳							2				1		1				4		1		1	
三十二歳			1		4				1		3		3				6					
三十三歳	1						1						1				4					
三十四歳	1										2		3				6					
三十五歳							1				2		3				3					
三十六歳	1																1		1			
三十七歳							1				1						2					
三十八歳											1		1				1					
三十九歳											1		1				1		1			
四十歳					1				1		1		2				2		1			
四十一歳	1						1						1									
四十二歳																	1				1	
四十三歳																						
四十四歳																	3					
四十五歳																						
四十六歳																			1			
四十七歳	1				1																	
四十八歳	1				1						1		1									
四十九歳					1																	
五十歳																						
五十一歳													1				1					
五十二歳																	1					
五十三歳																						
五十四歳																						
五十五歳																						
五十六歳																						
五十七歳																						
五十八歳																						
五十九歳					1						1		1									
六十歳以上																						
年齢不詳																						
合計	16		11		34		21		8		45		38		10		110		30		5	

年齢＼産業・職業・男女	40鉄精錬業及材料品製造業																					
	パイプ工(造船所,鋼工ヲ含ム)		鉛管工，鉛工		目立工		刃物研ギ工		針金細工工		電線被装工		巻線工		絶縁工		配線工		真空管，X線製造工		機械製鋲工	
	男	女	男	女	男	女	男	女	男	女	男	女	男	女	男	女	男	女	男	女	男	女
十二歳以下									1													
十三歳													1									
十四歳									1	1			1									
十五歳	3		1						2													
十六歳	2								3													
十七歳	3						1						3								1	
十八歳	1								2	2			3								1	
十九歳	2		1						6				2				1					
二十歳	5				1				3				3				2					
二十一歳	4								2				7									
二十二歳	6								3				2									
二十三歳	5								1				2						1		1	
二十四歳	11								3	2			4				1	1			1	
二十五歳	4				1				3				2									
二十六歳	5								3				3									
二十七歳	3								2				1								1	
二十八歳	4								5				4									
二十九歳	4								2	1			4		1							
三十歳	4								2				4				1					
三十一歳	5								2		1		4									
三十二歳	4												13				1					
三十三歳	3								2				3									
三十四歳	4								1				3									
三十五歳	4								4		1		6									
三十六歳	2								1				2									
三十七歳	2								1				3									
三十八歳	3								2								1					
三十九歳	2								1				2									
四十歳	3								3				1									
四十一歳	1								1				1									
四十二歳	3								2				2									
四十三歳	2								2				1									
四十四歳	5								1													
四十五歳	2														1							
四十六歳	2																					
四十七歳	4																					
四十八歳	4								1													
四十九歳	2			1																		
五十歳																						
五十一歳	2																					
五十二歳									1													
五十三歳																						
五十四歳													1									
五十五歳	1								1													
五十六歳	2																					
五十七歳																						
五十八歳																						
五十九歳																						
六十歳以上									1				1									
年齢不詳																						
合計	128		2	1	2		1		71	6	2		89		2		7	1	1		5	

40 鉄精錬業及材料品製造業

年齢	バネ工 男	バネ工 女	針布工 男	針布工 女	綱具工,索具工 男	綱具工,索具工 女	其ノ他ノ機械器具製作業者 男	其ノ他ノ機械器具製作業者 女	手仕上工 男	手仕上工 女	機械器具部品仕上組立工 男	機械器具部品仕上組立工 女	機械器具総組立工 男	機械器具総組立工 女	電気機械器具組立工 男	電気機械器具組立工 女	内張工,シート張工 男	内張工,シート張工 女	機械器具製造工,修繕工,保全工 男	機械器具製造工,修繕工,保全工 女	工具保全工 男	工具保全工 女
十二歳以下																						
十三歳									1													
十四歳																						
十五歳									3										1			
十六歳							4												2			
十七歳	1						3		2						1				1			
十八歳							2		2		1				1				3			
十九歳							5		6		1								1			
二十歳							1		3		1		2									
二十一歳							2	1	3													
二十二歳							5		4		1		1		1				4			
二十三歳							1		2		1		1									
二十四歳							3		9		1		1									
二十五歳																						
二十六歳					1		3		4		1		1		1				3			
二十七歳									2				2						1			
二十八歳					1		2		8		1		1									
二十九歳			1				2		5										2			
三十歳									3				1						2			
三十一歳							2		3		1											
三十二歳							4		1													
三十三歳							1		1										1			
三十四歳																						
三十五歳							2		1													
三十六歳							1															
三十七歳	1																				1	
三十八歳							1		3		1											
三十九歳							2															
四十歳									2				1				1					
四十一歳							2		2													
四十二歳							4															
四十三歳							1		1	1												
四十四歳	1																					
四十五歳							1															
四十六歳											1											
四十七歳																						
四十八歳							1															
四十九歳																						
五十歳							1															
五十一歳													1									
五十二歳							1															
五十三歳									1													
五十四歳																						
五十五歳																						
五十六歳																						
五十七歳																						
五十八歳																						
五十九歳																						
六十歳以上							1															
年齢不詳																						
合計	3		1		2		58	1	72	1	11		12		4		1		21		1	

産業・職業・男女 / 年齢	40鉄精錬業及材料品製造業 硫酸工 男	硫酸工 女	石灰炉工 男	石灰炉工 女	人造研磨材製造工(諸鉱ニ依ル仕上工ヲ除ク) 男	人造研磨材製造工 女	圧縮ガス工 男	圧縮ガス工 女	油脂搾出工,精製工 男	油脂搾出工,精製工 女	石炭乾溜工 男	石炭乾溜工 女	タール分溜工 男	タール分溜工 女	ガス発生炉工 男	ガス発生炉工 女	ゴム成型加工工(諸鉱ニ依ルモノヲ除ク) 男	ゴム成型加工工 女	人造レジン成型工,加工工(諸鉱ニ依ルモノヲ除ク) 男	人造レジン成型工,加工工 女	電極工(諸鉱ニ依ル仕上工ヲ除ク) 男	電極工 女
十二歳以下																						
十三歳																						
十四歳																						
十五歳																						
十六歳																	1					
十七歳																						
十八歳															1							
十九歳											1		1		1							
二十歳															1							
二十一歳							1								1							
二十二歳			1																			
二十三歳											3											
二十四歳											2											
二十五歳															2				1			
二十六歳			1		1																1	
二十七歳									1		1		1		2							
二十八歳											2		1		2							
二十九歳															1							
三十歳																						
三十一歳											1				1							
三十二歳											2											
三十三歳																						
三十四歳											2											
三十五歳	1																					
三十六歳																						
三十七歳																						
三十八歳											1											
三十九歳																						
四十歳																						
四十一歳																						
四十二歳																						
四十三歳																						
四十四歳											1											
四十五歳																						
四十六歳																						
四十七歳											2											
四十八歳																						
四十九歳	1																					
五十歳																						
五十一歳																						
五十二歳																						
五十三歳																						
五十四歳																						
五十五歳																						
五十六歳																						
五十七歳																						
五十八歳																						
五十九歳																						
六十歳以上																						
年齢不詳																						
合計	2		2		1		1		1		18		3		12		1		1		1	

年齢＼職業・男女	40鉄精錬業及材料品製造業																					
	其ノ他ノ化学薬品ノ製造作業者		窯業原料工		成型工（旋盤ニ依ルモノヲ除ク）		施釉工		炉工		窯業仕上工（旋盤ニ依ルモノヲ除ク）		セメント炉成工		其ノ他ノ窯業、土石類ノ加工作業者		製鋼工（薬製品ヲ除ク）		製鋼工（薬製品ヲ除ク）		其ノ他ノ紡織品製造作業者	
	男	女	男	女	男	女	男	女	男	女	男	女	男	女	男	女	男	女	男	女	男	女
十二歳以下																			1			
十三歳																						
十四歳																						
十五歳																	1					1
十六歳																						
十七歳																						
十八歳	1																					
十九歳																						
二十歳			1																			
二十一歳					1															1		
二十二歳	1																					
二十三歳																						
二十四歳																						
二十五歳																						
二十六歳																	1					
二十七歳																						
二十八歳													1									
二十九歳															1		1		1			
三十歳																						
三十一歳																						
三十二歳									1				1		1						1	
三十三歳																						
三十四歳															2							
三十五歳																						
三十六歳																						
三十七歳																						
三十八歳																						
三十九歳									1													
四十歳											1											
四十一歳																						
四十二歳																						
四十三歳																						
四十四歳																						
四十五歳																						
四十六歳																						
四十七歳																						
四十八歳																						
四十九歳																						
五十歳																						
五十一歳																						
五十二歳																						
五十三歳																						
五十四歳																						
五十五歳							1															
五十六歳																						
五十七歳																						
五十八歳																						
五十九歳																						
六十歳以上																						
年齢不詳																						
合計	2		1		1		1		2		1		2		4		3		2	1	1	1

年齢 ＼ 産業・職業・男女	40鉄精錬業及材料品製造業																					
	製版工, 紙型工		木工		建具指物職		料理人, コツク		其ノ他ノ製品製造作業者		大工		左官		コンクリート枠組工		鉄筋工, 鉄鋼工		コンクリート工		煉瓦積工, タイル職, 築炉工	
	男	女	男	女	男	女	男	女	男	女	男	女	男	女	男	女	男	女	男	女	男	女
十二歳以下																						
十三歳																	1					
十四歳																						
十五歳											1										1	
十六歳											1											
十七歳																					1	
十八歳																						
十九歳																						
二十歳																			1		1	
二十一歳																	1					
二十二歳			1												2		1		2			
二十三歳									1								1		1			
二十四歳											1						1		2			
二十五歳															1		1					
二十六歳					1												1					
二十七歳											1		1				3				2	
二十八歳							1										2				2	
二十九歳																	1		1		1	
三十歳			2														1					
三十一歳																					1	
三十二歳																						
三十三歳																			1			
三十四歳	1		1								1						1		1		1	
三十五歳																						
三十六歳																			1			
三十七歳																						
三十八歳															1				1			
三十九歳			1						1													
四十歳			1																			
四十一歳																	1		1			
四十二歳																						
四十三歳																						
四十四歳																	1					
四十五歳																						
四十六歳																						
四十七歳																						
四十八歳																					1	
四十九歳																			1			
五十歳																			1			
五十一歳																						
五十二歳																			1			
五十三歳																						
五十四歳											1											
五十五歳																						
五十六歳																						
五十七歳																						
五十八歳																						
五十九歳																						
六十歳以上																	1					
年齢不詳																						
合計	1		6		1		1		2		6		1		4		18		15		11	

年齢 \ 産業・職業・男女	40鉄精錬業及材料品製造業																					
	石工		道路工夫,アスファルト舗装工		線路工夫,保線夫		鳶職		其ノ他ノ土木建築作業者		発変電工		通信電機装置工		其ノ他ノ電工		塗装工		メッキ工(皮膜防錆工ヲ含ム)		金属酸洗工,洗滌工	
	男	女	男	女	男	女	男	女	男	女	男	女	男	女	男	女	男	女	男	女	男	女
十二歳以下									1						1							
十三歳															1						3	
十四歳			1						1							1						
十五歳					5				2						1		1		1		1	
十六歳									8						4		1		2		2	
十七歳					1				14						1		1		1		8	
十八歳	1				2		1		10						3		2		1		3	
十九歳					1		1		11						3		2		1		5	
二十歳							1		15						1				5		4	
二十一歳	1						1		18						4				6		4	
二十二歳					2		3		12								1		3		5	
二十三歳					1		1		18								1		4		5	
二十四歳			1				1		16								3		5		5	
二十五歳					1		1		17						2		2		3		7	
二十六歳							1		17								2		5	1	1	
二十七歳	1						3		12						1		1		2		4	
二十八歳	1						1		10										2		4	
二十九歳									17						2				4		5	
三十歳	1								7				1		1				3		2	
三十一歳	1				1				7										1			
三十二歳					1		2		9										6		5	
三十三歳							4		7										1		1	
三十四歳									12		1								4		1	
三十五歳					1				13						1				4	1	1	
三十六歳							1		8						3						3	
三十七歳									9										3		1	
三十八歳							1		4										3		3	
三十九歳					1		2		7										4		1	
四十歳					1		1		5										1		1	
四十一歳					1		3		8										2		4	
四十二歳			1				2		7						1						4	
四十三歳					1		3		9										1		3	
四十四歳		1					1		5												2	
四十五歳	1				1				4										2		1	
四十六歳									3		1				1				1			
四十七歳									2													
四十八歳					1				4										2		1	
四十九歳									6										1			
五十歳									6						1							
五十一歳					1				4										1		1	
五十二歳							1		1												1	
五十三歳									3										1			
五十四歳							1		1													
五十五歳									1													
五十六歳									1													
五十七歳																						
五十八歳																						
五十九歳																					1	
六十歳以上							1		1													
年齢不詳																						
合計	7	1	3		23		37		353		2		1		32	1	17		84	2	102	

産業／職業／男女／年齢	40鉄精錬業及材料品製造業																							
	砂吹工		パフ磨工		実験工,試験工,分析工		機械器具部品検査工		機械器具検査工		機械試運転工		選別工,検査工		機関士,運転士,機関助手（蒸気機関車）		運転手,助手（電気機関車,電車,気動車）		自動車運転手		車掌			
	男	女	男	女	男	女	男	女	男	女	男	女	男	女	男	女	男	女	男	女	男	女		
十二歳以下																								
十三歳																								
十四歳													/											
十五歳															/						/			
十六歳					/																			
十七歳					2								2		/									
十八歳													2						/					
十九歳					3		/																	
二十歳					2																			
二十一歳					/				/										/					
二十二歳													2						3					
二十三歳					/								2		/		3		/					
二十四歳					/												2		2					
二十五歳											2		/						/					
二十六歳					2								/		/				2					
二十七歳					/						/								/					
二十八歳													2				/							
二十九歳			/																					
三十歳											/		/						/					
三十一歳	/																							
三十二歳																	2		3					
三十三歳																	/		2					
三十四歳																								
三十五歳													/											
三十六歳																								
三十七歳																								
三十八歳																								
三十九歳													/											
四十歳																								
四十一歳																								
四十二歳																			/					
四十三歳																								
四十四歳																								
四十五歳																								
四十六歳																								
四十七歳																								
四十八歳																								
四十九歳																								
五十歳																								
五十一歳																								
五十二歳			/																					
五十三歳																								
五十四歳																								
五十五歳																								
五十六歳																								
五十七歳																								
五十八歳																								
五十九歳																								
六十歳以上																								
年齢不詳																								
合計	/		2		14		/		/		4		16		4		9		19		/			

産業 / 職業 / 男女 / 年齢	40鉄精錬業及材料品製造業																					
	操車手,運転手,転轍手,信号手,踏切手		舵手,水夫,舟夫		人力車夫,馬方,馭者,		荷扱夫,仲仕,倉庫夫,運搬夫,配達夫		有線電信通信士		無線電信通信士		電話交換手		其ノ他ノ医療従事者		物品売買業者,仲買人		店員,売子,注文取,集金人		企画手	
	男	女	男	女	男	女	男	女	男	女	男	女	男	女	男	女	男	女	男	女	男	女
十二歳以下																						
十三歳							1															
十四歳							5															
十五歳							8												1			
十六歳							16															
十七歳			1				40														1	
十八歳							36															
十九歳							56	1							1							
二十歳	2		1		1		57															
二十一歳	1						63														2	
二十二歳	2				1		66	1	1													
二十三歳	1		1				80												1			
二十四歳	3				1		82												1			
二十五歳	1		1		1		80															
二十六歳	2						75															
二十七歳	1						73															
二十八歳	2		1				89															
二十九歳	1				3		56															
三十歳	2		2				56												2	1		
三十一歳	3				2		64										1					
三十二歳							67															
三十三歳	1						55	1	1										1			
三十四歳							58										1					
三十五歳	1						51						1									
三十六歳							22	1														
三十七歳			1				24															
三十八歳							27															
三十九歳					1		30															
四十歳	1						36															
四十一歳			1				25												1			
四十二歳			1				30															
四十三歳							20										1	1				
四十四歳							24	1														
四十五歳							10															
四十六歳							11															
四十七歳							8															
四十八歳					1		13															
四十九歳							7															
五十歳							10	1									1					
五十一歳							6															
五十二歳							8				1											
五十三歳							6															
五十四歳							3															
五十五歳							4															
五十六歳																						
五十七歳							1															
五十八歳							3															
五十九歳							1															
六十歳以上							5															
年齢不詳																						
合計	24		10		11		1568	6	2		1		1		1		4	1	7	1	3	

産業 / 職業 / 男女 / 年齢	40鉄精錬業及材料品製造業																					
	守衛,監督		原動機(電動機ヲ除ク),巻上機,ポンプ,送付機,空気圧縮機,コンベヤノ運転工		起重機運転工		汽罐士		火夫,油差		看貫掛,検量工		包装掛,壜詰工,樽詰工		荷造工		小使,給仕,雑役者		見習工養成工(他ニ分類セラレザルモノ)		其ノ他ノ作業者	
	男	女	男	女	男	女	男	女	男	女	男	女	男	女	男	女	男	女	男	女	男	女
十二歳以下																	2	1	1			
十三歳																	6	2	3			1
十四歳																	6	4	21			
十五歳			1												1		19	2	29	1	2	
十六歳					1				1						2		26	1	18		3	
十七歳					1				1						1		51		17		6	1
十八歳					3				1		1						56	1	7		6	
十九歳					2		1		1						2		78	2	10		3	
二十歳			1		1		1		2						1		66	1	8		9	1
二十一歳			2		2				3						1		64	1	5		9	
二十二歳			1		1				2						1		58				12	
二十三歳					4												66	1	5		11	
二十四歳			2				1										65		1		7	
二十五歳			1		2		1		1				1				67		4		8	
二十六歳	1				2		1		2								72	1	1		4	
二十七歳					1		1		3								70		3		14	
二十八歳									1								88		1		6	
二十九歳			1		1				1						2		49				6	
三十歳					1				2		1				2		51	1			3	
三十一歳					2				1								46		2		9	
三十二歳	1																32	1	1		7	
三十三歳	2						1		4								51				5	
三十四歳	1						1		3	1					1		42	1			3	1
三十五歳			2		1		1		1						1		40				3	
三十六歳									2						1		33				5	
三十七歳							2		1						1		30				1	
三十八歳			1		2				1				1				19				4	
三十九歳									1								26	1			8	1
四十歳					1		1							1	1		35				5	
四十一歳									2						1		24	2			1	1
四十二歳					1		1								1		35	1			4	
四十三歳									2								25				3	1
四十四歳							1		1						1		23	1	1	1	2	
四十五歳																	12				4	1
四十六歳									1						1		19	2			4	
四十七歳									1								20					
四十八歳	1																12					
四十九歳																	11				3	
五十歳																	15				2	
五十一歳	1																7				2	
五十二歳																	7					
五十三歳																	4	1				
五十四歳																	7					
五十五歳																	6	1				
五十六歳																	4					
五十七歳																	2				1	
五十八歳																	3					
五十九歳																	1				1	1
六十歳以上																	11	1			2	
年齢不詳																						
合計	7		12		29		14		43	1	2		2	1	22		1562	30	138	2	188	9

年齢 \ 産業・職業・男女	40鉄精錬業及材料品製造業 其ノ他ノ教職員 男	女	其ノ他ノ職業者 男	女	41銅精錬業及材料品製造業 総数 男	女	一般事務者 男	女	焙焼工,焼結工,団鉱工 男	女	非鉄金属製錬工(電気炉ニ依ルモノ) 男	女	非鉄金属製錬工(其ノ他ノ炉ニ依ルモノ) 男	女	非鉄金属製錬工(化学操作ニ依ルモノ) 男	女	非鉄金属製錬工(電解ニ依ルモノ) 男	女	其ノ他ノ金属製錬作業者 男	女	金属加熱炉工 男	女
十二歳以下						1																
十三歳					4																	
十四歳					12												1					
十五歳					9	4																
十六歳					14	1	1															
十七歳			1		23										1		1					
十八歳					22	1							2									
十九歳					30												2					
二十歳					29	1		1					1				2					
二十一歳					27														1			
二十二歳					24	1					1		1								1	
二十三歳					26						1											
二十四歳					21						2											
二十五歳					17																1	
二十六歳					16																	
二十七歳					28								1									
二十八歳					22	2															1	
二十九歳					23								1				1				1	
三十歳		1			16														1			
三十一歳			1		19						1						1		1			
三十二歳					17	1																
三十三歳					19	1															1	
三十四歳					15																	
三十五歳					9	1															1	
三十六歳					13																1	
三十七歳					10								1									
三十八歳					20																1	
三十九歳					13								1				1				1	
四十歳					14				1													
四十一歳					14						1		1								1	
四十二歳					10								1									
四十三歳					6																	
四十四歳					5																1	
四十五歳					6	1																
四十六歳					3																	
四十七歳					10														1			
四十八歳					4	1																
四十九歳					2	1																
五十歳					3	1																
五十一歳					3	1							1									
五十二歳					1	1																
五十三歳					1																	
五十四歳					1																	
五十五歳					1																	
五十六歳																						
五十七歳					2																	
五十八歳																						
五十九歳																						
六十歳以上					1																	
年齢不詳																						
合計		1	2		585	20	1	1	1		6		11		1		9		4		11	

41 鋼精錬業及材料品製造業

年齢＼職業＼男女	金属板圧延伸張工 男	金属板圧延伸張工 女	金属棒,条圧延伸張工 男	金属棒,条圧延伸張工 女	金属製管工 男	金属製管工 女	金属小物圧延伸張工 男	金属小物圧延伸張工 女	金属線伸張工 男	金属線伸張工 女	金属疵取工 男	金属疵取工 女	金属切断工 男	金属切断工 女	鍛冶職,刃物職, 男	鍛冶職,刃物職, 女	機械火造工 男	機械火造工 女	熱処理工 男	熱処理工 女	金属熔融工 男	金属熔融工 女
十二歳以下																						
十三歳			1						1				1									
十四歳			1				1		1												1	
十五歳			1		1				2	1							1					
十六歳	2				1				1												2	
十七歳	2		3		1		1		4												2	
十八歳	3		1		3				1				1									
十九歳	1		2		3				3						1							
二十歳	2						2										1					
二十一歳	2		2		1				6						1		1				1	
二十二歳	2		2		1				2								1				1	
二十三歳	4		4		2		1		3								1					
二十四歳	1		2		1		1		2													
二十五歳	4								1				2									
二十六歳	1				1				4		1											
二十七歳	4		8						4								1					
二十八歳	1							1	3												2	
二十九歳			2		2				4													
三十歳	2		2						3										1		1	
三十一歳	2				1		1		2												1	
三十二歳	1		4						3				1								1	
三十三歳	2		3		1				1												1	
三十四歳			3		1		1										1		1			
三十五歳	1		1		1												1					
三十六歳			2		1				3													
三十七歳	1				1		1										1				1	
三十八歳	1		1		2				4													
三十九歳					2												1				2	
四十歳	1				1				6												1	
四十一歳									2												1	
四十二歳	1				2		1		1								1		1			
四十三歳	1																					
四十四歳					1				1													
四十五歳																			2			
四十六歳									1													
四十七歳	1						1												1		1	
四十八歳									1												1	
四十九歳	1																					
五十歳									1													
五十一歳																					1	
五十二歳																						
五十三歳																						
五十四歳			1																			
五十五歳					1																	
五十六歳																						
五十七歳									1													
五十八歳																						
五十九歳																						
六十歳以上																						
年齢不詳																						
合計	44		46		32		11	1	72	1	1		5		2		11		6		21	

41 鋼精錬業及材料品製造業

年齢 \ 職業 \ 男女	鋳物砂型工		鋳造工		其ノ他ノ金属材料ノ製造加工作業者		旋盤工(金属ニ加工スルモノ)		タレット工		ボール盤工		捲鉄工		板金鋲打工		金属プレス工, 打抜工		パイプ工(造船所,鋼工ヲ含ム)		針金細工工	
	男	女	男	女	男	女	男	女	男	女	男	女	男	女	男	女	男	女	男	女	男	女
十二歳以下																						
十三歳																						
十四歳			1														1				1	
十五歳																						
十六歳									1								1					
十七歳																						
十八歳																	1		2			
十九歳					1		2												1			
二十歳			1		2		1												1			
二十一歳					1																	
二十二歳	1																					
二十三歳					1														1			
二十四歳																			1			
二十五歳			1		1																	
二十六歳																			2		1	
二十七歳					1																	
二十八歳			1		1		1												1		1	
二十九歳					1		1								1				2			
三十歳			1																			
三十一歳					1										1				1			
三十二歳					1	1													1			
三十三歳					1		1												1			
三十四歳					1																	
三十五歳					1														1			
三十六歳							1												1		1	
三十七歳																						
三十八歳					2																	
三十九歳																						
四十歳					1																	
四十一歳					1																	
四十二歳					1																	
四十三歳													1						1			
四十四歳					1														1			
四十五歳																					1	
四十六歳																						
四十七歳					1																1	
四十八歳					1						1											
四十九歳																						
五十歳					1																	
五十一歳																						
五十二歳																						
五十三歳																			1			
五十四歳																			1			
五十五歳																						
五十六歳																						
五十七歳					1																	
五十八歳																						
五十九歳																						
六十歳以上																						
年齢不詳																						
合計	1		5		24	1	7		1		1		1		2		3		20		6	

産業 / 職業 / 男女 / 年齢	41 銅精錬業及材料品製造業																							
	巻線工		配線工		其ノ他ノ機械器具製作業者		手仕上工		機械器具部品仕上組立工		機械器具製造工, 修繕工, 保全工		工具保全工		鳶職		其ノ他ノ土木建築作業者		其ノ他ノ電工		金属酸洗工, 洗滌工			
	男	女	男	女	男	女	男	女	男	女	男	女	男	女	男	女	男	女	男	女	男	女		
十二歳以下																				/				
十三歳																								
十四歳																								
十五歳																								
十六歳																								
十七歳					/								/											
十八歳	/																							
十九歳																								
二十歳																					/			
二十一歳											/													
二十二歳												/												
二十三歳			/																					
二十四歳							/										/							
二十五歳							/																	
二十六歳							/																	
二十七歳																								
二十八歳															/				/					
二十九歳																								
三十歳																								
三十一歳																								
三十二歳																								
三十三歳																	/							
三十四歳																	/							
三十五歳																								
三十六歳																								
三十七歳																								
三十八歳									/															
三十九歳	/																							
四十歳																								
四十一歳																								
四十二歳																								
四十三歳	/																							
四十四歳																								
四十五歳																						/		
四十六歳																								
四十七歳																								
四十八歳																								
四十九歳																								
五十歳																	/							
五十一歳											/													
五十二歳																								
五十三歳																								
五十四歳																								
五十五歳																								
五十六歳																								
五十七歳																								
五十八歳																								
五十九歳																								
六十歳以上																								
年齢不詳																								
合計	3		/		/		3		/		2	/	/		/		4		/	/	/	/		

41 鋼精錬業及材料品製造業

年齢＼職業＼男女	機関士,運転士,機関助手(蒸気機関車) 男	機関士,運転士,機関助手(蒸気機関車) 女	自動車運転手 男	自動車運転手 女	人力車夫,馬方,馭者 男	人力車夫,馬方,馭者 女	鋼夫,鋳物夫,錬鉄夫,鍍金夫,圧延夫 男	鋼夫,鋳物夫,錬鉄夫,鍍金夫,圧延夫 女	物品売買業者,仲買人 男	物品売買業者,仲買人 女	店員,売子,注文取,集金人 男	店員,売子,注文取,集金人 女	企画手 男	企画手 女	守衛,監督 男	守衛,監督 女	起重機運転工 男	起重機運転工 女	火夫,油差 男	火夫,油差 女	荷造工 男	荷造工 女
十二歳以下																						
十三歳																						
十四歳																						
十五歳								1														
十六歳																						
十七歳							1															
十八歳																						
十九歳							1								1		1					
二十歳							1															
二十一歳																						
二十二歳							3															
二十三歳			1				1															
二十四歳	1						3								1							
二十五歳							2						1		1							
二十六歳																						
二十七歳							4															
二十八歳							3				1								1			
二十九歳							3												1			
三十歳							1												1		1	
三十一歳							4															
三十二歳							1															
三十三歳					1		3															
三十四歳							1												1			
三十五歳							1														1	
三十六歳							1															
三十七歳							2															
三十八歳																			1			
三十九歳							1												1			
四十歳							1															
四十一歳							2															
四十二歳									1													
四十三歳																						
四十四歳																						
四十五歳							2															
四十六歳																			1			
四十七歳																						
四十八歳								1														
四十九歳							1															
五十歳																						
五十一歳																						
五十二歳																						
五十三歳																						
五十四歳																						
五十五歳																						
五十六歳																						
五十七歳																						
五十八歳																						
五十九歳																						
六十歳以上							1															
年齢不詳																						
合計	1		1		1		44	2	1		1		1		3		1		7		2	

年齢 \ 産業・職業・男女	41 銅精錬業及材料品製造業 小使，給仕，雑役者 男	女	見習工・養成工（他ニ分類セラレザルモノ） 男	女	其ノ他ノ作業者 男	女	42 亜鉛精錬業及材料品製造業 総数 男	女	一般事務者 男	女	鉱工学研究員 男	女	非鉄金属製錬工（其ノ他ノ炉ニ依ルモノ） 男	女	非鉄金属製錬工（化学操作ニ依ルモノ） 男	女	非鉄金属製錬工（電解ニ依ルモノ） 男	女	造塊工 男	女	其ノ他ノ金属製錬作業者 男	女
十二歳以下								1														
十三歳	1																					
十四歳	1		3																			
十五歳	2	1	2	1			1															
十六歳	2	1	3				1															
十七歳	4		1				3															
十八歳	5	1	2				2															
十九歳	6		4				2															
二十歳	9		5		1		4															
二十一歳	4		6				3				1											
二十二歳	5		3				3						1				1					
二十三歳	3		2				5						1									
二十四歳			3				3															
二十五歳			3				4						1									
二十六歳	4				1		2														1	
二十七歳	4		1				4						1									
二十八歳	3	1					9						2		1						2	
二十九歳	2		1				12						3								1	
三十歳	1		1				6												1			
三十一歳	2						7		1				2		1							
三十二歳	3						4								1						1	
三十三歳	3	1					3						1									
三十四歳	2		1				10						5									
三十五歳		1			1		9						2									
三十六歳	1		1				6						1									
三十七歳	2						4															
三十八歳	6		1				7						1								2	
三十九歳	1						2														1	
四十歳	3						5										1					
四十一歳	4		1				2						1									
四十二歳							2															
四十三歳	2						5															
四十四歳							1															
四十五歳	1																					
四十六歳	1						1															
四十七歳	3						2															
四十八歳																						
四十九歳		1					1															
五十歳		1																				
五十一歳		1					1						1									
五十二歳		1																				
五十三歳																						
五十四歳																						
五十五歳																						
五十六歳																						
五十七歳																						
五十八歳																						
五十九歳																						
六十歳以上																						
年齢不詳																						
合計	90	10	44	1	3		136	1	1		1		23		3		2		1		8	

年齢＼職業・男女	42 亜鉛精錬業及材料品製造業																					
	非金属精錬工		金属加熱炉工		金属板圧延伸張工		金属製管工		金属線伸張工		金属切断工		金属熔融工		鋳造工		其ノ他ノ金属材料ノ鍛造加工作業者		ドラム罐ブリキ罐製造工		鉛管工，鉛工	
	男	女	男	女	男	女	男	女	男	女	男	女	男	女	男	女	男	女	男	女	男	女
十二歳以下																		1				
十三歳																						
十四歳																						
十五歳																						
十六歳																	1					
十七歳																	1					
十八歳																						
十九歳			1																			
二十歳																	1					
二十一歳																						
二十二歳																						
二十三歳													1									
二十四歳							1										1					
二十五歳													1								1	
二十六歳															1							
二十七歳																						
二十八歳																						
二十九歳					1				1								1					
三十歳	1																					
三十一歳					1												1					
三十二歳																						
三十三歳																						
三十四歳					1				1													
三十五歳									1				1				1					
三十六歳																					2	
三十七歳																						
三十八歳									1								2					
三十九歳																						
四十歳																			1			
四十一歳											1											
四十二歳											1											
四十三歳																	2					
四十四歳																						
四十五歳																						
四十六歳																					1	
四十七歳																	1					
四十八歳																						
四十九歳																						
五十歳																						
五十一歳																						
五十二歳																						
五十三歳																						
五十四歳																						
五十五歳																						
五十六歳																						
五十七歳																						
五十八歳																						
五十九歳																						
六十歳以上																						
年齢不詳																						
合計	1		1		3		1		4		2		3		1		12	1	1		4	

年齢 \ 職業 \ 男女	42 亜鉛精錬業及材料品製造業																							
	手仕上工		機械器具製造工,板金工,保全工		硫酸工		其ノ他ノ薬品製造工		其ノ他ノ化学薬品ノ製造作業者		其ノ他ノ土木建築作業者		メッキ工(皮膜防錆工ヲ含ム)		荷扱夫,仲仕,倉庫夫,運搬夫,配達夫		店員,売子,注文取,集金人		守衛,監督		火夫,油差	
	男	女	男	女	男	女	男	女	男	女	男	女	男	女	男	女	男	女	男	女	男	女	男	女
十二歳以下																								
十三歳																								
十四歳																								
十五歳																								
十六歳																								
十七歳			1																		1			
十八歳																								
十九歳																	1							
二十歳													1											
二十一歳																								
二十二歳																								
二十三歳															1									
二十四歳																								
二十五歳							1																	
二十六歳																								
二十七歳															1									
二十八歳															1									
二十九歳											1				1				1		1			
三十歳					1										1									
三十一歳															1									
三十二歳															1									
三十三歳																								
三十四歳	1																				1			
三十五歳									1						1						1			
三十六歳																								
三十七歳															2									
三十八歳																								
三十九歳																								
四十歳															1									
四十一歳																								
四十二歳																								
四十三歳													1								1			
四十四歳																								
四十五歳																								
四十六歳																								
四十七歳															1									
四十八歳																								
四十九歳																								
五十歳																								
五十一歳																								
五十二歳																								
五十三歳																								
五十四歳																								
五十五歳																								
五十六歳																								
五十七歳																								
五十八歳																								
五十九歳																								
六十歳以上																								
年齢不詳																								
合計	1		1		1		1		1		1		2		12		1		1		5			

年齢 \ 職業 男女	42 亜鉛精錬業及材料品製造業 看貫掛, 検量工 男	看貫掛, 検量工 女	荷造工 男	荷造工 女	小使, 給仕, 雑役者 男	小使, 給仕, 雑役者 女	[illegible]工（他ニ分類セラレザルモノ） 男	[illegible]工（他ニ分類セラレザルモノ） 女	其ノ他ノ作業者 男	其ノ他ノ作業者 女	43 鉛精錬業及材料品製造業 総数 男	総数 女	販売仕入係事務者 男	販売仕入係事務者 女	非鉄金属熔錬工（電気炉ニ依ルモノ） 男	非鉄金属熔錬工（電気炉ニ依ルモノ） 女	非鉄金属熔錬工（其ノ他ノ炉ニ依ルモノ） 男	非鉄金属熔錬工（其ノ他ノ炉ニ依ルモノ） 女	金属製管工 男	金属製管工 女	金属線伸張工 男	金属線伸張工 女
十二歳以下																						
十三歳												1										
十四歳																						
十五歳					1																	
十六歳											1											
十七歳											2											
十八歳							2				1											
十九歳											2								1			
二十歳					2						2											
二十一歳					2						3											
二十二歳					1						5								1			
二十三歳					2						1											
二十四歳					1																	
二十五歳											4				1							
二十六歳											2										1	
二十七歳					1				1		2	1										
二十八歳					2						2						1					
二十九歳					1				1		3						2					
三十歳					1		1															
三十一歳											1						1					
三十二歳					1						2											
三十三歳					2						1											
三十四歳					1						4										1	
三十五歳					1						2		1									
三十六歳					3						1						1					
三十七歳					2						1											
三十八歳					1																	
三十九歳			1								1						1					
四十歳					2						2						1					
四十一歳											2								1			
四十二歳											1						1					
四十三歳					1				1		2						1					
四十四歳	1										1											
四十五歳																						
四十六歳											1											
四十七歳																						
四十八歳																						
四十九歳					1						2						1					
五十歳											1											
五十一歳											1											
五十二歳																						
五十三歳																						
五十四歳																						
五十五歳																						
五十六歳											1											
五十七歳																						
五十八歳																						
五十九歳																						
六十歳以上											1											
年齢不詳																						
合計	1		1		29		3		3		58	2	1		11		10		3		2	

年齢	金属熔融工 男	金属熔融工 女	其ノ他ノ金属材料製造加工作業者 男	其ノ他ノ金属材料製造加工作業者 女	旋盤工(金属ニ加工スルモノ) 男	旋盤工(金属ニ加工スルモノ) 女	板金工, ブリキ職 男	板金工, ブリキ職 女	金属プレス工, 打抜工 男	金属プレス工, 打抜工 女	パイプ工(造船所, 鋼工ヲ含ム) 男	パイプ工(造船所, 鋼工ヲ含ム) 女	鉛管工, 鉛工 男	鉛管工, 鉛工 女	機械器具装置工, 修繕工, 保全工 男	機械器具装置工, 修繕工, 保全工 女	其ノ他ノ土木建築作業者 男	其ノ他ノ土木建築作業者 女	荷扱夫, 倉庫夫, 運搬夫, 配達夫 男	荷扱夫, 倉庫夫, 運搬夫, 配達夫 女	小使, 給仕, 雑役者 男	小使, 給仕, 雑役者 女
十二歳以下																						
十三歳																						1
十四歳																						
十五歳																						
十六歳													1									
十七歳					1																	
十八歳																			1			
十九歳																						
二十歳			1																		1	
二十一歳													1								2	
二十二歳	1												2						1			
二十三歳																					1	
二十四歳																						
二十五歳	1						1														1	
二十六歳									1													
二十七歳				1																	2	
二十八歳	1																					
二十九歳															1							
三十歳																						
三十一歳																						
三十二歳																					2	
三十三歳																			1			
三十四歳													1						1		1	
三十五歳									1													
三十六歳																						
三十七歳	1																					
三十八歳																						
三十九歳																						
四十歳																					1	
四十一歳																			1			
四十二歳																						
四十三歳													1									
四十四歳											1											
四十五歳																						
四十六歳																					1	
四十七歳																						
四十八歳																						
四十九歳																					1	
五十歳																					1	
五十一歳	1																					
五十二歳																						
五十三歳																						
五十四歳																						
五十五歳																						
五十六歳													1									
五十七歳																						
五十八歳																						
五十九歳																						
六十歳以上																	1					
年齢不詳																						
合計	5		1	1	1		1		2		1		7		1		1		5		14	1

年齢 ＼ 産業・職業・男女	43 鉛精錬業及材料品製造業 見習工・養成工(他ニ分類セラレザルモノ) 男	女	44 アルミニウム精錬業及材料品製造業 総数 男	総数 女	経営者 男	経営者 女	一般事務者 男	一般事務者 女	販売仕入係事務者 男	販売仕入係事務者 女	簿記係事務者 男	簿記係事務者 女	機械技術者 男	機械技術者 女	非鉄金属製錬工(電気炉ニ依ルモノ) 男	女	非鉄金属製錬工(其ノ他ノ炉ニ依ルモノ) 男	女	非鉄金属製錬工(化学操作ニ依ルモノ) 男	女	其ノ他ノ金属製錬作業者 男	女
十二歳以下			2	3																		
十三歳			5																			
十四歳			2	1											1							
十五歳			8	1																	1	
十六歳			8														1		1			
十七歳	1		10	1													1					
十八歳			13	1											1		1		1			
十九歳	1		13												1						1	
二十歳			13										1						2			
二十一歳			16								1						1					
二十二歳			11														1					
二十三歳			11																		1	
二十四歳			10				1												1			
二十五歳			13						1								1		1		1	
二十六歳			9						1												1	
二十七歳			15																1			
二十八歳			7				1															
二十九歳			10				1								2		2					
三十歳			11														1		2		1	
三十一歳			9																1		1	
三十二歳			10		1												1				1	
三十三歳			6				1															
三十四歳			10																			
三十五歳			2																1			
三十六歳			2														1					
三十七歳			8												2							
三十八歳			4																			
三十九歳			2																			
四十歳			3	1																		
四十一歳			6																1			
四十二歳			5																			
四十三歳			4																1			
四十四歳																						
四十五歳			3														2					
四十六歳			2												1		1					
四十七歳			1																			
四十八歳			1																			
四十九歳			1																			
五十歳			3														1					
五十一歳			1																			
五十二歳																						
五十三歳			1																			
五十四歳																						
五十五歳																						
五十六歳			2												1							
五十七歳																						
五十八歳																						
五十九歳																						
六十歳以上																						
年齢不詳																						
合計	2		273	8	1		4		2		1		1		9		15		13		8	

44 アルミニウム精錬業及材料品製造業

年齢＼職業・男女	非金属精錬工		其ノ他ノ製図工		金属加熱炉工		金属板圧延伸張工		金属棒,条圧延伸張工		金属製管工		金属小物圧延伸張工		金属線伸張工		金属疵取工		金属切断工		鍛冶職,刃物職	
	男	女	男	女	男	女	男	女	男	女	男	女	男	女	男	女	男	女	男	女	男	女
十二歳以下																						
十三歳																	/		/			
十四歳																/						
十五歳											/											
十六歳							/															
十七歳																						
十八歳							/															
十九歳							/						/									
二十歳									/													
二十一歳															/							
二十二歳	/																					
二十三歳	/						/															
二十四歳	/																					
二十五歳							/															
二十六歳																					/	
二十七歳	/						/		/		/		/						/			
二十八歳							/															
二十九歳																						
三十歳																						
三十一歳																						
三十二歳																						
三十三歳			/		/																	
三十四歳							/															
三十五歳																						
三十六歳																						
三十七歳							/															
三十八歳																						
三十九歳																						
四十歳	/																					
四十一歳																						
四十二歳	2								/													
四十三歳							/															
四十四歳																						
四十五歳																						
四十六歳																						
四十七歳																						
四十八歳																						
四十九歳																						
五十歳																						
五十一歳																						
五十二歳																						
五十三歳													/									
五十四歳																						
五十五歳																						
五十六歳																						
五十七歳																						
五十八歳																						
五十九歳																						
六十歳以上																						
年齢不詳																						
合計	7		/		/		10		3		2		3		/	/	/		2		/	

年齢＼産業・職業・男女	44アルミニウム精錬業及材料品製造業																					
	金属熔融工		鋳物砂型工		中子工		鋳造工		特殊鋳物工		其ノ他ノ金属材料ノ製造加工作業者		研磨盤工，ラツプ盤工		鋲打工		金属プレス工，打抜工		電気熔接工		パイプ工(造船所,鋼工ヲ含ム)	
	男	女	男	女	男	女	男	女	男	女	男	女	男	女	男	女	男	女	男	女	男	女
十二歳以下	1						1															
十三歳																						
十四歳							1															
十五歳	1						1															
十六歳			1								2											
十七歳	1		2								4	1										
十八歳							1				3						1		1			
十九歳											4											
二十歳	3												1									
二十一歳	1						2		1		4											
二十二歳											1				1							
二十三歳											2						1					
二十四歳	1										1											
二十五歳	1						1		1		3											
二十六歳	1										1											
二十七歳											3											
二十八歳	1																					
二十九歳							2				1											
三十歳	1				1						1										1	
三十一歳	1						1				1						1					
三十二歳	1										1											
三十三歳																						
三十四歳											1						1				1	
三十五歳																						
三十六歳																						
三十七歳							1															
三十八歳																						
三十九歳																						
四十歳						1																
四十一歳																						
四十二歳																						
四十三歳							1															
四十四歳																						
四十五歳											1											
四十六歳																						
四十七歳																						
四十八歳																						
四十九歳																						
五十歳																						
五十一歳																						
五十二歳																						
五十三歳																						
五十四歳																						
五十五歳																						
五十六歳																						
五十七歳																						
五十八歳																						
五十九歳																						
六十歳以上																						
年齢不詳																						
合計	14		3			1	13		2		34	1	1		1		4		1		2	

44 アルミニウム精錬業及材料品製造業

年齢 \ 職業 / 男女	機械製罐工		其ノ他ノ機械器具製作業者		手仕上工		機械器具部品仕上組立工		機械器具装置工,鍛工,保全工		工具保全工		硫酸工		アルミナ製造工		其ノ他ノ化学薬品ノ製造作業者		木型工(鋳物木型工ヲ除ク)		鳶職	
	男	女	男	女	男	女	男	女	男	女	男	女	男	女	男	女	男	女	男	女	男	女
十二歳以下												/										
十三歳															/							
十四歳																						
十五歳				/											2							
十六歳																						
十七歳																						
十八歳	/				/											/						
十九歳																						
二十歳															2							
二十一歳															/							
二十二歳															2							
二十三歳													/		/							
二十四歳															/							
二十五歳	/																					
二十六歳															2							
二十七歳															2							
二十八歳															2				/			
二十九歳							/								/							
三十歳			/												2							
三十一歳															2							
三十二歳					/										2							
三十三歳					/																	
三十四歳																	/				/	
三十五歳									/													
三十六歳																						
三十七歳															/		/					
三十八歳																						
三十九歳			/												/							
四十歳																						
四十一歳															3							
四十二歳					/										/							
四十三歳															/							
四十四歳																						
四十五歳																						
四十六歳																						
四十七歳																						
四十八歳																						
四十九歳															/							
五十歳																						
五十一歳															/							
五十二歳																						
五十三歳																						
五十四歳																						
五十五歳																						
五十六歳																						
五十七歳																						
五十八歳																						
五十九歳																						
六十歳以上																						
年齢不詳																						
合計	2		2	/	4		/		/			/	/		32	/	2		/		/	

44 アルミニウム精錬業及材料品製造業

年齢 ＼ 職業・男女	其ノ他ノ土木建築作業者		金属酸洗工, 洗滌工		バフ磨工		実験工, 試験工, 分析工		自動車運転手		荷扱夫, 仲仕, 倉庫夫, 運搬夫, 配達夫		物品売買業者, 仲買人		店員, 売子, 注文取, 集金人		火夫, 油差		看貫掛, 検量工		小使, 給仕, 雑役者	
	男	女	男	女	男	女	男	女	男	女	男	女	男	女	男	女	男	女	男	女	男	女
十二歳以下																						2
十三歳																						
十四歳																						
十五歳							1															
十六歳																						
十七歳																					1	
十八歳																	1					
十九歳																					2	
二十歳											2										1	
二十一歳			1		1						1										1	
二十二歳									1				1								2	
二十三歳			1						1												1	
二十四歳	1				1						1										1	
二十五歳															1							
二十六歳	1				1																	
二十七歳					1																2	
二十八歳																						
二十九歳																						
三十歳																					1	
三十一歳																	1					
三十二歳																					2	
三十三歳											1										1	
三十四歳									1												3	
三十五歳																						
三十六歳																					1	
三十七歳					1																1	
三十八歳	2																		1		1	
三十九歳																						
四十歳																					2	
四十一歳	1										1											
四十二歳																						
四十三歳																						
四十四歳																						
四十五歳																						
四十六歳																						
四十七歳	1																					
四十八歳																					1	
四十九歳																						
五十歳	1																				1	
五十一歳																						
五十二歳																						
五十三歳																						
五十四歳																						
五十五歳																						
五十六歳																					1	
五十七歳																						
五十八歳																						
五十九歳																						
六十歳以上																						
年齢不詳																						
合計	7		2		5		1		3		6		1		1		2		1		26	2

年齢 \ 男女 \ 職業 \ 産業	44 アルミニウム精錬業及材料品製造業				45 マグネシウム精錬業及材料品製造業																			
	見習工 養成工（他ニ分類セラレザルモノ）		其ノ他ノ作業者		総数		非鉄金属製錬工（電気炉ニ依ルモノ）		非鉄金属製錬工（其ノ他ノ炉ニ依ルモノ）		非鉄金属製錬工（化学操作ニ依ルモノ）		其ノ他ノ金属製錬作業者		金属加熱炉工		金属線伸張工		鍛冶職，刃物職		鋳造工	
	男	女	男	女	男	女	男	女	男	女	男	女	男	女	男	女	男	女	男	女	男	女
十二歳以下																						
十三歳	2																					
十四歳					9								1				1					
十五歳	1				6						1											
十六歳	2				5				1												1	
十七歳	1				4				1				1				1					
十八歳					6		1										1					
十九歳	1		2		3		1												1			
二十歳					5												3					
二十一歳					5												2					
二十二歳			1		6												2					
二十三歳					4																	
二十四歳					7												1					
二十五歳					2																	
二十六歳					6																	
二十七歳					2												2					
二十八歳					4										1							
二十九歳					2																	
三十歳					1																	
三十一歳					1																	
三十二歳					1																	
三十三歳					1																	
三十四歳					1																	
三十五歳					2																	
三十六歳					2																	
三十七歳					1																	
三十八歳					1																	
三十九歳					2																	
四十歳					1																	
四十一歳					1																	
四十二歳																						
四十三歳					1																	
四十四歳					1																	
四十五歳					1		1															
四十六歳					2																	
四十七歳																						
四十八歳					1																	
四十九歳																						
五十歳																						
五十一歳																						
五十二歳																						
五十三歳					1																	
五十四歳																						
五十五歳																						
五十六歳																						
五十七歳																						
五十八歳																						
五十九歳																						
六十歳以上																						
年齢不詳																						
合計	7		3		91	1	4		2		1		2		1		13		1		1	

年齢 \ 産業・職業・男女	45 マグネシウム精錬業及材料品製造業																		46 錫精錬業及材料品製造業			
	其ノ他ノ金属材料ノ製造加工作業者		其ノ他ノ化学薬品ノ製造作業者		其ノ他ノ土木建築作業者		実験工, 試験工, 分析工		人力車夫, 馬方, 馭者		荷造夫, 艀夫, 積込夫, 運搬夫, 配達夫		小使, 給仕, 雑役者		見習工 (他ニ分類セラレザルモノ)		其ノ他ノ作業者		総数		経営者	
	男	女	男	女	男	女	男	女	男	女	男	女	男	女	男	女	男	女	男	女	男	女
十二歳以下																						
十三歳																						
十四歳																			1			
十五歳					1								2		2							
十六歳			1				1						1						1			
十七歳	1																		1			
十八歳											1		2		1				3			
十九歳													1						5			
二十歳											1		1						5			
二十一歳													2		1				2			
二十二歳									1				3						3			
二十三歳					1								3									
二十四歳											2		4						6			
二十五歳					1								1						3			
二十六歳											2		4						3			
二十七歳																			4			
二十八歳											1		1						5			
二十九歳													2						7			
三十歳													1						6			
三十一歳													1						10			
三十二歳													1	1					3			
三十三歳													1						3		1	
三十四歳													1						4			
三十五歳													2						4			
三十六歳					1								1						6			
三十七歳											1								1			
三十八歳											1								4			
三十九歳													2									
四十歳													1						4			
四十一歳													1									
四十二歳																			1			
四十三歳													1									
四十四歳													1						1			
四十五歳																			2			
四十六歳													1				1					
四十七歳																			1			
四十八歳									1										1			
四十九歳																						
五十歳																						
五十一歳																						
五十二歳																			1			
五十三歳													1									
五十四歳																						
五十五歳																						
五十六歳																						
五十七歳																						
五十八歳																						
五十九歳																						
六十歳以上																						
年齢不詳																						
合計	1		1		4		1		2		9		43	1	4		1		101		1	

年齢＼産業・職業・男女	46 錫精錬業及材料品製造業																					
	機械技術者		非鉄金属製錬工(電気炉ニ依ルモノ)		非鉄金属製錬工(其ノ他ノ炉ニ依ルモノ)		非鉄金属製錬工(電解ニ依ルモノ)		其ノ他ノ金属製錬作業者		非金属精錬工		金属加熱炉工		金属製管工		金属熔融工		鋳造工		金属プレス工,打抜工	
	男	女	男	女	男	女	男	女	男	女	男	女	男	女	男	女	男	女	男	女	男	女
十二歳以下																						
十三歳																						
十四歳																						
十五歳																						
十六歳																						
十七歳									1													
十八歳							1															
十九歳									1										1			
二十歳							1		2													
二十一歳							2															
二十二歳					1		1															
二十三歳																						
二十四歳							2		1				1									
二十五歳							1		1													
二十六歳									1													
二十七歳									2		1											
二十八歳							1															
二十九歳			2				2		1		1											
三十歳							3				1											
三十一歳							2		1		1						1					
三十二歳																						
三十三歳							1														1	
三十四歳							2														1	
三十五歳							1				1											
三十六歳					1		1														1	
三十七歳							1															
三十八歳			1																		1	
三十九歳																						
四十歳	1														1							
四十一歳																						
四十二歳																	1					
四十三歳																						
四十四歳																						
四十五歳																						
四十六歳																						
四十七歳																						
四十八歳																						
四十九歳																						
五十歳																						
五十一歳	1																					
五十二歳																						
五十三歳																						
五十四歳																						
五十五歳																						
五十六歳																						
五十七歳																						
五十八歳																						
五十九歳																						
六十歳以上																						
年齢不詳																						
合計	2		3		2		22		11		5		1		1		2		1		4	

年齢 \ 産業・職業・男女	46 錫精錬業及材料品製造業																47 金属タングステン精錬業及材料品製造業					
	自動車運転手		荷搬夫,仲仕,倉庫夫,運搬夫,配達夫		店員,売子,注文取,集金人		起重機運転工		火夫,油差		荷造工		小使,給仕,雑役者		見習工,雑役工(他ニ分類セラレザルモノ)		総数		冶金技術者		焙焼工,焼結工,団鉱工	
	男	女	男	女	男	女	男	女	男	女	男	女	男	女	男	女	男	女	男	女	男	女
十二歳以下																						
十三歳																		1				
十四歳													1				1					
十五歳																	1	3				
十六歳													1									
十七歳																	1					
十八歳					1								1					1				
十九歳			1								1		1				1					
二十歳											1				1		2					
二十一歳																	2				1	
二十二歳													1									
二十三歳																	2				1	
二十四歳													2				2					
二十五歳											1						1					
二十六歳											2						1					
二十七歳													1				1					
二十八歳			1								1		2				2					
二十九歳			1														1					
三十歳			1										1									
三十一歳			2								2				1		1		1			
三十二歳			2				1										1		1			
三十三歳																	2					
三十四歳			1														3				1	
三十五歳											1		1									
三十六歳	1										1		1				1					
三十七歳																						
三十八歳													2									
三十九歳																						
四十歳													2				1					
四十一歳																						
四十二歳																						
四十三歳																						
四十四歳													1									
四十五歳			1						1													
四十六歳																	1					
四十七歳			1																			
四十八歳			1														1					
四十九歳																	1					
五十歳																	1					
五十一歳																	1					
五十二歳																						
五十三歳																						
五十四歳																						
五十五歳																						
五十六歳																						
五十七歳																						
五十八歳																						
五十九歳																						
六十歳以上																						
年齢不詳																						
合計	1		12		1		1		1		10		18		2		32	5	2		3	

47 金属タングステン精錬業及材料品製造業

産業 職業 男女 年齢	製銑工(電気炉ニ依ルモノ)		非鉄金属製錬工(電気炉ニ依ルモノ)		非鉄金属製錬工(化学操作ニ依ルモノ)		其ノ他ノ金属製錬作業者		非金属精錬工		金属板圧延伸張工		金属棒,条圧延伸張工		金属線伸張工		其ノ他ノ金属材料ノ製造加工作業者		旋盤工(金属ニ加工スルモノ)		旋盤工(木材以外ノ非金属ニ加工スルモノ)	
	男	女	男	女	男	女	男	女	男	女	男	女	男	女	男	女	男	女	男	女	男	女
十二歳以下																						
十三歳																		/				
十四歳																					/	
十五歳										/						/			/			
十六歳																						
十七歳					/																	
十八歳				/																		
十九歳													/									
二十歳											/											
二十一歳																						
二十二歳																						
二十三歳																						
二十四歳	/																					
二十五歳											/											
二十六歳																						
二十七歳	/																					
二十八歳			2																			
二十九歳																						
三十歳																						
三十一歳																						
三十二歳																						
三十三歳	/		/																			
三十四歳																						
三十五歳																						
三十六歳																						
三十七歳																						
三十八歳																						
三十九歳																						
四十歳																						
四十一歳																						
四十二歳																						
四十三歳																						
四十四歳																						
四十五歳																						
四十六歳																						
四十七歳																						
四十八歳																						
四十九歳																						
五十歳							/															
五十一歳																						
五十二歳																						
五十三歳																						
五十四歳																						
五十五歳																						
五十六歳																						
五十七歳																						
五十八歳																						
五十九歳																						
六十歳以上																						
年齢不詳																						
合計	3		3	/	/		/			/	2		/			/		/	/		/	

産業 職業 男女 年齢	47金属タングステン精錬業及材料品製造業												48アンチモン精錬業及材料品製造業											
	撓鉄工		板金工, ブリキ職		電気熔接工		電線被装工		鍛鉄工, 鋳鉄工, 圧鉄工, 延鉄工		小使, 給仕, 雑役者		総数		経営者		金属熔融工		板金鋲打工		金属プレス工, 打抜工	
	男	女	男	女	男	女	男	女	男	女	男	女	男	女	男	女	男	女	男	女	男	女
十二歳以下														1								1
十三歳																						
十四歳														1								1
十五歳												1										
十六歳																						
十七歳																						
十八歳																						
十九歳																						
二十歳	1																					
二十一歳					1																	
二十二歳																						
二十三歳			1																			
二十四歳											1											
二十五歳													1									
二十六歳											1											
二十七歳													2								1	
二十八歳																						
二十九歳							1															
三十歳																						
三十一歳																						
三十二歳													2						1			
三十三歳																						
三十四歳									2													
三十五歳													1		1							
三十六歳											1		1				1					
三十七歳																						
三十八歳													1									
三十九歳																						
四十歳			1																			
四十一歳																						
四十二歳																						
四十三歳																						
四十四歳																						
四十五歳																						
四十六歳											1											
四十七歳																						
四十八歳											1											
四十九歳											1											
五十歳																						
五十一歳											1											
五十二歳																						
五十三歳																						
五十四歳																						
五十五歳																						
五十六歳																						
五十七歳																						
五十八歳																						
五十九歳																						
六十歳以上																						
年齢不詳																						
合計	1		2		1		1		2		7	1	8	2	1		1		1		1	2

年齢 \ 職業 \ 男女	48アンチモン精錬業及材料品製造業 自動車運転手		火夫, 油差		小使, 給仕, 雑役者		49其ノ他ノ金属精錬業及材料品製造業 総数		一般事務者		通訳		冶金技術者		機械技術者		其ノ他ノ工業技術者		露天採掘夫		製銑工(熔鉱炉其ノ他ニ依ルモノ)	
	男	女	男	女	男	女	男	女	男	女	男	女	男	女	男	女	男	女	男	女	男	女
十二歳以下							1	1														
十三歳							2															
十四歳							2	4														
十五歳							4	3														
十六歳							2	3														
十七歳							11	1			1						1					
十八歳							14	1														
十九歳							25	2														
二十歳							35	1														
二十一歳							56		1												1	
二十二歳							33															
二十三歳							52															
二十四歳							60	1														
二十五歳					1		42		1													
二十六歳							31															
二十七歳					1		41		1				1									
二十八歳							42								1							
二十九歳					1		42	1														
三十歳							30		1													
三十一歳							39	1														
三十二歳	1						24															
三十三歳							21															
三十四歳							18															
三十五歳							24	1													1	
三十六歳							13															
三十七歳							15												1			
三十八歳			1				12															
三十九歳							6															
四十歳							9															
四十一歳							8						1									
四十二歳							8															
四十三歳							1															
四十四歳							3															
四十五歳							6															
四十六歳							3															
四十七歳							2	1														
四十八歳							2															
四十九歳							2															
五十歳																						
五十一歳							1															
五十二歳							1															
五十三歳																						
五十四歳																						
五十五歳																						
五十六歳							2															
五十七歳							1															
五十八歳																						
五十九歳																						
六十歳以上							2	1														
年齢不詳																						
合計	1		1		2		748	22	4		1		2		1		1		1		2	

年齢 ＼ 職業 ＼ 男女	49其ノ他ノ金属精錬業及材料品製造業																					
	旋盤工(平炉其ノ他ニ依ルモノ)		非鉄金属製錬工(電気炉ニ依ルモノ)		非鉄金属製錬工(其ノ他ノ炉ニ依ルモノ)		非鉄金属製錬工(化学操作ニ依ルモノ)		非鉄金属製錬工(電解ニ依ルモノ)		其ノ他ノ金属製錬作業者		非金属精錬工		機械製図工		金属加熱炉工		金属板圧延伸張工		金属棒,条圧延伸張工	
	男	女	男	女	男	女	男	女	男	女	男	女	男	女	男	女	男	女	男	女	男	女
十二歳以下																						
十三歳																						
十四歳																						
十五歳																			1			
十六歳																					1	
十七歳					1														2		1	
十八歳					1														1			
十九歳					1														1			
二十歳					3												1		2			
二十一歳					10		2		1						1				1			
二十二歳					3				1										1			
二十三歳					7														2			
二十四歳	1		1		10						1			1					1			
二十五歳					5		1		1												1	
二十六歳					5														1			
二十七歳	1				1														2			
二十八歳	1				3		2		1				1						1			
二十九歳					4		2						1						2		4	
三十歳					2																2	
三十一歳					5		1						1								1	
三十二歳					3														2			
三十三歳													1						1			
三十四歳					1																	
三十五歳					3		1														2	
三十六歳					2				1		1										2	
三十七歳					1				1													
三十八歳																						
三十九歳																					1	
四十歳																						
四十一歳							1															
四十二歳																						
四十三歳																					1	
四十四歳													1									
四十五歳							1														1	
四十六歳					1																	
四十七歳																			1			
四十八歳																						
四十九歳									1													
五十歳																						
五十一歳																						
五十二歳																						
五十三歳																						
五十四歳																						
五十五歳																						
五十六歳																						
五十七歳																						
五十八歳																						
五十九歳																						
六十歳以上																						
年齢不詳																						
合計	3		1		72		11		7		2		5	1	1		1		22		17	

年齢＼職業・男女	49 其ノ他ノ金属精錬業及材料品製造業																					
	金属製管工		金属板圧延伸張工		金属線伸張工		金属切断工		機械火造工		熱処理工		金属熔融工		鋳造工		其ノ他ノ金属材料ノ製造加工作業者		旋盤工(金属ニ加工スルモノ)		撹鉄工	
	男	女	男	女	男	女	男	女	男	女	男	女	男	女	男	女	男	女	男	女	男	女
十二歳以下																	1					
十三歳																						
十四歳					1	1												1				
十五歳																		1				
十六歳																		3				
十七歳					1													1				
十八歳					2		1						2				1					
十九歳			1		2								1				3	2				
二十歳					1													1				
二十一歳					1				1				1						1			
二十二歳					3										1							
二十三歳					2																1	
二十四歳					2												1		1			
二十五歳					1								1									
二十六歳			2																			
二十七歳													1				2					
二十八歳			2		1												1		1			
二十九歳	1				4		1															
三十歳			1		3				2								2					
三十一歳			3		1	1																
三十二歳	1				2										1							
三十三歳	1				2												1					
三十四歳					2																	
三十五歳					1																	
三十六歳					1																	
三十七歳																	1					
三十八歳					2																	
三十九歳					1																	
四十歳									1													
四十一歳					1																	
四十二歳			2		1																	
四十三歳																						
四十四歳																						
四十五歳																						
四十六歳											1											
四十七歳																						
四十八歳																						
四十九歳					1																	
五十歳																						
五十一歳																						
五十二歳																						
五十三歳																						
五十四歳																						
五十五歳																						
五十六歳					1																	
五十七歳																						
五十八歳																						
五十九歳																						
六十歳以上					2	1																
年齢不詳																						
合計	3		11		42	3	2		4		1		6		2		13	9	3		1	

年齢 \ 職業	板金鋲打工		金属プレス工, 打抜工		其ノ他ノ熔接工		パイプ工(造船所ノ銅工ヲ含ム)		針金細工工		配線工		鋼具工, 索具工		其ノ他ノ機械器具製作作業者		硫酸工		其ノ他ノ化学製品ノ製造作業者		其ノ他ノ窯業, 岩石類ノ加工作業者	
	男	女	男	女	男	女	男	女	男	女	男	女	男	女	男	女	男	女	男	女	男	女
十二歳以下																						
十三歳																						
十四歳																						
十五歳			1												1							
十六歳									1													
十七歳																						
十八歳															1		1					
十九歳																	1					
二十歳													1				1					
二十一歳	1		1																1			
二十二歳							1															
二十三歳			1		1												2					
二十四歳																						
二十五歳							1															
二十六歳																						
二十七歳															1							
二十八歳									1													
二十九歳																						
三十歳																						
三十一歳			1																			
三十二歳																						
三十三歳											1											
三十四歳									1													
三十五歳																						
三十六歳																						
三十七歳																					1	
三十八歳																						
三十九歳																						
四十歳																			1			
四十一歳																						
四十二歳									1													
四十三歳																						
四十四歳																						
四十五歳																						
四十六歳																						
四十七歳																						
四十八歳																						
四十九歳																						
五十歳																						
五十一歳																						
五十二歳																						
五十三歳																						
五十四歳																						
五十五歳																						
五十六歳																						
五十七歳																						
五十八歳																						
五十九歳																						
六十歳以上																						
年齢不詳																						
合計	1		4		1		2		4		1		1		3		5		2		1	

年齢＼職業・男女	49 其ノ他ノ金属精錬業及材料品製造業																					
	料理人,コツク		コンクリート工		鳶職		其ノ他ノ土木建築作業者		其ノ他ノ電工		メツキ工(皮膜防錆工ヲ含ム)		金属酸洗工,洗滌工		実験工,試験工,分析工		運転手,助手(電気機関車,電車,気動車)		荷扱夫,艀仕,倉庫夫,運搬夫,配達夫		店員,売子,注文取,集金人	
	男	女	男	女	男	女	男	女	男	女	男	女	男	女	男	女	男	女	男	女	男	女
十二歳以下																						
十三歳																						
十四歳																						
十五歳																						
十六歳																						
十七歳									1										1			
十八歳							1												1			
十九歳					1		1				1								6			
二十歳							1												16			
二十一歳							3										1		25			
二十二歳															1				18			
二十三歳							1												31			
二十四歳											1				1				35			
二十五歳	1						4												23			
二十六歳							1												18			
二十七歳							2												24			
二十八歳			1		1		2								1				16			
二十九歳							1												18		1	
三十歳							2												12			
三十一歳					1		1												23			
三十二歳							2												12			
三十三歳							3												11			
三十四歳							2								1				9			
三十五歳							3												13			
三十六歳							2												4			
三十七歳							2												5			
三十八歳															1				7			
三十九歳							1												2			
四十歳							2												2			
四十一歳																			5			
四十二歳							3															
四十三歳																						
四十四歳																						
四十五歳							1												1			
四十六歳																						
四十七歳																						
四十八歳							1												1			
四十九歳																						
五十歳																						
五十一歳							1															
五十二歳																			1			
五十三歳																						
五十四歳																						
五十五歳																						
五十六歳													1									
五十七歳																						
五十八歳																						
五十九歳																						
六十歳以上																						
年齢不詳																						
合計	1		1		3		43		1		2		1		5		1		340		1	

年齢 \ 産業・職業・男女	49 其ノ他ノ金属精錬業及材料品製造業														50 黄銅材料品製造業							
	守衛,監督		原動機(電動機ヲ除ク),巻上機,ポンプ,送付機,空気圧縮機,コンベヤノ運轉工		荷造工		小使,給仕,雜役者		見習工 養成工(他ニ分類セラレザルモノ)		其ノ他ノ作業者		総数		タイピスト,筆耕		混銑炉工		非鉄金属製錬工(其ノ他ノ炉ニ依ルモノ)		非金属精錬工	
	男	女	男	女	男	女	男	女	男	女	男	女	男	女	男	女	男	女	男	女	男	女
十二歳以下								1					1									
十三歳									2													
十四歳							1	2					3	1								
十五歳							1			2			4									
十六歳													1									
十七歳					1		1						2									
十八歳							2					1	12	2		1						
十九歳							6						5									
二十歳							7		1		1		5									
二十一歳							2		1				5	1								
二十二歳			1						2		1		4	1								
二十三歳							4						6									
二十四歳							4		1				6	1			1					
二十五歳							1		1				1									
二十六歳							4						2									
二十七歳							5						7	1								1
二十八歳			1				1		2		1		5									
二十九歳							3	1					8						1			
三十歳							3															
三十一歳							1						6									
三十二歳	1												5	2								
三十三歳													4						1			
三十四歳													4									
三十五歳								1					4									
三十六歳							1		1				4	1								
三十七歳							3						6									
三十八歳							2						6									
三十九歳							1						4									
四十歳	1						1		1				4						1			
四十一歳													4									
四十二歳							1						3									
四十三歳													2									
四十四歳							1						4									
四十五歳							3															
四十六歳							1						1									
四十七歳							1	1					2									
四十八歳																						
四十九歳																						
五十歳																						
五十一歳													1	1								
五十二歳																						
五十三歳																						
五十四歳																						
五十五歳																						
五十六歳																						
五十七歳							1															
五十八歳																						
五十九歳																						
六十歳以上																						
年齢不詳																						
合計	2		2		11		62	6	12	2	3	1	141	11		1	1		3			1

50 黄銅材料品製造業

年齢 ＼ 職業・男女	金属加熱炉工		金属板圧延伸張工		金属棒,条圧延伸張工		金属製管工		金属小物圧延伸張工		金属線伸張工		金属切断工		熱処理工		金属熔融工		鋳物砂型工		鋳造工	
	男	女	男	女	男	女	男	女	男	女	男	女	男	女	男	女	男	女	男	女	男	女
十二歳以下											1											
十三歳																						
十四歳					2				1													
十五歳																						
十六歳																						
十七歳					1																	
十八歳			1		1		1				2								1	1		
十九歳					1						1											
二十歳			1		1																	
二十一歳					2																	
二十二歳			1								1								1			
二十三歳					1																	
二十四歳							1				3											
二十五歳																						
二十六歳							1															
二十七歳			1		1						1											
二十八歳											2				1							
二十九歳			1								4											
三十歳																						
三十一歳					2						2											
三十二歳					1						3											
三十三歳	1												1									
三十四歳					1						1											
三十五歳							1		1								1					
三十六歳																	2					
三十七歳	1				2						1											
三十八歳											2						1				1	
三十九歳			1				1															
四十歳											2											
四十一歳			1								2						1					
四十二歳											1						1					
四十三歳			1								1											
四十四歳											1											
四十五歳																						
四十六歳			1																			
四十七歳					1												1					
四十八歳																						
四十九歳																						
五十歳																						
五十一歳					1																	
五十二歳																						
五十三歳																						
五十四歳																						
五十五歳																						
五十六歳																						
五十七歳																						
五十八歳																						
五十九歳																						
六十歳以上																						
年齢不詳																						
合計	2		9		18		5		2		30		1		1		7		2	1	1	

年齢 \ 職業・男女	50 黄銅材料品製造業																					
	其ノ他ノ金属材料ノ製造加工作業者		旋盤工(金属ニ加工スルモノ)		卓上旋盤工, 小型機械工		ボール盤工		パイプ工(造船所, 鋼工ヲ含ム)		巻線工		其ノ他ノ機械器具製作作業者		手仕上工		其ノ他ノ木, 竹, 草, 蔓ノ製品製造作業者		金属酸洗工, 洗滌工		荷扱夫, 仲仕, 倉庫夫, 運搬夫, 配達夫	
	男	女	男	女	男	女	男	女	男	女	男	女	男	女	男	女	男	女	男	女	男	女
十二歳以下																						
十三歳																						
十四歳																						
十五歳																						
十六歳	1																					
十七歳							1															
十八歳			1										1		1							
十九歳	1		1		1																	
二十歳									1													
二十一歳	1	1	1																		1	
二十二歳																						
二十三歳	1		1																2			
二十四歳	2																					
二十五歳	1																					
二十六歳	1																					
二十七歳	2										1				1							
二十八歳	1																					
二十九歳	2																		1			
三十歳																						
三十一歳	2																					
三十二歳		1																				
三十三歳																						
三十四歳	1																				1	
三十五歳	1																					
三十六歳																	1					
三十七歳																						
三十八歳																			1		1	
三十九歳	1																					
四十歳	1																					
四十一歳																						
四十二歳	1																					
四十三歳																						
四十四歳	1																				1	
四十五歳																						
四十六歳																						
四十七歳																						
四十八歳																						
四十九歳																						
五十歳																						
五十一歳																						
五十二歳																						
五十三歳																						
五十四歳																						
五十五歳																						
五十六歳																						
五十七歳																						
五十八歳																						
五十九歳																						
六十歳以上																						
年齢不詳																						
合計	21	2	4		1		1		1		1		1		2		1		4		4	

産業 / 職業 / 年齢 \ 男女	50 黄銅材料品製造業				51 其ノ他ノ銅合金材料品製造業																	
	小使, 給仕, 雑役者		見習工(他ニ分類セラレザルモノ)		総数		金属加熱炉工		金属製管工		金属線伸張工		金属切断工		鍛冶職, 刃物職		金属熔融工		鋳造工		其ノ他ノ金属材料ノ製造加工作業者	
	男	女	男	女	男	女	男	女	男	女	男	女	男	女	男	女	男	女	男	女	男	女
十二歳以下																						2
十三歳						2																
十四歳				1																		
十五歳	1		3		1														1			
十六歳					2														1			
十七歳					2																	
十八歳	2		1		1	1							1									1
十九歳					4												1		2			
二十歳	2				3												1					
二十一歳					2																	
二十二歳	1	1			1												1					
二十三歳	1				3						1				1							
二十四歳		1																				
二十五歳																						
二十六歳					2								1				1					
二十七歳					1																	
二十八歳																						
二十九歳					1																	
三十歳					2												2					
三十一歳					3				1										1			
三十二歳	1	1																				
三十三歳	1																					
三十四歳																						
三十五歳																						
三十六歳	1	1																				
三十七歳	2																					
三十八歳																						
三十九歳	1																					
四十歳					3																2	
四十一歳					1		1															
四十二歳																						
四十三歳																						
四十四歳	1																					
四十五歳																						
四十六歳					2												1					
四十七歳																						
四十八歳																						
四十九歳					1																	
五十歳					1																	
五十一歳		1			1																	
五十二歳					1																	
五十三歳																						
五十四歳																						
五十五歳																						
五十六歳																						
五十七歳																						
五十八歳																						
五十九歳																						
六十歳以上																						
年齢不詳																						
合計	14	5	4	1	38	3	1		1				2		1		7		5		2	3

年齢 \ 職業	51 其ノ他ノ銅合金材料品製造業																52 其ノ他ノ合金材料品製造業					
	旋盤工(金属ニ加工スルモノ)		手削盤工, 形削盤工, 竪削盤工		パイプ工(造船所, 鋼工ヲ含ム)		手仕上工		其ノ他ノ土木建築作業者		自動車運転手		小使, 給仕, 雑役者		見習工, 養成工(他ニ分類セラレザルモノ)		総数		経営者		一般事務者	
	男	女	男	女	男	女	男	女	男	女	男	女	男	女	男	女	男	女	男	女	男	女
十二歳以下																						
十三歳																	1	1				
十四歳																		3				
十五歳																	6	1				
十六歳	1																6					
十七歳	1														1		3	2				
十八歳																	7	2				
十九歳													1				8					
二十歳	1						1										7					
二十一歳									1		1						12				1	
二十二歳																	11					
二十三歳			1														4					
二十四歳																	3					
二十五歳																	3					
二十六歳																	5					
二十七歳													1									
二十八歳																	4					
二十九歳	1																5					
三十歳																	2					
三十一歳													1				5					
三十二歳																	5					
三十三歳																	1					
三十四歳																	5		1			
三十五歳																						
三十六歳																	3					
三十七歳																	2					
三十八歳																						
三十九歳																	7	1				
四十歳													1				6					
四十一歳																	2					
四十二歳																						
四十三歳																						
四十四歳																						
四十五歳																						
四十六歳													1									
四十七歳																						
四十八歳																	2					
四十九歳																	1					
五十歳													1									
五十一歳													1									
五十二歳					1																	
五十三歳																	1		1			
五十四歳																						
五十五歳																	1					
五十六歳																						
五十七歳																	1					
五十八歳																						
五十九歳																						
六十歳以上																						
年齢不詳																						
合計	4		1		1		1		1		1		8		1		129	10	2		1	

産業 職業 男女 年齢	52 其ノ他ノ合金材料品製造業																					
	非鉄金属製錬工（其ノ他ノ炉ニ依ルモノ）		非鉄金属製錬工（電解ニ依ルモノ）		金属加熱炉工		金属棒,条圧延伸張工		金属製管工		金属線伸張工		金属疵取工		金属切断工		熱処理工		金属熔融工		鋳物砂型工	
	男	女	男	女	男	女	男	女	男	女	男	女	男	女	男	女	男	女	男	女	男	女
十二歳以下																						
十三歳														1								
十四歳																						
十五歳																						
十六歳													1								1	
十七歳																	1				1	1
十八歳															1							
十九歳																						
二十歳									1								1					
二十一歳	1																		1		1	
二十二歳					1						1								1			
二十三歳																			1			
二十四歳																					1	
二十五歳			1																1		1	
二十六歳																						
二十七歳																						
二十八歳																						
二十九歳					1								1									
三十歳																						
三十一歳																						
三十二歳																						
三十三歳																			1			
三十四歳																						
三十五歳																						
三十六歳																						
三十七歳																						
三十八歳																						
三十九歳					1		1															
四十歳					1						1								1			
四十一歳																						
四十二歳																						
四十三歳																						
四十四歳																						
四十五歳																						
四十六歳																						
四十七歳																						
四十八歳																			1			
四十九歳																						
五十歳																						
五十一歳																						
五十二歳																						
五十三歳																						
五十四歳																						
五十五歳																						
五十六歳																						
五十七歳																						
五十八歳																						
五十九歳																						
六十歳以上																						
年齢不詳																						
合計	1		1		4		1		1		2		2	1	1		2		7		5	1

産業 職業 男女 年齢	52其ノ他ノ合金材料品製造業																					
	中子工		鋳造工		特殊鋳物工		其ノ他ノ金属材料製造加工作業者		旋盤工(金属ニ加工スルモノ)		板金工，ブリキ職		金属プレス工，打抜工		手仕上工		機械器具部品仕上組立工		其ノ他ノ化学製品ノ製造作業者		コンクリート工	
	男	女	男	女	男	女	男	女	男	女	男	女	男	女	男	女	男	女	男	女	男	女
十二歳以下																						
十三歳									/							/						
十四歳				/												/						
十五歳							2				/					/						
十六歳			/																			
十七歳																						
十八歳			/		/		2	/		/			/									
十九歳	/		/				/															
二十歳			4																			
二十一歳			4												/				/			
二十二歳			2																			
二十三歳			/				/								/							
二十四歳																						
二十五歳															/							
二十六歳							3															
二十七歳																						
二十八歳							/										/					
二十九歳			2																			
三十歳			/																			
三十一歳																						
三十二歳			2				/															
三十三歳																						
三十四歳			3				/															
三十五歳																						
三十六歳							/		/													
三十七歳																						
三十八歳																						
三十九歳					/		2															
四十歳							/														/	
四十一歳			/				/															
四十二歳																						
四十三歳																						
四十四歳																						
四十五歳																						
四十六歳																						
四十七歳																						
四十八歳																						
四十九歳																						
五十歳																						
五十一歳																						
五十二歳																						
五十三歳																						
五十四歳																						
五十五歳			/																			
五十六歳																						
五十七歳																						
五十八歳																						
五十九歳																						
六十歳以上																						
年齢不詳																						
合計	/		24	/	2		17	/	2	/	/		/		3	3	/		/		/	

産業 職業 男女 年齢	52 其ノ他ノ合金材料品製造業																53 銑鉄鋳物業					
	窯職		其ノ他ノ土木建築作業者		其ノ他ノ電工		自動車運転手		鋳物工, 鍛冶工, 鍛造工, 圧延工		店員, 売子, 注文取, 集金人		小使, 給仕, 雑役者		蓄電工(他ニ分類セラレザルモノ)		総数		経営者		一般事務者	
	男	女	男	女	男	女	男	女	男	女	男	女	男	女	男	女	男	女	男	女	男	女
十二歳以下																	17	3				
十三歳																	46	1				
十四歳																	85	8				1
十五歳			1						1						1		134	3			2	
十六歳					1										2		159	5			1	1
十七歳	1					1									2		185	5			1	
十八歳																	253	6			1	
十九歳			1										2		1		232	3			1	
二十歳			1														264	2				
二十一歳			1												1		236	3				
二十二歳			2				1		2				1				247	2			2	1
二十三歳																	247	2				
二十四歳									1				1				246	2			1	
二十五歳			1														224	1			3	
二十六歳																	237				1	
二十七歳																	230	2				
二十八歳			1						1								209	2				
二十九歳			1														182	1			1	
三十歳									1								164					
三十一歳			1						2		1		1				154	1			1	
三十二歳													2				159	1	1			
三十三歳																	134					
三十四歳																	155	1	2			
三十五歳																	124	2			1	
三十六歳													1				177	1				
三十七歳			2														88	1				
三十八歳																	99	4				
三十九歳						1			1								97	2				
四十歳									1				1				74	1				
四十一歳																	65					
四十二歳																	67	3				
四十三歳																	74	1				
四十四歳																	44	1				
四十五歳																	41					
四十六歳																	25					
四十七歳																	35					
四十八歳			1														43		1			
四十九歳													1				32	2				
五十歳																	20	1				
五十一歳																	21					
五十二歳																	15					
五十三歳																	14	1				
五十四歳																	8	1				
五十五歳																	8					
五十六歳																	8					
五十七歳			1														10					
五十八歳																	7					
五十九歳																	2					
六十歳以上																	20					
年齢不詳																						
合計	1		14		1	2	1		10		1		10		7		5317	75	4		16	3

年齢＼職業／男女	53銑鉄鋳物業																					
	販売仕入係事務者		タイピスト，筆耕		冶金技術者		電気機械技術者		窯業技術者		選鉱夫，選炭夫		土砂採取夫		焙焼工，焼結工，団鉱工		製銑工(電気炉ニ依ルモノ)		製銑工(溶鉱炉其ノ他ニ依ルモノ)		混銑炉工	
	男	女	男	女	男	女	男	女	男	女	男	女	男	女	男	女	男	女	男	女	男	女
十二歳以下																						
十三歳																						
十四歳																						
十五歳																						
十六歳																						
十七歳																						
十八歳			1		1										1							
十九歳																			1			
二十歳																			3			
二十一歳															1		1		1			
二十二歳																			3			
二十三歳											1										1	
二十四歳															2				3			
二十五歳	1						1												2			
二十六歳													2						3			
二十七歳	1														1				6			
二十八歳																			4			
二十九歳									1										1		1	
三十歳																	1		2			
三十一歳																			3			
三十二歳																			1			
三十三歳																	2		3			
三十四歳			1																2			
三十五歳																			4			
三十六歳																						
三十七歳																			2			
三十八歳																			2		1	
三十九歳																			3			
四十歳																			1		1	
四十一歳															1				2			
四十二歳	1																					
四十三歳																					1	
四十四歳																			1		1	
四十五歳																						
四十六歳																						
四十七歳																					1	
四十八歳																			1			
四十九歳															1				1			
五十歳																						
五十一歳																						
五十二歳																						
五十三歳																						
五十四歳																						
五十五歳																						
五十六歳																						
五十七歳																						
五十八歳																						
五十九歳																						
六十歳以上																						
年齢不詳																						
合計	3		2		1		1		1		1		2		7		4		55		7	

年齢 \ 産業 職業 男女	53銑鉄鋳物業																							
	製鋼工(電気炉ニ依ルモノ)		製鋼工(平炉其ノ他ニ依ルモノ)		銑鉄金属製錬工(其ノ他ノ炉ニ依ルモノ)		其ノ他ノ金属製錬作業者		金属加熱炉工		金属板圧延伸張工		金属製管工		金属小物圧延伸張工		金属疵取工		金属切断工		鍛冶職, 刃物職	
	男	女	男	女	男	女	男	女	男	女	男	女	男	女	男	女	男	女	男	女	男	女
十二歳以下																						
十三歳																						
十四歳																		1				
十五歳																					1	
十六歳																					1	
十七歳			1																			
十八歳													1									
十九歳											1										2	
二十歳																						
二十一歳															1						1	
二十二歳							1		1												1	
二十三歳									1				1						1			
二十四歳																	1				1	
二十五歳	1																					
二十六歳																					1	
二十七歳			1														1					
二十八歳			1						1										1			
二十九歳					1														1			
三十歳							1												1		1	
三十一歳	2								1													
三十二歳																			1			
三十三歳																					1	
三十四歳			1				2				1											
三十五歳							2															
三十六歳	1								1								2					
三十七歳							2								1							
三十八歳																						
三十九歳									1													
四十歳			1																2			
四十一歳																					1	
四十二歳																						
四十三歳									1													
四十四歳									1				1								1	
四十五歳																						
四十六歳							1		1													
四十七歳																						
四十八歳									1													
四十九歳																						
五十歳																						
五十一歳							1															
五十二歳																						
五十三歳																						
五十四歳																						
五十五歳																	1					
五十六歳																						
五十七歳									1													
五十八歳																						
五十九歳																						
六十歳以上																						
年齢不詳																						
合計	4		5		1		10		11		2		3		2		5	1	7		12	

53 銑鉄鋳物業

年齢 ＼ 職業・男女	機械火造工		熱処理工		金属熔融工		鋳物木型工		鋳物砂型工		中子工		鋳造工		特殊鋳物工		其ノ他ノ金属材料ノ製造加工作業者		ケガキ工		旋盤工(金属ニ加工スルモノ)	
	男	女	男	女	男	女	男	女	男	女	男	女	男	女	男	女	男	女	男	女	男	女
十二歳以下												1	5								1	
十三歳							1		5	1	2		13								1	
十四歳					2				10	1	3		27	1	1		3				4	
十五歳					1		3		19		3		19	1	1		4				5	
十六歳	3						2		21		2	1	71				4	1			10	
十七歳					3		1		39	1	1	1	86			1	3				7	
十八歳	1				2		3		25	1	1	1	136	1	1		5	1			7	
十九歳					5		2		35		2		197	1	4		6				5	
二十歳	3				4		4		33	1	3		141		1		7				5	
二十一歳	1				7		2		27	1	2	1	126		5		8				1	
二十二歳					8		2		29		2		126		4		7				3	
二十三歳					7				28		2	1	136	1	1		13				3	
二十四歳	1		1		7		3		36	1	1		121		3		10	1				
二十五歳					5		5		30		1		153		2		4		1		3	
二十六歳	2		1		5		2		36		2		190				5				2	
二十七歳	1				9		2		14		3	1	132		5		9				2	
二十八歳	1		2		11		1		30		3		25		2		12				1	
二十九歳	1				6				23		4		88				5				2	
三十歳	2				5		2		19				84		2		5					
三十一歳					10		3		9		1	1	74		1		8					
三十二歳	2				8		1		25				70		3		9				1	
三十三歳	2				8		1		7		1		70		1		5					
三十四歳	1				2				13				77		1		6				2	
三十五歳	1		2		8				7				59		1		8				2	
三十六歳	1		1		2		1		5				28		1		4				1	
三十七歳					11				5				36		2		5	1				
三十八歳	1				11				3		1	1	46	1	2		4					
三十九歳					4		1		6	1	1		34		1		3					
四十歳	3				5				3				29				1	1			1	
四十一歳	1				3				8				27		1		2				1	
四十二歳	1		1		3				6		1	1	32				5					
四十三歳					5		1		7				30				3	1			1	
四十四歳									1				18				3					
四十五歳					2						1		14				3					
四十六歳									3				8									
四十七歳	1				1		1		1				14									
四十八歳					4				2				11				4					
四十九歳					1				1	1			10		1		4					
五十歳	1								1		2	1	5				1					
五十一歳					2								11				1					
五十二歳									1				5									
五十三歳													1		1			1			1	
五十四歳										1			2				1					
五十五歳													3									
五十六歳													5									
五十七歳					1								2									
五十八歳													4									
五十九歳															1							
六十歳以上									2				5									
年齢不詳																						
合計	31		9		178		44		568	10	46	11	2529	6	49	1	190	7	1		72	

53 銑鉄鋳物業

職業 / 年齢	旋盤工（木材以外ノ物金属ニ加工スルモノ）		卓上旋盤工，小型機械工		中グリ盤工		ボール盤工		平削盤工，形削盤工，堅削盤工		プライス盤工		歯切盤工		研磨盤工，ラップ盤工		撓鉄工		鋲打工		板金鋲打工	
	男	女	男	女	男	女	男	女	男	女	男	女	男	女	男	女	男	女	男	女	男	女
十二歳以下																						
十三歳															1							
十四歳																						
十五歳					1																	
十六歳									2													
十七歳							1										1					
十八歳									1													
十九歳			1				1		1													
二十歳	1						1		1						2							
二十一歳			1						1		1											
二十二歳									1				1		1							
二十三歳																						
二十四歳							1															
二十五歳																						
二十六歳							1												1		1	
二十七歳									1						1							
二十八歳							1		1								1					
二十九歳																	1					
三十歳							2															
三十一歳																			1			
三十二歳							1		1													
三十三歳									1													
三十四歳									1													
三十五歳							2															
三十六歳															1							
三十七歳																						
三十八歳							1															
三十九歳															1							
四十歳																						
四十一歳																						
四十二歳							1															
四十三歳							1															
四十四歳																						
四十五歳																						
四十六歳																						
四十七歳																						
四十八歳							1															
四十九歳																						
五十歳																						
五十一歳																						
五十二歳																						
五十三歳																						
五十四歳																						
五十五歳																						
五十六歳																						
五十七歳																						
五十八歳																						
五十九歳																						
六十歳以上																						
年齢不詳																						
合計	1		2		1		15		12		1		1		7		3		2		1	

年齢＼職業＼男女	53銑鉄鋳物業																							
	機械器具部品仕上組立工		機械器具総組立工		機械器具製缶工,鍛冶工,保全工		工具保全工		其ノ他ノ窯業,土石製品ノ加工作業者		木工		コンクリート枠組工		其ノ他ノ土木建築作業者		塗装工		メッキ工(皮膜防錆工ヲ含ム)		金属酸洗工,洗滌工			
	男	女	男	女	男	女	男	女	男	女	男	女	男	女	男	女	男	女	男	女	男	女		
十二歳以下																								
十三歳																								
十四歳																								
十五歳																								
十六歳																								
十七歳	1																				1			
十八歳			1																	1				
十九歳			1		2																			
二十歳													1		1		1							
二十一歳			1		1																			
二十二歳																								
二十三歳					1																			
二十四歳	1						1																	
二十五歳	1																							
二十六歳	2														1									
二十七歳	1		1																					
二十八歳																								
二十九歳	1				1																			
三十歳																								
三十一歳																								
三十二歳	1				1																			
三十三歳															1									
三十四歳																								
三十五歳	2										1													
三十六歳					1																			
三十七歳															1									
三十八歳															1		1							
三十九歳																								
四十歳									1															
四十一歳																								
四十二歳																			1					
四十三歳					1																			
四十四歳																	1		1					
四十五歳																								
四十六歳																					1			
四十七歳																								
四十八歳															1									
四十九歳																								
五十歳					1																			
五十一歳																								
五十二歳																								
五十三歳									1															
五十四歳																								
五十五歳																								
五十六歳																								
五十七歳																								
五十八歳																								
五十九歳																								
六十歳以上																								
年齢不詳																								
合計	10		4		9		1		2		1		1		6		3		2	1	2			

年齢＼職業・男女	53銑鉄鋳物業																					
	パフ磨工		実験工,試験工,分析工		選別工,検査工		運転手,助手(電気機関車,電車,気動車)		自動車運転手		人力車夫,馬方,馭者		[illegible]		電話交換手		店員,売子,注文取,集金人		守衛,監督		起重機運転工	
	男	女	男	女	男	女	男	女	男	女	男	女	男	女	男	女	男	女	男	女	男	女
十二歳以下																						
十三歳																						
十四歳													1			1						
十五歳			1										1									
十六歳													3									
十七歳													6				1					
十八歳									1				9								2	
十九歳													5								1	
二十歳									3		1		8									
二十一歳					1				2				14								1	
二十二歳					1								12								1	
二十三歳									1				13									
二十四歳							1		3				10									
二十五歳									2				7								1	
二十六歳													13									
二十七歳	1												7								1	
二十八歳									2				7									
二十九歳													9									
三十歳									1				4									
三十一歳													6									
三十二歳													3	1								
三十三歳											1		5								1	
三十四歳													8									
三十五歳	1								1		1		4								1	
三十六歳									1				5				1					
三十七歳	1												4									
三十八歳													4									
三十九歳											1		7									
四十歳	1												4				1					
四十一歳													1									
四十二歳													3									
四十三歳	1				1								2									
四十四歳											1											
四十五歳													5									
四十六歳													1						1			
四十七歳													2									
四十八歳													4									
四十九歳																						
五十歳																						
五十一歳													1									
五十二歳													2									
五十三歳																						
五十四歳													2									
五十五歳																						
五十六歳																						
五十七歳																						
五十八歳																						
五十九歳																						
六十歳以上													2									
年齢不詳																						
合計	5		1		3		1		17		5		204	1		1	3		1		9	

年齢＼職業・男女	板金工, ブリキ職 男	板金工, ブリキ職 女	金属プレス工, 打抜工 男	金属プレス工, 打抜工 女	ガス熔接工 男	ガス熔接工 女	電気熔接工 男	電気熔接工 女	其ノ他ノ熔接工 男	其ノ他ノ熔接工 女	パイプ工(造船所, 銅工ヲ含ム) 男	パイプ工(造船所, 銅工ヲ含ム) 女	レンズ心出, 心取工 男	レンズ心出, 心取工 女	機械製罐工 男	機械製罐工 女	鋼具工, 索具工 男	鋼具工, 索具工 女	其ノ他ノ機械器具製作作業者 男	其ノ他ノ機械器具製作作業者 女	手仕上工 男	手仕上工 女
十二歳以下																						
十三歳																						
十四歳					1																	
十五歳									1										1			
十六歳																			1	1		
十七歳																					2	2
十八歳											1								3		3	
十九歳											1											
二十歳					1														1		3	
二十一歳									1				1							1	1	
二十二歳					1																4	
二十三歳	1																				2	
二十四歳	1																		2		4	
二十五歳	1																		2		3	
二十六歳	1				1		1				1										3	
二十七歳																			1		1	
二十八歳					1						1								1		2	
二十九歳											1								1		4	
三十歳					1												1				3	
三十一歳													1								3	
三十二歳															1				1			
三十三歳											2											
三十四歳																					2	
三十五歳																			1		1	
三十六歳																			1		2	
三十七歳																					1	
三十八歳																					1	
三十九歳			1																2			
四十歳	1																				1	
四十一歳																					1	
四十二歳																	1					
四十三歳																					2	
四十四歳																			1			
四十五歳																					1	
四十六歳																						
四十七歳																						
四十八歳																						
四十九歳																						
五十歳																						
五十一歳															1							
五十二歳																						
五十三歳											1											
五十四歳																						
五十五歳																						
五十六歳																						
五十七歳																						
五十八歳																						
五十九歳																						
六十歳以上																						
年齢不詳																						
合計	5		1		6		1		2		8		2		2		2		19	2	50	2

年齢 \ 産業・職業・男女	53 銑鉄鋳物業 汽罐士 男	汽罐士 女	火夫油差 男	火夫油差 女	荷造工 男	荷造工 女	小使,給仕,雑役者 男	小使,給仕,雑役者 女	黒鉛工 鋳成工(他ニ分類セラレザルモノ) 男	黒鉛工 鋳成工(他ニ分類セラレザルモノ) 女	其ノ他ノ作業者 男	其ノ他ノ作業者 女	其ノ他ノ職業者 男	其ノ他ノ職業者 女
十二歳以下							3		8	2				
十三歳							4		19					
十四歳							4	3	29					
十五歳							7		29	2	2			
十六歳							12	1	25		1			
十七歳							15		22					
十八歳							25	1	20					
十九歳							23	1	5			1		
二十歳							28		7			1		
二十一歳							20		4		2			
二十二歳			2				30	1	4					
二十三歳							27		6		1			
二十四歳							26		4		1			
二十五歳							33	1	1				1	
二十六歳			1				25		1		2			
二十七歳							24	1	2		2			
二十八歳							26	2						
二十九歳			1				25	1			2		1	
三十歳	1		1				24				1			
三十一歳			2				24		2		3			
三十二歳			1		1		23		1		1			
三十三歳			1				18				3			
三十四歳			2				28	1			3			
三十五歳							14	2						
三十六歳							17	1						
三十七歳			1				15		1					
三十八歳			1				17	2	1		1			
三十九歳			1				28	1			2			
四十歳			1				17							
四十一歳			1				14				1			
四十二歳							11	2						
四十三歳							17							
四十四歳							13	1						
四十五歳							15							
四十六歳							8				1			
四十七歳							13				1			
四十八歳			1				11				1			
四十九歳							13	1						
五十歳							9							
五十一歳							4							
五十二歳							7							
五十三歳					1		7		1					
五十四歳							3							
五十五歳							4							
五十六歳							3							
五十七歳							6							
五十八歳							3							
五十九歳							1							
六十歳以上							10		1					
年齢不詳														
合計	1		17		2		754	23	193	4	31	2	2	

年齢 \ 産業・職業・男女	54 可鍛鋳鉄鋳物業 総数 男	総数 女	焙焼工,焼結工,団鉱工 男	焙焼工,焼結工,団鉱工 女	製銑工(熔鉱炉其ノ他ニ依ルモノ) 男	製銑工(熔鉱炉其ノ他ニ依ルモノ) 女	其ノ他ノ金属製錬作業者 男	其ノ他ノ金属製錬作業者 女
十二歳以下	2	1						
十三歳	6	2						
十四歳	10	4						
十五歳	10							
十六歳	13	2						
十七歳	22	5						
十八歳	22							
十九歳	11	3						
二十歳	34						1	
二十一歳	13							
二十二歳	25	2					1	
二十三歳	26	1						
二十四歳	25	1			1			
二十五歳	15	1						
二十六歳	15							
二十七歳	18							
二十八歳	16	1	1					
二十九歳	15							
三十歳	13							
三十一歳	11							
三十二歳	9	1						
三十三歳	10							
三十四歳	11							
三十五歳	6							
三十六歳	5							
三十七歳	5							
三十八歳	6							
三十九歳	7		1					
四十歳	4							
四十一歳	4							
四十二歳	5							
四十三歳	9							
四十四歳	5							
四十五歳	3	1						
四十六歳	1							
四十七歳								
四十八歳	2							
四十九歳	5							
五十歳	2							
五十一歳	1							
五十二歳	1							
五十三歳								
五十四歳	1							
五十五歳	1							
五十六歳								
五十七歳								
五十八歳	2							
五十九歳								
六十歳以上	1							
年齢不詳								
合計	428	25	2		1		2	

年齢 ＼ 産業・職業・男女	54 可鍛鋳鉄鋳物業																					
	金属加熱炉工		金属小物圧延伸張工		金属切断工		鍛冶職、刃物職		機械火造工		熱処理工		金属熔融工		鋳物木型工		鋳物砂型工		中子工		鋳造工	
	男	女	男	女	男	女	男	女	男	女	男	女	男	女	男	女	男	女	男	女	男	女
十二歳以下					1																	
十三歳																	2		1	1	2	
十四歳	1																1	1				
十五歳													1				2		1		3	
十六歳													1				2		2		1	
十七歳							1										3	1	1	1	8	
十八歳															1		3		2		8	
十九歳																					7	1
二十歳			1										1				2		1		13	
二十一歳															1		2				6	
二十二歳									1				1				1		1	1	12	
二十三歳													2				5				4	
二十四歳	1														1		1		1	1	9	
二十五歳											1				1		1				8	
二十六歳													3				2				7	
二十七歳													1				1		1		9	
二十八歳	2								1								1				6	
二十九歳											1		1								8	
三十歳																	1				8	
三十一歳													1		1		2				6	
三十二歳	2																2			1	4	
三十三歳									1				1				1				3	
三十四歳													1								7	
三十五歳																					3	
三十六歳	1										1										1	
三十七歳	1																				1	
三十八歳																					3	
三十九歳	1																				1	
四十歳													1				1				1	
四十一歳									1												1	
四十二歳	1												1				1				1	
四十三歳									1				1								1	
四十四歳																	1		2			
四十五歳																	1					
四十六歳																						
四十七歳																						
四十八歳																						
四十九歳	1																1		1			
五十歳																						
五十一歳																						
五十二歳																	1					
五十三歳																						
五十四歳																					1	
五十五歳																						
五十六歳																						
五十七歳																						
五十八歳																	1					
五十九歳																						
六十歳以上																						
年齢不詳																						
合計	11		1		1		1		5		3		17		5		42	2	14	5	160	1

年齢＼産業・職業・男女	54 可鍛鋳鉄鋳物業 特殊鋳物工 男	特殊鋳物工 女	其ノ他ノ金属材料ノ製造加工作業者 男	其ノ他ノ金属材料ノ製造加工作業者 女	旋盤工(金属ニ加工スルモノ) 男	旋盤工(金属ニ加工スルモノ) 女	旋盤工(木材以外ノ非金属ニ加工スルモノ) 男	旋盤工(木材以外ノ非金属ニ加工スルモノ) 女	ボール盤工 男	ボール盤工 女	平削盤工, 形削盤工, 竪削盤工 男	平削盤工, 形削盤工, 竪削盤工 女	撓鉄工 男	撓鉄工 女	金属プレス工, 打抜工 男	金属プレス工, 打抜工 女	電気熔接工 男	電気熔接工 女	パイプ工(造船所, 銅工ヲ含ム) 男	パイプ工(造船所, 銅工ヲ含ム) 女	バネ工 男	バネ工 女
十二歳以下															/							
十三歳			/																			
十四歳	/				/		/												/			
十五歳					/																	
十六歳					2														/		/	
十七歳				/	3																/	
十八歳			2		/																	
十九歳					2														/			
二十歳	/				/																/	
二十一歳																			/			
二十二歳			/		/				/													
二十三歳					/														/			
二十四歳	3		/		/																	
二十五歳			2														/					
二十六歳					/														/			
二十七歳	/										/				/				/			
二十八歳	/		/																/			
二十九歳			/										/									
三十歳					/																	
三十一歳																						
三十二歳																						
三十三歳			/																/			
三十四歳																						
三十五歳									/													
三十六歳																						
三十七歳																						
三十八歳																						
三十九歳																						
四十歳									/													
四十一歳																						
四十二歳																						
四十三歳			2																			
四十四歳			/																			
四十五歳																						
四十六歳																						
四十七歳																						
四十八歳																						
四十九歳																						
五十歳			/										/									
五十一歳			/																			
五十二歳																						
五十三歳																						
五十四歳																						
五十五歳																						
五十六歳																						
五十七歳																						
五十八歳			/																			
五十九歳																						
六十歳以上																						
年齢不詳																						
合計	7		16	1	16		1		3		1		2		2		1		9		3	

年齢 ＼ 産業・職業・男女	54 可鍛鋳鉄鋳物業																					
	其ノ他ノ機械器具製作作業者		手仕上工		機械器具部品仕上組立工		其ノ他ノ土木建築作業者		パフ磨工		自動車運転手		荷扱夫,仲仕,倉庫夫,運搬夫,配達夫		原動機(電動機ヲ除ク),巻上機,ポンプ,送風機,圧縮機,コンベヤノ運転工		火夫,油差		荷造工		小使,給仕,雑役者	
	男	女	男	女	男	女	男	女	男	女	男	女	男	女	男	女	男	女	男	女	男	女
十二歳以下																						1
十三歳																						1
十四歳																					2	1
十五歳																						
十六歳													1								2	2
十七歳																					3	2
十八歳													1								2	
十九歳																					1	1
二十歳	1		1												1				1		9	
二十一歳			1																		2	
二十二歳			1		1														1		2	1
二十三歳										1									1		4	
二十四歳					2		1														2	
二十五歳																					1	1
二十六歳													1									
二十七歳	1		1																			
二十八歳					1																1	1
二十九歳											1										2	
三十歳									1												2	
三十一歳									1													
三十二歳													1									
三十三歳			1																		1	
三十四歳													1								2	
三十五歳									1												1	
三十六歳													1								1	
三十七歳																					3	
三十八歳																					3	
三十九歳																					4	
四十歳																						
四十一歳													1								1	
四十二歳																					1	
四十三歳													1						1		2	
四十四歳																					1	
四十五歳																	1					
四十六歳													1									
四十七歳																						
四十八歳													1								1	
四十九歳																					1	
五十歳																						
五十一歳																						
五十二歳																						
五十三歳																						
五十四歳																						
五十五歳																					1	
五十六歳																						
五十七歳																						
五十八歳																						
五十九歳																						
六十歳以上																					1	
年齢不詳																						
合計	2		5		4		1		3	1	1		10		1		1		4		59	11

年齢 \ 職業・男女 \ 産業	54 可鍛鋳鉄鋳物業				55 銅鋳物業																	
	見習工・養成工(他ニ分類セラレザルモノ)		其ノ他ノ作業者		総数		経営者		一般事務者		電気技術者		製銑工(熔鉱炉其ノ他ニ依ルモノ)		製鋼工(電気炉ニ依ルモノ)		製鋼工(平炉其ノ他ニ依ルモノ)		非鉄金属製錬工(其ノ他ノ炉ニ依ルモノ)		造塊工	
	男	女	男	女	男	女	男	女	男	女	男	女	男	女	男	女	男	女	男	女	男	女
十二歳以下																						
十三歳					2	1																
十四歳	1	2	1		8																1	
十五歳	2				23	2																
十六歳					16	1																
十七歳	2				18																	
十八歳	2				28	1																
十九歳				1	21																	
二十歳					33																	
二十一歳					26																	
二十二歳					30				1		1				2						1	
二十三歳	1				30																	
二十四歳	1				35												1					
二十五歳					31										1							
二十六歳					22												1					
二十七歳					15										1							
二十八歳					33										1							
二十九歳					31	1	1										1					
三十歳					17																	
三十一歳					30								1		2							
三十二歳					27				1				1									
三十三歳					15										1		1					
三十四歳					13												1					
三十五歳					14																	
三十六歳					8																	
三十七歳					7														1			
三十八歳					11																	
三十九歳					6																	
四十歳					10																	
四十一歳					10																	
四十二歳					10										1							
四十三歳					9																	
四十四歳					1																	
四十五歳				1	4																	
四十六歳					3																	
四十七歳					3																	
四十八歳					1																	
四十九歳			1		5												1					
五十歳					2																	
五十一歳					2																	
五十二歳					4																	
五十三歳					3																	
五十四歳					1																	
五十五歳																						
五十六歳						1																
五十七歳					1																	
五十八歳																						
五十九歳																						
六十歳以上					3		1															
年齢不詳																						
合計	9	2	2	2	625	7	2		2		1		2		9		6		1		2	

産業 / 職業 / 年齢	55銅鋳物業																					
	其ノ他ノ金属製錬作業者		写図工, 青写真工		金属棒, 条圧延伸張工		金属線伸張工		金属疵取工		鍛冶職, 刃物職		機械火造工		熱処理工		金属熔融工		鋳物木型工		鋳物砂型工	
	男	女	男	女	男	女	男	女	男	女	男	女	男	女	男	女	男	女	男	女	男	女
十二歳以下																						
十三歳																						
十四歳																						
十五歳																					3	1
十六歳	1																		1		5	1
十七歳			1																		3	
十八歳																					4	
十九歳													1								4	
二十歳							1						1								4	
二十一歳																					2	
二十二歳																			1		3	
二十三歳	1						1														4	
二十四歳													2								4	
二十五歳													1		1		2		1		4	
二十六歳																	2				2	
二十七歳											1										3	
二十八歳	1				1																4	
二十九歳													1				1				1	
三十歳																	1				1	
三十一歳													1								4	
三十二歳									1						1		1				3	
三十三歳																	1				1	
三十四歳																					3	
三十五歳																	1				2	
三十六歳													1		1							
三十七歳																						
三十八歳																						
三十九歳																					3	
四十歳																					1	
四十一歳																					2	
四十二歳																	1					
四十三歳																					1	
四十四歳																						
四十五歳																						
四十六歳																						
四十七歳																						
四十八歳																						
四十九歳																						
五十歳																						
五十一歳																						
五十二歳																						
五十三歳																						
五十四歳																	1					
五十五歳																						
五十六歳																						
五十七歳																						
五十八歳																						
五十九歳																						
六十歳以上																						
年齢不詳																						
合計	3		1		1		2		1		1		8		3		11		3		71	2

年齢 \ 職業 / 男女	55銅鋳物業																					
	中子工		鋳造工		特殊鋳物工		其ノ他ノ金属材料ノ製造加工作業者		旋盤工(金属ニ加工スルモノ)		ボール盤工		歯切盤工		撓鉄工		鋲打工		ガス熔接工		電気熔接工	
	男	女	男	女	男	女	男	女	男	女	男	女	男	女	男	女	男	女	男	女	男	女
十二歳以下																						
十三歳																						
十四歳			1						1													
十五歳			7		1			1	3								1				1	
十六歳			1										1						2		1	
十七歳			6		1		1															
十八歳		1	11		1														1			
十九歳			7				1		1													
二十歳			16		2														1		1	
二十一歳	2		14				1		1													
二十二歳			9		2		1		1										1			
二十三歳	1		8				3		1		1								1			
二十四歳			6		1		5												3		1	
二十五歳			10		2		1												2			
二十六歳			3				2												3			
二十七歳			4				1															
二十八歳			10		1		3												4		2	
二十九歳			12				2												2			
三十歳			8				2												1			
三十一歳			8		1		3															
三十二歳			10				1		1													
三十三歳	1		3																1			
三十四歳			5				1															
三十五歳			4		1																	
三十六歳			2		1		1															
三十七歳			3		2		1															
三十八歳			1						1												1	
三十九歳			4				2															
四十歳			1																		1	
四十一歳			2																1			
四十二歳			1																			
四十三歳			2		1																	
四十四歳																						
四十五歳			1																			
四十六歳			3																			
四十七歳			1																			
四十八歳			1																			
四十九歳			2																			
五十歳																						
五十一歳															1							
五十二歳																						
五十三歳			2																			
五十四歳																						
五十五歳																						
五十六歳																						
五十七歳			1																			
五十八歳																						
五十九歳																						
六十歳以上																						
年齢不詳																						
合計	4	1	190		17		32	1	10		1		1		1		1		23		8	

55 銅鋳物業

年齢＼職業＼男女	其ノ他ノ溶接工		其ノ他ノ機械器具製作作業者		手仕上工		機械器具製造工,修繕工,保全工		木工		鉄筋工,鉄鋼工		コンクリート工		煉瓦積工,タイル職,築炉工		其ノ他ノ土木建築作業者		其ノ他ノ電工		塗装工	
	男	女	男	女	男	女	男	女	男	女	男	女	男	女	男	女	男	女	男	女	男	女
十二歳以下																						
十三歳			1																			
十四歳																						
十五歳																						
十六歳																						
十七歳			1																1			
十八歳					3																	
十九歳					2																	
二十歳	2																					
二十一歳					1																	
二十二歳					1																	
二十三歳					1												1		1			
二十四歳					1				1								1					
二十五歳					1																	
二十六歳					1																	
二十七歳																	2					
二十八歳					1																	
二十九歳					1																1	
三十歳																	2					
三十一歳							1				1											
三十二歳																			1			
三十三歳					1																	
三十四歳																						
三十五歳																						
三十六歳																						
三十七歳																						
三十八歳															1							
三十九歳																						
四十歳			1														1					
四十一歳																						
四十二歳																						
四十三歳					1												1					
四十四歳																						
四十五歳													1									
四十六歳																						
四十七歳																						
四十八歳																						
四十九歳																						
五十歳																						
五十一歳																						
五十二歳																	1					
五十三歳																						
五十四歳																						
五十五歳																						
五十六歳																						
五十七歳																						
五十八歳																						
五十九歳																						
六十歳以上																						
年齢不詳																						
合計	2		3		15		1		1		1		1		1		9		3		1	

年齢 \ 職業	55 銅鋳物業																				56 青銅(燐青銅含ム)鋳物業	
	メツキ工(皮膜防錆工ヲ含ム)		バフ磨工		選別工,検査工		自動車運転手		人力車夫,馬方,馭者		鎔解夫,仕上夫,鋳[illegible]夫,運搬夫,[illegible]夫		起重機運転工		小使,給仕,雑役者		見習工 養成工(他ニ分類セラレザルモノ)		其ノ他ノ作業者		総数	
	男	女	男	女	男	女	男	女	男	女	男	女	男	女	男	女	男	女	男	女	男	女
十二歳以下																					1	1
十三歳																1	1					
十四歳															1		4				14	
十五歳															1		6				11	3
十六歳																	4				7	
十七歳	1		1														2				10	1
十八歳					1										3		4		1		9	
十九歳											1		1		3						17	1
二十歳											1		1		2		1				14	1
二十一歳											2				3						13	
二十二歳											1		1		4						12	
二十三歳											3				2		1				8	1
二十四歳							1				1				6				1		7	
二十五歳											1				4						9	
二十六歳							1				4				3						7	
二十七歳							1				1				1						6	
二十八歳											1		1		3						11	
二十九歳											1		1		6	1					4	
三十歳											1				1						7	1
三十一歳					1				1		1				5						8	
三十二歳											2				6						4	
三十三歳											1				4						4	
三十四歳															3		1				5	1
三十五歳											2				3						2	
三十六歳											1		1								4	1
三十七歳															1						3	
三十八歳															2				1		3	
三十九歳																					1	
四十歳											3				2						4	
四十一歳															4				1		2	
四十二歳											2		1		4						3	
四十三歳											2				1						1	
四十四歳															1						2	
四十五歳															2						1	
四十六歳																						
四十七歳															2						2	
四十八歳																						
四十九歳											1				1						2	
五十歳															2						1	
五十一歳															1						1	
五十二歳															3							
五十三歳															1						1	
五十四歳																						
五十五歳																						
五十六歳																1						
五十七歳																						
五十八歳																						
五十九歳																					1	
六十歳以上																					1	
年齢不詳											1				1							
合計	1		1		2		3		1		34		7		92	3	24		4		223	11

年齢＼産業・職業・男女	56 青銅(燐青銅含ム)鋳物業																					
	経営者		一般事務者		販売仕入係事務者		機械技術者		焙焼工,焼結工,団鉱工		非鉄金属製錬工(電解ニ依ルモノ)		非鉄金属製錬工(其ノ他ノ方法ニ依ルモノ)		其ノ他ノ金属製錬作業者		金属鉋取工		金属切断工		金属熔融工	
	男	女	男	女	男	女	男	女	男	女	男	女	男	女	男	女	男	女	男	女	男	女
十二歳以下																						
十三歳																						
十四歳																						
十五歳																						
十六歳																						
十七歳													/								/	
十八歳																					/	
十九歳													2								/	
二十歳																						
二十一歳																	/					
二十二歳									/													
二十三歳																					/	
二十四歳															/							
二十五歳																						
二十六歳																					/	
二十七歳																			/		/	
二十八歳			/				/														/	
二十九歳																						
三十歳																						
三十一歳																					/	
三十二歳			/																			
三十三歳																						
三十四歳	/																					
三十五歳																					/	
三十六歳																						
三十七歳																						
三十八歳											/											
三十九歳																						
四十歳					/																/	
四十一歳																						
四十二歳																						
四十三歳																						
四十四歳																						
四十五歳																						
四十六歳																						
四十七歳																						
四十八歳																						
四十九歳																						
五十歳																					/	
五十一歳																						
五十二歳																						
五十三歳																						
五十四歳																						
五十五歳																						
五十六歳																						
五十七歳																						
五十八歳																						
五十九歳																						
六十歳以上																						
年齢不詳																						
合計	/		2		/		/		/		/		3		/		/		/		11	

56 青銅(燐青銅ヲ含ム)鋳物業

年齢	鋳物砂型工 男	鋳物砂型工 女	中子工 男	中子工 女	鋳造工 男	鋳造工 女	特殊鋳物工 男	特殊鋳物工 女	旋盤工(金属ニ加工スルモノ) 男	旋盤工(金属ニ加工スルモノ) 女	其ノ他ノ機械器具製作作業者 男	其ノ他ノ機械器具製作作業者 女	手仕上工 男	手仕上工 女	荷造夫,仲仕,倉庫夫,運搬夫,配達夫 男	荷造夫,仲仕,倉庫夫,運搬夫,配達夫 女	火夫,油差 男	火夫,油差 女	小使,給仕,雑役者 男	小使,給仕,雑役者 女	見習工,養成工(他ニ分類セラレザルモノ) 男	見習工,養成工(他ニ分類セラレザルモノ) 女
十二歳以下																				1	1	
十三歳																						
十四歳	1		1		7														1		4	
十五歳	2			1	4		1	1													4	1
十六歳	1		1		2				1												2	
十七歳	1				4														3	1		
十八歳	1				3				2												2	
十九歳	3			1	6				2										2		1	
二十歳	1				10								1						1	1	1	
二十一歳	3		1		4				1										3			
二十二歳	3				6		1														1	
二十三歳	1				6															1		
二十四歳	2				3														1			
二十五歳	1				6										1				1			
二十六歳	2				3				1													
二十七歳					4																	
二十八歳	2				4		1		1													
二十九歳	1				2				1													
三十歳	1				5		1													1		
三十一歳					6		1															
三十二歳	1				1														1			
三十三歳					1		1				1						1					
三十四歳		1			2														1			
三十五歳					1				1													
三十六歳					2														2	1		
三十七歳	1				2																	
三十八歳					2																	
三十九歳			1																			
四十歳					1														1			
四十一歳					2																	
四十二歳					1														2			
四十三歳	1																					
四十四歳					1														1			
四十五歳					1																	
四十六歳																						
四十七歳	1																		1			
四十八歳																						
四十九歳					1														1			
五十歳																						
五十一歳					1																	
五十二歳																						
五十三歳					1																	
五十四歳																						
五十五歳																						
五十六歳																						
五十七歳																						
五十八歳																						
五十九歳																			1			
六十歳以上									1													
年齢不詳																						
合計	30	1	4	2	105		6	1	11		1		1		1		1		23	6	16	1

年齢 \ 職業	総数 男	総数 女	経営者 男	経営者 女	一般事務者 男	一般事務者 女	非鉄金属製錬工(電気炉ニ依ルモノ) 男	非鉄金属製錬工(電気炉ニ依ルモノ) 女	非鉄金属製錬工(其ノ他ノ炉ニ依ルモノ) 男	非鉄金属製錬工(其ノ他ノ炉ニ依ルモノ) 女	非鉄金属製錬工(化学操作ニ依ルモノ) 男	非鉄金属製錬工(化学操作ニ依ルモノ) 女	其ノ他ノ金属製錬作業者 男	其ノ他ノ金属製錬作業者 女	金属加熱炉工 男	金属加熱炉工 女	金属板圧延伸張工 男	金属板圧延伸張工 女	金属切断工 男	金属切断工 女	熱処理工 男	熱処理工 女
十二歳以下	3																					
十三歳	2																					
十四歳	4																					
十五歳	13	1																				
十六歳	6																					
十七歳	8																					
十八歳	7																					
十九歳	11										1				1							
二十歳	10	1					1															
二十一歳	11																					
二十二歳	7																					
二十三歳	14																					
二十四歳	8																					
二十五歳	10								1								1					
二十六歳	6	1																				
二十七歳	10																					
二十八歳	10		1										1									
二十九歳	5				1																	
三十歳	3																					
三十一歳	11				1																1	
三十二歳	5																					
三十三歳	4																					
三十四歳	3								1										1			
三十五歳	2																					
三十六歳	1																					
三十七歳	4																					
三十八歳	3																					
三十九歳	2																					
四十歳	2																					
四十一歳	5																					
四十二歳	2																					
四十三歳	2				1																	
四十四歳																						
四十五歳	1																					
四十六歳	2																					
四十七歳	1																					
四十八歳	2																					
四十九歳																						
五十歳																						
五十一歳	1																					
五十二歳																						
五十三歳	1																					
五十四歳																						
五十五歳																						
五十六歳																						
五十七歳																						
五十八歳																						
五十九歳																						
六十歳以上																						
年齢不詳																						
合計	202	3	1		3		1		2		1		1		1		1		1		1	

57 アルミニウム鋳物業

年齢＼職業・男女	57アルミニウム鋳物業																					
	金属熔融工		鋳物木型工		鋳物砂型工		中子工		鋳造工		特殊鋳物工		其ノ他ノ金属材料ノ製造加工作業者		旋盤工(金属ニ加工スルモノ)		ボール盤工		フライス盤工		其ノ他ノ熔接工	
	男	女	男	女	男	女	男	女	男	女	男	女	男	女	男	女	男	女	男	女	男	女
十二歳以下									1						1							
十三歳																						
十四歳					1				1													
十五歳			1		2		1		5													
十六歳					2				2						1							
十七歳									3				1		1							
十八歳					2				5													
十九歳					4				3													
二十歳			1		1				5													
二十一歳					1				5		1		1									
二十二歳					2				3		1											
二十三歳									9													
二十四歳					2				2		1				1				1			
二十五歳									3													
二十六歳									3		1										1	
二十七歳					2				5				2									
二十八歳					2				4				1									
二十九歳									2				1									
三十歳									2													
三十一歳									5													
三十二歳					1				4													
三十三歳									2													
三十四歳																	1					
三十五歳					1																	
三十六歳	1																					
三十七歳	2								2													
三十八歳	1												1									
三十九歳									1													
四十歳	1																					
四十一歳									2				1									
四十二歳									1													
四十三歳									1													
四十四歳																						
四十五歳									1													
四十六歳																						
四十七歳	1																					
四十八歳	1																					
四十九歳																						
五十歳																						
五十一歳																			1			
五十二歳																						
五十三歳									1													
五十四歳																						
五十五歳																						
五十六歳																						
五十七歳																						
五十八歳																						
五十九歳																						
六十歳以上																						
年齢不詳																						
合計	7		2		23		1		83		4		8		4		1		2		1	

年齢 ＼ 職業 ＼ 男女	57アルミニウム鋳物業																					
	目立工		其ノ他ノ機械器具製作業者		手仕上工		機械器具部品仕上組立工		機械器具製造工,修繕工,保全工		アルミナ製造工		実験工,試験工,分析工		荷扱夫,仲仕,倉庫夫,運搬夫,配達夫		火夫,油差		小使,給仕,雑役者		見習工(他ニ分類セラレザルモノ)	
	男	女	男	女	男	女	男	女	男	女	男	女	男	女	男	女	男	女	男	女	男	女
十二歳以下																					1	
十三歳																			1		1	
十四歳											1											
十五歳					1									1					1		2	
十六歳																			1			
十七歳			1																		2	
十八歳																						
十九歳					1														1			
二十歳	1														1					1		
二十一歳											1								1		1	
二十二歳																						
二十三歳					1														4			
二十四歳											1											
二十五歳					2												1		2			
二十六歳																			1	1		
二十七歳							1															
二十八歳									1													
二十九歳																			1			
三十歳																			1			
三十一歳					3														1			
三十二歳																						
三十三歳							1												1			
三十四歳																						
三十五歳											1											
三十六歳																						
三十七歳																						
三十八歳											1											
三十九歳																	1					
四十歳											1											
四十一歳							1												1			
四十二歳																			1			
四十三歳																						
四十四歳																						
四十五歳																						
四十六歳											1								1			
四十七歳																						
四十八歳											1											
四十九歳																						
五十歳																						
五十一歳																						
五十二歳																						
五十三歳																						
五十四歳																						
五十五歳																						
五十六歳																						
五十七歳																						
五十八歳																						
五十九歳																						
六十歳以上																						
年齢不詳																						
合計	1		1		8		3		1		8			1	1		2		19	2	7	

年齢 ＼ 産業・職業・男女	57アルミニウム鋳物業 其ノ他ノ作業者 男	57アルミニウム鋳物業 其ノ他ノ作業者 女	58其ノ他ノ鋳物業 総数 男	総数 女	経営者 男	経営者 女	一般事務者 男	一般事務者 女	販売仕入係事務者 男	販売仕入係事務者 女	簿記係事務者 男	簿記係事務者 女	製銑工(電気炉ニ依ルモノ) 男	製銑工(電気炉ニ依ルモノ) 女	製銑工(熔鉱炉其ノ他ニ依ルモノ) 男	製銑工(熔鉱炉其ノ他ニ依ルモノ) 女	非鉄金属製錬工(其ノ他ノ炉ニ依ルモノ) 男	非鉄金属製錬工(其ノ他ノ炉ニ依ルモノ) 女	造塊工 男	造塊工 女	其ノ他ノ金属製錬作業者 男	其ノ他ノ金属製錬作業者 女
十二歳以下			6																			
十三歳			5	3																		
十四歳	1		13	1																		
十五歳			23	1							1											
十六歳			30	3																		
十七歳			38	1																	1	
十八歳			46	1			2															
十九歳			46	1																		
二十歳			39	2				1			1											
二十一歳			44				1															
二十二歳	1		46																			
二十三歳			48				1															
二十四歳			40	2													1					
二十五歳			33	1			1															
二十六歳			36	1	3																	
二十七歳			40		1												1					
二十八歳			39																			
二十九歳			36												1							
三十歳			27				1								1							
三十一歳			24	1			1															
三十二歳			33				1		2												1	
三十三歳			24		2		1										1				1	
三十四歳			22		1		1		1													
三十五歳			13				1															
三十六歳			3						1													
三十七歳			12																			
三十八歳			8																			
三十九歳			9																			
四十歳			10																			
四十一歳			10		1																	
四十二歳			8										1				1					
四十三歳			7	1			1															
四十四歳			4																			
四十五歳			5																			
四十六歳			4		1														1			
四十七歳			6		1																	
四十八歳			1																			
四十九歳			3																			
五十歳			4																			
五十一歳			2																			
五十二歳			2																			
五十三歳																						
五十四歳			1																			
五十五歳			1																			
五十六歳																						
五十七歳			2																			
五十八歳																						
五十九歳																						
六十歳以上			5																			
年齢不詳																						
合計	2		858	19	10		12	1	4		2		1		2		4		1		3	

産業 職業 男女 年齢	58其ノ他ノ鋳物業																					
	写図工.青写真工		金属加熱炉工		金属小物圧延伸張工		金属切断工		鍛冶職,刃物職		熱処理工		金属熔融工		鋳物木型工		鋳物砂型工		中子工		鋳造工	
	男	女	男	女	男	女	男	女	男	女	男	女	男	女	男	女	男	女	男	女	男	女
十二歳以下																					4	
十三歳																	2			1	1	
十四歳																	1	1	1		5	
十五歳	1												1				2		1	1	5	
十六歳																	7		1	2	12	1
十七歳																	8	1	2		18	
十八歳													3		1		13	1	1		12	
十九歳														1			9				15	
二十歳													1		1		7				17	
二十一歳													1				8		2		21	
二十二歳													1				9		1		21	
二十三歳											1		4				10				20	
二十四歳					1								1				11				16	
二十五歳													1				6				17	
二十六歳													2		1		5				16	
二十七歳																	10				18	
二十八歳			1						1				1				7				19	
二十九歳													1				3				25	
三十歳													1		1		2				14	
三十一歳															1		4	1			13	
三十二歳													1				9				7	
三十三歳													2		1		4				8	
三十四歳									1				3				4				7	
三十五歳													1		1						9	
三十六歳																					1	
三十七歳																	1		1		4	
三十八歳													1				1				3	
三十九歳							1												1		4	
四十歳													1				1		1		4	
四十一歳													1				1				4	
四十二歳																	1				1	
四十三歳																		1			2	
四十四歳																					3	
四十五歳																					3	
四十六歳																						
四十七歳																					3	
四十八歳																					1	
四十九歳																					2	
五十歳																	1				1	
五十一歳																					1	
五十二歳																					2	
五十三歳																						
五十四歳																	1					
五十五歳																						
五十六歳																						
五十七歳																						
五十八歳																						
五十九歳																						
六十歳以上																	1				2	
年齢不詳																						
合計	1		1		1		1		2		1		38	1	7		151	5	12	4	362	1

年齢 \ 職業 \ 男女	58 其ノ他ノ鋳物業																							
	特殊鋳物工		其ノ他ノ金属材料ノ製造加工作業者		旋盤工(金属ニ加工スルモノ)		研磨盤工, ラップ盤工		板金工, ブリキ職		刃物研ギ工		其ノ他ノ機械器具製作作業者		手仕上工		機械器具部品仕上組立工		焼成工		製材工			
	男	女	男	女	男	女	男	女	男	女	男	女	男	女	男	女	男	女	男	女	男	女		
十二歳以下			1																					
十三歳			1																					
十四歳					1																			
十五歳	2		4		1																			
十六歳	2		1		3		1																	
十七歳	1				1										1									
十八歳	2		2		3						1													
十九歳	9		1		1												1							
二十歳	4				1																			
二十一歳	2		1														1							
二十二歳	2				1		1						1		1									
二十三歳	4		1																					
二十四歳	4														1									
二十五歳	3	1	2												1				1					
二十六歳	2	1	1																					
二十七歳	4																							
二十八歳	2		2												1									
二十九歳	4		1												1									
三十歳	2				1										2									
三十一歳	2		1																					
三十二歳	2		2												4									
三十三歳															2									
三十四歳	1				1																			
三十五歳	1																							
三十六歳	1																							
三十七歳	3		1																					
三十八歳			2																					
三十九歳									1															
四十歳									1															
四十一歳															1						1			
四十二歳																	1							
四十三歳																								
四十四歳	1																							
四十五歳																								
四十六歳							1																	
四十七歳																								
四十八歳																								
四十九歳																								
五十歳																								
五十一歳																								
五十二歳																								
五十三歳																								
五十四歳																								
五十五歳																								
五十六歳																								
五十七歳																								
五十八歳																								
五十九歳																								
六十歳以上	1																							
年齢不詳																								
合計	61	2	24		14		3		2		1		1		15		3		1		1			

年齢 ＼ 職業 ＼ 男女	58 其ノ他ノ鋳物業																					
	メッキ工(皮膜防錆工ヲ含ム)		金属酸洗工,洗滌工		パフ磨工		機械試運転工		選別工,検査工		自動車運転手		荷造夫,仲仕,倉庫夫,運搬夫,配達夫		物品売買業者,仲買人		店員,売子,注文取,集金人		原動機(電動機ヲ除ク),巻上機,ポンプ,送付機,空気圧縮機,コンベヤノ運転工		火夫,油差	
	男	女	男	女	男	女	男	女	男	女	男	女	男	女	男	女	男	女	男	女	男	女
十二歳以下																						
十三歳																						
十四歳																						
十五歳																						
十六歳	1																					
十七歳											1											
十八歳																						
十九歳											1											
二十歳															1							
二十一歳							1															
二十二歳													2									
二十三歳											1		1								1	
二十四歳					1																	
二十五歳																						
二十六歳					1								1				1					
二十七歳											2										1	
二十八歳																						
二十九歳																						
三十歳																						
三十一歳	1																					
三十二歳	1																1					
三十三歳											1								1			
三十四歳									1												1	
三十五歳																						
三十六歳																						
三十七歳																						
三十八歳																						
三十九歳													1									
四十歳																					1	
四十一歳																						
四十二歳																						
四十三歳																						
四十四歳																						
四十五歳																						
四十六歳																						
四十七歳																						
四十八歳																						
四十九歳																						
五十歳			1																			
五十一歳																						
五十二歳																						
五十三歳																						
五十四歳																						
五十五歳													1									
五十六歳																						
五十七歳																						
五十八歳																						
五十九歳																						
六十歳以上																						
年齢不詳																						
合計	3		1		2		1		1		6		6		1		2		1		4	

産業 / 職業 / 男女 / 年齢	58其ノ他ノ鋳物業						59亜鉛メツキ業															
	小使,給仕,雑役者		鋳型工,造型工(他ニ分類セラレザルモノ)		其ノ他ノ作業者		総数		土木技術者		金属加熱炉工		金属製管工		金属線伸張工		金属撚線工		鍛冶職,刃物職		機械火造工	
	男	女	男	女	男	女	男	女	男	女	男	女	男	女	男	女	男	女	男	女	男	女
十二歳以下			1				1															
十三歳		1	1			1	4															
十四歳	2		3				5	2														
十五歳	1		4				2	1														
十六歳			2				10															
十七歳			5				10										1					
十八歳	1		5				8	1							1							
十九歳	8		1				11	1														
二十歳	4	1					13															
二十一歳	6						11		1													
二十二歳	5		1				9														1	
二十三歳	2		2				11															
二十四歳	4	2					12						1		1							
二十五歳	1						12															
二十六歳	3						16	1														
二十七歳	3						14								1							
二十八歳	5						10															
二十九歳							12				1											
三十歳	2						11								3							
三十一歳			1				11				1				1							
三十二歳	2						15															
三十三歳							11															
三十四歳							12	1									1					
三十五歳							14								1							
三十六歳							8												1			
三十七歳	2						7															
三十八歳	1						4															
三十九歳	1						8								1							
四十歳	1						4															
四十一歳	1						5															
四十二歳	3						7								2							
四十三歳	4						7															
四十四歳							2								1							
四十五歳	2						7				1											
四十六歳	1						1															
四十七歳	2						2															
四十八歳							2															
四十九歳	1						1	1														
五十歳	1																					
五十一歳	1						2								1							
五十二歳																						
五十三歳							3															
五十四歳																						
五十五歳							1															
五十六歳																						
五十七歳	2																					
五十八歳																						
五十九歳																						
六十歳以上																						
年齢不詳							1															
合計	22	4	26			1	317	8	1		3		1		13		2		1		1	

年齢＼産業・職業・男女	59亜鉛メツキ業																						
	其ノ他ノ金属材料ノ鍛造加工作業者		旋盤工(金属ニ加工スルモノ)		フライス盤工		研磨盤工，ラップ盤工		鋲打工		板金工，ブリキ職		金属プレス工，打抜工		鉛管工，鉛工		針金細工工		配線工		其ノ他ノ機械器具製作作業者	
	男	女	男	女	男	女	男	女	男	女	男	女	男	女	男	女	男	女	男	女	男	女
十二歳以下																						
十三歳																						
十四歳											1											
十五歳																						
十六歳							1															
十七歳	1						1												1			
十八歳																						
十九歳															2							
二十歳	1		1																			
二十一歳	1																					
二十二歳											1											
二十三歳											1						1					
二十四歳																						
二十五歳	1				1																	
二十六歳							2														1	
二十七歳							1		2													
二十八歳															1							
二十九歳	1										1											
三十歳			1						1													
三十一歳																						
三十二歳	1										1											
三十三歳																						
三十四歳													1									
三十五歳	1																					
三十六歳																						
三十七歳																						
三十八歳																						
三十九歳											1											
四十歳																						
四十一歳																						
四十二歳																						
四十三歳																						
四十四歳																						
四十五歳																						
四十六歳																						
四十七歳																						
四十八歳																	1					
四十九歳																						
五十歳																						
五十一歳																						
五十二歳																						
五十三歳											1											
五十四歳																						
五十五歳																						
五十六歳																						
五十七歳																						
五十八歳																						
五十九歳																						
六十歳以上																						
年齢不詳																						
合計	7		2		1		5		3		7		1		3		2		1		1	

年齢＼職業・男女	手仕上工		メツキ工(皮膜防錆工ヲ含ム)		金属酸洗工, 洗滌工		砂吹工		バフ磨工		自動車運転手		雑役夫, 雑仕, 倉庫夫, 運搬夫, 配達夫		店員, 売子, 注文取, 集金人		汽罐士		火夫, 油差		荷造工	
	男	女	男	女	男	女	男	女	男	女	男	女	男	女	男	女	男	女	男	女	男	女
十二歳以下			1																			
十三歳			1				1															
十四歳			2	1																		
十五歳			1	1					1													
十六歳			5				1														1	
十七歳			5										1									
十八歳			6	1													1					
十九歳			7																			
二十歳			9		1				1													
二十一歳			6						2				1									
二十二歳			5						1													
二十三歳			3						1													
二十四歳			7						3													
二十五歳			3						1													
二十六歳			10	1	1				1													
二十七歳			9																			
二十八歳			8																			
二十九歳			9																			
三十歳			4		1																	
三十一歳			5						2										1			
三十二歳			9						2												1	
三十三歳			8								1		1		1							
三十四歳			7		1																	
三十五歳			10																			
三十六歳			5		2																	
三十七歳			5										1									
三十八歳			3																1			
三十九歳	1		3										1									
四十歳			4																			
四十一歳			3										1									
四十二歳			5																			
四十三歳			5																			
四十四歳			1																			
四十五歳	1		5																			
四十六歳			1																			
四十七歳			2																			
四十八歳					1																	
四十九歳					1	1																
五十歳																						
五十一歳									1													
五十二歳																						
五十三歳			1		1																	
五十四歳																						
五十五歳			1																			
五十六歳																						
五十七歳																						
五十八歳																						
五十九歳																						
六十歳以上																						
年齢不詳									1													
合計	2		195	4	9	1	2		17		1		6		1		1		2		2	

職業／男女／年齢	59亜鉛メツキ業						60錫メツキ業												61ニツケルメツキ業			
	小使，給仕，雑役者		塗装工(他ニ分類セラレザルモノ)		其ノ他ノ作業者		総数		其ノ他ノ金属材料ノ製造加工作業者		研磨盤工，ラツプ盤工		メツキ工(皮膜防錆工ヲ含ム)		金属酸洗工，洗滌工		バフ磨工		総数		経営者	
	男	女	男	女	男	女	男	女	男	女	男	女	男	女	男	女	男	女	男	女	男	女
十二歳以下																			2	1		
十三歳	1		1					1						1					5			
十四歳		1	1				1						1						5			
十五歳							1						1						14	2		
十六歳	1		1				1				1								12	1		
十七歳																			17			
十八歳							1						1						18			
十九歳	1	1	1																17			
二十歳							1	1					1	1					20			
二十一歳							2		1		1								19			
二十二歳	1						1						1						23			
二十三歳																			22			
二十四歳																			15			
二十五歳	1						1										1		26	1		
二十六歳	1																		25			
二十七歳	1																		21			
二十八歳	1																		24	1		
二十九歳							1						1						16		1	
三十歳	1						1						1						20			
三十一歳	1																		16			
三十二歳					1														12	1		
三十三歳							1						1						11			
三十四歳	2					1													10			
三十五歳	2																		5			
三十六歳																			4			
三十七歳	1						1		1										4			
三十八歳																			3			
三十九歳	1																		2	1		
四十歳							1								1				2	1		
四十一歳			1																1			
四十二歳																			2			
四十三歳	2																		4			
四十四歳																			4			
四十五歳																			2			
四十六歳																						
四十七歳																			1			
四十八歳																			1			
四十九歳																			1			
五十歳																						
五十一歳																			1			
五十二歳																						
五十三歳																						
五十四歳																			1			
五十五歳																			1			
五十六歳																						
五十七歳																						
五十八歳																						
五十九歳																						
六十歳以上																			1			
年齢不詳																						
合計	18	2	5		1	1	14	2	2		2		8	2	1		1		410	9	1	

61ニツケルメツキ業

年齢＼職業・男女	一般事務者		其ノ他ノ金属製錬作業者		金属切断工		鍛冶職，刃物職		鋳造工		其ノ他ノ金属材料ノ製造加工作業者		旋盤工(金属ニ加工スルモノ)		研磨盤工，ラップ盤工		金属プレス工，打抜工		機械製鋲工		其ノ他ノ機械器具製作作業者	
	男	女	男	女	男	女	男	女	男	女	男	女	男	女	男	女	男	女	男	女	男	女
十二歳以下																						
十三歳																						
十四歳																						
十五歳																						
十六歳											/											
十七歳																						
十八歳																			/			
十九歳																						
二十歳	/										/		/									
二十一歳															2							
二十二歳							2								/							
二十三歳															2							
二十四歳																						
二十五歳				/							/											
二十六歳															/							
二十七歳											/				2						/	
二十八歳											/				3		/					
二十九歳																						
三十歳											/										/	
三十一歳															/							
三十二歳	/																					
三十三歳																						
三十四歳					/						/											
三十五歳																						
三十六歳																	/					
三十七歳																						
三十八歳											/											
三十九歳																						
四十歳																						
四十一歳									/													
四十二歳																						
四十三歳																						
四十四歳																					/	
四十五歳																						
四十六歳																						
四十七歳																						
四十八歳																						
四十九歳																						
五十歳																						
五十一歳																						
五十二歳																						
五十三歳																						
五十四歳																						
五十五歳																						
五十六歳																						
五十七歳																						
五十八歳																						
五十九歳																						
六十歳以上																						
年齢不詳																						
合計	2			/	/		2		/		8		/		12		2		/		3	

年齢＼職業・男女	手仕上工 男	手仕上工 女	其ノ他ノ化学製品ノ製造作業者 男	其ノ他ノ化学製品ノ製造作業者 女	塗装工 男	塗装工 女	メッキ工(皮膜防錆工ヲ含ム) 男	メッキ工(皮膜防錆工ヲ含ム) 女	金属酸洗工, 洗滌工 男	金属酸洗工, 洗滌工 女	砂吹工 男	砂吹工 女	パフ磨工 男	パフ磨工 女	自動車運転手 男	自動車運転手 女	荷扱夫, 仲仕, 倉庫夫, 運搬夫, 配達夫 男	荷扱夫, 仲仕, 倉庫夫, 運搬夫, 配達夫 女	店員, 売子, 注文取, 集金人 男	店員, 売子, 注文取, 集金人 女	小使, 給仕, 雑役者 男	小使, 給仕, 雑役者 女
十二歳以下							2	1														
十三歳							3						1									
十四歳							4						1									
十五歳							8						4								1	1
十六歳	1						9			1			1									
十七歳							14						2				1					
十八歳							10						4		1				2			
十九歳							12						4				1					
二十歳							9						7									
二十一歳							11						6									
二十二歳							12						6		2							
二十三歳					1		10						8		1							
二十四歳	1						11						3									
二十五歳	1				2		12		1				8								1	
二十六歳							9						14						1			
二十七歳	1						9		2		1		4									
二十八歳							10	1					9									
二十九歳							10						3				1		1			
三十歳							9						7				1				1	
三十一歳							9						6									
三十二歳							7	1	1				3									
三十三歳			1				6						3						1			
三十四歳							3						4								1	
三十五歳							3						1									
三十六歳					1		1						1									
三十七歳							3										1					
三十八歳							2															
三十九歳							1	1	1													
四十歳							1	1					1									
四十一歳																						
四十二歳							2															
四十三歳							2		1								1					
四十四歳							3															
四十五歳													1						1			
四十六歳																						
四十七歳							1															
四十八歳							1															
四十九歳							1															
五十歳																						
五十一歳							1															
五十二歳																						
五十三歳																						
五十四歳																						
五十五歳							1														1	
五十六歳																						
五十七歳																						
五十八歳																						
五十九歳																						
六十歳以上																						
年齢不詳													1									
合計	4		1		4		222	5	6	1	1		113		4		6		6		5	1

Table title: 61ニッケルメッキ業

年齢 ＼ 職業 ＼ 産業	61ニツケルメツキ業 具體工(他ニ分類セラレザルモノ)		62其ノ他ノメツキ業 総数		経営者		一般事務者		販売仕入係事務者		機械技術者		其ノ他ノ現図工		金属加熱炉工		金属板圧延伸張工		金属製管工		金属疵取工	
	男	女	男	女	男	女	男	女	男	女	男	女	男	女	男	女	男	女	男	女	男	女
十二歳以下			3	1																		
十三歳	1		8	1																		
十四歳			15	2																		
十五歳	1	1	13	1																		
十六歳			30	1																	1	
十七歳			23	2															1			
十八歳			29	3																		
十九歳			29																			
二十歳	1		25																			
二十一歳			27								1								1			
二十二歳			23	1																		
二十三歳			27	1			1															
二十四歳			29																			
二十五歳			27		1		1								1		1					
二十六歳			20	1																		
二十七歳			28																			
二十八歳			30	1																		
二十九歳			28	1																		
三十歳			26		2																	
三十一歳			23																			
三十二歳			10																			
三十三歳			15																			
三十四歳			11																			
三十五歳	1		8	1	1																	
三十六歳			11																			
三十七歳																						
三十八歳			1																			
三十九歳			2	1																		
四十歳			4	2																		
四十一歳			4	1																		
四十二歳			4				1						1									
四十三歳			4																			
四十四歳				1																		
四十五歳			2																			
四十六歳			1						1													
四十七歳			1																			
四十八歳			1																			
四十九歳																						
五十歳																						
五十一歳			2																			
五十二歳			2																			
五十三歳																						
五十四歳																						
五十五歳																						
五十六歳			1																			
五十七歳				1																		
五十八歳																						
五十九歳																						
六十歳以上			1																			
年齢不詳																						
合計	4	1	548	22	4		3		1		1		1		1		1		2		1	

年齢 ＼ 産業 職業 男女	62其ノ他ノメッキ業																					
	中子工		鋳造工		特殊鋳物工		其ノ他ノ金属材料ノ製造加工作業者		旋盤工(金属ニ加工スルモノ)		プライス盤工		研磨盤工、ラップ盤工		金属プレス工、打抜工		鑞付工		其ノ他ノ機械器具製作作業者		手仕上工	
	男	女	男	女	男	女	男	女	男	女	男	女	男	女	男	女	男	女	男	女	男	女
十二歳以下																						
十三歳			1																			
十四歳													1									
十五歳																					1	
十六歳							1														1	
十七歳																						
十八歳																						
十九歳							3															
二十歳	1										1											
二十一歳							1						1									
二十二歳					1																	
二十三歳			1																1			
二十四歳															1							
二十五歳																						
二十六歳								1	1				1									
二十七歳							1															
二十八歳							1						2		1				1			
二十九歳					1		1						1									
三十歳					1																	
三十一歳													1									
三十二歳													1								1	
三十三歳																						
三十四歳																	1					
三十五歳																						
三十六歳													2									
三十七歳																						
三十八歳																						
三十九歳																						
四十歳																						
四十一歳																						
四十二歳																						
四十三歳																						
四十四歳																						
四十五歳																						
四十六歳																						
四十七歳																						
四十八歳																						
四十九歳																						
五十歳																						
五十一歳																						
五十二歳																						
五十三歳																						
五十四歳																						
五十五歳																						
五十六歳																						
五十七歳																						
五十八歳																						
五十九歳																						
六十歳以上																						
年齢不詳																						
合計	1		2		3		8	1	1		1		10		2		1		2		3	

62 其ノ他ノメッキ業

年齢	自動車組立工, 修繕工		其ノ他ノ化学製品ノ製造作業者		塗装工		メッキ工(皮膜防錆工ヲ含ム)		金属酸洗工, 洗滌工		バフ磨工		選別工, 検査工		自動車運転手		荷扱夫, 倉庫夫, 運搬夫, 配達夫		店員, 売子, 注文取, 集金人		包装掛, 壜詰工, 樽詰工	
	男	女	男	女	男	女	男	女	男	女	男	女	男	女	男	女	男	女	男	女	男	女
十二歳以下							2			1												
十三歳							3	1	2		1											
十四歳							11	2														
十五歳							7				3											
十六歳							20		1		2											
十七歳							14	1	1		4								1			
十八歳							16		1		8								1			1
十九歳							13				9				1							
二十歳							18				5											
二十一歳							16				7											
二十二歳			1				10			1	9				1							
二十三歳					1		12	1			10						1					
二十四歳					1		19		2		6											
二十五歳							12				8						1		2			
二十六歳							9				8											
二十七歳							16		1		10											
二十八歳			1				17	1			6						1					
二十九歳							12	1			10		1		1		1					
三十歳							13				10											
三十一歳							14		1		6											
三十二歳							7				1											
三十三歳							8		1		5						1					
三十四歳							5				2				2							
三十五歳							6	1							1							
三十六歳							5		1		3											
三十七歳																						
三十八歳					1																	
三十九歳							1	1			1											
四十歳							3	1					1									
四十一歳	1						3															
四十二歳											2											
四十三歳							3				1											
四十四歳								1														
四十五歳							1				1											
四十六歳																						
四十七歳							1															
四十八歳							1															
四十九歳																						
五十歳																						
五十一歳							1										1					
五十二歳							2															
五十三歳																						
五十四歳																						
五十五歳																						
五十六歳							1															
五十七歳																						
五十八歳								1														
五十九歳																						
六十歳以上											1											
年齢不詳																						
合計	1		2		3		302	12	11	2	139		2		6		6		4			1

年齢 \ 職業 \ 男女	62其ノ他ノメツキ業 小使, 給仕, 雑役者		鍍金工(他ニ分類セラレザルモノ)		其ノ他ノ作業者		63鏈鎖製造業 総数		経営者		一般事務者		製銑工(熔鉱炉其ノ他ニ依ルモノ)		製鋼工(電気炉ニ依ルモノ)		製鋼工(平炉其ノ他ニ依ルモノ)		其ノ他ノ金属製錬作業者		金属板圧延伸張工	
	男	女	男	女	男	女	男	女	男	女	男	女	男	女	男	女	男	女	男	女	男	女
十二歳以下			1																			
十三歳			1				2															
十四歳			3				6															
十五歳	1	1	1				4	1														
十六歳	1		2		1		3	1					2									
十七歳	1	1	1				5	1														
十八歳	2	2			1		11															
十九歳			3				12															
二十歳							7															
二十一歳							7	1														
二十二歳	1						9															
二十三歳							20															
二十四歳							11												1		1	
二十五歳							8								1							
二十六歳			1				19															
二十七歳							8															
二十八歳							13												2			
二十九歳							7										1					
三十歳							7		1		1											
三十一歳					1		3															
三十二歳							2															
三十三歳							1															
三十四歳	1						5															
三十五歳							4	1					1									
三十六歳							2															
三十七歳																						
三十八歳							1															
三十九歳							6															
四十歳		1					2															
四十一歳		1																				
四十二歳							1															
四十三歳							1															
四十四歳																						
四十五歳																						
四十六歳							3								1							
四十七歳							1															
四十八歳							2															
四十九歳								1														
五十歳							4															
五十一歳																						
五十二歳																						
五十三歳																						
五十四歳							1															
五十五歳																						
五十六歳							1															
五十七歳																						
五十八歳																						
五十九歳																						
六十歳以上							1															
年齢不詳																						
合計	7	6	13		3		200	6	1		1		3		2		1		3		1	

63 鏈鎖製造業

職業 / 男女 / 年齢	金属棒,条圧延伸張工		金属切断工		鍛冶職,刃物職		機械火造工		熱処理工		中子工		鋳造工		其ノ他ノ金属材料製造加工作業者		旋盤工(金属ニ加工スルモノ)		ボール盤工		フライス盤工	
	男	女	男	女	男	女	男	女	男	女	男	女	男	女	男	女	男	女	男	女	男	女
十二歳以下																						
十三歳																						
十四歳																	1					
十五歳																	1					
十六歳																1						
十七歳					1		2									1						
十八歳					2		1						1		1							
十九歳					2		2								1							
二十歳							2						1									
二十一歳																	1					
二十二歳					2								1		1		1					
二十三歳					3		1				1		2		2		1		1		1	
二十四歳															1							
二十五歳					1		2															
二十六歳					3		1								4				1			
二十七歳					1		1								1							
二十八歳					1		1												1			
二十九歳							1		1				1									
三十歳																						
三十一歳							1				1											
三十二歳							1															
三十三歳																						
三十四歳					1																	
三十五歳							1								1							
三十六歳																						
三十七歳																						
三十八歳	1																					
三十九歳	1						1						1									
四十歳																						
四十一歳																						
四十二歳																						
四十三歳																						
四十四歳																						
四十五歳																						
四十六歳																						
四十七歳					1																	
四十八歳									1				1									
四十九歳																						
五十歳							1															
五十一歳																						
五十二歳																						
五十三歳																						
五十四歳																						
五十五歳																						
五十六歳																						
五十七歳																						
五十八歳																						
五十九歳																						
六十歳以上																						
年齢不詳																						
合計	2		1		18		19		2		2		8		12	2	5		3		1	

63 鏈鎖製造業

年齢 ＼ 職業	研磨盤工，ラツプ盤工		捲鉄工		鋲打工		金属プレス工，打抜工		ドラム罐，ブリキ罐製造工		電気熔接工		其ノ他ノ熔接工		針金細工工		機械製鋲工		鋼具工，索具工		其ノ他ノ機械器具製作作業者	
	男	女	男	女	男	女	男	女	男	女	男	女	男	女	男	女	男	女	男	女	男	女	男	女
十二歳以下																								
十三歳																								
十四歳											2												1	
十五歳													1											
十六歳																								
十七歳											1													
十八歳											3													
十九歳					1						2												2	
二十歳			1																					
二十一歳											1							1					1	
二十二歳											1		1											
二十三歳									1		3													
二十四歳											4												1	
二十五歳											1		1											
二十六歳			1								1													
二十七歳											1												1	
二十八歳											2													
二十九歳																							1	
三十歳							1																	
三十一歳																								
三十二歳																					1			
三十三歳																								
三十四歳											1												1	
三十五歳		1													1									
三十六歳																								
三十七歳																								
三十八歳																								
三十九歳																								
四十歳																								
四十一歳																								
四十二歳																							1	
四十三歳																							1	
四十四歳																								
四十五歳																								
四十六歳																								
四十七歳																								
四十八歳																								
四十九歳																								
五十歳																							1	
五十一歳																								
五十二歳																								
五十三歳																								
五十四歳																								
五十五歳																								
五十六歳																								
五十七歳																								
五十八歳																								
五十九歳																								
六十歳以上																								
年齢不詳																								
合計		1	2		1		1		1		23		3		1			1	1				11	

63 鏈鎖製造業

産業 職業 男女 年齢	手仕上工		機械器具部品仕上組立工		機械器具総組立工		自動車組立工，修繕工		機械器具製造工，修理工，保全工		其ノ他ノ土木建築作業者		塗装工		メツキ工(皮膜防錆工ヲ含ム)		実験工，試験工，分析工		機械器具検査工		選別工，検査工	
	男	女	男	女	男	女	男	女	男	女	男	女	男	女	男	女	男	女	男	女	男	女
十二歳以下																						
十三歳																						
十四歳	/																					
十五歳																						
十六歳	/																					
十七歳																						
十八歳					/										/							
十九歳	/																					
二十歳																	2					
二十一歳	/																/				/	
二十二歳																	2					
二十三歳	/						/										2					
二十四歳	/		/																			
二十五歳	/																					
二十六歳	3																/					
二十七歳	/																					
二十八歳	2																					
二十九歳									/										/			
三十歳																			/			
三十一歳																						
三十二歳																						
三十三歳																						
三十四歳													/									
三十五歳																						
三十六歳																	/					
三十七歳																						
三十八歳																						
三十九歳											/											
四十歳																					/	
四十一歳																						
四十二歳																						
四十三歳																						
四十四歳																						
四十五歳																						
四十六歳																						
四十七歳																						
四十八歳																						
四十九歳																						
五十歳																						
五十一歳																						
五十二歳																						
五十三歳																						
五十四歳																						
五十五歳																						
五十六歳			/																			
五十七歳																						
五十八歳																						
五十九歳																						
六十歳以上																						
年齢不詳																						
合計	13		2		/		/		/		/		/		/		9		2		2	

年齢 \ 職業 \ 男女	636 鎖製造業										64 バネ製造業											
	鍛接夫, 仕上夫, 鎔接夫, [illegible]		起重機運転工		小使, 給仕, 雑役者		見習工 徒弟工 (他ニ分類セラレザルモノ)		其ノ他ノ作業者		総数		経営者		一般事務者		販売仕入係事務者		簿記係事務者		金属加熱炉工	
	男	女	男	女	男	女	男	女	男	女	男	女	男	女	男	女	男	女	男	女	男	女
十二歳以下											4											
十三歳					2						6	3										
十四歳							1				8	4										
十五歳					1	1	1				17	2										
十六歳											18	2										
十七歳							1				35	1								1		
十八歳					1						23											
十九歳	1										32										1	
二十歳									1		20											
二十一歳					1						17				1							
二十二歳											13						1					
二十三歳											15											
二十四歳					1						15	1										
二十五歳	1										12		1									
二十六歳	1				3						8											
二十七歳					2						13	1									1	
二十八歳	1				2						5						1					
二十九歳	1										8				1		1					
三十歳					3						8											
三十一歳					1						11						1					
三十二歳											5						1					
三十三歳	1										2											
三十四歳					1						7				1							
三十五歳											4											
三十六歳	1										2	1										
三十七歳											2											
三十八歳											7											
三十九歳					2						3				1							
四十歳																						
四十一歳											3		1									
四十二歳											3				1							
四十三歳											1											
四十四歳											2											
四十五歳																						
四十六歳	1				1																	
四十七歳																						
四十八歳											3											
四十九歳						1																
五十歳			1		1																	
五十一歳																						
五十二歳											1											
五十三歳																						
五十四歳					1						1											
五十五歳																						
五十六歳																						
五十七歳																						
五十八歳																						
五十九歳											1											
六十歳以上					1						1											
年齢不詳																						
合計	8		1		24	2	3		1		337	15	2		5		5			1	2	

年齢＼職業・男女	金属板圧延伸張工 男	金属板圧延伸張工 女	金属棒、条圧延伸張工 男	金属棒、条圧延伸張工 女	金属小物圧延伸張工 男	金属小物圧延伸張工 女	金属線伸張工 男	金属線伸張工 女	金属撚線工 男	金属撚線工 女	金属切断工 男	金属切断工 女	鍛冶職、刃物職 男	鍛冶職、刃物職 女	熱処理工 男	熱処理工 女	鋳物木型工 男	鋳物木型工 女	鋳造工 男	鋳造工 女	特殊鋳物工 男	特殊鋳物工 女
十二歳以下																						
十三歳															1							
十四歳																						
十五歳		1													1							
十六歳							1						1									
十七歳							1								2							
十八歳															1							
十九歳	1						1								3							
二十歳																						
二十一歳					1										4				1			
二十二歳							1								1							
二十三歳															2							
二十四歳											1				2							
二十五歳	1																					
二十六歳															2							
二十七歳					1						1		1		1							
二十八歳																						
二十九歳							1						1		1							
三十歳											1											
三十一歳																						
三十二歳			1																			
三十三歳																						
三十四歳											1											
三十五歳							1															
三十六歳																	1					
三十七歳																						
三十八歳					1																	
三十九歳	2																					
四十歳																						
四十一歳															1							
四十二歳																						
四十三歳																						
四十四歳									1													
四十五歳																						
四十六歳																						
四十七歳																						
四十八歳																						
四十九歳																						
五十歳																						
五十一歳																						
五十二歳																						
五十三歳																						
五十四歳																						
五十五歳																						
五十六歳																						
五十七歳																						
五十八歳																						
五十九歳																						
六十歳以上																					1	
年齢不詳																						
合計	4	1	1		3		6		1		4		3		22		1		1		1	

年齢 \ 職業 \ 男女	64バネ製造業																					
	其ノ他ノ金属材料ノ製造加工作業者		旋盤工(金属ニ加工スルモノ)		タレツト工		卓上旋盤工,小型機械工		歯切盤工		撓鉄工		金属プレス工,打抜工		ドラム罐,ブリキ罐製造工		ガス熔接工		針金細工工		巻線工	
	男	女	男	女	男	女	男	女	男	女	男	女	男	女	男	女	男	女	男	女	男	女
十二歳以下							1															
十三歳																				1		
十四歳		1																	2			
十五歳	1				1						1		1						1			
十六歳	1				1								1						2		1	
十七歳	2		2		1				1										3		2	
十八歳	1		1		2														4		2	
十九歳															1				4		4	
二十歳	2				1						1								2		1	
二十一歳			2														1					
二十二歳			2																			
二十三歳									1										2			
二十四歳									1													
二十五歳																						
二十六歳																						
二十七歳									1												1	
二十八歳	1																					
二十九歳	1																					
三十歳	1																		2			
三十一歳	1																		1		1	
三十二歳	1																					
三十三歳	1																					
三十四歳	2																					
三十五歳							1															
三十六歳																						
三十七歳																			1			
三十八歳																			1			
三十九歳																						
四十歳																						
四十一歳																			1			
四十二歳																			1			
四十三歳																						
四十四歳																						
四十五歳																						
四十六歳																						
四十七歳																						
四十八歳																						
四十九歳																						
五十歳																						
五十一歳																						
五十二歳	1																					
五十三歳																						
五十四歳																						
五十五歳																						
五十六歳																						
五十七歳																						
五十八歳																						
五十九歳																						
六十歳以上																						
年齢不詳																						
合計	16	1	7		6		2		4		2		2		1		1		27	1	12	

年齢＼職業・男女	64 バネ製造業 機械製鋲工 男	機械製鋲工 女	バネ工 男	バネ工 女	其ノ他ノ機械器具製作作業者 男	其ノ他ノ機械器具製作作業者 女	手仕上工 男	手仕上工 女	機械器具部品仕上組立工 男	機械器具部品仕上組立工 女	機械器具製造工, 修繕工, 保全工 男	機械器具製造工, 修繕工, 保全工 女	メツキ工(皮膜防錆工ヲ含ム) 男	メツキ工(皮膜防錆工ヲ含ム) 女	金属酸洗工, 洗滌工 男	金属酸洗工, 洗滌工 女	選別工, 検査工 男	選別工, 検査工 女	自動車運転手 男	自動車運転手 女	荷扱夫, 仲仕, 倉庫夫, 運搬夫, 配達夫 男	荷扱夫, 仲仕, 倉庫夫, 運搬夫, 配達夫 女
十二歳以下																						
十三歳			3			1																
十四歳			2						1													
十五歳			4	1			2															
十六歳			8	1			1											1				
十七歳			10		2		4															
十八歳			6				4				1											
十九歳			12																		1	
二十歳			7				1						1									
二十一歳			6																		1	
二十二歳			7																		1	
二十三歳			5		1		1												1			
二十四歳			6	1			1															
二十五歳			7				2						1									
二十六歳	1		2																		1	
二十七歳			3													1						
二十八歳			2										1									
二十九歳			1																			
三十歳			3				1															
三十一歳			5						1													
三十二歳			2																			
三十三歳																						
三十四歳			3				1															
三十五歳			1				1															
三十六歳				1																	1	
三十七歳																						
三十八歳			3		1																	
三十九歳																						
四十歳																						
四十一歳																						
四十二歳			1																			
四十三歳			1																			
四十四歳			1																			
四十五歳																						
四十六歳																						
四十七歳																						
四十八歳			1																		1	
四十九歳																						
五十歳																						
五十一歳																						
五十二歳																						
五十三歳																						
五十四歳			1																			
五十五歳																						
五十六歳																						
五十七歳																						
五十八歳																						
五十九歳																						
六十歳以上																						
年齢不詳																						
合計	1		114	4	4	1	19		2		1		3			1		1	1		6	

年齢＼産業・職業・男女	64バネ製造業						65鋼索製造業															
	店員,売子,注文取,集金人		小使,給仕,雑役者		鍛冶工,鍛造工(他ニ分類セラレザルモノ)		総数		一般事務者		販売仕入係事務者		冶金技術者		其ノ他ノ金属製錬作業者		金属棒,条圧延伸張工		金属線伸張工		金属撚線工	
	男	女	男	女	男	女	男	女	男	女	男	女	男	女	男	女	男	女	男	女	男	女
十二歳以下					2			2														2
十三歳				1	2			1														
十四歳		1		1	3	1	3	1								1			1		1	
十五歳			1		6		6	2											2		2	
十六歳					1		4	3													4	2
十七歳			1		4		10	1											1		2	
十八歳			1				12	2													5	1
十九歳					4		7	1							1				2		2	
二十歳			2		2		18	1	1										2		3	1
二十一歳							4	1														1
二十二歳							12	2											2		4	
二十三歳			1		1		17				1								7		2	
二十四歳			4				13												3		2	
二十五歳							11	1											1		1	
二十六歳			2				2															
二十七歳			2		1		12								1		2		2		1	
二十八歳							5												1		2	
二十九歳			1				7												1			
三十歳							6															
三十一歳							4	1													2	
三十二歳							4												1		1	
三十三歳							5	1													1	
三十四歳							4	2											1			
三十五歳							4															
三十六歳							2	1														
三十七歳			1				1															
三十八歳			1				5	1											1		2	
三十九歳							2														1	
四十歳							2															
四十一歳							1														1	
四十二歳							2												1			
四十三歳								1														
四十四歳							5															
四十五歳							1								1							
四十六歳							2														2	
四十七歳							1														1	
四十八歳			1				1															
四十九歳							4															
五十歳							1														1	
五十一歳							1															
五十二歳							1						1									
五十三歳							1															
五十四歳																						
五十五歳																						
五十六歳																						
五十七歳																						
五十八歳																						
五十九歳			1																			
六十歳以上																						
年齢不詳																						
合計		1	18	2	26	1	200	25	1		1		1		3	1	2		29		43	7

年齢 \ 職業	65鋼索製造業																							
	鍛冶職、刃物職		機械火造工		熱処理工		鋳造工		其ノ他ノ金属材料製造加工作業者		旋盤工(金属=加工スルモノ)		撓鉄工		金属プレス工、打抜工		ガス熔接工		鑞付工		針金細工工	
	男	女	男	女	男	女	男	女	男	女	男	女	男	女	男	女	男	女	男	女	男	女
十二歳以下																						
十三歳																						
十四歳																						
十五歳											1											
十六歳																				1		
十七歳											1										1	1
十八歳									2								1					1
十九歳																						
二十歳					3																	
二十一歳					1		1												1			
二十二歳			1																			
二十三歳					1		1															
二十四歳					2																	
二十五歳					1				1		1											
二十六歳					1																	
二十七歳					1																	
二十八歳									1													
二十九歳	1				1																	
三十歳																						
三十一歳										1												
三十二歳																	1					
三十三歳										1												
三十四歳					1					2					1							
三十五歳																						
三十六歳									1	1												
三十七歳																						
三十八歳																						
三十九歳																						
四十歳					1																	
四十一歳																						
四十二歳																						
四十三歳																						
四十四歳									1												1	
四十五歳																						
四十六歳																						
四十七歳																						
四十八歳																						
四十九歳													1									
五十歳																						
五十一歳																						
五十二歳																						
五十三歳													1									
五十四歳																						
五十五歳																						
五十六歳																						
五十七歳																						
五十八歳																						
五十九歳																						
六十歳以上																						
年齢不詳																						
合計	1		1		13		2		6	5	3		2		1		2		1	1	2	2

職業 / 男女 / 年齢	165 鋼索製造業																					
	巻線工		鋼具工,索具工		其ノ他ノ機械器具製作作業者		手仕上工		其ノ他ノ土木建築作業者		メッキ工(皮膜防錆工ヲ含ム)		金属酸洗工,洗滌工		バフ磨工		自動車運転手		舵手,水夫,舟夫		荷扱夫,仲仕,倉庫夫,運搬夫,配達夫	
	男	女	男	女	男	女	男	女	男	女	男	女	男	女	男	女	男	女	男	女	男	女
十二歳以下																						
十三歳						1																
十四歳							1															
十五歳																						
十六歳																						
十七歳	1										2											
十八歳					1								1									
十九歳																			1			
二十歳											1		1								1	
二十一歳																						
二十二歳													2								1	
二十三歳											2										1	
二十四歳			1				1				1										2	
二十五歳				1			1		1													
二十六歳													1									
二十七歳											2											
二十八歳											1										1	
二十九歳											1											
三十歳											1		1				1					
三十一歳											1		1									
三十二歳																						
三十三歳											1		1									
三十四歳																						
三十五歳			1								1											
三十六歳											1											
三十七歳													1									
三十八歳							1				1											
三十九歳																						
四十歳																						
四十一歳																						
四十二歳											1											
四十三歳																						
四十四歳											1				1							
四十五歳																						
四十六歳																						
四十七歳																						
四十八歳													1									
四十九歳											2											
五十歳																						
五十一歳																						
五十二歳																						
五十三歳																						
五十四歳																						
五十五歳																						
五十六歳																						
五十七歳																						
五十八歳																						
五十九歳																						
六十歳以上																						
年齢不詳																						
合計	1		2	1	1	1	4		1		20		10		1		1		1		6	

年齢 \ 職業 \ 男女	65鋼索製造業 小使,給仕,雑役者 男	女	見習工 養成工(他ニ分類セラレザルモノ) 男	女	其ノ他ノ作業者 男	女	66金網製造業 総数 男	女	経営者 男	女	製鋼工(電気炉ニ依ルモノ) 男	女	金属加熱炉工 男	女	金属小物圧延伸張工 男	女	金属線伸張工 男	女	金属撚線工 男	女	其ノ他ノ金属材料ノ製造加工作業者 男	女
十二歳以下							1	2														1
十三歳							1	1												1		
十四歳																						
十五歳		2	1				2	2														1
十六歳							1															
十七歳	2						5														2	
十八歳	2						4	1													3	
十九歳	1					1	6	1													1	
二十歳	3						3														1	
二十一歳	1						3	1													1	1
二十二歳	2					2	2														1	
二十三歳	2						5															
二十四歳	1						7								1						2	
二十五歳	4						4				1										1	
二十六歳							6										1				1	
二十七歳	1		1				13						1								4	
二十八歳							5										1				1	
二十九歳	3						7														2	
三十歳	3						4														1	
三十一歳							4														2	
三十二歳	1						5														3	
三十三歳	2						3															
三十四歳	1						2	1													1	
三十五歳	2						5															
三十六歳							5														1	
三十七歳							3														2	
三十八歳						1	2														1	
三十九歳	1						3														1	
四十歳	1						3														1	
四十一歳							4														2	
四十二歳							1															
四十三歳						1	4														2	
四十四歳	1						2	1														
四十五歳							1															
四十六歳							3		1												1	
四十七歳																						
四十八歳																						
四十九歳							1															
五十歳	1																					
五十一歳	1																					
五十二歳																						
五十三歳																						
五十四歳								1														
五十五歳																						
五十六歳																						
五十七歳																						
五十八歳																						
五十九歳																						
六十歳以上							1															
年齢不詳																						
合計	36	2	2			5	131	1	1		1		1		1		2			1	38	3

66 金網製造業

年齢 ＼ 職業	旋盤工(金属ニ加工スルモノ)		金属プレス工, 打抜工		針金細工工		手仕上工		鉄筋工, 鉄鋼工		其ノ他ノ土木建築作業者		メツキ工(皮膜防錆工ヲ含ム)		バフ磨工		自動車運転手		荷馬夫, 仲仕, 倉庫夫, 運搬夫, 配達夫		荷造工	
	男	女	男	女	男	女	男	女	男	女	男	女	男	女	男	女	男	女	男	女	男	女
十二歳以下						1							1									
十三歳					1																	
十四歳																						
十五歳					1	1																
十六歳					1																	
十七歳					1				1						1							
十八歳					1	1																
十九歳					4	1			1													
二十歳					1				1													
二十一歳					1														1			
二十二歳					1																	
二十三歳					3						1											
二十四歳					3												1					
二十五歳					1										1							
二十六歳					2						1											
二十七歳	1				6												1					
二十八歳					3																	
二十九歳					3																1	
三十歳					2				1													
三十一歳					2																	
三十二歳					2																	
三十三歳					3																	
三十四歳					1	1																
三十五歳			1		4																	
三十六歳					4																	
三十七歳					1																	
三十八歳					1																	
三十九歳					1		1															
四十歳					2																	
四十一歳					2																	
四十二歳																						
四十三歳					2																	
四十四歳					1	1			1													
四十五歳					1																	
四十六歳											1											
四十七歳																						
四十八歳																						
四十九歳																						
五十歳																						
五十一歳																						
五十二歳																						
五十三歳																						
五十四歳						1																
五十五歳																						
五十六歳																						
五十七歳																						
五十八歳																						
五十九歳																						
六十歳以上					1																	
年齢不詳																						
合計	1		1		63	7	1		5		3		1		2		2		1		1	

年齢＼産業・職業・男女	66金網製造業						67ボルト,ナツト,座金及鋲製造業															
	小使,給仕,雑役者		選別工(他ニ分類セラレザルモノ)		其ノ他ノ作業者		総数		経営者		一般事務者		販売仕入係事務者		簿記係事務者		焙焼工,焼結工,団鉱工		製銑工(熔鉱炉其ノ他ニ依ルモノ)		混銑炉工	
	男	女	男	女	男	女	男	女	男	女	男	女	男	女	男	女	男	女	男	女	男	女
十二歳以下							24	5														
十三歳							55	5			1											
十四歳							89	15														
十五歳			1				136	13														
十六歳							161	14														
十七歳							157	9			1											
十八歳							168	7			3											
十九歳							150	6			1											
二十歳							131				4		1		1							
二十一歳							120	5			1											
二十二歳							117	4			1								1			
二十三歳	1						113	2			2											
二十四歳							120	4			1		2				1					
二十五歳							90	2	1				2									
二十六歳	1						102	1	1				2									
二十七歳							92	3	3		1		1		1							
二十八歳							90	2			3		2									
二十九歳	1						83				2											
三十歳							43	2	3		1											
三十一歳							80	1			2		5								1	
三十二歳							49	5	1		2		2									
三十三歳							27	4					1									
三十四歳							27	2			1											
三十五歳							45		2		2											
三十六歳							19	2														
三十七歳							26	2	1													
三十八歳							26	3	3		1											
三十九歳							28	1			1											
四十歳							17	4	2													
四十一歳							20	3	2													
四十二歳					1		9	1	1													
四十三歳							14	2	1		1											
四十四歳							22	4	2		3		1									
四十五歳							5															
四十六歳							8	2			1											
四十七歳							7	1													1	
四十八歳							5						1									
四十九歳	1						4	1														
五十歳							3	1														
五十一歳							3		1													
五十二歳							2	1	1													
五十三歳							3	1														
五十四歳							2				1											
五十五歳							2				1											
五十六歳																						
五十七歳							4	1	1													
五十八歳							2															
五十九歳							1															
六十歳以上							6															
年齢不詳																						
合計	4		1		1		2507	141	26		38		20		2		1		1		2	

年齢＼職業＼男女	67 ボルト, ナツト, 座金及鋲製造業																							
	非鉄金属溶融工(電気炉ニ依ルモノ)		其ノ他ノ金属製錬作業者		機械製図工		金属加熱炉工		金属板圧延伸張工		金属棒, 条圧延伸張工		金属製管工		金属小物圧延伸張工		金属線伸張工		金 属 撚 線 工		金 属 疵 取 工	
	男	女	男	女	男	女	男	女	男	女	男	女	男	女	男	女	男	女	男	女	男	女	男	女
十二歳以下																								
十 三 歳															/									
十 四 歳																								
十 五 歳			/				/				/													
十 六 歳			/				2																	
十 七 歳							/										/		/					
十 八 歳			/		/										/									
十 九 歳			/				/				/				/						/			
二 十 歳			/																					
二十一歳							/								/		/							
二十二歳							2						/											
二十三歳																	/							
二十四歳									2		/						/				/			
二十五歳											/				/		/							
二十六歳	/														/				/					
二十七歳							/				/													
二十八歳											/		/											
二十九歳			/								/													
三 十 歳											/						/							
三十一歳									/															
三十二歳			/																					
三十三歳																								
三十四歳			/																					
三十五歳									/															
三十六歳																								
三十七歳											/													
三十八歳	/										/													
三十九歳																								
四 十 歳																								
四十一歳																								
四十二歳				/																				
四十三歳																								
四十四歳									/		/													
四十五歳																								
四十六歳			/																					
四十七歳																	/							
四十八歳																								
四十九歳																								
五 十 歳																								
五十一歳																								
五十二歳																								
五十三歳																	/							
五十四歳																								
五十五歳																								
五十六歳																								
五十七歳																								
五十八歳																								
五十九歳																								
六十歳以上																								
年齢不詳																								
合 計	2		9	/	/		9		5		11		2		6		8		2		2			

67 ボルト, ナツト, 座金及鋲製造業

年齢	金属切断工		鍛冶職, 刃物職		機械火造工		熱処理工		金属熔融工		鋳物砂型工		中子工		鋳造工		特殊鋳物工		其ノ他ノ金属材料ノ製造加工作業者		旋盤工(金属=加工スルモノ)	
	男	女	男	女	男	女	男	女	男	女	男	女	男	女	男	女	男	女	男	女	男	女
十二歳以下					1														2		1	
十三歳	2		1		1														10		5	
十四歳	4		1		4		1												4	2	16	
十五歳	6		2		5													1	7		18	
十六歳	3		3		1		1						2						11	2	27	
十七歳	9		4		6														14	5	22	1
十八歳	10		7		2										1				15	2	33	2
十九歳	4		8		3														12	2	16	
二十歳	6		3		4										1				18		17	
二十一歳	6		1		5		1										1		7	1	19	
二十二歳	6	1	3		3				1		1								9		12	
二十三歳	6		4		1										2				18	1	6	
二十四歳	10		5		4		1												7	1	8	1
二十五歳	7		1		2										1		1		8		12	
二十六歳	5		2		5										1				8		12	
二十七歳	4		6		3										1		1		5	1	8	
二十八歳	4		4		2														14	1	6	
二十九歳	5		4		4												1		5	1	4	
三十歳	3		2																5	1	4	
三十一歳	6		5		4										1				6	1	4	
三十二歳	5		2		1														4	1	3	
三十三歳	1				1												1		1	1	1	
三十四歳	2		2		1						1								2		2	1
三十五歳	1		2		2														4		3	
三十六歳	2		1		2														2	2	1	
三十七歳			1																3		1	1
三十八歳	1	1	3		1														2		1	
三十九歳	3																		5		4	
四十歳			1		1									1					4			
四十一歳	1	1	1																6		2	
四十二歳															1							
四十三歳																			3			
四十四歳	1		1																2			
四十五歳																						
四十六歳	2																					
四十七歳	1		1																			
四十八歳															1				1			
四十九歳																			1		1	
五十歳																						
五十一歳																						
五十二歳																		1				
五十三歳																				1		
五十四歳																			1			
五十五歳	1																					
五十六歳																						
五十七歳																						
五十八歳																					1	
五十九歳																			2			
六十歳以上																					1	
年齢不詳																						
合計	127	3	8		69		4		1		2		2	1	10		5	2	228	25	271	6

67 ボルト，ナット，座金及鋲製造業

年齢	旋盤工（木材以外ノ金属ニ加工スルモノ） 男	旋盤工 女	タレット工 男	タレット工 女	卓上旋盤工，小型機械工 男	卓上旋盤工，小型機械工 女	中グリ盤工 男	中グリ盤工 女	ボール盤工 男	ボール盤工 女	平削盤工，形削盤工，堅削盤工 男	平削盤工，形削盤工，堅削盤工 女	プライス盤工 男	プライス盤工 女	歯切盤工 男	歯切盤工 女	研磨盤工，ラップ盤工 男	研磨盤工，ラップ盤工 女	ラッピング工（手作業ニ依ルモノ） 男	ラッピング工（手作業ニ依ルモノ） 女	捲鉄工 男	捲鉄工 女
十二歳以下			1			1															1	
十三歳			6		2	1			1								1					
十四歳			6		6	1	1		3													
十五歳			16	1	13	1			4	1	3	1				1	1		1			
十六歳	2		26		10	3	2		3		1										2	
十七歳			15		10		1	1	5				1		1							
十八歳	1		16		4				2		2				1		2					
十九歳	1		21	1	6		1		1	2	2		1		1							
二十歳			11		3				2				1				2				3	
二十一歳	1		14		5				3				1									
二十二歳			11		3				5		3				2						2	
二十三歳	3		13		3		1															
二十四歳	4		12		6		1		2		2						2					
二十五歳	1		6		3				1		1			1			1				3	
二十六歳	1		10	1	4				2		1		2									
二十七歳			8		2				4		1						1					
二十八歳	1		8		3				1							1					2	
二十九歳			7		5				3												1	
三十歳			1		3				1		2											
三十一歳	1		6		1				2				1								1	
三十二歳			3		1				1	1												
三十三歳	1		4	1	2				1		1											
三十四歳			4		1					1												
三十五歳			3						2												1	
三十六歳			2																			
三十七歳			3		1				2													
三十八歳	1		4		1																	
三十九歳	2		2		1																1	
四十歳			3						1													
四十一歳			1		1																	
四十二歳																						
四十三歳	1		1																			
四十四歳			1		1								1									
四十五歳					2						2											
四十六歳															1							
四十七歳																	1					
四十八歳			1																			
四十九歳																						
五十歳																						
五十一歳																						
五十二歳																						
五十三歳																						
五十四歳																						
五十五歳																						
五十六歳																						
五十七歳					1																	
五十八歳																						
五十九歳			1																			
六十歳以上			1		1																	
年齢不詳																						
合計	21		248	4	105	7	7	1	52	5	21	1	8	1	6	2	11			1	17	

産業 職業 男女 年齢	67 ボルト, ナツト, 座金及鋲製造業																					
	鋲打工		板金鋲打工		板金工, ブリキ職		金属プレス工, 打抜工		ドラム罐, ブリキ罐製造工		電気熔接工		鉛管工, 鉛工		目立工		針金細工工		機械製鋲工		綱具工, 索具工	
	男	女	男	女	男	女	男	女	男	女	男	女	男	女	男	女	男	女	男	女	男	女
十二歳以下	2	1																	1	1		
十三歳							1												8			
十四歳	1	2					3								1				12	2		
十五歳	3						6				1								12	2		
十六歳	3						7	1											20			
十七歳	3	1					12												23			
十八歳	4				1		14												13	1		
十九歳	3				1		15												21			
二十歳	5						12												13			
二十一歳	1						14												18	1		
二十二歳	6						11	1								1			13			
二十三歳	1						13												18			
二十四歳	4				1		14												14			
二十五歳	2		1				10												7	1		
二十六歳	1		1		1		10						1						14			
二十七歳	1						9												13			
二十八歳	1						11												15			
二十九歳	4		1				13												10			
三十歳	2						2		1										3			
三十一歳							5												12			
三十二歳	2						8												4	1		
三十三歳	2						4	1											3			
三十四歳	3						2												2			
三十五歳	1						7												6			
三十六歳	1																		4			
三十七歳	1						3												3			
三十八歳	2																		2			
三十九歳	1	1					1												1			
四十歳							1															
四十一歳							2	1									1		1			
四十二歳	1						1												2			
四十三歳							2												2		1	
四十四歳	1	1					2	2											2			
四十五歳																						
四十六歳							1												2	1		
四十七歳																			1			
四十八歳																						
四十九歳		1																				
五十歳							1												2			
五十一歳																			1			
五十二歳																			1			
五十三歳																						
五十四歳																						
五十五歳																						
五十六歳																						
五十七歳							1															
五十八歳																						
五十九歳																						
六十歳以上																						
年齢不詳																						
合計	62	7	3		4		218	6	1		1		1		1	1	1		305	10	1	

産業 職業 男女 年齢	67 ボルト，ナツト，座金及鋲製造業																					
	其ノ他ノ機械器具製作作業者		手仕上工		機械器具部品仕上組立工		機械器具総組立工		機械器具製造工，修繕工，保全工		工具保全工		火工		成型工（鋳鉄ニ依ルモノヲ除ク）		木工		其ノ他ノ木，竹，草，蔓類製品ノ製造作業者		其ノ他ノ製品ノ製造作業者	
	男	女	男	女	男	女	男	女	男	女	男	女	男	女	男	女	男	女	男	女	男	女
十二歳以下																						
十三歳	2		3																			
十四歳	4		2																			
十五歳	1	1	3	1																		
十六歳	10	1	2							1												
十七歳	7	1	1																			
十八歳	7		2		1																	
十九歳	5	1	5		1				1													
二十歳	4		1																			
二十一歳	10	1	1																1			
二十二歳	9	1			1						1											
二十三歳	5		1																			
二十四歳	1		1																			
二十五歳	6				1																	
二十六歳	3		2				1															
二十七歳	7		1																			
二十八歳	2								1													
二十九歳	3		2		2				1										1			
三十歳	2		2																			
三十一歳	4		3						1				1									
三十二歳	4																					
三十三歳	1																					
三十四歳	1																					
三十五歳	3														1							
三十六歳	1																					
三十七歳	1																					
三十八歳	1																					1
三十九歳	1																					
四十歳	1	1	1																			1
四十一歳																		1				
四十二歳																						
四十三歳	1	1																				
四十四歳																						
四十五歳	1																					
四十六歳																						
四十七歳				1																		
四十八歳																						
四十九歳																						
五十歳																						
五十一歳																						
五十二歳																						
五十三歳	1																					
五十四歳																						
五十五歳																						
五十六歳																						
五十七歳																						
五十八歳																						
五十九歳																						
六十歳以上																						
年齢不詳																						
合計	109	8	33	2	6		1		4	1	1		1		1			1	2			2

年齢 \ 職業 \ 男女	大工 男	大工 女	其ノ他ノ土木建築作業者 男	其ノ他ノ土木建築作業者 女	塗装工 男	塗装工 女	メツキ工(皮膜防錆工ヲ含ム) 男	メツキ工(皮膜防錆工ヲ含ム) 女	バフ磨工 男	バフ磨工 女	機械器具検査工 男	機械器具検査工 女	選別工,検査工 男	選別工,検査工 女	自動車運転手 男	自動車運転手 女	荷扱夫,仲仕,倉庫夫,運搬夫,配達夫 男	荷扱夫,仲仕,倉庫夫,運搬夫,配達夫 女	物品売買業者,仲買人 男	物品売買業者,仲買人 女	店員,売子,注文取,集金人 男	店員,売子,注文取,集金人 女
十二歳以下																						
十三歳																						
十四歳																	1					
十五歳																					3	
十六歳																	3				1	
十七歳																			1		3	
十八歳							1										2				1	
十九歳											1						1					
二十歳							1								1						2	
二十一歳															1		1					
二十二歳			1														2				2	
二十三歳	1														2		2		1		1	
二十四歳													1				3		1		1	
二十五歳							1								1				1			
二十六歳															1				1			
二十七歳															1		1		1			
二十八歳							1												1		2	
二十九歳															1							
三十歳																					2	
三十一歳															1				2		1	
三十二歳					1										1							
三十三歳																			2			
三十四歳													1									
三十五歳													1						2			
三十六歳																	2					
三十七歳																						
三十八歳																	1					
三十九歳							1															
四十歳																	1					1
四十一歳																			1			
四十二歳																						
四十三歳																	1					
四十四歳																	1					
四十五歳																						
四十六歳																						
四十七歳									1													
四十八歳																	1					
四十九歳																	1					
五十歳																						
五十一歳																						
五十二歳																						
五十三歳																						
五十四歳																						
五十五歳																						
五十六歳																						
五十七歳																						
五十八歳																						
五十九歳																						
六十歳以上																	2					
年齢不詳																						
合計	1		1		1		5		1		1		3		10		26		14		19	1

年齢 \ 職業 \ 男女 \ 産業	67 ボルト, ナツト, 座金及鋲製造業														68 釘類製造業							
	守衛, 監督		火夫, 油差		ドラム鑵, ブリキ鑵製造工		荷造工		小使, 給仕, 雑役者		見習工 (他ニ分類セラレザルモノ)		其ノ他ノ作業者		総数		経営者		一般事務者		販売仕入係事務者	
	男	女	男	女	男	女	男	女	男	女	男	女	男	女	男	女	男	女	男	女	男	女
十二歳以下									2	1	13	1			15	3						
十三歳										2	9	2	1		27	8						
十四歳						1			5	3	13	4	1		56	13						
十五歳									4	2	24			1	81	10						
十六歳						1			3	3	15	1		1	66	6						
十七歳							1		4		9		1		31	2						
十八歳									9	1	11	1			79	6			1	1		
十九歳									7		6				66	3					1	
二十歳	1						1		5		1				59	1						
二十一歳			1						4	1				1	59	2			2			
二十二歳									5						43						1	
二十三歳									5	1	3				53						1	
二十四歳									6	2					46		1		2		1	
二十五歳									6						41	2						
二十六歳							1		6						35				2		1	
二十七歳									6	2					24							
二十八歳			1						2		1				32	1						
二十九歳									2						29	1	1					
三十歳									2	1					20	1					1	
三十一歳									2				1		26				1			
三十二歳									2	2			1		28		1					
三十三歳										1					12				1			
三十四歳									1						8	2						
三十五歳									1						18		1					
三十六歳									1						12		1					
三十七歳									5	1					9	1						
三十八歳										1					11							
三十九歳									4						11						1	
四十歳									1						9	1	1					
四十一歳									1						6							
四十二歳							1		2						7							
四十三歳										1					6							
四十四歳									1	1					3							
四十五歳															3							
四十六歳										1					6							
四十七歳															1							
四十八歳															8							
四十九歳									1													
五十歳										1					2							
五十一歳									1						1							
五十二歳															2	1						
五十三歳									1						4							
五十四歳															2							
五十五歳																						
五十六歳															1							
五十七歳										1												
五十八歳															1							
五十九歳																						
六十歳以上									1							1						
年齢不詳																						
合計	1		2			2	4		108	29	105	9	5	3	1112	66	6		9	1	7	

68 釘類製造業

年齢＼職業	製銑工(熔鉱炉其ノ他ニ依ルモノ)		製鋼工(平炉其ノ他ニ依ルモノ)		其ノ他ノ金属製錬作業者		非金属精錬工		金属加熱炉工		金属板圧延伸張工		金属棒、条圧延伸張工		金属製管工		金属小物圧延伸張工		金属線伸張工		金属撚線工	
	男	女	男	女	男	女	男	女	男	女	男	女	男	女	男	女	男	女	男	女	男	女
十二歳以下																						
十三歳																	1					
十四歳																						
十五歳													1					1	1			
十六歳							1					1							2			
十七歳					1								1		1				2			
十八歳							1						1						1			
十九歳													1						1			
二十歳									1				1						3			
二十一歳																			1		1	
二十二歳	1												4						4			
二十三歳																			1			
二十四歳									2								1		2			
二十五歳															1				2			
二十六歳																	1		2			
二十七歳					1												1		3			
二十八歳									1				1				2		3			
二十九歳													2				1		3			
三十歳																	1		3		1	
三十一歳			1																4			
三十二歳													1				1		5			
三十三歳																			1			
三十四歳																		1	1			
三十五歳																	1		4			
三十六歳																			2			
三十七歳					1														4			
三十八歳																			1			
三十九歳																			2			
四十歳																			2			
四十一歳																			2			
四十二歳																						
四十三歳																			1			
四十四歳																			1			
四十五歳																						
四十六歳																			1			
四十七歳																						
四十八歳																			1			
四十九歳																						
五十歳																						
五十一歳																			1			
五十二歳																						
五十三歳																						
五十四歳																						
五十五歳																						
五十六歳																						
五十七歳																						
五十八歳													1									
五十九歳																						
六十歳以上																						
年齢不詳																						
合計	1		1		3		2		4			1	14		2		10	2	67		2	

産業／職業／男女／年齢	68釘類製造業																					
	金属切断工		鍛冶職, 刃物職		機械火造工		熱処理工		鋳物砂型工		中子工		鋳造工		其ノ他ノ金属材料ノ鍛造加工作業者		旋盤工(平削其ノ他ニ依ルモノ)		旋盤工(木材以外ノ非金属ニ加工スルモノ)		タレット工	
	男	女	男	女	男	女	男	女	男	女	男	女	男	女	男	女	男	女	男	女	男	女
十二歳以下															4		1	1			1	
十三歳															1		4				7	1
十四歳	2		1												4	2	10				9	
十五歳	1														8		14		1		16	2
十六歳			1		1								1		8		8				11	
十七歳	2														7		21				12	
十八歳	1														9		12				16	
十九歳	2														6		8				10	1
二十歳															9		14				4	
二十一歳	1														10		9		1		9	
二十二歳									1						5		9				3	
二十三歳	1												1		3		12				10	
二十四歳	2		2												4		5				4	
二十五歳	1		1												5	1	6				1	
二十六歳			1												3		4				3	
二十七歳															4		4					
二十八歳	1														6		3		1		3	
二十九歳															4		4				2	
三十歳															2		1				4	
三十一歳	1		1												3		1				2	
三十二歳	2		1												3		1					
三十三歳	1										1				1						4	
三十四歳															2	1					2	
三十五歳	1														1		1					
三十六歳																	2					
三十七歳																	1					
三十八歳															2		1				1	
三十九歳							1								2		1					
四十歳													1		2							
四十一歳															1						1	
四十二歳	1		1																			
四十三歳	1																				1	
四十四歳																						
四十五歳																					2	
四十六歳															1							
四十七歳																	1					
四十八歳	1														2							
四十九歳																						
五十歳															1							
五十一歳																						
五十二歳																						
五十三歳																						
五十四歳																						
五十五歳																						
五十六歳																						
五十七歳																						
五十八歳																						
五十九歳																						
六十歳以上																						
年齢不詳																						
合計	22		9		1		1		1		1		3		123	4	158	1	3		138	4

年齢 \ 職業・男女	68 釘類製造業																					
	卓上旋盤工, 小型機械工		ボール盤工		平削盤工, 形削盤工, 型削盤工		プライス盤工		歯切盤工		研磨盤工, ラップ盤工		撓鉄工		填隙工		鋲打工		板金鋲打工		板金工, ブリキ職	
	男	女	男	女	男	女	男	女	男	女	男	女	男	女	男	女	男	女	男	女	男	女
十二歳以下	1		2																			
十三歳	3																					
十四歳	5																					
十五歳	12																1					
十六歳	9																					
十七歳	7		2				1										1					
十八歳	13								2													
十九歳	11	1			1		1										1					
二十歳	6		1				1															
二十一歳	9		1				1				1				1							
二十二歳	4				1																	
二十三歳	7												1				1		1			
二十四歳	2																2				1	
二十五歳	3		1														1					
二十六歳	3		1														1					
二十七歳	1																					
二十八歳	3										1										1	
二十九歳	2																					
三十歳								1														
三十一歳	2																				1	
三十二歳	2																1					
三十三歳																						
三十四歳																						
三十五歳																						
三十六歳	1																					
三十七歳	1																					
三十八歳			1																			
三十九歳																						
四十歳		1																				
四十一歳																						
四十二歳																						
四十三歳	1																					
四十四歳																						
四十五歳																						
四十六歳	1																					
四十七歳																						
四十八歳																						
四十九歳																						
五十歳																						
五十一歳																						
五十二歳																						
五十三歳	1																					
五十四歳	1																					
五十五歳																						
五十六歳																						
五十七歳																						
五十八歳																						
五十九歳																						
六十歳以上																						
年齢不詳																						
合計	111	2	9		2		4	1	2		2		1		1		9		1		3	

年齢＼職業＼男女	68釘類製造業																					
	金属プレス工,打抜工		ガス熔接工		針金細工工		巻線工		機械製鋲工		針布工		其ノ他ノ機械器具製作作業者		手仕上工		機械器具部品仕上組立工		自動車組立工,修繕工		工具保全工	
	男	女	男	女	男	女	男	女	男	女	男	女	男	女	男	女	男	女	男	女	男	女
十二歳以下									1					1								
十三歳		1							3				3	3								
十四歳	1				1				3	1			5	2	1							
十五歳		1							3	1			8	1								
十六歳	1				1				2				6		3							
十七歳	4								3	2			8						1			
十八歳	3	1							4				6			1	2					
十九歳	1					1	1		8				5		1							
二十歳	5								4				1	1								
二十一歳	1								2	1			2									
二十二歳	3				1		1		4				2		1							
二十三歳	3				1		1						2									
二十四歳					1				4				3									
二十五歳	1				1				5		1		4			1						
二十六歳	1				1				2				1		1							
二十七歳	2		1		3				1						1							
二十八歳	1				1				1				2									
二十九歳									2				4									
三十歳					1				1				2									
三十一歳					2																1	
三十二歳	3				1				2				1									
三十三歳													2									
三十四歳																						
三十五歳					1								1				1					
三十六歳					1						1											
三十七歳													2									
三十八歳					1								2		1							
三十九歳									1													
四十歳													2									
四十一歳									1													
四十二歳					2				1				1									
四十三歳																						
四十四歳	1														1							
四十五歳													1									
四十六歳													1									
四十七歳																						
四十八歳																						
四十九歳																						
五十歳													1									
五十一歳																						
五十二歳																						
五十三歳																						
五十四歳													1									
五十五歳																						
五十六歳																						
五十七歳																						
五十八歳																						
五十九歳																						
六十歳以上														1								
年齢不詳																						
合計	31	3	1		20	1	3		58	5	2		79	9	10	2	3		1		1	

年齢 ＼ 産業・職業・男女	68 釘類製造業																							
	帽子製造工(麦稈帽、パナマ帽製造工ヲ除ク)		樽、桶職		其ノ他ノ木、竹、草、蔓類製品ノ製造作業者		其ノ他ノ土木建築作業者		メツキ工(皮膜防銹工ヲ含ム)		金属酸洗工、洗滌工		バフ磨工		機械器具部品検査工		機械器具検査工		選別工、検査工		自動車運転手	
	男	女	男	女	男	女	男	女	男	女	男	女	男	女	男	女	男	女	男	女	男	女	男	女
十二歳以下	1																							
十三歳																		1						
十四歳																1								
十五歳																				1				
十六歳	1																			1				
十七歳																								
十八歳			1																					
十九歳											1													
二十歳			1		1						2		1											
二十一歳																					1			
二十二歳																								
二十三歳											1													
二十四歳																								
二十五歳			1																		1			
二十六歳																								
二十七歳																								
二十八歳																								
二十九歳											1													
三十歳											1													
三十一歳											2													
三十二歳											1													
三十三歳																								
三十四歳							1																	
三十五歳											1													
三十六歳									1		1													
三十七歳																								
三十八歳																								
三十九歳											1													
四十歳																								
四十一歳																								
四十二歳											1													
四十三歳											1													
四十四歳																								
四十五歳																								
四十六歳																								
四十七歳																								
四十八歳											1													
四十九歳																								
五十歳																								
五十一歳																								
五十二歳																								
五十三歳											1													
五十四歳																								
五十五歳																								
五十六歳																								
五十七歳																								
五十八歳																								
五十九歳																								
六十歳以上																								
年齢不詳																								
合計	2		3		1		1		1		16		1			1		1		2	2			

年齢＼産業・職業・男女	68釘類製造業																		69針類製造業			
	職夫,雑仕,倉庫夫,運搬夫,配達夫		店員,売子,注文取,集金人		守衛,監督		火夫,油差		包装掛,壜詰工,樽詰工		荷造工		小使,給仕,雑役者		見習工(他ニ分類セラレザルモノ)		其ノ他ノ作業者		総数		一般事務者	
	男	女	男	女	男	女	男	女	男	女	男	女	男	女	男	女	男	女	男	女	男	女
十二歳以下															4	1			8	8		
十三歳													2	2	3				8	10		
十四歳			1	1									2	3	11	3			12	6		
十五歳													5	1	10	2			13	6		
十六歳														3	10	1			14	3		
十七歳			1				1						2		3				10	3		
十八歳										1		1	3		3	1			14	2		
十九歳			1						1				3		1				11	1		
二十歳	2								1				1						11			
二十一歳	2												3	1			1		8	2		
二十二歳									1				1		1				8	1		
二十三歳	1		1										3		1				7			
二十四歳	1								1				3				2		13			
二十五歳	1								1				2	1			1		17			
二十六歳									1				2		2				10	1		
二十七歳	1												1						7			
二十八歳													1	1					9			
二十九歳	3													1					9	2	1	
三十歳	1												1						7			
三十一歳	2		1										1						4			
三十二歳			1								1								4	1		
三十三歳													1						5			
三十四歳													2						4			
三十五歳	2				1								2						5			
三十六歳	1												1						2			
三十七歳														1					3			
三十八歳	1																		1			
三十九歳	1												1						2	1		
四十歳													1						1	1		
四十一歳	1																			1		
四十二歳																			3			
四十三歳													1						1			
四十四歳																			1			
四十五歳																						
四十六歳	1												1									
四十七歳																						
四十八歳	1												2						1			
四十九歳																			1			
五十歳																						
五十一歳																						
五十二歳	1																					
五十三歳														1			1					
五十四歳													1				1					
五十五歳																						
五十六歳	1																					
五十七歳																						
五十八歳																						
五十九歳																						
六十歳以上																						
年齢不詳																						
合計	24		6	1	1		1		6	1	1	1	49	15	49	8	6		234	49	1	

年齢 \ 産業・職業・男女	69針類製造業																					
	其ノ他ノ金属製錬作業者		金属小物圧延伸張工		金属線伸張工		金属撚線工		金属疵取工		金属切断工		鍛冶職, 刃物職		其ノ他ノ金属材料ノ製造加工作業者		旋盤工(金属ニ加工スルモノ)		卓上旋盤工, 小型機械工		フライス盤工	
	男	女	男	女	男	女	男	女	男	女	男	女	男	女	男	女	男	女	男	女	男	女
十二歳以下											1				1	2						
十三歳												1			1	3						
十四歳															1	2					1	
十五歳													1		2							
十六歳									1						1	1						
十七歳															4							
十八歳											1				5							
十九歳															4							
二十歳			1												2							
二十一歳					1											1						
二十二歳	1								1						2							
二十三歳															1							
二十四歳					1										1							
二十五歳	1				2		1						1		1		1					
二十六歳					1																	
二十七歳															3							
二十八歳					1										2							
二十九歳															2	2						
三十歳					1										2				1			
三十一歳																						
三十二歳															1	1	1					
三十三歳			1												2							
三十四歳																						
三十五歳											1				1							
三十六歳					1										1							
三十七歳															1							
三十八歳															1							
三十九歳																1						
四十歳					1																	
四十一歳																						
四十二歳															1							
四十三歳																						
四十四歳																						
四十五歳																						
四十六歳																						
四十七歳																						
四十八歳																						
四十九歳																						
五十歳																						
五十一歳																						
五十二歳																						
五十三歳																						
五十四歳																						
五十五歳																						
五十六歳																						
五十七歳																						
五十八歳																						
五十九歳																						
六十歳以上																						
年齢不詳																						
合計	2		2		9		1		2		3	1	2		43	13	2		1		1	

年齢＼職業＼男女	69針類製造業 ラッピング工(手作業ニ依ルモノ) 男	ラッピング工(手作業ニ依ルモノ) 女	撓鉄工 男	撓鉄工 女	金属プレス工,打抜工 男	金属プレス工,打抜工 女	針金細工工 男	針金細工工 女	針布工 男	針布工 女	其ノ他ノ機械器具製作作業者 男	其ノ他ノ機械器具製作作業者 女	手仕上工 男	手仕上工 女	骨,角,甲,牙,貝類細工職 男	骨,角,甲,牙,貝類細工職 女	其ノ他ノ製品ノ製造作業者 男	其ノ他ノ製品ノ製造作業者 女	コンクリート工 男	コンクリート工 女	其ノ他ノ土木建築作業者 男	其ノ他ノ土木建築作業者 女
十二歳以下								2			1							1				
十三歳							1	3	2	1	3	1										
十四歳					1				2	1	4	1										
十五歳							2	2	2		3	1										
十六歳							2		1	1	6	1									1	
十七歳							2		1	1	2	1	1									
十八歳									2	1	4	1										
十九歳							3				2											
二十歳							2		1		2				1							
二十一歳			1		1				1		4	1										
二十二歳							3		1			1										
二十三歳					1		3		1		1											
二十四歳							4		2		3				1							
二十五歳					1		4		4		1											
二十六歳							2		3		1	1	1									
二十七歳							1		1		1											
二十八歳					1		1				2				1				1			
二十九歳							3		2		1											
三十歳											3											
三十一歳							2		2													
三十二歳									1													
三十三歳					1																	
三十四歳					1		3															
三十五歳							2		1													
三十六歳																						
三十七歳									1													
三十八歳																						
三十九歳									1		1											
四十歳										1												
四十一歳		1																				
四十二歳							1		1													
四十三歳							1															
四十四歳																						
四十五歳																						
四十六歳																						
四十七歳																						
四十八歳							1															
四十九歳																			1			
五十歳																						
五十一歳																						
五十二歳																						
五十三歳																						
五十四歳																						
五十五歳																						
五十六歳																						
五十七歳																						
五十八歳																						
五十九歳																						
六十歳以上																						
年齢不詳																						
合計		1	1		7		43	7	33	6	45	9	2		3			1	2		1	

年齢＼産業・職業・男女	69針類製造業																		70金属板製品製造業			
	塗装工		メツキ工(皮膜防錆工ヲ含ム)		選別工, 検査工		自動車運転手		火夫, 油差		看貫掛, 検量工		包装掛, 壜詰工, 樽詰工		小使, 給仕, 雑役者,		農耕作業者(他ニ分類セラレザルモノ)		総数		経営者	
	男	女	男	女	男	女	男	女	男	女	男	女	男	女	男	女	男	女	男	女	男	女
十二歳以下												1			3	2	2		9	27		
十三歳														1			1		36	19		
十四歳			1												1	2	1		48	29		
十五歳														1	3	1		1	77	21		
十六歳															1		1		109	13		
十七歳						1													108	25		
十八歳	1														1				151	14		
十九歳							1								1			1	171	9		
二十歳	1														1				161	4		
二十一歳																			101	11		
二十二歳																			138	7		
二十三歳																			130	4		
二十四歳															1				133	4		
二十五歳																			119	1	1	
二十六歳			1												1				122	5	2	
二十七歳															1				126	2		
二十八歳																			109	8		
二十九歳																			98	5		
三十歳																			108		1	
三十一歳																			80	3	1	
三十二歳							1												79	6	1	
三十三歳															1				66	1		
三十四歳																			72	4		
三十五歳																			53	5		
三十六歳																			31	2		
三十七歳									1										39	1		
三十八歳																			43	3	1	
三十九歳																			29	2		
四十歳																			36	1	1	
四十一歳																			44	2		
四十二歳																			23	2		
四十三歳																			21	3	1	
四十四歳															1				12	2		
四十五歳																			17	1	1	
四十六歳																			8	1		
四十七歳																			13	3		
四十八歳																			11		1	
四十九歳																			8	1		
五十歳																			7			
五十一歳																			10	1		
五十二歳																			6	2		
五十三歳																			5	1		
五十四歳																			2			
五十五歳																			6			
五十六歳																			1			
五十七歳																			2			
五十八歳																			1			
五十九歳																						
六十歳以上																			2	2		
年齢不詳																						
合計	2		2			1	2		1			1		2	16	5	5	2	2781	257	11	

年齢 \ 職業 / 男女	70金属板製品製造業 一般事務者 男	一般事務者 女	販売仕入係事務者 男	販売仕入係事務者 女	簿記係事務者 男	簿記係事務者 女	機械技術者 男	機械技術者 女	製鋼工(電気炉ニ依ルモノ) 男	製鋼工(電気炉ニ依ルモノ) 女	製銑工(熔鉱炉其ノ他ニ依ルモノ) 男	製銑工(熔鉱炉其ノ他ニ依ルモノ) 女	製鋼工(平炉其ノ他ニ依ルモノ) 男	製鋼工(平炉其ノ他ニ依ルモノ) 女	非鉄金属製錬工(電解ニ依ルモノ) 男	非鉄金属製錬工(電解ニ依ルモノ) 女	其ノ他ノ金属製錬作業者 男	其ノ他ノ金属製錬作業者 女	其ノ他ノ製図工 男	其ノ他ノ製図工 女	其ノ他ノ現図工 男	其ノ他ノ現図工 女
十二歳以下																		1				
十三歳																						
十四歳		1																				
十五歳									1													
十六歳	1																					
十七歳							1				1											
十八歳																						
十九歳	1																2					
二十歳																						
二十一歳					1													1				
二十二歳													1									
二十三歳			1																1			
二十四歳									1													
二十五歳	1												1		2		1					
二十六歳	2																				1	
二十七歳	2																1					
二十八歳																						
二十九歳	1																		1			
三十歳	1		1																		1	
三十一歳	1																					
三十二歳	1																					
三十三歳																						
三十四歳			1																			
三十五歳																						
三十六歳							1															
三十七歳																						
三十八歳																						
三十九歳																						
四十歳																						
四十一歳																						
四十二歳																						
四十三歳																						
四十四歳																						
四十五歳																						
四十六歳																						
四十七歳																						
四十八歳			1																			
四十九歳																						
五十歳																						
五十一歳																						
五十二歳																						
五十三歳																						
五十四歳																						
五十五歳																						
五十六歳																						
五十七歳																						
五十八歳																						
五十九歳																						
六十歳以上																						
年齢不詳																						
合計	11	1	4		1		2		2		1		2		2		4	2	2		2	

年齢＼職業・男女	金属加熱炉工 男	金属加熱炉工 女	金属板圧延伸張工 男	金属板圧延伸張工 女	金属製管工 男	金属製管工 女	金属小物圧延伸張工 男	金属小物圧延伸張工 女	金属線伸張工 男	金属線伸張工 女	金属疵取工 男	金属疵取工 女	金属切断工 男	金属切断工 女	鍛冶職、刃物職 男	鍛冶職、刃物職 女	機械火造工 男	機械火造工 女	熱処理工 男	熱処理工 女	金属熔融工 男	金属熔融工 女
十二歳以下																						
十三歳			1										1									
十四歳																	1					
十五歳							2						1		2							
十六歳			2	1		1									2		1					
十七歳			1			1							1									
十八歳							1						5	2	1		1					
十九歳			1																1		1	
二十歳					2								3		3				1		2	
二十一歳															1		3					
二十二歳			3	1	2						1		3		3		2					
二十三歳			1				1								5		2		1		3	
二十四歳							1						2		2		2				2	
二十五歳			2		1								2		5		3				2	
二十六歳					2		1		1				2		2		1		1		1	
二十七歳					1								1		1		1					
二十八歳					2						1		2		2							
二十九歳			1		1												2					
三十歳	1				3		2								1		1					
三十一歳			1				2						1		1							
三十二歳			1										1				1					
三十三歳			1		3								2		1							
三十四歳	1		2										2									
三十五歳					1								1	1	1		1				1	
三十六歳							1								1		1					
三十七歳							1															
三十八歳					1								2									
三十九歳			1		1										1		1					
四十歳													1				1					
四十一歳													1		1							
四十二歳													1									
四十三歳			1																			
四十四歳																						
四十五歳																						
四十六歳															1							
四十七歳													1									
四十八歳																						
四十九歳																	1					
五十歳																						
五十一歳															2							
五十二歳																						
五十三歳																						
五十四歳																						
五十五歳																						
五十六歳																						
五十七歳																						
五十八歳																						
五十九歳																						
六十歳以上																	1					
年齢不詳																						
合計	2		19	2	20	2	12		1		2		36	3	39		27		4		12	

年齢 \ 産業・職業・男女	70金属板製品製造業																					
	鋳物砂型工		鋳造工		特殊鋳物工		其ノ他ノ金属材料ノ製造加工作業者		ケガキ工		旋盤工(金属ニ加工スルモノ)		タレット工		卓上旋盤工,小型機械工		ボール盤工		平削盤工,形削盤工,竪削盤工		プライス盤工	
	男	女	男	女	男	女	男	女	男	女	男	女	男	女	男	女	男	女	男	女	男	女
十二歳以下							1	4									1					
十三歳							3				1				1							
十四歳							4	3			2				1							
十五歳							7	2			5				1	1						
十六歳							11	5			2		1				1					
十七歳							11	1	1						1						1	
十八歳							22		1		7		1		2							
十九歳							21	1			6						1				2	
二十歳							14				3						3		2			
二十一歳							11				2											
二十二歳							7				2		1			1	1				1	
二十三歳							6				1				2							
二十四歳							13				1						1					
二十五歳							8										1					
二十六歳							6	1									1					
二十七歳			1				3				1				1		4				1	
二十八歳			1				5	1	1													
二十九歳							9	1							1		1					
三十歳							3								1		4					
三十一歳							8										1					
三十二歳			1				5															
三十三歳							9										2					
三十四歳							4		1													
三十五歳							2															
三十六歳							4				1											
三十七歳			1				3															
三十八歳			1				2															
三十九歳							2															
四十歳	1						2										1					
四十一歳					1		5	1														
四十二歳																						
四十三歳																	1					
四十四歳							3															
四十五歳							1															
四十六歳							1															
四十七歳							2															
四十八歳																						
四十九歳							1															
五十歳																						
五十一歳																						
五十二歳																						
五十三歳								1														
五十四歳							1															
五十五歳							1															
五十六歳																						
五十七歳																						
五十八歳																						
五十九歳																						
六十歳以上																						
年齢不詳																						
合計	1		5		1		221	21	4		34		3		11	2	24		2		5	

年齢＼産業・職業・男女	70金属板製品製造業																					
	歯切盤工		研磨盤工,ラツプ盤工		ラッピング工(手作業ニ依ルモノ)		撓鉄工		填隙工		鋲打工		板金鋲打工		板金工,ブリキ職		金属プレス工,打抜工		ドラム罐,ブリキ罐製造工		ガス熔接工	
	男	女	男	女	男	女	男	女	男	女	男	女	男	女	男	女	男	女	男	女	男	女
十二歳以下															3	1	1	3	1	7		
十三歳							1								5		6	4	4	5	1	
十四歳											1				10	4	11	4	6	2	1	
十五歳							1				1		2		8	1	19	2	5	5	4	
十六歳							2						1		20		28	2	4		10	
十七歳							1				1		1		17	2	18	5	20	8	5	
十八歳					1						2		5		29	1	19	1	28	6	5	
十九歳	1						1				1		3		27	1	26	2	27		12	
二十歳							1				3		1		28	1	25		39	1	4	
二十一歳					1						2		3		11		15	4	90	3	7	
二十二歳			2								3		2		23	3	22		26	2	7	
二十三歳							1		1		1		5		20		22	1	17	2	13	
二十四歳							4	1			2		3		20		22	1	21	1	7	
二十五歳			1				2				2		2		14		17		24		7	
二十六歳							3				4		3		21		26	2	17		5	
二十七歳											6		5		19		27		20	1	8	
二十八歳			1				3				1		1		23	2	21	4	21		4	
二十九歳									1		3				20	1	20	1	17	1	4	
三十歳			1				2				3		1		15		22		18		6	
三十一歳			1				2						2		14	1	13	1	13		3	
三十二歳			1				3				4		1		14	2	9	2	13	1	2	
三十三歳							1				1		1		12		12		10	1	3	
三十四歳							2				3		1		12		13	1	10		1	
三十五歳							1				1				14		12	1	6	1	1	
三十六歳							1								5		4	1	8	1	2	
三十七歳							1				1				9		5		13		1	
三十八歳													1		13		5		8			
三十九歳								1					1		6		8		2		2	
四十歳							4								10		4		4			
四十一歳							1				1		1		11		5		6	1		
四十二歳													1		3	1	5	1	8			
四十三歳							1								6		3	1	3	2		
四十四歳							1								3		1		1	2		
四十五歳							1								1		5		3	1		
四十六歳													1				1		1	1		
四十七歳											1				2	2	3		3			
四十八歳													1		3		1		1			
四十九歳															2	1	1					
五十歳													1				1		2			
五十一歳															1		1	1	3			
五十二歳															1		1	1				
五十三歳															1		1					
五十四歳															1							
五十五歳															1		2					
五十六歳																			1			
五十七歳															1				1			
五十八歳																			1			
五十九歳																						
六十歳以上																	1			2		
年齢不詳																						
合計	1		7		2		41	2	2		48		50		470	24	484	46	456	57	125	

年齢 \ 職業・男女	70金属板製品製造業																					
	電気熔接工		其ノ他ノ熔接工		鐵付工		パイプ工(造管師ノ類工ヲ含ム)		鉛管工,鉛工		金属彫刻工		其ノ他ノ目盛工		針金細工工		絶縁工		機械製鋲工		バネ工	
	男	女	男	女	男	女	男	女	男	女	男	女	男	女	男	女	男	女	男	女	男	女
十二歳以下																						
十三歳					1																	
十四歳						1															1	1
十五歳	1										1											
十六歳	2																				1	
十七歳			1			1			2		1											
十八歳	4												1									
十九歳	3						2				3											
二十歳	3																					
二十一歳			1			1	1		1		1		1								1	
二十二歳	3		1																			
二十三歳	1		2		1		1								1							
二十四歳	4		1										1									
二十五歳	1					1													1			
二十六歳	1																					
二十七歳	2		1		2		1												1			
二十八歳							1															
二十九歳	1				1																	
三十歳	1														1							
三十一歳	1				1																	
三十二歳	1		1						1						1							
三十三歳			1																			
三十四歳															1		1					
三十五歳	1				1																	
三十六歳																						
三十七歳																						
三十八歳	1																				1	
三十九歳						1																
四十歳					2																	
四十一歳							1															
四十二歳																						
四十三歳					1		1															
四十四歳															1							
四十五歳																						
四十六歳																						
四十七歳																						
四十八歳							1															
四十九歳																						
五十歳																						
五十一歳																						
五十二歳					1		1															
五十三歳																						
五十四歳																						
五十五歳																						
五十六歳																						
五十七歳																						
五十八歳																						
五十九歳																						
六十歳以上																						
年齢不詳																						
合計	31		9		11	5	10		4		6		3		5		1		2		4	1

年齢＼職業＼男女	70 金属板製品製造業 其ノ他ノ機械器具製作業者 男	其ノ他ノ機械器具製作業者 女	手仕上工 男	手仕上工 女	機械器具部品仕上組立工 男	機械器具部品仕上組立工 女	機械器具総組立工 男	機械器具総組立工 女	鋳職 男	鋳職 女	機械器具製造工,修繕工,保全工 男	機械器具製造工,修繕工,保全工 女	其ノ他ノ化学製品ノ製造作業者 男	其ノ他ノ化学製品ノ製造作業者 女	成型工(鋳型ニ依ルモノヲ除ク) 男	成型工(鋳型ニ依ルモノヲ除ク) 女	製版工,紙型工 男	製版工,紙型工 女	印刷工 男	印刷工 女	料理人,コツク 男	料理人,コツク 女
十二歳以下																						
十三歳	1	3																				
十四歳	1			1																		
十五歳	2	1	1																1			
十六歳			1																1			
十七歳	1	2	2																			
十八歳	1		3												1							
十九歳			6								1											
二十歳	1		2		1												1					
二十一歳	2		1										1									
二十二歳	2		1		1						1		1				1					
二十三歳	2		1								1						1					
二十四歳			1				1										1					
二十五歳	1		4								2											
二十六歳	1	1	1																1			
二十七歳		1	3				1										1					
二十八歳	4		2		1		1															
二十九歳			1																1			
三十歳	1		4																1			
三十一歳	1		3																			
三十二歳			2																			
三十三歳	1		2				1															
三十四歳	1																					
三十五歳																						
三十六歳																						
三十七歳																						
三十八歳	1	1	3																			
三十九歳																						
四十歳	1																		1			
四十一歳																			1			
四十二歳																						
四十三歳			1																			
四十四歳			1																			
四十五歳																					1	
四十六歳																						
四十七歳																						
四十八歳			1																			
四十九歳	1								1													
五十歳																						
五十一歳			1																			
五十二歳																						
五十三歳																						
五十四歳																						
五十五歳																						
五十六歳																						
五十七歳																						
五十八歳																						
五十九歳																						
六十歳以上																						
年齢不詳																						
合計	26	9	48	1	3		4		1		5		2		1		5		7		1	

年齢＼産業・職業・男女	70 金属板製品製造業																					
	其ノ他ノ製品ノ製造作業者		屋根職		其ノ他ノ土木建築作業者		発変電工		其ノ他ノ電工		画工, 絵付工		塗装工		メッキ工(皮膜防錆工ヲ含ム)		金属酸洗工, 洗滌工		バフ磨工		機械器具検査工	
	男	女	男	女	男	女	男	女	男	女	男	女	男	女	男	女	男	女	男	女	男	女
十二歳以下																						
十三歳																						
十四歳										1				1								
十五歳													1									
十六歳													1				1					
十七歳											1								1			
十八歳																						
十九歳									1		1		1						1			
二十歳															1				1			
二十一歳					1												1					
二十二歳													1		1				1			
二十三歳													1									
二十四歳													2		1							
二十五歳			1																1			
二十六歳							1						1									
二十七歳													1									
二十八歳														1			1					
二十九歳													1						1			
三十歳											1		1		1							
三十一歳																	2					
三十二歳																						
三十三歳																						
三十四歳		1											1		1				1		1	
三十五歳	1													1			2					
三十六歳																						
三十七歳																						
三十八歳																						
三十九歳																						
四十歳																						
四十一歳															1							
四十二歳													1									
四十三歳																						
四十四歳																						
四十五歳																						
四十六歳																						
四十七歳																						
四十八歳																						
四十九歳																						
五十歳																			1			
五十一歳																						
五十二歳																						
五十三歳																						
五十四歳																						
五十五歳																						
五十六歳																						
五十七歳																						
五十八歳																						
五十九歳																						
六十歳以上																						
年齢不詳																						
合計	1	1	1		1		1		1	1	3		13	3	6		7		8		1	

70 金属板製品製造業

年齢＼職業・男女	機械試運転工 男	機械試運転工 女	自動車運転手 男	自動車運転手 女	艀夫,仲仕,舗夫,運搬夫,配達夫 男	艀夫,仲仕,舗夫,運搬夫,配達夫 女	物品売買業者,仲買人, 男	物品売買業者,仲買人, 女	店員,売子,注文取,集金人 男	店員,売子,注文取,集金人 女	企画手 男	企画手 女	起重機運転工 男	起重機運転工 女	包装掛,壜詰工,罐詰工, 男	包装掛,壜詰工,罐詰工, 女	荷造工 男	荷造工 女	小使,給仕,雑役者 男	小使,給仕,雑役者 女	見習工(他ニ分類セラレザルモノ)養成工 男	見習工(他ニ分類セラレザルモノ)養成工 女
十二歳以下																			2	8		2
十三歳																			3	6	7	1
十四歳																1	1			8	8	1
十五歳					1														1	5	7	3
十六歳					3														5	3	7	
十七歳					2				2										9	4	4	
十八歳					2				1								1		12	4	4	
十九歳			1						2	1	1					1			12	2	2	
二十歳					2		1		1										7	2	5	
二十一歳	1						1												6	2	4	
二十二歳			1		3														8			
二十三歳			2		2				1										6	1	2	
二十四歳					5														8	1	2	
二十五歳					2		1												3		2	
二十六歳			1		1				1										11	1		
二十七歳					2				1										7			
二十八歳			1		2														6			
二十九歳					1		2		3										3	1	1	
三十歳					4				1								1		2			
三十一歳					1		2		1										3	1		
三十二歳					6		1												7	1		
三十三歳					1				2													
三十四歳			1		1			1	1										7	1	1	
三十五歳					1														3	1		
三十六歳							1												1			
三十七歳					1		1			1									2			
三十八歳					1		1												1	2		
三十九歳																			2			
四十歳					2												1			1		
四十一歳					1		1		1										3			
四十二歳					1														2		1	
四十三歳																			1			
四十四歳					1																	
四十五歳							1		1				1						1			
四十六歳							1												2			
四十七歳																			1	1		
四十八歳															1							
四十九歳																			1			
五十歳																			2			
五十一歳							1												1			
五十二歳									1										1	1		
五十三歳					1														2			
五十四歳																						
五十五歳					2																	
五十六歳																						
五十七歳																						
五十八歳																						
五十九歳																						
六十歳以上																						
年齢不詳																						
合計	1		7		52		15	1	20	2	1		1		1	2	4		154	57	57	7

年齢 \ 職業 / 男女	70 金属板製品製造業 其ノ他ノ作業者 男	女	71 建築用及家具用金物製造業 総数 男	女	経営者 男	女	一般事務者 男	女	販売仕入係事務者 男	女	簿記係事務者 男	女	製鋼工(電気炉ニ依ルモノ) 男	女	非鉄金属製錬工(其ノ他ノ炉ニ依ルモノ) 男	女	其ノ他ノ金属製錬作業者 男	女	金属加熱炉工 男	女	金属板圧延伸張工 男	女
十二歳以下		1	6	20																		
十三歳			22	26																		
十四歳			41	26																		
十五歳	2	1	39	36														1			1	
十六歳	1	1	48	27				1							1							
十七歳	1	1	50	33			1											1				
十八歳			60	20					1										1		1	
十九歳		1	61	14			1						1									
二十歳	1		61	8			3		1													
二十一歳			53	3			2														1	
二十二歳			56	6			1		1													
二十三歳	1		53	7													1					
二十四歳	2		69	3			1												1			
二十五歳	1		50	4																		
二十六歳			67	2	2		1															
二十七歳			60	3																	1	
二十八歳	1		51	7			1														1	
二十九歳			49	5	1		2															
三十歳	1		42	3			1															
三十一歳	1		45	2									1									
三十二歳	1		41	2	1		1															
三十三歳			30	9																		
三十四歳	1		36	4			1		1													
三十五歳	2		41	8	3		1		2										1			
三十六歳			14	2			1															
三十七歳			28	5							1											
三十八歳			23	1	3		1															
三十九歳	2		27	1																		
四十歳			15	5	1		1											1				
四十一歳	2		19	4	1																	
四十二歳			26	8	1																	
四十三歳	1		9	1			1															
四十四歳			14	4																		
四十五歳			10	1																		
四十六歳			7	4																		
四十七歳			6	2																	1	
四十八歳			9	2	1																	
四十九歳			7																			
五十歳			4		1																	
五十一歳			3																			
五十二歳			4																			
五十三歳			4	2																		
五十四歳			4	2																		
五十五歳				1																		
五十六歳			3	1																		
五十七歳			2																			
五十八歳																						
五十九歳			5																			
六十歳以上			9																		1	
年齢不詳																						
合計	21	5	1383	324	15		21	1	6		1		2		1		1	3	3		7	

年齢 \ 産業・職業・男女	70 金属板製品製造業		71 建築用及家具用金物製造業																				
	其ノ他ノ作業者		総数		経営者		一般事務者		販売仕入係事務者		簿記係事務者		製鋼工(電気炉ニ依ルモノ)		非鉄金属製錬工(其ノ他ノ炉ニ依ルモノ)		其ノ他ノ金属製錬作業者		金属加熱炉工		金属板圧延伸張工	
	男	女	男	女	男	女	男	女	男	女	男	女	男	女	男	女	男	女	男	女	男	女
十二歳以下		1	6	20																		
十三歳			22	26																		
十四歳			41	26																		
十五歳	2	1	39	36														1			1	
十六歳	1	1	48	27				1							1							
十七歳	1	1	50	33			1											1				
十八歳			60	20					1										1		1	
十九歳		1	61	14			1						1									
二十歳	1		61	8			3		1													
二十一歳			53	3			2														1	
二十二歳			56	6			1		1													
二十三歳	1		53	7													1					
二十四歳	2		69	3			1												1			
二十五歳	1		50	4																		
二十六歳			67	2	2		1															
二十七歳			60	3																	1	
二十八歳	1		51	7			1														1	
二十九歳			49	5	1		2															
三十歳	1		42	3			1															
三十一歳	1		45	2									1									
三十二歳	1		41	2	1		1															
三十三歳			30	9																		
三十四歳	1		36	4			1		1													
三十五歳	2		41	8	3		1		2										1			
三十六歳			14	2			1															
三十七歳			28	5							1											
三十八歳			23	1	3		1															
三十九歳	2		27	1																		
四十歳			15	5	1		1											1				
四十一歳	2		19	4	1																	
四十二歳			26	8	1																	
四十三歳	1		9	1			1															
四十四歳			14	4																		
四十五歳			10	1																		
四十六歳			7	4																		
四十七歳			6	2																	1	
四十八歳			9	2	1																	
四十九歳			7																			
五十歳			4		1																	
五十一歳			3																			
五十二歳			4																			
五十三歳			4	2																		
五十四歳			4	2																		
五十五歳				1																		
五十六歳			3	1																		
五十七歳			2																			
五十八歳																						
五十九歳			5																			
六十歳以上			9																		1	
年齢不詳																						
合計	21	5	1383	374	15		21	1	6		1		2		1		1	3	3		7	

年齢	金属製管工 男	金属製管工 女	金属小物圧延伸張工 男	金属小物圧延伸張工 女	金属線伸張工 男	金属線伸張工 女	金属疵取工 男	金属疵取工 女	金属切断工 男	金属切断工 女	鍛冶職, 刃物職 男	鍛冶職, 刃物職 女	機械火造工 男	機械火造工 女	熱処理工 男	熱処理工 女	金属熔融工 男	金属熔融工 女	鋳物砂型工 男	鋳物砂型工 女	中子工 男	中子工 女
十二歳以下										1												
十三歳			1						1								1					
十四歳			1	1																		
十五歳																						
十六歳					2				2	1	1											
十七歳				1					2	1							1					
十八歳	1		1	1																		
十九歳			1	1				1	1		2											
二十歳	1								4		1				1						1	
二十一歳					1				3		1		1									
二十二歳			1						1													
二十三歳			1	1					2													
二十四歳									2		4		1				1		1			
二十五歳			1	1					1													
二十六歳	1		2																		1	
二十七歳			3						2		2								1		2	
二十八歳	1								1		2		1									
二十九歳			2								1					1				1		
三十歳			1				1		1		3											
三十一歳			1						1		2	1										
三十二歳			3						1								1					
三十三歳			1								2											
三十四歳				1							1								1			
三十五歳			1								1						1					
三十六歳									1													
三十七歳			1						2	1												
三十八歳			2						2				1									
三十九歳			2							1	2											
四十歳				1					1		1											
四十一歳																						
四十二歳			1						1													
四十三歳																						
四十四歳	1								1													
四十五歳									1													
四十六歳																						
四十七歳	1																					
四十八歳				1			1		1													
四十九歳	1																					
五十歳																						
五十一歳																						
五十二歳											1											
五十三歳																						
五十四歳																						
五十五歳																						
五十六歳																						
五十七歳																						
五十八歳																						
五十九歳									1													
六十歳以上																						
年齢不詳																						
合計	7		27	9	3		2	1	36	5	27	1	4		1	1	5		3	1	4	

Table title: 71 建築用及家具用金物製造業

71 建築用及家具用金物製造業

年齢＼職業・男女	鋳造工		特殊鋳物工		其ノ他ノ金属材料ノ製造加工作業者		ケガキ工		旋盤工(金属ニ加工スルモノ)		タレット工		卓上旋盤工,小型機械工		ボール盤工		平削盤工,形削盤工,竪削盤工		プライス盤工		歯切盤工	
	男	女	男	女	男	女	男	女	男	女	男	女	男	女	男	女	男	女	男	女	男	女
十二歳以下						1			1													
十三歳	1				6	11			1													
十四歳					3	10																
十五歳					4	11			3													
十六歳					7	7			3				1									
十七歳	1				8	15	1		3				1									
十八歳	3				9	6			6		2				2							
十九歳			1		15	6			3		1		1									
二十歳					15	5			4													
二十一歳	2				5	2																
二十二歳	3				10	4			1													
二十三歳	2				10	2			1													
二十四歳	1				16				1													
二十五歳	1				9	3			2										1			
二十六歳	1		1		23	2			1				1									
二十七歳					15				2		1				1							
二十八歳	1		1		13	3			2			1										
二十九歳					7	1			3										1			
三十歳	1				13	1			1													
三十一歳	2				14						1		1									
三十二歳					7	2	1		1		1						1					
三十三歳					9	2			1						3							
三十四歳					6				2						1							
三十五歳					8	1																
三十六歳					5	1																
三十七歳					1	1			1													
三十八歳					6								1									
三十九歳	1				5										1							
四十歳	1				3	1			1													
四十一歳					7	1																
四十二歳					11	2																
四十三歳					1	1			1													
四十四歳		1			3	1																
四十五歳					2	1									1							
四十六歳					1	1																
四十七歳					1	1																
四十八歳					3	1															1	
四十九歳					1																	
五十歳					1																	
五十一歳					1																	
五十二歳					1																	
五十三歳					1						1											
五十四歳																						
五十五歳						1																
五十六歳																						
五十七歳					1																	
五十八歳																						
五十九歳					2																	
六十歳以上			1		2																	
年齢不詳																						
合計	21	1	4		291	108	2		45		7	1	6		9		1		2		1	

71 建築用及家具用金物製造業

年齢＼職業＼男女	撓鉄工		鋲打工		板金鋲打工		板金工，ブリキ職		金属プレス工，打抜工		ドラム罐，ブリキ罐製造工		ガス熔接工		電気熔接工		其ノ他ノ熔接工		金属彫刻工		針金細工工	
	男	女	男	女	男	女	男	女	男	女	男	女	男	女	男	女	男	女	男	女	男	女
十二歳以下									1	2												
十三歳									3	3												
十四歳					1		1		11	4												
十五歳			1				1	1	13	5												1
十六歳			2		1		1		20	4												
十七歳					1		1		17	3											2	
十八歳			2		1		1		22	5												1
十九歳	1						1		18	2			1								2	
二十歳	1						1		13	2												
二十一歳					1		1		22	1					1						1	
二十二歳									25									1			1	1
二十三歳			2				2		17	3												
二十四歳	1		1					1	22	1					1							
二十五歳	1				1		1		22		1											
二十六歳			1				1		21										1		2	
二十七歳							1		19	1												
二十八歳			1				1		16	1											1	
二十九歳	2						1		19	2			1								1	
三十歳					1				14	1												
三十一歳	1				2		1		13	1											1	
三十二歳							1		14										1		2	
三十三歳								1	7	4			1								1	
三十四歳							2		15	1											1	
三十五歳							2		13	2											1	
三十六歳	1		2						2													
三十七歳			1		1				5	1											2	
三十八歳							1		4													
三十九歳			3				1		10													
四十歳									4	1												
四十一歳									5													
四十二歳								1	5	3												1
四十三歳							1		4													
四十四歳					1		1		5													
四十五歳							1		5													
四十六歳							1		4	2												
四十七歳	1																					
四十八歳									1												1	
四十九歳									1													
五十歳																						
五十一歳																						
五十二歳																						
五十三歳																						
五十四歳			1						2	1												
五十五歳																						
五十六歳									1	1												
五十七歳									1													
五十八歳																						
五十九歳									2													
六十歳以上							1		2												1	
年齢不詳																						
合計	9		17		11		28	4	440	57	1		3		2			1	2		20	4

71 建築用及家具用金物製造業

年齢＼職業・男女	機械製鋲工		其ノ他ノ機械器具製作作業者		手仕上工		機械器具部品仕上組立工		機械器具総組立工		鋳職		機械器具装置工,修繕工,保全工		其ノ他ノ機械器具製作作業者		大工		建具指物職		其ノ他ノ製品ノ製造作業者	
	男	女	男	女	男	女	男	女	男	女	男	女	男	女	男	女	男	女	男	女	男	女
十二歳以下				7		1																
十三歳			1	5	1	3																
十四歳			3	7	4																	
十五歳			5	7	1	1	1						1									
十六歳			2	8	1		1			1												
十七歳			3	3																		
十八歳			3	4																		
十九歳			1	2	3																	
二十歳			4		3		1						1									
二十一歳	1		2						1													
二十二歳			3		3				1													
二十三歳			5		2																	
二十四歳			1		6						1		1									
二十五歳					2				1				1									
二十六歳			3		2												1					
二十七歳			5	1	3																	
二十八歳			6	1	1																	
二十九歳			2		3																	
三十歳																						
三十一歳					3																1	
三十二歳			3		1																	
三十三歳			3		2											1						
三十四歳			1	1	1																	
三十五歳			1	1	4	1																1
三十六歳				1	2																	
三十七歳			7		1																	
三十八歳					1																	
三十九歳					1																	
四十歳			1	1	1																	
四十一歳			1	2	2																	
四十二歳			1		1	1																
四十三歳			1																			
四十四歳			1																			
四十五歳																						
四十六歳																						
四十七歳					1																	
四十八歳					1																	
四十九歳			1										1									
五十歳			1																			
五十一歳			2																			
五十二歳			1																1			
五十三歳			2	1																		
五十四歳			1																			
五十五歳																						
五十六歳					1																	
五十七歳																						
五十八歳																						
五十九歳																						
六十歳以上																						
年齢不詳																						
合計	1		77	52	58	7	3		3	1	1		5			1	1		1		1	1

職業 男女 年齢	71 建築用及家具用金物製造業																					
	左官		鉄筋工,鉄網工		其ノ他ノ土木建築作業者		塗装工		メツキ工(皮膜防錆工ヲ含ム)		金属酸洗工,洗滌工		パフ磨工		選別工,検査工		自動車運転手		荷造夫,仲仕,倉庫夫,運搬夫,配達夫		物品売買業者,仲買人	
	男	女	男	女	男	女	男	女	男	女	男	女	男	女	男	女	男	女	男	女	男	女
十二歳以下																1						
十三歳																						
十四歳							1			1												
十五歳																						
十六歳									1													
十七歳			1								1						1					
十八歳																						
十九歳																						
二十歳			1										1									
二十一歳													1				1		1			
二十二歳																			2			
二十三歳																						
二十四歳									1				1								1	
二十五歳																			2			
二十六歳																						
二十七歳													1									
二十八歳									1													
二十九歳							1														1	
三十歳							2										1					
三十一歳																						
三十二歳																						
三十三歳																						
三十四歳																						
三十五歳													1									
三十六歳																						
三十七歳	1								1												1	
三十八歳							1															
三十九歳																						
四十歳																						
四十一歳								1	1													
四十二歳					1		1												1		1	
四十三歳																						
四十四歳							1															
四十五歳																						
四十六歳													1									
四十七歳																						
四十八歳																						
四十九歳																						
五十歳																						
五十一歳																						
五十二歳																						
五十三歳																						
五十四歳																						
五十五歳																						
五十六歳																						
五十七歳																						
五十八歳																						
五十九歳																						
六十歳以上																						
年齢不詳																						
合計	1		2		1		7	1	5	1	1		6			1	3		6		4	

年齢＼職業	71 建築用及家具用金物製造業 店員,売子,注文取,集金人 男	店員,売子,注文取,集金人 女	企画手 男	企画手 女	包装掛,壜詰工,罐詰工 男	包装掛,壜詰工,罐詰工 女	荷造工 男	荷造工 女	小使,給仕,雑役者 男	小使,給仕,雑役者 女	[illegible]工(他ニ分類セラレザルモノ) 男	[illegible]工(他ニ分類セラレザルモノ) 女	其ノ他ノ作業者 男	其ノ他ノ作業者 女	総数 男	総数 女	72 金属製建具,家具類製造業 経営者 男	経営者 女	一般事務者 男	一般事務者 女	販売仕入係事務者 男	販売仕入係事務者 女
十二歳以下									2	6	2	／			2	／						
十三歳									／	3	5	／			3	／						
十四歳	／								3	2	11	／			6							
十五歳		／				2			5	2	4	2		2	8							
十六歳						2		2	／		／	／			9	／						
十七歳	2	／				3			／	4	／	／	／		13	／			／			
十八歳						／			／	2	2		／		2	／						
十九歳									4	2	3				11						／	
二十歳								／	／		3				5	／						
二十一歳	／								／		2				4				／			
二十二歳							／		／		／				7	／						
二十三歳	2								2	／	3		／		4							
二十四歳	2								／	／					4							
二十五歳			／				／				／				6							
二十六歳									／						4							
二十七歳						／			／						6							
二十八歳						／									9							
二十九歳									／						4							
三十歳	／								／	／					5							
三十一歳									／						7				／			
三十二歳									／						3							
三十三歳										／					3	／						
三十四歳									3	／					6							
三十五歳										2			／		3							
三十六歳															2		／					
三十七歳									2	／				／								
三十八歳										／					4							
三十九歳									／						／							
四十歳															2							
四十一歳	／								／													
四十二歳									／						5							
四十三歳															4							
四十四歳										2												
四十五歳																						
四十六歳										／												
四十七歳						／			／						／							
四十八歳															2							
四十九歳													／									
五十歳									／													
五十一歳																						
五十二歳																						
五十三歳						／									／							
五十四歳										／					／							
五十五歳																						
五十六歳									／													
五十七歳															／							
五十八歳																						
五十九歳																						
六十歳以上									／													
年齢不詳																						
合計	10	2	／			12	2	3	41	34	39	7	5	3	158	8	／		3		／	

72 金属製建具, 家具類製造業

年齢＼職業・男女	機械製図工		其ノ他ノ製図工		金属加熱炉工		金属製管工		金属板圧延伸張工		金属切断工		鍛冶職, 刃物職		機械火造工		鋳造工		其ノ他ノ金属材料ノ製造加工作業者		旋盤工(金属ニ加工スルモノ)	
	男	女	男	女	男	女	男	女	男	女	男	女	男	女	男	女	男	女	男	女	男	女
十二歳以下																						
十三歳																						
十四歳															/						/	
十五歳									/										/			
十六歳									/												2	
十七歳									/										/		3	
十八歳											/											
十九歳																			2		/	
二十歳											/								2			
二十一歳											/				/							
二十二歳																			/		2	
二十三歳	/																					
二十四歳																			/			
二十五歳																	/		3			
二十六歳							/												/			
二十七歳																			/		/	
二十八歳											2								2		/	
二十九歳																						
三十歳																						
三十一歳																			2		/	
三十二歳													/									
三十三歳																						
三十四歳																	/		/			
三十五歳			/																			
三十六歳																						
三十七歳																						
三十八歳																			/			
三十九歳																						
四十歳																			/			
四十一歳																						
四十二歳																			3			
四十三歳					/																	
四十四歳																						
四十五歳																						
四十六歳																						
四十七歳																			/			
四十八歳																						
四十九歳																						
五十歳																						
五十一歳																						
五十二歳																						
五十三歳																						
五十四歳																						
五十五歳																						
五十六歳																						
五十七歳																			/			
五十八歳																						
五十九歳																						
六十歳以上																						
年齢不詳																						
合計	/		/		/		/		3		5		/		2		2		25		12	

72 金属製建具, 家具類製造業

年齢＼職業＼男女	タレット工		ボール盤工		研磨盤工, ラツプ盤工		撓鉄工		板金鋲打工		板金工, ブリキ職		金属プレス工, 打抜工		ガス熔接工		電気熔接工		鍛造工		配線工	
	男	女	男	女	男	女	男	女	男	女	男	女	男	女	男	女	男	女	男	女	男	女
十二歳以下																						
十三歳																						
十四歳																						
十五歳													/									
十六歳													3									
十七歳													/									
十八歳																					/	
十九歳													2									
二十歳					/								/									
二十一歳	/																					
二十二歳												/					/		/			
二十三歳													/		/							
二十四歳							/															
二十五歳									/		/											
二十六歳													/									
二十七歳							/						2									
二十八歳													/									
二十九歳											/		/									
三十歳					/		/															
三十一歳							/															
三十二歳																						
三十三歳											/			/								
三十四歳											/		/									
三十五歳											/		/									
三十六歳													/									
三十七歳																						
三十八歳													3									
三十九歳																						
四十歳			/																			
四十一歳																						
四十二歳																						
四十三歳											/		/									
四十四歳																						
四十五歳																						
四十六歳																						
四十七歳																						
四十八歳											/											
四十九歳																						
五十歳																						
五十一歳																						
五十二歳																						
五十三歳																						
五十四歳																						
五十五歳																						
五十六歳																						
五十七歳																						
五十八歳																						
五十九歳																						
六十歳以上																						
年齢不詳																						
合計	/		/		2		4		/		7	/	21	/	/		/		/		/	

産業 / 職業 / 男女 / 年齢	72 金属製建具, 家具類製造業																					
	機械製鋲工		其ノ他ノ機械器具製作作業者		手仕上工		機械器具部品仕上組立工		アルミナ製造工		其ノ他ノ土木建築作業者		塗装工		メツキ工(皮膜防銹工ヲ含ム)		パフ磨工		自動車運転手		馬車夫, 仲仕, 自転車夫, 運搬夫, 配達夫	
	男	女	男	女	男	女	男	女	男	女	男	女	男	女	男	女	男	女	男	女	男	女
十二歳以下																	1	1				
十三歳						1									1		1					
十四歳					1												2					
十五歳																	3					
十六歳						1			1								2					
十七歳	1		2														3	1				
十八歳																		1				
十九歳																	1					
二十歳																						
二十一歳																						
二十二歳																	1					
二十三歳	1																					
二十四歳									1													
二十五歳																						
二十六歳			1																			
二十七歳													1									
二十八歳					2												1					
二十九歳			1				1															
三十歳			1														1					
三十一歳																			1		1	
三十二歳											1											
三十三歳			1								1											
三十四歳					1																	
三十五歳																						
三十六歳																						
三十七歳																						
三十八歳																						
三十九歳																						
四十歳																						
四十一歳																						
四十二歳											1											
四十三歳			1																			
四十四歳																						
四十五歳																						
四十六歳																						
四十七歳																						
四十八歳																	1					
四十九歳																						
五十歳																						
五十一歳																						
五十二歳																						
五十三歳			1																			
五十四歳																						
五十五歳																						
五十六歳																						
五十七歳																						
五十八歳																						
五十九歳																						
六十歳以上																						
年齢不詳																						
合計	2		8		4	2	1		2		3		1		1		17	3	1		1	

年齢 \ 職業 \ 男女	72 金属製建具, 家具類製造業										73 建築, 橋梁, 鉄塔等ノ建設材料製造業											
	店員, 売子, 注文取, 集金人		企画手		小使, 給仕, 雑役者		塗装工(他ニ分類セラレザルモノ)		其ノ他ノ作業者		総数		一般事務者		販売仕入係事務者		簿記係事務者		其ノ他ノ工業技術者		熔焼工, 焼結工, 団鉱工	
	男	女	男	女	男	女	男	女	男	女	男	女	男	女	男	女	男	女	男	女	男	女
十二歳以下									1													
十三歳					1						6	1										
十四歳					1						19											
十五歳					1		1				30											
十六歳											28											
十七歳											31											
十八歳											55		1								1	
十九歳					2		2				49											
二十歳						1					44		1									
二十一歳											32											
二十二歳					1						47											
二十三歳											40		1									
二十四歳							1				53						1					
二十五歳											37		1									
二十六歳											51	1										
二十七歳											37											
二十八歳											42											
二十九歳											42	1										
三十歳					1						37				1							
三十一歳											33											
三十二歳	1										27											
三十三歳											35											
三十四歳									1		36											
三十五歳											25											
三十六歳											22											
三十七歳											16											
三十八歳											15											
三十九歳					1						15										1	
四十歳											22											
四十一歳											11											
四十二歳			1								15											
四十三歳											11											
四十四歳											3											
四十五歳											10											
四十六歳											5											
四十七歳											6											
四十八歳											3											
四十九歳											6											
五十歳											2											
五十一歳																						
五十二歳											2											
五十三歳											2											
五十四歳					1																	
五十五歳											2											
五十六歳																						
五十七歳											1											
五十八歳																						
五十九歳																						
六十歳以上											3								1			
年齢不詳																						
合計	1		1		9	1	4		2		1008	3	4		1		1		1		2	

73 建築, 橋梁, 鉄塔等ノ建設材料製造業

年齢 \ 職業	製銑工(電気炉ニ依ルモノ)		造塊工		其ノ他ノ金属製錬作業者		機械製図工		其ノ他ノ現図工		金属加熱炉工		金属板圧延伸張工		金属棒, 条圧延伸張工		金属製管工		金属小物圧延伸張工		金属切断工	
	男	女	男	女	男	女	男	女	男	女	男	女	男	女	男	女	男	女	男	女	男	女
十二歳以下																						
十三歳																						
十四歳																						
十五歳																					1	
十六歳									2													
十七歳					1				2													
十八歳					2				1		1										1	
十九歳																	1				1	
二十歳			1														2					
二十一歳									1								2		1			
二十二歳																			1		1	
二十三歳													1		1						2	
二十四歳							1															
二十五歳																					1	
二十六歳									1						1		2					
二十七歳																	1					
二十八歳									3						1		1					
二十九歳																			1			
三十歳									1				1								1	
三十一歳																						
三十二歳																	1					
三十三歳																						
三十四歳																						
三十五歳																	2					
三十六歳																						
三十七歳																						
三十八歳																						
三十九歳																					1	
四十歳																						
四十一歳	1																				1	
四十二歳																					1	
四十三歳																						
四十四歳																						
四十五歳																						
四十六歳																						
四十七歳																						
四十八歳																						
四十九歳																						
五十歳																						
五十一歳																						
五十二歳																						
五十三歳																						
五十四歳																						
五十五歳																						
五十六歳																						
五十七歳																						
五十八歳																						
五十九歳																						
六十歳以上																						
年齢不詳																						
合計	1		1		3		1		11		1		2		3		12		3		11	

年齢 ＼ 職業 ＼ 男女別	73 建築, 橋梁, 鉄塔等ノ建設材料製造業																					
	鍛冶職, 刃物職,		機械火造工		鋳物砂型工		鋳造工		特殊鋳物工		其ノ他ノ金属材料ノ鍛造加工作業者,		ケガキ工,		旋盤工(金属ニ加工スルモノ)		旋盤工(木材以外ノ非金属ニ加工スルモノ)		タレット工		中グリ盤工	
	男	女	男	女	男	女	男	女	男	女	男	女	男	女	男	女	男	女	男	女	男	女
十二歳以下																						
十三歳	1										1											
十四歳			1								1		2		1							
十五歳											1		1		2		1					
十六歳	1										3		1									
十七歳											2				1							
十八歳	1										5		1		5				1			
十九歳	1										3				1				1			
二十歳													1		1							
二十一歳	2				1						1											
二十二歳	1		2								5		1		2				1			
二十三歳			1								3				1							
二十四歳	4										7				2							
二十五歳	1		2								4						1					
二十六歳	3										6				1							
二十七歳			3				1						1		1							
二十八歳	2		1				1				2		1									
二十九歳	1		2				1		1		1											
三十歳			2								2				1						1	
三十一歳	1																					
三十二歳			1								2				1							
三十三歳	1										4				1							
三十四歳											3		1									
三十五歳			1										1									
三十六歳	3																					
三十七歳	1																					
三十八歳	1										3											
三十九歳	1																					
四十歳	2		1								2											
四十一歳											1											
四十二歳																						
四十三歳											1											
四十四歳																						
四十五歳																						
四十六歳			1																			
四十七歳											1											
四十八歳																						
四十九歳	1																					
五十歳	1																					
五十一歳																						
五十二歳											1											
五十三歳																						
五十四歳																						
五十五歳																						
五十六歳																						
五十七歳																						
五十八歳																						
五十九歳																						
六十歳以上																						
年齢不詳																						
合計	30		18		1		3		1		65		11		21		2		3		1	

職業 / 年齢	73 建築,橋梁,鉄塔等ノ建設材料製造業																					
	ボール盤工		平削盤工,形削盤工,竪削盤工		歯切盤工		非鉄木工(船台大工ヲ含ム)		撓鉄工		填隙工		鋲打工		板金鋲打工		板金工,ブリキ職		金属プレス工,打抜工		ドラム罐,ブリキ罐製造工	
	男	女	男	女	男	女	男	女	男	女	男	女	男	女	男	女	男	女	男	女	男	女
十二歳以下																						
十三歳																						
十四歳									1				1									
十五歳	4				1								2						1			
十六歳	2								4				3									
十七歳	3								1				4						1			
十八歳	6								2				1		1							
十九歳	9		1						1				9									
二十歳	7								4				4		2		1		1		1	
二十一歳	7								6				4				1					
二十二歳	6								1				10						1			
二十三歳	8						1		1				1									
二十四歳	7								4				5									
二十五歳	7								2		1		8		1				1			
二十六歳	8								1				11									
二十七歳	8								1				4				1		1			
二十八歳	9								2				5									
二十九歳	7		1						2		1		6						1			
三十歳	7								1				8		2							
三十一歳	9								4				6									
三十二歳	4								4				4		2							
三十三歳	7								1				7						3			
三十四歳	5		1						4		1		5				1		1			
三十五歳	3												5				1					
三十六歳	3								2				2									
三十七歳	3												3						1			
三十八歳	3								2				3									
三十九歳	2								1				3									
四十歳	4								1				1									
四十一歳													2									
四十二歳	2												2									
四十三歳	3								2				1						1			
四十四歳	1												1									
四十五歳	1												3		1				1			
四十六歳	1								1				2									
四十七歳																			1			
四十八歳													1									
四十九歳	1								1													
五十歳																						
五十一歳																						
五十二歳	1																					
五十三歳																						
五十四歳																						
五十五歳									1													
五十六歳																						
五十七歳																						
五十八歳																						
五十九歳																						
六十歳以上													1									
年齢不詳																						
合計	162		3		1		1		58		3		138		9		5		15		1	

73 建築, 橋梁, 鉄塔等ノ建設材料製造業

年齢 \ 職業 \ 男女	ガス熔接工		電気熔接工		其ノ他ノ熔接工		パイプ工(造船所, 鋼工ヲ含ム)		針金細工工		巻線工		機械製鑵工		其ノ他ノ機械器具製作作業者		手仕上工		機械器具部品仕上組立工		機械器具総組立工	
	男	女	男	女	男	女	男	女	男	女	男	女	男	女	男	女	男	女	男	女	男	女
十二歳以下																						
十三歳																	1					
十四歳	2		1												1				1			
十五歳	2		1										1		2		2					
十六歳					1																	
十七歳															1				1		3	
十八歳	1														1		1		2		1	
十九歳			2				1								1		3		2		1	
二十歳	1		1								1								2			
二十一歳	1																					
二十二歳	1		1												1						2	
二十三歳	2		1												1				1			
二十四歳			2														1					
二十五歳																					2	
二十六歳	1								1												1	
二十七歳	1														1						1	
二十八歳			3												2						1	
二十九歳															2						1	
三十歳																	1				1	
三十一歳			1														1		1			
三十二歳																	3		1			
三十三歳			1														1		1		1	
三十四歳															4						1	
三十五歳															1		1		1		1	
三十六歳							1								1				1		2	
三十七歳																			1		1	
三十八歳																					1	
三十九歳																					1	
四十歳																					1	
四十一歳																	1					
四十二歳																			1		1	
四十三歳																						
四十四歳																						
四十五歳															1		1					
四十六歳																						
四十七歳																						
四十八歳																						
四十九歳																			1			
五十歳																						
五十一歳																						
五十二歳																						
五十三歳																						
五十四歳																						
五十五歳																						
五十六歳																						
五十七歳																						
五十八歳																						
五十九歳																						
六十歳以上																						
年齢不詳																						
合計	12		14		1		2		1		1		1		20		17		17		24	

年齢＼職業・男女	機械器具装置工,組立工,保全工 男	女	其ノ他ノ窯業,土石類ノ加工作業者 男	女	木工 男	女	大工 男	女	コンクリート枠組工 男	女	鉄筋工,鉄網工 男	女	鳶職 男	女	其ノ他ノ土木建築作業者 男	女	其ノ他ノ電工 男	女	塗装工 男	女	メッキ工(皮膜防錆工ヲ含ム) 男	女
十二歳以下																						
十三歳															1							1
十四歳																						
十五歳																			1			
十六歳											1				3							
十七歳											2				1				1			
十八歳			1								3								1			
十九歳											3								2			
二十歳											1				1				3			
二十一歳							1								1				1			
二十二歳																						
二十三歳	1								1		2				1				2			
二十四歳	1										3				2		1		4		1	
二十五歳											2								1			
二十六歳	2										1				1				1			
二十七歳	2										3				2				1			
二十八歳					1																	
二十九歳	1			1							2				4				1			
三十歳											2								1			
三十一歳									1		1											
三十二歳															1							
三十三歳											1										1	
三十四歳											2											
三十五歳											2								1			
三十六歳											2											
三十七歳											4											
三十八歳											1		1									
三十九歳					1						1											
四十歳											2											
四十一歳																						
四十二歳																						
四十三歳											2											
四十四歳																						
四十五歳																			1			
四十六歳																						
四十七歳											2											
四十八歳											1											
四十九歳											1											
五十歳																						
五十一歳																						
五十二歳																						
五十三歳											1											
五十四歳																						
五十五歳																						
五十六歳																						
五十七歳																						
五十八歳																						
五十九歳																						
六十歳以上																						
年齢不詳																						
合計	7		1	1	2		1		2		50		1		18		1		22		2	1

73 建築，橋梁，鉄塔等ノ建設材料製造業

職業 / 年齢	パフ磨工		機械器具検査工		選別工，検査工		自動車運転手		人力車夫，馬方，馭者，		荷扱夫，仲仕，倉庫夫，運搬夫，配達夫		店員，売子，注文取，集金人		守衛，監督		原動機(電動機ヲ除ク)，發電機，ポンプ，送風機，圧縮機，コンベヤノ運転工		起重機運転工		汽罐士	
	男	女	男	女	男	女	男	女	男	女	男	女	男	女	男	女	男	女	男	女	男	女
十二歳以下																						
十三歳					1																	
十四歳																						
十五歳																						
十六歳													1						1			
十七歳			1																			
十八歳											5						1		1			
十九歳											3											
二十歳											3								1			
二十一歳											2											
二十二歳					1						7											
二十三歳											4											
二十四歳											4						1					
二十五歳											1								1			
二十六歳											2								1			
二十七歳	1										2											
二十八歳											5										1	
二十九歳											2											
三十歳							1				1											
三十一歳											2											
三十二歳											2											
三十三歳											4											
三十四歳											4											
三十五歳											4		1									
三十六歳											5											
三十七歳																						
三十八歳																						
三十九歳											1											
四十歳											7				1							
四十一歳									1		4											
四十二歳											2											
四十三歳																						
四十四歳											1											
四十五歳																						
四十六歳																						
四十七歳											1											
四十八歳			1																			
四十九歳											1											
五十歳											1											
五十一歳																						
五十二歳																						
五十三歳																						
五十四歳																						
五十五歳																						
五十六歳																						
五十七歳																						
五十八歳																						
五十九歳																						
六十歳以上																						
年齢不詳																						
合計	1		2		2		1		1		80		2		1		2		5		1	

年齢＼職業・男女	73 建築,橋梁,鉄塔等ノ建設材料製造業								74 金属器類製造業													
	火夫,油差		小使,給仕,雑役者		見習工養成工(他ニ分類セラレザルモノ)		其ノ他ノ作業者		総数		経営者		一般事務者		焙焼工,焼結工,団鉱工		混銑炉工		非鉄金属製錬工(電気炉ニ依ルモノ)		非鉄金属製錬工(化学操作ニ依ルモノ)	
	男	女	男	女	男	女	男	女	男	女	男	女	男	女	男	女	男	女	男	女	男	女
十二歳以下									1	3												
十三歳			1						3	1												
十四歳			1		6				15	3											1	
十五歳			2		5				19	9												
十六歳			2		3				16	5				1								
十七歳			3		2				23	2												
十八歳			3		2		2		22	3												
十九歳			2		1				25	1												
二十歳	1		2		1				24													
二十一歳									20	3												
二十二歳			2						20	1												
二十三歳			3						20	2					1							
二十四歳			1		1				21				2									
二十五歳									22	2												
二十六歳			2	1	1		3		17													
二十七歳							1		25													
二十八歳			1						16	1			1									
二十九歳			4						17	1									1			
三十歳			2						16								1					
三十一歳			5				1		18													
三十二歳			1						9													
三十三歳			1						10													
三十四歳			2						7													
三十五歳									5	1									1			
三十六歳									7				1									
三十七歳			2						5		1											
三十八歳									5													
三十九歳			2						8	1												
四十歳									4													
四十一歳									9		1											
四十二歳			1				1		6				1									
四十三歳			1						4	1												
四十四歳									2													
四十五歳			1						2													
四十六歳									2													
四十七歳							1		6				1									
四十八歳									3													
四十九歳									2													
五十歳																						
五十一歳																						
五十二歳									2													
五十三歳			1						1													
五十四歳																						
五十五歳			1						2													
五十六歳																						
五十七歳			1																			
五十八歳																						
五十九歳																						
六十歳以上			1						1													
年齢不詳																						
合計	1		51	1	22		9		462	40	2		6	1	1		1		2		1	

産業 / 職業 / 男女 / 年齢	74金属器類製造業																					
	其ノ他ノ金属製錬作業者		金属加熱炉工		金属板圧延伸張工		金属棒, 条圧延伸張工		金属製管工		金属小物圧延伸張工		金属撚線工		金属切断工		鍛冶職, 刃物職		機械火造工		金属熔融工	
	男	女	男	女	男	女	男	女	男	女	男	女	男	女	男	女	男	女	男	女	男	女
十二歳以下																						
十三歳																						
十四歳							2								1							
十五歳											1					1						
十六歳					1										1		1					
十七歳							1								1							
十八歳					1	1	1								1							
十九歳					1								1		3						1	
二十歳																			1			
二十一歳			1																			
二十二歳							1				1											
二十三歳					2		1															
二十四歳					1																	
二十五歳					1				1										1			
二十六歳					1																	
二十七歳											1						1					
二十八歳					1										1		1					
二十九歳					2																	
三十歳					1				1								1					
三十一歳															1							
三十二歳															1							
三十三歳																						
三十四歳	1																					
三十五歳																						
三十六歳																						
三十七歳																						
三十八歳																					1	
三十九歳																						
四十歳									1													
四十一歳			1																			
四十二歳					1																	
四十三歳															1							
四十四歳																					1	
四十五歳																						
四十六歳																						
四十七歳																						
四十八歳																						
四十九歳																						
五十歳																						
五十一歳																						
五十二歳																						
五十三歳																						
五十四歳																						
五十五歳																						
五十六歳																						
五十七歳																						
五十八歳																						
五十九歳																						
六十歳以上																						
年齢不詳																						
合計	1		2		13	1	6		3		3		1		11	1	4		2		3	

年齢 \ 男女 \ 職業 \ 産業	74 金属器類製造業																			
	鋳物砂型工		鋳造工		特殊鋳物工		其ノ他ノ金属材料ノ製造加工作業者		旋盤工(金属ニ加工スルモノ)		旋盤工(木材以外ノ非金属ニ加工スルモノ)		タレット工		卓上旋盤工,小型機械工		ボール盤工		平削盤工,形削盤工,竪削盤工		プライス盤工	
	男	女	男	女	男	女	男	女	男	女	男	女	男	女	男	女	男	女	男	女	男	女
十二歳以下								3														
十三歳								1														
十四歳							2		2										1			
十五歳								4	2				1									
十六歳							4	1	3													
十七歳							4	1	2		1											
十八歳			2				3	1	2				4									
十九歳			1				7						1									
二十歳							8		4													
二十一歳							2	2	2		1				1							
二十二歳							3															
二十三歳							3		2						1							
二十四歳							1										1					
二十五歳							5	1	1		1											
二十六歳							3		2													
二十七歳	1		1				5		1								1					
二十八歳			1				3		1													
二十九歳			1				5		1													
三十歳							2															
三十一歳					1		5		1													
三十二歳							3														1	
三十三歳							1		1													
三十四歳							1										1					
三十五歳							1															
三十六歳							2		1								1					
三十七歳			1				1															
三十八歳			1																			
三十九歳							3														1	
四十歳																						
四十一歳																						
四十二歳																						
四十三歳							2															
四十四歳																						
四十五歳																						
四十六歳																						
四十七歳																						
四十八歳							1										1					
四十九歳																						
五十歳																						
五十一歳																						
五十二歳																						
五十三歳																						
五十四歳																						
五十五歳																						
五十六歳																						
五十七歳																						
五十八歳																						
五十九歳																						
六十歳以上																						
年齢不詳																						
合計	1		8		1		80	14	28		3		6		2		5		1		2	

74 金属器類製造業

職業 / 年齢	研磨盤工, ラツプ盤工 男	研磨盤工, ラツプ盤工 女	鋲打工 男	鋲打工 女	板金鋲打工 男	板金鋲打工 女	板金工, ブリキ職 男	板金工, ブリキ職 女	金属プレス工, 打抜工 男	金属プレス工, 打抜工 女	其ノ他ノ熔接工 男	其ノ他ノ熔接工 女	鑞付工 男	鑞付工 女	パイプ工(造船所, 鋼工ヲ含ム) 男	パイプ工(造船所, 鋼工ヲ含ム) 女	鉛管工, 鉛工 男	鉛管工, 鉛工 女	金属彫刻工 男	金属彫刻工 女	針金細工工 男	針金細工工 女
十二歳以下																						
十三歳																						
十四歳									2	1											1	
十五歳																	1		2		1	
十六歳									1	1											1	1
十七歳	1												1									
十八歳	1						1		3										1			
十九歳								1	2								1					
二十歳							1						1						1			
二十一歳			1						4													
二十二歳	1				1				5										2			
二十三歳	1						1		5													
二十四歳									5													
二十五歳									2	1									2			
二十六歳									1		1								1		1	
二十七歳	1						1		3				1									
二十八歳									1										1			
二十九歳			1			1	1		3												1	
三十歳					1		1		4												1	
三十一歳	1						1		1										1			
三十二歳									1												1	
三十三歳									2													
三十四歳									2													
三十五歳									1													
三十六歳									2													
三十七歳									1										1			
三十八歳																						
三十九歳									1	1									1		1	
四十歳									1													
四十一歳									1													
四十二歳									2						1							
四十三歳									1													
四十四歳																						
四十五歳	1																					
四十六歳																						
四十七歳																						
四十八歳																						
四十九歳	1																					
五十歳																						
五十一歳																						
五十二歳																						
五十三歳																						
五十四歳																						
五十五歳																						
五十六歳																						
五十七歳																						
五十八歳																						
五十九歳																						
六十歳以上																						
年齢不詳																						
合計	8		2		2	1	7	1	57	4	1		3		1		2		13		8	1

年齢	其ノ他ノ機械器具製作作業者 男	其ノ他ノ機械器具製作作業者 女	手仕上工 男	手仕上工 女	機械器具部品仕上組立工 男	機械器具部品仕上組立工 女	機械器具総組立工 男	機械器具総組立工 女	鋳職 男	鋳職 女	機械器具製造工,修繕工,保全工 男	機械器具製造工,修繕工,保全工 女	アルミナ製造工 男	アルミナ製造工 女	其ノ他ノ化学製品ノ製造作業者 男	其ノ他ノ化学製品ノ製造作業者 女	宝石細工職 男	宝石細工職 女	ミシン工 男	ミシン工 女	其ノ他ノ被服,身ノ廻リ品製造作業者 男	其ノ他ノ被服,身ノ廻リ品製造作業者 女
十二歳以下																						
十三歳																						
十四歳													1							1		
十五歳	1	1	1		1				1						1							
十六歳			1						1				1									
十七歳	1		1						2				2								1	
十八歳	3		1						1													
十九歳			2																			
二十歳			1						1				1									
二十一歳	1		2						1													
二十二歳	1				1																	
二十三歳																						
二十四歳	1		1		1		1												1			
二十五歳	3		1						1													
二十六歳	1												1									
二十七歳	1										1											
二十八歳			1						1				1									
二十九歳									1													
三十歳																						
三十一歳	2		1														1					
三十二歳													1									
三十三歳			1		1																	
三十四歳													1									
三十五歳			1																			
三十六歳																						
三十七歳																						
三十八歳																			1			
三十九歳																						
四十歳	1																					
四十一歳	1		1						1													
四十二歳	1																					
四十三歳																						
四十四歳	1																					
四十五歳									1													
四十六歳			1										1									
四十七歳																						
四十八歳																						
四十九歳																						
五十歳																						
五十一歳																						
五十二歳													1									
五十三歳													1									
五十四歳																						
五十五歳																						
五十六歳																						
五十七歳																						
五十八歳																						
五十九歳																						
六十歳以上																						
年齢不詳																						
合計	18	1	17		4		1		12		1		12		1		1		2	1	1	

年齢 ＼ 職業 ＼ 男女	74 金属器類製造業																					
	木型工(鋳物木型工ヲ除ク)		其ノ他ノ木,竹,草,蔓類製品ノ製造作業者		其ノ他ノ製品ノ製造作業者		コンクリート工		其ノ他ノ土木建築作業者		メツキ工(皮膜防錆工ヲ含ム)		金属酸洗工,洗滌工		バフ磨工		自動車運転手		雑夫,雑役夫,鉄夫,運搬夫,配達夫		物品売買業者,仲買人	
	男	女	男	女	男	女	男	女	男	女	男	女	男	女	男	女	男	女	男	女	男	女
十二歳以下																						
十三歳																						
十四歳																						
十五歳																						
十六歳																						
十七歳																						
十八歳																			2			
十九歳															1				1			
二十歳											1				1				1			
二十一歳	1										1					1	2					
二十二歳					1										1							
二十三歳					1										1							
二十四歳			1												2		1					
二十五歳					1						1											
二十六歳					1										1				2			
二十七歳							1								1		1		1			
二十八歳																			1			
二十九歳																						
三十歳											1								1			
三十一歳															1						1	
三十二歳																			1			
三十三歳									1						1							
三十四歳																						
三十五歳																			1			
三十六歳																						
三十七歳																						
三十八歳											1											
三十九歳																					1	
四十歳																					1	
四十一歳			1										1									
四十二歳																						
四十三歳																						
四十四歳																						
四十五歳																						
四十六歳																						
四十七歳																						
四十八歳											1											
四十九歳																						
五十歳																						
五十一歳																						
五十二歳																			1			
五十三歳																						
五十四歳																						
五十五歳			1												1							
五十六歳																						
五十七歳																						
五十八歳																						
五十九歳																						
六十歳以上																						
年齢不詳																						
合計	1		3		4		1		1		6		1		11	1	4		12		3	

職業 / 性別 / 年齢	74 金属器類製造業																75 金属製ペン先製造業					
	店員,売子,注文取,集金人		火夫,油差		包装掛,壜詰工,樽詰工		荷造工		小使,給仕,雑役者		黒焼工,(他ニ分類セラレザルモノ)		其ノ他ノ作業者		総数		金属小物圧延伸張工		金属切断工		其ノ他ノ金属材料ノ製造加工作業者	
	男	女	男	女	男	女	男	女	男	女	男	女	男	女	男	女	男	女	男	女	男	女
十二歳以下											1											
十三歳									1		2											
十四歳	1				1							1				2						2
十五歳									2	1	4	2			2	2		1			1	1
十六歳						1					1											
十七歳	1								1		2	1			1						1	
十八歳									1	1	1				4	1				1	3	
十九歳	1										2											
二十歳									2						3	1			2			1
二十一歳																						
二十二歳									2	1					1							
二十三歳						1		1					1									
二十四歳	1										1											
二十五歳									1						1						1	
二十六歳									1													
二十七歳									2													
二十八歳									1	1												
二十九歳																						
三十歳													1									
三十一歳																						
三十二歳																						
三十三歳			1						1													
三十四歳									1													
三十五歳						1									1							
三十六歳																						
三十七歳																						
三十八歳																						
三十九歳									1													
四十歳																						
四十一歳									1													
四十二歳																						
四十三歳										1												
四十四歳																						
四十五歳																						
四十六歳																						
四十七歳																1						
四十八歳																						
四十九歳													1									
五十歳																						
五十一歳																						
五十二歳																						
五十三歳																						
五十四歳																						
五十五歳																						
五十六歳																						
五十七歳																						
五十八歳																						
五十九歳																						
六十歳以上											1											
年齢不詳																						
合計	4		1		1	3		1	18	5	15	4	3		13	7		1	2	1	6	4

年齢＼職業＼性別	75 金属製ペン先製造業 金属プレス工, 打抜工		其ノ他ノ機械器具製作作業者		其ノ他ノ製品ノ製造作業者		バフ磨工		其ノ他ノ作業者		76 剃刀, 食卓用ナイフ, フオーク及スプーン製造業 総数		一般事務者		機械技術者		鍛冶職, 刃物職		其ノ他ノ金属材料ノ製造加工作業者		旋盤工(金属＝加工スルモノ)	
	男	女	男	女	男	女	男	女	男	女	男	女	男	女	男	女	男	女	男	女	男	女
十二歳以下											2	2					1	1				
十三歳											1	1										
十四歳											1	3										
十五歳			1								6	3					2	1				
十六歳											9	1					2		1			
十七歳											6	1					1		1			
十八歳					1						7						2		1			
十九歳											4						1					
二十歳	1										5								1			
二十一歳											3	1										
二十二歳							1				7						2				1	
二十三歳											4				1				1			
二十四歳											1	1										
二十五歳											3	1							1			
二十六歳											9		1				2					
二十七歳											4	1					1		1			
二十八歳											3						2					
二十九歳											6											
三十歳											1											
三十一歳											4								1			
三十二歳											3								1			
三十三歳																						
三十四歳											1											
三十五歳					1						3											
三十六歳											2										1	
三十七歳											1											
三十八歳											1											
三十九歳											2		1						1			
四十歳											1											
四十一歳											2		1						1			
四十二歳																						
四十三歳												1										
四十四歳																						
四十五歳																						
四十六歳																						
四十七歳										1												
四十八歳											1											
四十九歳																						
五十歳																						
五十一歳																						
五十二歳											1											
五十三歳											1								1			
五十四歳																						
五十五歳																						
五十六歳																						
五十七歳																						
五十八歳																						
五十九歳																						
六十歳以上											1											
年齢不詳																						
合計	1		1		2		1			1	106	16	3		1		16	2	12		2	

76 剃刀, 食卓用ナイフ, フオーク及スプーン製造業

年齢＼職業	卓上旋盤工, 小型機械工		研磨盤工, ラツプ盤工		金属プレス工, 打抜工		刃物研ギ工		機械製鋲工		其ノ他ノ機械器具製作作業者		手仕上工		メツキ工(皮膜防銹工ヲ含ム)		パフ磨工		包装掛, 壜詰工, 樽詰工		小使, 給仕, 雑役者	
	男	女	男	女	男	女	男	女	男	女	男	女	男	女	男	女	男	女	男	女	男	女	男	女
十二歳以下																								
十三歳							1															1		
十四歳						1		1																1
十五歳			1		2			1																1
十六歳			1		2						1													
十七歳						1							2				2							
十八歳					2												1							
十九歳	1				1		1																	
二十歳					1		1																1	
二十一歳					2												1							
二十二歳					1		1										1						1	
二十三歳					1												1							
二十四歳								1									1							
二十五歳					1		1	1																
二十六歳					2		3										1							
二十七歳					1	1							1											
二十八歳					1																			
二十九歳			1		1		1				2												1	
三十歳													1											
三十一歳			1				1		1															
三十二歳											1		1											
三十三歳																								
三十四歳																	1							
三十五歳					1						1				1									
三十六歳					1																			
三十七歳																							1	
三十八歳																	1							
三十九歳																								
四十歳			1																					
四十一歳																								
四十二歳																								
四十三歳																						1		
四十四歳																								
四十五歳																								
四十六歳																								
四十七歳																								
四十八歳					1																			
四十九歳																								
五十歳																								
五十一歳																								
五十二歳											1													
五十三歳																								
五十四歳																								
五十五歳																								
五十六歳																								
五十七歳																								
五十八歳																								
五十九歳																								
六十歳以上					1																			
年齢不詳																								
合計	1		5		22	3	10	4	1		6		5		1		10			2	4	2		

年齢 \ 職業 \ 男女	76 制刀, 食卓用ナイフ, フオーク及スプーン製造業 磨買工 養成工 (他ニ分類セラレザルモノ) 男	女	其ノ他ノ作業者 男	女	77 洋傘骨製造業 総数 男	女	経営者 男	女	一般事務者 男	女	販売仕入係事務者 男	女	其ノ他ノ金属製錬作業者 男	女	金属棒, 条圧延伸張工 男	女	金属小物圧延伸張工 男	女	金属切断工 男	女	熱処理工 男	女
十二歳以下	1			1	1	3																
十三歳					2	3																
十四歳	1				2	4																
十五歳	1				2																	
十六歳	2			1	3	3																
十七歳					4	2																
十八歳	1				6	5																
十九歳					6	4																
二十歳	1				6	4																
二十一歳		1			3	1			1													
二十二歳					3										1							
二十三歳					9	1									2							
二十四歳					2																	
二十五歳					6	1																
二十六歳					5	2																
二十七歳					1	2																
二十八歳					11								1		1							
二十九歳					6				1													
三十歳					3																	
三十一歳					3																	
三十二歳					5	1	1															
三十三歳					3	1					1										1	
三十四歳					2	1																
三十五歳					1																	
三十六歳					2	1																
三十七歳					3	1											1					
三十八歳						2																
三十九歳					2																	
四十歳					1	1																
四十一歳					2																	
四十二歳					2	1																
四十三歳					1																	
四十四歳					1	1																
四十五歳					2																	
四十六歳																						
四十七歳						1																
四十八歳																						
四十九歳					1																	
五十歳					1														1			
五十一歳																						
五十二歳																						
五十三歳																						
五十四歳																						
五十五歳																						
五十六歳																						
五十七歳																						
五十八歳																						
五十九歳																						
六十歳以上																						
年齢不詳																						
合計	7	1		2	113	46	1		2		1		1		4		1		1		1	

年齢 \ 職業 男女	鋳造工 男	鋳造工 女	其ノ他ノ金属材料製造加工作業者 男	其ノ他ノ金属材料製造加工作業者 女	旋盤工(金属ニ加工スルモノ) 男	旋盤工(金属ニ加工スルモノ) 女	タレット工 男	タレット工 女	ボール盤工 男	ボール盤工 女	板金工,ブリキ職 男	板金工,ブリキ職 女	金属プレス工,打抜工 男	金属プレス工,打抜工 女	ガス熔接工 男	ガス熔接工 女	其ノ他ノ溶接工 男	其ノ他ノ溶接工 女	針金細工工 男	針金細工工 女	其ノ他ノ機械器具製作作業者 男	其ノ他ノ機械器具製作作業者 女
十二歳以下														/								
十三歳			/	2																		
十四歳				2																		
十五歳																						
十六歳				2																		
十七歳																				/		
十八歳			2	3									/									
十九歳			/	2			/															
二十歳				2											/							
二十一歳													/									
二十二歳																						
二十三歳				/									/									
二十四歳									/													
二十五歳			/	/													/					
二十六歳			2										/									
二十七歳																						/
二十八歳			2								/								/			
二十九歳			/																			
三十歳			2																			
三十一歳													2									
三十二歳	/		/																			
三十三歳			/	/																		
三十四歳			/																			
三十五歳																						
三十六歳			/																			
三十七歳													/							/		
三十八歳				/																		
三十九歳			2																			
四十歳																						
四十一歳			/																			
四十二歳				/																		
四十三歳																						
四十四歳					/																	
四十五歳			/																			
四十六歳																						
四十七歳				/																		
四十八歳																						
四十九歳			/																			
五十歳																						
五十一歳																						
五十二歳																						
五十三歳																						
五十四歳																						
五十五歳																						
五十六歳																						
五十七歳																						
五十八歳																						
五十九歳																						
六十歳以上																						
年齢不詳																						
合計	/		21	19	/		/		/		/		7	/	/		/		/	2		/

年齢 \ 産業 職業 男女	77洋傘骨製造業																		78金属製玩具製造業			
	手仕上工		機械器具部品仕上組立工		鋳職		機械器具製造工,修理工,保全工		洋傘製造職		塗装工		包装掛,壜詰工,樽詰工		小使,給仕,雑役者		見習工 養成工(他ニ分類セラレザルモノ)		総数		非鉄金属製錬工(其ノ他ノ炉ニ依ルモノ)	
	男	女	男	女	男	女	男	女	男	女	男	女	男	女	男	女	男	女	男	女	男	女
十二歳以下									1	1						1				1		
十三歳					1					1										3		
十四歳									2	1						1			1			
十五歳									2										1	2		
十六歳									3	1									2	4		
十七歳	1								2	1									1	1		
十八歳									2	2							1		1	2		
十九歳			1						2	2					1				2			
二十歳									4	2					1							
二十一歳									1	1									3	1		
二十二歳									2										1	1		
二十三歳									6										3			
二十四歳					1																	
二十五歳									4										2		1	
二十六歳							1		1	1				1					5			
二十七歳						1					1											
二十八歳	1				1				2				1						2			
二十九歳									2		1				1				1			
三十歳									1										2			
三十一歳									1													
三十二歳					1				1	1									1			
三十三歳																			1			
三十四歳									1	1												
三十五歳									1													
三十六歳										1					1				2			
三十七歳											1								1			
三十八歳																1			1			
三十九歳																						
四十歳									1	1												
四十一歳									1										1			
四十二歳									2													
四十三歳											1											
四十四歳										1									1			
四十五歳									1											1		
四十六歳																						
四十七歳																						
四十八歳																						
四十九歳																						
五十歳																						
五十一歳																						
五十二歳																						
五十三歳																						
五十四歳																						
五十五歳																						
五十六歳																						
五十七歳																						
五十八歳																						
五十九歳																						
六十歳以上																			1			
年齢不詳																						
合計	2		1		4	1	1		47	18	4		1	1	4	3	1		36	16	1	

78 金属製玩具製造業

年齢	金属小物圧延伸張工 男	金属小物圧延伸張工 女	鋳造工 男	鋳造工 女	其ノ他ノ金属材料ノ製造加工作業者 男	其ノ他ノ金属材料ノ製造加工作業者 女	鋲打工 男	鋲打工 女	板金工,ブリキ職 男	板金工,ブリキ職 女	金属プレス工,打抜工 男	金属プレス工,打抜工 女	其ノ他ノ製品ノ製造作業者 男	其ノ他ノ製品ノ製造作業者 女	包装掛,壜詰工,樽詰工 男	包装掛,壜詰工,樽詰工 女	小使,給仕,雑役者 男	小使,給仕,雑役者 女	異雷工,袋成工(他ニ分類セラレザルモノ) 男	異雷工,袋成工(他ニ分類セラレザルモノ) 女	其ノ他ノ作業者 男	其ノ他ノ作業者 女
十二歳以下						1																
十三歳						2														1		
十四歳											1											
十五歳					1	2																
十六歳		1			1							1						2			1	
十七歳			1									1										
十八歳	1					1										1						
十九歳											2											
二十歳																						
二十一歳							1		1									1	1			
二十二歳		1									1											
二十三歳			1		1						1											
二十四歳																						
二十五歳					1																	
二十六歳	1				2						2											
二十七歳																						
二十八歳					1						1											
二十九歳	1																					
三十歳					1						1											
三十一歳																						
三十二歳					1																	
三十三歳					1																	
三十四歳																						
三十五歳																						
三十六歳			1		1																	
三十七歳					1																	
三十八歳					1																	
三十九歳																						
四十歳																						
四十一歳			1																			
四十二歳																						
四十三歳																						
四十四歳													1									
四十五歳																1						
四十六歳																						
四十七歳																						
四十八歳																						
四十九歳																						
五十歳																						
五十一歳																						
五十二歳																						
五十三歳																						
五十四歳																						
五十五歳																						
五十六歳																						
五十七歳																						
五十八歳																						
五十九歳																						
六十歳以上											1											
年齢不詳																						
合計	3	2	4		13	6	1		1		10	2	1			2		3	1	1	1	

79 金属製小間物類製造業

職業 / 男女 / 年齢	総数		経営者		一般事務者		金属棒、条圧延伸張工		金属小物圧延伸張工		金属撚線工		金属切断工		機械火造工		其ノ他ノ金属材料ノ製造加工作業者		旋盤工(金属ニ加工スルモノ)		手削盤工、形削盤工、竪削盤工	
	男	女	男	女	男	女	男	女	男	女	男	女	男	女	男	女	男	女	男	女	男	女
十二歳以下																						
十三歳	1																					
十四歳	1																					
十五歳	4	1									1											
十六歳	1	4								1								3				
十七歳		3																1				
十八歳	9								1		1						1		1			
十九歳	2	1							1								1					
二十歳	4				1				1										1			
二十一歳	2																1					
二十二歳	4								2						1							
二十三歳	1																		1			
二十四歳	3								1													
二十五歳	2																					
二十六歳																						
二十七歳	5																					
二十八歳	1																1					
二十九歳																						
三十歳	2										1								1			
三十一歳		1																				
三十二歳	1																					
三十三歳	1																				1	
三十四歳	3		1										1				1					
三十五歳	2	1																1				
三十六歳	2						1												1			
三十七歳																						
三十八歳	2	1							1													
三十九歳	1	1															1					
四十歳	2		1																			
四十一歳	3								1								2					
四十二歳	1																					
四十三歳																						
四十四歳																						
四十五歳																						
四十六歳																						
四十七歳																						
四十八歳																						
四十九歳																						
五十歳																						
五十一歳	1				1																	
五十二歳																						
五十三歳																						
五十四歳	1																					
五十五歳	1																					
五十六歳	1																1					
五十七歳																						
五十八歳																						
五十九歳																						
六十歳以上																						
年齢不詳																						
合計	64	13	2		2		1		8	1	3		1		1		9	5	5		1	

79 金属製小間物類製造業

年齢＼職業＼男女	金属プレス工，打抜工		ドラム罐，ブリキ罐製造工		鍛附工		針金細工工		機械製鋲工		バネ工		其ノ他ノ機械器具製作作業者		鋳職		機械器具製造工，修繕工，保全工		其ノ他ノ被服，身ノ廻リ品製造作業者		塗装工	
	男	女	男	女	男	女	男	女	男	女	男	女	男	女	男	女	男	女	男	女	男	女
十二歳以下																						
十三歳			1																			
十四歳																						
十五歳	1												1							1		
十六歳																						
十七歳		1																		1		
十八歳	1						2															
十九歳												1										
二十歳													1									
二十一歳																			1			
二十二歳							1															
二十三歳																						
二十四歳													1									
二十五歳	1																		1			
二十六歳																						
二十七歳	1														1				2		1	
二十八歳																						
二十九歳																						
三十歳																						
三十一歳												1										
三十二歳											1											
三十三歳																						
三十四歳																						
三十五歳	1																1					
三十六歳																						
三十七歳																						
三十八歳					1															1		
三十九歳		1																				
四十歳	1																					
四十一歳																						
四十二歳							1															
四十三歳																						
四十四歳																						
四十五歳																						
四十六歳																						
四十七歳																						
四十八歳																						
四十九歳																						
五十歳																						
五十一歳																						
五十二歳																						
五十三歳																						
五十四歳									1													
五十五歳	1																					
五十六歳																						
五十七歳																						
五十八歳																						
五十九歳																						
六十歳以上																						
年齢不詳																						
合計	7	2	1		1		4		1		1	2	3		1		1		4	3	1	

職業 / 男女 / 年齢	79 金属製小間物類製造業 メッキ工(皮膜防錆工ヲ含ム) 男	女	小使, 給仕, 雑役者 男	女	見習工養成工(他ニ分類セラレザルモノ) 男	女	80 蹄鉄及蹄釘製造業 総数 男	女	畜産作業者 男	女	装蹄師 男	女	金属切断工 男	女	鍛冶職, 刃物職 男	女	機械火造工 男	女	中子工 男	女	其ノ他ノ金属材料ノ製造加工作業者 男	女
十二歳以下																						
十三歳																						
十四歳			1																			
十五歳					1		1															
十六歳	1																					
十七歳							1	1														
十八歳					2		5				2				1							1
十九歳							1															
二十歳							2		1		1										1	
二十一歳							1				1											
二十二歳							4										1					
二十三歳							4						1									
二十四歳			1				1												1			
二十五歳							1															
二十六歳																						
二十七歳							2								1							
二十八歳							1														1	
二十九歳							2				1											
三十歳							1															
三十一歳							2															
三十二歳							1															
三十三歳																						
三十四歳																						
三十五歳																						
三十六歳							1															
三十七歳																						
三十八歳																						
三十九歳							1				1											
四十歳																						
四十一歳																						
四十二歳																						
四十三歳																						
四十四歳																						
四十五歳																						
四十六歳																						
四十七歳																						
四十八歳																						
四十九歳																						
五十歳																						
五十一歳																						
五十二歳																						
五十三歳																						
五十四歳																						
五十五歳																						
五十六歳																						
五十七歳																						
五十八歳																						
五十九歳																						
六十歳以上																						
年齢不詳																						
合計	1		2		3		3	1	1		6		1		2		1		1		2	1

産業 / 職業 / 男女 / 年齢	80 蹄鉄及蹄釘製造業																		81 火造(鍛冶)業			
	旋盤工(金属ニ加工スルモノ)		ボール盤工		ラッピング工(手作業ニ依ルモノ)		ドラム罐, ブリキ罐製造工		其ノ他ノ機械器具製作作業者		手仕上工		鋲打夫, 桝仕, 鍛夫, 運搬夫, 配達夫		小使, 給仕, 雑役者		見習工, 養成工(他ニ分類セラレザルモノ)		総数		経営者	
	男	女	男	女	男	女	男	女	男	女	男	女	男	女	男	女	男	女	男	女	男	女
十二歳以下																			5	/		
十三歳																			17			
十四歳																			25			
十五歳																	/		44	3		
十六歳																			58	/		
十七歳															/				72	2		
十八歳	/																/		79	/		
十九歳															/				70	/		
二十歳																			99			
二十一歳																			87	/		
二十二歳									/		/						/		77			
二十三歳	/										/		/						86			
二十四歳																			76			
二十五歳							/												66			
二十六歳																			89			
二十七歳					/														63			
二十八歳																			75			
二十九歳					/						/								62	/		
三十歳			/																62			
三十一歳	/				/														60	2	/	
三十二歳					/														46			
三十三歳																			27			
三十四歳																			31			
三十五歳																			29			
三十六歳															/				19			
三十七歳																			27			
三十八歳																			19			
三十九歳																			19			
四十歳																			16			
四十一歳																			13			
四十二歳																			19			
四十三歳																			8			
四十四歳																			4			
四十五歳																			6			
四十六歳																			6			
四十七歳																			9			
四十八歳																			4			
四十九歳																			8			
五十歳																			5			
五十一歳																						
五十二歳																			/			
五十三歳																			/			
五十四歳																						
五十五歳																						
五十六歳																						
五十七歳																						
五十八歳																						
五十九歳																			/			
六十歳以上																			3			
年齢不詳																						
合計	3		/		4		/		/		3		/		3		3		1592	13	/	

81 火造(鍛冶)業

年齢 \ 職業 \ 男女	一般事務者		販売仕入係事務者		機械技術者		建築技術者		焙焼工,焼結工,団鉱工		混銑炉工		製鋼工(平炉其ノ他ニ依ルモノ)		非鉄金属製錬工(電気炉ニ依ルモノ)		其ノ他ノ金属製錬作業者		其ノ他ノ現図工		金属加熱炉工	
	男	女	男	女	男	女	男	女	男	女	男	女	男	女	男	女	男	女	男	女	男	女
十二歳以下																					1	
十三歳																						
十四歳									1								1				1	
十五歳																						
十六歳																	1				1	
十七歳					1				1													
十八歳	1																				1	
十九歳									1								2					
二十歳																					3	
二十一歳	1								1												2	
二十二歳											1				1						1	
二十三歳	1								1								1				1	
二十四歳			1														2				2	
二十五歳													1								1	
二十六歳																	1				1	
二十七歳	1																1					
二十八歳																						
二十九歳																					2	
三十歳																	2					
三十一歳	1																				1	
三十二歳									1										1			
三十三歳																						
三十四歳							1														1	
三十五歳																					1	
三十六歳																						
三十七歳	1								1													
三十八歳																					1	
三十九歳																						
四十歳																						
四十一歳																						
四十二歳																						
四十三歳																						
四十四歳																						
四十五歳																						
四十六歳																						
四十七歳																						
四十八歳																						
四十九歳																					1	
五十歳																						
五十一歳																						
五十二歳																						
五十三歳																						
五十四歳																						
五十五歳																						
五十六歳																						
五十七歳																						
五十八歳																						
五十九歳																						
六十歳以上																						
年齢不詳																						
合計	6		1		1		1		7		1		1		1		11		1		22	

年齢 \ 男女 \ 職業 \ 産業	81 火造(鍛冶)業																					
	金属板圧延伸張工		金属棒, 条圧延伸張工		金属小物圧延伸張工		金属線伸張工		金属疵取工		金属切断工		鍛冶職, 刃物職		機械火造工		熱処理工		鋳物砂型工		鋳造工	
	男	女	男	女	男	女	男	女	男	女	男	女	男	女	男	女	男	女	男	女	男	女
十二歳以下														1								
十三歳													5		6						1	
十四歳													3		4							
十五歳													7		12						1	
十六歳			1				1						14	1	18							
十七歳													15	1	23		1				1	
十八歳											1		17		32		2				2	
十九歳													15		32						1	
二十歳													31		41		1					
二十一歳													17	1	43						3	
二十二歳					1								14		38						1	
二十三歳													13		45						2	
二十四歳													13		39						2	
二十五歳											1		17		30				1		1	
二十六歳													19		46							
二十七歳					1				1				12		32							
二十八歳													15		41						1	
二十九歳											1		10		30		1		1		1	
三十歳													13		27						2	
三十一歳							1						15		27		1				1	
三十二歳													14		22							
三十三歳													7		11							
三十四歳											1		6		15							
三十五歳	1												6		15		1					
三十六歳											1		4		8							
三十七歳											1		10		10							
三十八歳											1		4		7		1					
三十九歳													8		2							
四十歳													9		4						1	
四十一歳			1										4		3							
四十二歳													2		10							
四十三歳													5		1		1					
四十四歳													1									
四十五歳													2		3							
四十六歳													1		2							
四十七歳													3		3							
四十八歳													1									
四十九歳															4							
五十歳													1		2							
五十一歳																						
五十二歳													1									
五十三歳																						
五十四歳																						
五十五歳																						
五十六歳																						
五十七歳																						
五十八歳																						
五十九歳																						
六十歳以上													2		1							
年齢不詳																						
合計	1		2		2		2		1		7		356	4	688		9		2		21	

職業 / 年齢 / 男女	81 火造(鍛冶)業																					
	其ノ他ノ金属材料ノ製造加工作業者		ケガキ工		旋盤工(金属ニ加工スルモノ)		旋盤工(木材以外ノ非金属ニ加工スルモノ)		タレット工		卓上旋盤工,小型機械工		ボール盤工		平削盤工,形削盤工,堅削盤工		プライス盤工		歯切盤工		研磨盤工,ラップ盤工	
	男	女	男	女	男	女	男	女	男	女	男	女	男	女	男	女	男	女	男	女	男	女
十二歳以下	1																					
十三歳													1									
十四歳	2				2																	
十五歳					3						1								1			
十六歳					3																	
十七歳	1				10				1												1	
十八歳	2	1			1		1															
十九歳	1				2								1									
二十歳	3				2								1									
二十一歳	1				2																	
二十二歳	1				2				1													
二十三歳	3						1															
二十四歳																						
二十五歳																						
二十六歳	1				1																	
二十七歳	1																					
二十八歳	2										1											
二十九歳	2				2																1	
三十歳					1																	
三十一歳	2												1									
三十二歳					1										1							
三十三歳	1																					
三十四歳	2																					
三十五歳	1																					
三十六歳																						
三十七歳	1																					
三十八歳																						
三十九歳	1																					
四十歳																						
四十一歳																						
四十二歳	1																					
四十三歳																						
四十四歳	1																					
四十五歳																						
四十六歳	1																					
四十七歳																						
四十八歳																						
四十九歳	1																					
五十歳			1																			
五十一歳																						
五十二歳																						
五十三歳																						
五十四歳																						
五十五歳																						
五十六歳																						
五十七歳																						
五十八歳																						
五十九歳																	1					
六十歳以上																						
年齢不詳																						
合計	33	1	1		32		2		2		2		4		1		1		1		2	

年齢 \ 職業 \ 男女	ラッピング工(手作業ニ依ルモノ)		撓鉄工		鋲打工		金属プレス工, 打抜工		ガス熔接工		電気熔接工		パイプ工(造船所, 鋼工ヲ含ム)		刃物研ギ工		針金細工工		配線工		其ノ他ノ機械器具製作作業者	
81 火造(鍛冶)業	男	女	男	女	男	女	男	女	男	女	男	女	男	女	男	女	男	女	男	女	男	女
十二歳以下																						
十三歳							1								1							
十四歳					1										2						1	
十五歳					1										1	2						1
十六歳							1		1												1	
十七歳	1						1				1				2	1	1					
十八歳									1												4	
十九歳			2		2																1	
二十歳			2										1								4	
二十一歳			1						1						1						4	
二十二歳			2										1								1	
二十三歳			1		2														1		1	
二十四歳			1				1				1				1				1		1	
二十五歳			1												1						1	
二十六歳			2		1		2		1													
二十七歳					1		1		1						2						1	
二十八歳			1		1										3							
二十九歳							2														2	
三十歳			1				1								3						1	
三十一歳			1												1	1					1	
三十二歳			1				1															
三十三歳			1				1														1	
三十四歳			1																		2	
三十五歳																						
三十六歳			1				1								1							
三十七歳							1															
三十八歳							1															
三十九歳			1												1							
四十歳																					1	
四十一歳			1																			
四十二歳																						
四十三歳																						
四十四歳			1												1							
四十五歳																						
四十六歳																						
四十七歳																						
四十八歳																						
四十九歳			1																			
五十歳															1							
五十一歳																						
五十二歳																						
五十三歳																						
五十四歳																						
五十五歳																						
五十六歳																						
五十七歳																						
五十八歳																						
五十九歳																						
六十歳以上																						
年齢不詳																						
合計	1		23		9		15		5		2		2		22	4	1		2		29	1

81 火造(鍛冶)業

産業 職業 男女 年齢	手仕上工 男	手仕上工 女	電気機械器具組立工 男	電気機械器具組立工 女	機械器具部品仕上組立工 男	機械器具部品仕上組立工 女	工具保全工 男	工具保全工 女	火工 男	火工 女	コンクリート工 男	コンクリート工 女	メッキ工(皮膜防錆工ヲ含ム) 男	メッキ工(皮膜防錆工ヲ含ム) 女	パフ磨工 男	パフ磨工 女	機械器具部品検査工 男	機械器具部品検査工 女	選別工,検査工 男	選別工,検査工 女	自動車運転手 男	自動車運転手 女
十二歳以下																						
十三歳																						
十四歳	1								1													
十五歳	1																1					
十六歳																			1			
十七歳									1													
十八歳							1		2													
十九歳	1								1													
二十歳	1																1					
二十一歳	1																					
二十二歳	1																					
二十三歳	1																				1	
二十四歳	1								2													
二十五歳	1								2													
二十六歳	2																				1	
二十七歳									2												1	
二十八歳	1																					
二十九歳		1	1						1													
三十歳									1				1								1	
三十一歳																						
三十二歳																						
三十三歳									1													
三十四歳																						
三十五歳	1																					
三十六歳																						
三十七歳																						
三十八歳					1				1													
三十九歳																						
四十歳	2																					
四十一歳	1																					
四十二歳	1								1		1											
四十三歳																						
四十四歳																						
四十五歳																						
四十六歳									1													
四十七歳																						
四十八歳																						
四十九歳															1							
五十歳																						
五十一歳																						
五十二歳																						
五十三歳																						
五十四歳																						
五十五歳																						
五十六歳																						
五十七歳																						
五十八歳																						
五十九歳																						
六十歳以上																						
年齢不詳																						
合計	17	1	1		1		1		17		1		1		1		2		1		4	

年齢 \ 職業 \ 男女	81 火造(鍛冶)業 鍛夫,伸仕,鋳鍛夫,鍛鍛夫,配鍛夫 男	女	物品売買業者,仲買人 男	女	店員,売子,注文取,集金人 男	女	原動機(電動機ヲ除ク)操縦,ポンプ,送付機,送風機 男	女	起重機運転工 男	女	火夫,油差 男	女	小使,給仕,雑役者 男	女	見習工,養成工(他ニ分類セラレザルモノ) 男	女	其ノ他ノ作業者 男	女	82 金属切断業 総数 男	女	一般事務者 男	女
十二歳以下															3					1		
十三歳													2		1				1	1		
十四歳													2		2		1		7			
十五歳															15				13			
十六歳											1		1		13				7	1		
十七歳											2		3		5				10			
十八歳	1										1		5		4				9	1		
十九歳	1								1				3		3	1			11	1		
二十歳					1		1						4		2				9			
二十一歳													7		2				9			
二十二歳					2						5		4						17	1		
二十三歳	1												10						18			
二十四歳	1												5		1				12			
二十五歳	1												6		1				16			
二十六歳	2												9						11			
二十七歳													3		1		1		5			
二十八歳	1		1										6				1		12		1	
二十九歳													5						13			
三十歳											1		6		1				11			
三十一歳					1								5	1					10			
三十二歳	1												3						7			
三十三歳													4						6			
三十四歳													1						13			
三十五歳											1		2						4			
三十六歳			1										2						7			
三十七歳	1												1						6			
三十八歳													1				1		7			
三十九歳	2												1				1		4			
四十歳													1						2			
四十一歳	2						1												5			
四十二歳													2				1		3			
四十三歳													1						4			
四十四歳																			3			
四十五歳													1						2			
四十六歳													1						1			
四十七歳	1												1				1		3			
四十八歳													2						2			
四十九歳	1																		2			
五十歳																						
五十一歳																			1			
五十二歳																			1			
五十三歳	1																		2			
五十四歳																			2			
五十五歳																						
五十六歳																						
五十七歳																						
五十八歳																						
五十九歳																						
六十歳以上																			1			
年齢不詳																						
合計	17		2		4		2		1		11		110	1	54	1	7		294	6	1	

年齢 \ 職業	販売仕入係事務者		金属小物圧延伸張工		金属線伸張工		金属撚線工		金属切断工		鍛冶職, 刃物職		機械火造工		鋳物木型工		其ノ他ノ金属材料ノ製造加工作業者		旋盤工(金属ニ加工スルモノ)		タレット工	
	男	女	男	女	男	女	男	女	男	女	男	女	男	女	男	女	男	女	男	女	男	女
十二歳以下										1												
十三歳									1									1				
十四歳									1										1			
十五歳									8										1			
十六歳									6													
十七歳			1						2								1		3			
十八歳									5	1									1		1	
十九歳									4						1		1	1	1			
二十歳									7								1					
二十一歳									7													
二十二歳									11								2				1	
二十三歳									10				1				3		1			
二十四歳									7								1		1			
二十五歳			1						8								1		2			
二十六歳									8								2					
二十七歳									1								1					
二十八歳									8										1			
二十九歳									7								1		1			
三十歳					1				7												1	
三十一歳									6								1		1			
三十二歳									4								1					
三十三歳	1						1		1								1					
三十四歳									7								2		1			
三十五歳									4						1		1					
三十六歳									5								1					
三十七歳									4								1					
三十八歳									5								1					
三十九歳							1		2													
四十歳											1											
四十一歳									4								1					
四十二歳									1								1					
四十三歳									3													
四十四歳			1						1													
四十五歳																						
四十六歳																						
四十七歳									1								1					
四十八歳									1													
四十九歳									2													
五十歳									2													
五十一歳																						
五十二歳																						
五十三歳									1													
五十四歳									2								1					
五十五歳									1													
五十六歳																						
五十七歳																						
五十八歳																						
五十九歳																						
六十歳以上																						
年齢不詳									1													
合計	1		3		1		2		166	2	1		1		2		27	2	15		3	

年齢 \ 職業 \ 男女	82金属切断業																					
	卓上旋盤工，小型機械工		歯切盤工		捲鉄工		鋲打工		金属プレス工，打抜工		パイプ工(造船所，銅工ヲ含ム)		針金細工工		其ノ他ノ機械器具製作作業者		手仕上工		機械器具部品仕上組立工		機械器具製造工，修繕工，保全工	
	男	女	男	女	男	女	男	女	男	女	男	女	男	女	男	女	男	女	男	女	男	女
十二歳以下																						
十三歳																						
十四歳	/		/												/							
十五歳	2																/					
十六歳									/								/					
十七歳											/											
十八歳											/											
十九歳																	/					
二十歳																						
二十一歳			/																			
二十二歳																	/					
二十三歳					/																	
二十四歳																						
二十五歳			/														2					
二十六歳																						
二十七歳																			/			
二十八歳																						
二十九歳	/										/											
三十歳									/													
三十一歳													/									
三十二歳																						
三十三歳																						
三十四歳									3													
三十五歳							/															
三十六歳															/							
三十七歳																						
三十八歳																						
三十九歳	/																					
四十歳																						
四十一歳																						
四十二歳																						
四十三歳																						
四十四歳																						
四十五歳																						
四十六歳																						
四十七歳																						
四十八歳																						
四十九歳																						
五十歳																						
五十一歳																					/	
五十二歳																						
五十三歳																						
五十四歳																						
五十五歳																						
五十六歳																						
五十七歳																						
五十八歳																						
五十九歳																						
六十歳以上																						
年齢不詳																						
合計	5		3		/		/		5		3		/		2		6		/		/	

年齢 ＼ 職業 ＼ 男女	82金属切断業														83熔接業							
	圧縮ガス工		鍛鉄工,鋳鉄工,錬鉄工,圧延工		店員,売子,注文取,集金人		起重機運転工		小使,給仕,雑役者		見習工,養成工(他ニ分類セラレザルモノ)		其ノ他ノ作業者		総数		経営者		一般事務者		製鉄工(熔鉱炉其ノ他ニ依ルモノ)	
	男	女	男	女	男	女	男	女	男	女	男	女	男	女	男	女	男	女	男	女	男	女
十二歳以下															3							
十三歳															9							
十四歳											2				18							
十五歳									1						25							
十六歳										1					19	2						
十七歳			1								1				35	1					1	
十八歳									1						30	2			1			
十九歳			1		1				1						34							
二十歳									1						26							
二十一歳									1						36	1						
二十二歳			1						1					1	40							
二十三歳									1				1		35							
二十四歳			1		1				1						31							
二十五歳									1						26							
二十六歳									1						26	1						
二十七歳													2		33	1						
二十八歳			1										1		27	1						
二十九歳									1				1		33	1	1					
三十歳															28							
三十一歳			1						1						26							
三十二歳			1												12							
三十三歳	1		1												12							
三十四歳															18							
三十五歳			1						1						8							
三十六歳															8							
三十七歳			1												3							
三十八歳															10							
三十九歳															9							
四十歳									1						6							
四十一歳															8				1			
四十二歳							1								4							
四十三歳															2							
四十四歳									1				1		3							
四十五歳			1						1						4							
四十六歳															3							
四十七歳			1																			
四十八歳															1							
四十九歳															1							
五十歳																						
五十一歳																						
五十二歳															1							
五十三歳																						
五十四歳																						
五十五歳																						
五十六歳																						
五十七歳																						
五十八歳																						
五十九歳																						
六十歳以上																						
年齢不詳																						
合計	1		12		2		1		16	1	3		6	1	654	10	1		2		1	

83 熔接業

職業 / 男女 / 年齢	非鉄金属製錬工(其ノ他ノ炉ニ依ルモノ)		非鉄金属製錬工(電解ニ依ルモノ)		金属板圧延伸張工		金属製管工		金属線伸張工		鍛冶職,刃物職		機械火造工		金属熔融工		其ノ他ノ金属材料ノ製造加工作業者		旋盤工(金属ニ加工スルモノ)		撓鉄工	
	男	女	男	女	男	女	男	女	男	女	男	女	男	女	男	女	男	女	男	女	男	女
十二歳以下																						
十三歳																						
十四歳													/									
十五歳																			/			
十六歳																						
十七歳						/									/							
十八歳						/													/		/	
十九歳							/															
二十歳																			/			
二十一歳																		/				
二十二歳																	/					
二十三歳																						
二十四歳																	/					
二十五歳							/															
二十六歳							/															
二十七歳																						
二十八歳																	/					
二十九歳			/				/															
三十歳													/		/							
三十一歳											/		/									
三十二歳													/				/					
三十三歳											/											
三十四歳																	/					
三十五歳																	/					
三十六歳																	/					
三十七歳																						
三十八歳																						
三十九歳																						
四十歳																						
四十一歳																						
四十二歳															/		/					
四十三歳																						
四十四歳							/		/													
四十五歳	/																					
四十六歳																						
四十七歳																						
四十八歳																						
四十九歳																						
五十歳																						
五十一歳																						
五十二歳																						
五十三歳																						
五十四歳																						
五十五歳																						
五十六歳																						
五十七歳																						
五十八歳																						
五十九歳																						
六十歳以上																						
年齢不詳																						
合計	/		/			2	5		/		2		4		3		8	/	3		/	

83 熔接業

年齢 ＼ 職業・男女	鋲打工 男	鋲打工 女	板金鋲打工 男	板金鋲打工 女	板金工, ブリキ職 男	板金工, ブリキ職 女	金属プレス工, 打抜工 男	金属プレス工, 打抜工 女	ガス熔接工 男	ガス熔接工 女	電気熔接工 男	電気熔接工 女	其ノ他ノ溶接工 男	其ノ他ノ溶接工 女	鑞付工 男	鑞付工 女	パイプ工(造船所, 鋼工ヲ含ム) 男	パイプ工(造船所, 鋼工ヲ含ム) 女	配線工 男	配線工 女	其ノ他ノ機械器具製作作業者 男	其ノ他ノ機械器具製作作業者 女
十二歳以下									3													
十三歳									4		2		1									
十四歳							1		7		4											
十五歳									14		5		1									
十六歳									11		4	1				1						
十七歳									10		13		1									
十八歳									23		3	1										
十九歳									21		7		2								1	
二十歳									12		10		2								1	
二十一歳									28		6								1			
二十二歳									27		8											
二十三歳	1								29		3											
二十四歳									21		6		1				1					
二十五歳									19		5		1									
二十六歳	1				1				13		6		1									
二十七歳									21	1	9		1									
二十八歳									17	1	7		2									
二十九歳			1						23	1	5											
三十歳			1						18		4		1									
三十一歳									17		5		1									
三十二歳					1		1		5		3											
三十三歳									7		4											
三十四歳									16		2											
三十五歳									4		2											
三十六歳	1								6													
三十七歳									2													
三十八歳									8		1											
三十九歳									8													
四十歳									5													
四十一歳									4				1									
四十二歳									2		1											
四十三歳									1													
四十四歳									1													
四十五歳									2													
四十六歳									2		1											
四十七歳																						
四十八歳																						
四十九歳																						
五十歳									1													
五十一歳																						
五十二歳																						
五十三歳									1													
五十四歳																						
五十五歳																						
五十六歳																						
五十七歳																						
五十八歳																						
五十九歳																						
六十歳以上																						
年齢不詳																						
合計	3		2		2		2		413	3	126	2	16			1	1		1		2	

83 熔接業

年齢＼職業・男女	手仕上工		機械器具総組立工		鋳職		其ノ他ノ製品ノ製造作業者		其ノ他ノ土木建築作業者		其ノ他ノ電工		自動車運転手		鍛夫,鋳物工,鉄工等		店員,売子,注文取,集金人		小使,給仕,雑役者		見習工,養成工(他ニ分類セラレザルモノ)	
	男	女	男	女	男	女	男	女	男	女	男	女	男	女	男	女	男	女	男	女	男	女
十二歳以下																						
十三歳																					2	
十四歳																					5	
十五歳																					4	
十六歳																					4	
十七歳													1				1		2		5	
十八歳																					1	
十九歳																					2	
二十歳																						
二十一歳																			1			
二十二歳															1				3			
二十三歳	1																				1	
二十四歳																			1			
二十五歳																						
二十六歳								1			1		1								1	
二十七歳																					2	
二十八歳																						
二十九歳																			1			
三十歳									1		1											
三十一歳			1																			
三十二歳																						
三十三歳																						
三十四歳																						
三十五歳																			1			
三十六歳																						
三十七歳					1																	
三十八歳					1																	
三十九歳																			1			
四十歳																			1			
四十一歳																			1			
四十二歳																						
四十三歳					1																	
四十四歳																						
四十五歳															1							
四十六歳																						
四十七歳																						
四十八歳																					1	
四十九歳																						
五十歳																						
五十一歳																						
五十二歳																						
五十三歳																						
五十四歳																						
五十五歳																						
五十六歳																						
五十七歳																						
五十八歳																						
五十九歳																						
六十歳以上																						
年齢不詳																						
合計	1		1		3			1	1		2		2		2		1		12		28	

年齢＼職業＼男女	84其ノ他ノ金属品製造加工業																					
	総数		経営者		一般事務者		販売仕入係事務者		機械技術者		電気技術者		熔焼工,焼結工,団鉱工		非鉄金属製錬工(其ノ他ノ炉ニ依ルモノ)		其ノ他ノ金属製錬作業者		非金属精錬工		金属加熱炉工	
	男	女	男	女	男	女	男	女	男	女	男	女	男	女	男	女	男	女	男	女	男	女
十二歳以下	13	106																				
十三歳	28	84			1																	
十四歳	28	77																				
十五歳	40	55																				
十六歳	68	33																			1	
十七歳	69	44											1				1					
十八歳	69	34															2					
十九歳	69	26																				
二十歳	61	13																				
二十一歳	78	11																				
二十二歳	72	9	1														1				2	
二十三歳	81	18			1																	
二十四歳	61	7																				
二十五歳	76	4			1												1					
二十六歳	73	6			1										1							
二十七歳	65	5			1												1					
二十八歳	66	6	1						1				1									
二十九歳	56	7	1																			
三十歳	58	5			1										1							
三十一歳	51	6	1				1			1			1									
三十二歳	45	6	2																			
三十三歳	47	2			1										1							
三十四歳	52	5	1		1																	
三十五歳	42	5																				
三十六歳	30				2																	
三十七歳	23	4											1									
三十八歳	27	3	1		1								2									
三十九歳	27	3																				
四十歳	31	2					1				1								1		1	
四十一歳	18																					
四十二歳	26	4											1									
四十三歳	22				1												1					
四十四歳	16	5																				
四十五歳	14	1																				
四十六歳	7																					
四十七歳	8		2																			
四十八歳	12	2																				
四十九歳	8	2			1																	
五十歳	7																					
五十一歳	7																					
五十二歳	2	1																				
五十三歳	4	2																				
五十四歳																						
五十五歳	2																					
五十六歳	1																					
五十七歳	1																					
五十八歳	1																					
五十九歳	2																					
六十歳以上	6	3																				
年齢不詳	1																					
合計	1670	606	10		13		2		1	1	1		7		3		7		1		4	

84 其ノ他ノ金属品製造加工業

年齢	金属板圧延伸張工 男	金属板圧延伸張工 女	金属棒, 条圧延伸張工 男	金属棒, 条圧延伸張工 女	金属製管工 男	金属製管工 女	金属小物圧延伸張工 男	金属小物圧延伸張工 女	金属線伸張工 男	金属線伸張工 女	金属撚線工 男	金属撚線工 女	金属疵取工 男	金属疵取工 女	金属切断工 男	金属切断工 女	鍛冶職, 刃物職 男	鍛冶職, 刃物職 女	機械火造工 男	機械火造工 女	熱処理工 男	熱処理工 女
十二歳以下								1													1	
十三歳			1			1									1	1						
十四歳						1	1	1						1		1	1					
十五歳	1						1	1									1	1				
十六歳					1		1								1		3				2	
十七歳					1				2						2	1	1					
十八歳																	1				2	
十九歳							2			1					2						4	
二十歳		1					1		1						1				3			
二十一歳							1							1	1						7	
二十二歳			1				1								2		1		1		3	
二十三歳							1		1		1				1						4	
二十四歳					1				1						2				1		3	
二十五歳					1	1	1		1						1		1		1		6	
二十六歳		1							2						1		2				1	
二十七歳									2				1		1				2		3	
二十八歳	2						1								1		2				5	
二十九歳							4	1	1						2				1		5	
三十歳						1	1										1				6	
三十一歳							3	1							2		3				1	
三十二歳																1	1				3	
三十三歳									2								1				2	
三十四歳															4		2				3	
三十五歳	1														1		2				2	
三十六歳							3		1												1	
三十七歳															1		2		1			
三十八歳									1				1		1		1				2	
三十九歳								1	2		1						3					
四十歳							1		2				1		1							
四十一歳							1														1	
四十二歳																					1	
四十三歳															2							
四十四歳																	1				2	
四十五歳																			1			
四十六歳																						
四十七歳															1							
四十八歳																						
四十九歳															1		1					
五十歳																	1					
五十一歳									1													
五十二歳																						
五十三歳																					1	
五十四歳																						
五十五歳															1							
五十六歳																						
五十七歳																						
五十八歳																						
五十九歳																						
六十歳以上																						
年齢不詳																						
合計	4	2	2		4	4	24	6	20	1	2		3	2	34	4	32	1	11		71	

84 其ノ他ノ金属品製造加工業

年齢 ＼ 職業 ＼ 男女	金属熔融工		鋳造工		特殊鋳物工		其ノ他ノ金属材料ノ製造加工作業者		旋盤工(金属ニ加工スルモノ)		タレット工		卓上旋盤工, 小型機械工		中グリ盤工		ボール盤工		平削盤工, 形削盤工, 竪削盤工		プライス盤工	
	男	女	男	女	男	女	男	女	男	女	男	女	男	女	男	女	男	女	男	女	男	女
十二歳以下							6	57		1												
十三歳							5	43	1	1			2	1			1					
十四歳							10	46	2													
十五歳							12	28	5	1			2									
十六歳							18	17	3		1		1									
十七歳							14	28	3		1		1									
十八歳							21	22	3				1		1							
十九歳			2				14	19	6		3											
二十歳							16	6	7				1									
二十一歳							24	5	5				2				1					
二十二歳							32	6	2		1		1						1			
二十三歳							22	11	3				1									
二十四歳							24	3	1				1									
二十五歳			1				19	3	3		2						2					
二十六歳							19	4	2				1		1				1			
二十七歳							16	4	1		1		1				1					
二十八歳	1						17	4	1													
二十九歳			1				19	4														
三十歳	2						17		2													
三十一歳	1						11	1									1					
三十二歳					1		17	2	1						1		1				1	
三十三歳							15										1					
三十四歳							15	2							1							
三十五歳							15	1	1													
三十六歳							5															
三十七歳							6	3														
三十八歳							6	2	1													
三十九歳			1				9	1														
四十歳					1		9	1	1													
四十一歳							6		1		1											
四十二歳							7	1														
四十三歳							7		1													
四十四歳			1				5	2									1					
四十五歳							4															
四十六歳							2															
四十七歳							3															
四十八歳							3	1														
四十九歳							2	2														
五十歳							1		1													
五十一歳							3															
五十二歳							1						1									
五十三歳							1	2														
五十四歳																						
五十五歳																						
五十六歳							1															
五十七歳																						
五十八歳																						
五十九歳																						
六十歳以上								2														
年齢不詳																						
合計	4		6		2		479	333	57	3	10		16	1	4		9		2		1	

年齢 \ 職業 \ 男女	84 其ノ他ノ金属品製造加工業																					
	研磨盤工, ラツプ盤工		ラッピング工(手作業ニ依ルモノ)		撓鉄工		鋲打工		板金鋲打工		板金工, ブリキ職		金属プレス工, 打抜工		ドラム罐, ブリキ罐製造工		ガス熔接工		電気熔接工		鑞付工	
	男	女	男	女	男	女	男	女	男	女	男	女	男	女	男	女	男	女	男	女	男	女
十二歳以下			2	2								1	2	7								
十三歳	1	1	1	1									4	7								
十四歳	2												3	8				1				
十五歳	1											1	7	1								
十六歳	2		1										12	4								
十七歳	4						1					1	10	2								
十八歳	1				1								10	1								
十九歳	3								1				5	3								
二十歳	1		1								1	1	6	1								
二十一歳											1		13									
二十二歳	2												6									
二十三歳	2										1		8						1			
二十四歳													6	1			1		1			
二十五歳	1										1		4									
二十六歳	3										2		10				1					
二十七歳													9									
二十八歳	1										1		7	1								
二十九歳	1										1		4	1							1	
三十歳													3	1								
三十一歳					1						2		2	1			1					
三十二歳	1				1						1		4									
三十三歳	2				1				1				4	1								
三十四歳											2		4									
三十五歳	2			1									3	1								
三十六歳	1										1		3		1							
三十七歳			1										3									
三十八歳													3									
三十九歳													1									
四十歳											1		3	1							1	
四十一歳											1		2									
四十二歳	1												3								1	
四十三歳													1									
四十四歳											1		1									
四十五歳											1			1								
四十六歳	1																1					
四十七歳																						
四十八歳											1		3									
四十九歳											1											
五十歳																						
五十一歳																						
五十二歳																						
五十三歳																						
五十四歳																						
五十五歳																						
五十六歳																						
五十七歳													1									
五十八歳											1											
五十九歳																						
六十歳以上											1											
年齢不詳																						
合計	33	1	6	4	4		1		2		21	4	170	43	1		4	1	2		3	

84 其ノ他ノ金属品製造加工業

年齢	パイプ工(造船所,鋼工ヲ含ム) 男	パイプ工(造船所,鋼工ヲ含ム) 女	鉛管工,鉛工 男	鉛管工,鉛工 女	金属彫刻工 男	金属彫刻工 女	目立工 男	目立工 女	刃物研ギ工 男	刃物研ギ工 女	其ノ他ノ目盛工 男	其ノ他ノ目盛工 女	針金細工工 男	針金細工工 女	巻線工 男	巻線工 女	機械製鋲工 男	機械製鋲工 女	針布工 男	針布工 女	其ノ他ノ機械器具製作作業者 男	其ノ他ノ機械器具製作作業者 女
十二歳以下				1										2			1			1		9
十三歳														3		1						8
十四歳							1							4			1					1
十五歳							1							4								5
十六歳							1						1							1	1	2
十七歳					1		3		2				3	2		1	1				1	1
十八歳													1	2							3	1
十九歳			1				1						2								1	
二十歳							2						3									1
二十一歳					1								3	1								3
二十二歳					1		2						2									
二十三歳							3						4	1			2			2	5	1
二十四歳							1		2				1							1	1	1
二十五歳							2		3				7				1				4	
二十六歳			1				3		1												2	
二十七歳							1						2								3	
二十八歳							2		1				4								2	
二十九歳							2						2	1							2	
三十歳				1			2		2				9	1							4	
三十一歳											1		4								1	1
三十二歳							1						1								3	1
三十三歳													3								2	
三十四歳							2		1				5									
三十五歳							2		3				2									
三十六歳							1		1				1								1	
三十七歳							1						1				1	1			2	
三十八歳							1						1									
三十九歳									2												1	
四十歳							1						2								2	
四十一歳							2						2									
四十二歳							2		4				2								2	1
四十三歳							1		2				2								1	
四十四歳													2									
四十五歳							1		1												1	
四十六歳									1													
四十七歳													2									
四十八歳									1					1							2	
四十九歳																						
五十歳	1						1						1								1	
五十一歳															1							
五十二歳																						
五十三歳	1																					
五十四歳																						
五十五歳													1									
五十六歳																						
五十七歳																						
五十八歳																						
五十九歳							1															
六十歳以上									2				1									
年齢不詳													1									
合計	2		2	2	3		44		29		1		79	23	1	2	7	1		5	48	36

産業／職業／男女／年齢	84 其ノ他ノ金属品製造加工業																					
	手仕上工		機械器具部品仕上組立工		鋳職		機械器具製造工,修繕工,保全工		工具保全工		其ノ他ノ化学製品ノ製造作業者		其ノ他ノ窯業,土石類ノ加工作業者		其ノ他ノ被服,身ノ廻リ品製造作業者		木工		其ノ他ノ製品ノ製造作業者		其ノ他ノ土木建築作業者	
	男	女	男	女	男	女	男	女	男	女	男	女	男	女	男	女	男	女	男	女	男	女
十二歳以下		4														2				6		1
十三歳	1	2			1											3				3		
十四歳	1	4														2						
十五歳	1	3				1										2			1	1		
十六歳	3	2													1	5				2		
十七歳	1							1	1							1				1		
十八歳	5	1				1									2	1				1		
十九歳	3	1	1		1											1			1			
二十歳	2		1		2								2			1			1			
二十一歳	5					1											1					
二十二歳	1									1					1							
二十三歳	2		1												1	1			1	1		
二十四歳	6														4				1			
二十五歳	1				1										2				1			
二十六歳	4														3				2			
二十七歳	3														1				2	1		
二十八歳	4						1								4							
二十九歳			1						1													
三十歳	1														1							
三十一歳	1	1			1										3				1			
三十二歳																						
三十三歳	3						1		1							1						
三十四歳															1	1			2			
三十五歳															1	1			1			
三十六歳																						
三十七歳																			1			
三十八歳						1					1											
三十九歳									2						1				1	1		
四十歳																						
四十一歳															1							
四十二歳																1			1			
四十三歳	1																					
四十四歳	1															1						
四十五歳																			1			
四十六歳															1		1					
四十七歳																						
四十八歳							1															
四十九歳															1							
五十歳																						
五十一歳																						
五十二歳																						
五十三歳																						
五十四歳																						
五十五歳																						
五十六歳																						
五十七歳																						
五十八歳																						
五十九歳																						
六十歳以上																1			1			
年齢不詳																						
合計	50	18	4		6	4	3	1	5	1	1		2		29	26	2		20	17		1

年齢 \ 職業 男女別	84 其ノ他ノ金属品製造加工業																					
	メツキ工(皮膜防錆工ヲ含ム)		金属酸洗工，洗滌工		砂吹工		バフ磨工		選別工，検査工		自動車運転手		龍夫，仲仕，倉庫夫，運搬夫，配達夫		物品売買業者，仲買人		店員，売子，注文取，集金人		火夫，油差		包装掛，壜詰工，樽詰工	
	男	女	男	女	男	女	男	女	男	女	男	女	男	女	男	女	男	女	男	女	男	女
十二歳以下																		1				
十三歳							2										1					
十四歳							1															
十五歳	1						3											1				
十六歳									1				2				3					
十七歳			1				4						1				2					
十八歳							7						1				2					
十九歳							5				1		2				1					
二十歳							5															1
二十一歳			1				5				1				1							
二十二歳							2						1				1					
二十三歳	1						2				1				2				1			
二十四歳							2				1											
二十五歳							4															
二十六歳							5		1													
二十七歳							3						1		1		2					
二十八歳					1		4															1
二十九歳							4															
三十歳	1						2															
三十一歳			1				4								1							
三十二歳							2						1				1					
三十三歳							2		1								1					
三十四歳							3															
三十五歳	1						2				1						1					
三十六歳			1				2								2		1					
三十七歳															1				1			
三十八歳			1								1				1		1					
三十九歳	1						1								1							
四十歳																						
四十一歳																						
四十二歳							1															
四十三歳							2															
四十四歳								1														
四十五歳							1															
四十六歳																						
四十七歳																						
四十八歳			1																			
四十九歳																						
五十歳																						
五十一歳																						
五十二歳																						
五十三歳							1															
五十四歳																						
五十五歳																						
五十六歳																						
五十七歳																						
五十八歳																						
五十九歳																						
六十歳以上			1																			
年齢不詳																						
合計	5		7		1		81	1	3		6		9		9		17	2	2			2

年齢＼職業＼男女	84其ノ他ノ金属品製造加工業										85蒸気罐製造業											
	荷造工		小使,給仕,雑役者		見習工 養成工(他ニ分類セラレザルモノ)		其ノ他ノ作業者		其ノ他ノ職業者		総数		経営者		一般事務者		販売仕入係事務者		機械技術者		熔焼工,熔結工,団鉱工	
	男	女	男	女	男	女	男	女	男	女	男	女	男	女	男	女	男	女	男	女	男	女
十二歳以下				3	1	3		2			2											
十三歳			3	2	2	2		4			4											
十四歳			1	1	3	2	1	4			9											
十五歳			2	1	1	1		3			13											
十六歳			1		8						23											
十七歳			1	1	6	1		3			22											
十八歳			2	2	3			2			23											
十九歳			3		2					1	31	1										
二十歳			2		1		1	1			40				1							
二十一歳			1		2		2				42											
二十二歳		1	2			1	3				34				1							
二十三歳			3	1	1		2				22											
二十四歳				1							23						1					
二十五歳			1				1		1		25											
二十六歳					1	1	1		1		28								1		1	
二十七歳			4		1		1				36											
二十八歳							1				19											
二十九歳			1				3				22											
三十歳			1					1			24				1							
三十一歳							2				22				1							
三十二歳			1	1				1			23		1									
三十三歳			2								13				1							
三十四歳			2	2			2				15											
三十五歳			2	1							12											
三十六歳			2								4											
三十七歳											16											
三十八歳											4											
三十九歳							1				12											
四十歳											11		1									
四十一歳											3											
四十二歳				1							7											
四十三歳											5											
四十四歳				1							4											
四十五歳			3								2											
四十六歳											2											
四十七歳											2											
四十八歳											3											
四十九歳							1				3											
五十歳											3											
五十一歳			2								2											
五十二歳				1							3											
五十三歳											1											
五十四歳																						
五十五歳																						
五十六歳																						
五十七歳																						
五十八歳																						
五十九歳			1								1											
六十歳以上											1											
年齢不詳																						
合計		1	43	19	32	11	22	21	2	1	647	1	2		5		1		1		1	

年齢 \ 産業・職業・男女	85蒸気罐製造業																					
	製銑工(電気炉ニ依ルモノ)		製銑工(熔鉱炉其ノ他ニ依ルモノ)		製鋼工(電気炉ニ依ルモノ)		錬鉄工(平炉其ノ他ニ依ルモノ)		其ノ他ノ金属製錬作業者		機械製図工		其ノ他ノ製図工		其ノ他ノ現図工		金属加熱炉工		金属板圧延伸張工		金属製管工	
	男	女	男	女	男	女	男	女	男	女	男	女	男	女	男	女	男	女	男	女	男	女
十二歳以下																						
十三歳																						
十四歳																						
十五歳																						
十六歳															1							
十七歳																					1	
十八歳											1											
十九歳																						
二十歳																	1					
二十一歳																					1	
二十二歳			1								1										1	
二十三歳																						
二十四歳																						
二十五歳			1				1															
二十六歳																			1		1	
二十七歳	1																				1	
二十八歳																			1			
二十九歳																					1	
三十歳																						
三十一歳															1		1				1	
三十二歳													1									
三十三歳																						
三十四歳																						
三十五歳																					1	
三十六歳																						
三十七歳																						
三十八歳																						
三十九歳									1													
四十歳																						
四十一歳																	1					
四十二歳																						
四十三歳					1				1													
四十四歳																						
四十五歳																						
四十六歳																						
四十七歳																						
四十八歳																						
四十九歳																						
五十歳																						
五十一歳																						
五十二歳																						
五十三歳																						
五十四歳																						
五十五歳																						
五十六歳																						
五十七歳																						
五十八歳																						
五十九歳																						
六十歳以上																						
年齢不詳																						
合計	1		2		1		1		2		2		1		2		3		2		8	

85 蒸気罐製造業

年齢 \ 職業・男女	金属線伸張工		金属切断工		鍛冶職、刃物職		機械火造工		熱処理工		金属熔融工		鋳物砂型工		鋳造工		其ノ他ノ金属材料ノ製造加工作業者		ケガキ工		旋盤工(金属ニ加工スルモノ)	
	男	女	男	女	男	女	男	女	男	女	男	女	男	女	男	女	男	女	男	女	男	女
十二歳以下																						
十三歳																						
十四歳					1																1	
十五歳																	1				3	
十六歳							2														6	
十七歳							2										2				3	
十八歳					2		4								1						2	
十九歳			1		1	1	1										4				3	
二十歳					1		2				2				3		5				4	
二十一歳							5										2				2	
二十二歳							1										1				1	
二十三歳							1										2					
二十四歳					1		1										1				1	
二十五歳					2		2								1		3					
二十六歳					2		1										1					
二十七歳					1		4										1				2	
二十八歳					2																1	
二十九歳					2		4		1													
三十歳					1		2															
三十一歳	1																1				1	
三十二歳	1						2										1					
三十三歳							4								1							
三十四歳					2		1															
三十五歳					1																	
三十六歳							2															
三十七歳			1		1		2								1		1					
三十八歳																						
三十九歳																	1		1			
四十歳			1				2															
四十一歳																						
四十二歳																						
四十三歳							1															
四十四歳			1														1					
四十五歳					1																	
四十六歳																						
四十七歳																						
四十八歳																						
四十九歳																						
五十歳																						
五十一歳																						
五十二歳																	1					
五十三歳																						
五十四歳																						
五十五歳																						
五十六歳																						
五十七歳																						
五十八歳																						
五十九歳																						
六十歳以上													1									
年齢不詳																						
合計	2		4		21	1	46		1		2		1		7		29		1		31	

85 蒸気罐製造業

年齢＼職業・男女	ボール盤工		手削盤工, 形削盤工, 竪削盤工		プライス盤工		ラッピング工(手作業ニ依ルモノ)		撓鉄工		填隙工		鋲打工		板金鋲打工		板金工, ブリキ職		金属プレス工, 打抜工		ドラム罐, ブリキ罐製造工	
	男	女	男	女	男	女	男	女	男	女	男	女	男	女	男	女	男	女	男	女	男	女
十二歳以下	1																					
十三歳																						
十四歳	1												2				1				1	
十五歳	1								1				1				1					
十六歳	1				1				2				1				2				1	
十七歳													1				1				1	
十八歳	1								7		1		1		2		1				1	
十九歳	1								6				4		1		1					
二十歳							1						3		2							
二十一歳	1								5				3		2		1		2		1	
二十二歳	1								4				6		1		2		2		1	
二十三歳	1								2				7		1		1		1			
二十四歳	4								1				9		1				1		1	
二十五歳									3				3									
二十六歳	1								4				2		2		1					
二十七歳									6				6				2				2	
二十八歳									6				2									
二十九歳			1						6				3		1		4				2	
三十歳	1								3				2				1				1	
三十一歳									3				3		1		1				2	
三十二歳	2								4				4		1							
三十三歳	1								2				1									
三十四歳									3				2				2					
三十五歳									2				1								2	
三十六歳	1												1									
三十七歳									1		1		1		1				1			
三十八歳									2						1							
三十九歳									3				2								1	
四十歳									1				1		1							
四十一歳									1													
四十二歳									4				1									
四十三歳	1																					
四十四歳													1									
四十五歳													1									
四十六歳									1								1					
四十七歳									1													
四十八歳									2													
四十九歳													1									
五十歳									1													
五十一歳									1													
五十二歳																						
五十三歳																						
五十四歳																						
五十五歳																						
五十六歳																						
九十七歳																						
五十八歳																						
五十九歳																						
六十歳以上																						
年齢不詳																						
合計	20		1		1		1		88		2		76		18		23		7		17	

年齢 \ 職業 \ 男女	85蒸気鑵製造業																			
	ガス熔接工		電気熔接工		パイプ工(造船所,鋼工ヲ含ム)		其ノ他ノ機械器具製作作業者		手仕上工		機械器具部品仕上組立工		機械器具総組立工		機械器具装置工,據付工,保全工		調木工,木羽割職		鳶職		其ノ他ノ土木建築作業者	
	男	女	男	女	男	女	男	女	男	女	男	女	男	女	男	女	男	女	男	女	男	女
十二歳以下																						
十三歳	1																1					
十四歳									1						1							
十五歳			2				1															
十六歳	2		2																			
十七歳			1				1				1				1							
十八歳			1				2								1							
十九歳							2														1	
二十歳	2				1		1		1		2				1							
二十一歳			2		2		2		4		1		1		1							
二十二歳							1		1													
二十三歳	1				1				2				1									
二十四歳	1						2		2		2				2							
二十五歳	1				2		1				1		1									
二十六歳	1		1		1		2		1						1							
二十七歳	2				1				1				1									
二十八歳							1						1		2							
二十九歳	1		1		2																	
三十歳	2		1		1		1		1		1		1									
三十一歳							1		1						1							
三十二歳			1						2		1		1									
三十三歳							1		1													
三十四歳							1				1											
三十五歳							1		1						1				1			
三十六歳																						
三十七歳			1				1															
三十八歳									1													
三十九歳			1				1															
四十歳													1									
四十一歳																						
四十二歳																						
四十三歳																						
四十四歳																						
四十五歳																						
四十六歳																						
四十七歳																						
四十八歳																						
四十九歳							1															
五十歳																						
五十一歳											1											
五十二歳															1							
五十三歳																						
五十四歳																						
五十五歳																						
五十六歳																						
五十七歳																						
五十八歳																						
五十九歳					1																	
六十歳以上																						
年齢不詳																						
合計	14		14		12		24		20		11		8		13		1		1		1	

85 蒸気罐製造業

職業 年齢	塗装工		金属酸洗工,洗滌工		自動車運転手		荷扱夫,仲仕,倉庫夫,運搬夫,配達夫		物品売買業者,仲買人		汽罐士		火夫,油差		荷造工		小使,給仕,雑役者		見習工(他ニ分類セラレザルモノ)		其ノ他ノ作業者	
	男	女	男	女	男	女	男	女	男	女	男	女	男	女	男	女	男	女	男	女	男	女
十二歳以下																			1			
十三歳																			2			
十四歳																						
十五歳																	1		1			
十六歳																			2			
十七歳	1						2										2		2			
十八歳																	3		1			
十九歳							1								1		1		2			
二十歳																	5		2			
二十一歳																	3		1			
二十二歳					1		2								1		2		2			
二十三歳																	1					
二十四歳							1														1	
二十五歳					1												2					
二十六歳							1						1				1					
二十七歳							1		1								2				1	
二十八歳											1								1		1	
二十九歳							1										2					
三十歳			1								1		1				1					
三十一歳											1						1					
三十二歳																					1	
三十三歳																	1					
三十四歳							1						1				1					
三十五歳																	1				1	
三十六歳																						
三十七歳																	3					
三十八歳																						
三十九歳																						
四十歳							1										2					
四十一歳							1										1					
四十二歳																	2					
四十三歳							1															
四十四歳																	1					
四十五歳																						
四十六歳																						
四十七歳																	1					
四十八歳							1															
四十九歳																	1					
五十歳																	2					
五十一歳																						
五十二歳																	1					
五十三歳																					1	
五十四歳																						
五十五歳																						
五十六歳																						
五十七歳																						
五十八歳																						
五十九歳																						
六十歳以上																						
年齢不詳																						
合計	1		1		2		14		1		3		3		2		44		17		6	

年齢＼職業＼男女	総数 男	総数 女	機械技術者 男	機械技術者 女	製銑工(電気炉ニ依ルモノ) 男	製銑工(電気炉ニ依ルモノ) 女	製鉄工(溶鉱炉其ノ他ニ依ルモノ) 男	製鉄工(溶鉱炉其ノ他ニ依ルモノ) 女	鍛冶職, 刃物職 男	鍛冶職, 刃物職 女	機械火造工 男	機械火造工 女	金属熔融工 男	金属熔融工 女	鋳物砂型工 男	鋳物砂型工 女	鋳造工 男	鋳造工 女	其ノ他ノ金属材料ノ製造加工作業者 男	其ノ他ノ金属材料ノ製造加工作業者 女	旋盤工(金属ヲ加工スルモノ) 男	旋盤工(金属ヲ加工スルモノ) 女
十二歳以下																						
十三歳	2																					
十四歳	2																					
十五歳	3																				1	
十六歳	1																					
十七歳	1																					
十八歳	2										1						1					
十九歳	3																		1		1	
二十歳	4										1						1					
二十一歳	5		2												1							
二十二歳	2																				1	
二十三歳	5										1								1			
二十四歳	2																				1	
二十五歳	2										2										2	
二十六歳	4												1									
二十七歳	3										1										1	
二十八歳	3										2								1			
二十九歳	1										1											
三十歳	1										1											
三十一歳	2										1											
三十二歳																						
三十三歳																						
三十四歳	1																				1	
三十五歳	1										1											
三十六歳																						
三十七歳																						
三十八歳																						
三十九歳																						
四十歳	1																		1			
四十一歳	1								1													
四十二歳																						
四十三歳																						
四十四歳	1								1													
四十五歳	2				1		1															
四十六歳																						
四十七歳																						
四十八歳	1																					
四十九歳																						
五十歳																						
五十一歳																						
五十二歳																						
五十三歳																						
五十四歳																						
五十五歳																						
五十六歳																						
五十七歳																						
五十八歳																						
五十九歳																						
六十歳以上																						
年齢不詳																						
合計	56		2		1		1		2		12		1		1		2		4		8	

86 蒸気機関及蒸気タービン製造業

産業 職業 男女 年齢	ボール盤工		手削盤工,形削盤工,竪削盤工		歯切盤工		パイプ工(造船所,鋼工ヲ含ム)		機械製鑵工		手仕上工		機械器具部品仕上組立工		自動車組立工,修繕工		機械器具製造工,修繕工,保全工		荷扱夫,仲仕,倉庫夫,運搬夫,配達夫		店員,売子,注文取,集金人	
	男	女	男	女	男	女	男	女	男	女	男	女	男	女	男	女	男	女	男	女	男	女
十二歳以下																						
十三歳													1									
十四歳																						
十五歳											1											
十六歳					1																	
十七歳																						
十八歳																						
十九歳																						
二十歳															2							
二十一歳																	1				1	
二十二歳	1																					
二十三歳							1		1										1			
二十四歳																						
二十五歳																						
二十六歳											1											
二十七歳			1																			
二十八歳																						
二十九歳																						
三十歳																						
三十一歳																			1			
三十二歳																						
三十三歳																						
三十四歳																						
三十五歳																						
三十六歳																						
三十七歳																						
三十八歳																						
三十九歳																						
四十歳																						
四十一歳																						
四十二歳																						
四十三歳																						
四十四歳																						
四十五歳																						
四十六歳																						
四十七歳																						
四十八歳																			1			
四十九歳																						
五十歳																						
五十一歳																						
五十二歳																						
五十三歳																						
五十四歳																						
五十五歳																						
五十六歳																						
五十七歳																						
五十八歳																						
五十九歳																						
六十歳以上																						
年齢不詳																						
合計	1		1		1		1		1		2		1		2		1		3		1	

年齢 ＼ 職業 ＼ 男女	86 蒸気機関及蒸気タービン製造業 小使, 給仕, 雑役者		見習工 養成工(他ニ分類セラレザルモノ)		87 内燃機関製造業 総数		経営者		一般事務者		簿記係事務者		機械技術者		製鉄工(溶鉱炉其ノ他ニ依ルモノ)		非鉄金属製錬工(電気炉ニ依ルモノ)		其ノ他ノ金属製錬作業者		機械製図工	
	男	女	男	女	男	女	男	女	男	女	男	女	男	女	男	女	男	女	男	女	男	女
十二歳以下					3																	
十三歳			1		8	1																
十四歳			2		26	1													1			
十五歳			1		23																	
十六歳					38	1																
十七歳	1				48	3				1									1			
十八歳					38						1											
十九歳	1				44																1	
二十歳					39				1		1								1			
二十一歳					27				2				1									
二十二歳					28																	
二十三歳					27						1								2			
二十四歳	1				28																	
二十五歳					21								1									
二十六歳					28	1																
二十七歳					17	1																
二十八歳					16																	
二十九歳					18				1													
三十歳					19				1													
三十一歳					14																	
三十二歳					11																	
三十三歳					11																	
三十四歳					7																	
三十五歳					7										1							
三十六歳					7																	
三十七歳					7	1																
三十八歳					1																	
三十九歳					5																	
四十歳					6												1					
四十一歳					1																	
四十二歳					2		1															
四十三歳					4																	
四十四歳					2																	
四十五歳					1																	
四十六歳					3																	
四十七歳					1																	
四十八歳																						
四十九歳																						
五十歳					2																	
五十一歳					1																	
五十二歳																						
五十三歳					2																	
五十四歳					2																	
五十五歳																						
五十六歳																						
五十七歳					1																	
五十八歳																						
五十九歳					1																	
六十歳以上					3																	
年齢不詳																						
合計	3		4		598	9	1		5	1	3		2		1		1		5		1	

職業 / 男女 / 年齢	87 内燃機関製造業																					
	金属加熱炉工		金属板圧延伸張工		金属製管工		金属線伸張工		金属切断工		鍛冶職，刃物職		機械火造工		熱処理工		金属熔融工		鋳物木型工		鋳物砂型工	
	男	女	男	女	男	女	男	女	男	女	男	女	男	女	男	女	男	女	男	女	男	女
十二歳以下																						
十三歳																						
十四歳													1									
十五歳													1									
十六歳													1									
十七歳																						
十八歳																						
十九歳									1				2								1	
二十歳															1				1			
二十一歳																					1	
二十二歳											1		1								1	
二十三歳							1						2								1	
二十四歳													1								1	
二十五歳			1										1								1	
二十六歳											1						1		1		1	
二十七歳					2				1	1			1				1				1	
二十八歳					1								2									
二十九歳																						
三十歳											2		1									
三十一歳											1		1				2					
三十二歳																						
三十三歳							1						1				1				1	
三十四歳																						
三十五歳																	1				1	
三十六歳																						
三十七歳																	1					1
三十八歳																						
三十九歳																						
四十歳	1																					
四十一歳																						
四十二歳																						
四十三歳																						
四十四歳																						
四十五歳																						
四十六歳									1													
四十七歳																						
四十八歳																						
四十九歳																						
五十歳																						
五十一歳																						
五十二歳																						
五十三歳																						
五十四歳																						
五十五歳																						
五十六歳																						
五十七歳																						
五十八歳																						
五十九歳																						
六十歳以上																						
年齢不詳													1									
合計	1		1		3		2		3	1	5		17		1		7		2		10	1

87 内燃機関製造業

職業 / 年齢	中子工		鋳造工		特殊鋳物工		其ノ他ノ金属材料ノ製造加工作業者		ケガキ工		旋盤工(金属ニ加工スルモノ)		旋盤工(木材以外ノ非金属ニ加工スルモノ)		タレット工		卓上旋盤工,小型機械工		ボール盤工		平削盤工,形削盤工,竪削盤工	
	男	女	男	女	男	女	男	女	男	女	男	女	男	女	男	女	男	女	男	女	男	女
十二歳以下																						
十三歳			1								1											
十四歳			2				1				8						1		1			
十五歳			1								9											
十六歳			2				2				13		1									
十七歳			3						1		12	1	1								1	
十八歳			1				1				16		1									
十九歳			2				1				17											
二十歳			2								12										1	
二十一歳			3								8		1									
二十二歳			4								7										1	
二十三歳											2								1			
二十四歳			5								8		1						1			
二十五歳			2								3											
二十六歳			4								3				1						1	
二十七歳			1		1				1		3											
二十八歳			1								4											
二十九歳			5				2										1		1			
三十歳			3								3											
三十一歳			1				1				3						1					
三十二歳			5				1				2											
三十三歳											1											
三十四歳			1																1			
三十五歳																						
三十六歳			1								1											
三十七歳																						
三十八歳																						
三十九歳			1																			
四十歳																						
四十一歳																						
四十二歳	1																					
四十三歳			1																			
四十四歳																						
四十五歳																						
四十六歳																			1			
四十七歳																						
四十八歳																						
四十九歳																						
五十歳																						
五十一歳																						
五十二歳																						
五十三歳																						
五十四歳																						
五十五歳																						
五十六歳																						
五十七歳																						
五十八歳																						
五十九歳																						
六十歳以上																						
年齢不詳																						
合計	1		52		1		9		2		137	1	5		1		3		6		4	

87 内燃機関製造業

産業 職業 男女 年齢	プライス盤工		歯切盤工		研磨盤工, ラツプ盤工		ラッピング工(手作業ニ依ルモノ)		撓鉄工		鋲打工		板金工, ブリキ職		金属プレス工, 打抜工		ドラム罐, ブリキ罐製造工		ガス熔接工		電気熔接工	
	男	女	男	女	男	女	男	女	男	女	男	女	男	女	男	女	男	女	男	女	男	女
十二歳以下																						
十三歳																						
十四歳																						
十五歳																						
十六歳						/																
十七歳																						
十八歳													/									
十九歳			/				/															
二十歳	/																		3			
二十一歳	/																					
二十二歳																						
二十三歳													/									
二十四歳															/							
二十五歳													2		/							
二十六歳																			/		/	
二十七歳											/											
二十八歳	/																					
二十九歳																						
三十歳													/				/					
三十一歳																			/			
三十二歳																			/			
三十三歳															/							
三十四歳																						
三十五歳									/		/											
三十六歳									/													
三十七歳																						
三十八歳																						
三十九歳																						
四十歳																						
四十一歳																						
四十二歳																						
四十三歳									/													
四十四歳																						
四十五歳																						
四十六歳																						
四十七歳																						
四十八歳																						
四十九歳																						
五十歳																						
五十一歳																						
五十二歳																						
五十三歳																						
五十四歳																						
五十五歳																						
五十六歳																						
五十七歳																						
五十八歳																						
五十九歳																						
六十歳以上																						
年齢不詳																						
合計	3		/			/	/		3		2		5		3		/		6		/	

年齢＼職業・男女	其ノ他ノ機械器具製作作業者 男	其ノ他ノ機械器具製作作業者 女	手仕上工 男	手仕上工 女	機械器具部品仕上組立工 男	機械器具部品仕上組立工 女	機械器具総組立工 男	機械器具総組立工 女	自動車組立工,修繕工 男	自動車組立工,修繕工 女	機械器具装置工,据付工,保全工 男	機械器具装置工,据付工,保全工 女	製材工 男	製材工 女	合板工 男	合板工 女	木工 男	木工 女	其ノ他ノ製品ノ製造作業者 男	其ノ他ノ製品ノ製造作業者 女	コンクリート工 男	コンクリート工 女
十二歳以下																						
十三歳	1																					
十四歳	1		1		1										1							
十五歳			5																			
十六歳			6		4																	
十七歳	1		6		3		2															
十八歳			2		1		3				1								1			
十九歳	5		4		1																	
二十歳	1		6		1												1					
二十一歳			2																			
二十二歳			2		1				1				1								1	
二十三歳			8		1		1															
二十四歳			4				1														1	
二十五歳			3		1		1															
二十六歳			7		1											1						
二十七歳			2		1																	
二十八歳			3																			
二十九歳	1		1						1		1											
三十歳			1		1		2															
三十一歳			2																			
三十二歳			1																			
三十三歳							1															
三十四歳	1				1																	
三十五歳																						
三十六歳			1																			
三十七歳	2																					
三十八歳																						
三十九歳			1																			
四十歳																						
四十一歳																						
四十二歳																						
四十三歳																						
四十四歳																						
四十五歳																						
四十六歳																						
四十七歳																						
四十八歳																						
四十九歳																						
五十歳																						
五十一歳																						
五十二歳																						
五十三歳															1							
五十四歳																						
五十五歳																						
五十六歳																						
五十七歳																						
五十八歳																						
五十九歳																						
六十歳以上																						
年齢不詳																						
合計	13		68		18		11		2		2		1		2	1	1		1		2	

87 内燃機関製造業

87 内燃機関製造業

年齢 ＼ 職業 ＼ 男女 ＼ 員数	其ノ他ノ土木建築作業者		塗装工		機械試運転工		選別工, 検査工		自動車運転手		荷扱夫, 仲仕, 倉庫夫, 運搬夫, 配達夫		店員, 売子, 注文取, 集金人		守衛, 監督		原動機(電動機ヲ除ク), 巻上機, ポンプ, 送風機, 空気圧縮機, コンベヤノ組立工		起重機運転工		看貫掛, 検量工	
	男	女	男	女	男	女	男	女	男	女	男	女	男	女	男	女	男	女	男	女	男	女
十二歳以下																						
十三歳																					1	
十四歳																						
十五歳																						
十六歳																						
十七歳																	1					
十八歳																						
十九歳											1											
二十歳																						
二十一歳											2		1									
二十二歳													1									
二十三歳											1		1									
二十四歳					1						1											
二十五歳					1						1											
二十六歳			1				1				1								1			
二十七歳											1											
二十八歳	1										1											
二十九歳	1		1								2											
三十歳											1											
三十一歳																			1			
三十二歳																						
三十三歳											1											
三十四歳	1																					
三十五歳											1				1							
三十六歳											1											
三十七歳											2											
三十八歳																						
三十九歳																			1			
四十歳	1		1						1													
四十一歳																						
四十二歳																						
四十三歳											1											
四十四歳											1											
四十五歳																						
四十六歳																						
四十七歳																						
四十八歳																						
四十九歳																						
五十歳											1											
五十一歳																						
五十二歳																						
五十三歳																						
五十四歳	1										1											
五十五歳																						
五十六歳																						
五十七歳																						
五十八歳																						
五十九歳																						
六十歳以上																						
年齢不詳																						
合計	5		3		2		1		1		21		3		1		1		3		1	

年齢 \ 職業 \ 男女	87 内燃機関製造業 小使, 給仕, 雑役者 男	女	見習工 養成工(他ニ分類セラレザルモノ) 男	女	其ノ他ノ作業者 男	女	88 水車製造業 総数 男	女	写図工, 青写真工 男	女	金属製管工 男	女	旋盤工(金属ニ加工スルモノ) 男	女	ボール盤工 男	女	捲鉄工 男	女	ドラム罐, ブリキ罐製造工 男	女	手仕上工 男	女
十二歳以下	1		2																			
十三歳	1		3	1																		
十四歳	1	1	6				1		1													
十五歳	1		6																			
十六歳			9																			
十七歳	4	1	10		2		1	1					1									
十八歳	5		4																			
十九歳	2		3		1																	
二十歳	3		3																			
二十一歳	4		1				2				1		1									
二十二歳	4		2																			
二十三歳	3						1														1	
二十四歳	2																					
二十五歳	1		1																			
二十六歳	1						1						1									
二十七歳							1						1									
二十八歳	2																					
二十九歳							1														1	
三十歳	2																					
三十一歳							1						1									
三十二歳	1						1												1			
三十三歳	3																					
三十四歳	2																					
三十五歳																						
三十六歳	2																					
三十七歳	1		1				1								1							
三十八歳	1																					
三十九歳	2																					
四十歳	1																					
四十一歳	1																					
四十二歳																						
四十三歳	1																					
四十四歳					1																	
四十五歳	1						1										1					
四十六歳	1						1															
四十七歳					1																	
四十八歳																						
四十九歳																						
五十歳	1																					
五十一歳	1						1														1	
五十二歳																						
五十三歳	1																					
五十四歳																						
五十五歳																						
五十六歳																						
五十七歳					1																	
五十八歳																						
五十九歳	1																					
六十歳以上	2																					
年齢不詳																						
合計	60	2	51	1	6		14	1	1		1		5		1		1		1		3	

産業	88 水車製造業		89 其ノ他ノ原動機製造業																				
職業	小使, 給仕, 雑役者		総数		一般事務者		販売仕入係事務者		金属線伸張工		機械火造工		鋳物砂型工		旋盤工(金属=加工スルモノ)		タレット工		ボール盤工		研磨盤工, ラップ盤工	
年齢 \ 男女	男	女	男	女	男	女	男	女	男	女	男	女	男	女	男	女	男	女	男	女	男	女
十二歳以下																						
十三歳				/						/												
十四歳			4												/						/	
十五歳			2												2							
十六歳			2												/							
十七歳		/																				
十八歳			3												2							
十九歳			4										/				/					
二十歳																						
二十一歳			3		/																	
二十二歳																						
二十三歳			3								/											
二十四歳			/				/															
二十五歳																						
二十六歳			/																			
二十七歳																						
二十八歳																						
二十九歳			/																			
三十歳																						
三十一歳																						
三十二歳																						
三十三歳																						
三十四歳			/																/			
三十五歳																						
三十六歳																						
三十七歳																						
三十八歳																						
三十九歳																						
四十歳																						
四十一歳																						
四十二歳																						
四十三歳																						
四十四歳																						
四十五歳																						
四十六歳	/																					
四十七歳																						
四十八歳																						
四十九歳																						
五十歳																						
五十一歳																						
五十二歳																						
五十三歳																						
五十四歳																						
五十五歳																						
五十六歳																						
五十七歳																						
五十八歳																						
五十九歳																						
六十歳以上																						
年齢不詳																						
合計	/	/	25	/	/		/			/	/		/		6		/		/		/	

産業 職業 男女別 年齢	89 其ノ他ノ原動機製造業																90 原動機部分品及付属品製造業					
	鋲打工		金属プレス工，打抜工		手仕上工		機械器具部品仕上組立工		電気機械器具組立工		機械器具装置工，修繕工，保全工		小使，給仕，雑役者		見習工 養成工（他ニ分類セラレザルモノ）		総数		一般事務者		製罐工（平板其ノ他ニ依ルモノ）	
	男	女	男	女	男	女	男	女	男	女	男	女	男	女	男	女	男	女	男	女	男	女
十二歳以下																	1					
十三歳																	5	1				
十四歳					1										1		7					
十五歳																	10	1		1		
十六歳											1						21					
十七歳																	23					
十八歳					1												16					
十九歳													2				17				1	
二十歳																	10					
二十一歳					2												11					
二十二歳																	10					
二十三歳	1								1								12					
二十四歳																	5					
二十五歳																	9					
二十六歳							1										8					
二十七歳																	3					
二十八歳																	10	1				
二十九歳			1														11					
三十歳																	9		1			
三十一歳																	5					
三十二歳																	3					
三十三歳																	5					
三十四歳																	3					
三十五歳																	5					
三十六歳																	1					
三十七歳																	2					
三十八歳																	1					
三十九歳																	3					
四十歳																						
四十一歳																	1					
四十二歳																	4					
四十三歳																	1					
四十四歳																	2					
四十五歳																			1			
四十六歳																						
四十七歳																						
四十八歳																	1					
四十九歳																						
五十歳																						
五十一歳																						
五十二歳																						
五十三歳																	1					
五十四歳																						
五十五歳																						
五十六歳																						
五十七歳																						
五十八歳																						
五十九歳																						
六十歳以上																						
年齢不詳																						
合計	1		1		4		1		1		1		2		1		236	3	2	1	1	

90 原動機部分品及付屬品製造業

年齢 \ 職業	其ノ他ノ金屬製錬作業者		機械製図工		金屬切斷工		鍛冶職, 刃物職		機械火造工		熱處理工		鑄物木型工		鑄物砂型工		鑄造工		特殊鑄物工		其ノ他ノ金屬材料ノ製造加工作業者	
	男	女	男	女	男	女	男	女	男	女	男	女	男	女	男	女	男	女	男	女	男	女
十二歳以下																						
十三歳																						
十四歳																						
十五歳																						
十六歳											1										1	
十七歳									1								3					
十八歳			1						2		1						1				1	
十九歳									1								1				2	
二十歳	1														1		3					
二十一歳									1								1				1	
二十二歳									2								1					
二十三歳															1		1					
二十四歳																						
二十五歳									3													
二十六歳					1				2													
二十七歳									1				1				1					
二十八歳									1										1		1	
二十九歳									1								1					
三十歳							1		4													
三十一歳					1				2								1					
三十二歳																	1					
三十三歳									1													
三十四歳									1								1					
三十五歳									1						1		1					
三十六歳																						
三十七歳																	1					
三十八歳																						
三十九歳																						
四十歳																						
四十一歳																						
四十二歳									1													
四十三歳									1													
四十四歳																						
四十五歳																						
四十六歳																						
四十七歳																						
四十八歳																						
四十九歳																						
五十歳																						
五十一歳																						
五十二歳																						
五十三歳																						
五十四歳																						
五十五歳																						
五十六歳																						
五十七歳																						
五十八歳																						
五十九歳																						
六十歳以上																						
年齢不詳																						
合計	1		1		2		1		26		2		1		3		18		1		6	

年齢 \ 職業 \ 男女	90 原動機部分品及付属品製造業																					
	旋盤工(金属ニ加工スルモノ)		旋盤工(木材以外ノ非金属ニ加工スルモノ)		タレット工		卓上旋盤工,小型機械工		ボール盤工		平削盤工,形削盤工,竪削盤工		プライス盤工		歯切盤工		研磨盤工,ラツプ盤工		撓鉄工		鋲打工	
	男	女	男	女	男	女	男	女	男	女	男	女	男	女	男	女	男	女	男	女	男	女
十二歳以下	1																					
十三歳	2																					
十四歳			1																			
十五歳					1												1		1			
十六歳	6								1													
十七歳	11																		1		1	
十八歳	5				1				1						1							
十九歳	6																					
二十歳	3												1									
二十一歳	5																		1			
二十二歳	2						1															
二十三歳	1										1										1	
二十四歳	1								1													
二十五歳	4																					
二十六歳	3																					
二十七歳																						
二十八歳	3				1					1									1			
二十九歳	2																					
三十歳	1																					
三十一歳	1																					
三十二歳																						
三十三歳							1															
三十四歳																						
三十五歳																						
三十六歳									1													
三十七歳																						
三十八歳																						
三十九歳	1																					
四十歳																						
四十一歳																						
四十二歳																						
四十三歳																						
四十四歳																						
四十五歳																						
四十六歳																						
四十七歳																						
四十八歳																						
四十九歳																						
五十歳																						
五十一歳																						
五十二歳																						
五十三歳																						
五十四歳																						
五十五歳																						
五十六歳																						
五十七歳																						
五十八歳																						
五十九歳																						
六十歳以上																						
年齢不詳																						
合計	58		1		3		2		4	1	1		1		1		1		4		2	

90 原動機部分品及付属品製造業

職業 / 男女 / 年齢	金属プレス工, 打抜工 男	金属プレス工, 打抜工 女	ガス熔接工 男	ガス熔接工 女	パイプ工(造船所, 鋼工ヲ含ム) 男	パイプ工(造船所, 鋼工ヲ含ム) 女	配線工 男	配線工 女	機械製鋲工 男	機械製鋲工 女	其ノ他ノ機械器具製作作業者 男	其ノ他ノ機械器具製作作業者 女	手仕上工 男	手仕上工 女	機械器具部品仕上組立工 男	機械器具部品仕上組立工 女	機械器具装置工, 修繕工, 保全工 男	機械器具装置工, 修繕工, 保全工 女	其ノ他ノ土木建築作業者 男	其ノ他ノ土木建築作業者 女	バフ磨工 男	バフ磨工 女
十二歳以下																						
十三歳												1										
十四歳			1										1									
十五歳							1				1											
十六歳	1										2											
十七歳											2		3									
十八歳																						
十九歳											2		1									
二十歳													1									
二十一歳									1													
二十二歳																	1					
二十三歳			1		1						1		1		1							
二十四歳													2									
二十五歳													1									
二十六歳	1				1																	
二十七歳																						
二十八歳													1				1					
二十九歳													1		2						1	
三十歳																						
三十一歳																						
三十二歳																						
三十三歳			1										1									
三十四歳																						
三十五歳																			1			
三十六歳																						
三十七歳													1									
三十八歳																						
三十九歳	1																					
四十歳																						
四十一歳																						
四十二歳																						
四十三歳													1									
四十四歳													1									
四十五歳																						
四十六歳																						
四十七歳																						
四十八歳																						
四十九歳																						
五十歳																						
五十一歳																						
五十二歳																						
五十三歳																						
五十四歳																						
五十五歳																						
五十六歳																						
五十七歳																						
五十八歳																						
五十九歳																						
六十歳以上																						
年齢不詳																						
合計	3		3		2		1		1		8	1	16		3		2		1		1	

年齢＼産業・職業・男女	90 原動機部分品及付属品製造業														91 電気機械器具製造業							
	自動車運転手		荷扱夫,仲仕,倉庫夫,運搬夫,配達夫		守衛,監督		火夫,油差		小使,給仕,雑役者		見習工養成工(他ニ分類セラレザルモノ)		其ノ他ノ作業者		総数		経営者		一般事務者		販売仕入係事務者	
	男	女	男	女	男	女	男	女	男	女	男	女	男	女	男	女	男	女	男	女	男	女
十二歳以下															19	13						
十三歳									1		2				43	19						
十四歳									1		3				67	17			1	1		
十五歳									1		4				144	12			2			
十六歳			1						1		6		1		135	19			1	2		
十七歳											1				145	22			1			
十八歳									1		1				158	12			3	2		
十九歳			1						1		1				125	10			1	1		
二十歳															123	4			5			
二十一歳			1												112	1			2			
二十二歳									1		2				108	4			1		1	
二十三歳			1						1						90	2			4			
二十四歳													1		86	3			2			
二十五歳			1												80	1						
二十六歳															63	1	1		1		1	
二十七歳															68				2		1	
二十八歳															68	2			1			
二十九歳			1				1		1						67		1		2			
三十歳	1								1						63	2	1		2			
三十一歳															59				1			
三十二歳					1				1						44	2			2		1	
三十三歳			1												37				1			
三十四歳															45	1			1			
三十五歳	1												1		27	1						
三十六歳															16		1		1			
三十七歳															14							
三十八歳			1												17				1			
三十九歳									1						11	2						
四十歳															10		1					
四十一歳									1						16							
四十二歳									2						11	1						
四十三歳															9							
四十四歳															10	1	1		1			
四十五歳															12							
四十六歳															5							
四十七歳															4		1					
四十八歳									1						6							
四十九歳															7		1					
五十歳															3	3	1					
五十一歳															6							
五十二歳															5							
五十三歳									1						2							
五十四歳																						
五十五歳															1							
五十六歳															1							
五十七歳																						
五十八歳																						
五十九歳																						
六十歳以上															2	1						
年齢不詳																						
合計	2		8		1		1		17		20		3		2144	156	9		39	6	4	

職業 / 男女 / 年齢	91電気機械器具製造業																					
	簿記係事務者		タイピスト,筆耕		機械技術者		電気通信機械技術者		電気通信機械技術者		電気化学技術者		建築技術者		土木技術者		電気技術者		其ノ他ノ工業技術者		電気通信(有線、無線電信通)技術者(技士以外ノモノ)	
	男	女	男	女	男	女	男	女	男	女	男	女	男	女	男	女	男	女	男	女	男	女
十二歳以下																						
十三歳																						
十四歳																						
十五歳	1	1																				
十六歳	1						1		1													
十七歳		1		1			2													1		
十八歳																	1					
十九歳	2																					
二十歳	1				1		2										1					
二十一歳					1		1										2					1
二十二歳					1		4										2					
二十三歳																	4					
二十四歳									1													
二十五歳																	2					
二十六歳																						
二十七歳																						
二十八歳							1															
二十九歳																	1					
三十歳							1															
三十一歳									1		1											
三十二歳													1									
三十三歳															1							
三十四歳							1															
三十五歳																						
三十六歳																						
三十七歳																						
三十八歳																						
三十九歳																						
四十歳																						
四十一歳																						
四十二歳																						
四十三歳																						
四十四歳																	1					
四十五歳					1																	
四十六歳																						
四十七歳																						
四十八歳																						
四十九歳																						
五十歳																						
五十一歳																						
五十二歳																						
五十三歳																						
五十四歳																						
五十五歳																						
五十六歳																						
五十七歳																						
五十八歳																						
五十九歳																						
六十歳以上																						
年齢不詳																						
合計	5	2		1	4		13		3		1		1		1		14			1		1

91電気機械器具製造業

年齢＼職業＼男女	其ノ他ノ理化学研究員		土砂採取夫		製銑工(電気炉ニ依ルモノ)		製銑工(溶鉱炉其ノ他ニ依ルモノ)		製鋼工(電気炉ニ依ルモノ)		製鋼工(平炉其ノ他ニ依ルモノ)		非鉄金属製錬工(電気炉ニ依ルモノ)		非鉄金属製錬工(其ノ他ノ炉ニ依ルモノ)		其ノ他ノ金属製錬作業者		機械製図工		其ノ他ノ製図工	
	男	女	男	女	男	女	男	女	男	女	男	女	男	女	男	女	男	女	男	女	男	女	男	女
十歳以下																								
十三歳					1																			
十四歳																								
十五歳																								
十六歳	1																		1					
十七歳							1										2						1	
十八歳															1				1				1	
十九歳			1		1														2	1			1	
二十歳																			2					
二十一歳			1								1		1				1							
二十二歳									1				1		1		1							
二十三歳																								
二十四歳																			1					
二十五歳																	1		1				1	
二十六歳																								
二十七歳																							1	
二十八歳																	1							
二十九歳											1				1				1					
三十歳					1												1							
三十一歳													1											
三十二歳					1																			
三十三歳					1																			
三十四歳																								
三十五歳																								
三十六歳																								
三十七歳																								
三十八歳																								
三十九歳																								
四十歳																								
四十一歳			1																					
四十二歳																								
四十三歳																								
四十四歳																								
四十五歳			1																					
四十六歳																								
四十七歳																								
四十八歳																								
四十九歳																								
五十歳																								
五十一歳																								
五十二歳																								
五十三歳																								
五十四歳																								
五十五歳																								
五十六歳																								
五十七歳																								
五十八歳																								
五十九歳																								
六十歳以上																								
年齢不詳																								
合計	1		4		5		1		1		2		3		3		7		9	1			5	

年齢 \ 職業・男女	91 電気機械器具製造業																					
	其ノ他ノ現図工		金属加熱炉工		金属板圧延伸張工		金属板圧延伸張工		金属製管工		金属小物圧延伸張工		金属切断工		鍛冶職、刃物職		機械火造工		熱処理工		金属熔融工	
	男	女	男	女	男	女	男	女	男	女	男	女	男	女	男	女	男	女	男	女	男	女
十二歳以下																						
十三歳	/																					
十四歳																						
十五歳																						
十六歳			/						/				/									
十七歳															/		/					
十八歳													/		/				/			
十九歳													3				2				/	
二十歳									2				2				2				/	
二十一歳											/		/								/	
二十二歳											/		2				2					
二十三歳	/								/				/		/		/					
二十四歳																	/					
二十五歳									/				/								/	
二十六歳																	/				/	
二十七歳													/						/		/	
二十八歳													/		/		/					
二十九歳																	3					
三十歳				/	/				/													
三十一歳									/				/				/					
三十二歳											/											
三十三歳					/				/		/		/				/					
三十四歳																						
三十五歳					/				2													
三十六歳							/		/													
三十七歳									/				/									
三十八歳													/				/					
三十九歳													/								/	
四十歳																						
四十一歳																						
四十二歳																					/	
四十三歳															/							
四十四歳																						
四十五歳																						
四十六歳																						
四十七歳																						
四十八歳																						
四十九歳																						
五十歳													/									
五十一歳																						
五十二歳																						
五十三歳																						
五十四歳																						
五十五歳																						
五十六歳																						
五十七歳																						
五十八歳																						
五十九歳																						
六十歳以上																						
年齢不詳																						
合計	2		/	/	3		/		12		4		20		5		17		2		8	

91 電気機械器具製造業

年齢	鋳物木型工		鋳物砂型工		中子工		鋳造工		特殊鋳物工		其ノ他ノ金属材料ノ製造加工作業者		旋盤工(金属ニ加工スルモノ)		旋盤工(木材以外ノ非金属ニ加工スルモノ)		タレット工		卓上旋盤工,小型機械工		ボール盤工	
	男	女	男	女	男	女	男	女	男	女	男	女	男	女	男	女	男	女	男	女	男	女
十二歳以下													1		1		1		1			
十三歳											1		5						1			
十四歳							1				1		5		1		1		1		1	
十五歳	1				1						5	1	16		1				2			
十六歳	1						2				3		20		2		2		1			
十七歳			4				3				3	2	22	1	3				6		2	
十八歳			1				6				2		17	1	1		1		5		3	
十九歳			3				5				2	1	14		1				5		1	
二十歳							2				3		17		3		1		1		1	
二十一歳			6				2				1		10		1				2			
二十二歳			3				5				4		7						2		2	
二十三歳							4				4		11		2				3		1	
二十四歳			2				3				1		8		1						2	
二十五歳			1				4				6		6						2			
二十六歳							3		3		4		3						1			
二十七歳			1								3		6								1	
二十八歳			2				5				1		10				1		1		1	
二十九歳			2				3				2		6						1			
三十歳			1				6				1		4								2	
三十一歳			1				3				2		1						1		1	
三十二歳			1				3				2		4						1			
三十三歳							3														1	
三十四歳			2				3				1		2						1		1	
三十五歳							2				1		2									
三十六歳							1				1		1									
三十七歳											2											
三十八歳													1									
三十九歳													2									
四十歳																						
四十一歳													1						1			
四十二歳							1															
四十三歳																						
四十四歳											1											
四十五歳																						
四十六歳							1															
四十七歳											1											
四十八歳											1											
四十九歳							1		1													
五十歳						1																
五十一歳							1															
五十二歳			1																			
五十三歳																						
五十四歳																						
五十五歳																						
五十六歳																						
五十七歳																						
五十八歳																						
五十九歳																						
六十歳以上																						
年齢不詳																						
合計	2		31		1	1	73		4		58	4	202	2	17		7		39		20	

職業 年齢 男女	91 電気機械器具製造業																					
	平削盤工, 形削盤工, 竪削盤工		プライス盤工		研磨盤工, ラップ盤工		撓鉄工		鋲打工		板金鋲打工		板金工, ブリキ職		金属プレス工, 打抜工		ドラム罐, ブリキ罐製造工		ガス熔接工		電気熔接工	
	男	女	男	女	男	女	男	女	男	女	男	女	男	女	男	女	男	女	男	女	男	女
十二歳以下	/														/							
十三歳													/									
十四歳															2	/					/	
十五歳			/										2		8						/	
十六歳			/		/										8	/	/				/	
十七歳					/								/		9	/						
十八歳	/												5		12				/		/	
十九歳													2		5	/			/			
二十歳									/		/		2		9				2		/	/
二十一歳	/						/								3						/	
二十二歳							/		/													
二十三歳	/		/		/								/		3				/		3	
二十四歳					/						/		3		4						3	
二十五歳									/				2		9							
二十六歳			/												6	/	2		/			
二十七歳			/		/		2								3				2			
二十八歳													/		4							
二十九歳					/										2		/					
三十歳													2		3							
三十一歳													/		5				/		2	
三十二歳					/						/		/		7							
三十三歳															2				/			
三十四歳									/						4				/			
三十五歳									/						3							
三十六歳															/							
三十七歳															/							
三十八歳					/										/							
三十九歳																						
四十歳															/						/	
四十一歳													/		2							
四十二歳																/						
四十三歳													/		/							
四十四歳															/							
四十五歳															/		/					
四十六歳																						
四十七歳																						
四十八歳																						
四十九歳															/							
五十歳																						
五十一歳									/													
五十二歳																						
五十三歳																						
五十四歳																						
五十五歳																						
五十六歳																						
五十七歳																						
五十八歳																						
五十九歳																						
六十歳以上																						
年齢不詳																						
合計	4		5		8		4		6		3		26		122	6	5		11		15	/

年齢	91電気機械器具製造業																					
	其ノ他ノ溶接工		パイプ工(造船所、鋼工ヲ含ム)		目立工		其ノ他ノ目盛工		針金細工工		電線被装工		巻線工		絶縁工		配線工		乾電池組立工		蓄電池製造工	
	男	女	男	女	男	女	男	女	男	女	男	女	男	女	男	女	男	女	男	女	男	女
十歳以下															1					1		
十一歳													1	3								
十四歳						1								1			1					
十五歳	2												3		2							
十六歳	1											1	4		6		1					1
十七歳													3	2	1				1			
十八歳													3	1	1		1				1	
十九歳									1				5		1					1		
二十歳													1	1	1		2					
二十一歳							1						3	1	1							
二十二歳														1			1					
二十三歳													1									
二十四歳													1	1	1		2				1	
二十五歳											1						1					
二十六歳																						
二十七歳													2									
二十八歳													2		1							
二十九歳			1												2							
三十歳																						
三十一歳															1							
三十二歳										1			1		2							
三十三歳																						
三十四歳													1									
三十五歳																						
三十六歳																						
三十七歳																						
三十八歳																						
三十九歳																						
四十歳															1							
四十一歳															1							
四十二歳																						
四十三歳																						
四十四歳																						
四十五歳																						
四十六歳																						
四十七歳																						
四十八歳																						
四十九歳																			1			
五十歳																						
五十一歳													1									
五十二歳																						
五十三歳																						
五十四歳																						
五十五歳																						
五十六歳																						
五十七歳																						
五十八歳																						
五十九歳																						
六十歳以上																						
年齢不詳																						
合計	3		1			1	1		1	1	1	1	32	11	23		9		2	2	2	1

職業 / 年齢 / 男女	91電気機械器具製造業 電球,放電管製造工 男	電球,放電管製造工 女	機械製鋲工 男	機械製鋲工 女	網具工,索具工 男	網具工,索具工 女	其ノ他ノ機械器具製作作業者 男	其ノ他ノ機械器具製作作業者 女	手仕上工 男	手仕上工 女	機械器具部品仕上組立工 男	機械器具部品仕上組立工 女	機械器具総組立工 男	機械器具総組立工 女	計器組立工 男	計器組立工 女	自動車組立工,修繕工 男	自動車組立工,修繕工 女	電気機械器具組立工 男	電気機械器具組立工 女	電気通信機組立工 男	電気通信機組立工 女
十二歳以下							1	2	2	1									4	1		1
十三歳	1	1					3	3	3										7	2		
十四歳	1	1	1				3	3	3	1	4		1						5	2		
十五歳	3						7	1	12	1	1		1						14	1		
十六歳		1	1				2	3	7										17	4		
十七歳	2						5	2	11	1	1							1	14	1	2	
十八歳		1					5		13	1	3				1				27	1	1	
十九歳					1		6	2	10										21	1		
二十歳			3				3		6		2								12			
二十一歳	1						4		6		2								26		1	
二十二歳							4		5		2		1		1				22			
二十三歳							2		3		2								10	1		
二十四歳							2		12		5								12	1		
二十五歳									4								1		12	1		
二十六歳			1				5		4		1								5			
二十七歳							3		7										6			
二十八歳							5		4										8			
二十九歳							1		4		2		1						8			
三十歳	2						5		5		2								3			
三十一歳							6		1		2								5		2	
三十二歳							1		1	1			1						4			
三十三歳	1								1		1		1						4			
三十四歳							3		6										5			
三十五歳							2		2				1						5			
三十六歳							2		1										1			
三十七歳									1		1								2			
三十八歳							1															
三十九歳							2			1									4			
四十歳									1										1			
四十一歳							2				1											
四十二歳							1		2										2			
四十三歳									1										1			
四十四歳										1									1			
四十五歳							3		2													
四十六歳																						
四十七歳																			1			
四十八歳																						
四十九歳																						
五十歳																						
五十一歳									1													
五十二歳																			1			
五十三歳																						
五十四歳																						
五十五歳																						
五十六歳																						
五十七歳																						
五十八歳																						
五十九歳																						
六十歳以上										1												
年齢不詳																						
合計	11	4	6		1		89	16	142	9	32		7		2		1	1	270	16	6	1

91電気機械器具製造業

年齢	紡職		機械器具装置工,修繕工,保全工		工具保全工		塗料工		ゴム成型工加工工(旋盤ニ依ルモノヲ除ク)		人造レジン工		人造レジン成型工,加工工(旋盤ニ依ルモノヲ除ク)		電極工(旋盤ニ依ル仕上工ヲ除ク)		其ノ他ノ化学製品ノ製造作業者		成型工(旋盤ニ依ルモノヲ除ク)		施釉工	
	男	女	男	女	男	女	男	女	男	女	男	女	男	女	男	女	男	女	男	女	男	女
十二歳以下																						
十三歳														2								
十四歳			1								1		1	1								
十五歳													4	1				1	2	1		
十六歳			2										2		2							
十七歳			1						1				1	1			1					
十八歳			2						1				2							1		
十九歳			1				1		1				2									
二十歳													4									
二十一歳			2						1				3				1		2			
二十二歳	1												1	1								1
二十三歳									1				2		1		1		2			
二十四歳			2						1				1		1							
二十五歳											1		3		1							
二十六歳			1										2				1		1			
二十七歳			1		1								2						1			
二十八歳			1						1				2				1					
二十九歳			1										1						1			
三十歳			1														1		1			
三十一歳											1		1								1	
三十二歳													1									
三十三歳													1									
三十四歳													1									
三十五歳													1									
三十六歳													1									
三十七歳																						
三十八歳													1									
三十九歳														1								
四十歳													1									
四十一歳			1										1									
四十二歳	1												1									
四十三歳																						
四十四歳													1									
四十五歳			1																			
四十六歳																						
四十七歳																						
四十八歳																						
四十九歳													1									
五十歳																				1		
五十一歳																						
五十二歳																						
五十三歳																						
五十四歳																						
五十五歳																						
五十六歳																						
五十七歳																						
五十八歳																						
五十九歳																						
六十歳以上																						
年齢不詳																						
合計	2		18		1		1		7		3		45	7	5		6	1	10	3	1	1

年齢 ＼ 職業 ＼ 男女	91電気機械器具製造業																					
	窯業仕上工(旋盤ニ依ルモノヲ除ク)		ガラス吹工		特殊ガラス工		ガラス加工工,細工工		其ノ他ノ窯業,土石類ノ加工作業者		木工		建具指物職		料理人,コツク		其ノ他ノ製品製造作業者		大工		鉄筋工,鉄網工	
	男	女	男	女	男	女	男	女	男	女	男	女	男	女	男	女	男	女	男	女	男	女
十二歳以下			/																			
十三歳																						
十四歳																					/	
十五歳																			/			
十六歳			/				/															
十七歳																						
十八歳									/		/											
十九歳										/							2					
二十歳											/				/							
二十一歳																						
二十二歳									/			/										
二十三歳							/						/									
二十四歳															/							
二十五歳													/				/					
二十六歳					/																	
二十七歳																	/					
二十八歳																						
二十九歳																						
三十歳																	/					
三十一歳											/											
三十二歳											/											
三十三歳																						
三十四歳		/																				
三十五歳																						
三十六歳																						
三十七歳																						
三十八歳																						
三十九歳																						
四十歳																						
四十一歳																						
四十二歳																						
四十三歳																	/					
四十四歳																						
四十五歳																						
四十六歳																						
四十七歳																						
四十八歳																						
四十九歳																						
五十歳																						
五十一歳																						
五十二歳																						
五十三歳																						
五十四歳																			/			
五十五歳																						
五十六歳																						
五十七歳																						
五十八歳																						
五十九歳																						
六十歳以上																						
年齢不詳																						
合計		/	2		/		2		2	/	4	/	2		2		6		2		/	

年齢＼職業・男女	91電気機械器具製造業																					
	石工		其ノ他ノ土木建築作業者		発変電工		通信電機装置工		其ノ他ノ電工		漆工,蒔絵師		塗装工		メツキ工(皮膜防錆工ヲ含ム)		バフ磨工		実験工,試験工,分析工		機械器具部品検査工	
	男	女	男	女	男	女	男	女	男	女	男	女	男	女	男	女	男	女	男	女	男	女
十二歳以下																						
十三歳																						
十四歳									3	1												
十五歳					1				10	1			2						1		1	
十六歳									3					1								
十七歳			1			1	1		7	1							1		3			
十八歳									6	1					1							
十九歳							1		2										1			
二十歳									8	1									1			
二十一歳			1								1								1			
二十二歳					1				5													
二十三歳			1						2													
二十四歳									3													
二十五歳			1				1		6													
二十六歳							1															
二十七歳									5													
二十八歳			1						1				1									
二十九歳									2													
三十歳									7						1							
三十一歳									1						1							
三十二歳									2								1					
三十三歳			3																			
三十四歳																						
三十五歳									2	1												
三十六歳									2													
三十七歳	1																					
三十八歳			1						1													
三十九歳																						
四十歳			1																			
四十一歳																						
四十二歳																						
四十三歳			1																			
四十四歳			1																			
四十五歳									1													
四十六歳													1									
四十七歳	1																					
四十八歳			2						1													
四十九歳																						
五十歳																						
五十一歳									1													
五十二歳																						
五十三歳																						
五十四歳																						
五十五歳																						
五十六歳			1																			
五十七歳																						
五十八歳																						
五十九歳																						
六十歳以上			1																			
年齢不詳																						
合計	2		16		2	1	4		81	6	1		4	1	3		2		7		1	

年齢 \ 職業	機械器具検査工 男	機械器具検査工 女	選別工,検査工 男	選別工,検査工 女	自動車運転手 男	自動車運転手 女	人力車夫,馬方,馭者 男	人力車夫,馬方,馭者 女	人夫,仲仕,鑛夫,運搬夫,配達夫 男	人夫,仲仕,鑛夫,運搬夫,配達夫 女	物品売買業者,仲買人 男	物品売買業者,仲買人 女	店員,売子,注文取,集金人 男	店員,売子,注文取,集金人 女	守衛,監督 男	守衛,監督 女	汽罐士 男	汽罐士 女	看貫掛,検量工 男	看貫掛,検量工 女	包装掛,壜詰工,樽詰工 男	包装掛,壜詰工,樽詰工 女
十二歳以下																						1
十三歳									1													1
十四歳									1													
十五歳			1						2													1
十六歳				1					4				1						1			1
十七歳									3				2									
十八歳					1				1				1	1							1	
十九歳				1					2				2									
二十歳			2						3													
二十一歳			3						2													
二十二歳	1		2						8				1		1							
二十三歳	1								6													
二十四歳				1	1				1													
二十五歳									2		1											
二十六歳					1				1				1									
二十七歳					1				4													
二十八歳									1				1									
二十九歳					3				1													
三十歳					2				1		1											
三十一歳					2				5													
三十二歳											1											
三十三歳					1		1		1								1					
三十四歳									5													
三十五歳									1													
三十六歳									1													
三十七歳																						
三十八歳																						
三十九歳																						
四十歳																						
四十一歳									1		1											
四十二歳									1													
四十三歳									2													
四十四歳																						
四十五歳																						
四十六歳																						
四十七歳																						
四十八歳									1													
四十九歳									1													
五十歳																						
五十一歳									1													
五十二歳									1		1											
五十三歳									1													
五十四歳																						
五十五歳																						
五十六歳																						
五十七歳																						
五十八歳																						
五十九歳																						
六十歳以上																						
年齢不詳																						
合計	2		8	3	12		1		66		5		9	1	1		1		1		1	4

年齢＼職業・男女	91 電気機械器具製造業										92 無線及有線通信機械器具製造業											
	荷造工		小使, 給仕, 雑役者		見習工 養成工 (他ニ分類セラレザルモノ)		其ノ他ノ作業者		総数		経営者		一般事務者		簿記係事務者		タイピスト, 筆耕		電気機械技術者		電気通信機械技術者	
	男	女	男	女	男	女	男	女	男	女	男	女	男	女	男	女	男	女	男	女	男	女
十二歳以下				1	4	5			4	4												
十三歳			1	5	16	2			6	4												
十四歳			5	1	20	3			19	11												
十五歳			4	1	27	1	2		33	5					1							
十六歳			4		22	3	1		20	7			1									
十七歳			6	1	14	4			35	4			4								1	
十八歳			1		16	2	1		47	3			1								1	
十九歳			6		6				34	3			1			1					1	
二十歳			3		7	1			40	2	1					1					1	
二十一歳			1		7				21												3	
二十二歳			5		1		1		25				2								2	
二十三歳			3	1			1		31	2			2					1			3	
二十四歳			4		1				23	1											4	
二十五歳			4						15													
二十六歳			6		2				17												2	
二十七歳	1		4				2		8	1									1			
二十八歳	1		5	2					19				1									
二十九歳			10		1				14												1	
三十歳			2	1	1				10				1						1			
三十一歳			2				2		7				1									
三十二歳			1						15													
三十三歳			5				1		1	1												
三十四歳	2		3		1				7													
三十五歳			1						4	2			1	1								
三十六歳			1						8		1		1									
三十七歳			4						2												1	
三十八歳			6				1		4				1									
三十九歳			1						1													
四十歳			2						1													
四十一歳			2						3													
四十二歳							1		1													
四十三歳																						
四十四歳			1				1		1													
四十五歳			1																			
四十六歳			3																			
四十七歳																						
四十八歳	1																					
四十九歳																						
五十歳				1	1				1													
五十一歳																						
五十二歳			1																			
五十三歳																						
五十四歳																						
五十五歳																						
五十六歳																						
五十七歳																						
五十八歳																						
五十九歳																						
六十歳以上			1																			
年齢不詳																						
合計	5		109	14	147	21	14		477	51	2		17	1	1	2		1	2		20	

92 無線及有線通信機械器具製造業

年齢 \ 職業 \ 男女	電気化学技術者		電気技術者		電気通信技術者(有線、無線電信通信士以外ノモノ)		機械製図工		写図工,青写真工		金属棒,条圧延伸張工		金属製管工		金属疵取工		金属切断工		鍛冶職,刃物職		機械火造工	
	男	女	男	女	男	女	男	女	男	女	男	女	男	女	男	女	男	女	男	女	男	女
十二歳以下																						
十三歳																						
十四歳																	1					
十五歳																	2					
十六歳																						
十七歳					1		1															
十八歳			1																			
十九歳							3															
二十歳									1													
二十一歳			1																			
二十二歳	1						1															
二十三歳					1								1									
二十四歳			1																		1	
二十五歳																					1	
二十六歳					1										1							
二十七歳																						
二十八歳					1						1											
二十九歳																	1					
三十歳																						
三十一歳																						
三十二歳																					1	
三十三歳																						
三十四歳					1																	
三十五歳																						
三十六歳																						
三十七歳																			1			
三十八歳																						
三十九歳																						
四十歳																						
四十一歳																						
四十二歳																						
四十三歳																						
四十四歳																						
四十五歳																						
四十六歳																						
四十七歳																						
四十八歳																						
四十九歳																						
五十歳																						
五十一歳																						
五十二歳																						
五十三歳																						
五十四歳																						
五十五歳																						
五十六歳																						
五十七歳																						
五十八歳																						
五十九歳																						
六十歳以上																						
年齢不詳																						
合計	1		3		5		5		1		1		1		1		4		1		3	

92 無線及有線通信機械器具製造業

年齢 \ 職業 / 男女	鋳造工 男	鋳造工 女	特殊鋳物工 男	特殊鋳物工 女	其ノ他ノ金属材料ノ製造加工作業者 男	其ノ他ノ金属材料ノ製造加工作業者 女	旋盤工(金属ニ加工スルモノ) 男	旋盤工(金属ニ加工スルモノ) 女	旋盤工(木材以外ノ非金属ニ加工スルモノ) 男	旋盤工(木材以外ノ非金属ニ加工スルモノ) 女	タレット工 男	タレット工 女	卓上旋盤工, 小型機械工 男	卓上旋盤工, 小型機械工 女	平削盤工, 形削盤工, 竪削盤工 男	平削盤工, 形削盤工, 竪削盤工 女	ブライス盤工 男	ブライス盤工 女	撓鉄工 男	撓鉄工 女	鋲打工 男	鋲打工 女
十二歳以下																						
十三歳							2															
十四歳							2						1									
十五歳	1				1		6						1									
十六歳						1	2															
十七歳						1	4												1			
十八歳							6				1		1									
十九歳			1				7						1									
二十歳	1		1		1		4		1		1											
二十一歳							3										1					
二十二歳							6				1								1			
二十三歳																			1			
二十四歳							1															
二十五歳					1		1														1	
二十六歳							3				1				1							
二十七歳															1							
二十八歳					2		2															
二十九歳																						
三十歳					1		1															
三十一歳					1						1											
三十二歳					2												1					
三十三歳																						
三十四歳							1															
三十五歳																						
三十六歳					1																	
三十七歳																						
三十八歳																						
三十九歳																						
四十歳																						
四十一歳					1																	
四十二歳																						
四十三歳																						
四十四歳																						
四十五歳																						
四十六歳																						
四十七歳																						
四十八歳																						
四十九歳																						
五十歳													1									
五十一歳																						
五十二歳																						
五十三歳																						
五十四歳																						
五十五歳																						
五十六歳																						
五十七歳																						
五十八歳																						
五十九歳																						
六十歳以上																						
年齢不詳																						
合計	2		2		11	2	51		1		5		6		2		2		3		1	

92 無線及有線通信機械器具製造業

年齢＼職業	板金鋲打工		板金工, ブリキ職		金属プレス工, 打抜工		ガス熔接工		電気熔接工		レンズ研磨工		巻線工		絶縁工		配線工		乾電池組立工		蓄電池製造工	
	男	女	男	女	男	女	男	女	男	女	男	女	男	女	男	女	男	女	男	女	男	女
十二歳以下																						
十三歳																						
十四歳						1								3								
十五歳					2	1									1				1			
十六歳					1																	
十七歳			1		4						1											
十八歳					2								1				2					
十九歳						1							1									
二十歳					1		1						1				1					
二十一歳			1										1				1					
二十二歳			1														1					
二十三歳					3																	
二十四歳			4		1																	
二十五歳					3																1	
二十六歳					2																	
二十七歳					1	1																
二十八歳					1								2									
二十九歳			1												1							
三十歳																						
三十一歳									1													
三十二歳	1		1		4																	
三十三歳					1																	
三十四歳																			1			
三十五歳																	1					
三十六歳																						
三十七歳																						
三十八歳			1																			
三十九歳																						
四十歳																						
四十一歳																						
四十二歳																						
四十三歳																						
四十四歳																						
四十五歳																						
四十六歳																						
四十七歳																						
四十八歳																						
四十九歳																						
五十歳																						
五十一歳																						
五十二歳																						
五十三歳																						
五十四歳																						
五十五歳																						
五十六歳																						
五十七歳																						
五十八歳																						
五十九歳																						
六十歳以上																						
年齢不詳																						
合計	1		10		26	4	1		1		1		6	3	2		6		2		1	

92 無線及有線通信機械器具製造業

年齢 ＼ 職業	眞空管, X線製造工 男	眞空管, X線製造工 女	機械製鋲工 男	機械製鋲工 女	其ノ他ノ機械器具製作作業者 男	其ノ他ノ機械器具製作作業者 女	手仕上工 男	手仕上工 女	機械器具部品仕上組立工 男	機械器具部品仕上組立工 女	機械器具総組立工 男	機械器具総組立工 女	自動車組立工, 修繕工 男	自動車組立工, 修繕工 女	電気機械器具組立工 男	電気機械器具組立工 女	電気通信機組立工 男	電気通信機組立工 女	機械器具製造工, 修繕工, 保全工 男	機械器具製造工, 修繕工, 保全工 女	ゴム成型加工工(護謨ニ依ルモノヲ除ク) 男	ゴム成型加工工(護謨ニ依ルモノヲ除ク) 女
十二歳以下						1									1		1					
十三歳	1				1	1		1										2				
十四歳	1					1	3										2	1				
十五歳						2	2				1						5	1			1	
十六歳					1	1	1										5	2				
十七歳							1						1				3	1			1	
十八歳	1	1				1	5		1								10		1			
十九歳	1				2		1								1		5					
二十歳					1		2		4		1				1		9					
二十一歳	1				1												3					
二十二歳							1										5					
二十三歳	1				1		3		2								3					
二十四歳		1			1												4					
二十五歳							1										2					
二十六歳									1						1		3					
二十七歳	1																2					
二十八歳									2								3					
二十九歳							2		1						1		4					
三十歳							1										1					
三十一歳							1															
三十二歳							1										2					
三十三歳																		1				
三十四歳																	1					
三十五歳																						
三十六歳							1										2		1			
三十七歳																						
三十八歳															1							
三十九歳																						
四十歳																						
四十一歳			1																			
四十二歳																	1					
四十三歳																						
四十四歳																						
四十五歳																						
四十六歳																						
四十七歳																						
四十八歳																						
四十九歳																						
五十歳																						
五十一歳																						
五十二歳																						
五十三歳																						
五十四歳																						
五十五歳																						
五十六歳																						
五十七歳																						
五十八歳																						
五十九歳																						
六十歳以上																						
年齢不詳																						
合計	7	2	1		8	7	26	1	11		2		1		6		76	8	2		2	

年齢 ＼ 職業 ＼ 男女	92 無線及有線通信機械器具製造業																			
	セルロイド成型工,加工工		人造レジン工		人造レジン成型工,加工工(旋盤ニ依ルモノヲ除ク)		加工紙工		成型工(旋盤ニ依ルモノヲ除ク)		ガラス吹工		調木工,木羽割職		木工		其ノ他ノ木,竹,草,蔓類製品ノ製造作業者		通信電機装置工		其ノ他ノ電工	
	男	女	男	女	男	女	男	女	男	女	男	女	男	女	男	女	男	女	男	女	男	女
十二歳以下																						1
十三歳																			1			
十四歳	1																		1		3	1
十五歳					1														1			
十六歳			1																1			
十七歳																					2	
十八歳													1						1	1	1	
十九歳															2						3	
二十歳					1																	
二十一歳																			1		1	
二十二歳																			1			
二十三歳															2						1	
二十四歳									1		1											
二十五歳																			1			
二十六歳																						
二十七歳																	1					
二十八歳																						
二十九歳																						
三十歳																					1	
三十一歳																						
三十二歳																					1	
三十三歳																						
三十四歳							1												1			
三十五歳														1								
三十六歳							1															
三十七歳																						
三十八歳																						
三十九歳			1																			
四十歳																						
四十一歳																	1					
四十二歳																						
四十三歳																						
四十四歳																						
四十五歳																						
四十六歳																						
四十七歳																						
四十八歳																						
四十九歳																						
五十歳																						
五十一歳																						
五十二歳																						
五十三歳																						
五十四歳																						
五十五歳																						
五十六歳																						
五十七歳																						
五十八歳																						
五十九歳																						
六十歳以上																						
年齢不詳																						
合計	1		2		2		2		1		1		1	1	4		2		9	1	13	2

職業 / 男女 / 年齢	塗装工 男	塗装工 女	メツキ工(琺瑯釉薬工ヲ含ム) 男	メツキ工(琺瑯釉薬工ヲ含ム) 女	バフ磨工 男	バフ磨工 女	実験工,試験工,分析工 男	実験工,試験工,分析工 女	機械器具部品検査工 男	機械器具部品検査工 女	機械器具検査工 男	機械器具検査工 女	選別工,検査工 男	選別工,検査工 女	自動車運転手 男	自動車運転手 女	荷扱夫,仲仕,倉庫夫,運搬夫,配達夫 男	荷扱夫,仲仕,倉庫夫,運搬夫,配達夫 女	店員,売子,注文取,集金人 男	店員,売子,注文取,集金人 女	荷造工 男	荷造工 女
十二歳以下		1												1								
十三歳																			1			
十四歳	1		1																			
十五歳			1				1							1								
十六歳						1																
十七歳	1						1															
十八歳							1		1													
十九歳															1		1					
二十歳							1				2						1					
二十一歳	1						1															
二十二歳							2															
二十三歳	1					1	3										1					
二十四歳	2																					
二十五歳	1																				1	
二十六歳																	1					
二十七歳	1																					
二十八歳	3																1					
二十九歳	2																					
三十歳	1																					
三十一歳															1							
三十二歳	1																					
三十三歳																						
三十四歳																						
三十五歳																	1		1			
三十六歳																						
三十七歳																						
三十八歳	1																					
三十九歳																						
四十歳	1																					
四十一歳																						
四十二歳																						
四十三歳																						
四十四歳																	1					
四十五歳																						
四十六歳																						
四十七歳																						
四十八歳																						
四十九歳																						
五十歳																						
五十一歳																						
五十二歳																						
五十三歳																						
五十四歳																						
五十五歳																						
五十六歳																						
五十七歳																						
五十八歳																						
五十九歳																						
六十歳以上																						
年齢不詳																						
合計	17	1	2			2	10		1		2			2	2		7		2		1	

職業 / 男女 / 年齢	92 無線及有線通信機械器具製造業 小使,給仕,雑役者 男	女	見習工 養成工(他ニ分類セラレザルモノ) 男	女	其ノ他ノ作業者 男	女	93 電線及電纜製造業 総数 男	女	経営者 男	女	一般事務者 男	女	販売仕入係事務者 男	女	其ノ他ノ金属製錬作業者 男	女	金属棒,条圧延伸張工 男	女	金属線伸張工 男	女	金属撚線工 男	女
十二歳以下	1		1					5														
十三歳							2	10														
十四歳	1	2	1	2			6	10														
十五歳	2		1		1		7	7														
十六歳	2	1	4	1	1		8	3	1													
十七歳	3	1	3		1	1	14	1			1										1	
十八歳	3		5				13	2			1											
十九歳	1			1	1		13	2			2								1		1	
二十歳	1	1					11	1													1	
二十一歳	1						14	1											3			
二十二歳							10	2											1	1		
二十三歳			1		1		5	1														
二十四歳	1				1		11	1									1					
二十五歳					1		10	3							1						1	
二十六歳							12	1											1			
二十七歳							9	1					1								1	
二十八歳							2															
二十九歳							8												1			
三十歳	1		1				6	1														
三十一歳	1						11	1													2	
三十二歳							5												1			
三十三歳							2														1	
三十四歳	1						7															
三十五歳				1			4														1	
三十六歳							3	1														
三十七歳							5														1	
三十八歳							2															
三十九歳							5															
四十歳							6	1											1			
四十一歳							3															
四十二歳							1															
四十三歳							1														1	
四十四歳							2															
四十五歳							1															
四十六歳							1															
四十七歳																						
四十八歳																						
四十九歳							2															
五十歳																						
五十一歳							1															
五十二歳							1															
五十三歳							1															
五十四歳							1															
五十五歳																						
五十六歳																						
五十七歳																						
五十八歳																						
五十九歳																						
六十歳以上																						
年齢不詳																						
合計	19	5	17	5	7	1	226	55	1		4		1		1		1		9	1	11	

93電線及電纜製造業

年齢	金属切断工		熱処理工		金属熔融工		鋳物砂型工		其ノ他ノ金属材料ノ製造加工作業者		旋盤工(金属ニ加工スルモノ)		捲鉄工		鋲打工		板金工,ブリキ職		金属プレス工,打抜工		ガス熔接工	
	男	女	男	女	男	女	男	女	男	女	男	女	男	女	男	女	男	女	男	女	男	女
十二歳以下																						
十三歳																						
十四歳																						
十五歳																						
十六歳																						
十七歳																						
十八歳																						
十九歳									/		/											
二十歳									/	/	/										/	
二十一歳																						
二十二歳			/																		/	
二十三歳																	/					
二十四歳																						
二十五歳											/											
二十六歳															/							
二十七歳									/				/									
二十八歳																						
二十九歳																						
三十歳																						
三十一歳																			/			
三十二歳																						
三十三歳																						
三十四歳	/				/																	
三十五歳							/															
三十六歳																						
三十七歳																						
三十八歳																						
三十九歳																						
四十歳																						
四十一歳																						
四十二歳																						
四十三歳																						
四十四歳																						
四十五歳																						
四十六歳																						
四十七歳																						
四十八歳																						
四十九歳																	/					
五十歳																						
五十一歳																						
五十二歳																						
五十三歳																						
五十四歳																						
五十五歳																						
五十六歳																						
五十七歳																						
五十八歳																						
五十九歳																						
六十歳以上																						
年齢不詳																						
合計	1		1		2		1		3	1	3		1		1		2		1		2	

93電線及電纜製造業

職業 / 男女 / 年齢	其ノ他ノ溶接工		針金細工工		電線被装工		巻線工		絶縁工		配線工		其ノ他ノ機械器具製作作業者		手仕上工		機械器具部品仕上組立工		合成ゴム工		ゴム精練工	
	男	女	男	女	男	女	男	女	男	女	男	女	男	女	男	女	男	女	男	女	男	女
十二歳以下						2																
十三歳					1	4		1		1				1								
十四歳			1		1	6	1		1	2						1						
十五歳					3	3	2	2														
十六歳					3		2	2														
十七歳					5		1	1					2									
十八歳					5		1	1	1													
十九歳					1			1		1									1			
二十歳			1		2												1					
二十一歳					3	1	1		1													
二十二歳			1		1	1	1														1	
二十三歳					2				1				1									
二十四歳					1	1	3															
二十五歳					2	1	1		1													
二十六歳					2		1															
二十七歳					2	1			1													
二十八歳							1															
二十九歳			1		2																	
三十歳					4	1															1	
三十一歳					2	1	1				1											
三十二歳					1																	
三十三歳																						
三十四歳									1				1								1	
三十五歳					1																	
三十六歳								1														
三十七歳	1																					
三十八歳									1													
三十九歳					3																	
四十歳					1																	
四十一歳																						
四十二歳																						
四十三歳																						
四十四歳					1																	
四十五歳																						
四十六歳																						
四十七歳																						
四十八歳																						
四十九歳																						
五十歳																						
五十一歳																						
五十二歳																						
五十三歳					1																	
五十四歳																						
五十五歳																						
五十六歳																						
五十七歳																						
五十八歳																						
五十九歳																						
六十歳以上																						
年齢不詳																						
合計	1		4		50	22	16	9	8	4	1		4	1		1	1		1		3	

産業 / 職業 / 男女 / 年齢	93電線及電纜製造業																					
	ゴム成型工 加工工(旋盤ニ依ルモノヲ除ク)		ゴム加硫工		人造レジン工		人造レジン成型工, 加工工(旋盤ニ依ルモノヲ除ク)		電極工(旋盤ニ依ル仕上工ヲ除ク)		其ノ他ノ紡織品製造作業者		木工		コンクリート工		其ノ他ノ土木建築作業者		其ノ他ノ電工		メツキ工(皮膜防錆工ヲ含ム)	
	男	女	男	女	男	女	男	女	男	女	男	女	男	女	男	女	男	女	男	女	男	女
十二歳以下																						
十三歳																				1		
十四歳					1																	
十五歳																						
十六歳												1									1	
十七歳							1															
十八歳													1									
十九歳	1						2															
二十歳									1													
二十一歳							2															
二十二歳							1												1			
二十三歳																						
二十四歳							1										1					
二十五歳							1															
二十六歳			1																			
二十七歳															1							
二十八歳																						
二十九歳													1									
三十歳																						
三十一歳															1							
三十二歳																						
三十三歳																	1					
三十四歳																						
三十五歳																			1			
三十六歳																	1					
三十七歳																						
三十八歳																						
三十九歳																						
四十歳																						
四十一歳															1							
四十二歳																						
四十三歳																						
四十四歳																			1			
四十五歳																						
四十六歳																						
四十七歳																						
四十八歳																						
四十九歳																	1					
五十歳																						
五十一歳																			1			
五十二歳																						
五十三歳																						
五十四歳																						
五十五歳																						
五十六歳																						
五十七歳																						
五十八歳																						
五十九歳																						
六十歳以上																						
年齢不詳																						
合計	1		1		1		8		1			1	2		3		4		4	1	1	

職業 \ 年齢	93電線及電纜製造業																94電池製造業					
	自動車運転手		鑢夫,艀夫,鏈夫,錨夫,鉛鉄		物品売買業者,仲買人		火夫,油差		包装掛,壜詰工,樽詰工		小使,給仕,雑役者		見習工,養成工(他ニ分類セラレザルモノ)		其ノ他ノ作業者		総数		一般事務者		簿記係事務者	
	男	女	男	女	男	女	男	女	男	女	男	女	男	女	男	女	男	女	男	女	男	女
十二歳以下																	1	6				
十三歳			1											1		1	4	13				
十四歳												1					4	11				
十五歳											1		1	1		1	12	13				
十六歳			1														7	10				
十七歳											2		1				11	2				
十八歳											3			1	1		16	4	1			
十九歳			2														11	3				
二十歳			1								1						9	1				
二十一歳			1						1		1		1				4					
二十二歳			1														4					
二十三歳												1					9	2				
二十四歳			3								1						5				1	
二十五歳			2									2					3					
二十六歳	1		3								1	1			1		3					
二十七歳											1						5					
二十八歳			1														3					
二十九歳			1								2						3					
三十歳											1						2	1				
三十一歳			1								1		1				3					
三十二歳	1		2														1					
三十三歳																						
三十四歳											1											
三十五歳			1																			
三十六歳			2														3					
三十七歳			2								1											
三十八歳											1						1					
三十九歳			1								1						1					
四十歳			1								2	1			1		1					
四十一歳					1		1										1	1				
四十二歳																						
四十三歳																	1					
四十四歳																	1					
四十五歳			1																			
四十六歳											1											
四十七歳																						
四十八歳																	1					
四十九歳																	1					
五十歳																						
五十一歳																						
五十二歳			1														1					
五十三歳																						
五十四歳											1											
五十五歳																	1					
五十六歳																						
五十七歳																						
五十八歳																						
五十九歳																						
六十歳以上																	1					
年齢不詳																						
合計	2		29		1		1		1		23	7	5	5	3	2	133	67	1		1	

年齢 ＼ 職業	金属切断工		特殊鋳物工		其ノ他ノ金属材料ヲ製造加工作業者		旋盤工(金属ニ加工スルモノ)		ボール盤工		板金工, ブリキ職		金属プレス工, 打抜工		鑞付工		絶縁工		乾電池組立工		蓄電池製造工	
	男	女	男	女	男	女	男	女	男	女	男	女	男	女	男	女	男	女	男	女	男	女
十二歳以下																1			1	1		1
十三歳	1																			7		4
十四歳						1			1										1	7		2
十五歳																		1	6	7	5	3
十六歳																			1	6	3	1
十七歳											1								3	1	3	
十八歳													1						5	2	6	1
十九歳																			5	3	5	
二十歳			1																2		3	1
二十一歳																			2		1	
二十二歳																			1		1	
二十三歳							1												3	2	2	
二十四歳																			1		1	
二十五歳																					1	
二十六歳																					1	
二十七歳																			1		2	
二十八歳																					1	
二十九歳	1																		1			
三十歳																				1		
三十一歳																			2			
三十二歳																						
三十三歳																						
三十四歳																						
三十五歳																						
三十六歳																			1			
三十七歳																						
三十八歳																			1			
三十九歳																						
四十歳																						
四十一歳																			1	1		
四十二歳																						
四十三歳																						
四十四歳																			1			
四十五歳																						
四十六歳																						
四十七歳																						
四十八歳																						
四十九歳																						
五十歳																						
五十一歳																						
五十二歳																			1			
五十三歳																						
五十四歳																						
五十五歳																						
五十六歳																						
五十七歳																						
五十八歳																						
五十九歳																						
六十歳以上																						
年齢不詳																						
合計	2		1			1	1		1		1		1			1		1	40	38	35	13

(94 電池製造業)

94 電池製造業

年齢 \ 職業・男女	電球,放電管製造工 男	電球,放電管製造工 女	其ノ他ノ機械器具製作業者 男	其ノ他ノ機械器具製作業者 女	手仕上工 男	手仕上工 女	機械器具部品仕上組立工 男	機械器具部品仕上組立工 女	電気機械器具組立工 男	電気機械器具組立工 女	機械器具製造工,修繕工,保全工 男	機械器具製造工,修繕工,保全工 女	ゴム精練工 男	ゴム精練工 女	ゴム成型工加工工(旋盤ニ依ルモノヲ除ク) 男	ゴム成型工加工工(旋盤ニ依ルモノヲ除ク) 女	ゴム加硫工 男	ゴム加硫工 女	窯業仕上工(旋盤ニ依ルモノヲ除ク) 男	窯業仕上工(旋盤ニ依ルモノヲ除ク) 女	其ノ他ノ製品ノ製造作業者 男	其ノ他ノ製品ノ製造作業者 女
十二歳以下																				/		/
十三歳																						
十四歳			/																			
十五歳				/																		
十六歳		/				/																
十七歳						/																
十八歳			/																			
十九歳																						
二十歳																						
二十一歳																						
二十二歳																						
二十三歳			/						/													
二十四歳															/							
二十五歳											/											
二十六歳															/							
二十七歳							/															
二十八歳					/								/									
二十九歳																						
三十歳													/		/							
三十一歳																						
三十二歳			/																			
三十三歳																						
三十四歳																						
三十五歳																						
三十六歳																						
三十七歳																						
三十八歳																						
三十九歳																						
四十歳																						
四十一歳																						
四十二歳																						
四十三歳																						
四十四歳																						
四十五歳																						
四十六歳																						
四十七歳																						
四十八歳																						
四十九歳																						
五十歳																						
五十一歳																						
五十二歳																						
五十三歳																						
五十四歳																						
五十五歳																	/					
五十六歳																						
五十七歳																						
五十八歳																						
五十九歳																						
六十歳以上																						
年齢不詳																						
合計		/	4	/	/	2	/		/		/		2		3		/			/		/

年齢	94電池製造業																					
職業	コンクリート工		鳶職		其ノ他ノ土木建築作業者		其ノ他ノ電工		メッキ工(皮膜防錆工ヲ含ム)		選別工,検査工		運搬夫,荷仕,倉庫夫,運搬夫,配達夫		物品売買業者,仲買人		火夫,油差		包装掛,壜詰工,樽詰工		荷造工	
男女	男	女	男	女	男	女	男	女	男	女	男	女	男	女	男	女	男	女	男	女	男	女
十二歳以下																						
十三歳												1										
十四歳								1														
十五歳								1														
十六歳							1															
十七歳													1							1		
十八歳																						1
十九歳																						
二十歳							1															
二十一歳							1															
二十二歳																						
二十三歳					1																	
二十四歳																						
二十五歳													1									
二十六歳							1		1													
二十七歳													1									
二十八歳																						
二十九歳																						
三十歳																						
三十一歳															1							
三十二歳																						
三十三歳																						
三十四歳																						
三十五歳																						
三十六歳																	1					
三十七歳																						
三十八歳																						
三十九歳																						
四十歳																						
四十一歳																						
四十二歳																						
四十三歳			1																			
四十四歳																						
四十五歳																						
四十六歳																						
四十七歳																						
四十八歳																						
四十九歳	1												1									
五十歳																						
五十一歳																						
五十二歳																						
五十三歳																						
五十四歳																						
五十五歳																						
五十六歳																						
五十七歳																						
五十八歳																						
五十九歳																						
六十歳以上																						
年齢不詳																						
合計	1		1		1		4	2	1			1	4		1		1			1		1

職業 / 性 / 年齢	94電池製造業 小使,給仕,雑役者, 男	女	見習工,養成工(他ニ分類セラレザルモノ) 男	女	95切削研磨用金属工作機械製造業 総数 男	女	経営者 男	女	一般事務者 男	女	機械技術者 男	女	鉱,工学研究員 男	女	製銑工(電気炉ニ依ルモノ) 男	女	製鉄工(熔鉱炉其ノ他ニ依存スルモノ) 男	女	製鋼工(電気炉ニ依ルモノ) 男	女	製鋼工(平炉其ノ他ニ依ルモノ) 男	女
十二歳以下				1	24	3																
十三歳	2	1	1		47	8																
十四歳	1				105	5																
十五歳	1				172	4																
十六歳	1				208	9				1												
十七歳	3		1		204	4											1					
十八歳		1	1		237	1			1								2					
十九歳			1		186				1		1						1		1			
二十歳	2				174	4																
二十一歳					171	2			1		1						1				1	
二十二歳	1		1		152				1		1						1				1	
二十三歳					168	1			1				1								1	
二十四歳					139	1					1											
二十五歳					131												1					
二十六歳					115												1					
二十七歳					103	1			1								1				1	
二十八歳					100				1						1							
二十九歳	1				113	1	1		3		1											
三十歳					78				1		1						1					
三十一歳					56	1											1					
三十二歳					57	1	1															
三十三歳					41				1										1			
三十四歳					46		1				1						1		1			
三十五歳					41	1	1										1		1		1	
三十六歳	1				31														1			
三十七歳					27														1			
三十八歳					31																	
三十九歳	1				27																	
四十歳					19				1													
四十一歳					16	1																
四十二歳					15		2															
四十三歳					12																	
四十四歳					9																	
四十五歳					8				1								1					
四十六歳					9		1										1					
四十七歳					8		1															
四十八歳					8																	
四十九歳					4		1															
五十歳					6	2																
五十一歳					2																	
五十二歳					2																	
五十三歳					6																	
五十四歳					2																	
五十五歳																						
五十六歳					2																	
五十七歳																						
五十八歳					1																	
五十九歳					2																	
六十歳以上	1				9		1															
年齢不詳																						
合計	15	2	5	1	3124	50	10		14	1	7		1		1		15		6		5	

産業 職業 男女 年齢	95 切削研磨用金属工作機械製造業																					
	非鉄金属製錬工(其ノ他ノ炉ニ依ルモノ)		其ノ他ノ金属製錬作業者		機械製図工		写図工, 青写真工		其ノ他ノ現図工		金属加熱炉工		金属棒, 条圧延伸張工		金属製管工		金属小物圧延伸張工		金属線伸張工		金属疵取工	
	男	女	男	女	男	女	男	女	男	女	男	女	男	女	男	女	男	女	男	女	男	女
十二歳以下																						
十三歳																						
十四歳																						
十五歳			/								/											
十六歳							/		/								/					
十七歳			/		/										/		2					
十八歳							/															
十九歳					3												/					
二十歳					2																/	
二十一歳																	/				/	
二十二歳																						
二十三歳															/							
二十四歳																						
二十五歳			/								/											
二十六歳															/							
二十七歳															/							
二十八歳																						
二十九歳			/														/					
三十歳																	/					
三十一歳																						
三十二歳			/										/						/			
三十三歳															/							
三十四歳	/														/							
三十五歳																					/	/
三十六歳																						
三十七歳																					/	
三十八歳																						
三十九歳			/																			
四十歳																						
四十一歳																						
四十二歳																						
四十三歳																						
四十四歳																						
四十五歳																						
四十六歳																						
四十七歳																						
四十八歳																						
四十九歳																						
五十歳																						
五十一歳																						
五十二歳																						
五十三歳																						
五十四歳																						
五十五歳																						
五十六歳																						
五十七歳																						
五十八歳																						
五十九歳																						
六十歳以上																						
年齢不詳																						
合計	/		6		6		2		/		2		/		6		7		/		4	/

年齢 \ 職業	金属切断工 男	金属切断工 女	鍛冶職,刃物職 男	鍛冶職,刃物職 女	機械火造工 男	機械火造工 女	熱処理工 男	熱処理工 女	金属熔融工 男	金属熔融工 女	鋳物木型工 男	鋳物木型工 女	鋳物砂型工 男	鋳物砂型工 女	中子工 男	中子工 女	鋳造工 男	鋳造工 女	特殊鋳物工 男	特殊鋳物工 女	其ノ他ノ金属材料ノ製造加工作業者 男	其ノ他ノ金属材料ノ製造加工作業者 女
十二歳以下																	1					1
十三歳	2				1								1								1	2
十四歳													1		1		3				4	
十五歳	2		1		2				1				3				2				1	
十六歳	1				2						3				1		7		1		2	
十七歳			1		1				1		1		1				7		1		3	
十八歳	2				7								1		1		10				1	
十九歳	1				4								2				5					
二十歳			2		4				1				4				5		1		2	
二十一歳	2		2		9						1		3				7				4	1
二十二歳	1				6								3		1		9				1	
二十三歳	1	1	1		9								2				9				4	
二十四歳			2		5		1										7		1		2	
二十五歳			2		5		1				1		1				8					
二十六歳			2		3				1								5				1	
二十七歳	1				5		1						2		1		5				1	
二十八歳			1		4								1				8				1	
二十九歳			3		5								1				13				2	
三十歳					2								1				5				2	
三十一歳			1		2								1				2				2	
三十二歳	2		1		2				3								10				2	
三十三歳													1				3		1		2	
三十四歳					3								2				2				1	
三十五歳					2		1						1				8					
三十六歳			1		2												2				4	
三十七歳					2				1				1		1		2					
三十八歳					1				1				2				1				1	
三十九歳					3		1		1				1				3					
四十歳					2		1		1				1				2					
四十一歳																	2				2	
四十二歳			1						1								1					
四十三歳					2												1					
四十四歳													1									
四十五歳																	2				1	
四十六歳																	1					
四十七歳									1								1					
四十八歳									1								1					
四十九歳																						
五十歳																						
五十一歳																	1					
五十二歳																	1					
五十三歳																						
五十四歳																						
五十五歳																						
五十六歳																						
五十七歳																						
五十八歳																						
五十九歳																						
六十歳以上																	1				1	
年齢不詳																						
合計	15	1	21		94		6		14		6		38		6		163		5		48	4

Table heading: 95切削研磨用金属工作機械製造業

年齢＼職業・男女	ケガキ工 男	ケガキ工 女	旋盤工(金属ニ加工スルモノ) 男	旋盤工(金属ニ加工スルモノ) 女	旋盤工(木材以外ノ非金属ニ加工スルモノ) 男	旋盤工(木材以外ノ非金属ニ加工スルモノ) 女	タレット工 男	タレット工 女	卓上旋盤工,小型機械工 男	卓上旋盤工,小型機械工 女	中グリ盤工 男	中グリ盤工 女	ボール盤工 男	ボール盤工 女	平削盤工,形削盤工,竪削盤工 男	平削盤工,形削盤工,竪削盤工 女	プライス盤工 男	プライス盤工 女	歯切盤工 男	歯切盤工 女	研磨盤工,ラツプ盤工 男	研磨盤工,ラツプ盤工 女
十二歳以下			8				3		1				2									
十三歳			14		1		1						2		1		1					1
十四歳			38		2		3		1				4		1		1				1	
十五歳			70		3		4	1	1				4		3		1		1		2	1
十六歳	1		89	3	3		3		1				3		9	1	2		2			
十七歳			77		5		4		3		2		7		6		3				2	
十八歳	1		104		1		5		5		1		10		4		2		2		1	
十九歳	1		85		5		3		3				2		5				1		3	
二十歳			61		3		3		5				6		2	1					2	
二十一歳			53		3		1				1		1		1		1					
二十二歳	1		48		3		2		1				4		5		1				4	
二十三歳	1		45		2		1		3				3		5				1		1	
二十四歳			26	1	1		3		2				6		4						1	
二十五歳	1		32		3		1		2				2		5		1				3	
二十六歳			26				1		1				4		4		2		1		2	
二十七歳			20		1		3				1		2		4		1					
二十八歳			19		3				2				1		1		2				1	
二十九歳			22		1		1						1		2	1	1					
三十歳			12				2		1				3		1						3	
三十一歳			16		1								4						1		3	
三十二歳			6				1						1	1	1							
三十三歳			5										5		1		1				2	
三十四歳			9										2		1							
三十五歳			4										1		1				1		2	
三十六歳			2										3								1	
三十七歳	1		5																		1	
三十八歳			3						1				2									
三十九歳			1												2							
四十歳																						
四十一歳			2												1							
四十二歳													1		1							
四十三歳																						
四十四歳			2																			
四十五歳			1																			
四十六歳																						
四十七歳																						
四十八歳			1																			
四十九歳									1													
五十歳			1																			
五十一歳																						
五十二歳																						
五十三歳			1																			
五十四歳																						
五十五歳																						
五十六歳																						
五十七歳																						
五十八歳																						
五十九歳																						
六十歳以上			1																			
年齢不詳																						
合計	7		919	4	41		45	1	34		5		86	1	71	3	20		10		35	2

Table title: 95 切削研磨用金属工作機械製造業

年齢＼職業＼男女	95切削研磨用金属工作機械製造業																					
	ラッピング工(手作業ニ依ルモノ)		撓鉄工		填隙工		鋲打工		板金鋲打工		板金工,ブリキ職		金属プレス工,打抜工		ドラム罐,ブリキ罐製造工		ガス熔接工		電気熔接工		其ノ他ノ熔接工	
	男	女	男	女	男	女	男	女	男	女	男	女	男	女	男	女	男	女	男	女	男	女
十二歳以下		/											/	/								
十三歳													/									
十四歳									/													
十五歳													/				/		/			
十六歳													/	2			/					
十七歳		/											2	/								
十八歳							/				/		5		2						/	
十九歳	/		/										/						/			
二十歳			2										/									
二十一歳													/						3			
二十二歳							2						/		/							
二十三歳			2				2												2			
二十四歳					/		2						3				/		2			
二十五歳			/		/		2												2			
二十六歳			/										/				/					
二十七歳									/				/	/	/		/		/			
二十八歳	/				/		2				/											
二十九歳			/				/												/			
三十歳							/		/								/					
三十一歳													/									
三十二歳			/										2				/					
三十三歳			/														/					
三十四歳							/															
三十五歳			/																			
三十六歳																						
三十七歳																	/					
三十八歳			/						/		/		/				/					
三十九歳																	/					
四十歳													/									
四十一歳			2				2	/														
四十二歳																						
四十三歳							/		/				2									
四十四歳																						
四十五歳			/																			
四十六歳																						
四十七歳																						
四十八歳																						
四十九歳			/																			
五十歳																						
五十一歳																						
五十二歳																						
五十三歳																						
五十四歳																						
五十五歳																						
五十六歳																						
五十七歳																						
五十八歳													/									
五十九歳																						
六十歳以上													/									
年齢不詳																						
合計	2	2	16		3		17	/	5		3		29	5	4		11		13		/	

95 切削研磨用金属工作機械製造業

年齢 ＼ 職業 ＼ 男女	パイプ工(造船所ノ銅工ヲ含ム)		目立工		其ノ他ノ目盛工		針金細工工		配線工		機械製鋲工		バネ工		其ノ他ノ機械器具製作作業者		手仕上工		機械器具部品仕上組立工		機械器具総組立工	
	男	女	男	女	男	女	男	女	男	女	男	女	男	女	男	女	男	女	男	女	男	女
十二歳以下																						
十三歳											1					1	1	1			1	
十四歳															2				3			
十五歳											1				2	1	8	1	5		3	
十六歳											1		1		6	2	15		3		3	
十七歳											2				2		18		6		6	
十八歳									1		1				5	1	18		12		6	
十九歳															1		16		8		6	
二十歳			1								1				3		21		3		7	
二十一歳															6		32		7		3	
二十二歳															2		20		10		6	
二十三歳											1				4		19		12		8	
二十四歳	1														4		20		10		5	
二十五歳			1												2		22		6		5	
二十六歳											1				4		28		5		5	
二十七歳											1				1		16		6		1	
二十八歳															3		13		11		7	
二十九歳															1		17		7		6	
三十歳							1										12		4			
三十一歳															4	1	1		5		2	
三十二歳															1		5		6		2	
三十三歳																	3		2		2	
三十四歳											1				1		7		2		1	
三十五歳			1												1		2		1			
三十六歳															1		3				1	
三十七歳															2		3		2			
三十八歳															1		3		3			
三十九歳																	2		1			
四十歳															1		1		1			
四十一歳					1																	
四十二歳																						
四十三歳																	2					
四十四歳																						
四十五歳																						
四十六歳																	1					
四十七歳																						
四十八歳																						
四十九歳																	1					
五十歳																						
五十一歳																						
五十二歳															1							
五十三歳																						
五十四歳																						
五十五歳																						
五十六歳																						
五十七歳																						
五十八歳																						
五十九歳																						
六十歳以上																	1					
年齢不詳																						
合計	1		3		1		1		1		11		1		61	6	331	2	141		86	

職業・男女／年齢	95切削研磨用金属工作機械製造業																			
	計器組立工		電気機械器具組立工		機械器具装置工,据付工,保全工		工具保全工		火工		製版工,紙型工		木工		大工		鉄筋工,鉄網工		石工	鳶職
	男	女	男	女	男	女	男	女	男	女	男	女	男	女	男	女	男	女	男	女	男	女
十二歳以下																						
十三歳																						
十四歳					1												1					
十五歳																						
十六歳																						
十七歳																						
十八歳																						
十九歳																						
二十歳					2		1															
二十一歳																						
二十二歳																						
二十三歳					2								1									
二十四歳					3																	
二十五歳					1																	
二十六歳																						
二十七歳																						
二十八歳			1						1													
二十九歳					1						1		1								1	
三十歳	1						1												1			
三十一歳																						
三十二歳																						
三十三歳																						
三十四歳																						
三十五歳															1							
三十六歳																						
三十七歳																						
三十八歳					1																	
三十九歳																						
四十歳																						
四十一歳																						
四十二歳																						
四十三歳																						
四十四歳																						
四十五歳																						
四十六歳							1															
四十七歳																						
四十八歳																						
四十九歳																						
五十歳																						
五十一歳																						
五十二歳																						
五十三歳																						
五十四歳																						
五十五歳																						
五十六歳																						
五十七歳																						
五十八歳																						
五十九歳																						
六十歳以上																						
年齢不詳																						
合計	1		1		11		3		1		1		2		1		1		1		1	

職業 / 年齢 / 男女	95切削研磨用金属工作機械製造業																					
	其ノ他ノ土木建築作業者		其ノ他ノ電工		塗装工		メッキ工(波膠防錆工ヲ含ム)		パフ磨工		機械器具部品検査工		機械器具検査工		機械試運転工		選別工, 検査工		自動車運転手		人力車夫, 馬方, 馭者	
	男	女	男	女	男	女	男	女	男	女	男	女	男	女	男	女	男	女	男	女	男	女
十二歳以下																						
十三歳					1			1										1				
十四歳					1																	
十五歳			1		2				1				1									
十六歳	1										1											
十七歳															2							
十八歳					1																	
十九歳					3				1										1			
二十歳					2				1										2			
二十一歳					3																	
二十二歳					3												1					
二十三歳	1				3																	
二十四歳	1				1														1			
二十五歳	1				3		1														1	
二十六歳	1				2																	
二十七歳	1				5				2				1						1		2	
二十八歳	1				2										1				1			
二十九歳	2				2				2												2	
三十歳	2				5																	
三十一歳	1				3														1			
三十二歳	1				2																	
三十三歳	1				2																	
三十四歳																						
三十五歳	3				2																	
三十六歳	1				1														1			
三十七歳																						
三十八歳					2																	
三十九歳	3																				1	
四十歳	2																				1	
四十一歳																						
四十二歳	1																					
四十三歳	1																					
四十四歳																						
四十五歳																						
四十六歳																						
四十七歳																						
四十八歳	1																					
四十九歳																						
五十歳	1							1														
五十一歳																						
五十二歳																						
五十三歳	1																					
五十四歳																						
五十五歳																						
五十六歳																						
五十七歳																						
五十八歳																						
五十九歳																						
六十歳以上																						
年齢不詳																						
合計	28		1		51		1	2	7		1		2		3		1	1	8		7	

95切削研磨用金属工作機械製造業

年齢	鍛夫,鋳物工,鋳造夫,運搬夫,配達夫 男	女	店員,売子,注文取,集金人 男	女	企画手 男	女	原動機(電動機ヲ除ク),電動機,ポンプ,送付機,コンベヤー,起重機 男	女	汽罐士 男	女	火夫,油差 男	女	包装掛,壜詰工,樽詰工 男	女	荷造工 男	女	小使,給仕,雑役者 男	女	見習工,養成工(他ニ分類セラレザルモノ) 男	女	其ノ他ノ作業者 男	女
十二歳以下																	3		5			
十三歳			1														2	1	14			
十四歳																1	4	3	32			1
十五歳																	6		34		2	
十六歳	2																6		33		1	
十七歳	1																9	2	24		1	
十八歳																	5		16			
十九歳	1																7		9		1	
二十歳	5														1		9	2	5	1	3	
二十一歳	3				1												12	1	5			
二十二歳	1																7		3		1	
二十三歳	2						1		1								12		3			
二十四歳	1												1				7				3	
二十五歳	2																6		2		1	
二十六歳	3																6		1		1	
二十七歳			1								1						6		2			
二十八歳	3																3				1	
二十九歳	2										1						5					
三十歳	4																7		1			
三十一歳	1																3					
三十二歳									1								2					
三十三歳	3																1		1			
三十四歳	2																4					
三十五歳																	4					
三十六歳	3		1														8					
三十七歳	1																2					
三十八歳	1																1				2	
三十九歳	1		1								1						4					
四十歳	1																3					
四十一歳	3																1					
四十二歳	2														1		4					
四十三歳	1																1					
四十四歳	2																4					
四十五歳																	1					
四十六歳	1														1		2					
四十七歳	2																3					
四十八歳																	4					
四十九歳																						
五十歳																	3	1			1	
五十一歳																	1					
五十二歳																						
五十三歳																	4					
五十四歳																	2					
五十五歳																						
五十六歳	1																1					
五十七歳																						
五十八歳																						
五十九歳	1																1					
六十歳以上	1																2					
年齢不詳																						
合計	57		4		1		1		2		3		1		3	1	183	10	190	1	18	1

96 其ノ他ノ金属工作機械製造業

職業 / 性別 / 年齢	総数		販売仕入係事務者		機械技術者		非鉄金属製錬工(電解ニ依ルモノ)		其ノ他ノ金属製錬作業者		機械製図工		金属加熱炉工		金属板圧延伸張工		金属棒, 条圧延伸張工		金属製管工		金属小物圧延伸張工	
	男	女	男	女	男	女	男	女	男	女	男	女	男	女	男	女	男	女	男	女	男	女
十二歳以下	1	3																				
十三歳	7																					
十四歳	12	3																				
十五歳	25	2																				
十六歳	29								1													
十七歳	37	1					1				1											
十八歳	37																		1			
十九歳	28										1											
二十歳	37																					
二十一歳	19														1							
二十二歳	21				1														1			
二十三歳	31																					
二十四歳	18																					
二十五歳	28																		1			
二十六歳	24																		1			
二十七歳	15																					
二十八歳	15		1																		1	
二十九歳	14																					
三十歳	16																					
三十一歳	9																1					
三十二歳	10	1																	1			
三十三歳	9																					
三十四歳	13																					
三十五歳	5	1																				
三十六歳	4																					
三十七歳	5																					
三十八歳	3												1									
三十九歳	4	1											1									
四十歳	5																					
四十一歳	3																					
四十二歳	7																					
四十三歳	4																					
四十四歳	3																					
四十五歳	2																					
四十六歳	1																					
四十七歳	2																					
四十八歳	1																					
四十九歳																						
五十歳	3	1																				1
五十一歳																						
五十二歳	1																					
五十三歳	4																					
五十四歳																						
五十五歳																						
五十六歳																						
五十七歳																						
五十八歳																						
五十九歳	1												1									
六十歳以上																						
年齢不詳																						
合計	513	13	1		1		1		1		2		3		1		1		5		1	1

96 其ノ他ノ金属工作機械製造業

職業／年齢	金属撚線工		金属疵取工		金属切断工		鍛冶職，刃物職		機械火造工		金属熔融工		鋳物木型工		鋳物砂型工		中子工		鋳造工		特殊鋳物工	
	男	女	男	女	男	女	男	女	男	女	男	女	男	女	男	女	男	女	男	女	男	女
十二歳以下																						
十三歳																						
十四歳																						
十五歳															1				1			
十六歳													1						1			
十七歳							1		1										3			
十八歳							1		3										2		1	
十九歳									1						1				5			
二十歳					1		1		1						1				1			
二十一歳							1								1				1			
二十二歳									1												1	
二十三歳	1				1				3		1				1				3			
二十四歳									1										2			
二十五歳							1												1			
二十六歳																						
二十七歳									2													
二十八歳							1								2							
二十九歳											1								2			
三十歳							1		1		1				1		1		1			
三十一歳			1						1										1			
三十二歳											1									1		
三十三歳							1		1													
三十四歳					1				1										2			
三十五歳																						
三十六歳																			1			
三十七歳							1															
三十八歳																			1			
三十九歳									1													
四十歳					1						1											
四十一歳																						
四十二歳					1																	
四十三歳																			1			
四十四歳																						
四十五歳																						
四十六歳																						
四十七歳																						
四十八歳																						
四十九歳																						
五十歳																			3			
五十一歳																						
五十二歳																						
五十三歳																						
五十四歳																						
五十五歳																						
五十六歳																						
五十七歳																						
五十八歳																						
五十九歳																						
六十歳以上																						
年齢不詳																						
合計	1		1		5		9		18		5		1		8		1		32	1	2	

96 其ノ他ノ金属工作機械製造業

年齢 ＼ 職業・男女	其ノ他ノ金属材料ノ製造加工作業者 男	其ノ他ノ金属材料ノ製造加工作業者 女	ケガキ工 男	ケガキ工 女	旋盤工(金属ニ加工スルモノ) 男	旋盤工(金属ニ加工スルモノ) 女	旋盤工(木材以外ノ非金属ニ加工スルモノ) 男	旋盤工(木材以外ノ非金属ニ加工スルモノ) 女	タレット工 男	タレット工 女	卓上旋盤工,小型機械工 男	卓上旋盤工,小型機械工 女	中グリ盤工 男	中グリ盤工 女	ボール盤工 男	ボール盤工 女	平削盤工,形削盤工,竪削盤工 男	平削盤工,形削盤工,竪削盤工 女	研磨盤工,ラップ盤工 男	研磨盤工,ラップ盤工 女	ラッピング工(手作業ニ依ルモノ) 男	ラッピング工(手作業ニ依ルモノ) 女
十二歳以下		2																				
十三歳					2																	
十四歳	1	1			5																	
十五歳	1				8				1		1				1							
十六歳	2				16																	
十七歳	1		1		15												2					
十八歳	1				10		1										1					
十九歳					8										2		1					
二十歳	1				11										2		1					
二十一歳					6		1				1											
二十二歳	1				6										2						1	
二十三歳	1				5						1								1			
二十四歳	1				5								1									
二十五歳					6										1		3					
二十六歳	1				9										1		1					
二十七歳					2								1									
二十八歳	1				3		1								1							
二十九歳	1				3																	
三十歳					2												1					
三十一歳	1																					
三十二歳	2				1														1			
三十三歳					2										1							
三十四歳	1														2							
三十五歳																						
三十六歳					1										1							
三十七歳															1							
三十八歳															1							
三十九歳																						
四十歳	1																					
四十一歳	1																					
四十二歳																						
四十三歳																						
四十四歳															1							
四十五歳	1																					
四十六歳																						
四十七歳															1							
四十八歳																						
四十九歳																						
五十歳																						
五十一歳																						
五十二歳																						
五十三歳															1							
五十四歳																						
五十五歳																						
五十六歳																						
五十七歳																						
五十八歳																						
五十九歳																						
六十歳以上																						
年齢不詳																						
合計	20	3	1		126		3		1		3		2		19		10		2		1	

96 其ノ他ノ金属工作機械製造業

年齢＼職業	撓鉄工 男	撓鉄工 女	鋲打工 男	鋲打工 女	板金鋲打工 男	板金鋲打工 女	板金工，ブリキ職 男	板金工，ブリキ職 女	金属プレス工，打抜工 男	金属プレス工，打抜工 女	ガス熔接工 男	ガス熔接工 女	電気熔接工 男	電気熔接工 女	絶縁工 男	絶縁工 女	機械製鋲工 男	機械製鋲工 女	其ノ他ノ機械器具製作作業者 男	其ノ他ノ機械器具製作作業者 女	手仕上工 男	手仕上工 女
十二歳以下									1	1												
十三歳																			2			
十四歳										1							1					
十五歳										1	1										3	
十六歳									2										1			
十七歳									1	1									1		1	
十八歳									2								1				3	
十九歳			1										1								2	
二十歳									2		1		1		1				1		6	
二十一歳																			2		2	
二十二歳			1								1										3	
二十三歳									4										1		5	
二十四歳																			1		1	
二十五歳							1		1		1						1		3		1	
二十六歳									4										1		1	
二十七歳			1						2		2								1		1	
二十八歳									1		1								1			
二十九歳									1												1	
三十歳					1				1												1	
三十一歳																					1	
三十二歳											1										1	
三十三歳									1										1			
三十四歳	1										1										2	
三十五歳										1											1	
三十六歳																			1			
三十七歳									1													
三十八歳																						
三十九歳																						
四十歳																						
四十一歳																						
四十二歳																						
四十三歳																						
四十四歳																					1	
四十五歳																						
四十六歳																	1					
四十七歳																						
四十八歳																						
四十九歳																						
五十歳																						
五十一歳																						
五十二歳																			1			
五十三歳																						
五十四歳																						
五十五歳																						
五十六歳																						
五十七歳																						
五十八歳																						
五十九歳																						
六十歳以上																						
年齢不詳																						
合計	1		3		1		1		24	5	9		2		1		4		18		37	

年齢 \ 職業 \ 男女	96 其ノ他ノ金属工作機械製造業																					
	機械器具部品仕上組立工		機械器具総組立工		機械器具装置工,据付工,保全工		其ノ他ノ土木建築作業者		塗装工		金属酸洗工,洗滌工		パフ磨工		選別工,検査工		自動車運転手		雑夫,掃除夫,運搬夫,荷造夫,配達夫,		物品売買業者,仲買人,	
	男	女	男	女	男	女	男	女	男	女	男	女	男	女	男	女	男	女	男	女	男	女
十二歳以下																						
十三歳																						
十四歳	/															/						
十五歳																						
十六歳																						
十七歳			/		/																	
十八歳	/																		/			
十九歳	2		2																/			
二十歳			/																/			
二十一歳	/		/																			
二十二歳			/																			
二十三歳																						
二十四歳							/				/						/					
二十五歳	/																					
二十六歳	2																		2			
二十七歳	/		/																			
二十八歳																						
二十九歳	/								/										/			
三十歳			2				/															
三十一歳	/																		/			
三十二歳																						
三十三歳	/																					
三十四歳																						
三十五歳																			/		/	
三十六歳																			/			
三十七歳							/															
三十八歳																						
三十九歳					/					/												
四十歳													/									
四十一歳																						
四十二歳																			2			
四十三歳							/															
四十四歳	/																					
四十五歳							/															
四十六歳																						
四十七歳																						
四十八歳																						
四十九歳																						
五十歳																						
五十一歳																						
五十二歳																						
五十三歳																						
五十四歳																			/			
五十五歳																						
五十六歳																						
五十七歳																						
五十八歳																						
五十九歳																						
六十歳以上																						
年齢不詳																						
合計	13		9		2		5		/	/	/		/			/	/		12		/	

職業 / 年齢 / 男女	96 其ノ他ノ金属工作機械製造業 店員,売子,注文取,集金人		火夫,油差		荷造工		小使,給仕,雑役者		見習工 養成工(他ニ分類セラレザルモノ)		其ノ他ノ作業者		97 金属工作機械部分品及付属品製造業 総数		経営者		一般事務者		販売仕入係事務者		簿記係事務者	
	男	女	男	女	男	女	男	女	男	女	男	女	男	女	男	女	男	女	男	女	男	女
十二歳以下													8	1								
十三歳									3				12	1								
十四歳									4				34	3								
十五歳					1		2	1	4				51	3								
十六歳							1		4				50	3								
十七歳									5				47	3								
十八歳							3		5				49	1								
十九歳							1						53	1					1			
二十歳			1				2						59									
二十一歳									1				34									
二十二歳							1						35		1							
二十三歳							1		2				31									
二十四歳							3						22									
二十五歳							2		2				19									
二十六歳							3						26								1	
二十七歳							1						19				1					
二十八歳							1						32				2					
二十九歳							1				1		17									
三十歳									1				16									
三十一歳									1				13									
三十二歳	1						1						16	1								
三十三歳							1						10									
三十四歳													10				1					
三十五歳							3						7	1	2							
三十六歳													2									
三十七歳							1						9				1					
三十八歳													4									
三十九歳					1								4									
四十歳							1						3									
四十一歳							2						7									
四十二歳							4						7		1							
四十三歳							1				1		3		1							
四十四歳													2									
四十五歳													2	1								
四十六歳													1									
四十七歳							1						2									
四十八歳							1						4									
四十九歳																						
五十歳																						
五十一歳													1									
五十二歳													1									
五十三歳							2															
五十四歳													2									
五十五歳																						
五十六歳														1								
五十七歳													1									
五十八歳																						
五十九歳																						
六十歳以上													2									
年齢不詳																						
合計	1		1		2		40	1	32		2		727	20	5		5		1		1	

97 金属工作機械部分品及付属品製造業

年齢＼職業＼男女	機械技術者		鍛工(熔鉱炉其ノ他ニ依ルモノ)		其ノ他ノ金属製錬作業者		機械製図工		金属板圧延伸張工		金属製管工		金属線伸張工		金属疵取工		金属切断工		鍛冶職, 刃物職		機械火造工	
	男	女	男	女	男	女	男	女	男	女	男	女	男	女	男	女	男	女	男	女	男	女
十二歳以下																						
十三歳																			1			
十四歳																			1			
十五歳																	1					
十六歳					1												1		1			
十七歳																						
十八歳	1								1		2				2		2					
十九歳																	3					
二十歳			1																		6	
二十一歳																					5	
二十二歳															1						1	
二十三歳																			1			
二十四歳																	1				1	
二十五歳							1												1			
二十六歳											3										3	
二十七歳									1						1						1	
二十八歳																						
二十九歳																			1			
三十歳																						
三十一歳																					1	
三十二歳																					2	
三十三歳											1										1	
三十四歳																						
三十五歳																						
三十六歳																						
三十七歳													1								1	
三十八歳																						
三十九歳																						
四十歳																						
四十一歳																						
四十二歳																						
四十三歳																						
四十四歳																						
四十五歳																						
四十六歳																						
四十七歳																						
四十八歳																			1			
四十九歳																						
五十歳																						
五十一歳																						
五十二歳																						
五十三歳																						
五十四歳																						
五十五歳																						
五十六歳																						
五十七歳																						
五十八歳																						
五十九歳																						
六十歳以上																						
年齢不詳																						
合計	1		1		1		1		2		6		1		4		8		7		22	

97 金属工作機械部分品及付属品製造業

年齢 ＼ 職業	熱処理工		金属熔融工		鋳物砂型工		鋳造工		特殊鋳物工		其ノ他ノ金属材料ノ製造加工作業者		ケガキ工		旋盤工(金属ニ加工スルモノ)		旋盤工(木材以外ノ非金属ニ加工スルモノ)		タレツト工		卓上旋盤工, 小型機械工	
	男	女	男	女	男	女	男	女	男	女	男	女	男	女	男	女	男	女	男	女	男	女
十二歳以下												1			4							
十三歳											1	1			5							
十四歳							1					2			15						2	
十五歳					1						3				15	1	3		1			
十六歳	1						3								24						2	
十七歳							1				5				21	1	2		2			
十八歳					1		1		1		1				23						3	
十九歳					1		5				1	1			16		1				1	
二十歳							1				2				21						3	
二十一歳	1						2								13		3					
二十二歳					1		1				1				14						2	
二十三歳							2				3				11		1				1	
二十四歳							1				1				11							
二十五歳					1		1				1				7							
二十六歳															9							
二十七歳							1								6							
二十八歳					1		2				2				6							
二十九歳							1				2				1				1			
三十歳					1		1								1				1			
三十一歳											1				4		1				1	
三十二歳			1		1		2		1		1		1		1							
三十三歳											1								1		1	
三十四歳											2				1							
三十五歳											1											
三十六歳																						
三十七歳																						
三十八歳											1											
三十九歳											1								1			
四十歳											1				1							
四十一歳															1							
四十二歳							1				1											
四十三歳																					1	
四十四歳															1							
四十五歳																						
四十六歳																						
四十七歳																						
四十八歳			1																			
四十九歳																						
五十歳																						
五十一歳																						
五十二歳															1							
五十三歳																						
五十四歳																						
五十五歳																						
五十六歳																						
五十七歳																						
五十八歳																						
五十九歳																						
六十歳以上																						
年齢不詳																						
合計	2		2		8		27		2		33	5	1		233	2	11		7		17	

97 金属工作機械部分品及付属品製造業

年齢 ＼ 職業・男女	中グリ盤工		ボール盤工		平削盤工, 形削盤工, 竪削盤工		プライス盤工		歯切盤工		研磨盤工, ラップ盤工		撓鉄工		填隙工		鋲打工		板金鋲打工		板金工, ブリキ職	
	男	女	男	女	男	女	男	女	男	女	男	女	男	女	男	女	男	女	男	女	男	女
十二歳以下																						
十三歳																						
十四歳			2																			
十五歳					1		1		2		1											
十六歳							1				2											
十七歳			3				2				1											
十八歳					1				1		1		1									
十九歳							1		1		2											
二十歳			2				3		1		2											
二十一歳					1																1	
二十二歳							1										1					
二十三歳	1		1								1											
二十四歳																						
二十五歳																						
二十六歳																					1	
二十七歳													2									
二十八歳					1						1											
二十九歳			1																			
三十歳																						
三十一歳							1														1	
三十二歳			1																		1	
三十三歳							1															
三十四歳									1													
三十五歳									1													
三十六歳																						
三十七歳															1		1					
三十八歳																					1	
三十九歳					1																	
四十歳																						
四十一歳																			1			
四十二歳																						
四十三歳																						
四十四歳																						
四十五歳																						
四十六歳																						
四十七歳																						
四十八歳																	1					
四十九歳																						
五十歳																						
五十一歳																						
五十二歳																						
五十三歳																						
五十四歳																						
五十五歳																						
五十六歳																						
五十七歳																						
五十八歳																						
五十九歳																						
六十歳以上																						
年齢不詳																						
合計	1		10		5		11		7		11		3		1		3		1		5	

97 金属工作機械部分品及付属品製造業

年齢＼職業・男女	金属プレス工, 打抜工		ドラム罐, ブリキ罐製造工		ガス熔接工		電気熔接工		其ノ他ノ熔接工		パイプ工(造船所ノ鋼工ヲ含ム)		金属彫刻工		針金細工工		機械製鋲工		其ノ他ノ機械器具製作作業者		手仕上工	
	男	女	男	女	男	女	男	女	男	女	男	女	男	女	男	女	男	女	男	女	男	女
十二歳以下																						
十三歳																					1	
十四歳					1																	1
十五歳	1				1												1		2		2	
十六歳													1								1	
十七歳																					1	
十八歳					1		1												1		1	
十九歳	1																1		1		6	
二十歳	1																1		2		4	
二十一歳																			1		4	
二十二歳																			3		3	
二十三歳																			1		3	
二十四歳	2																				3	
二十五歳			1												1						2	
二十六歳																			4		1	
二十七歳					1																2	
二十八歳																			3		4	
二十九歳	2																				1	
三十歳																					2	
三十一歳																					1	
三十二歳																					3	
三十三歳											1								1			
三十四歳							1														1	
三十五歳																	1					
三十六歳																						
三十七歳																					1	
三十八歳																						
三十九歳																						
四十歳																						
四十一歳																			1			
四十二歳									1										1			
四十三歳																						
四十四歳																						
四十五歳																			1			
四十六歳																						
四十七歳																						
四十八歳																						
四十九歳																						
五十歳																						
五十一歳																						
五十二歳																						
五十三歳																						
五十四歳																						
五十五歳																						
五十六歳																						
五十七歳																						
五十八歳																						
五十九歳																						
六十歳以上																						
年齢不詳																						
合計	7		1		4		2		1		1		1		1		4		22		47	1

産業 職業 男女 年齢	97 金属工作機械部分品及付属品製造業																						
	機械器具部品仕上組立工		機械器具総組立工		工具保全工		其ノ他ノ被服、身ノ廻リ品製造作業者		木工		木型工(鋳物木型工ヲ除ク)		石工		道路工夫、アスファルト舗装工		其ノ他ノ土木建築作業者		塗装工		パフ磨工	
	男	女	男	女	男	女	男	女	男	女	男	女	男	女	男	女	男	女	男	女	男	女
十二歳以下																						
十三歳																						
十四歳	1																					
十五歳	1																					
十六歳					1			1														
十七歳			2									1										
十八歳		1																				
十九歳	2		1																		1	
二十歳			2																			
二十一歳	1		1																			
二十二歳	1																					
二十三歳	1																					
二十四歳	1																					
二十五歳					1																	
二十六歳	1																1					
二十七歳									1													
二十八歳	1		2																			
二十九歳							1								1				1		1	
三十歳	1																				2	
三十一歳			1																			
三十二歳	1																	1				
三十三歳	2																					
三十四歳																						
三十五歳													1									
三十六歳																						
三十七歳																						
三十八歳																	1					
三十九歳																						
四十歳																						
四十一歳																						
四十二歳																						
四十三歳																	1					
四十四歳			1																			
四十五歳																						
四十六歳																						
四十七歳																						
四十八歳	1																					
四十九歳																						
五十歳																						
五十一歳																						
五十二歳																						
五十三歳																						
五十四歳																	1					
五十五歳																						
五十六歳																						
五十七歳			1																			
五十八歳																						
五十九歳																						
六十歳以上	1																					
年齢不詳																						
合計	16	1	11		2		1	1	1			1	1		1		4	1	1		4	

年齢 \ 職業・男女 \ 産業	97 金属工作機械部分品及付属品製造業																		98 製材及木工機械製造業			
	機械器具検査工		選別工, 検査工		自動車運転手		荷扱夫, 仲仕, 倉庫夫, 運搬夫, 配達夫		店員, 売子, 注文取, 集金人		火夫, 油差		小使, 給仕, 雑役者		見習工 養成工 (他ニ分類セラレザルモノ)		其ノ他ノ作業者		総数		販売仕入係事務者	
	男	女	男	女	男	女	男	女	男	女	男	女	男	女	男	女	男	女	男	女	男	女
十二歳以下															4							
十三歳															4				1			
十四歳							1						1		9				3			
十五歳													1	1	13			1	10			
十六歳													1		10	2			5			
十七歳				1									3		4				7			
十八歳															3				6			
十九歳							2				1		3		1				9			
二十歳							1				2		4						3	1		
二十一歳											1								8			
二十二歳											1		1		2				3			
二十三歳									1		1		2						2			
二十四歳											1								3			
二十五歳							1		1										2			
二十六歳													1		1				2			
二十七歳							1						1						3			
二十八歳	1						2						4						3			
二十九歳							2										1		4		1	
三十歳					1		1				1		4						4			
三十一歳											1								2			
三十二歳																			1			
三十三歳																						
三十四歳									1				1									
三十五歳							2							1					1			
三十六歳					1												1		2			
三十七歳							2										1					
三十八歳													1									
三十九歳													1									
四十歳													1									
四十一歳			1				1						2						1			
四十二歳													1									
四十三歳													1									
四十四歳																						
四十五歳							1											1				
四十六歳							1															
四十七歳							1															
四十八歳													1									
四十九歳																			1			
五十歳																						
五十一歳													1									
五十二歳																						
五十三歳																			1			
五十四歳													1									
五十五歳																						
五十六歳		1																				
五十七歳																						
五十八歳																						
五十九歳																						
六十歳以上							1															
年齢不詳																						
合計	1	1	1	1	2		20		3		9		37	2	51	2	3	2	87	1	1	

98 製材及木工機械製造業

年齢 \ 職業 \ 男女	金属切断工 男	金属切断工 女	鍛冶職, 刃物職 男	鍛冶職, 刃物職 女	機械火造工 男	機械火造工 女	鋳物砂型工 男	鋳物砂型工 女	鋳造工 男	鋳造工 女	旋盤工(金属ニ加工スルモノ) 男	旋盤工(金属ニ加工スルモノ) 女	卓上旋盤工, 小型機械工 男	卓上旋盤工, 小型機械工 女	ボール盤工 男	ボール盤工 女	平削盤工, 形削盤工, 型削盤工, 男	平削盤工, 形削盤工, 型削盤工, 女	金属プレス工, 打抜工 男	金属プレス工, 打抜工 女	其ノ他ノ機械器具製作作業者 男	其ノ他ノ機械器具製作作業者 女
十二歳以下																						
十三歳											1											
十四歳							1				1											
十五歳	1						1		1		3											
十六歳											2						1					
十七歳											3		1									
十八歳											2				1							
十九歳											3						1					
二十歳											1											1
二十一歳											4											
二十二歳											1										1	
二十三歳											1											
二十四歳															1							
二十五歳											1						1					
二十六歳											1											
二十七歳			1																			
二十八歳											1											
二十九歳					1																	
三十歳															1							
三十一歳																			1			
三十二歳																					1	
三十三歳																						
三十四歳																						
三十五歳									1													
三十六歳									1													
三十七歳																						
三十八歳																						
三十九歳																						
四十歳																						
四十一歳																						
四十二歳																						
四十三歳																						
四十四歳																						
四十五歳																						
四十六歳																						
四十七歳																						
四十八歳																						
四十九歳																						
五十歳																						
五十一歳																						
五十二歳																						
五十三歳	1																					
五十四歳																						
五十五歳																						
五十六歳																						
五十七歳																						
五十八歳																						
五十九歳																						
六十歳以上																						
年齢不詳																						
合計	2		1		1		2		3		25		1		3		3		1		2	1

年齢＼産業・職業・男女	98 製材及木工機械製造業																		99 工具製造業			
	手仕上工		機械器具部品仕上組立工		機械器具総組立工		機械器具装置工,修繕工,保全工		木工		塗装工		荷扱夫,仲仕,倉庫夫,運搬夫,配達夫		小使,給仕,雑役者		見習工,養成工(他ニ分類セラレザルモノ)		総数		経営者	
	男	女	男	女	男	女	男	女	男	女	男	女	男	女	男	女	男	女	男	女	男	女
十二歳以下																			21	3		
十三歳																			42	5		
十四歳															1				64	8		
十五歳			1												1		2		102	9		
十六歳					1												1		118	5		
十七歳	1																2		145	3		
十八歳					1												2		146	6		
十九歳	2														2		1		123	5		
二十歳	1								1										124	3		
二十一歳	1										1				2				111	3		
二十二歳					1														125	3		
二十三歳															1				96	2		
二十四歳			1								1								103			
二十五歳																			94	1		
二十六歳	1																		107	2		
二十七歳	1								1										100	2		
二十八歳	1								1										81	1	1	
二十九歳	2																		70	2	1	
三十歳	1						1								1				55			
三十一歳															1				66		1	
三十二歳																			50		1	
三十三歳																			51			
三十四歳																			46			
三十五歳																			38	1	1	
三十六歳													1						33	1	2	
三十七歳																			24			
三十八歳																			18	3		
三十九歳																			15	2	1	
四十歳																			25		1	
四十一歳	1																		16			
四十二歳																			16	1		
四十三歳																			14	2	1	
四十四歳																			9			
四十五歳																			14		1	
四十六歳																			6	1		
四十七歳																			6	1		
四十八歳																			5			
四十九歳															1				4		1	
五十歳																			5			
五十一歳																			4			
五十二歳																			1			
五十三歳																			2			
五十四歳																						
五十五歳																			1			
五十六歳																			1			
五十七歳																						
五十八歳																						
五十九歳																			2			
六十歳以上																			3			
年齢不詳																						
合計	12		2		3		1		3		2		1		10		8		2302	75	12	

年齢＼職業・男女	99工具製造業																							
	一般事務者		販売仕入係事務者		タイピスト，筆耕		機械技術者		鉱工学研究員		製銑工(電気炉ニ依ルモノ)		製銑工(溶鉱炉其ノ他ニ依ルモノ)		混銑炉工		製鋼工(電気炉ニ依ルモノ)		製鋼工(平炉其ノ他ニ依ルモノ)		非鉄金属製錬工(其ノ他ノ炉ニ依ルモノ)	
	男	女	男	女	男	女	男	女	男	女	男	女	男	女	男	女	男	女	男	女	男	女
十二歳以下																						
十三歳																						
十四歳		1																				
十五歳																						
十六歳						1									1							
十七歳																						
十八歳	2										1											
十九歳															1						1	
二十歳	3														1							
二十一歳	2																					
二十二歳			1														1					
二十三歳	2										1		1									
二十四歳			1																			
二十五歳											1											
二十六歳	2		1				1				1											
二十七歳			1								1											
二十八歳	1										1											
二十九歳	1																					
三十歳	2		1																			
三十一歳	2		1																			
三十二歳											1											
三十三歳																						
三十四歳			1																			
三十五歳			1						1						1				1			
三十六歳	1																					
三十七歳	1																					
三十八歳																						
三十九歳																						
四十歳	1																					
四十一歳																						
四十二歳																						
四十三歳																						
四十四歳																						
四十五歳	1																					
四十六歳																						
四十七歳																						
四十八歳																						
四十九歳																						
五十歳																						
五十一歳																						
五十二歳																						
五十三歳																						
五十四歳																						
五十五歳																						
五十六歳																						
五十七歳																						
五十八歳																						
五十九歳																						
六十歳以上																						
年齢不詳																						
合計	21	1	8			1	1		1		6		1		4		1		1		1	

99 工具製造業

年齢＼職業・男女	造塊工		其ノ他ノ金属製錬作業者		機械製図工		金属加熱炉工		金属棒,条圧延伸張工		金属製管工		金属小物圧延伸張工		金属疵取工		金属切断工		鍛冶職,刃物職		機械火造工	
	男	女	男	女	男	女	男	女	男	女	男	女	男	女	男	女	男	女	男	女	男	女
十二歳以下							1												3			
十三歳							1												1		2	
十四歳							1												2		1	
十五歳							1		1										3		3	
十六歳																	2		7		5	
十七歳							2										1		11		8	
十八歳							1						1					1	8		3	
十九歳			1									1	1				1		4		4	
二十歳			1		1		1										1		5		3	
二十一歳													1					2	11		4	
二十二歳							1												5		10	
二十三歳													1						1		2	
二十四歳							2				1		1						14		7	
二十五歳													1						6		4	
二十六歳							1												8		5	
二十七歳											1						2		6		6	
二十八歳													3						8		3	
二十九歳															1				3		4	
三十歳													1						5			
三十一歳																	1		1		6	
三十二歳															1		1		4		3	
三十三歳							1												5		1	
三十四歳													2								4	
三十五歳	1																1		2		3	
三十六歳							1														2	
三十七歳																	1		1		1	
三十八歳													1								1	
三十九歳																		1	1			
四十歳																			2			
四十一歳													1						1		1	
四十二歳																					1	
四十三歳																			1			
四十四歳											1											
四十五歳									1										1			
四十六歳																			1			
四十七歳																						
四十八歳																						
四十九歳																						
五十歳																						
五十一歳							1															
五十二歳																						
五十三歳																			1			
五十四歳																						
五十五歳																						
五十六歳																						
五十七歳																						
五十八歳																						
五十九歳																						
六十歳以上																						
年齢不詳																						
合計	1		2		1		16		2		3	1	14		2		11	4	132		97	

年齢＼職業・男女	熱処理工		金属熔融工		鋳物木型工		鋳物砂型工		鋳造工		其ノ他ノ金属材料ノ製造加工作業者		ケガキ工		旋盤工(金属ニ加工スルモノ)		旋盤工(木材以外ノ非金属ニ加工スルモノ)		タレット工		卓上旋盤工,小型機械工	
	男	女	男	女	男	女	男	女	男	女	男	女	男	女	男	女	男	女	男	女	男	女
十二歳以下												1			3							
十三歳									1		3				5				2			
十四歳											3	2			10						2	
十五歳									2	1	3	3			10		2				1	
十六歳									3		9	1			10		1					
十七歳											10	1			22		2		3		2	
十八歳	2						1				5	1			21				1			
十九歳									1		10				10				1		3	
二十歳	1				1						6		1		11		1		2			
二十一歳			1						1		7				10		2					
二十二歳	1								1		5				12						4	
二十三歳									1		4				7						1	
二十四歳							1				8				7				2			
二十五歳									3		10				6		1		1			
二十六歳	1										7				8						1	
二十七歳		1	1						3		7				4		1		1			
二十八歳	1										3				3							
二十九歳	1										4				2		1				1	
三十歳									2		4				5		1				1	
三十一歳	4						1				3				2				1			
三十二歳	1								2		3				1							
三十三歳	1										4											
三十四歳	2										7				1							
三十五歳									1		5				2							
三十六歳									1		3											
三十七歳											3											
三十八歳	1														1							
三十九歳									1		4											
四十歳									2		2											
四十一歳											1											
四十二歳											3	1										
四十三歳	1																					
四十四歳											1											
四十五歳	1										2											
四十六歳											2											
四十七歳																1						
四十八歳																						
四十九歳																						
五十歳	1																					
五十一歳															1							
五十二歳																						
五十三歳											1											
五十四歳																						
五十五歳																						
五十六歳																						
五十七歳																						
五十八歳																						
五十九歳																						
六十歳以上																						
年齢不詳																						
合計	19	1	2		1		3		25	1	153	10	1		174	1	12		14		16	

年齢＼職業・男女	中グリ盤工 男	中グリ盤工 女	ボール盤工 男	ボール盤工 女	平削盤工,形削盤工,型削盤工 男	平削盤工,形削盤工,型削盤工 女	プライス盤工 男	プライス盤工 女	歯切盤工 男	歯切盤工 女	研磨盤工,ラツプ盤工 男	研磨盤工,ラツプ盤工 女	ラッピング工(手作業ニ依ルモノ) 男	ラッピング工(手作業ニ依ルモノ) 女	捲鉄工 男	捲鉄工 女	填隙工 男	填隙工 女	鋲打工 男	鋲打工 女	板金工,ブリキ職 男	板金工,ブリキ職 女
十二歳以下											1											
十三歳																						
十四歳			1	1																		
十五歳			2				2		1		2				1					1		
十六歳					1		1		1													
十七歳					1		1				3				1					1		
十八歳			2				1		1		2						1					
十九歳		1	1		2		1				4		1				1					
二十歳			1								2				1							
二十一歳			4				2		1		3											
二十二歳			2						2		3											
二十三歳					2				1		5				1							
二十四歳			2		2						3		1									
二十五歳					1		1				1											
二十六歳					2		1				3										1	
二十七歳			1		1						4											
二十八歳			1		1						2											
二十九歳					1						1											
三十歳							1				2											
三十一歳			1				1				1											
三十二歳																						
三十三歳					2																	
三十四歳							1				2											
三十五歳							1															
三十六歳			1								1											
三十七歳											1											
三十八歳																						
三十九歳																						
四十歳			1								1											
四十一歳					1																	
四十二歳			1								1											
四十三歳				1							1											
四十四歳															1							
四十五歳																						
四十六歳																						
四十七歳											2											
四十八歳																						
四十九歳																						
五十歳																						
五十一歳																						
五十二歳																						
五十三歳																						
五十四歳																						
五十五歳																						
五十六歳																						
五十七歳																						
五十八歳																						
五十九歳																						
六十歳以上							1															
年齢不詳																						
合計		1	21	2	17		15		7		51		2		5		2			2	1	

年齢 \ 職業 男女	金属プレス工、打抜工		ガス熔接工		其ノ他ノ溶接工		パイプ工(鍍金研ノ鋼工ヲ含ム)		目立工		刃物研ギ工		其ノ他ノ目盛工		巻線工		配線工		機械製鋲工		バネ工	
	男	女	男	女	男	女	男	女	男	女	男	女	男	女	男	女	男	女	男	女	男	女
十二歳以下	1								2													
十三歳									11									1				
十四歳		1							12													
十五歳	3	2					2		22		1											
十六歳	3								22													
十七歳	2	1							21													
十八歳	2	1							26													
十九歳	3						1		21		1		1									
二十歳	4								19										1			
二十一歳	4								18		1				1							
二十二歳	4				1				20		1										1	
二十三歳	3	1	1						15		2											
二十四歳	1		1						20													
二十五歳	1								13		1											
二十六歳	2	1	1						14		1											
二十七歳	2								13		1								1			
二十八歳	3								9													
二十九歳	3								9		1				1							
三十歳	1		1						3													
三十一歳			1						10													
三十二歳	1								6		5								2			
三十三歳	1								8		2								1			
三十四歳	1								4		1											
三十五歳	1								4													
三十六歳	1	1							6		1											
三十七歳	1								1													
三十八歳									3		1											
三十九歳	1								1													
四十歳	1								3													
四十一歳									3													
四十二歳									2													
四十三歳	1								1													
四十四歳									2													
四十五歳	1																					
四十六歳																						
四十七歳									1													
四十八歳											1											
四十九歳																						
五十歳	1								1													
五十一歳																						
五十二歳																						
五十三歳																						
五十四歳																						
五十五歳																						
五十六歳	1																					
五十七歳																						
五十八歳																						
五十九歳																						
六十歳以上																						
年齢不詳																						
合計	54	8	5		1		3		346		21		1		2			1	5		1	

Table title: 99 工具製造業

産業 / 職業 / 男女 / 年齢	99 工具製造業																					
	網具工, 索具工		其ノ他ノ機械器具製作作業者		手仕上工		機械器具部品仕上組立工		機械器具総組立工		電気機械器具組立工		鋳職		機械器具装置工, 据付工, 保全工		工具保全工		火工		成型工（旋盤ニ依ルモノヲ除ク）	
	男	女	男	女	男	女	男	女	男	女	男	女	男	女	男	女	男	女	男	女	男	女
十二歳以下			1														1					
十三歳			2		1												2					
十四歳			4	1	9												1					
十五歳			3		10		1										3					
十六歳			7	1	15												5					
十七歳			3		21		3										10					
十八歳	1		10		20		2										10					
十九歳			9		24		1										6		1			
二十歳			10		23	2			1				1				12					
二十一歳			6		15	1							1				3		1			
二十二歳			6		17		2				1						10					
二十三歳			6		26		1								1		8					
二十四歳			5		16		1										2					
二十五歳			7		22										1		4					
二十六歳			11		19								1				7					
二十七歳			4		28		1		1								6					
二十八歳			7		18	1	1										5		1			
二十九歳			10		19	1											1					
三十歳			6		9		1										1				1	
三十一歳	2		2		15		2										4		1			
三十二歳			3		6		1										3					
三十三歳			5		11												2					
三十四歳			4		10												3					
三十五歳					6												2					
三十六歳			1		6												3					
三十七歳			3		2												2					
三十八歳				1	3												4					
三十九歳			4																			
四十歳			1		3												3		1			
四十一歳			3		1								1				2					
四十二歳					2		1										1					
四十三歳			2		2												3					
四十四歳																	3					
四十五歳			2		1																	
四十六歳					1																	
四十七歳					2																	
四十八歳			1																			
四十九歳					1																	
五十歳																	2					
五十一歳																						
五十二歳																						
五十三歳																						
五十四歳																						
五十五歳					1																	
五十六歳																						
五十七歳																						
五十八歳																						
五十九歳					1																	
六十歳以上			1																			
年齢不詳																						
合計	3		149	3	386	5	18		2		1		4		2		135		5		1	

年齢 \ 職業 男女	99工具製造業 ミシン工 男	ミシン工 女	其ノ他ノ被服,身ノ廻リ品製造作業者 男	其ノ他ノ被服,身ノ廻リ品製造作業者 女	其ノ他ノ皮革製品製造工 男	其ノ他ノ皮革製品製造工 女	調木工,木羽割職 男	調木工,木羽割職 女	木工 男	木工 女	木型工(鋳物木型工ヲ除ク) 男	木型工(鋳物木型工ヲ除ク) 女	其ノ他ノ木,竹,草,蔓類製品ノ製造作業者 男	其ノ他ノ木,竹,草,蔓類製品ノ製造作業者 女	其ノ他ノ製品製造作業者 男	其ノ他ノ製品製造作業者 女	コンクリート工 男	コンクリート工 女	鳶職 男	鳶職 女	其ノ他ノ土木建築作業者 男	其ノ他ノ土木建築作業者 女
十二歳以下																						
十三歳																						
十四歳									1													
十五歳																						
十六歳									1													
十七歳			1																			
十八歳														1								
十九歳							1															
二十歳					1										1							
二十一歳																						
二十二歳	1																				1	
二十三歳																						
二十四歳																						
二十五歳											1						1					
二十六歳																						
二十七歳																						
二十八歳																					1	
二十九歳	1																					
三十歳															1							
三十一歳																			1			
三十二歳																					1	
三十三歳							1															
三十四歳																						
三十五歳																						
三十六歳																						
三十七歳									1												1	
三十八歳																					2	
三十九歳																						
四十歳																						
四十一歳																						
四十二歳																					1	
四十三歳																						
四十四歳																					1	
四十五歳																					1	
四十六歳																						
四十七歳																						
四十八歳																					2	
四十九歳																						
五十歳																						
五十一歳																					1	
五十二歳																						
五十三歳																						
五十四歳																						
五十五歳																						
五十六歳																						
五十七歳																						
五十八歳																						
五十九歳																						
六十歳以上																						
年齢不詳																						
合計	2		1		1		2		3		1			1	2		1		1		12	

年齢 \ 産業・職業・男女	99工具製造業																					
	メッキ工(皮膜防錆工ヲ含ム)		金属酸洗工, 洗滌工		パフ磨工		選別工, 検査工		自動車運転手		荷扱夫, 仲仕, 倉庫夫, 運搬夫, 配達夫		物品売買業者, 仲買人		店員, 売子, 注文取, 集金人		守衛, 監督		原動機(電動機ヲ除ク)運転工, ポンプ, 送付機, 圧縮機, コンベヤノ運転工		包装掛, 壜詰工, 樽詰工	
	男	女	男	女	男	女	男	女	男	女	男	女	男	女	男	女	男	女	男	女	男	女
十二歳以下																						1
十三歳																						2
十四歳											3											
十五歳																						
十六歳					1																	
十七歳					1																	
十八歳									1													
十九歳					1																	2
二十歳																						
二十一歳					1										1				1			
二十二歳					3			1			1											
二十三歳							2															1
二十四歳					2						1											
二十五歳					1				1													
二十六歳	2			1	4																	
二十七歳					1																	1
二十八歳					5						1											
二十九歳					2																	
三十歳					1								1									
三十一歳															1							
三十二歳											1											
三十三歳											1		1									
三十四歳									1													
三十五歳					1																	
三十六歳															1							
三十七歳					1																	
三十八歳																						
三十九歳																						
四十歳	1				1																	
四十一歳											1											
四十二歳											1											
四十三歳											1											
四十四歳																						
四十五歳											1											
四十六歳	1																					1
四十七歳																						
四十八歳																						
四十九歳					1																	
五十歳																						
五十一歳					1																	
五十二歳																	1					
五十三歳																						
五十四歳																						
五十五歳																						
五十六歳																						
五十七歳																						
五十八歳																						
五十九歳																						
六十歳以上																						
年齢不詳																						
合計	4			1	28		2	1	3		12		2		3		1		1			8

年齢	99工具製造業 荷造工 男	荷造工 女	小使,給仕,雑役者 男	小使,給仕,雑役者 女	見習工養成工(他ニ分類セラレザルモノ) 男	見習工養成工 女	其ノ他ノ作業者 男	其ノ他ノ作業者 女	100採鉱,選鉱及精錬機械器具製造業 総数 男	総数 女	経営者 男	経営者 女	一般事務者 男	一般事務者 女	簿記係事務者 男	簿記係事務者 女	機械技術者 男	機械技術者 女	化学技術者 男	化学技術者 女	製銑工(電気炉ニ依ルモノ) 男	製銑工 女
十二歳以下			2	1	5		1		3													
十三歳			1	2	10				10													
十四歳			4	2	10				17	2												
十五歳			6	2	16		1		40	1												
十六歳			8	1	14		1	1	40													
十七歳			3		12		1		40													
十八歳			7	1	13		1	1	29				1									
十九歳			3	1	2				39				1									
二十歳			3	1	4		1		27												2	
二十一歳			3		4		2		25	1			3									
二十二歳			3	2	3		1		32													
二十三歳			1				1		26	1												
二十四歳			4						33													
二十五歳			1			1	1		25				1				1					
二十六歳			2				1		28		1						1					
二十七歳			2						14													
二十八歳							2		25	1					1				1			
二十九歳			1	1			1		18													
三十歳			1		1		1		15													
三十一歳							1		8													
三十二歳			2				1		10													
三十三歳			3		1				8													
三十四歳			1				1		8													
三十五歳		1	3						10				1									
三十六歳			1		1				6								1					
三十七歳			3		1				4													
三十八歳		1	1					1	8													
三十九歳			2			1			3													
四十歳			1						5													
四十一歳									4													
四十二歳			2						9				1									
四十三歳				1					2	1											1	
四十四歳									3													
四十五歳			1						3								1					
四十六歳			1						1													
四十七歳			1						2													
四十八歳			1																			
四十九歳			1						2													
五十歳									1													
五十一歳									1													
五十二歳									2													
五十三歳									1													
五十四歳									1													
五十五歳									1													
五十六歳																						
五十七歳																						
五十八歳																						
五十九歳			11						1													
六十歳以上					1				4	1												
年齢不詳																						
合計		2	80	15	98	2	19	3	594	8	1		8		1		4		1		3	

産業 職業 男女 年齢	100 採鉱、選鉱及精錬機械器具製造業																					
	製銑工(溶鉱炉其ノ他ニ依ルモノ)		製鋼工(平炉其ノ他ニ依ルモノ)		非鉄金属製錬工(其ノ他ノ炉ニ依ルモノ)		機械製図工		其ノ他ノ現図工		金属板圧延伸張工		金属棒、条圧延伸張工		金属製管工		金属線伸張工		金属疵取工		金属切断工	
	男	女	男	女	男	女	男	女	男	女	男	女	男	女	男	女	男	女	男	女	男	女
十二歳以下																						
十三歳																						
十四歳																			1			
十五歳									1		1											
十六歳							1														2	
十七歳			1				1															
十八歳											1											
十九歳							1						1								1	
二十歳																					1	
二十一歳																						
二十二歳			1				2															
二十三歳	1																				1	
二十四歳					1				1				1								1	
二十五歳																						
二十六歳													1		1						1	
二十七歳									1						1							
二十八歳													1									
二十九歳																	1					
三十歳																						
三十一歳													1									
三十二歳													1		1							
三十三歳													1									
三十四歳													1									
三十五歳																						
三十六歳																						
三十七歳	1																					
三十八歳																						
三十九歳																						
四十歳																						
四十一歳																						
四十二歳															1							
四十三歳																						
四十四歳																						
四十五歳																						
四十六歳																						
四十七歳																						
四十八歳																						
四十九歳																						
五十歳																						
五十一歳																						
五十二歳																						
五十三歳																						
五十四歳																						
五十五歳																						
五十六歳																						
五十七歳																						
五十八歳																						
五十九歳																						
六十歳以上			1																			
年齢不詳																						
合計	2		3		1		5		3		2		8		4		1		1		7	

100 採鉱、選鉱及精錬機械器具製造業

年齢	鍛冶職, 刃物職		機械火造工		鋳物砂型工		鋳造工		特殊鋳物工		其ノ他ノ金属材料ノ製造加工作業者		ケガキ工		旋盤工(金属ニ加工スルモノ)		旋盤工(木材以外ノ非金属ニ加工スルモノ)		タレツト工		中グリ盤工	
	男	女	男	女	男	女	男	女	男	女	男	女	男	女	男	女	男	女	男	女	男	女
十二歳以下															1							
十三歳			1												3							
十四歳					1		2						1		8	1						
十五歳	2		1				1				1				9				1		1	
十六歳					1		2				1				9		1					
十七歳			1				1								9							
十八歳							2								13							
十九歳			6				3								7							
二十歳			1				1								6							
二十一歳			1				1		2						3							
二十二歳	1		4				1				1				3							
二十三歳			2				3				1				1							
二十四歳			2				1		1						5		1					
二十五歳	1		2								2				1							
二十六歳	1		1								1				4							
二十七歳			1												2							
二十八歳			3		1		1								3							
二十九歳			1				1		1						2							
三十歳							1								5							
三十一歳																						
三十二歳	1														2							
三十三歳			1				1															
三十四歳							2															
三十五歳	1		2		1		1															
三十六歳															1							
三十七歳									1													
三十八歳			1																			
三十九歳																						
四十歳																						
四十一歳																						
四十二歳							3															
四十三歳															1							
四十四歳															1							
四十五歳																						
四十六歳											1											
四十七歳							1															
四十八歳																						
四十九歳																						
五十歳																						
五十一歳																						
五十二歳	1				1																	
五十三歳																						
五十四歳																						
五十五歳																						
五十六歳																						
五十七歳																						
五十八歳																						
五十九歳																						
六十歳以上																						
年齢不詳																						
合計	8		31		5		29		5		8		1		99	1	2		1		1	

100 採鉱，選鉱及精錬機械器具製造業

職業 / 年齢	ボール盤工		平削盤工, 形削盤工, 竪削盤工		プライス盤工		研磨盤工, ラップ盤工		捲鉄工		鋲打工		板金鋲打工		板金工, ブリキ職		金属プレス工, 打抜工		ドラム罐, ブリキ罐製造工		ガス熔接工	
	男	女	男	女	男	女	男	女	男	女	男	女	男	女	男	女	男	女	男	女	男	女
十二歳以下																						
十三歳			1																			
十四歳																	1					
十五歳	1		2																			
十六歳			2						1													
十七歳	1		1				1		1		2											
十八歳			1												1							
十九歳	1						1														1	
二十歳					1		1		1						1				1			
二十一歳							2		1													
二十二歳	4						1		1						1						1	
二十三歳							1								1							
二十四歳											1						1		1			
二十五歳	2		2												1		1					
二十六歳	1		1				2												1			
二十七歳									1													
二十八歳																						
二十九歳			1				2		1		1								1			
三十歳									2													
三十一歳	2								1													
三十二歳																						
三十三歳	1						1															
三十四歳	1																		1			
三十五歳																	1					
三十六歳									1													
三十七歳									1												1	
三十八歳																						
三十九歳																						
四十歳																						
四十一歳													1									
四十二歳																						
四十三歳																						
四十四歳																						
四十五歳																						
四十六歳																						
四十七歳																						
四十八歳																						
四十九歳																						
五十歳																						
五十一歳																						
五十二歳																						
五十三歳																						
五十四歳																						
五十五歳																						
五十六歳																						
五十七歳																						
五十八歳																						
五十九歳																						
六十歳以上									1													
年齢不詳																						
合計	14		11		1		12		13		4		1		5		4		5		3	

年齢 ＼ 職業 ＼ 男女	100 採鉱、選鉱及精錬機械器具製造業																					
	電気熔接工		機械製罐工		其ノ他ノ機械器具製作作業者		手仕上工		機械器具部品仕上組立工		機械器具総組立工		機械器具装置工、修繕工、保全工		人造研磨材製造工（旋盤ニ依ル仕上工ヲ除ク）		木工		料理人、コツク		其ノ他ノ土木建築作業者	
	男	女	男	女	男	女	男	女	男	女	男	女	男	女	男	女	男	女	男	女	男	女
十二歳以下																						
十三歳																						
十四歳	1							1														
十五歳	1				3				1													
十六歳	2				1		4		1													
十七歳	1		1				3		2				1									
十八歳							2		1		1											
十九歳	1						5		1						1							
二十歳					2												1					
二十一歳					1		2															
二十二歳					1		1						2				1					
二十三歳	1				1		5		1												1	
二十四歳	2				1				2		1											
二十五歳					2		4															
二十六歳					1		3				2										1	
二十七歳					1				1		2		1									
二十八歳					1	1	3		2		1											
二十九歳							3						1									
三十歳					1		1		1		1											
三十一歳					1		1		1													
三十二歳					1																	
三十三歳									1													
三十四歳							1															
三十五歳							1															
三十六歳																						
三十七歳																						
三十八歳							1		1													
三十九歳																						
四十歳							1															
四十一歳					1																	
四十二歳							1															
四十三歳																						
四十四歳					1																	
四十五歳																						
四十六歳																						
四十七歳																			1			
四十八歳																						
四十九歳																						
五十歳																						
五十一歳																						
五十二歳																						
五十三歳																						
五十四歳																						
五十五歳																						
五十六歳																						
五十七歳																						
五十八歳																						
五十九歳																						
六十歳以上																						
年齢不詳																						
合計	9		1		20	1	42	1	16		8		5		1		2		1		2	

100 採鉱、選鉱及精錬機械器具製造業

年齢 \ 職業	実験工,試験工,分析工		機械器具部品検査工		選別工,検査工		自動車運転手		人力車夫,馬方,馭者		荷扱夫,仲仕,倉庫夫,運搬夫,配達夫		店員,売子,注文取,集金人		汽罐士		火夫,油差		荷造工		小使,給仕,雑役者	
	男	女	男	女	男	女	男	女	男	女	男	女	男	女	男	女	男	女	男	女	男	女
十二歳以下																						
十三歳											1										1	
十四歳																						
十五歳			1								5										2	1
十六歳													1								6	
十七歳											7						1				1	
十八歳											2										3	
十九歳											2										5	
二十歳											5										2	
二十一歳											5								1		2	1
二十二歳					1						4											
二十三歳											4											1
二十四歳	1										4										3	
二十五歳											3										2	
二十六歳											1										3	
二十七歳									1		2											
二十八歳											2				1						3	
二十九歳																					2	
三十歳																					2	
三十一歳																					1	
三十二歳							1				3											
三十三歳											1										1	
三十四歳											2											
三十五歳																					2	
三十六歳											1										2	
三十七歳																						
三十八歳									1		1										1	
三十九歳											3											
四十歳					1																3	
四十一歳											1											
四十二歳											3										1	
四十三歳																						
四十四歳											1											
四十五歳											1										1	
四十六歳																						
四十七歳																						
四十八歳																						
四十九歳											1										1	
五十歳																					1	
五十一歳																					1	
五十二歳																						
五十三歳											1											
五十四歳																					1	
五十五歳																						
五十六歳																						
五十七歳																						
五十八歳																						
五十九歳																					1	
六十歳以上											1								1			1
年齢不詳																						
合計	1		1		2		1		2		67		1		1		1		2		54	4

産業 / 職業 / 年齢 / 男女	100 採鉱，選鉱及精錬機械器具製造業				101 化学工業用機械器具製造業																	
	見習工・養成工(他ニ分類セラレザルモノ)		其ノ他ノ作業者		総数		経営者		一般事務者		製銑工(電気炉ニ依ルモノ)		製銑工(熔鉱炉其ノ他ニ依ルモノ)		製鋼工(平炉其ノ他ニ依ルモノ)		機械製図工		其ノ他ノ製図工		其ノ他ノ現図工	
	男	女	男	女	男	女	男	女	男	女	男	女	男	女	男	女	男	女	男	女	男	女
十二歳以下	2				5																	
十三歳	3				4	1																
十四歳	2				22								1								1	
十五歳	6				16				1													
十六歳	5				29	1																
十七歳	4				32						1								1			
十八歳	1				30														1			
十九歳	1				21												2					
二十歳			1		21																	
二十一歳	1				16	1											1					
二十二歳			1		29	1												1				
二十三歳			2		24																	
二十四歳	2				22				1													
二十五歳					19																	
二十六歳					21																	
二十七歳					21		1		1						1							
二十八歳			1		16										1							
二十九歳					20																	
三十歳			1		13				1													
三十一歳					13																	
三十二歳					15																	
三十三歳					13																	
三十四歳					11																	
三十五歳					3																	
三十六歳					9																	
三十七歳					6																	
三十八歳			2		4																	
三十九歳					9																	
四十歳					3																	
四十一歳					1																	
四十二歳					2																	
四十三歳				1	2																	
四十四歳																						
四十五歳					2																	
四十六歳					2																	
四十七歳						1																
四十八歳																						
四十九歳					2																	
五十歳					3																	
五十一歳					3																	
五十二歳						1																
五十三歳					1																	
五十四歳																						
五十五歳			1																			
五十六歳																						
五十七歳																						
五十八歳																						
五十九歳																						
六十歳以上					2																	
年齢不詳																						
合計	27		9	1	487	6	1		4		1		1		2		3	1	2		1	

101 化学工業用機械器具製造業

職業 / 男女 / 年齢	金属加熱炉工		金属板圧延伸張工		金属棒条圧延伸張工		金属製管工		金属切断工		鍛冶職, 刃物職		機械火造工		熱処理工		金属熔融工		鋳物砂型工		中子工	
	男	女	男	女	男	女	男	女	男	女	男	女	男	女	男	女	男	女	男	女	男	女
十二歳以下																						
十三歳																						
十四歳													1									
十五歳			1																1			
十六歳			2																1			
十七歳							1						2									
十八歳																						
十九歳									1													
二十歳																			1			
二十一歳															1							
二十二歳					2								1								1	
二十三歳			1										3									
二十四歳													1						1			
二十五歳							1		1		1		1									
二十六歳			1				1		1				2									
二十七歳											2											
二十八歳																						
二十九歳					1		1						1								2	
三十歳							1															
三十一歳																						
三十二歳					1		1						1						1			
三十三歳													1									
三十四歳													3				1					
三十五歳	1																		1			
三十六歳															1							
三十七歳																						
三十八歳			1																			
三十九歳											1				1							
四十歳																						
四十一歳																						
四十二歳																						
四十三歳																						
四十四歳																						
四十五歳																						
四十六歳									1													
四十七歳																						
四十八歳																						
四十九歳																						
五十歳																			1			
五十一歳																						
五十二歳																						1
五十三歳																						
五十四歳																						
五十五歳																						
五十六歳																						
五十七歳																						
五十八歳																						
五十九歳																						
六十歳以上													1									
年齢不詳																						
合計	1		6		4		6		4		4		18		3		1		7		3	1

年齢 \ 職業・男女	荷造工 男	荷造工 女	特殊鋳物工 男	特殊鋳物工 女	其ノ他ノ金属材料ノ製造加工作業者 男	其ノ他ノ金属材料ノ製造加工作業者 女	ケガキ工 男	ケガキ工 女	旋盤工(金属ニ加工スルモノ) 男	旋盤工(金属ニ加工スルモノ) 女	旋盤工(木材以外ノ非金属ニ加工スルモノ) 男	旋盤工(木材以外ノ非金属ニ加工スルモノ) 女	タレット工 男	タレット工 女	ボール盤工 男	ボール盤工 女	平削盤工, 形削盤工, 竪削盤工 男	平削盤工, 形削盤工, 竪削盤工 女	フライス盤工 男	フライス盤工 女	研磨盤工, ラツプ盤工 男	研磨盤工, ラツプ盤工 女
十二歳以下									2													
十三歳									1													
十四歳									8		1											
十五歳	1				1				5													
十六歳					1				10													
十七歳									13		1						1		1			
十八歳	1		1		1				9								2					
十九歳	1						1		4				1		1							
二十歳	3				2				5								1		1			
二十一歳	1								2		1											
二十二歳	2				1				7		1				1							
二十三歳	2				1				4						1							
二十四歳	1								5								1					
二十五歳									3						1							
二十六歳					2				4						2							
二十七歳	1								2								1					
二十八歳							1								1		1					
二十九歳					4				3													
三十歳	1								2		1										1	
三十一歳	1				1				1						2							
三十二歳															1							
三十三歳	1				1										2							
三十四歳	1				2										1							
三十五歳					1																	
三十六歳	1				2				1						1							
三十七歳															2							
三十八歳					2																	
三十九歳	2				2																	
四十歳	1				1																	
四十一歳											1											
四十二歳	1				1																	
四十三歳																						
四十四歳																						
四十五歳																						
四十六歳															1							
四十七歳																						
四十八歳																						
四十九歳															1							
五十歳																						
五十一歳																						
五十二歳																						
五十三歳																						
五十四歳																						
五十五歳																						
五十六歳																						
五十七歳																						
五十八歳																						
五十九歳																						
六十歳以上									1													
年齢不詳																						
合計	22		1		26		2		92		6		1		18		7		2		1	

Table header: 101 化学工業用機械器具製造業

101 化学工業用機械器具製造業

年齢 ＼ 産業・職業・男女	撓鉄工 男	撓鉄工 女	塡隙工 男	塡隙工 女	鋲打工 男	鋲打工 女	板金鋲打工 男	板金鋲打工 女	板金工,ブリキ職 男	板金工,ブリキ職 女	金属プレス工,打抜工 男	金属プレス工,打抜工 女	ドラム罐,ブリキ罐製造工 男	ドラム罐,ブリキ罐製造工 女	ガス熔接工 男	ガス熔接工 女	電気熔接工 男	電気熔接工 女	パイプ工(造船所/配管工ヲ含ム) 男	パイプ工(造船所/配管工ヲ含ム) 女	目立工 男	目立工 女
十歳以下																						
十三歳																					/	
十四歳											/											
十五歳									/													
十六歳	/																					
十七歳																	/					
十八歳																						
十九歳									/						/							
二十歳	/																/					
二十一歳					/										/							
二十二歳					/										/		/					
二十三歳											/		/									
二十四歳	2														/		3					
二十五歳	4																		/			
二十六歳			/												/		/		/			
二十七歳	/				/		/		/		/		/				/					
二十八歳							/															
二十九歳													/				/					
三十歳	2																					
三十一歳													/									
三十二歳									/													
三十三歳					2				/				/									
三十四歳																						
三十五歳																						
三十六歳															/							
三十七歳	/																					
三十八歳																						
三十九歳																						
四十歳																						
四十一歳																						
四十二歳																						
四十三歳																						
四十四歳																						
四十五歳																						
四十六歳																						
四十七歳																						
四十八歳																						
四十九歳																						
五十歳																						
五十一歳											/											
五十二歳																						
五十三歳																						
五十四歳																						
五十五歳																						
五十六歳																						
五十七歳																						
五十八歳																						
五十九歳																						
六十歳以上																						
年齢不詳																						
合計	12		/		5		2		5		4		5		6		9		2		/	

101 化学工業用機械器具製造業

年齢＼職業＼男女	機械製鋲工		其ノ他ノ機械器具製作作業者		手仕上工		機械器具部品仕上組立工		機械器具総組立工		計器組立工		機械器具装置工,修繕工,保全工		セルロイド成型工,加工工		人造レジン工		人造レジン成型工,加工工(積層ニ依ルモノヲ除ク)		其ノ他ノ化学製品ノ製造作業者	
	男	女	男	女	男	女	男	女	男	女	男	女	男	女	男	女	男	女	男	女	男	女
十二歳以下					1																	
十三歳			1		1																	
十四歳			1		3																	
十五歳			1		1																	
十六歳			3	1	2		1				1											
十七歳					2		1															
十八歳							1		1										1		1	
十九歳			1		5		1															
二十歳			1		1		2															
二十一歳					2		3								1							
二十二歳			1		2		2		1												1	
二十三歳					4		1															
二十四歳			1		3				1													
二十五歳			1		1		1															
二十六歳	1		1																		1	
二十七歳					1												1					
二十八歳					4								1		1						1	
二十九歳																			1			
三十歳					1								1									
三十一歳			2		2																	
三十二歳			2						2				1								1	
三十三歳									1												1	
三十四歳			1		1				1													
三十五歳																						
三十六歳																						
三十七歳			1		1																	
三十八歳			1																			
三十九歳			1																			
四十歳																						
四十一歳																						
四十二歳																						
四十三歳									1													
四十四歳																						
四十五歳			1				1															
四十六歳																						
四十七歳				1																		
四十八歳																						
四十九歳																						
五十歳							1															
五十一歳																						
五十二歳																						
五十三歳																						
五十四歳																						
五十五歳																						
五十六歳																						
五十七歳																						
五十八歳																						
五十九歳																						
六十歳以上																						
年齢不詳																						
合計	1		21	2	38		15		8		1		3		2		1		2		6	

産業 職業 男女 年齢	101 化学工業用機械器具製造業																					
	成型工（旋盤ニ依ルモノヲ除ク）		ガラス加工工, 細工工		羽毛, 其ノ他ノ羽毛品類ノ製造作業者		木工		料理人, コツク		塗装工		パイプ工（鉛管工ヲ含ム）		砂吹工		運転手, 助手（電気機関車, 電車, 気動車）		自動車運転手		人力車夫, 馬方, 馭者	
	男	女	男	女	男	女	男	女	男	女	男	女	男	女	男	女	男	女	男	女	男	女
十二歳以下																						
十三歳																						
十四歳																						
十五歳	/																					
十六歳	/																					
十七歳											/											
十八歳					/																	
十九歳																						
二十歳																						
二十一歳								/	/													
二十二歳	/																					
二十三歳																			2			
二十四歳																						
二十五歳											/											
二十六歳							/															
二十七歳													/									
二十八歳	/																					
二十九歳																	/					
三十歳											/											
三十一歳											2											
三十二歳																						
三十三歳															/							
三十四歳																						
三十五歳																						
三十六歳	/																					
三十七歳																						
三十八歳																						
三十九歳															/							
四十歳															/							
四十一歳																						
四十二歳																						
四十三歳																						
四十四歳																						
四十五歳																						
四十六歳																						
四十七歳																						
四十八歳																						
四十九歳																						
五十歳																						
五十一歳																					/	
五十二歳																						
五十三歳			/																			
五十四歳																						
五十五歳																						
五十六歳																						
五十七歳																						
五十八歳																						
五十九歳																						
六十歳以上																						
年齢不詳																						
合計	5		/		/		/	/	/		5		/		3		/		2		/	

101 化学工業用機械器具製造業 / 102 窯業用機械器具製造業

年齢 ＼ 職業 ＼ 男女	荷扱夫,仲仕,倉庫夫,運搬夫,配達夫		物品売買業者,仲買人		店員,売子,注文取,集金人		企画手		守衛,監督		火夫,油差		小使,給仕,雑役者		見習工,養成工(他ニ分類セラレザルモノ)		其ノ他ノ作業者		総数		金属切断工	
	男	女	男	女	男	女	男	女	男	女	男	女	男	女	男	女	男	女	男	女	男	女
十二歳以下															2							
十三歳														1								
十四歳															5				1			
十五歳															2				3			
十六歳															6				4			
十七歳					1								2		3				1			
十八歳	1						1						2		6				1			
十九歳													1						3		1	
二十歳	1												1						2			
二十一歳	1																		1	1		
二十二歳													1				1		1			
二十三歳													2		1							
二十四歳													1						2			
二十五歳	2																		1			
二十六歳																						
二十七歳													1		1				2			
二十八歳					1				1								1		1			
二十九歳	1												3						1			
三十歳																	1		1		1	
三十一歳	1																		1			
三十二歳			1								1		1						1			
三十三歳													1									
三十四歳																			1			
三十五歳																						
三十六歳	1																					
三十七歳													1									
三十八歳																						
三十九歳													1									
四十歳																			1	1		
四十一歳																						
四十二歳																						
四十三歳													1									
四十四歳																						
四十五歳																			1			
四十六歳																						
四十七歳																						
四十八歳																						
四十九歳	1																					
五十歳													1									
五十一歳													1									
五十二歳																						
五十三歳																						
五十四歳																						
五十五歳																						
五十六歳																						
五十七歳																						
五十八歳																						
五十九歳																						
六十歳以上																						
年齢不詳																						
合計	9		1		2		1		1		1		21	1	26		3		30	2	2	

年齢＼職業・男女	102 窯業用機械器具製造業																					
	鋳造工		旋盤工(金属ニ加工スルモノ)		旋盤工(木材以外ノ非金属ニ加工スルモノ)		金属プレス工，打抜工		電気熔接工		其ノ他ノ機械器具製作作業者		手仕上工		機械器具部品仕上組立工		機械器具装置工，据付工，保全工		型物ガラス工，機械製罐工		小使，給仕，雑役者	
	男	女	男	女	男	女	男	女	男	女	男	女	男	女	男	女	男	女	男	女	男	女
十二歳以下																						
十三歳																						
十四歳			1																			
十五歳											2						1					
十六歳			1								1		1								1	
十七歳																	1					
十八歳											1											
十九歳			2																			
二十歳									1												1	
二十一歳																					1	1
二十二歳																					1	
二十三歳																						
二十四歳					1																	
二十五歳	1																					
二十六歳																						
二十七歳			1								1											
二十八歳																			1			
二十九歳											1											
三十歳																						
三十一歳																					1	
三十二歳											1											
三十三歳																						
三十四歳							1															
三十五歳																						
三十六歳																						
三十七歳																						
三十八歳																						
三十九歳																						
四十歳											1											1
四十一歳																						
四十二歳																						
四十三歳																						
四十四歳																						
四十五歳															1							
四十六歳																						
四十七歳																						
四十八歳																						
四十九歳																						
五十歳																						
五十一歳																						
五十二歳																						
五十三歳																						
五十四歳																						
五十五歳																						
五十六歳																						
五十七歳																						
五十八歳																						
五十九歳																						
六十歳以上																						
年齢不詳																						
合計	1		5		1		1		1		8		1		1		2		1		5	2

年齢＼男女＼職業＼産業	102 窯業用機械器具製造業		103 製紙機械器具製造業														104 紡織機械器具製造業					
	見習工・養成工(他ニ分類セラレザルモノ)		総数		旋盤工(金属ニ加工スルモノ)		旋盤工(木材以外ノ非金属ニ加工スルモノ)		針金細工工		其ノ他ノ機械器具製作作業者		紙箱製造工		荷扱夫,仲仕,倉庫夫,運搬夫,配達夫		総数		経営者		一般事務者	
	男	女	男	女	男	女	男	女	男	女	男	女	男	女	男	女	男	女	男	女	男	女
十二歳以下																	2	3				
十三歳																	12	8				
十四歳			1		1												17	2				1
十五歳																	32	3				
十六歳			1		1												32	6				
十七歳			1				1										33	2				
十八歳																	26	5				
十九歳			1		1												33	3				
二十歳																	24					
二十一歳																	25	1			1	
二十二歳			1										1				24					
二十三歳																	28					
二十四歳	1		1		1												25	1				
二十五歳																	22					
二十六歳																	28	2				
二十七歳																	17	1				
二十八歳			1						1								16					
二十九歳																	19					
三十歳																	16					
三十一歳																	13					
三十二歳																	16					
三十三歳																	14				1	
三十四歳			1												1		12		1		1	
三十五歳																	17					
三十六歳																	9					
三十七歳																	9					
三十八歳																	5					
三十九歳																	4					
四十歳																	4	1				
四十一歳																	7					
四十二歳																	5					
四十三歳			1								1						5					
四十四歳																	4					
四十五歳																	2					
四十六歳																	2					
四十七歳																	1					
四十八歳																	1					
四十九歳																	1					
五十歳																	1					
五十一歳																						
五十二歳																						
五十三歳																	1					
五十四歳																						
五十五歳																						
五十六歳																						
五十七歳																						
五十八歳																						
五十九歳																	1					
六十歳以上																	1					
年齢不詳																						
合計	1		9		4		1		1		1		1		1		566	38	1		3	1

104 紡織機械器具製造業

職業／年齢	販売仕入係事務者		簿記係事務者		製銑工(熔鉱炉其ノ他ニ依ルモノ)		非鉄金属製錬工(電気炉ニ依ルモノ)		其ノ他ノ金属製錬作業者		機械製図工		金属加熱炉工		金属板圧延伸張工		金属小物圧延伸張工		金属線伸張工		金属撚線工	
男女	男	女	男	女	男	女	男	女	男	女	男	女	男	女	男	女	男	女	男	女	男	女
十二歳以下																						
十三歳																						
十四歳																						
十五歳																						
十六歳																						
十七歳																	1					
十八歳							1															
十九歳																						
二十歳																					1	
二十一歳	1																					
二十二歳																			2			
二十三歳																			2		1	
二十四歳									1				1						1			
二十五歳																						
二十六歳			1																		1	
二十七歳																						
二十八歳									1													
二十九歳																					1	
三十歳																						
三十一歳																						
三十二歳											1										1	
三十三歳																						
三十四歳															1				1			
三十五歳																						
三十六歳																						
三十七歳																						
三十八歳																						
三十九歳																						
四十歳																						
四十一歳					1																	
四十二歳																						
四十三歳																						
四十四歳																						
四十五歳																						
四十六歳																						
四十七歳																						
四十八歳																						
四十九歳																						
五十歳																						
五十一歳																						
五十二歳																						
五十三歳																						
五十四歳																						
五十五歳																						
五十六歳																						
五十七歳																						
五十八歳																						
五十九歳																						
六十歳以上																						
年齢不詳																						
合計	1		1		1		1		2		1		1		1		1		6		5	

104 紡織機械器具製造業

職業 / 男女 / 年齢	金属切断工		鍛冶職, 刃物職		機械火造工		熱処理工		金属熔融工		鋳物砂型工		荷造工		特殊鋳物工		其ノ他ノ金属材料ノ製造加工作業者		ケガキ工		旋盤工(金属ニ加工スルモノ)	
	男	女	男	女	男	女	男	女	男	女	男	女	男	女	男	女	男	女	男	女	男	女
十二歳以下																					2	
十三歳													1					2			2	1
十四歳																	1				7	
十五歳			1								1										13	
十六歳					1						1						3	2			14	
十七歳																	4				11	
十八歳					1								2								9	
十九歳					1												1				11	
二十歳													2								13	
二十一歳					1				1				1				1				8	
二十二歳			1										1								5	
二十三歳																	1				11	
二十四歳	1																1				8	
二十五歳					1								1								4	
二十六歳					1		1				1						1				8	
二十七歳													1								2	
二十八歳					1								1								4	
二十九歳	1		1																		3	
三十歳															1		1				2	
三十一歳													1									
三十二歳					1		1						1				2				2	
三十三歳																			1		5	
三十四歳													1									
三十五歳					2								2				2				1	
三十六歳																	1				1	
三十七歳																						
三十八歳											1										1	
三十九歳													1									
四十歳																						
四十一歳					1												1					
四十二歳					1				1				1								1	
四十三歳																						
四十四歳																						
四十五歳																						
四十六歳																						
四十七歳																						
四十八歳																						
四十九歳													1									
五十歳																						
五十一歳																						
五十二歳																						
五十三歳													1									
五十四歳																						
五十五歳																						
五十六歳																						
五十七歳																						
五十八歳																						
五十九歳																						
六十歳以上																						
年齢不詳																						
合計	2		3		12		2		2		4		19		1		20	4	1		154	1

104 紡織機械器具製造業

年齢	旋盤工(木材以外ノ非金属ニ加工スルモノ) 男	女	タレット工 男	女	卓上旋盤工,小型機械工 男	女	ボール盤工 男	女	平削盤工,形削盤工,竪削盤工 男	女	フライス盤工 男	女	歯切盤工 男	女	研磨盤工,ラツプ盤工 男	女	ラツピング工(手作業ニ依ルモノ) 男	女	撓鉄工 男	女	板金工,ブリキ職 男	女
十二歳以下																						
十三歳																						
十四歳			2												1							
十五歳									1		1				1							
十六歳	1								1						1							
十七歳					1				1													
十八歳															1							
十九歳							1										1					
二十歳													1									
二十一歳																						
二十二歳							1															
二十三歳	1																					
二十四歳			1																			
二十五歳															1				1			
二十六歳															1				1			
二十七歳											1		1		1						1	
二十八歳	1		1																			
二十九歳	1						1								1							
三十歳							1															
三十一歳			1								1				2							
三十二歳																						
三十三歳															2							
三十四歳																						
三十五歳					1																	
三十六歳																						
三十七歳																			1			
三十八歳																						
三十九歳																						
四十歳															1							
四十一歳																						
四十二歳																						
四十三歳															1		1					
四十四歳					1																	
四十五歳																						
四十六歳																						
四十七歳																						
四十八歳																						
四十九歳																						
五十歳																						
五十一歳																						
五十二歳																						
五十三歳																						
五十四歳																						
五十五歳																						
五十六歳																						
五十七歳																						
五十八歳																						
五十九歳																						
六十歳以上																						
年齢不詳																						
合計	4		5		3		4		3		3		2		14		2		3		1	

年齢	金属プレス工, 打抜工		ガス熔接工		電気熔接工		其ノ他ノ熔接工		鑞付工		金属彫刻工		目立工		針金細工工		巻線工		配線工		計	
	男	女	男	女	男	女	男	女	男	女	男	女	男	女	男	女	男	女	男	女	男	女
十二歳以下										1												
十三歳										1										1		
十四歳																						
十五歳							1														1	
十六歳																						
十七歳	1																				1	
十八歳	1									1										1	1	
十九歳							1				1		1							2		
二十歳																						
二十一歳											1											
二十二歳	1				1						1											
二十三歳											3											
二十四歳											1											
二十五歳											2				1							
二十六歳	1																					
二十七歳	2										2						1					
二十八歳											1				1							
二十九歳	1										1											
三十歳	2				1						2											
三十一歳																						
三十二歳																						
三十三歳																						
三十四歳	2																					
三十五歳											3											
三十六歳	1														1							
三十七歳			1								2											
三十八歳											1											
三十九歳											1											
四十歳																						
四十一歳																						
四十二歳																						
四十三歳																						
四十四歳																						
四十五歳																						
四十六歳																						
四十七歳																						
四十八歳																						
四十九歳																						
五十歳																						
五十一歳																						
五十二歳																						
五十三歳																						
五十四歳																						
五十五歳																						
五十六歳																						
五十七歳																						
五十八歳																						
五十九歳																						
六十歳以上																						
年齢不詳																						
合計	12		1		2		2			3	22		1		3		1			4	3	

産業	104 紡織機械器具製造業																					
職業	其ノ他ノ機械器具製作作業者		手仕上工		機械器具部品仕上組立工		機械器具総組立工		機械器具装置工,据付工,保全工		人造レジン工		人造レジン成型工,加工工(旋盤ニ依ルモノヲ除ク)		織布工		編物工,組紐工,メリヤス編立工		其ノ他ノ紡織品製造作業者		其ノ他ノ皮革製品製造工	
年齢 男女	男	女	男	女	男	女	男	女	男	女	男	女	男	女	男	女	男	女	男	女	男	女
十二歳以下								/		/												
十三歳	2	/	2																	/		
十四歳	/		/																/	/		
十五歳	/	2					/														/	
十六歳	/	2	/													/			/			
十七歳	/															/						
十八歳	5	/	2	/																/		
十九歳			2		/		2						/							/		
二十歳	2		/				/															
二十一歳	/		2				/		/										/			
二十二歳	3		/		/				/										/			
二十三歳	/		2		2														/			
二十四歳	/		2		/								/							/	/	
二十五歳	3		2		2																	
二十六歳	/		2		/				/							/			/			
二十七歳			/		/				/											/		
二十八歳			/		/				/													
二十九歳	2		/						/										/			
三十歳			2																/		3	
三十一歳	/		/																		/	
三十二歳	2		2																			
三十三歳			/								/											
三十四歳			2		/												/					
三十五歳			/		/														/		/	
三十六歳	/								/													
三十七歳	/		/						/													
三十八歳	/																				/	
三十九歳	/		/																			
四十歳	/		2																	/		
四十一歳			/																			
四十二歳																			/			
四十三歳											/											
四十四歳	/								/													
四十五歳			/																		/	
四十六歳					/																/	
四十七歳																					/	
四十八歳																					/	
四十九歳																						
五十歳																						
五十一歳																						
五十二歳																						
五十三歳																						
五十四歳																						
五十五歳																						
五十六歳																						
五十七歳																						
五十八歳																						
五十九歳																						
六十歳以上																						
年齢不詳																						
合計	34	6	38	/	13		5	/	9	/	2		2			3	/		10	7	12	

104 紡織機械器具製造業

年齢 \ 職業	木工		建具指物職		其ノ他ノ木,竹,草,蔓類製品ノ製造作業者		大工		鳶職		其ノ他ノ土木建築作業者		塗装工		メツキ工(皮膜防錆工ヲ含ム)		金属酸洗工,洗滌工		バフ磨工		選別工,検査工	
男女	男	女	男	女	男	女	男	女	男	女	男	女	男	女	男	女	男	女	男	女	男	女
十二歳以下																						
十三歳		1																				
十四歳																						
十五歳	1													1								
十六歳																					1	
十七歳	1													1								
十八歳																						
十九歳					1																	
二十歳															1							
二十一歳											1										1	
二十二歳											1		1						1			
二十三歳													1								1	
二十四歳																						
二十五歳											1											
二十六歳							1															1
二十七歳													1									
二十八歳													1									
二十九歳															1							
三十歳																						
三十一歳			1																			
三十二歳													1									
三十三歳											1											
三十四歳																						
三十五歳	1								1													
三十六歳	1														2							
三十七歳																	1					
三十八歳																						
三十九歳																						
四十歳																						
四十一歳																						
四十二歳																						
四十三歳																						
四十四歳																						
四十五歳																						
四十六歳																						
四十七歳																						
四十八歳																						
四十九歳																						
五十歳																						
五十一歳																						
五十二歳																						
五十三歳																						
五十四歳																						
五十五歳																						
五十六歳																						
五十七歳																						
五十八歳																						
五十九歳																						
六十歳以上																						
年齢不詳																						
合計	4	1	1		1		1		1		4		5	2	4		1		1		3	1

年齢＼職業＼男女	104 紡織機械器具製造業																		105 蚕糸機械器具製造業			
	自動車運転手		鞴夫,桝仕,鋳夫,運搬夫,配達夫		店員,売子,注文取,集金人		火夫,油差		荷造工		小使,給仕,雑役者		見習工,養成工(他ニ分類セラレザルモノ)		其ノ他ノ作業者		画家,図案家,彫塑家		総数		ケガキ工	
	男	女	男	女	男	女	男	女	男	女	男	女	男	女	男	女	男	女	男	女	男	女
十二歳以下																						
十三歳					1						1		3									
十四歳											1		2									
十五歳											2		5		1							
十六歳													6			1						
十七歳					1						2		2									
十八歳			1										2									
十九歳											6		2									
二十歳											2											
二十一歳												1	2									
二十二歳											1								2		1	
二十三歳											1											
二十四歳											3						1					
二十五歳											1		1									
二十六歳											4											
二十七歳			1								1								1			
二十八歳	1																					
二十九歳			1														1					
三十歳																						
三十一歳											4											
三十二歳											2											
三十三歳									1		1											
三十四歳											1											
三十五歳																						
三十六歳																						
三十七歳											1											
三十八歳																						
三十九歳																						
四十歳																						
四十一歳							1				2											
四十二歳																						
四十三歳											2											
四十四歳											1											
四十五歳																						
四十六歳																						
四十七歳																						
四十八歳																						
四十九歳																						
五十歳											1											
五十一歳																						
五十二歳																						
五十三歳																						
五十四歳																						
五十五歳																						
五十六歳																						
五十七歳																						
五十八歳																						
五十九歳																						
六十歳以上											1											
年齢不詳											1											
合計	1		3		2		1		1		42	1	25		1	1	2		3		1	

年齢 \ 職業 \ 産業 \ 男女	105 亜系機械器具製造業				106 ガス発生装置製造業																			
	機械器具部品仕上組立工		機械器具装置工,据付工,保全工		総数		一般事務者		販売仕入係事務者		機械製図工		金属加熱炉工		金属製管工		金属切断工		鍛冶職,刃物職		機械火造工	
	男	女	男	女	男	女	男	女	男	女	男	女	男	女	男	女	男	女	男	女	男	女
十二歳以下																						
十三歳																						
十四歳																						
十五歳					4																	
十六歳																						
十七歳					3																	
十八歳					1																	
十九歳					4																	
二十歳					6		1														1	
二十一歳					3						1											
二十二歳			1		1																	
二十三歳					2																	
二十四歳					4								1									
二十五歳																						
二十六歳					2																	
二十七歳	1				4		1		1													
二十八歳																						
二十九歳					1																	
三十歳					2																	
三十一歳																						
三十二歳																						
三十三歳					1										1							
三十四歳					2																	
三十五歳					1																	
三十六歳					2												1					
三十七歳					3														1			
三十八歳					2																	
三十九歳																						
四十歳																						
四十一歳																						
四十二歳																						
四十三歳																						
四十四歳																						
四十五歳																						
四十六歳																						
四十七歳																						
四十八歳																						
四十九歳																						
五十歳																						
五十一歳																						
五十二歳																						
五十三歳																						
五十四歳																						
五十五歳																						
五十六歳																						
五十七歳																						
五十八歳																						
五十九歳																						
六十歳以上																						
年齢不詳																						
合計	1		1		48		2		1		1		1		1		1		1		1	

106 ガス発生装置製造業

年齢 \ 職業 男女	荷造工 男	荷造工 女	其ノ他ノ金属材料ノ製造加工作業者 男	其ノ他ノ金属材料ノ製造加工作業者 女	旋盤工(金属ニ加工スルモノ) 男	旋盤工(金属ニ加工スルモノ) 女	旋盤工(木材以外ノ非金属ニ加工スルモノ) 男	旋盤工(木材以外ノ非金属ニ加工スルモノ) 女	ボール盤工 男	ボール盤工 女	研磨盤工,ラップ盤工 男	研磨盤工,ラップ盤工 女	鋲打工 男	鋲打工 女	板金工,ブリキ職 男	板金工,ブリキ職 女	金属プレス工,打抜工 男	金属プレス工,打抜工 女	ガス熔接工 男	ガス熔接工 女	電気熔接工 男	電気熔接工 女
十二歳以下																						
十三歳																						
十四歳																						
十五歳					1		1															
十六歳																						
十七歳									1										1			
十八歳					1																	
十九歳																			1			
二十歳	1								1										1			
二十一歳																					1	
二十二歳																						
二十三歳																					1	
二十四歳													1		1							
二十五歳																						
二十六歳																			1			
二十七歳											1								1			
二十八歳																						
二十九歳																			1			
三十歳					1																	
三十一歳																						
三十二歳																						
三十三歳																						
三十四歳																			2			
三十五歳			1																			
三十六歳	1																					
三十七歳																			1			
三十八歳									1								1					
三十九歳																						
四十歳																						
四十一歳																						
四十二歳																						
四十三歳																						
四十四歳																						
四十五歳																						
四十六歳																						
四十七歳																						
四十八歳																						
四十九歳																						
五十歳																						
五十一歳																						
五十二歳																						
五十三歳																						
五十四歳																						
五十五歳																						
五十六歳																						
五十七歳																						
五十八歳																						
五十九歳																						
六十歳以上																						
年齢不詳																						
合計	2		1		3		1		3		1		1		1		1		9		2	

年齢 \ 職業	106 ガス発生装置製造業																		107 食料品製造加工用機械器具製造業			
	其ノ他ノ熔接工		其ノ他ノ機械器具製作作業者		手仕上工		機械器具総組立工		ガス発生炉工		自動車運転手		店員, 売子, 注文取, 集金人		小使, 給仕, 雑役者		見習工・養成工(他ニ分類セラレザルモノ)		総数		機械技術者	
	男	女	男	女	男	女	男	女	男	女	男	女	男	女	男	女	男	女	男	女	男	女
十二歳以下																						
十三歳																			2	1		
十四歳																			4			
十五歳			1		1														6	1		
十六歳																			2	1		
十七歳															1				3			
十八歳																			7			
十九歳	1														1		1		5			
二十歳															1				6			
二十一歳																	1		4			
二十二歳											1								2			
二十三歳													1						3			
二十四歳									1										3	1		
二十五歳																			3			
二十六歳																	1		2	1	1	
二十七歳																			4			
二十八歳																			3			
二十九歳																			1			
三十歳							1												1	1		
三十一歳																			2			
三十二歳																			2			
三十三歳																			2			
三十四歳																			2			
三十五歳																			2			
三十六歳																			1			
三十七歳									1										1			
三十八歳																			1			
三十九歳																			4			
四十歳																						
四十一歳																			1			
四十二歳																						
四十三歳																						
四十四歳																						
四十五歳																			1			
四十六歳																						
四十七歳																						
四十八歳																						
四十九歳																						
五十歳																						
五十一歳																				1		
五十二歳																						
五十三歳																						
五十四歳																						
五十五歳																						
五十六歳																						
五十七歳																						
五十八歳																						
五十九歳																						
六十歳以上																						
年齢不詳																						
合計	1		1		1		1		2		1		1		3		3		80	7	1	

107 食料品製造加工用機械器具製造業

年齢＼職業＼男女	製銑工(鎔鉱炉其ノ他ニ依ルモノ)		鍛冶職，刃物職		機械火造工		金属熔融工		鋳物砂型工		鋳造工		旋盤工(金属ニ加工スルモノ)		旋盤工(木材以外ノ非金属ニ加工スルモノ)		卓上旋盤工，小型機械工		フライス盤工		歯切盤工	
	男	女	男	女	男	女	男	女	男	女	男	女	男	女	男	女	男	女	男	女	男	女
十二歳以下																						
十三歳													1									
十四歳													1				1					
十五歳													2		1							
十六歳													1									
十七歳																						
十八歳													2				1					
十九歳									1										1			
二十歳			1																		1	
二十一歳													1				1					
二十二歳															1							
二十三歳																						
二十四歳												1										
二十五歳													1									
二十六歳													1									
二十七歳													1									
二十八歳																						
二十九歳											1											
三十歳																						
三十一歳					1																	
三十二歳											1											
三十三歳																						
三十四歳													1									
三十五歳																						
三十六歳																						
三十七歳							1															
三十八歳	1																					
三十九歳											1											
四十歳																						
四十一歳																						
四十二歳																						
四十三歳																						
四十四歳																						
四十五歳																						
四十六歳																						
四十七歳																						
四十八歳																						
四十九歳																						
五十歳																						
五十一歳																						
五十二歳																						
五十三歳																						
五十四歳																						
五十五歳																						
五十六歳																						
五十七歳																						
五十八歳																						
五十九歳																						
六十歳以上																						
年齢不詳																						
合計	1		1		1		1		1		3	1	12		2		3		1		1	

107 食料品製造加工用機械器具製造業

職業 / 男女 / 年齢	鋲打工		板金工, ブリキ職		其ノ他ノ機械器具製作作業者		手仕上工		機械器具部品仕上組立工		機械器具総組立工		機械器具装置工, 修繕工, 保全工		セルロイド成型工, 加工工		其ノ他ノ化学製品ノ製造作業者		製材工		木工	
	男	女	男	女	男	女	男	女	男	女	男	女	男	女	男	女	男	女	男	女	男	女
十二歳以下																						
十三歳																						
十四歳							1															
十五歳																	1					
十六歳																						
十七歳																						
十八歳					1		1												1			
十九歳					2		1															
二十歳			1		1		2															
二十一歳																						
二十二歳																						
二十三歳							1				1											
二十四歳					1																	
二十五歳	1																					
二十六歳																						
二十七歳															1		1					
二十八歳			1		1				1													
二十九歳																						
三十歳																						
三十一歳													1									
三十二歳																						
三十三歳																					1	
三十四歳									1													
三十五歳			1				1															
三十六歳	1																					
三十七歳																						
三十八歳																						
三十九歳															1							
四十歳																						
四十一歳							1															
四十二歳																						
四十三歳																						
四十四歳																						
四十五歳											1											
四十六歳																						
四十七歳																						
四十八歳																						
四十九歳																						
五十歳																						
五十一歳																						
五十二歳																						
五十三歳																						
五十四歳																						
五十五歳																						
五十六歳																						
五十七歳																						
五十八歳																						
五十九歳																						
六十歳以上																						
年齢不詳																						
合計	2		3		6		8		2		2		1		2		2		1		1	

年齢	107 食料品製造加工用機械器具製造業 パフ磨工 男	パフ磨工 女	自動車運転手 男	自動車運転手 女	職夫, 人夫, 運搬夫, 倉庫夫 男	職夫, 人夫, 運搬夫, 倉庫夫 女	小使, 給仕, 雑役者 男	小使, 給仕, 雑役者 女	見習工 養成工(他ニ分類セラレザルモノ) 男	見習工 養成工(他ニ分類セラレザルモノ) 女	其ノ他ノ作業者 男	其ノ他ノ作業者 女	総数 男	総数 女	108 印刷機械器具製造業 機械火造工 男	機械火造工 女	金属熔融工 男	金属熔融工 女	鋳造工 男	鋳造工 女	其ノ他ノ金属材料ノ製造加工作業者 男	其ノ他ノ金属材料ノ製造加工作業者 女
十二歳以下																						
十三歳								1	1					1								
十四歳							1						4	1								
十五歳							1	1	1				5									
十六歳									1			1	8									
十七歳									3				10				1					
十八歳							1						6									
十九歳													4									
二十歳													6		1							
二十一歳									2				3									
二十二歳							1						3									
二十三歳											1		6									
二十四歳					1				1				1									
二十五歳	1												3									
二十六歳								1					2									
二十七歳			1										3								1	
二十八歳																						
二十九歳													4						1			
三十歳							1	1														
三十一歳													2									
三十二歳							1						3									
三十三歳							1															
三十四歳													2									
三十五歳													1									
三十六歳													1									
三十七歳																						
三十八歳																						
三十九歳					1		1															
四十歳																						
四十一歳																						
四十二歳																						
四十三歳																						
四十四歳																						
四十五歳																						
四十六歳																						
四十七歳																						
四十八歳																						
四十九歳																						
五十歳																						
五十一歳								1														
五十二歳																						
五十三歳																						
五十四歳																						
五十五歳																						
五十六歳																						
五十七歳																						
五十八歳																						
五十九歳																						
六十歳以上																						
年齢不詳																						
合計	1		1		2		8	5	9		1	1	77	2	1		1		1		1	

108 印刷用機械器具製造業

年齢 ＼ 職業・男女	旋盤工(金属ニ加工スルモノ) 男	旋盤工(金属ニ加工スルモノ) 女	旋盤工(木材以外ノ非金属ニ加工スルモノ) 男	旋盤工(木材以外ノ非金属ニ加工スルモノ) 女	ボール盤工 男	ボール盤工 女	平削盤工,形削盤工,竪削盤工 男	平削盤工,形削盤工,竪削盤工 女	板金工,ブリキ職 男	板金工,ブリキ職 女	機械製鋲工 男	機械製鋲工 女	其ノ他ノ機械器具製作作業者 男	其ノ他ノ機械器具製作作業者 女	手仕上工 男	手仕上工 女	機械器具部品仕上組立工 男	機械器具部品仕上組立工 女	機械器具総組立工 男	機械器具総組立工 女	機械器具装置工,据付工,保全工 男	機械器具装置工,据付工,保全工 女
十二歳以下																						
十三歳														1								
十四歳	1												2									
十五歳															1							
十六歳															1						1	
十七歳	3		1																			
十八歳	1														2							
十九歳	1																1				1	
二十歳	1						1															
二十一歳	1								1								1					
二十二歳															3							
二十三歳	1														2		1					
二十四歳															1							
二十五歳					1										1							
二十六歳	1										1											
二十七歳															1							
二十八歳																						
二十九歳															1				1			
三十歳																						
三十一歳																						
三十二歳	1																					
三十三歳																						
三十四歳																					1	
三十五歳	1																					
三十六歳																						
三十七歳																						
三十八歳																						
三十九歳																						
四十歳																						
四十一歳																						
四十二歳																						
四十三歳																						
四十四歳																						
四十五歳																						
四十六歳																						
四十七歳																						
四十八歳																						
四十九歳																						
五十歳																						
五十一歳																						
五十二歳																						
五十三歳																						
五十四歳																						
五十五歳																						
五十六歳																						
五十七歳																						
五十八歳																						
五十九歳																						
六十歳以上																						
年齢不詳																						
合計	11		1		1		1		1		1		2	1	13		3		1		3	

年齢＼職業・男女	108 印刷機械器具製造業																				109 製本機械器具製造業	
	其ノ他ノ化学製品ノ製造作業者		文選工, 植字工, 解版工		活字鋳造工		印刷工		其ノ他ノ印刷, 紙製品製造作業者		其ノ他ノ製品製造作業者		塗装工		店員, 売子, 注文取, 集金人		小使, 給仕, 雑役者		見習工 養成工 (他ニ分類セラレザルモノ)		総数	
	男	女	男	女	男	女	男	女	男	女	男	女	男	女	男	女	男	女	男	女	男	女
十二歳以下																					2	
十三歳																						
十四歳						1													1			
十五歳	1				1										1						1	
十六歳	2		1						1								1		2		1	
十七歳					2						1		1						1			
十八歳	2																1					
十九歳																	1		1			
二十歳	1																1		1			
二十一歳																						
二十二歳																						
二十三歳																	2				2	
二十四歳																						
二十五歳							1															
二十六歳																						
二十七歳					1																	
二十八歳																						
二十九歳															1							
三十歳																						
三十一歳	1																1					
三十二歳	1																1					
三十三歳																						
三十四歳									1													
三十五歳																						
三十六歳																	1					
三十七歳																					1	
三十八歳																					1	
三十九歳																						
四十歳																						
四十一歳																						
四十二歳																						
四十三歳																						
四十四歳																						
四十五歳																						
四十六歳																						
四十七歳																						
四十八歳																						
四十九歳																						
五十歳																						
五十一歳																						
五十二歳																						
五十三歳																						
五十四歳																						
五十五歳																						
五十六歳																						
五十七歳																						
五十八歳																						
五十九歳																						
六十歳以上																						
年齢不詳																						
合計	8		1		4	1	1		2		1		1		2		9		6		8	

年齢	109 製本機械器具製造業 旋盤工(金属ニ加工スルモノ) 男	女	平削盤工,形削盤工,竪削盤工 男	女	其ノ他ノ機械器具製作作業者 男	女	荷扱夫,仲仕,倉庫夫,運搬夫,配達夫 男	女	発電工変成工(他ニ分類セラレザルモノ) 男	女
十二歳以下									2	
十三歳										
十四歳										
十五歳							1			
十六歳									1	
十七歳										
十八歳										
十九歳										
二十歳										
二十一歳										
二十二歳										
二十三歳	1		1							
二十四歳										
二十五歳										
二十六歳										
二十七歳										
二十八歳										
二十九歳										
三十歳										
三十一歳										
三十二歳										
三十三歳										
三十四歳										
三十五歳										
三十六歳										
三十七歳					1					
三十八歳							1			
三十九歳										
四十歳										
四十一歳										
四十二歳										
四十三歳										
四十四歳										
四十五歳										
四十六歳										
四十七歳										
四十八歳										
四十九歳										
五十歳										
五十一歳										
五十二歳										
五十三歳										
五十四歳										
五十五歳										
五十六歳										
五十七歳										
五十八歳										
五十九歳										
六十歳以上										
年齢不詳										
合計	1		1		1		2		3	

年齢	110 ミシン製造業 総数 男	女	経営者 男	女	一般事務者 男	女	販売仕入係事務者 男	女	タイピスト,筆耕 男	女	金属切断工 男	女
十二歳以下	1	1										
十三歳	13	1										
十四歳	16	5									1	
十五歳	29	6										
十六歳	25	5								1		
十七歳	30	1										
十八歳	31	2									1	
十九歳	22	3										
二十歳	22	1										
二十一歳	26	2										
二十二歳	16	3										
二十三歳	26						2					
二十四歳	21											
二十五歳	13	1										
二十六歳	12	1										
二十七歳	17	1			1							
二十八歳	10											
二十九歳	14	1										
三十歳	9	2										
三十一歳	6	1										
三十二歳	11											
三十三歳	8	1										
三十四歳	8											
三十五歳	6											
三十六歳	4						1					
三十七歳	8	1									1	
三十八歳	4	1				1						
三十九歳												
四十歳	3		1									
四十一歳	3											
四十二歳	7											
四十三歳	4											
四十四歳	3						1					
四十五歳	2										1	
四十六歳												
四十七歳	2											
四十八歳												
四十九歳	1											
五十歳												
五十一歳												
五十二歳	1											
五十三歳												
五十四歳												
五十五歳												
五十六歳												
五十七歳												
五十八歳												
五十九歳												
六十歳以上												
年齢不詳												
合計	434	40	1		1	1	4			1	4	

110ミシン製造業

年齢 \ 職業 男女	機械火造工		鋳物砂型工		鋳造工		其ノ他ノ金属材料ノ製造加工作業者		旋盤工(金属ニ加工スルモノ)		旋盤工(木材以外ノ非金属ニ加工スルモノ)		タレット工		卓上旋盤工,小型機械工		ボール盤工		平削盤工,形削盤工,堅削盤工		フライス盤工	
	男	女	男	女	男	女	男	女	男	女	男	女	男	女	男	女	男	女	男	女	男	女
十二歳以下																						
十三歳							3		1													
十四歳							4		3									1			1	
十五歳									5					1				1	1			
十六歳							1		5								1				1	
十七歳							3		4				1		2		1				1	
十八歳					2		1	1	6						1		2		1		1	
十九歳							2	1	5												1	
二十歳					1		2		1										1		1	
二十一歳					2		2		5								1					
二十二歳					1		3		2								1					
二十三歳					1		4		2						1						1	
二十四歳							2		2						2		1					
二十五歳					1				1									1				
二十六歳			1		1				1												1	
二十七歳							2		3													
二十八歳	1														1						1	
二十九歳							2															
三十歳									2													
三十一歳							1		1	1												
三十二歳							2														1	
三十三歳			1																			
三十四歳							1															
三十五歳																						
三十六歳			1																			
三十七歳							1										1	1				
三十八歳					1										1							
三十九歳																						
四十歳																						
四十一歳							1				1											
四十二歳			1		1		3															
四十三歳																						
四十四歳																						
四十五歳																						
四十六歳																						
四十七歳																						
四十八歳																						
四十九歳					1																	
五十歳																						
五十一歳																						
五十二歳																						
五十三歳																						
五十四歳																						
五十五歳																						
五十六歳																						
五十七歳																						
五十八歳																						
五十九歳																						
六十歳以上																						
年齢不詳																						
合計	1		4		12		40	2	49	1	1		1	1	8		8	4	3		10	

年齢＼職業＼男女	研磨盤工, ラツプ盤工		ラッピング工(手作業ニ依ルモノ)		金属プレス工, 打抜工		針金細工工		機械製鋲工		バネ工		其ノ他ノ機械器具製作作業者		手仕上工		機械器具部品仕上組立工		機械器具総組立工		機械器具装置工, 修繕工, 保全工	
	男	女	男	女	男	女	男	女	男	女	男	女	男	女	男	女	男	女	男	女	男	女
十二歳以下																						
十三歳					1								1		1						1	
十四歳					2								1		2		1					
十五歳			1		1		1						1	1	1		1		5			
十六歳													1		2		3				1	
十七歳					1						1		2		1		3		2		2	
十八歳													1		2	1	1		1		2	
十九歳											1						4		3		2	
二十歳					1								2		2		2		6			
二十一歳	1														2		6	2	3			
二十二歳					1								2		2		2					1
二十三歳					1								3		4		2		3			
二十四歳													3		4		1		2			
二十五歳													2		1				3			
二十六歳					1										1	1	3		1		1	
二十七歳													4		2		1		2		1	
二十八歳					1								2									
二十九歳					1								1		1		2		1		1	
三十歳					2						1		1	1			1		1		1	1
三十一歳																	4					
三十二歳													1		1		4					
三十三歳					1						1		1	1							2	
三十四歳					1										3							
三十五歳					1				1				1		1							
三十六歳																			1			
三十七歳															2						2	
三十八歳																			1			
三十九歳																						
四十歳													1									
四十一歳																			1			
四十二歳													1		1							
四十三歳															1		1		1			
四十四歳													1								1	
四十五歳															1							
四十六歳																						
四十七歳																						
四十八歳																						
四十九歳																						
五十歳																						
五十一歳																						
五十二歳																					1	
五十三歳																						
五十四歳																						
五十五歳																						
五十六歳																						
五十七歳																						
五十八歳																						
五十九歳																						
六十歳以上																						
年齢不詳																						
合計	1		1		16		1		1		4		45	3	38	2	42	2	37		18	2

年齢 \ 産業・職業・男女	110ミシン製造業																					
	ゴム成型工加工工(護謨ニ依ルモノヲ除ク)		ミシン工		木工		其ノ他ノ木,竹,草,蔓類製品ノ製造作業者		大工		漆工芸,蒔絵師		塗装工		パフ磨工		荷扱夫,仲仕,倉庫夫,運搬夫,配達夫		物品売買業者,仲買人		店員,売子,注文取,集金人	
	男	女	男	女	男	女	男	女	男	女	男	女	男	女	男	女	男	女	男	女	男	女
十二歳以下													1									
十三歳													1									
十四歳				1												1						
十五歳			2	2																	1	
十六歳			3	1									1									
十七歳			4	1																		
十八歳			1																			
十九歳			1	2							1											
二十歳			1														1					
二十一歳			1																		1	
二十二歳													1									
二十三歳							1						1									
二十四歳			2										2									
二十五歳									1										1			
二十六歳					1																	
二十七歳					1																	
二十八歳			2										1								1	
二十九歳					1								1		2						1	
三十歳																						
三十一歳																						
三十二歳			2																			
三十三歳			1																		1	
三十四歳			1																1			
三十五歳					1																	
三十六歳																					1	
三十七歳																						
三十八歳																						
三十九歳																						
四十歳					1																	
四十一歳																						
四十二歳																						
四十三歳																						
四十四歳																						
四十五歳																						
四十六歳																						
四十七歳	1																1					
四十八歳																						
四十九歳																						
五十歳																						
五十一歳																						
五十二歳																						
五十三歳																						
五十四歳																						
五十五歳																						
五十六歳																						
五十七歳																						
五十八歳																						
五十九歳																						
六十歳以上																						
年齢不詳																						
合計	1		21	7	5		1		1		1		9		2	1	2		2		6	

年齢＼職業・男女	110ミシン製造業 守衛,監督 男	女	小使,給仕,雑役者 男	女	見習工 養成工(他ニ分類セラレザルモノ) 男	女	其ノ他ノ作業者 男	女	111其ノ他ノ製造加工用機械器具製造業 総数 男	女	経営者 男	女	一般事務者 男	女	販売仕入係事務者 男	女	簿記係事務者 男	女	製銑工(電気炉ニ依ルモノ) 男	女	製銑工(熔鉱炉其ノ他ニ依ルモノ) 男	女
十二歳以下						1			4													
十三歳			1	1	3				7													
十四歳				1	1	1			13	1												
十五歳				1	4				16	1												
十六歳			1	1	5	2			16													
十七歳			1		1				24						1							
十八歳					3				28	1											1	
十九歳			1		1				21													
二十歳		1			1				24													
二十一歳					1				23								1					
二十二歳			1	2					18												2	
二十三歳									24												1	
二十四歳									19										1		3	
二十五歳			2				1		20				1								1	
二十六歳									17				1									
二十七歳				1					21		1											
二十八歳									19													
二十九歳				1					16													
三十歳									10													
三十一歳									8				1									
三十二歳									14													
三十三歳									4													
三十四歳			1						11				1									
三十五歳			1						5													
三十六歳									4													
三十七歳			1						6													
三十八歳									3				1									
三十九歳									4													
四十歳									4													
四十一歳									2													
四十二歳									2	1												
四十三歳							1		5													
四十四歳																						
四十五歳									2													
四十六歳																						
四十七歳									1													
四十八歳																						
四十九歳									1	1												
五十歳																						
五十一歳									1													
五十二歳									1													
五十三歳																						
五十四歳																						
五十五歳																						
五十六歳																						
五十七歳																						
五十八歳																						
五十九歳																						
六十歳以上									1													
年齢不詳																						
合計		1	10	8	20	4	2		419	5	1		5		1		1		1		8	

111 其ノ他ノ製造加工用機械器具製造業

年齢＼職業・男女	非鉄金属製錬工(電気炉ニ依ルモノ)		其ノ他ノ金属製錬作業者		其ノ他ノ現図工		金属板圧延伸張工		金属製管工		金属疵取工		金属切断工		鍛冶職,刃物職		機械火造工		熱処理工		金属熔融工	
	男	女	男	女	男	女	男	女	男	女	男	女	男	女	男	女	男	女	男	女	男	女
十二歳以下																						
十三歳									1				1									
十四歳																						
十五歳													1									
十六歳					1																	
十七歳															1		1					
十八歳																						
十九歳																	2					
二十歳											1				1		1					
二十一歳													2				1					
二十二歳																	1					
二十三歳													1		2							
二十四歳					1								1		1							
二十五歳																						
二十六歳															1							
二十七歳																			1		1	
二十八歳							1												1		2	
二十九歳																	1					
三十歳																						
三十一歳																	1					
三十二歳																	1					
三十三歳																						
三十四歳															1							
三十五歳																						
三十六歳																						
三十七歳																	1					
三十八歳																					1	
三十九歳																					1	
四十歳																						
四十一歳																						
四十二歳			1																			
四十三歳	1																					
四十四歳																						
四十五歳																						
四十六歳																						
四十七歳																						
四十八歳																						
四十九歳																						
五十歳																						
五十一歳																						
五十二歳																						
五十三歳																						
五十四歳																						
五十五歳																						
五十六歳																						
五十七歳																						
五十八歳																						
五十九歳																						
六十歳以上																						
年齢不詳																						
合計	1		1		2		1		1		1		6		7		10		2		5	

111 其ノ他ノ製造加工用機械器具製造業

年齢	鋳物木型工 男	鋳物木型工 女	鋳物砂型工 男	鋳物砂型工 女	荷造工 男	荷造工 女	特殊鋳物工 男	特殊鋳物工 女	其ノ他ノ金属材料ノ製造加工作業者 男	其ノ他ノ金属材料ノ製造加工作業者 女	旋盤工(金属ニ加工スルモノ) 男	旋盤工(金属ニ加工スルモノ) 女	旋盤工(木材以外ノ非金属ニ加工スルモノ) 男	旋盤工(木材以外ノ非金属ニ加工スルモノ) 女	卓上旋盤工,小型機械工 男	卓上旋盤工,小型機械工 女	中グリ盤工 男	中グリ盤工 女	ボール盤工 男	ボール盤工 女	平削盤工,形削盤工,堅削盤工 男	平削盤工,形削盤工,堅削盤工 女
十二歳以下									1													
十三歳											2											
十四歳					1						1								2			
十五歳									1	1	3								1			
十六歳	1								1		5											
十七歳			1						1		4		1								2	
十八歳					3				1		7											
十九歳					1				2		8										1	
二十歳					1				1		8											
二十一歳			1		1				2		3		1								1	
二十二歳					2				1		1											
二十三歳					4				2		3								1			
二十四歳			1						2		2		1				1					
二十五歳			1		3				4													
二十六歳					2				1		1											
二十七歳			2		1				1		3								1		1	
二十八歳									2		3				1							
二十九歳					1				1		1											
三十歳			1				1				1											
三十一歳					1						1											
三十二歳	1		1		2				1						1							
三十三歳																						
三十四歳					3														1			
三十五歳			1																		1	
三十六歳					1																	
三十七歳					1																	
三十八歳																						
三十九歳									2													
四十歳					1																	
四十一歳																						
四十二歳																						
四十三歳					1																	
四十四歳																						
四十五歳			1																			
四十六歳																						
四十七歳																						
四十八歳																						
四十九歳																						
五十歳																						
五十一歳																						
五十二歳																						
五十三歳																						
五十四歳																						
五十五歳																						
五十六歳																						
五十七歳																						
五十八歳																						
五十九歳																						
六十歳以上																						
年齢不詳																						
合計	2		10		30		1		26	1	57		3		2		1		6		6	

111 其ノ他ノ製造加工用機械器具製造業

年齢	撓鉄工		鋲打工		板金鋲打工		板金工, ブリキ職		金属プレス工, 打抜工		電気熔接工		鍛附工		金属彫刻工		機械製鋲工		其ノ他ノ機械器具製作作業者		手仕上工	
	男	女	男	女	男	女	男	女	男	女	男	女	男	女	男	女	男	女	男	女	男	女
十二歳以下									1										1			
十三歳																						
十四歳									1													
十五歳									2										3		1	
十六歳									2										1			
十七歳									2										1		2	
十八歳				1	1								1						1		2	
十九歳			1														1		2		1	
二十歳			1						5										1		2	
二十一歳							1		1										1			
二十二歳									2												2	
二十三歳	1								3		1										3	
二十四歳									1												1	
二十五歳					1														1		1	
二十六歳			1						2												3	
二十七歳									2										2		3	
二十八歳	1								1		1								1			
二十九歳																			1		2	
三十歳									2												2	
三十一歳									2													
三十二歳															1				1			
三十三歳									1		1											
三十四歳									2		1								1			
三十五歳																					1	
三十六歳			1						1												1	
三十七歳									1										1			
三十八歳																					1	
三十九歳																						
四十歳									1										1			
四十一歳																			1			
四十二歳			1																	1		
四十三歳									1												1	
四十四歳																						
四十五歳																						
四十六歳																						
四十七歳																						
四十八歳																						
四十九歳																						
五十歳																				1		
五十一歳																						
五十二歳									1												1	
五十三歳																						
五十四歳																						
五十五歳																						
五十六歳																						
五十七歳																						
五十八歳																						
五十九歳																						
六十歳以上																						
年齢不詳																						
合計	2		5	1	2		1		37		4		1		1		1		21	2	30	

111 其ノ他ノ製造加工用機械器具製造業

年齢＼職業・男女	機械器具部品仕上組立工		機械器具総組立工		電気機械器具組立工		機械器具装置工,据付工,保全工		工具保全工		其ノ他ノ化学製品ノ製造作業者		木工		其ノ他ノ製品ノ製造作業者		鳶職		塗装工		メツキ工(皮膜防錆工ヲ含ム)	
	男	女	男	女	男	女	男	女	男	女	男	女	男	女	男	女	男	女	男	女	男	女
十二歳以下																						
十三歳							1															
十四歳	1										1											
十五歳																						
十六歳																						
十七歳																						
十八歳																	1					
十九歳																						
二十歳	1																1				1	
二十一歳	1		1		1																	
二十二歳																					2	
二十三歳																					1	
二十四歳																						
二十五歳	2		1																			
二十六歳	1		1																		1	
二十七歳			1																			
二十八歳	1																		1			
二十九歳	3		1		1																1	
三十歳					1										1							
三十一歳	2																					
三十二歳	1		1																			
三十三歳					1																	
三十四歳													1									
三十五歳	1																					
三十六歳																						
三十七歳																						
三十八歳																						
三十九歳	1																					
四十歳	1																					
四十一歳																						
四十二歳																						
四十三歳																						
四十四歳																						
四十五歳									1													
四十六歳																						
四十七歳																						
四十八歳																						
四十九歳																						
五十歳																						
五十一歳																						
五十二歳																						
五十三歳																						
五十四歳																						
五十五歳																						
五十六歳																						
五十七歳																						
五十八歳																						
五十九歳																						
六十歳以上																						
年齢不詳																						
合計	16		6		4		1		1		1		1		1		2		1		6	

年齢 \ 職業 \ 男女	111 其ノ他ノ製造加工用機械器具製造業																112 鉄道車両製造業					
	選別工,検査工		自動車運転手		[illegible]		起重機運転工		火夫,油差		小使,給仕,雑役者		見習工養成工(他ニ分類セラレザルモノ)		其ノ他ノ作業者		総数		一般事務者		機械技術者	
	男	女	男	女	男	女	男	女	男	女	男	女	男	女	男	女	男	女	男	女	男	女
十二歳以下																	3					
十三歳													2				2	1				
十四歳											1		5		1		20					
十五歳					2								2				44	1				
十六歳											1		4				39	1			1	
十七歳											3		4				38		1			
十八歳			2								4		4				50		1		1	
十九歳											1		1				51				2	
二十歳																	31					
二十一歳											4						37					
二十二歳					2						2		1				26		2		1	
二十三歳											1						41		2			
二十四歳											3						45					
二十五歳			2						1		1						29					
二十六歳					1								1				34	1			1	
二十七歳											1						29		1			
二十八歳			1				1				1						21	1				
二十九歳									1		2						25					
三十歳											1						22					
三十一歳																	21					
三十二歳					2						1						17					
三十三歳											1						14					
三十四歳																	14	1				
三十五歳											1						9					
三十六歳																	17					
三十七歳					1				1								17					
三十八歳																	11					
三十九歳																	7					
四十歳																	11					
四十一歳									1								1					
四十二歳																	4					
四十三歳					1												7					
四十四歳																	1					
四十五歳																	4					
四十六歳																	4					
四十七歳											1						1					
四十八歳																	3					
四十九歳					1												3					
五十歳																	1					
五十一歳																						
五十二歳																	2					
五十三歳																	1					
五十四歳																	1					
五十五歳																						
五十六歳																						
五十七歳																						
五十八歳																	2					
五十九歳																						
六十歳以上	1																1					
年齢不詳																						
合計	1		5		11		1		4		30		24		1		760	6	7		6	

112 鉄道車両製造業

年齢＼職業・男女	土木技術者		医師		焙焼工,焼結工,団鉱工		製鋼工(電気炉ニ依ルモノ)		其ノ他ノ金属製錬作業者		其ノ他ノ現図工		金属加熱炉工		金属棒,条圧延伸張工		金属製管工		金属線伸張工		金属疵取工	
	男	女	男	女	男	女	男	女	男	女	男	女	男	女	男	女	男	女	男	女	男	女
十二歳以下																						
十三歳																						
十四歳																	/					
十五歳																						
十六歳									/													
十七歳																						
十八歳					/																	
十九歳																						
二十歳																						
二十一歳																						
二十二歳																						
二十三歳													/				/					
二十四歳							/															
二十五歳													/									
二十六歳			/		/												/					
二十七歳																						
二十八歳																	/					
二十九歳	/																					
三十歳													/		/							
三十一歳																			/			
三十二歳																						
三十三歳									/													
三十四歳																						
三十五歳																					/	
三十六歳																						
三十七歳																						
三十八歳															/							
三十九歳																	/					
四十歳																	/					
四十一歳																						
四十二歳																						
四十三歳																						
四十四歳																						
四十五歳																						
四十六歳																						
四十七歳																						
四十八歳																						
四十九歳																						
五十歳																						
五十一歳																						
五十二歳																						
五十三歳																						
五十四歳											/											
五十五歳																						
五十六歳																						
五十七歳																						
五十八歳																						
五十九歳																						
六十歳以上																						
年齢不詳																						
合計	/		/		2		/		2		/		3		2		6		/		/	

年齢＼職業・男女	112 鉄道車両製造業 金属切断工 男	金属切断工 女	鍛冶職, 刃物職 男	鍛冶職, 刃物職 女	機械火造工 男	機械火造工 女	熱処理工 男	熱処理工 女	金属熔融工 男	金属熔融工 女	鋳物木型工 男	鋳物木型工 女	鋳物砂型工 男	鋳物砂型工 女	中子工 男	中子工 女	鋳造工 男	鋳造工 女	特殊鋳物工 男	特殊鋳物工 女	其ノ他ノ金属材料ノ製造加工作業者 男	其ノ他ノ金属材料ノ製造加工作業者 女
十二歳以下			1																			
十三歳																						
十四歳			1										1									
十五歳					1												2				1	
十六歳																	3					
十七歳			1		1												3					
十八歳			1		1								1				1				1	
十九歳					3						1						3				2	
二十歳					2								1				3					
二十一歳			1		2										1		2				1	
二十二歳	1				3				1								3					
二十三歳	1				1								1				1				1	
二十四歳			1		4								1				2					
二十五歳	1				4								2				1				1	
二十六歳	1				2												1				1	
二十七歳			1		1												1				1	
二十八歳					1						1		1				1				1	1
二十九歳			1		1												2				2	
三十歳							1						2				1		1			
三十一歳			1														1					
三十二歳	1				1				1								1		1			
三十三歳			1		2								3				2					
三十四歳													1									
三十五歳																						
三十六歳			1		1																	
三十七歳			1		4												1		1			
三十八歳					2																	
三十九歳																	1				1	
四十歳																	1					
四十一歳																						
四十二歳																	1					
四十三歳	1																					
四十四歳																						
四十五歳																					1	
四十六歳																	1					
四十七歳																						
四十八歳																						
四十九歳																						
五十歳																						
五十一歳																						
五十二歳																						
五十三歳																						
五十四歳																						
五十五歳																						
五十六歳																						
五十七歳																						
五十八歳																	1					
五十九歳																						
六十歳以上																						
年齢不詳																						
合計	6		12		37		1		2		2		14		1		40		3		14	1

112 鉄道車両製造業

年齢＼職業・男女	ケガキ工 男	ケガキ工 女	旋盤工(金属ニ加工スルモノ) 男	旋盤工(金属ニ加工スルモノ) 女	旋盤工(木材以外ノ非金属ニ加工スルモノ) 男	旋盤工(木材以外ノ非金属ニ加工スルモノ) 女	タレツト工 男	タレツト工 女	卓上旋盤工, 小型機械工 男	卓上旋盤工, 小型機械工 女	ボール盤工 男	ボール盤工 女	平削盤工, 形削盤工, 堅削盤工 男	平削盤工, 形削盤工, 堅削盤工 女	プライス盤工 男	プライス盤工 女	研磨盤工, ラツプ盤工 男	研磨盤工, ラツプ盤工 女	ラッピング工(手作業ニ依ルモノ) 男	ラッピング工(手作業ニ依ルモノ) 女	鉄木工(船台大工ヲ含ム) 男	鉄木工(船台大工ヲ含ム) 女
十二歳以下			2																			
十三歳																						
十四歳			4		1																	
十五歳			4						1													
十六歳			8								1		1									
十七歳			6		1								2									
十八歳			6		1						1											
十九歳	1		9		1														1			
二十歳			4				1															
二十一歳	1		4		1																1	
二十二歳			2																			
二十三歳			4																			
二十四歳			6																			
二十五歳			1										2		1							
二十六歳			2														1					
二十七歳			3																			
二十八歳			1																			
二十九歳			1																			
三十歳			1																			
三十一歳	1										1										1	
三十二歳																						
三十三歳																						
三十四歳																						
三十五歳											1											
三十六歳																						
三十七歳											1											
三十八歳			1																			
三十九歳			1																			
四十歳			1								1		1				1					
四十一歳																						
四十二歳																						
四十三歳																						
四十四歳																						
四十五歳																						
四十六歳																						
四十七歳																						
四十八歳																						
四十九歳			1																			
五十歳																						
五十一歳																						
五十二歳																						
五十三歳																						
五十四歳																						
五十五歳																						
五十六歳																						
五十七歳																						
五十八歳																						
五十九歳																						
六十歳以上																						
年齢不詳																						
合計	3		72		5		1		1		6		6		1		2		1		2	

112 鉄道車両製造業

年齢＼職業	撓鉄工		鋲打工		板金鋲打工		板金工, ブリキ職		金属プレス工, 打抜工		ドラム罐, ブリキ罐製造工		ガス熔接工		電気熔接工		(其ノ他ノ熔接工		パイプ工(造船所, 鋼工ヲ含ム)		機械製鋲工	
	男	女	男	女	男	女	男	女	男	女	男	女	男	女	男	女	男	女	男	女	男	女
十歳以下																						
十一歳																						
十四歳															1							
十五歳			2				1						1		1		1					
十六歳			1																			
十七歳					1										1							
十八歳	1						2						2		1				1			
十九歳							2												1			
二十歳			2		1						1		1						1			
二十一歳	1		2				2						2						1		1	
二十二歳							2						1									
二十三歳	2		3										2		2							
二十四歳	1		1										1		2							
二十五歳			2				1								1							
二十六歳	1		1		1								2		2							
二十七歳			2				1		1													
二十八歳							1		1				2									
二十九歳			1		1		1														1	
三十歳			2																			
三十一歳							1				1											
三十二歳	1								1				1									
三十三歳																			1			
三十四歳							1										1		1			
三十五歳											1											
三十六歳	1		1																			
三十七歳																					1	
三十八歳	1		1																			
三十九歳																						
四十歳			1																			
四十一歳																						
四十二歳																						
四十三歳																						
四十四歳																						
四十五歳	1		1																			
四十六歳																						
四十七歳																						
四十八歳							1															
四十九歳																						
五十歳			1																			
五十一歳																						
五十二歳																						
五十三歳																						
五十四歳																						
五十五歳																						
五十六歳																						
五十七歳																						
五十八歳																						
五十九歳																						
六十歳以上																						
年齢不詳																						
合計	10		24		4		16		3		3		15		11		2		6		3	

年齢＼職業＼男女	112 鉄道車両製造業																					
	バネ工		其ノ他ノ機械器具製作作業者		手仕上工		機械器具部品仕上組立工		機械器具総組立工		計器組立工		自動車組立工, 修繕工		電気機械器具組立工		機械器具装置工, 修繕工, 保全工		工具保全工		火工	
	男	女	男	女	男	女	男	女	男	女	男	女	男	女	男	女	男	女	男	女	男	女
十二歳以下																						
十三歳					2																	
十四歳																						
十五歳					5		1															
十六歳	1				1		1		1				1		1		1					
十七歳	1		1		1				3													
十八歳					2		2		1		1											
十九歳					4		1		2				1									
二十歳					2		1															
二十一歳					2		1		1				1									
二十二歳					1		1															
二十三歳					3		2		1													
二十四歳					2		1		1													
二十五歳					2						1											
二十六歳					1		1		1								1					
二十七歳					2				1								1				1	
二十八歳					1																	
二十九歳			1		1				2													
三十歳					1				2													
三十一歳																						
三十二歳	1				2																	
三十三歳			1																			
三十四歳					1		1										2			1		
三十五歳																						
三十六歳					1		2															
三十七歳																						
三十八歳																						
三十九歳																						
四十歳																						
四十一歳											1											
四十二歳			1																			
四十三歳					1																	
四十四歳					1																	
四十五歳																						
四十六歳																						
四十七歳																						
四十八歳																						
四十九歳																						
五十歳																						
五十一歳																						
五十二歳																						
五十三歳																						
五十四歳																						
五十五歳																						
五十六歳																						
五十七歳																						
五十八歳																						
五十九歳																						
六十歳以上																						
年齢不詳																						
合計	3		4		39		15		16		3		3		1		5			1	1	

112 鉄道車両製造業

年齢 \ 職業 \ 男女	塗装工		石綿工，保温工		製材工		木工		コンクリート工		道路工夫，アスファルト舗装工		其ノ他ノ土木建築作業者		其ノ他ノ電工		塗装工		金属酸洗工，洗滌工		実験工，試験工，分析工	
	男	女	男	女	男	女	男	女	男	女	男	女	男	女	男	女	男	女	男	女	男	女
十　歳以下																						
十[illegible]歳																						
十四歳							1														1	
十五歳	1												1				1		1			
十六歳																						
十七歳					1																1	
十八歳							1								1		1					
十九歳							1		2								2					
二十歳							1						1				3					
二十一歳													1		1		1					
二十二歳									1								1					
二十三歳			1																			
二十四歳															1		2					
二十五歳							1										1					
二十六歳									1								1					
二十七歳													1									
二十八歳																					1	
二十九歳							1		1				1						1			
三十歳																	1					
三十一歳							1						4									
三十二歳							1															
三十三歳													1									
三十四歳													1				1					
三十五歳																						
三十六歳																						
三十七歳									1				1									
三十八歳																						
三十九歳																						
四十歳													1									
四十一歳																						
四十二歳													1									
四十三歳													1									
四十四歳																						
四十五歳																						
四十六歳													1									
四十七歳																						
四十八歳																						
四十九歳									1		1											
五十歳																						
五十一歳																						
五十二歳																	1					
五十三歳																						
五十四歳																						
五十五歳																						
五十六歳													1									
五十七歳																						
五十八歳																						
五十九歳																						
六十歳以上													1									
年齢不詳																						
合計	1		1		1		8		7		1		17		3		16		2		3	

年齢	選別工, 検査工		自動車運転手		[illegible]		人力車夫, 馬方, 馭者		[illegible]		起重機運転工		火夫, 油差		荷造工		小使, 給仕, 雑役者		見習工 養成工(他ニ分類セラレザルモノ)		其ノ他ノ作業者	
	男	女	男	女	男	女	男	女	男	女	男	女	男	女	男	女	男	女	男	女	男	女
十二歳以下																						
十三歳																		1				
十四歳					1												2		6			
十五歳									1									1	17		1	
十六歳		1							1								4		11			
十七歳			1						2								1		9			
十八歳									5		1						4		6		2	
十九歳					1				6								1		3			
二十歳									1				1				3		1			
二十一歳									2								3		1			
二十二歳									3								2		1			
二十三歳									4								8					
二十四歳									6								10		2			
二十五歳									3								3					
二十六歳							1		3								4	1	1			
二十七歳									4								7					
二十八歳									3								4		1			
二十九歳					1				1								3					
三十歳									3								5					
三十一歳									2				2				4					
三十二歳									2								3					
三十三歳																	2					
三十四歳									2								2					
三十五歳									2								3					
三十六歳									1								3		1			
三十七歳									4								2					
三十八歳									1								3				1	
三十九歳									1								1				1	
四十歳									1								2					
四十一歳									1						1		2					
四十二歳									1													
四十三歳									2				1				1					
四十四歳																						
四十五歳									1													
四十六歳																	2					
四十七歳																	1					
四十八歳									1								1					
四十九歳																						
五十歳																						
五十一歳																						
五十二歳									2													
五十三歳									1													
五十四歳																						
五十五歳																						
五十六歳																						
五十七歳																						
五十八歳																					1	
五十九歳																						
六十歳以上																						
年齢不詳																						
合計		1	1		3		1		73		1		4		1		97	3	60		6	

113 大型自動車製造業

職業 / 年齢	総数		経営者		一般事務者		販売仕入係事務者		非鉄金属製錬工(其ノ他ノ炉ニ依ルモノ)		機械製図工		鍛冶職, 刃物職		機械火造工		中子工		鋳造工		特殊鋳物工	
	男	女	男	女	男	女	男	女	男	女	男	女	男	女	男	女	男	女	男	女	男	女	男	女
十二歳以下	3																							
十三歳	10																							
十四歳	28																							
十五歳	55																							
十六歳	65																							
十七歳	65										1						1							
十八歳	56																							
十九歳	52	1			1										1						1			
二十歳	30				2																			
二十一歳	22				2																			
二十二歳	29										1				1									
二十三歳	30				1				1						1									
二十四歳	22												1											
二十五歳	23				1														1					
二十六歳	21				1		1								1									
二十七歳	14																							
二十八歳	12																							
二十九歳	15																							
三十歳	10																		1					
三十一歳	10																							
三十二歳	8														1									
三十三歳	8																							
三十四歳	8																							
三十五歳	9																							
三十六歳	8																							
三十七歳	5		1																1					
三十八歳	5																							
三十九歳	3				1																			
四十歳	3																							
四十一歳	2																							
四十二歳	3																							
四十三歳																								
四十四歳	2																							
四十五歳																								
四十六歳																								
四十七歳																								
四十八歳	1																							
四十九歳	2																		1					
五十歳																								
五十一歳																								
五十二歳																								
五十三歳																								
五十四歳																								
五十五歳	1																							
五十六歳																								
五十七歳																								
五十八歳																								
五十九歳																								
六十歳以上	1																							
年齢不詳																								
合計	641	1	1		9		1		1		2		1		5		1		4		1			

113 大型自動車製造業

年齢 ＼ 職業・男女	其ノ他ノ金属材料ノ製造加工作業者		ケガキ工		旋盤工(金属ニ加工スルモノ)		旋盤工(木材以外ノ非金属ニ加工スルモノ)		タレット工		卓上旋盤工，小型機械工		中グリ盤工		平削盤工，形削盤工，堅削盤工		ブライス盤工		研磨盤工，ラップ盤工		捲鉄工	
	男	女	男	女	男	女	男	女	男	女	男	女	男	女	男	女	男	女	男	女	男	女
十二歳以下																						
十三歳					1						1											
十四歳					2																	
十五歳					2																	
十六歳					2																	
十七歳					2																	
十八歳			1		1				1													
十九歳					2		2															
二十歳									2								1					
二十一歳					3																	
二十二歳					2						1											
二十三歳															1						1	
二十四歳																			1			
二十五歳													1									
二十六歳	1																				1	
二十七歳	1				1																	
二十八歳	2																					
二十九歳	1				1																	
三十歳																						
三十一歳																						
三十二歳																						
三十三歳																						
三十四歳																						
三十五歳																						
三十六歳																						
三十七歳																						
三十八歳																						
三十九歳																						
四十歳																						
四十一歳					1																	
四十二歳																						
四十三歳																						
四十四歳																						
四十五歳																						
四十六歳																						
四十七歳																						
四十八歳																						
四十九歳																						
五十歳																						
五十一歳																						
五十二歳																						
五十三歳																						
五十四歳																						
五十五歳																						
五十六歳																						
五十七歳																						
五十八歳																						
五十九歳																						
六十歳以上																						
年齢不詳																						
合計	5		1		20		2		3		2		1		1		1		1		2	

113 大型自動車製造業

年齢 ＼ 職業	板金工, ブリキ職		金属プレス工, 打抜工		ドラム罐, ブリキ罐製造工		ガス熔接工		電気熔接工		其ノ他ノ熔接工		綱具工, 索具工		其ノ他ノ機械器具製作作業者		手仕上工		機械器具総組立工		自動車組立工, 修繕工	
	男	女	男	女	男	女	男	女	男	女	男	女	男	女	男	女	男	女	男	女	男	女
十二歳以下															1							
十三歳															1						3	
十四歳																					15	
十五歳	1														2		2				29	
十六歳	1																		1		29	
十七歳	1																		1		41	
十八歳	1				1												1				35	
十九歳	1						2												1		28	1
二十歳															1						17	
二十一歳			1				1								1						12	
二十二歳							2										1				13	
二十三歳							2		1								2				16	
二十四歳	2						1								1						14	
二十五歳											1		1				1				13	
二十六歳															3						10	
二十七歳			1																		8	
二十八歳							1										1				6	
二十九歳																					12	
三十歳																					8	
三十一歳	1																				7	
三十二歳			1																		4	
三十三歳							2										1				4	
三十四歳			1				1														3	
三十五歳			1												1						5	
三十六歳																					4	
三十七歳																	1				1	
三十八歳																	1				1	
三十九歳																					2	
四十歳	1																				1	
四十一歳																						
四十二歳	1																				1	
四十三歳																						
四十四歳																					2	
四十五歳																						
四十六歳																						
四十七歳																						
四十八歳																						
四十九歳							1															
五十歳																						
五十一歳																						
五十二歳																						
五十三歳																						
五十四歳																						
五十五歳																						
五十六歳																						
五十七歳																						
五十八歳																						
五十九歳																						
六十歳以上							1															
年齢不詳																						
合計	10		5		1		14		1		1		1		11		11		3		344	1

113 大型自動車製造業

年齢 \ 職業・男女	電気機械器具組立工		内張工，シート張工		機械器具装置工，修繕工，保全工		合成ゴム工		ゴム成型工（鍛錬ニ依ルモノヲ除ク）加工工		ゴム加硫工		裁断工		其ノ他ノ土木建築作業者		塗装工		自動車運転手		荷扱夫，仲仕，倉庫夫，運搬夫，配達夫	
	男	女	男	女	男	女	男	女	男	女	男	女	男	女	男	女	男	女	男	女	男	女
十二歳以下																						
十三歳																	1					
十四歳																						
十五歳																					1	
十六歳			1						1								1				1	
十七歳					1														2		2	
十八歳									2												2	
十九歳									2		1								1		1	
二十歳																			2		1	
二十一歳																	1					
二十二歳													1				1					
二十三歳											1						2				1	
二十四歳																					1	
二十五歳									1								1					
二十六歳	1				1														1			
二十七歳			1																		2	
二十八歳																	1					
二十九歳																						
三十歳																						
三十一歳															1		1					
三十二歳															2							
三十三歳																						
三十四歳															1						2	
三十五歳																			1			
三十六歳																	1		2			
三十七歳									1													
三十八歳							1								1				1			
三十九歳																						
四十歳															1							
四十一歳															1							
四十二歳																						
四十三歳																						
四十四歳																						
四十五歳																						
四十六歳																						
四十七歳																						
四十八歳																						
四十九歳																						
五十歳																						
五十一歳																						
五十二歳																						
五十三歳																						
五十四歳																						
五十五歳																						
五十六歳																						
五十七歳																						
五十八歳																						
五十九歳																						
六十歳以上																						
年齢不詳																						
合計	1		2		2		1		7		2		1		7		10		10		14	

年齢	113 大型自動車製造業										114 小型自動車製造業											
	店員, 売子, 注文取, 集金人		小使, 給仕, 雑役者		見習工（他ニ分類セラレザルモノ）		其ノ他ノ作業者		其ノ他ノ職業者		総数		鍛冶職, 刃物職		鋳造工		其ノ他ノ金属材料ノ製造加工作業者		旋盤工（金属ニ加工スルモノ）		ガス熔接工	
	男	女	男	女	男	女	男	女	男	女	男	女	男	女	男	女	男	女	男	女	男	女
十二歳以下			1		1						2											
十三歳					3						2											
十四歳			1		10						3											
十五歳			1		17						4		1						2			
十六歳			3		24		1				5						1					
十七歳	1		3		9						5										1	
十八歳			2		8						3				1						1	
十九歳	1		1		6						1											
二十歳			2		2						4						1				1	
二十一歳					1						1											
二十二歳			5		1						2											
二十三歳											2										2	
二十四歳			1								2											
二十五歳			2								1											
二十六歳											3										2	
二十七歳											1											
二十八歳			1																			
二十九歳			1																			
三十歳							1															
三十一歳											3											
三十二歳											1										1	
三十三歳	1										2				1							
三十四歳																						
三十五歳									1		1											
三十六歳			1																			
三十七歳											1											
三十八歳																						
三十九歳																						
四十歳																						
四十一歳											1											
四十二歳			1																			
四十三歳																						
四十四歳																						
四十五歳																						
四十六歳																						
四十七歳																						
四十八歳			1																			
四十九歳																						
五十歳																						
五十一歳																						
五十二歳																						
五十三歳																						
五十四歳																						
五十五歳			1																			
五十六歳																						
五十七歳																						
五十八歳																						
五十九歳																						
六十歳以上																						
年齢不詳																						
合計	3		28		83		2		1		50		1		2		2		2		8	

年齢	114小型自動車製造業 手仕上工 男	手仕上工 女	機械器具部品仕上組立工 男	機械器具部品仕上組立工 女	自動車組立工,修繕工 男	自動車組立工,修繕工 女	機械器具装置工,修繕工,保全工 男	機械器具装置工,修繕工,保全工 女	自動車運転手 男	自動車運転手 女	荷造夫,梱包夫,倉庫夫,運搬夫,配達夫 男	荷造夫,梱包夫,倉庫夫,運搬夫,配達夫 女	店員,売子,注文取,集金人 男	店員,売子,注文取,集金人 女	小使,給仕,雑役者 男	小使,給仕,雑役者 女	見習工,雑役工(他ニ分類セラレザルモノ) 男	見習工,雑役工(他ニ分類セラレザルモノ) 女	115自動二輪車及自動三輪車製造業 総数 男	総数 女	経営者 男	経営者 女
十二歳以下					1		1															
十三歳													2						1			
十四歳					3																	
十五歳					1														4			
十六歳					3								1									
十七歳					3												1		3			
十八歳					1														5			
十九歳					1														4			
二十歳					2														4			
二十一歳					1																	
二十二歳					1						1								2			
二十三歳																			5			
二十四歳					1								1						2			
二十五歳									1													
二十六歳					1																	
二十七歳															1				1			
二十八歳																			2		1	
二十九歳																			4			
三十歳																						
三十一歳	1				2																	
三十二歳																			1			
三十三歳					1														1			
三十四歳																			1			
三十五歳					1														1			
三十六歳																						
三十七歳			1																			
三十八歳																						
三十九歳																			1			
四十歳																			1			
四十一歳					1																	
四十二歳																						
四十三歳																						
四十四歳																						
四十五歳																						
四十六歳																						
四十七歳																						
四十八歳																						
四十九歳																						
五十歳																						
五十一歳																						
五十二歳																						
五十三歳																						
五十四歳																						
五十五歳																						
五十六歳																						
五十七歳																						
五十八歳																						
五十九歳																						
六十歳以上																						
年齢不詳																						
合計	1		1		24		1		1		1		4		1		1		43		1	

115 自動二輪車及自動三輪車製造業

年齢＼職業・男女	一般事務者		金属小物圧延伸張工		金属切断工		鍛冶職，刃物職		鋳造工		旋盤工（金属ニ加工スルモノ）		金属プレス工，打抜工		ガス熔接工		電気熔接工		其ノ他ノ機械器具製作作業者		手仕上工	
	男	女	男	女	男	女	男	女	男	女	男	女	男	女	男	女	男	女	男	女	男	女
十二歳以下																						
十三歳																						
十四歳																						
十五歳											2		1									
十六歳																						
十七歳															1		1					
十八歳											2				1				1		1	
十九歳			1				1				2											
二十歳											1				1							
二十一歳																						
二十二歳									1													
二十三歳			1																1			
二十四歳	1																		1			
二十五歳																						
二十六歳																						
二十七歳											1											
二十八歳					1																	
二十九歳			1										1								1	
三十歳																						
三十一歳																						
三十二歳											1											
三十三歳															1							
三十四歳											1											
三十五歳													1									
三十六歳																						
三十七歳																						
三十八歳																						
三十九歳																			1			
四十歳															1							
四十一歳																						
四十二歳																						
四十三歳																						
四十四歳																						
四十五歳																						
四十六歳																						
四十七歳																						
四十八歳																						
四十九歳																						
五十歳																						
五十一歳																						
五十二歳																						
五十三歳																						
五十四歳																						
五十五歳																						
五十六歳																						
五十七歳																						
五十八歳																						
五十九歳																						
六十歳以上																						
年齢不詳																						
合計	1		3		1		1		1		10		3		5		1		4		2	

職業 / 男女 / 年齢	115 自動二輪車及自動三輪車製造業										116 自動車部分品及付属品製造業											
	自動車組立工, 修繕工		電気機械器具組立工		自動車運転手		小使, 給仕, 雑役者		見習工 養成工 (他ニ分類セラレザルモノ)		総数		経営者		一般事務者		販売仕入係事務者		簿記係事務者		製銑工(電気炉ニ依ルモノ)	
	男	女	男	女	男	女	男	女	男	女	男	女	男	女	男	女	男	女	男	女	男	女
十二歳以下											10	1										
十三歳									1		21	1										
十四歳											40	4										
十五歳									1		49	2										
十六歳											56	1										
十七歳							1				67	2										
十八歳											82	1					1					
十九歳											70	1			1							
二十歳	1				1						55											
二十一歳											66											
二十二歳			1								45	1	1									
二十三歳	1						2				52	2			2							
二十四歳											39										1	
二十五歳											38				1		2					
二十六歳											29											
二十七歳											30				2							
二十八歳											34		1		1				1			
二十九歳							1				33		1		1							
三十歳											16						1					
三十一歳											22				2							
三十二歳											19						1					
三十三歳											16		1									
三十四歳											14		1				1					
三十五歳											12											
三十六歳											8				1							
三十七歳											6											
三十八歳											10				1							
三十九歳											7											
四十歳											8		1									
四十一歳											8		2									
四十二歳											6											
四十三歳											3											
四十四歳											2											
四十五歳											1											
四十六歳											4											
四十七歳											1											
四十八歳											4											
四十九歳																						
五十歳																						
五十一歳																						
五十二歳											1											
五十三歳																						
五十四歳																						
五十五歳																						
五十六歳																						
五十七歳																						
五十八歳																						
五十九歳																						
六十歳以上											1											
年齢不詳																						
合計	2		1		1		4		2		985	16	8		12		6		1		1	

116 自動車部分品及付属品製造業

年齢 \ 職業	製鋼工（電気炉ニ依ルモノ）		其ノ他ノ金属製錬作業者		機械製図工		金属加熱炉工		金属板圧延伸張工		金属棒，条圧延伸張工		金属製管工		金属小物圧延伸張工		金属疵取工		金属切断工		鍛冶職，刃物職	
	男	女	男	女	男	女	男	女	男	女	男	女	男	女	男	女	男	女	男	女	男	女
十二歳以下																						
十三歳																						
十四歳																						
十五歳											1											
十六歳					1										1							
十七歳																						
十八歳																					1	
十九歳																			1		1	
二十歳													1								1	
二十一歳							1		1										1			
二十二歳					1														1		1	
二十三歳	1																					
二十四歳			1										1						3		1	
二十五歳																			1		1	
二十六歳															1						2	
二十七歳															1						2	
二十八歳																			1		2	
二十九歳																					1	
三十歳																			1			
三十一歳	1						1		2													
三十二歳																			1			
三十三歳																					1	
三十四歳																			2			
三十五歳																			1			
三十六歳															1				1			
三十七歳																						
三十八歳																	1		1		1	
三十九歳																						
四十歳																						
四十一歳																						
四十二歳																					1	
四十三歳																						
四十四歳																						
四十五歳																						
四十六歳																						
四十七歳																						
四十八歳																					1	
四十九歳																						
五十歳																						
五十一歳																						
五十二歳																						
五十三歳																						
五十四歳																						
五十五歳																						
五十六歳																						
五十七歳																						
五十八歳																						
五十九歳																						
六十歳以上																						
年齢不詳																						
合計	2		1		2		2		3		1		2		4		1		15		17	

職業 / 男女 / 年齢	機械火造工		熱処理工		金属熔融工		鋳物木型工		鋳物砂型工		鋳造工		特殊鋳物工		其ノ他ノ金属材料ノ製造加工作業者		ケガキ工		旋盤工(金属ニ加工スルモノ)		旋盤工(木材以外ノ非金属ニ加工スルモノ)	
	男	女	男	女	男	女	男	女	男	女	男	女	男	女	男	女	男	女	男	女	男	女
十二歳以下																			2			
十三歳																			7			
十四歳	1														1	1			13		1	
十五歳	1								1		2				2				14			
十六歳							1				2				2		1		19			
十七歳									1						3				16			
十八歳	2								2		2				4				16		2	
十九歳	1								1		1		1		3				27		3	
二十歳	2						1		1		1				2				16		1	
二十一歳	2								1		2				2				16			
二十二歳	4										2								16			
二十三歳	1										1				2				15		1	
二十四歳											2				4				4			
二十五歳	1		1						1		1				4				7			
二十六歳	1				1				1		1				1		1		6			
二十七歳									1		2				1				4			
二十八歳	4										1				2				5			
二十九歳	1										2				1				3			
三十歳															2				4			
三十一歳	1		1												1				3			
三十二歳	1										1								1			
三十三歳			1								1				2							
三十四歳	1										2				1				1			
三十五歳															1				1			
三十六歳	1																		1			
三十七歳																						
三十八歳	1																					
三十九歳											1		1									
四十歳																						
四十一歳											1				2							
四十二歳																						
四十三歳																			1			
四十四歳															1							
四十五歳																						
四十六歳	1																		2			
四十七歳											1											
四十八歳																			1			
四十九歳																						
五十歳																						
五十一歳																						
五十二歳																						
五十三歳																						
五十四歳																						
五十五歳																						
五十六歳																						
五十七歳																						
五十八歳																						
五十九歳																						
六十歳以上																						
年齢不詳																						
合計	27		3		1		2		10		29		2		44	1	2		221		8	

116 自動車部分品及付屬品製造業

116 自動車部分品及付属品製造業

職業 / 年齢	タレット工 男	タレット工 女	卓上旋盤工,小型機械工 男	卓上旋盤工,小型機械工 女	ボール盤工 男	ボール盤工 女	平削盤工,形削盤工,竪削盤工 男	平削盤工,形削盤工,竪削盤工 女	プライス盤工 男	プライス盤工 女	歯切盤工 男	歯切盤工 女	研磨盤工,ラツプ盤工 男	研磨盤工,ラツプ盤工 女	ラッピング工(手作業ニ依ルモノ) 男	ラッピング工(手作業ニ依ルモノ) 女	撓鉄工 男	撓鉄工 女	鋲打工 男	鋲打工 女	板金鋲打工 男	板金鋲打工 女
十二歳以下	1																					
十三歳					1																	
十四歳	3				1																	
十五歳	1	1	4		3																	
十六歳	2			1					1				1									
十七歳	5												1									
十八歳	7		1		1				1						1						1	
十九歳	6		1						1													
二十歳	6		3		1												1					
二十一歳	2		2														1					
二十二歳	1		2														1				1	
二十三歳	2		1		1																1	
二十四歳	2				1				1												1	
二十五歳	2		1										3									
二十六歳																	1					
二十七歳	3		1		1						1											
二十八歳	2																					
二十九歳	1		2						1				2									
三十歳							1															
三十一歳	1												1									
三十二歳	3																					
三十三歳					1												1					
三十四歳	1																					
三十五歳	1												1									
三十六歳	1																					
三十七歳																			1			
三十八歳																						
三十九歳																						
四十歳																	1					
四十一歳																						
四十二歳	1																					
四十三歳																						
四十四歳																						
四十五歳																						
四十六歳																						
四十七歳																						
四十八歳			1																			
四十九歳																						
五十歳																						
五十一歳																						
五十二歳																						
五十三歳																						
五十四歳																						
五十五歳																						
五十六歳																						
五十七歳																						
五十八歳																						
五十九歳																						
六十歳以上																						
年齢不詳																						
合計	53	1	19	1	11		1		5		1		9		1		6		1		4	

116 自動車部分品及付属品製造業

年齢 ＼ 職業	板金工, ブリキ職		金属プレス工, 打抜工		ドラム罐, ブリキ罐製造工		ガス熔接工		電気熔接工		其ノ他ノ熔接工		パイプ工(造船所, 銅工ヲ含ム)		機械製鋲工		バネ工		其ノ他ノ機械器具製作作業者		手仕上工	
	男	女	男	女	男	女	男	女	男	女	男	女	男	女	男	女	男	女	男	女	男	女
十二歳以下			1																1		1	
十三歳			1																1			
十四歳			1	1					1								1				2	
十五歳	1		2																3	1		
十六歳			3						2										2		3	
十七歳	3		6								1		1						5		5	
十八歳	7		6				1		1										3		4	
十九歳	1		6				1		1										1		4	
二十歳			4						1										1			
二十一歳	2		4						2						2				2		3	
二十二歳	2		5												1				3		2	
二十三歳	1		10				1														7	
二十四歳	2						1												4		3	
二十五歳	1		3						1								1		2			
二十六歳			4						1												1	
二十七歳	1		3																3			
二十八歳	2		2				1												1		5	
二十九歳	2		3				3														5	
三十歳			2																1		2	
三十一歳			2				1												1			
三十二歳	1		3				1												1			
三十三歳	1						1												3		1	
三十四歳					1												1				1	
三十五歳			1																1		1	
三十六歳											1								1			
三十七歳	1																		1		2	
三十八歳																					1	
三十九歳			2																1		1	
四十歳			2																1		3	
四十一歳	1		2																			
四十二歳	1																		1		1	
四十三歳																						
四十四歳																					1	
四十五歳																			1			
四十六歳																						
四十七歳																						
四十八歳			1																			
四十九歳																						
五十歳																						
五十一歳																						
五十二歳																						
五十三歳																						
五十四歳																						
五十五歳																						
五十六歳																						
五十七歳																						
五十八歳																						
五十九歳																						
六十歳以上									1													
年齢不詳																						
合計	30		79	1	1		11		11		2		1		3		3		45	1	59	

116 自動車部分品及付属品製造業

年齢＼職業・男女	機械器具部品仕上組立工 男	機械器具部品仕上組立工 女	機械器具総組立工 男	機械器具総組立工 女	自動車組立工, 修繕工 男	自動車組立工, 修繕工 女	工具保全工 男	工具保全工 女	ゴム加工成型工(旋盤ニ依ルモノヲ除ク) 男	ゴム加工成型工(旋盤ニ依ルモノヲ除ク) 女	ガラス加工工, 細工工 男	ガラス加工工, 細工工 女	ミシン工 男	ミシン工 女	調木工, 木羽割職 男	調木工, 木羽割職 女	木工 男	木工 女	塗装工 男	塗装工 女	メツキ工(皮膜防錆工ヲ含ム) 男	メツキ工(皮膜防錆工ヲ含ム) 女
十二歳以下																						
十三歳					1																	
十四歳					2																	
十五歳	1				1		1															
十六歳					6																	
十七歳	2				2														1			
十八歳	1				4				1												1	
十九歳	1																					
二十歳	2				4																	
二十一歳	1		1		9														2			
二十二歳	1																					
二十三歳					2																	1
二十四歳					2										1				1			
二十五歳					1														1			
二十六歳					4								1									
二十七歳					2																	
二十八歳					2												1					
二十九歳	1				1																	
三十歳					1																	
三十一歳	1																					
三十二歳					3																	
三十三歳					1																	
三十四歳																						
三十五歳					1						1											
三十六歳																						
三十七歳																						
三十八歳																					1	
三十九歳	1																					
四十歳																						
四十一歳																						
四十二歳																						
四十三歳																			1			
四十四歳																						
四十五歳																						
四十六歳																						
四十七歳																			1			
四十八歳																						
四十九歳																						
五十歳																						
五十一歳																						
五十二歳																						
五十三歳																						
五十四歳																						
五十五歳																						
五十六歳																						
五十七歳																						
五十八歳																						
五十九歳																						
六十歳以上																						
年齢不詳																						
合計	12		1		49		1		1		1		1		1		1		7		2	1

職業 / 男女 / 年齢	116 自動車部分品及付属品製造業 パフ磨工 男	パフ磨工 女	機械器具検査工, 男	機械器具検査工, 女	選別工, 検査工 男	選別工, 検査工 女	自動車運転手 男	自動車運転手 女	鍛夫, 仲仕, 鋼索夫, 運搬夫, 配達夫 男	鍛夫, 仲仕, 鋼索夫, 運搬夫, 配達夫 女	店員, 売子, 注文取, 集金人 男	店員, 売子, 注文取, 集金人 女	包装掛, 壜詰工, 樽詰工 男	包装掛, 壜詰工, 樽詰工 女	小使, 給仕, 雑役者 男	小使, 給仕, 雑役者 女	見習工, 徒弟工 (他ニ分類セラレザルモノ) 男	見習工, 徒弟工 (他ニ分類セラレザルモノ) 女	其ノ他ノ作業者 男	其ノ他ノ作業者 女	117 自転車製造業 総数 男	総数 女
十二歳以下															1		4	1			8	3
十三歳															2	1	8				28	5
十四歳															1	1	11	1	1		37	5
十五歳															2		1				45	1
十六歳									1						3		5				49	8
十七歳							1		1						1	1	11	1	1		42	3
十八歳													1		4		4	1	2		47	4
十九歳				1											3		4				59	
二十歳							1								2		3				48	
二十一歳							1								2		3				48	
二十二歳																1			1		32	
二十三歳					1						1				1	1					46	1
二十四歳															1		2				37	
二十五歳																	1		1		61	1
二十六歳							1								1						50	1
二十七歳											1				1						41	2
二十八歳																					35	
二十九歳															2						39	2
三十歳			1																		34	2
三十一歳											1				1		1				33	
三十二歳							1								1						33	1
三十三歳															1						32	
三十四歳									1												14	
三十五歳															2						23	
三十六歳																					11	1
三十七歳																			1		13	2
三十八歳							1		1						1						8	2
三十九歳																					11	
四十歳																					9	1
四十一歳																					18	
四十二歳															1						8	
四十三歳	1																				4	1
四十四歳																					7	
四十五歳																					6	
四十六歳																					2	
四十七歳																					3	
四十八歳																					4	
四十九歳																					4	
五十歳																					2	
五十一歳																					3	
五十二歳															1						2	
五十三歳																					2	
五十四歳																					2	
五十五歳																						
五十六歳																						
五十七歳																						
五十八歳																						
五十九歳																						
六十歳以上																					3	
年齢不詳																						
合計	1		1	1	1		6		4		3		1		35	5	66	4	7		1023	46

年齢＼職業＼男女	117自転車製造業																					
	経営者		一般事務者		販売仕入係事務者		機械技術者		電気技術者		製銑工(電気炉ニ依ルモノ)		非鉄金属製錬工(電気炉ニ依ルモノ)		其ノ他ノ金属製錬作業者		金属加熱炉工		金属板圧延伸張工		金属製管工	
	男	女	男	女	男	女	男	女	男	女	男	女	男	女	男	女	男	女	男	女	男	女
十二歳以下																						
十三歳																						
十四歳			/																			
十五歳																						
十六歳																	/					
十七歳																	/					
十八歳											/											
十九歳																			/			
二十歳																						
二十一歳																						
二十二歳																	/					
二十三歳																						
二十四歳									/										/			
二十五歳			/																/			
二十六歳			2																		/	
二十七歳																	/					
二十八歳													/									
二十九歳																						
三十歳																						
三十一歳			/												/							
三十二歳																						
三十三歳							/															
三十四歳	/																					
三十五歳																						
三十六歳																						
三十七歳																						
三十八歳				/																		
三十九歳																						
四十歳																	/					
四十一歳					/																/	
四十二歳					/																	
四十三歳																	/					
四十四歳	/																					
四十五歳																						
四十六歳																						
四十七歳																						
四十八歳																						
四十九歳																			/			
五十歳			/																			
五十一歳																						
五十二歳																						
五十三歳																						
五十四歳																						
五十五歳																						
五十六歳																						
五十七歳																						
五十八歳																						
五十九歳																						
六十歳以上																					/	
年齢不詳																						
合計	2		6	/	2		/		/		/		/		/		6		4		3	

117 自転車製造業

職業 / 年齢	金属小物圧延伸張工		金属疵取工		金属切断工		鍛冶職, 刃物職		機械火造工		金属熔融工		鋳物砂型工		鋳造工		特殊鋳物工		其ノ他ノ金属材料ノ製造加工作業者		ケガキ工	
	男	女	男	女	男	女	男	女	男	女	男	女	男	女	男	女	男	女	男	女	男	女
十二歳以下																						
十三歳																			2			
十四歳																			4			
十五歳									1										2			
十六歳							1												3	2		
十七歳											1								4			
十八歳					1														1			
十九歳					1		2										1		1			
二十歳									2						1				2			
二十一歳			1						5						1							
二十二歳					1				1										1			
二十三歳									1				1		1				3			
二十四歳									1						1				1			
二十五歳					2		1		2													
二十六歳					1		1						1		2				3			
二十七歳									2						1					1	1	
二十八歳					2				1				1		3				2			
二十九歳	1						1		1								1		1			
三十歳	2																		2	1		
三十一歳							1		1										2			
三十二歳																			4			
三十三歳									1										2			
三十四歳															1							
三十五歳							1		1										1			
三十六歳									1										3			
三十七歳											1			1					2			
三十八歳							1												1	1		
三十九歳																						
四十歳					1										1				1			
四十一歳							1															
四十二歳									1													
四十三歳									1													
四十四歳																						
四十五歳																						
四十六歳																						
四十七歳																						
四十八歳																						
四十九歳																			1			
五十歳																						
五十一歳																						
五十二歳																						
五十三歳																						
五十四歳																						
五十五歳																						
五十六歳																						
五十七歳																						
五十八歳																						
五十九歳																						
六十歳以上																			1			
年齢不詳																						
合計	3		1		9		10		23		2		3	1	12		2		50	5	1	

117 自転車製造業

産業 職業 男女 年齢	旋盤工(金属ニ加工スルモノ)		旋盤工(木材以外ノ非金属ニ加工スルモノ)		タレット工		卓上旋盤工, 小型機械工		ボール盤工		平削盤工, 形削盤工, 竪削盤工		プライス盤工		歯切盤工		研磨盤工, ラップ盤工		鋲打工		板金工, ブリキ職	
	男	女	男	女	男	女	男	女	男	女	男	女	男	女	男	女	男	女	男	女	男	女
十二歳以下	2																					
十三歳	4								1				1		1						1	
十四歳	11				1								1				1					
十五歳	10								1								1					
十六歳	18		2		2	2			1								1					
十七歳	13				2		1		1													
十八歳	13		1		1														1		1	
十九歳	19		2		1												1					
二十歳	14		2		2				2													
二十一歳	7				2		1															
二十二歳	6				1		1		2								1		1			
二十三歳	10				1		1															
二十四歳	4																1					
二十五歳	9																					
二十六歳	8		1								1				1							
二十七歳	5				2				2													
二十八歳	1								1								1				1	
二十九歳	4								1													
三十歳	5		1														2					
三十一歳	1								3				1									
三十二歳	1								1								1					
三十三歳			1														2					
三十四歳	1																					
三十五歳	2										1											
三十六歳											1				1							
三十七歳	2																					
三十八歳	1																					
三十九歳	2																1					
四十歳																						
四十一歳																					1	
四十二歳									1													
四十三歳																						
四十四歳	1																					
四十五歳	1																				1	
四十六歳																						
四十七歳																						
四十八歳	1																					
四十九歳																						
五十歳																						
五十一歳																	1					
五十二歳																						
五十三歳																						
五十四歳																						
五十五歳																						
五十六歳																						
五十七歳																						
五十八歳																						
五十九歳																						
六十歳以上																						
年齢不詳																						
合計	176		10		15	2	4		17		3		3		3		14		2		5	

117 自転車製造業

年齢	金属プレス工, 打抜工 男	金属プレス工, 打抜工 女	ガス熔接工 男	ガス熔接工 女	電気熔接工 男	電気熔接工 女	其ノ他ノ熔接工 男	其ノ他ノ熔接工 女	パイプ工(遠心鑄, 鋼工ヲ含ム) 男	パイプ工(遠心鑄, 鋼工ヲ含ム) 女	金属彫刻工 男	金属彫刻工 女	針金細工工 男	針金細工工 女	巻線工 男	巻線工 女	機械製鋲工 男	機械製鋲工 女	バネ工 男	バネ工 女	綱具工, 索具工 男	綱具工, 索具工 女
十二歳以下																						
十三歳	1																1					
十四歳			1																			
十五歳	2																1					
十六歳		1	1												1						1	
十七歳	2	1							1													
十八歳	4																					
十九歳	2		2								1											
二十歳	4																					
二十一歳	9		1						1													
二十二歳	2		1																			
二十三歳	1		3				1										1					
二十四歳	2		1										1									
二十五歳	3		3	1			1		2													
二十六歳	4		3						1								1					
二十七歳	3		3				1										1					
二十八歳	4		2						1								1		1			
二十九歳	5		1																			
三十歳	2		1						1													
三十一歳	4		2				1															
三十二歳	4				2																	
三十三歳	2		4						1													
三十四歳	2		2						1													
三十五歳	1		2																			
三十六歳	1																					
三十七歳	1		1										1									
三十八歳	2																					
三十九歳	2		3																			
四十歳	1		1																			
四十一歳	2		1																			
四十二歳	2		1																			
四十三歳																						
四十四歳			1																			
四十五歳	1																					
四十六歳																						
四十七歳			1																			
四十八歳																						
四十九歳	1																					
五十歳	1																					
五十一歳	1																					
五十二歳																						
五十三歳																						
五十四歳																						
五十五歳																						
五十六歳																						
五十七歳																						
五十八歳																						
五十九歳																						
六十歳以上	1																					
年齢不詳																						
合計	79	2	42	1	2		4		9		1		2		1		6		1		1	

年齢＼職業・男女	117自転車製造業																					
	其ノ他ノ機械器具製作作業者		手仕上工		機械器具部品仕上組立工		機械器具総組立工		機械器具装置工、修理工、保全工		工具保全工		ゴム精練工		ゴム加工成型工（塗装ニ依ルモノヲ除ク）		セルロイド成型工、加工工		ミシン工		其ノ他ノ印刷、紙製品製造作業者	
	男	女	男	女	男	女	男	女	男	女	男	女	男	女	男	女	男	女	男	女	男	女
十二歳以下		1							1													1
十三歳	3								2			1				1						
十四歳	3	1	2			1			1													
十五歳	2								6				1									
十六歳	2		1						7									1				
十七歳	1		2		1				4													
十八歳	5								8		1							1			1	
十九歳	2		2		1				7						1		1					
二十歳			1				1		4													
二十一歳	3		1				1		11								1					
二十二歳	1		1		1				6													
二十三歳	2		3		1				7	1							1					
二十四歳	2		4				2		5													
二十五歳	4				1				4						1		1					
二十六歳	3				1		1		4										1			
二十七歳	2		3						4								1					
二十八歳	4		2						2													
二十九歳	1		4		2				9													
三十歳	1		2	1	1				5								3					
三十一歳	1		4						6													
三十二歳	2		2				1		10													
三十三歳	1		1		3				6													
三十四歳			1						3													
三十五歳	2								4													
三十六歳									3													
三十七歳					1				1	1												
三十八歳																						
三十九歳			2						1													
四十歳	1		1																	1		
四十一歳			2		1				4													
四十二歳													1									
四十三歳			1						1	1												
四十四歳					1				1													
四十五歳			1						1													
四十六歳									2													
四十七歳																						
四十八歳									1													
四十九歳									1													
五十歳																						
五十一歳																						
五十二歳	1																1					
五十三歳									1													
五十四歳					1				1													
五十五歳																						
五十六歳																						
五十七歳																						
五十八歳																						
五十九歳																						
六十歳以上																						
年齢不詳																						
合計	49	2	42	1	16	1	6		144	3	1	1	2		2	1	9	2	1	1	1	1

産業 職業 男女 年齢	117自転車製造業																					
	革選定工, 截断工		革縫工		其ノ他ノ皮革製品製造工		木工		其ノ他ノ製品ノ製造作業者		鉄筋工, 鉄網工		塗装工		メツキ工(皮膜防錆工ヲ含ム)		金属酸洗工, 洗滌工		パフ磨工		機械器具部品検査工	
	男	女	男	女	男	女	男	女	男	女	男	女	男	女	男	女	男	女	男	女	男	女
十二歳以下						/			/													
十三歳																		/				
十四歳				/																		
十五歳													/									/
十六歳															/							
十七歳																						
十八歳													/		/							
十九歳									/										/			
二十歳											/								2			
二十一歳																						
二十二歳																			/			
二十三歳							/						/		/				2			
二十四歳													2						3			
二十五歳																			/			
二十六歳													/		2				2			
二十七歳													2		/							
二十八歳													2						2			
二十九歳													3		/				/			
三十歳															2				/			
三十一歳															2				/			
三十二歳	/																			/		
三十三歳													2		3				/			
三十四歳																			2			
三十五歳			/												3							
三十六歳																						
三十七歳																			/			
三十八歳																			/			
三十九歳																						
四十歳													/									
四十一歳					/								/									
四十二歳																						
四十三歳																						
四十四歳																						
四十五歳																						
四十六歳																						
四十七歳															/				/			
四十八歳															/							
四十九歳																						
五十歳																						
五十一歳																						
五十二歳																						
五十三歳																						
五十四歳																						
五十五歳																						
五十六歳																						
五十七歳																						
五十八歳																						
五十九歳																						
六十歳以上																						
年齢不詳																						
合計	/		/	/	/	/	/		2		/		17		19			/	23	/		/

職業 / 男女 / 年齢	117 自転車製造業 選別工,検査工 男	選別工,検査工 女	荷扱夫,仲仕,倉庫夫,運搬夫,配達夫 男	荷扱夫,仲仕,倉庫夫,運搬夫,配達夫 女	物品売買業者,仲買人 男	物品売買業者,仲買人 女	店員,売子,注文取,集金人 男	店員,売子,注文取,集金人 女	汽罐士 男	汽罐士 女	包装掛,壜詰工,樽詰工 男	包装掛,壜詰工,樽詰工 女	荷造工 男	荷造工 女	小使,給仕,雑役者 男	小使,給仕,雑役者 女	見習工,養成工(他ニ分類セラレザルモノ) 男	見習工,養成工(他ニ分類セラレザルモノ) 女	其ノ他ノ作業者 男	其ノ他ノ作業者 女	118 其ノ他ノ車両製造業 総数 男	118 其ノ他ノ車両製造業 総数 女
十二歳以下															1		3				4	
十三歳							1								2	2	8				2	1
十四歳							2								2	1	6	1	1		9	1
十五歳			1				2								3		11				10	
十六歳																1	6			1	10	
十七歳	1		2				1										3		1	2	4	
十八歳							2								1	3	3				9	
十九歳							1										7		1		6	
二十歳															7		3				9	
二十一歳							1				1				1						6	
二十二歳							1								2						5	
二十三歳															3						5	
二十四歳							1								4						4	
二十五歳							1								1		2				1	
二十六歳							1								2		1			1	4	
二十七歳					1			1					1		4						3	
二十八歳																					4	
二十九歳													1		1	2					4	
三十歳					1		1								1						5	
三十一歳															1						4	
三十二歳			1		1										2							
三十三歳															1						6	
三十四歳																					3	
三十五歳					1		1								1		1				1	
三十六歳			1													1					2	
三十七歳			1												1							
三十八歳					1										1						1	
三十九歳																					1	
四十歳																						
四十一歳			1												1							
四十二歳							1														2	
四十三歳																					1	
四十四歳									1										1		1	
四十五歳															1							
四十六歳																					1	
四十七歳																						
四十八歳															1							
四十九歳																					2	
五十歳																						
五十一歳																						
五十二歳															1						1	
五十三歳															1							
五十四歳																						
五十五歳																					1	
五十六歳																						
五十七歳																						
五十八歳																						
五十九歳																						
六十歳以上																						
年齢不詳																						
合計	1		7		5		17	1	1		1		2		47	10	54	1	4	4	131	2

産業 / 職業 / 男女 / 年齢	118其ノ他ノ車両製造業																					
	一般事務者		金属加熱炉工		鍛冶職, 刃物職		機械火造工		熱処理工		鋳造工		其ノ他ノ金属材料ノ製造加工作業者		旋盤工(金属ヲ加工スルモノ)		ボール盤工		捲鉄工		板金鋲打工	
	男	女	男	女	男	女	男	女	男	女	男	女	男	女	男	女	男	女	男	女	男	女
十三歳以下					1																	
十四歳														1	2							
十五歳			1										1		1							
十六歳													1		2							
十七歳																						
十八歳																						
十九歳															1							
二十歳							1						1		3							
二十一歳											1											
二十二歳					1																	
二十三歳															2							
二十四歳					1																	
二十五歳															1							
二十六歳													1						1			
二十七歳															2							
二十八歳																						
二十九歳					1																	
三十歳	1																					
三十一歳																						
三十二歳																						
三十三歳					1										1							
三十四歳																					1	
三十五歳																	1					
三十六歳																						
三十七歳																						
三十八歳																						
三十九歳																						
四十歳																						
四十一歳																						
四十二歳																						
四十三歳																						
四十四歳																						
四十五歳																						
四十六歳									1													
四十七歳																						
四十八歳																						
四十九歳															1							
五十歳																						
五十一歳																						
五十二歳																						
五十三歳																						
五十四歳																						
五十五歳																						
五十六歳																						
五十七歳																						
五十八歳																						
五十九歳																						
六十歳以上																						
年齢不詳																						
合計	1		1		5		1		1		1		4	1	16		1		1		1	

118 其ノ他ノ車両製造業

年齢＼職業・男女	板金工, ブリキ職		金属プレス工, 打抜工		ガス熔接工		電気熔接工		パイプ工(造船所ノ銅工ヲ含ム)		其ノ他ノ機械器具製作作業者		手仕上工		機械器具総組立工		機械器具装置工, 修繕工, 保全工		ミシン工		其ノ他ノ皮革製品製造工	
	男	女	男	女	男	女	男	女	男	女	男	女	男	女	男	女	男	女	男	女	男	女
十二歳以下					1																	
十三歳																						
十四歳					1																	
十五歳																						
十六歳									1				1									
十七歳													1				1					
十八歳													2				1					
十九歳					2										1		1					
二十歳													1		1							
二十一歳	1				1		1		1													
二十二歳					1		1														1	
二十三歳			1										1									
二十四歳					2																	
二十五歳																						
二十六歳													1									
二十七歳					1																	
二十八歳													1									
二十九歳							1										1					
三十歳													1				1					
三十一歳													1									
三十二歳																						
三十三歳					1								1									
三十四歳																						
三十五歳																						
三十六歳											1											
三十七歳																						
三十八歳																						
三十九歳																	1					
四十歳																						
四十一歳																						
四十二歳																	1					
四十三歳																						
四十四歳																			1			
四十五歳																						
四十六歳																						
四十七歳																						
四十八歳																						
四十九歳																						
五十歳																						
五十一歳																						
五十二歳																						
五十三歳																						
五十四歳																						
五十五歳																						
五十六歳																						
五十七歳																						
五十八歳																						
五十九歳																						
六十歳以上																						
年齢不詳																						
合計	1		1		10		3		2		1		11		2		7		1		1	

年齢＼職業＼男女	118其ノ他ノ車両製造業																					
	製材工		調木工, 木羽割職		木工		舟大工, 車大工		其ノ他ノ木, 竹, 草, 蔓類製品ノ製造作業者		パフ磨工		自動車運転手		物品売買業者, 仲買人		店員, 売子, 注文取, 集金人		火夫, 油差		小使, 給仕, 雑役者	
	男	女	男	女	男	女	男	女	男	女	男	女	男	女	男	女	男	女	男	女	男	女
十二歳以下					1												1					
十三歳					1		1															1
十四歳																					1	
十五歳																					1	
十六歳																						
十七歳					1																	
十八歳					1												1					
十九歳									1													
二十歳					2																	
二十一歳																					1	
二十二歳							1															
二十三歳							1															
二十四歳							1															
二十五歳																						
二十六歳																					1	
二十七歳																						
二十八歳	1										1										1	
二十九歳																					1	
三十歳			1		1																	
三十一歳									2				1									
三十二歳																						
三十三歳					1		1															
三十四歳							2															
三十五歳																						
三十六歳							1															
三十七歳																						
三十八歳									1													
三十九歳																						
四十歳																						
四十一歳																						
四十二歳							1															
四十三歳															1							
四十四歳																						
四十五歳																						
四十六歳																						
四十七歳																						
四十八歳																						
四十九歳																			1			
五十歳																						
五十一歳																						
五十二歳																					1	
五十三歳																						
五十四歳																						
五十五歳							1															
五十六歳																						
五十七歳																						
五十八歳																						
五十九歳																						
六十歳以上																						
年齢不詳																						
合計	1		1		8		10		4		1		1		1		2		1		7	1

年齢 \ 職業 \ 男女	118其ノ他ノ車両製造業 見習工 養成工(他ニ分類セラレザルモノ)		119鋼船製造業 総数		経営者		一般事務者		簿記係事務者		機械技術者		造船技術者		土木技術者		電気技術者		伐木夫,造材夫		熔接工,焼結工,団鉱工	
	男	女	男	女	男	女	男	女	男	女	男	女	男	女	男	女	男	女	男	女	男	女
十二歳以下			3																			
十三歳			10																			
十四歳	5		41	1																		
十五歳	6		63																			
十六歳	5		82	2			1															
十七歳	1		99	1									1									
十八歳	4		114	2							1		1									
十九歳			121	2			1	1	1													
二十歳			113										1						1			
二十一歳			89								2											
二十二歳			125																			
二十三歳			104				1				1											
二十四歳			104																			
二十五歳			112																			
二十六歳			108										1									
二十七歳			98				1				2						1					
二十八歳			95																			
二十九歳			106																			
三十歳			90																		2	
三十一歳			94								1						1					
三十二歳			85														1					
三十三歳			64										1									
三十四歳			66				1								1						1	
三十五歳			46																			
三十六歳			46																			
三十七歳			34																			
三十八歳			46																			
三十九歳			37		1																	
四十歳			46		1																	
四十一歳			20																			
四十二歳			26																			
四十三歳			33								1		1									
四十四歳			18																			
四十五歳			17																			
四十六歳			12																			
四十七歳			12																			
四十八歳			12																			
四十九歳			14																			
五十歳			13																			
五十一歳			10																			
五十二歳			8																			
五十三歳			7																			
五十四歳			8																			
五十五歳			3																			
五十六歳			3																			
五十七歳			1																			
五十八歳																						
五十九歳			2																			
六十歳以上			5																			
年齢不詳																						
合計	21		2465	8	2		5	1	1		8		6		1		3		1		3	

年齢 \ 男女 \ 職業 \ 産業	119鋼船製造業																					
	製銑工(溶鉱炉其ノ他ニ依ルモノ)		製鋼工(電気炉ニ依ルモノ)		製鋼工(平炉其ノ他ニ依ルモノ)		非鉄金属製錬工(電気炉ニ依ルモノ)		非鉄金属製錬工(電解ニ依ルモノ)		造塊工		其ノ他ノ金属製錬作業者		造船, 航空機製図工		機械製図工		写図工, 青写真工		造船現図工	
	男	女	男	女	男	女	男	女	男	女	男	女	男	女	男	女	男	女	男	女	男	女
十二歳以下																						
十三歳																						
十四歳																			1			
十五歳																					1	
十六歳	1																1					
十七歳															1						1	
十八歳																						
十九歳					1										1							
二十歳															2		1					
二十一歳																					2	
二十二歳					1										1						1	
二十三歳															3							
二十四歳													1									
二十五歳									1												1	
二十六歳																						
二十七歳	1																					
二十八歳	2				1																	
二十九歳											1											
三十歳																						
三十一歳																						
三十二歳																					1	
三十三歳													1									
三十四歳			1																			
三十五歳																						
三十六歳													1									
三十七歳							1															
三十八歳																						
三十九歳																						
四十歳																						
四十一歳					1																	
四十二歳																						
四十三歳																						
四十四歳																						
四十五歳																						
四十六歳																						
四十七歳																						
四十八歳																						
四十九歳																						
五十歳																						
五十一歳					1																	
五十二歳																						
五十三歳																						
五十四歳																						
五十五歳																						
五十六歳																						
五十七歳																						
五十八歳																						
五十九歳																						
六十歳以上																						
年齢不詳																						
合計	4		1		5		1		1		1		3		8		2		1		7	

119 鋼船製造業

年齢 ＼ 職業 ＼ 男女	其ノ他ノ現図工		金属加熱炉工		金属板圧延伸張工		金属棒,条圧延伸張工		金属製管工		金属小物圧延伸張工		金属切断工		鍛冶職,刃物職		機械火造工		熱処理工		金属熔融工	
	男	女	男	女	男	女	男	女	男	女	男	女	男	女	男	女	男	女	男	女	男	女
十二歳以下																						
十三歳																						
十四歳															1							
十五歳															3		1					
十六歳															3						1	
十七歳	1								1				1		1		2					
十八歳															2		3				1	
十九歳									1						3		3					
二十歳															2		5					
二十一歳					1										1		1		1			
二十二歳					1				1				1		3		3					
二十三歳									1								3					
二十四歳															4		4					
二十五歳															4		5					
二十六歳			1		1								2		3		5					
二十七歳															2		4					
二十八歳															5		5				1	
二十九歳							1						1		1		2					
三十歳					1						1				3		5					
三十一歳					1										3		3					
三十二歳													1		2		1					
三十三歳															2		2					
三十四歳									1						3		2				1	
三十五歳													2		1							
三十六歳					1										1							
三十七歳																					1	
三十八歳					1										1		1					
三十九歳																						
四十歳					2						1				1		1		1			
四十一歳															1							
四十二歳																	1					
四十三歳															2							
四十四歳																						
四十五歳																						
四十六歳															1		1					
四十七歳															2							
四十八歳															1		1					
四十九歳			1																			
五十歳																						
五十一歳																						
五十二歳																						
五十三歳															1							
五十四歳																						
五十五歳															2							
五十六歳																						
五十七歳																						
五十八歳																						
五十九歳																						
六十歳以上																						
年齢不詳																						
合計	1		2		9		1		5		2		8		65		64		2		5	

年齢＼職業・男女	鋳物木型工		鋳物砂型工		中子工		鋳造工		特殊鋳物工		其ノ他ノ金属材料ノ製造加工作業者		ケガキ工		旋盤工(金属ニ加工スルモノ)		旋盤工(木材以外ノ非金属ニ加工スルモノ)		卓上旋盤工,小型機械工		中グリ盤工	
	男	女	男	女	男	女	男	女	男	女	男	女	男	女	男	女	男	女	男	女	男	女
十二歳以下																						
十三歳																						
十四歳							1				1				3							
十五歳													1		5							
十六歳							2						1		5				1			
十七歳			1				2				2				6							
十八歳							2								9		1					
十九歳			1				1				1				4		1		1			
二十歳					1		2				1				7		2					
二十一歳							2				2		1									
二十二歳			2				8								4				1			
二十三歳							1				2				3							
二十四歳							2				4											
二十五歳			1				2				2		1		3						1	
二十六歳			1				2				2				2							
二十七歳	1										2				3						1	
二十八歳							2				3											
二十九歳											1				2						1	
三十歳							2				1				1							
三十一歳							3				1											
三十二歳			1				2				2		1		1							
三十三歳											1											
三十四歳			1										1		2		1					
三十五歳									1		1				1							
三十六歳			1				2															
三十七歳																						
三十八歳																						
三十九歳																						
四十歳							3								1							
四十一歳																						
四十二歳							1															
四十三歳																						
四十四歳											1											
四十五歳																						
四十六歳																						
四十七歳																						
四十八歳																						
四十九歳																						
五十歳							1															
五十一歳																						
五十二歳																						
五十三歳																						
五十四歳							1															
五十五歳																						
五十六歳																						
五十七歳																						
五十八歳																						
五十九歳																						
六十歳以上							1															
年齢不詳																						
合計	1		9		1		45		1		30		6		62		5		3		3	

年齢＼職業＼男女	19鋼船製造業 撓鉄工																							
	ボール盤工		平削盤工,形削盤工,竪削盤工		プライス盤工		歯切盤工		研磨盤工,ラツプ盤工		鉄木工(船台大工ヲ含ム)		撓鉄工		填隙工		鋲打工		板金鋲打工		板金工,ブリキ職	
	男	女	男	女	男	女	男	女	男	女	男	女	男	女	男	女	男	女	男	女	男	女
十二歳以下	1																					
十三歳																	1					
十四歳	3										2		1		1		1		1			
十五歳	3										1						2		1			
十六歳	3		2								1				2		6				2	
十七歳	6										3		3				2					
十八歳	3		1			1					3		4		2		4					
十九歳	5										2		6		1		6				1	
二十歳	4										8		6				3		1		1	
二十一歳	3				1						5		5		1		1		2			
二十二歳	4										6		3		1		5				1	
二十三歳	3										1		7		3		4					
二十四歳	5						1				4		4				9				1	
二十五歳	1		1								3		6		2		6		1		1	
二十六歳	3								1		5		2				3					
二十七歳											5		6		1		6				1	
二十八歳	4										5		10				6					
二十九歳	3										4		5		3		4				3	
三十歳	4										9		4				1		1		1	
三十一歳	2										9		9		2		2				1	
三十二歳	3										6		6				3					
三十三歳	1										2		2		1						1	
三十四歳											3		1				1		1			
三十五歳	1										3		5				1					
三十六歳	1										3		1									
三十七歳	2												3		1		1					
三十八歳																	2				1	
三十九歳											2		1				1					
四十歳	1												3									
四十一歳																					1	
四十二歳											1		1		1							
四十三歳											3											
四十四歳											2						1					
四十五歳											1		1									
四十六歳											1											
四十七歳																						
四十八歳													1									
四十九歳											1											
五十歳																						
五十一歳													1									
五十二歳																						
五十三歳																						
五十四歳											2											
五十五歳																						
五十六歳																						
五十七歳																						
五十八歳																						
五十九歳																						
六十歳以上																	1					
年齢不詳																						
合計	69		4		1	1	1		1		106		107		22		83		8		10	

産業 / 職業 / 男女 / 年齢	119 鋼船製造業																					
	金属プレス工, 打抜工		ドラム罐, ブリキ罐製造工		ガス熔接工		電気熔接工		其ノ他ノ熔接工		鐵付工		パイプ工(造船所ノ銅工ヲ含ム)		鉛管工, 鉛工		金属彫刻工		電線被装工		電球, 放電管製造工	
	男	女	男	女	男	女	男	女	男	女	男	女	男	女	男	女	男	女	男	女	男	女
十二歳以下																						
十三歳																						
十四歳					2												1					
十五歳					2								2									
十六歳					4		2		1				3									
十七歳	1				2		4		1													
十八歳					2						1		2									
十九歳					2		5		1				4		1							
二十歳	1		1		3		2						2		1							
二十一歳					2		2						3									
二十二歳	1				3		4						4									
二十三歳					4						1		2									
二十四歳					3		3															
二十五歳					1								4									
二十六歳	1				3		1								1							
二十七歳					1		1		1				1									
二十八歳	1				1								4									
二十九歳					3		3						1		2							
三十歳			1		2								1									
三十一歳							1						1									
三十二歳					1								1								1	
三十三歳					1		2						1									
三十四歳					3																	
三十五歳	1				2		1															
三十六歳							1															
三十七歳													1									
三十八歳													1						1			
三十九歳					1																	
四十歳																						
四十一歳															1							
四十二歳					1								1									
四十三歳																						
四十四歳																						
四十五歳	3																					
四十六歳																						
四十七歳																						
四十八歳																						
四十九歳																						
五十歳																						
五十一歳																						
五十二歳																						
五十三歳																						
五十四歳																						
五十五歳																						
五十六歳																						
五十七歳																						
五十八歳																						
五十九歳																						
六十歳以上					1																	
年齢不詳																						
合計	9		2		50		32		4		2		39		6		1		1		1	

119 鋼船製造業

年齢 ＼ 職業 ＼ 男女	真空管, X線製造工		機械製鋲工		網具工, 索具工		其ノ他ノ機械器具製作作業者		手仕上工		機械器具部品仕上組立工		機械器具総組立工		計器組立工		航空機艤装工		造船艤装工		自動車組立工, 修繕工	
	男	女	男	女	男	女	男	女	男	女	男	女	男	女	男	女	男	女	男	女	男	女
十二歳以下																						
十三歳																						
十四歳	1								1		1											
十五歳									2		1		1						1		1	
十六歳							1		5		1								3			
十七歳							2		1		2		1						2			
十八歳							3		7								1		2			
十九歳							1		7		1		1						2			
二十歳							2		2		2		2						8			
二十一歳							1		2		1								2			
二十二歳							1		1		1		2						4			
二十三歳					1		2		2				2						1			
二十四歳							1		2		1								3			
二十九歳							1		7		1		1						2			
二十六歳							5		2		2		2						1			
二十七歳							3		2		2								1			
二十八歳									4		3								1			
二十九歳							3		7		6		3						1			
三十歳									1		1		1									
三十一歳							2		3		1											
三十二歳									2				1									
三十三歳							1		2		3		2						3			
三十四歳			1						2		1								4			
三十五歳									2													
三十六歳							1						1						2			
三十七歳									2		1											
三十八歳							1								1				3			
三十九歳											1								3			
四十歳																			1			
四十一歳											1								1			
四十二歳													1						1			
四十三歳									2										1			
四十四歳																						
四十五歳									1										1			
四十六歳																						
四十七歳											1											
四十八歳																						
四十九歳									1													
五十歳																						
五十一歳																						
五十二歳																						
五十三歳																						
五十四歳											1											
五十五歳																						
五十六歳																						
五十七歳																						
五十八歳																						
五十九歳																						
六十歳以上																						
年齢不詳																						
合計	1		1		1		31		72		36		21		1		1		54		1	

19鋼船製造業

職業 / 男女 / 年齢	電気機械器具組立工 男	電気機械器具組立工 女	時計組立工,修繕工 男	時計組立工,修繕工 女	機械器具装置工,修繕工,保全工 男	機械器具装置工,修繕工,保全工 女	工具保全工 男	工具保全工 女	石灰炉工 男	石灰炉工 女	塗料工 男	塗料工 女	圧縮ガス工 男	圧縮ガス工 女	其ノ他ノ化学製品ノ製造作業者 男	其ノ他ノ化学製品ノ製造作業者 女	セメント焼成工 男	セメント焼成工 女	特殊ガラス工 男	特殊ガラス工 女	石綿工,保温工 男	石綿工,保温工 女
十二歳以下																						
十三歳																						
十四歳					1																1	
十五歳					3																	
十六歳	1																					
十七歳																						
十八歳					2																	
十九歳					1																	
二十歳					1		1															
二十一歳					1																	
二十二歳	1				3						1		1									
二十三歳											2											
二十四歳					1												1					
二十五歳					2												1					
二十六歳							1															
二十七歳																						
二十八歳																			1			
二十九歳																						
三十歳																						
三十一歳	1				1																	
三十二歳							1															
三十三歳																						
三十四歳					2																	
三十五歳															1							
三十六歳									1													
三十七歳																						
三十八歳																						
三十九歳			1																			
四十歳																						
四十一歳					1																	
四十二歳																						
四十三歳																						
四十四歳																						
四十五歳																						
四十六歳																						
四十七歳					1																	
四十八歳																						
四十九歳																						
五十歳																	1					
五十一歳																						
五十二歳																						
五十三歳																						
五十四歳																						
五十五歳																						
五十六歳																						
五十七歳																						
五十八歳																						
五十九歳																						
六十歳以上																						
年齢不詳																						
合計	3		1		20		3		1		3		1		1		3		1		1	

年齢＼職業＼男女	119鋼船製造業																					
	ミシン工		革鞣工		製材工		木工		舟大工,車大工		左官		コンクリート枠組工・		鉄筋工,鉄網工		コンクリート工		石工		鳶職	
	男	女	男	女	男	女	男	女	男	女	男	女	男	女	男	女	男	女	男	女	男	女
十二歳以下																						
十三歳																						
十四歳									1													
十五歳																						
十六歳			1						1													
十七歳							1															
十八歳									1													
十九歳																					1	
二十歳																						
二十一歳																						
二十二歳																			1			
二十三歳																						
二十四歳																						
二十五歳																						
二十六歳															1							
二十七歳							1										1					
二十八歳									1								2					
二十九歳					1																	
三十歳							1						1									
三十一歳							1						1									
三十二歳					1								1									
三十三歳																	1					
三十四歳																	1					
三十五歳																						
三十六歳																						
三十七歳	1								1													
三十八歳																						
三十九歳																	1					
四十歳																						
四十一歳																						
四十二歳																						
四十三歳																	1					
四十四歳					1																	
四十五歳																						
四十六歳							1															
四十七歳																						
四十八歳																						
四十九歳																						
五十歳											1						1					
五十一歳																						
五十二歳																						
五十三歳																						
五十四歳																						
五十五歳																						
五十六歳																						
五十七歳																						
五十八歳																						
五十九歳																						
六十歳以上																						
年齢不詳																						
合計	1		1		3		5		5		1		3		1		8		1		1	

119 鋼船製造業

年齢＼職業	潜水夫		其ノ他ノ土木建築作業者		発変電工		通信電機装置工		其ノ他ノ電工		塗装工		メツキ工(皮膜防錆工ヲ含ム)		金属酸洗工, 洗滌工		実験工, 試験工, 分析工		船体検査工		機械試運転工	
	男	女	男	女	男	女	男	女	男	女	男	女	男	女	男	女	男	女	男	女	男	女
十二歳以下																						
十三歳			1						1													
十四歳			4								2											
十五歳											4											
十六歳			3								5											
十七歳			7						1		7											
十八歳			16						1		6		1								1	
十九歳			12	1							4						1					
二十歳			5								7											
二十一歳			10						1		6						1					
二十二歳			18								5		1									
二十三歳			13						2		6				1							
二十四歳			17						2		1											
二十五歳			9								10				1							
二十六歳			21						1		7											
二十七歳	1		14		1				3		3		1									
二十八歳			9								6											
二十九歳			15						1		6											
三十歳			13								6										1	
三十一歳			18						1		4											
三十二歳			15								7											
三十三歳			14								3											
三十四歳			15								3											
三十五歳			7								3											
三十六歳			9						1		3		1									
三十七歳			9								2											
三十八歳			12				2				3		1									
三十九歳			9								1											
四十歳			11								2											
四十一歳			4								1		1									
四十二歳			7																			
四十三歳			5								3											
四十四歳			2								1		1									
四十五歳			1								1								1			
四十六歳			1																			
四十七歳			3								1											
四十八歳			1								3											
四十九歳			3																			
五十歳			2																			
五十一歳			2																			
五十二歳			2																			
五十三歳			1																			
五十四歳			2																			
五十五歳																						
五十六歳											1											
五十七歳																						
五十八歳																						
五十九歳			1								1											
六十歳以上			1																			
年齢不詳																						
合計	1		344	1	1		2		15		134		7		2		2		1		2	

119 鋼船製造業

職業 / 年齢	選別工, 検査工		機関士, 運転士, 機関助手（蒸気機関車）		運転手, 助手（電気機関車, 電車, 気動車）		自動車運転手		船舶（総噸数40噸未満ノ船）運転士（船ノ船長及運転士）		船舶（総噸数40噸未満ノ船）機関士（船ノ機関長及機関士）		舵手, 水夫, 舟夫		人力車夫, 馬方, 馭者		荷役夫, 仲仕, 倉庫夫, 運搬夫, 配達夫		物品売買業者, 仲買人		企画手	
男女	男	女	男	女	男	女	男	女	男	女	男	女	男	女	男	女	男	女	男	女	男	女
十二歳以下																						
十三歳																	1					
十四歳																						
十五歳																	6					
十六歳																	2					
十七歳																	9					
十八歳							2										10					
十九歳																	5				1	
二十歳																	6					
二十一歳													1				9					
二十二歳																	9				1	
二十三歳									1				1				12					
二十四歳					1												11				1	
二十五歳					1												13		1			
二十六歳																	10					
二十七歳													1				10					
二十八歳																	10					
二十九歳													1				13					
三十歳																	12					
三十一歳													1				10					
三十二歳																	7					
三十三歳																	11					
三十四歳											1		1				5					
三十五歳																	6					
三十六歳			1														5					
三十七歳			1														5					
三十八歳																	9					
三十九歳																	7					
四十歳																	4					
四十一歳																	3					
四十二歳															1		4					
四十三歳																	9					
四十四歳	1																5					
四十五歳																	1					
四十六歳																	3					
四十七歳																	1					
四十八歳																	2					
四十九歳																	5					
五十歳																	3					
五十一歳																	3					
五十二歳																	3					
五十三歳																	3					
五十四歳																	1					
五十五歳																						
五十六歳																	2					
五十七歳																						
五十八歳																						
五十九歳																						
六十歳以上																						
年齢不詳																						
合計	1		2		2		2		1		1		6		1		263		1		3	

年齢 \ 産業・職業・男女	119 鋼船製造業 守衛,監督 男	守衛,監督 女	原動機(電動機ヲ除ク),巻上機,ポンプ,送付機,空気圧搾機,コンベヤノ運転工 男	女	起重機運転工 男	女	汽罐士 男	女	火夫,油差 男	女	荷造工 男	女	小使,給仕,雑役者 男	女	見習工養成工(他ニ分類セラレザルモノ) 男	女	其ノ他ノ作業者 男	女	120 其ノ他ノ船舶製造業 総数 男	総数 女	其ノ他ノ金属製錬作業者 男	女
十二歳以下													1		1				1			
十三歳													4		2				3			
十四歳													3	1	7				4			
十五歳													6		16				8			
十六歳													10	2	7				4		1	
十七歳													14	1	9		1		11			
十八歳									1				15		1	1	2		6			
十九歳									1		1		19		6		3		6			
二十歳					1								15		2		1		15			
二十一歳					1								15		1		1		5			
二十二歳					1								12		1		2		10			
二十三歳					1		1						15				1		8			
二十四歳													14		1		2		5			
二十五歳													14				1		4			
二十六歳					1						1		11				2		4			
二十七歳													12				1		2			
二十八歳													8						8			
二十九歳													8						7			
三十歳													12				1		3			
三十一歳	1												9						4			
三十二歳													15		1				2			
三十三歳													5				1		3			
三十四歳													5						2			
三十五歳	1		1		2								3						3	1		
三十六歳	1				1								6				1					
三十七歳													2						1			
三十八歳													4				2		2			
三十九歳													8						1			
四十歳													13						2			
四十一歳													4						1			
四十二歳			1										3				1		3			
四十三歳													4				1		2			
四十四歳					1						1		1									
四十五歳													5				1		1			
四十六歳													4						1			
四十七歳													3									
四十八歳													2				1		1			
四十九歳													2				1					
五十歳					1								3						1			
五十一歳													3									
五十二歳													3						1			
五十三歳													1									
五十四歳													1									
五十五歳													1				1					
五十六歳													1									
五十七歳																						
五十八歳													1									
五十九歳																						
六十歳以上													1									
年齢不詳																						
合計	3		2		10		1		2		3		320	4	55	1	28		145	1	1	

120 其ノ他ノ船舶製造業

年齢＼職業・男女	金属加熱炉工 男	金属加熱炉工 女	金属線伸張工 男	金属線伸張工 女	金属切断工 男	金属切断工 女	鍛冶職, 刃物鍛 男	鍛冶職, 刃物鍛 女	機械火造工 男	機械火造工 女	特殊鋳物工 男	特殊鋳物工 女	其ノ他ノ金属材料ノ製造加工作業者 男	其ノ他ノ金属材料ノ製造加工作業者 女	旋盤工(金属ニ加工スルモノ) 男	旋盤工(金属ニ加工スルモノ) 女	タレット工 男	タレット工 女	ボール盤工 男	ボール盤工 女	平削盤工, 形削盤工, 竪削盤工 男	平削盤工, 形削盤工, 竪削盤工 女
十二歳以下	1																					
十三歳																	1					
十四歳	1																					
十五歳	1														2							
十六歳															1							
十七歳	2										1						1					
十八歳									1				1								1	
十九歳					1																	
二十歳							1												1			
二十一歳									1													
二十二歳			1																		1	
二十三歳									1													
二十四歳									1						1							
二十五歳							1															
二十六歳	1																					
二十七歳																						
二十八歳															1							
二十九歳															1							
三十歳																						
三十一歳									1										1			
三十二歳																						
三十三歳																						
三十四歳																	1					
三十五歳									1													
三十六歳																						
三十七歳																						
三十八歳																						
三十九歳																						
四十歳																						
四十一歳																						
四十二歳																						
四十三歳																						
四十四歳																						
四十五歳																						
四十六歳																						
四十七歳																						
四十八歳																						
四十九歳																						
五十歳													1									
五十一歳																						
五十二歳																						
五十三歳																						
五十四歳																						
五十五歳																						
五十六歳																						
五十七歳																						
五十八歳																						
五十九歳																						
六十歳以上																						
年齢不詳																						
合計	6		1		1		2		6		1		2		6		3		2		2	

年齢 \ 産業・職業・男女	120其ノ他ノ船舶製造業																					
	鉄木工(船台大工ヲ含ム)		撓鉄工		填隙工		鋲打工		板金鋲打工		金属プレス工,打抜工		ガス熔接工		金属彫刻工		其ノ他ノ機械器具製作作業者		手仕上工		機械器具部品仕上組立工	
	男	女	男	女	男	女	男	女	男	女	男	女	男	女	男	女	男	女	男	女	男	女
十二歳以下																						
十三歳																	1					
十四歳																						
十五歳			1																			
十六歳																						
十七歳																						
十八歳											1											
十九歳											1											
二十歳			2				3								1		1		1			
二十一歳					1																	
二十二歳	1		1														1		1			
二十三歳																					1	
二十四歳			1																			
二十五歳									1													
二十六歳																						
二十七歳																						
二十八歳													1									
二十九歳																						
三十歳																						
三十一歳																					1	
三十二歳																						
三十三歳			1														1					
三十四歳																						
三十五歳																						
三十六歳																						
三十七歳																						
三十八歳																						
三十九歳																						
四十歳																						
四十一歳																						
四十二歳	1		1																			
四十三歳																			1			
四十四歳																						
四十五歳																						
四十六歳																						
四十七歳																						
四十八歳																						
四十九歳																						
五十歳																						
五十一歳																						
五十二歳																						
五十三歳																						
五十四歳																						
五十五歳																						
五十六歳																						
五十七歳																						
五十八歳																						
五十九歳																						
六十歳以上																						
年齢不詳																						
合計	2		7		1		3		1		2		1		1		4		3		2	

120 其ノ他ノ船舶製造業

年齢 \ 職業 男女	製材工		舟大工, 車大工		大工		左官		鉄筋工, 鉄網工		其ノ他ノ土木建築作業者		塗装工		舵手, 水夫, 舟夫		荷扱夫, 仲仕, 倉庫夫, 運搬夫, 配達夫		火夫, 油差		小使, 給仕, 雑役者	
	男	女	男	女	男	女	男	女	男	女	男	女	男	女	男	女	男	女	男	女	男	女
十二歳以下																						
十三歳			1																			
十四歳			1																		1	
十五歳			1																			
十六歳			2																			
十七歳			3																		3	
十八歳															1							
十九歳			1																		2	
二十歳			2																1		2	
二十一歳			1																		1	
二十二歳	1		2				1															
二十三歳			2				1												1		2	
二十四歳									1													
二十五歳			1																		1	
二十六歳			1																		2	
二十七歳			2																			
二十八歳			3												1		1				1	
二十九歳	1		3								1						1					
三十歳			1												1						1	
三十一歳																					1	
三十二歳																					2	
三十三歳													1									
三十四歳	1																					1
三十五歳			1																		1	
三十六歳																						
三十七歳			1																			
三十八歳			1																		1	
三十九歳																					1	
四十歳															1		1					
四十一歳			1																			
四十二歳																						
四十三歳																	1					
四十四歳															1							
四十五歳																						
四十六歳					1														1			
四十七歳																						
四十八歳																						
四十九歳											1											
五十歳																						
五十一歳																						
五十二歳																						
五十三歳																					1	
五十四歳																						
五十五歳																						
五十六歳																						
五十七歳																						
五十八歳																						
五十九歳																						
六十歳以上																						
年齢不詳																						
合計	3		31		1		2		1		2		1		5		4		3		23	1

産業 / 職業 / 男女 / 年齢	120 其ノ他ノ船舶製造業 見習工・養成工（他ニ分類セラレザルモノ） 男	女	其ノ他ノ作業者 男	女	121 航空機製造業 総数 男	女	経営者 男	女	一般事務者 男	女	販売仕入係事務者 男	女	航空機技術者 男	女	土砂採取夫 男	女	造船、航空機製図工 男	女	機械製図工 男	女	其ノ他ノ製図工 男	女
十二歳以下					1																	
十三歳					1																	
十四歳	1				12	1																
十五歳	2				15	2				1							1					
十六歳	1				12	2																
十七歳	1				12	3				1					1							
十八歳	1				17																	
十九歳			1		19						1				1				1			
二十歳					15																	
二十一歳			1		9														1		1	
二十二歳					6																	
二十三歳					10	1									1							
二十四歳			1		5																	
二十五歳					19								1		1							
二十六歳					9																	
二十七歳					6										1							
二十八歳					6								1									
二十九歳					4																	
三十歳					3	1																
三十一歳					4																	
三十二歳					5																	
三十三歳					4																	
三十四歳					5																	
三十五歳					4																	
三十六歳					1																	
三十七歳					1																	
三十八歳					2																	
三十九歳																						
四十歳					3	1																
四十一歳					1																	
四十二歳					2																	
四十三歳					2		1															
四十四歳																						
四十五歳					1																	
四十六歳					1										1							
四十七歳					1																	
四十八歳					1																	
四十九歳																						
五十歳					1																	
五十一歳																						
五十二歳																						
五十三歳																						
五十四歳																						
五十五歳																						
五十六歳																						
五十七歳																						
五十八歳																						
五十九歳																						
六十歳以上					1																	
年齢不詳																						
合計	6		3		221	11	1			2	1		2		6		1		2		1	

121 航空機製造業

年齢＼職業・男女	航空機現図工 男	航空機現図工 女	其ノ他ノ現図工 男	其ノ他ノ現図工 女	金属棒,条圧延伸張工 男	金属棒,条圧延伸張工 女	鍛冶職,刃物職 男	鍛冶職,刃物職 女	機械火造工 男	機械火造工 女	鋳物砂型工 男	鋳物砂型工 女	塗装工 男	塗装工 女	其ノ他ノ金属材料ノ製造加工作業者 男	其ノ他ノ金属材料ノ製造加工作業者 女	旋盤工(金属ニ加工スルモノ) 男	旋盤工(金属ニ加工スルモノ) 女	旋盤工(木材以外ノ非金属ニ加工スルモノ) 男	旋盤工(木材以外ノ非金属ニ加工スルモノ) 女	タレット工 男	タレット工 女
十二歳以下																						
十三歳																	1					
十四歳																	3				2	
十五歳																	2				1	
十六歳																	2				1	
十七歳																	3				1	
十八歳	1		1										1				4				1	
十九歳													1				3					
二十歳									2								3					
二十一歳													1				3					
二十二歳																	5					
二十三歳							1						1				2					
二十四歳									1								1				1	
二十五歳									1		2		1		1		3					
二十六歳					1																	
二十七歳																						
二十八歳													1						1			
二十九歳																	3					
三十歳																						
三十一歳									2								1					
三十二歳																						
三十三歳									1				1									
三十四歳																						
三十五歳																						
三十六歳																						
三十七歳																						
三十八歳									1													
三十九歳																						
四十歳																						
四十一歳																						
四十二歳																						
四十三歳																						
四十四歳																						
四十五歳																						
四十六歳																						
四十七歳																						
四十八歳																						
四十九歳																						
五十歳																						
五十一歳																						
五十二歳																						
五十三歳																						
五十四歳																						
五十五歳																						
五十六歳																						
五十七歳																						
五十八歳																						
五十九歳																						
六十歳以上																						
年齢不詳																						
合計	1		1		1		1		9		2		7		1		39		1		7	

121 航空機製造業

年齢 \ 職業	ボール盤工 男	ボール盤工 女	プライス盤工 男	プライス盤工 女	研磨盤工, ラツプ盤工 男	研磨盤工, ラツプ盤工 女	鋲打工 男	鋲打工 女	金属プレス工, 打抜工 男	金属プレス工, 打抜工 女	ガス熔接工 男	ガス熔接工 女	パイプ工(造船所, 鋼工ヲ含ム) 男	パイプ工(造船所, 鋼工ヲ含ム) 女	其ノ他ノ機械器具製作作業者 男	其ノ他ノ機械器具製作作業者 女	手仕上工 男	手仕上工 女	機械器具部品仕上組立工 男	機械器具部品仕上組立工 女	機械器具総組立工 男	機械器具総組立工 女
十二歳以下																						
十三歳																						
十四歳									1								2					
十五歳															1		1					
十六歳																						
十七歳		1																				
十八歳											1									1		
十九歳											1						1		1			
二十歳			1																			
二十一歳	1																					
二十二歳																						
二十三歳																						
二十四歳																						
二十五歳					1		1						1		1		1					
二十六歳																						
二十七歳																			1			
二十八歳															1		1					
二十九歳																						
三十歳																						
三十一歳																						
三十二歳																	1					
三十三歳																						
三十四歳					1								1									
三十五歳																						
三十六歳																					1	
三十七歳																						
三十八歳																						
三十九歳																						
四十歳																						
四十一歳																						
四十二歳															1							
四十三歳																						
四十四歳																						
四十五歳																	1					
四十六歳																						
四十七歳					1																	
四十八歳																						
四十九歳																						
五十歳																						
五十一歳																			1			
五十二歳																						
五十三歳																						
五十四歳																						
五十五歳																						
五十六歳																						
五十七歳																						
五十八歳																						
五十九歳																						
六十歳以上																						
年齢不詳																						
合計	1	1	1		3		1		1		2		2		4		8		3	1	1	

年齢 \ 職業 \ 男女	121航空機製造業																					
	計器組立工		航空機用金属プロペラ仕上工		航空機部品組立工		航空機総組立工		内張工，シート張工		ゴム成型工 加工工(護謨ニ依ルモノヲ除ク)		木型工(鋳物木型工ヲ除ク)		コンクリート枠組工		コンクリート工		鳶職		其ノ他ノ土木建築作業者	
	男	女	男	女	男	女	男	女	男	女	男	女	男	女	男	女	男	女	男	女	男	女
十二歳以下																						
十三歳																						
十四歳	/				/																	
十五歳							/												/			
十六歳					/	/																
十七歳																						
十八歳																						
十九歳					/		/															
二十歳											/											
二十一歳																						
二十二歳																						
二十三歳																					/	
二十四歳					/																/	
二十五歳					/																	
二十六歳					3				/													
二十七歳													/									
二十八歳																						
二十九歳																						
三十歳					/														/		/	
三十一歳			/																			
三十二歳																						
三十三歳																						
三十四歳																						
三十五歳											/						2					
三十六歳																						
三十七歳																						
三十八歳																					/	
三十九歳																						
四十歳																						
四十一歳																						
四十二歳																						
四十三歳															/							
四十四歳																						
四十五歳																						
四十六歳																						
四十七歳																						
四十八歳															/							
四十九歳																						
五十歳																						
五十一歳																						
五十二歳																						
五十三歳																						
五十四歳																						
五十五歳																						
五十六歳																						
五十七歳																						
五十八歳																						
五十九歳																						
六十歳以上																					/	
年齢不詳																						
合計	/		/		9	/	2		/		2		/		2		2		2		5	

年齢＼職業・男女	121航空機製造業																					
	塗装工		実験工,試験工,分析工		機械器具部品検査工		機械試運転工		選別工,検査工		運転手,助手(電気機関車,電車,気動車)		自動車運転手		航空機整備員		鋲打夫,鋲付夫,鋲締夫,鋲受夫		企画手		火夫,油差	
	男	女	男	女	男	女	男	女	男	女	男	女	男	女	男	女	男	女	男	女	男	女
十二歳以下																						
十三歳																						
十四歳																						
十五歳																						
十六歳	1									1					1				1			
十七歳															1							
十八歳																						
十九歳					1																	
二十歳																						
二十一歳																						
二十二歳			1																			
二十三歳																	1					
二十四歳																						
二十五歳																						
二十六歳	1																1					
二十七歳	1																					
二十八歳																						
二十九歳																						
三十歳																						
三十一歳																						
三十二歳							1															
三十三歳											1		1									
三十四歳																	1					
三十五歳																						
三十六歳																						
三十七歳																						
三十八歳																						
三十九歳																						
四十歳																	1					
四十一歳																						
四十二歳																						
四十三歳																					1	
四十四歳																						
四十五歳																						
四十六歳																						
四十七歳																						
四十八歳																						
四十九歳																						
五十歳																						
五十一歳																						
五十二歳																						
五十三歳																						
五十四歳																						
五十五歳																						
五十六歳																						
五十七歳																						
五十八歳																						
五十九歳																						
六十歳以上																						
年齢不詳																						
合計	3		1		1		1			1	1		1		2		4		1		1	

年齢＼産業・職業・男女	121航空機製造業 小使,給仕,雑役者 男	女	製罐工(他ニ分類セラレザルモノ) 男	女	122航空機部分品及付属品製造業 総数 男	女	経営者 男	女	一般事務者 男	女	販売仕入係事務者 男	女	タイピスト,筆耕 男	女	機械技術者 男	女	航空機技術者 男	女	航空機操縦士 男	女	製銑工(溶鉱炉其ノ他ニ依ルモノ) 男	女
十二歳以下			1		7	3																
十三歳					29	6																
十四歳			3		39	5																
十五歳	2	1	5		78	5																
十六歳			5		78	4																
十七歳			5		87	4																
十八歳	1		7		101																	
十九歳	1		6		76	4								1								
二十歳			8		77				2								1					
二十一歳			2		59	2																
二十二歳					59	3				1												
二十三歳	1	1	2		45																	
二十四歳					47	1			1		1				2						1	
二十五歳	1		2		46				1													
二十六歳	1				42				1													
二十七歳	2				24				3													
二十八歳	1				33																	
二十九歳	1				19																	
三十歳		1			23				1										1			
三十一歳					23																	
三十二歳	3				19	1									1							
三十三歳					17				1		1											
三十四歳	2				12	1					1											
三十五歳	1				12		1															
三十六歳					10																	
三十七歳	1				10	1																
三十八歳					7																	
三十九歳					9																	
四十歳	2	1			5				1													
四十一歳	1				5																	
四十二歳					6																	
四十三歳					3				1													
四十四歳					5																	
四十五歳					5																	
四十六歳																					1	
四十七歳					4		1															
四十八歳					1																	
四十九歳					3																	
五十歳					1																	
五十一歳					2																	
五十二歳																						
五十三歳					1																	
五十四歳																						
五十五歳					1																	
五十六歳					1				1													
五十七歳																						
五十八歳					1																	
五十九歳																						
六十歳以上					3																	
年齢不詳																						
合計	21	4	46		1135	40	2		13	1	3			1	3		1		1		2	

職業 / 男女 / 年齢	122 航空機部分品及付属品製造業																					
	製鋼工(平炉其ノ他ニ依ルモノ)		造船, 航空機製図工		機械製図工		航空機現図工		金属板圧延伸張工		金属棒, 条圧延伸張工		金属製管工		金属小物圧延伸張工		金属線伸張工		金属疵取工		金属切断工	
	男	女	男	女	男	女	男	女	男	女	男	女	男	女	男	女	男	女	男	女	男	女
十二歳以下																						
十三歳																						
十四歳																						
十五歳																			1			
十六歳																						
十七歳							1				1											
十八歳																						
十九歳			1																			
二十歳									3												1	
二十一歳	1								1										1			
二十二歳					1						1		1								1	
二十三歳	1										1											
二十四歳	1														1							
二十五歳															1							
二十六歳																	1					
二十七歳																						
二十八歳									1													
二十九歳									1													
三十歳																	1					
三十一歳																						
三十二歳																						
三十三歳																						
三十四歳													1								1	
三十五歳													1									
三十六歳																						
三十七歳																						
三十八歳																						
三十九歳																						
四十歳									1													
四十一歳																						
四十二歳																						
四十三歳																						
四十四歳																						
四十五歳																						
四十六歳																						
四十七歳																						
四十八歳																						
四十九歳																						
五十歳																						
五十一歳									1													
五十二歳																						
五十三歳																						
五十四歳																						
五十五歳																						
五十六歳																						
五十七歳																						
五十八歳																						
五十九歳																						
六十歳以上																						
年齢不詳																						
合計	3		1		1		1		8		3		3		2		2		2		3	

122 航空機部分品及付属品製造業

職業 / 年齢 / 男女	鍛冶職, 刃物職		機械火造工		熱処理工(ママ)		熱処理工(ママ)		鋳物砂型工		中子工		鋳造工		特殊鋳物工		其ノ他ノ金属材料ノ製造加工作業者		旋盤工(金属ニ加工スルモノ)		旋盤工(木材以外ノ非金属ニ加工スルモノ)	
	男	女	男	女	男	女	男	女	男	女	男	女	男	女	男	女	男	女	男	女	男	女
十二歳以下																			3			
十三歳									1				1				1		7			
十四歳													1				1		12		1	
十五歳							1						3				2	1	25		5	
十六歳			1						1								1	1	34		1	
十七歳													6		1			2	35		1	
十八歳			3						1				1						45		1	
十九歳			2										3						30		2	
二十歳													1				3		29		1	
二十一歳			1										1		1		3		22		1	
二十二歳	1		1				1						1					1	23			
二十三歳			3						1								2		19		1	
二十四歳	1		6												1				12	1		
二十五歳	1		2										2				2		9			
二十六歳	2										1		1						10			
二十七歳			2						1										4		1	
二十八歳			1				1		1										10			
二十九歳			1										1						3			
三十歳			3																4			
三十一歳	1								1								2		2			
三十二歳			1		1								1						5			
三十三歳			1																3			
三十四歳													1		1				2			
三十五歳			1				1						1						1			
三十六歳			1										1									
三十七歳							1		1				1		1		1					
三十八歳	1								1										1			
三十九歳																						
四十歳																						
四十一歳																			1			
四十二歳																						
四十三歳																	1					
四十四歳			1																			
四十五歳																						
四十六歳																						
四十七歳																						
四十八歳																						
四十九歳													1									
五十歳																						
五十一歳																						
五十二歳																						
五十三歳																						
五十四歳																						
五十五歳																						
五十六歳																						
五十七歳																						
五十八歳																						
五十九歳																						
六十歳以上																						
年齢不詳																						
合計	7		31		1		5		9		1		28		5		19	5	351	1	15	

122 航空機部分品及付属品製造業

職業	タレット工		卓上旋盤工, 小型機械工		ボール盤工		平削盤工, 形削盤工, 竪削盤工		プライス盤工		歯切盤工		研磨盤工, ラップ盤工		捲鉄工		鋲打工		板金鋲打工		板金工, ブリキ職	
年齢 \ 男女	男	女	男	女	男	女	男	女	男	女	男	女	男	女	男	女	男	女	男	女	男	女
十二歳以下	1				1																	1
十三歳	3		2				1							1								
十四歳	2		2		1				1				1						1			
十五歳	8		2						2												1	
十六歳	10		2				1		2				1						1			
十七歳	9		4				1		4										1			
十八歳	11		3		1		1		1													
十九歳	8		5		1		1						1								2	
二十歳	7		2												2						1	
二十一歳	2		2				3		3				1									
二十二歳	4		2										1								1	
二十三歳	2										1											
二十四歳	3		3								1		2								1	
二十五歳	2		1						1						1		1					
二十六歳	2		2						1						1		1					
二十七歳	1		1		1		1		1				1								1	
二十八歳	2				1		1		1				1		1							
二十九歳	1																					
三十歳	1												1				1					
三十一歳	2												1									
三十二歳							1															
三十三歳			1				1														1	
三十四歳									1					1								
三十五歳	1														1							
三十六歳																					1	
三十七歳													1									
三十八歳																						
三十九歳													1		1							
四十歳																						
四十一歳																						
四十二歳																						
四十三歳																						
四十四歳																						
四十五歳																						
四十六歳																						
四十七歳																						
四十八歳																						
四十九歳																						
五十歳																						
五十一歳																						
五十二歳																						
五十三歳																						
五十四歳																						
五十五歳																						
五十六歳																						
五十七歳																						
五十八歳																						
五十九歳																						
六十歳以上																					1	
年齢不詳																						
合計	82		34		6		12		18		2		13	2	7		3		3		10	1

122 航空機部分品及付属品製造業

年齢	金属プレス工,打抜工		ガス熔接工		電気熔接工		パイプ工(造船所ノ鋼工ヲ含ム)		レンズ研磨工		機械製鋲工		バネ工		網具工,索具工		其ノ他ノ機械器具製作作業者		手仕上工		機械器具部品仕上組立工	
	男	女	男	女	男	女	男	女	男	女	男	女	男	女	男	女	男	女	男	女	男	女
十二歳以下	1																			1		
十三歳																	1		1	1		
十四歳	2		1														1	1	2			
十五歳	1	1									1								3		1	
十六歳	2	1	2																3		1	
十七歳	1		1																6	1	1	
十八歳			1																11		1	
十九歳	4		2				1										1		3			
二十歳			1				1										1		7		1	
二十一歳																	2		6			
二十二歳	1				1												1		7		2	
二十三歳	2																1		2			
二十四歳					1								1				1		3		1	
二十五歳	2		1														3		8			
二十六歳	1		2												1		1		5		1	
二十七歳			1																1			
二十八歳							1						1				2		3		1	
二十九歳																	1		2			
三十歳																	1		1		1	
三十一歳	1																		5		2	
三十二歳	1		1																		1	
三十三歳																			4			
三十四歳	2						1										1					
三十五歳					1														1			
三十六歳																			3			
三十七歳							1											1				
三十八歳	1																					
三十九歳							1										1				1	
四十歳																			1			
四十一歳	1																					
四十二歳																						
四十三歳																					1	
四十四歳																	1		2			
四十五歳																						
四十六歳																						
四十七歳							1		1													
四十八歳																	1					
四十九歳																						
五十歳																					1	
五十一歳																						
五十二歳																						
五十三歳																						
五十四歳																						
五十五歳																						
五十六歳																						
五十七歳																						
五十八歳																						
五十九歳																						
六十歳以上																						
年齢不詳																						
合計	24	2	13		3		7		1		1		2		1		21	2	91	3	17	

122 航空機部分品及付属品製造業

年齢＼職業＼男女	機械器具総組立工 男	機械器具総組立工 女	計器組立工 男	計器組立工 女	航空機用金属プロペラ仕上工 男	航空機用金属プロペラ仕上工 女	航空機用木製プロペラ仕上工 男	航空機用木製プロペラ仕上工 女	航空機部品組立工 男	航空機部品組立工 女	自動車組立工, 修繕工 男	自動車組立工, 修繕工 女	時計組立工, 修繕工 男	時計組立工, 修繕工 女	機械器具装置工, 修繕工, 保全工 男	機械器具装置工, 修繕工, 保全工 女	工具保全工 男	工具保全工 女	人造研磨材製造工(旋盤ニ依ル仕上工ヲ除ク) 男	人造研磨材製造工(旋盤ニ依ル仕上工ヲ除ク) 女	ゴム成型加工工(旋盤ニ依ルモノヲ除ク) 男	ゴム成型加工工(旋盤ニ依ルモノヲ除ク) 女
十二歳以下																						
十三歳																1						
十四歳	1									2					1							
十五歳	1								1													
十六歳									2						1							
十七歳	1																					
十八歳									2													
十九歳									1						1							
二十歳			1								1										1	
二十一歳									2													
二十二歳									1													
二十三歳																						
二十四歳																						
二十五歳									2													
二十六歳	1																					
二十七歳																						
二十八歳																						
二十九歳									1						1							
三十歳																						
三十一歳																			1			
三十二歳					1																	
三十三歳									1													
三十四歳																						
三十五歳																						
三十六歳							1															
三十七歳																						
三十八歳									1													
三十九歳													1									
四十歳																						
四十一歳															1							
四十二歳					1																	
四十三歳																						
四十四歳																						
四十五歳																						
四十六歳																						
四十七歳																						
四十八歳																						
四十九歳																						
五十歳																						
五十一歳																						
五十二歳																						
五十三歳																						
五十四歳																						
五十五歳																						
五十六歳																						
五十七歳																						
五十八歳																						
五十九歳																						
六十歳以上																	1					
年齢不詳																						
合計	4		1		2		1		14	2	1		1		5	1	1		1		1	

年齢＼職業・男女	122 航空機部分品及付属品製造業																					
	組立工(旋盤ニ依ル仕上工ヲ除ク)		アルミナ製造工		其ノ他ノ皮革製品製造工		木工		鳶職		其ノ他ノ土木建築作業者		其ノ他ノ電工		塗装工		メツキ工(皮膜防錆工ヲ含ム)		パフ磨工		機械器具部品検査工	
	男	女	男	女	男	女	男	女	男	女	男	女	男	女	男	女	男	女	男	女	男	女
十二歳以下																						
十三歳																						
十四歳																						
十五歳						1											1					
十六歳											1											1
十七歳	1																					
十八歳											1								1		1	
十九歳											1					1			1			
二十歳													1		1				1			
二十一歳											1				1				1			
二十二歳											1										1	
二十三歳											2											
二十四歳											2											
二十五歳																			3			
二十六歳			1								1										1	
二十七歳																			1			
二十八歳							1				2											
二十九歳																			1			
三十歳											1								1			
三十一歳											1						2					
三十二歳											2											
三十三歳											3											
三十四歳																						
三十五歳																			1			
三十六歳											1											
三十七歳											2											
三十八歳											1											
三十九歳											1											
四十歳											1											
四十一歳																						
四十二歳									1		2						1					
四十三歳																						
四十四歳											1											
四十五歳											3											
四十六歳																						
四十七歳											1											
四十八歳																						
四十九歳											2											
五十歳																						
五十一歳																						
五十二歳																						
五十三歳																						
五十四歳																						
五十五歳											1											
五十六歳																						
五十七歳																						
五十八歳																						
五十九歳																						
六十歳以上							1															
年齢不詳																						
合計	1		1			1	2		1		35		1		2	1	4		11		3	1

年齢 \ 職業	122 航空機部分品及付属品製造業																				123 運搬機械製造業	
	機械器具検査工		選別工, 検査工		自動車運転手		荷扱夫, 仲仕, 倉庫夫, 運搬夫, 配達夫		家事使用人		火夫, 油差		荷造工		小使, 給仕, 雑役者		見習工, 養成工(他ニ分類セラレザルモノ)		其ノ他ノ作業者		総数	
	男	女	男	女	男	女	男	女	男	女	男	女	男	女	男	女	男	女	男	女	男	女
十二歳以下																		1			1	
十三歳																1	11	2			2	
十四歳															3	2	5				10	
十五歳										1					1	1	18				11	1
十六歳															1	1	10				13	
十七歳											1				2	1	9				10	
十八歳					1		1				1				3		7		2		12	
十九歳															2	2	3				13	
二十歳	1						1								3		2				11	
二十一歳															2	1	1	1			11	
二十二歳							1								3	1	1				13	
二十三歳							1								3		1		1		12	
二十四歳															1						22	
二十五歳							1								2						16	
二十六歳			1												2		1				12	
二十七歳													1		2						9	
二十八歳					1																11	
二十九歳															5						12	
三十歳							2								3				1		7	
三十一歳															1		1				4	
三十二歳							1								2	1					7	
三十三歳																					3	
三十四歳																					5	
三十五歳															1						6	
三十六歳															2						3	
三十七歳															1						1	
三十八歳															1						1	
三十九歳							1								1						5	
四十歳							1														2	
四十一歳							1								1						1	
四十二歳															1						1	
四十三歳																					2	
四十四歳																						
四十五歳															1						1	
四十六歳																						
四十七歳																						
四十八歳																					3	
四十九歳																					1	
五十歳																					1	
五十一歳							1															
五十二歳																					1	
五十三歳							1															
五十四歳																						
五十五歳																						
五十六歳																						
五十七歳																						
五十八歳															1							
五十九歳																						
六十歳以上																						
年齢不詳																						
合計	1		1		2		13			1	2		1		51	11	70	4	4		256	1

123 運搬機械製造業

職業／男女／年齢	簿記係事務者		電気機械技術者		非鉄金属製錬工(電気炉ヲ侵ルモノ)		機械製図工		金属加熱炉工		金属板圧延伸張工		金属棒,条圧延伸張工		金属製管工		金属切断工		鍛冶職,刃物職		機械火造工	
	男	女	男	女	男	女	男	女	男	女	男	女	男	女	男	女	男	女	男	女	男	女
十二歳以下																						
十三歳																						
十四歳																					1	
十五歳																					1	
十六歳																			1		1	
十七歳																						
十八歳																						
十九歳																					1	
二十歳																						
二十一歳					1		1															
二十二歳																					1	
二十三歳																					1	
二十四歳							1		1												3	
二十五歳									1												2	
二十六歳																					1	
二十七歳																					1	
二十八歳																	1					
二十九歳			1																			
三十歳	1																				1	
三十一歳																					2	
三十二歳															1							
三十三歳																						
三十四歳													1									
三十五歳																						
三十六歳																					1	
三十七歳																						
三十八歳																						
三十九歳																					1	
四十歳																						
四十一歳																						
四十二歳											1											
四十三歳																						
四十四歳																						
四十五歳																			1			
四十六歳																						
四十七歳																						
四十八歳																						
四十九歳																					1	
五十歳																						
五十一歳																						
五十二歳																						
五十三歳																						
五十四歳																						
五十五歳																						
五十六歳																						
五十七歳																						
五十八歳																						
五十九歳																						
六十歳以上																						
年齢不詳																						
合計	1		1		1		2		2		1		1		1		1		2		19	

年齢 \ 男女 \ 職業 \ 産業	123運搬機械製造業																							
	熱処理工		鋳造工		其ノ他ノ金属材料ノ製造加工作業者		旋盤工(金属ニ加工スルモノ)		旋盤工(木材以外ノ非金属ニ加工スルモノ)		タレット工		ボール盤工		平削盤工,形削盤工,堅削盤工		撓鉄工		鋲打工		板金鋲打工	
	男	女	男	女	男	女	男	女	男	女	男	女	男	女	男	女	男	女	男	女	男	女	男	女
十二歳以下																								
十三歳																								
十四歳			1				4																	
十五歳							4	1																
十六歳			1		1		7																	
十七歳							4												1					
十八歳							5						1											
十九歳			1				2		1															
二十歳					1		4						1				1							
二十一歳							2						1				1							
二十二歳							1								2									
二十三歳			1														2		1		2			
二十四歳					1		2						1		1						1			
二十五歳	1				1								1				4		1					
二十六歳							2								1									
二十七歳			1				1												1		1			
二十八歳							3						1											
二十九歳							3								1									
三十歳					1		3										1							
三十一歳																								
三十二歳					1		2		1		1						1							
三十三歳																								
三十四歳													2											
三十五歳																	2							
三十六歳							1																	
三十七歳																								
三十八歳																					1			
三十九歳																	1				1			
四十歳													1											
四十一歳																	1							
四十二歳																								
四十三歳																								
四十四歳																								
四十五歳																								
四十六歳																								
四十七歳																								
四十八歳																								
四十九歳																								
五十歳																								
五十一歳																								
五十二歳													1											
五十三歳																								
五十四歳																								
五十五歳																								
五十六歳																								
五十七歳																								
五十八歳																								
五十九歳																								
六十歳以上																								
年齢不詳																								
合計	1		5		6		50	1	2		1		10		5		14		4		6			

123 運搬機械製造業

職業 / 年齢	板金工,ブリキ職		金属プレス工,打抜工		ドラム罐,ブリキ罐製造工		電気熔接工		其ノ他ノ熔接工		針金細工工		機械製鋲工		其ノ他ノ機械器具製作作業者		手仕上工		機械器具部品仕上組立工		機械器具総組立工	
	男	女	男	女	男	女	男	女	男	女	男	女	男	女	男	女	男	女	男	女	男	女
十一歳以下																						
十二歳													1									
十三歳																						
十四歳																	2					
十五歳																	2					
十六歳																	1					
十七歳																			2		1	
十八歳	1														1		1					
十九歳																	2		1			
二十歳																	1					
二十一歳															2				1		2	
二十二歳															1		1		1		1	
二十三歳			1				1								1						1	
二十四歳	2		1												1		3		1		1	
二十五歳															1		2		1			
二十六歳							1		1		1						1		1		1	
二十七歳					1		1												1			
二十八歳																	3					
二十九歳															2		3				1	
三十歳																						
三十一歳																	1					
三十二歳																						
三十三歳																			1			
三十四歳															1							
三十五歳			1														1				1	
三十六歳																						
三十七歳																						
三十八歳																						
三十九歳																	1					
四十歳																						
四十一歳																						
四十二歳																						
四十三歳																						
四十四歳																						
四十五歳																						
四十六歳																						
四十七歳																						
四十八歳																						
四十九歳																					1	
五十歳																						
五十一歳																						
五十二歳																						
五十三歳																						
五十四歳																						
五十五歳																						
五十六歳																						
五十七歳																						
五十八歳																						
五十九歳																						
六十歳以上																						
年齢不詳																						
合計	3		3		1		3		1		1		1		10		25		10		10	

123 運搬機械製造業

職業・男女 / 年齢	電気機械器具組立工		鳶職		其ノ他ノ土木建築作業者		バフ磨工		自動車運転手		荷扱夫, 仲仕, 倉庫夫, 運搬夫, 配達夫		原動機(電動機ヲ除ク), 巻上機, ポンプ, 送付機, 圧縮機, コンベヤノ運転工		起重機運転工		汽罐士		荷造工		小使, 給仕, 雑役者	
	男	女	男	女	男	女	男	女	男	女	男	女	男	女	男	女	男	女	男	女	男	女	男	女
十二歳以下																								
十三歳																								
十四歳																					/		/	
十五歳																							2	
十六歳																								
十七歳													/										/	
十八歳							/																/	
十九歳									/														3	
二十歳																							2	
二十一歳																								
二十二歳	/										/				/								/	
二十三歳																							/	
二十四歳					/																		/	
二十五歳											/													
二十六歳																	/						/	
二十七歳																							/	
二十八歳			/						/				/											
二十九歳											/													
三十歳																								
三十一歳																							/	
三十二歳																								
三十三歳					/																		/	
三十四歳																							/	
三十五歳																							/	
三十六歳																							/	
三十七歳																							/	
三十八歳																								
三十九歳																								
四十歳																							/	
四十一歳																								
四十二歳																								
四十三歳																							2	
四十四歳																								
四十五歳																								
四十六歳																								
四十七歳																								
四十八歳											/												/	
四十九歳																								
五十歳																							/	
五十一歳																								
五十二歳																								
五十三歳																								
五十四歳																								
五十五歳																								
五十六歳																								
五十七歳																								
五十八歳																								
五十九歳																								
六十歳以上																								
年齢不詳																								
合計	/		/		2		/		2		4		2		/		/		/		/		26	

年齢 ＼ 職業 ＼ 男女	123 運搬機械製造業 見習工・養成工(他ニ分類セラレザルモノ) 男	女	其ノ他ノ作業者 男	女	124 ポンプ及水圧機製造業 総数 男	女	一般事務者 男	女	機械技術者 男	女	非鉄金属製錬工(電解ニ依ルモノ) 男	女	機械製図工 男	女	金属製管工 男	女	金属疵取工 男	女	金属切断工 男	女	鍛冶職、刃物職 男	女
十二歳以下	1				2																	
十三歳	1				4																	
十四歳					5																	
十五歳	2				11	2																
十六歳	1				12																	
十七歳					17																1	
十八歳	1				11																	
十九歳			1		19	1											1					
二十歳	1				11														1			
二十一歳					13										1							
二十二歳	1				9																	
二十三歳					9		1		1													
二十四歳					8		1															
二十五歳					18		1				1										1	
二十六歳					10																	
二十七歳					6				1				1									
二十八歳					8																	
二十九歳					13				1													
三十歳					4	1																
三十一歳					8		1															
三十二歳					3																	
三十三歳					4																	
三十四歳					4																	
三十五歳					3																	
三十六歳					3		1															
三十七歳					3																	
三十八歳					1																	
三十九歳			1		3	1																
四十歳					3				1													
四十一歳					4																	
四十二歳																						
四十三歳					1																	
四十四歳					2																	
四十五歳					1																	
四十六歳																						
四十七歳					2																	
四十八歳																						
四十九歳					1																	
五十歳																						
五十一歳																						
五十二歳																						
五十三歳					1																	
五十四歳																						
五十五歳					1																	
五十六歳					1																	
五十七歳																						
五十八歳																						
五十九歳																						
六十歳以上																						
年齢不詳																						
合計	8		2		239	5	5		4		1		1		1		1		1		2	

124 ポンプ及水圧機製造業

年齢＼職業	機械火造工		熱処理工		金属熔融工		鋳物木型工		鋳物砂型工		鋳造工		其ノ他ノ金属材料ノ製造加工作業者		旋盤工(金属ニ加工スルモノ)		旋盤工(木材以外ノ非金属ニ加工スルモノ)		タレット工		卓上旋盤工,小型機械工	
	男	女	男	女	男	女	男	女	男	女	男	女	男	女	男	女	男	女	男	女	男	女
十二歳以下	1														1							
十三歳																						
十四歳																						
十五歳											1	1			4							
十六歳											2				5		1					
十七歳													1		7		1					
十八歳													2		5							
十九歳											2				6							
二十歳															2		1					
二十一歳	1										2				2							
二十二歳											1				1		1				1	
二十三歳							1				1				2							
二十四歳															2							
二十五歳											4				3							
二十六歳									1		1											
二十七歳							1				1											
二十八歳											1				2							
二十九歳											3		2									
三十歳											1				1							
三十一歳	1														1							
三十二歳											1		1		1							
三十三歳																						
三十四歳			1																			
三十五歳																			1			
三十六歳																						
三十七歳															1							
三十八歳																						
三十九歳											1											
四十歳									1													
四十一歳									1													
四十二歳																						
四十三歳													1									
四十四歳											1											
四十五歳											1											
四十六歳																						
四十七歳											2				1							
四十八歳																						
四十九歳					1																	
五十歳																						
五十一歳																						
五十二歳																						
五十三歳																						
五十四歳																						
五十五歳											1											
五十六歳																						
五十七歳																						
五十八歳																						
五十九歳																						
六十歳以上																						
年齢不詳																						
合計	3		1		1		2		3		26	1	7		47		4		1		1	

124 ポンプ及水圧機製造業

職業 男女 / 年齢	ボール盤工 男	ボール盤工 女	平削盤工,形削盤工,竪削盤工 男	平削盤工,形削盤工,竪削盤工 女	研磨盤工, ラツプ盤工 男	研磨盤工, ラツプ盤工 女	板金工, ブリキ職 男	板金工, ブリキ職 女	金属プレス工, 打抜工 男	金属プレス工, 打抜工 女	ドラム罐,ブリキ罐製造工 男	ドラム罐,ブリキ罐製造工 女	ガス熔接工 男	ガス熔接工 女	パイプ工(造船所ノ銅工ヲ含ム) 男	パイプ工(造船所ノ銅工ヲ含ム) 女	鉛管工,鉛工 男	鉛管工,鉛工 女	目立工 男	目立工 女	其ノ他ノ機械器具製作作業者 男	其ノ他ノ機械器具製作作業者 女
十二歳以下																						
十三歳	1																					
十四歳																					1	
十五歳									1												1	
十六歳															1							
十七歳							1												1		3	
十八歳																					1	
十九歳	1																					1
二十歳					1																	
二十一歳	2																				1	
二十二歳			1		1																	
二十三歳																						
二十四歳																						
二十五歳	1						1		1		1											
二十六歳			1										1									
二十七歳			1																			
二十八歳																						
二十九歳	1																					
三十歳																						
三十一歳							1								1							
三十二歳																						
三十三歳																	1					
三十四歳																						
三十五歳											1											
三十六歳			1																			
三十七歳																						
三十八歳																						
三十九歳																					1	
四十歳															1							
四十一歳																						
四十二歳																						
四十三歳																						
四十四歳																						
四十五歳																						
四十六歳																						
四十七歳																						
四十八歳																						
四十九歳																						
五十歳																						
五十一歳																						
五十二歳																						
五十三歳																						
五十四歳																						
五十五歳																						
五十六歳																						
五十七歳																						
五十八歳																						
五十九歳																						
六十歳以上																						
年齢不詳																						
合計	6		4		2		3		2		2		1		3		1		1		8	1

124 ポンプ及水圧機製造業

年齢 \ 職業 \ 男女	手仕上工 男	手仕上工 女	機械器具部品仕上組立工 男	機械器具部品仕上組立工 女	機械器具総組立工 男	機械器具総組立工 女	電気機械器具組立工 男	電気機械器具組立工 女	機械器具装置工,修理工,保全工 男	機械器具装置工,修理工,保全工 女	製材工 男	製材工 女	鳶職 男	鳶職 女	其ノ他ノ土木建築作業者 男	其ノ他ノ土木建築作業者 女	塗装工 男	塗装工 女	機械試運転工 男	機械試運転工 女	自動車運転手 男	自動車運転手 女
十二歳以下																						
十三歳																						
十四歳																						
十五歳									1													
十六歳	1																					
十七歳	1																					
十八歳	2												1									
十九歳	3																					
二十歳					1																	
二十一歳	2		1																			
二十二歳	2																					
二十三歳																			1			
二十四歳	3		1		1																	
二十五歳	1								1													
二十六歳	1		2																			
二十七歳					1				1													
二十八歳	1														1							
二十九歳	2														1						1	
三十歳																						
三十一歳	1		1																			
三十二歳																						
三十三歳	2		1																			
三十四歳	1		1																			
三十五歳							1															
三十六歳																	1					
三十七歳									1										1			
三十八歳			1																			
三十九歳																						
四十歳																						
四十一歳									1		1											
四十二歳																						
四十三歳																						
四十四歳			1																			
四十五歳																						
四十六歳																						
四十七歳																						
四十八歳																						
四十九歳																						
五十歳																						
五十一歳																						
五十二歳																						
五十三歳															1							
五十四歳																						
五十五歳																						
五十六歳																						
五十七歳																						
五十八歳																						
五十九歳																						
六十歳以上																						
年齢不詳																						
合計	23		9		3		1		5		1		1		3		1		2		1	

年齢 \ 職業 \ 男女	124 ポンプ及水圧機製造業																125 送風機及気体圧縮機製造業					
	荷扱夫,仲仕,倉庫夫,運搬夫,配達夫		店員,売子,注文取,集金人		企画手		荷造工		小使,給仕,雑役者		見習工 養成工(他ニ分類セラレザルモノ)		其ノ他ノ作業者		其ノ他ノ教職員		総数		一般事務者		機械技術者	
	男	女	男	女	男	女	男	女	男	女	男	女	男	女	男	女	男	女	男	女	男	女
十二歳以下																	2		1			
十三歳									1		1		1				2	1				
十四歳			1						1		2						3					
十五歳									1	1	2						4					
十六歳											2						10	1				
十七歳											1						8	1				
十八歳																	10		1			
十九歳	1				1		1		3								6					
二十歳									4		1						7					
二十一歳									1								5					
二十二歳									1								14		1			
二十三歳											1		1				3					
二十四歳																	3					
二十五歳							1		1								3					
二十六歳											1						5					
二十七歳	1																2					
二十八歳	1						1		1								5					
二十九歳	1								1								7					
三十歳	1								1	1							3					
三十一歳									1								3	1				
三十二歳																	1					
三十三歳																	2					
三十四歳									1								2					
三十五歳																	1					
三十六歳																	3					
三十七歳																	1					
三十八歳																	2					
三十九歳										1					1		2					
四十歳																						
四十一歳									1								1				1	
四十二歳																	2					
四十三歳																						
四十四歳																						
四十五歳																		1				
四十六歳																	1					
四十七歳																						
四十八歳																	2					
四十九歳																						
五十歳																						
五十一歳																						
五十二歳																						
五十三歳																						
五十四歳																						
五十五歳																						
五十六歳	1																					
五十七歳																						
五十八歳																	1					
五十九歳																						
六十歳以上																						
年齢不詳																						
合計	6		1		1		3		19	3	11		2		1		126	5	3		1	

125 送風機及気体圧縮機製造業

年齢 ＼ 職業 ＼ 男女	金属製管工		金属切断工		鍛冶職, 刃物職		機械火造工		金属熔融工		鋳造工		其ノ他ノ金属材料ノ製造加工作業者		ケガキ工		旋盤工(金属=加工スルモノ)		卓上旋盤工, 小型機械工		ボール盤工	
	男	女	男	女	男	女	男	女	男	女	男	女	男	女	男	女	男	女	男	女	男	女
十二歳以下																						
十三歳																	2					
十四歳																						
十五歳													1				1					
十六歳																						
十七歳																	3	1				
十八歳							1										5					
十九歳																	1					
二十歳	1						1				2						1					
二十一歳					2										1		1				1	
二十二歳															1		5					
二十三歳																	1		1			
二十四歳																	1					
二十五歳																	2				1	
二十六歳																					2	
二十七歳																					1	
二十八歳																						
二十九歳									1													
三十歳																						
三十一歳																	1					
三十二歳																						
三十三歳																						
三十四歳																						
三十五歳																						
三十六歳													1								1	
三十七歳																	1					
三十八歳																						
三十九歳			1																			
四十歳																						
四十一歳																						
四十二歳																						
四十三歳																						
四十四歳																						
四十五歳																						
四十六歳																						
四十七歳																						
四十八歳																	1					
四十九歳																						
五十歳																						
五十一歳																						
五十二歳																						
五十三歳																						
五十四歳																						
五十五歳																						
五十六歳																						
五十七歳																						
五十八歳																						
五十九歳																						
六十歳以上																						
年齢不詳																						
合計	1		1		2		2		1		2		2		2		26	1	1		6	

年齢＼産業・職業・男女	125 送風機及気体圧縮機製造業																							
	平削盤工,形削盤工,竪削盤工		研磨盤工, ラップ盤工		鋲打工		板金鋲打工		板金工,ブリキ職		金属プレス工,打抜工		ドラム罐,ブリキ罐製造工		ガス熔接工		其ノ他ノ熔接工		巻線工		其ノ他ノ機械器具製作作業者	
	男	女	男	女	男	女	男	女	男	女	男	女	男	女	男	女	男	女	男	女	男	女
十二歳以下																								
十三歳																								
十四歳																								
十五歳									1															
十六歳																							2	
十七歳									1															
十八歳											1				1									
十九歳									1															
二十歳			1																					
二十一歳																								
二十二歳							1		1														1	
二十三歳											1													
二十四歳																							1	
二十五歳																								
二十六歳									1														1	
二十七歳									1															
二十八歳									2															
二十九歳									1															
三十歳																	1							
三十一歳																								
三十二歳									1															
三十三歳			1												1									
三十四歳													1											
三十五歳																								
三十六歳																								
三十七歳																								
三十八歳																							1	
三十九歳					1																			
四十歳																								
四十一歳																								
四十二歳	1																							
四十三歳																								
四十四歳																								
四十五歳																				1				
四十六歳																								
四十七歳																								
四十八歳																								
四十九歳																								
五十歳																								
五十一歳																								
五十二歳																								
五十三歳																								
五十四歳																								
五十五歳																								
五十六歳																								
五十七歳																								
五十八歳																								
五十九歳																								
六十歳以上																								
年齢不詳																								
合計	1		2		1		1		10		2		1		2		1			1	6	

125 送風機及気体圧縮機製造業

年齢＼職業＼男女	手仕上工 男	手仕上工 女	機械器具部品仕上組立工 男	機械器具部品仕上組立工 女	機械器具総組立工 男	機械器具総組立工 女	機械器具装置工,修理工,保全工 男	機械器具装置工,修理工,保全工 女	ゴム成型工加工工(旋盤ニ依ルモノヲ除ク) 男	ゴム成型工加工工(旋盤ニ依ルモノヲ除ク) 女	木工 男	木工 女	其ノ他ノ製品ノ製造作業者 男	其ノ他ノ製品ノ製造作業者 女	塗装工 男	塗装工 女	自動車運転手 男	自動車運転手 女	荷造夫,仲仕,倉庫夫,運搬夫,配達夫 男	荷造夫,仲仕,倉庫夫,運搬夫,配達夫 女	起重機運転工 男	起重機運転工 女
十二歳以下																						
十三歳																1						
十四歳																						
十五歳																						
十六歳	1		1						2													
十七歳			1																			
十八歳			1																			
十九歳	2								1													
二十歳																						
二十一歳																						
二十二歳	2						1										1					
二十三歳																						
二十四歳																						
二十五歳																						
二十六歳	1																					
二十七歳																						
二十八歳	1				2																	
二十九歳	3												1									
三十歳	1																1					
三十一歳	1		1							1												
三十二歳																						
三十三歳																						
三十四歳																						
三十五歳							1														1	
三十六歳																			1			
三十七歳																						
三十八歳									1													
三十九歳																						
四十歳																						
四十一歳																						
四十二歳											1											
四十三歳																						
四十四歳																						
四十五歳																						
四十六歳					1																	
四十七歳																						
四十八歳																						
四十九歳																						
五十歳																						
五十一歳																						
五十二歳																						
五十三歳																						
五十四歳																						
五十五歳																						
五十六歳																						
五十七歳																						
五十八歳																						
五十九歳																						
六十歳以上																						
年齢不詳																						
合計	12		4		3		2		4	1	1		1			1	2		1		1	

年齢 \ 職業 \ 男女	125 送風機及気体圧縮機製造業 小使，給仕，雑役者 男	女	見習工 養成工（他ニ分類セラレザルモノ） 男	女	126 農業用機械器具製造業 総数 男	女	経営者 男	女	一般事務者 男	女	記係事務 男	女	製銑工（電気炉ニ依ルモノ） 男	女	製鉄工（熔鉱炉其ノ他ニ依ルモノ） 男	女	非鉄金属製錬工（其ノ他ノ炉ニ依ルモノ） 男	女	金属加熱炉工 男	女	金属板圧延伸張工 男	女
十二歳以下		1	1	1	6	1																
十三歳					7																	
十四歳			3		14	1																
十五歳			1		22	1																
十六歳		1	4		21	1													1			
十七歳	1		2		23				1													
十八歳					16	1											1					
十九歳	1				16	1																
二十歳	1				15																	
二十一歳					13																	
二十二歳					12	1					1		1									
二十三歳					17	2																
二十四歳	1				12																	
二十五歳					14	1																
二十六歳					16	1																
二十七歳					7				1												1	
二十八歳					6	1																
二十九歳	1				15																	
三十歳					8				1													
三十一歳					7	1															1	
三十二歳					8																	
三十三歳					5	1																
三十四歳					10	2									1							
三十五歳					4				1												1	
三十六歳					2																	
三十七歳					2																	
三十八歳					3																	
三十九歳					2																	
四十歳					6																	
四十一歳					4																	
四十二歳					1																	
四十三歳																						
四十四歳					1																	
四十五歳					2																	
四十六歳					2																	
四十七歳																						
四十八歳	1				2																	
四十九歳																						
五十歳					1																	
五十一歳					2																	
五十二歳					1																	
五十三歳																						
五十四歳					2																	
五十五歳																						
五十六歳																						
五十七歳																						
五十八歳	1				1																	
五十九歳					1																	
六十歳以上					1		1															
年齢不詳																						
合計	7	2	11	1	331	16	1		4		1		1		1		1		1		3	

126 農業用機械器具製造業

職業／年齢	金属製管工		金属切断工		鍛冶職, 刃物職		機械火造工		金属熔融工		鋳物木型工		鋳物砂型工		鋳造工		特殊鋳物工		其ノ他ノ金属材料ノ製造加工作業者		ケガキ工	
	男	女	男	女	男	女	男	女	男	女	男	女	男	女	男	女	男	女	男	女	男	女
十二歳以下							1								1							
十三歳					2												1					
十四歳		1			1										1							
十五歳				1	4		1						1		1							
十六歳					3										1				1		1	
十七歳					6										1							
十八歳					4		1								1							
十九歳					4		1										2					
二十歳					1		1						1		4						1	
二十一歳					4								1		2							
二十二歳					3		1				1											
二十三歳					1										3				3			
二十四歳					2										1							
二十五歳					1		1								2				2			
二十六歳					1					1			2		4							
二十七歳																			1			
二十八歳		1													1							
二十九歳					1								2						1			
三十歳					1										2							
三十一歳					2				1						1							
三十二歳					3										2							
三十三歳															2							
三十四歳					1														1		1	
三十五歳													1									
三十六歳					1																	
三十七歳			1																			
三十八歳																						
三十九歳					1														1			
四十歳											1				1							
四十一歳																			1			
四十二歳					1																	
四十三歳																						
四十四歳																						
四十五歳															1							
四十六歳															1							
四十七歳																						
四十八歳																						
四十九歳																						
五十歳																						
五十一歳																						
五十二歳																						
五十三歳																						
五十四歳																						
五十五歳																						
五十六歳																						
五十七歳																						
五十八歳																						
五十九歳																						
六十歳以上																						
年齢不詳																						
合計		2	1	1	48		7		1	1	2		8		33		3		11		3	

126 農業用機械器具製造業

年齢＼職業＼男女	旋盤工(金属ニ加工スルモノ)		旋盤工(木材以外ノ非金属ニ加工スルモノ)		タレット工		ボール盤工		平削盤工,形削盤工,竪削盤工		プライス盤工		研磨盤工,ラップ盤工		ラッピング工(手作業ニ依ルモノ)		撓鉄工		鋲打工		板金工,ブリキ職	
	男	女	男	女	男	女	男	女	男	女	男	女	男	女	男	女	男	女	男	女	男	女
十二歳以下													1									
十三歳	1												1									
十四歳	4		1																			
十五歳	3						1														1	
十六歳	4						1															
十七歳	2						2						1									
十八歳	4																1					
十九歳	1						1				1											
二十歳	1		1						1													
二十一歳	1																					
二十二歳																						
二十三歳	2																					
二十四歳	1				1								2									
二十五歳	1						1															
二十六歳	3												1									
二十七歳	1																					
二十八歳																						
二十九歳	4												2				1					
三十歳																						
三十一歳													1									
三十二歳																			1			
三十三歳	1																					
三十四歳									1		1											
三十五歳																						
三十六歳																						
三十七歳																						
三十八歳																						
三十九歳																						
四十歳																						
四十一歳																						
四十二歳																						
四十三歳																						
四十四歳																						
四十五歳																						
四十六歳																						
四十七歳																						
四十八歳																						
四十九歳																						
五十歳																						
五十一歳																						
五十二歳																						
五十三歳																						
五十四歳															1							
五十五歳																						
五十六歳																						
五十七歳																						
五十八歳																						
五十九歳																						
六十歳以上																						
年齢不詳																						
合計	34		2		1		6		2		2		9		1		2		1		1	

年齢 \ 職業	金属プレス工,打抜工		ガス熔接工		電気熔接工		綱具工,索具工		其ノ他ノ機械器具製作作業者		手仕上工		機械器具部品仕上組立工		機械器具総組立工		機械器具据付工,修理工,保全工		工具保全工		製材工	
	126 農業用機械器具製造業																					
	男	女	男	女	男	女	男	女	男	女	男	女	男	女	男	女	男	女	男	女	男	女
十二歳以下									1	1												
十三歳									1													
十四歳															1							
十五歳									2				1		1							
十六歳									3				1									
十七歳	1								2						1							
十八歳					2				1													
十九歳															1							
二十歳													1								1	
二十一歳											1											
二十二歳									1													
二十三歳		1			1				2								1					
二十四歳	2						1						1									
二十五歳	1								2		1								1			
二十六歳									1				1		1							
二十七歳											1											
二十八歳											1											
二十九歳											1		1									
三十歳									1								2					
三十一歳												1										
三十二歳									1													
三十三歳									1													
三十四歳	1				1																	
三十五歳																						
三十六歳											1											
三十七歳																						
三十八歳																					1	
三十九歳																						
四十歳											1											
四十一歳	1																					
四十二歳																						
四十三歳																						
四十四歳																						
四十五歳																						
四十六歳									1													
四十七歳																						
四十八歳			1																			
四十九歳																						
五十歳																						
五十一歳																	1					
五十二歳																						
五十三歳																						
五十四歳																						
五十五歳																						
五十六歳																						
五十七歳																						
五十八歳																						
五十九歳																						
六十歳以上																						
年齢不詳																						
合計	6	1	1		4		1		20	1	7	1	6		5		4		1		2	

126 農業用機械器具製造業

年齢	木工		建具指物職		其ノ他ノ木,竹,草,蔓類製品ノ製造作業者		其ノ他ノ土木建築作業者		其ノ他ノ電工		バフ磨工		荷造夫,梱包夫,倉庫夫,運搬夫,配達夫		物品売買業者,仲買人		店員,売子,注文取,集金人		小使,給仕,雑役者		見習工,養成工(他ニ分類セラレザルモノ)	
	男	女	男	女	男	女	男	女	男	女	男	女	男	女	男	女	男	女	男	女	男	女
十二歳以下																					1	
十三歳																					1	
十四歳																			2		4	
十五歳																	1				5	
十六歳	1	1																	1		2	
十七歳			1																1		4	
十八歳																				1	1	
十九歳						1							1						3			
二十歳																			2			
二十一歳	1										2								1			
二十二歳											1								3	1		
二十三歳											2		1						1	1		
二十四歳																			1			
二十五歳																			1	1		
二十六歳	2																					
二十七歳							1				1											
二十八歳											1								3			
二十九歳													1		1				1			
三十歳																						
三十一歳									1										1			
三十二歳																						
三十三歳						1													1			
三十四歳						1													2	1		
三十五歳																			1			
三十六歳																						
三十七歳													1									
三十八歳	1																		1			
三十九歳																						
四十歳																			2			
四十一歳																			2			
四十二歳																						
四十三歳																						
四十四歳																						
四十五歳							1															
四十六歳																			1			
四十七歳																						
四十八歳											1											
四十九歳																						
五十歳	1																					
五十一歳																			1			
五十二歳							1															
五十三歳																						
五十四歳					1																	
五十五歳																						
五十六歳																						
五十七歳																						
五十八歳																			1			
五十九歳																			1			
六十歳以上																						
年齢不詳																						
合計	6	1	1		1	3	3		1		8		4		1		1		34	5	18	

年齢 ＼ 職業 ＼ 男女	其ノ他ノ作業者		127土木建築用機械器具製造業																					
			総数		一般事務者		販売仕入係事務者		機械技術者		化学技術者		製罐工(平炉其ノ他ニ依ルモノ)		造塊工		其ノ他ノ金属製錬作業者		其ノ他ノ製図工		金属製管工	
	男	女	男	女	男	女	男	女	男	女	男	女	男	女	男	女	男	女	男	女	男	女
十二歳以下	1		1																			
十三歳																						
十四歳			5	1																		
十五歳			5	1																		
十六歳	1		10	1		1																
十七歳			15	1					1										1			
十八歳			10								1											
十九歳	1		14														1					
二十歳			19										1									
二十一歳			7																			
二十二歳			11		1																	
二十三歳			11																			
二十四歳			1																			
二十五歳			11																			
二十六歳			7																			
二十七歳			10		1																	
二十八歳			7																			
二十九歳			4				1															
三十歳	1		6																			
三十一歳			5																			
三十二歳			6																			
三十三歳			3																			
三十四歳			7																			
三十五歳			2																			
三十六歳																						
三十七歳			2																			
三十八歳			3												1							
三十九歳			1																			
四十歳	1																					
四十一歳			1																			
四十二歳			3																		1	
四十三歳			1																			
四十四歳			3																			
四十五歳																						
四十六歳																						
四十七歳			1																			
四十八歳			3																			
四十九歳			1																			
五十歳																						
五十一歳			1																			
五十二歳			1																			
五十三歳																						
五十四歳																						
五十五歳																						
五十六歳																						
五十七歳																						
五十八歳																						
五十九歳			1																			
六十歳以上																						
年齢不詳																						
合計	5		205	4	2	1	1		1		1		1		1		1		1		1	

127 土木建築用機械器具製造業

年齢＼職業	金属小物圧延伸張工		金属切断工		鍛冶職、刃物職		機械火造工		熱処理工		鋳造工		其ノ他ノ金属材料ノ製造加工作業者		旋盤工（金属ニ加工スルモノ）		旋盤工（木材以外ノ非金属ニ加工スルモノ）		卓上旋盤工、小型機械工		ボール盤工	
	男	女	男	女	男	女	男	女	男	女	男	女	男	女	男	女	男	女	男	女	男	女
十二歳以下																						
十三歳																						
十四歳															1		1				2	
十五歳			1				1								1							
十六歳					1		1								4				1	1		
十七歳							2														1	
十八歳															4							
十九歳					2		2		1				1		2							
二十歳					3		2								3							
二十一歳							2								1						1	
二十二歳	1										1				1		1				1	
二十三歳					1						1		1								1	
二十四歳					1		2				1		1									
二十五歳					1		3															
二十六歳					1		1														2	
二十七歳					2						1										1	
二十八歳							2						1		1							
二十九歳																						
三十歳					1		1								1							
三十一歳															1							
三十二歳			2				2															
三十三歳					1																	
三十四歳											1										2	
三十五歳							1															
三十六歳																						
三十七歳																						
三十八歳																						
三十九歳							1															
四十歳																						
四十一歳																						
四十二歳											1											
四十三歳									1													
四十四歳					1																	
四十五歳																						
四十六歳																						
四十七歳													1									
四十八歳																						
四十九歳					1																	
五十歳																						
五十一歳																						
五十二歳																						
五十三歳																						
五十四歳																						
五十五歳																						
五十六歳																						
五十七歳																						
五十八歳																						
五十九歳							1															
六十歳以上																						
年齢不詳																						
合計	1		3		16		24		2		6		5		20		2		1	1	11	

127 土木建築用機械器具製造業

職業 / 年齢	研磨盤工, ラツプ盤工 男	研磨盤工, ラツプ盤工 女	撓鉄工 男	撓鉄工 女	鋲打工 男	鋲打工 女	板金工, ブリキ職 男	板金工, ブリキ職 女	金属プレス工, 打抜工 男	金属プレス工, 打抜工 女	ドラム罐, ブリキ罐製造工 男	ドラム罐, ブリキ罐製造工 女	ガス熔接工 男	ガス熔接工 女	刃物研ギ工 男	刃物研ギ工 女	其ノ他ノ機械器具製作作業者 男	其ノ他ノ機械器具製作作業者 女	手仕上工 男	手仕上工 女	機械器具部品仕上組立工 男	機械器具部品仕上組立工 女
十二歳以下																						
十三歳																						
十四歳																						
十五歳																						
十六歳													1									
十七歳			1						1								1		3		1	
十八歳																						
十九歳																			2			
二十歳					2								1				1		1			
二十一歳																						
二十二歳													1						1			
二十三歳			1										1						3			
二十四歳	1						1															
二十五歳																			1			
二十六歳																	1					
二十七歳													1				1				1	
二十八歳																	2					
二十九歳					1												1		1			
三十歳													1				1					
三十一歳	1				1																	
三十二歳																	1					
三十三歳	1																					
三十四歳					1																	
三十五歳					1																	
三十六歳																						
三十七歳																			1			
三十八歳							1															
三十九歳																						
四十歳																						
四十一歳											1											
四十二歳															1							
四十三歳																						
四十四歳					1																	
四十五歳																						
四十六歳																						
四十七歳																						
四十八歳																			1			
四十九歳																						
五十歳																						
五十一歳																						
五十二歳					1																	
五十三歳																						
五十四歳																						
五十五歳																						
五十六歳																						
五十七歳																						
五十八歳																						
五十九歳																						
六十歳以上																						
年齢不詳																						
合計	3		2		8		2		1		1		6		1		9		14		2	

127 土木建築用機械器具製造業

年齢 \ 職業 \ 男女	機械器具総組立工		機械器具装置工,修繕工,保全工		工具保全工		木工		鉄筋工,鉄網工		其ノ他ノ土木建築作業者		塗装工		選別工,検査工		自動車運転手		荷扱夫,仲仕,倉庫夫,運搬夫,配達夫		火夫,油差	
	男	女	男	女	男	女	男	女	男	女	男	女	男	女	男	女	男	女	男	女	男	女
十二歳以下							1															
十三歳																						
十四歳																1						
十五歳																					1	
十六歳											1											
十七歳																1			2			
十八歳							1															
十九歳	1																		1			
二十歳																			3			
二十一歳	1				1																	
二十二歳			1				1															
二十三歳									1										1			
二十四歳	1																		1			
二十五歳	2																					
二十六歳																						
二十七歳									1		1											
二十八歳																						
二十九歳																						
三十歳																	1					
三十一歳	1																					
三十二歳																						
三十三歳											1											
三十四歳													1						1			
三十五歳																						
三十六歳																						
三十七歳																						
三十八歳	1																					
三十九歳																						
四十歳																						
四十一歳																						
四十二歳																						
四十三歳																						
四十四歳																			1			
四十五歳																						
四十六歳																						
四十七歳																						
四十八歳																			1			
四十九歳																						
五十歳																						
五十一歳																						
五十二歳																						
五十三歳																						
五十四歳																						
五十五歳																						
五十六歳																						
五十七歳																						
五十八歳																						
五十九歳																						
六十歳以上																						
年齢不詳																						
合計	7		1		1		3		2		3		1			2	1		11		1	

年齢 \ 職業 \ 男女	127 土木建築用機械器具製造業 小使, 給仕, 雑役者		見習工 養成工（他ニ分類セラレザルモノ）		其ノ他ノ作業者		128 度量衡器製造業 総数		機械火造工		鋳造工		其ノ他ノ金属材料ノ製造加工作業者		旋盤工（金属ニ加工スルモノ）		旋盤工（木材以外ノ非金属ニ加工スルモノ）		ボール盤工		撓鉄工	
	男	女	男	女	男	女	男	女	男	女	男	女	男	女	男	女	男	女	男	女	男	女
十二歳以下																						
十三歳							2	1									1					
十四歳			1				4	1			1											
十五歳							4	1							3							
十六歳			2				2															
十七歳	1						7	1			2											
十八歳	4						4								1							
十九歳	1						7		1						3							
二十歳							3								1							
二十一歳	1						5				1											
二十二歳					1		3				1											
二十三歳							1								1							
二十四歳							3								1						1	
二十五歳	3		1				1															
二十六歳	2						2															
二十七歳							2						1									
二十八歳	1						4				1								1			
二十九歳																						
三十歳							3				2											
三十一歳	1						2						1									
三十二歳	1						1								1							
三十三歳							2				1											
三十四歳	1																					
三十五歳																						
三十六歳																						
三十七歳	1																					
三十八歳							2															
三十九歳																						
四十歳																						
四十一歳																						
四十二歳																						
四十三歳																						
四十四歳																						
四十五歳																						
四十六歳																						
四十七歳																						
四十八歳	1																					
四十九歳																						
五十歳																						
五十一歳	1																					
五十二歳																						
五十三歳																						
五十四歳																						
五十五歳																						
五十六歳																						
五十七歳																						
五十八歳																						
五十九歳																						
六十歳以上																						
年齢不詳																						
合計	19		4		1		64	4	1		9		2		11		1		1		1	

産業 職業 男女 年齢	128 度 量衡器製造業																					
	金属プレス工, 打抜工		其ノ他ノ目盛工		其ノ他ノ機械器具製作作業者		手仕上工		機械器具部品仕上組立工		機械器具総組立工		計器組立工		印刷工		自動車運転手		荷扱夫, 梱包夫, 倉庫夫, 運搬夫, 配達夫		店員, 売子, 注文取, 集金人	
	男	女	男	女	男	女	男	女	男	女	男	女	男	女	男	女	男	女	男	女	男	女
十二歳以下																						
十三歳												/	/									
十四歳																/						
十五歳												/			/							
十六歳													/									
十七歳			/										3									
十八歳	/								/				/									
十九歳													/				/					
二十歳													2									
二十一歳					/		/						/									
二十二歳			/										/									
二十三歳																						
二十四歳																			/			
二十五歳													/									
二十六歳							/														/	
二十七歳													/									
二十八歳					/																	
二十九歳																						
三十歳					/																	
三十一歳	/																					
三十二歳																						
三十三歳																			/			
三十四歳																						
三十五歳																						
三十六歳																						
三十七歳																						
三十八歳			/										/									
三十九歳																						
四十歳																						
四十一歳																						
四十二歳																						
四十三歳																						
四十四歳																						
四十五歳																						
四十六歳																						
四十七歳																						
四十八歳																						
四十九歳																						
五十歳																						
五十一歳																						
五十二歳																						
五十三歳																						
五十四歳																						
五十五歳																						
五十六歳																						
五十七歳																						
五十八歳																						
五十九歳																						
六十歳以上																						
年齢不詳																						
合計	2		3		3		2		/			2	14		/	/	/		2		/	

年齢 \ 産業 職業 男女	128度量衡器製造業				129ガスメートル及水道メートル製造業																130寒暖計製造業	
	小使,給仕,雑役者		見習工養成工(他ニ分類セラレザルモノ)		総数		機械製図工		旋盤工(木材以外ノ非金属ニ加工スルモノ)		手仕上工		計器組立工		工具保全工		荷造夫,倉庫夫,運搬夫,配達夫		見習工養成工(他ニ分類セラレザルモノ)		総数	
	男	女	男	女	男	女	男	女	男	女	男	女	男	女	男	女	男	女	男	女	男	女
十二歳以下					1														1			
十三歳					2														2			1
十四歳	2		1		1														1			
十五歳					1				1													
十六歳	1				1														1		2	
十七歳	1	1			1		1															
十八歳						1										1						
十九歳			1																		1	
二十歳																						
二十一歳	1																					
二十二歳																						
二十三歳					1						1											
二十四歳																						
二十五歳					1												1					
二十六歳																						
二十七歳																						
二十八歳	1																				1	
二十九歳					1												1					
三十歳																						
三十一歳					2								1				1					
三十二歳																						
三十三歳																						
三十四歳					1												1					
三十五歳																						
三十六歳																						
三十七歳																						
三十八歳																						
三十九歳																						
四十歳																						
四十一歳																						
四十二歳																						
四十三歳																						
四十四歳					1												1					
四十五歳																						
四十六歳																						
四十七歳																						
四十八歳																						
四十九歳																						
五十歳																						
五十一歳																						
五十二歳																						
五十三歳																						
五十四歳																						
五十五歳																						
五十六歳																						
五十七歳																						
五十八歳																						
五十九歳																						
六十歳以上																						
年齢不詳																						
合計	6	1	2		14	1	1		1		1		1			1	5		5		4	1

年齢 \ 産業・職業・男女	130寒暖計製造業 機械技術者 男	130寒暖計製造業 機械技術者 女	130寒暖計製造業 ガラス目盛工 男	130寒暖計製造業 ガラス目盛工 女	130寒暖計製造業 ガラス吹工 男	130寒暖計製造業 ガラス吹工 女	130寒暖計製造業 見習工・養成工（他ニ分類セラレザルモノ） 男	130寒暖計製造業 見習工・養成工（他ニ分類セラレザルモノ） 女	131体温計製造業 総数 男	131体温計製造業 総数 女	131体温計製造業 ガラス目盛工 男	131体温計製造業 ガラス目盛工 女	131体温計製造業 見習工・養成工（他ニ分類セラレザルモノ） 男	131体温計製造業 見習工・養成工（他ニ分類セラレザルモノ） 女	132電気計器製造業 総数 男	132電気計器製造業 総数 女	132電気計器製造業 一般事務者 男	132電気計器製造業 一般事務者 女	132電気計器製造業 機械技術者 男	132電気計器製造業 機械技術者 女	132電気計器製造業 電気技術者 男	132電気計器製造業 電気技術者 女
十二歳以下																						
十三歳								1		1		1			2	2						
十四歳															4	3						
十五歳															5							
十六歳					1		1								14	2						
十七歳															4	1		1				
十八歳															5	1						
十九歳	1														3							
二十歳															3							
二十一歳															5							
二十二歳															3		1					
二十三歳															4				1			
二十四歳															3	1						
二十五歳															4						1	
二十六歳															2							
二十七歳															3	1						
二十八歳			1						1		1				3							
二十九歳									2		1		1		2						1	
三十歳															2							
三十一歳															1							
三十二歳															1							
三十三歳															1							
三十四歳															1						1	
三十五歳																						
三十六歳																						
三十七歳																						
三十八歳																						
三十九歳															1							
四十歳																						
四十一歳																						
四十二歳															2							
四十三歳																						
四十四歳																						
四十五歳																						
四十六歳																						
四十七歳																						
四十八歳																						
四十九歳																						
五十歳																						
五十一歳																						
五十二歳																						
五十三歳																						
五十四歳																						
五十五歳																						
五十六歳																						
五十七歳																						
五十八歳																						
五十九歳																						
六十歳以上																						
年齢不詳																						
合計	1		1		1		1	1	3	1	2	1	1		78	11	1	1	1		3	

年齢 \ 職業 男女	132電気計器製造業																							
	機械製図工		其ノ他ノ製図工		機械火造工		旋盤工(金属ニ加工スルモノ)		卓上旋盤工,小型機械工		平削盤工,形削盤工,竪削盤工		金属プレス工,打抜工		其ノ他ノ目盛工		手仕上工		機械器具部品仕上組立工		計器組立工	
	男	女	男	女	男	女	男	女	男	女	男	女	男	女	男	女	男	女	男	女	男	女	男	女
十二歳以下																								
十三歳														/							/	/		
十四歳									/							/				/				
十五歳							2										/				/			
十六歳							/		/		/			/			/			/	3			
十七歳							/										/				/			
十八歳							/														2			
十九歳			/														/							
二十歳																								
二十一歳																	/				3			
二十二歳																	/				/			
二十三歳															/						2			
二十四歳																	/				/			
二十五歳					/																/			
二十六歳																	/				/			
二十七歳		/	/										/											
二十八歳									/				/											
二十九歳																								
三十歳																	/				/			
三十一歳																								
三十二歳																			/					
三十三歳									/															
三十四歳																								
三十五歳																								
三十六歳																								
三十七歳																								
三十八歳																								
三十九歳													/											
四十歳																								
四十一歳																								
四十二歳													/											
四十三歳																								
四十四歳																								
四十五歳																								
四十六歳																								
四十七歳																								
四十八歳																								
四十九歳																								
五十歳																								
五十一歳																								
五十二歳																								
五十三歳																								
五十四歳																								
五十五歳																								
五十六歳																								
五十七歳																								
五十八歳																								
五十九歳																								
六十歳以上																								
年齢不詳																								
合計		/	2		/		5		4		/		4	2	/	/	8		/	2	18	/		

産業 / 職業 / 男女 / 年齢	132 電気計器製造業																				133 計圧器類製造業	
	電気機械器具組立工		電気通信機組立工		其ノ他ノ電工		塗装工		実験工, 試験工, 分析工		機械器具部品検査工		選別工, 検査工		包装掛, 壜詰工, 罐詰工		見習工, 養成工 (他ニ分類セラレザルモノ)		其ノ他ノ作業者		総数	
	男	女	男	女	男	女	男	女	男	女	男	女	男	女	男	女	男	女	男	女	男	女
十二歳以下																						
十三歳																	1					
十四歳	1																2			1		
十五歳																	1					
十六歳									1								6					
十七歳	1				1																	
十八歳	1				1											1					3	
十九歳					1																	
二十歳	2				1																1	
二十一歳													1									
二十二歳																						
二十三歳																						
二十四歳					1							1										
二十五歳	1																				1	
二十六歳																						
二十七歳											1											
二十八歳	1																					
二十九歳			1																			
三十歳																						
三十一歳	1																					
三十二歳																						
三十三歳																						
三十四歳																						
三十五歳																						
三十六歳																						
三十七歳																					1	
三十八歳																					1	
三十九歳																						
四十歳																						
四十一歳																						
四十二歳							1															
四十三歳																						
四十四歳																						
四十五歳																						
四十六歳																						
四十七歳																						
四十八歳																						
四十九歳																						
五十歳																						
五十一歳																						
五十二歳																						
五十三歳																						
五十四歳																						
五十五歳																						
五十六歳																						
五十七歳																						
五十八歳																						
五十九歳																						
六十歳以上																						
年齢不詳																						
合計	8		1		5		1		1		1	1	1			1	10			1	7	

年齢 \ 職業 \ 男女	133計圧器類製造業														134其ノ他ノ計器製造業							
	一般事務者		旋盤工(金属ニ加工スルモノ)		金属プレス工, 打抜工		計器組立工		機械器具装置工, 据付工, 保全工		自動車運転手		小使, 給仕, 雑役者		総数		経営者		一般事務者		其ノ他ノ工業技術者	
	男	女	男	女	男	女	男	女	男	女	男	女	男	女	男	女	男	女	男	女	男	女
十二歳以下																						
十三歳															1							
十四歳															5							
十五歳															2	1						
十六歳															7	1			1			
十七歳															4							
十八歳			1		1						1				7							
十九歳															4	1						
二十歳															2							
二十一歳															4							
二十二歳															3							
二十三歳															2							
二十四歳																						
二十五歳							1								4							
二十六歳															4							
二十七歳															1							
二十八歳															1							
二十九歳															1							
三十歳															4		1					
三十一歳															3						1	
三十二歳																						
三十三歳																						
三十四歳															2							
三十五歳																						
三十六歳																						
三十七歳									1						1							
三十八歳																						
三十九歳																						
四十歳															1							
四十一歳																						
四十二歳															1							
四十三歳																						
四十四歳																						
四十五歳																						
四十六歳																						
四十七歳																						
四十八歳																						
四十九歳																						
五十歳																						
五十一歳																						
五十二歳																						
五十三歳																						
五十四歳																						
五十五歳																						
五十六歳																						
五十七歳																						
五十八歳																						
五十九歳																						
六十歳以上																						
年齢不詳																						
合計	1		1		1		1		1		1		1		64	3	1		1		1	

134 其ノ他ノ計器製造業

年齢 \ 職業 男女	非鉄金属製錬工(化学操作ニ依ルモノ) 男	非鉄金属製錬工(化学操作ニ依ルモノ) 女	機械製図工 男	機械製図工 女	鍛冶職,刃物職 男	鍛冶職,刃物職 女	熱処理工 男	熱処理工 女	荷造工 男	荷造工 女	其ノ他ノ金属材料ノ製造加工作業者 男	其ノ他ノ金属材料ノ製造加工作業者 女	旋盤工(金属ニ加工スルモノ) 男	旋盤工(金属ニ加工スルモノ) 女	タレット工 男	タレット工 女	卓上旋盤工,小型機械工 男	卓上旋盤工,小型機械工 女	ボール盤工 男	ボール盤工 女	平削盤工,形削盤工,竪削盤工 男	平削盤工,形削盤工,竪削盤工 女
十二歳以下																						
十三歳																						
十四歳													2									
十五歳													1									
十六歳													3				1					
十七歳			1																			
十八歳	1												3									
十九歳																						
二十歳															1							
二十一歳									1				1									
二十二歳																			1			
二十三歳																						
二十四歳																						
二十五歳															1							
二十六歳					1		1						1								1	
二十七歳																						
二十八歳																						
二十九歳																						
三十歳	1																					
三十一歳																						
三十二歳																						
三十三歳																						
三十四歳																						
三十五歳																						
三十六歳																						
三十七歳																						
三十八歳																						
三十九歳																						
四十歳																						
四十一歳																						
四十二歳																						
四十三歳																						
四十四歳																						
四十五歳																						
四十六歳																						
四十七歳																						
四十八歳																						
四十九歳																						
五十歳																						
五十一歳																						
五十二歳																						
五十三歳																						
五十四歳																						
五十五歳																						
五十六歳																						
五十七歳																						
五十八歳																						
五十九歳																						
六十歳以上																						
年齢不詳																						
合計	2		1		1		1		1		1		11		2		1		1		1	

年齢＼職業＼男女	研磨盤工，ラップ盤工 男	研磨盤工，ラップ盤工 女	金属プレス工，打抜工 男	金属プレス工，打抜工 女	ガス熔接工 男	ガス熔接工 女	其ノ他ノ機械器具製作作業者 男	其ノ他ノ機械器具製作作業者 女	手仕上工 男	手仕上工 女	機械器具部品仕上組立工 男	機械器具部品仕上組立工 女	計器組立工 男	計器組立工 女	見習工，養成工（他ニ分類セラレザルモノ） 男	見習工，養成工（他ニ分類セラレザルモノ） 女	木型工（鋳物木型工ヲ除ク） 男	木型工（鋳物木型工ヲ除ク） 女	小使，給仕，雑役者 男	小使，給仕，雑役者 女	見習工，養成工（他ニ分類セラレザルモノ） 男	見習工，養成工（他ニ分類セラレザルモノ） 女
十二歳以下																						
十三歳																			1			
十四歳													1								2	
十五歳																				1	1	
十六歳			1								1									1		
十七歳									2				1									
十八歳											1		1		1							
十九歳									1				1			1					2	
二十歳																					1	
二十一歳									2													
二十二歳					1				1													
二十三歳																			1		1	
二十四歳																						
二十五歳									2												1	
二十六歳																						
二十七歳											1											
二十八歳									1													
二十九歳							1															
三十歳									1								1					
三十一歳	1																		1			
三十二歳																						
三十三歳																						
三十四歳													1									
三十五歳																						
三十六歳																						
三十七歳													1									
三十八歳																						
三十九歳																						
四十歳																			1			
四十一歳																						
四十二歳											1											
四十三歳																						
四十四歳																						
四十五歳																						
四十六歳																						
四十七歳																						
四十八歳																						
四十九歳																						
五十歳																						
五十一歳																						
五十二歳																						
五十三歳																						
五十四歳																						
五十五歳																						
五十六歳																						
五十七歳																						
五十八歳																						
五十九歳																						
六十歳以上																						
年齢不詳																						
合計	1		1		1		1		10		4		6		1	1	1		4	2	8	

年齢 ＼ 職業 ＼ 男女	135電気時計製造業 総数 男	総数 女	旋盤工(金属ニ加工スルモノ) 男	旋盤工 女	手仕上工 男	手仕上工 女	計器組立工 男	計器組立工 女	136其ノ他ノ時計製造業 総数 男	総数 女	一般事務者 男	一般事務者 女	其ノ他ノ金属製錬作業者 男	其ノ他ノ金属製錬作業者 女	金属小物圧延伸張工 男	金属小物圧延伸張工 女	金属切断工 男	金属切断工 女	鋳造工 男	鋳造工 女	其ノ他ノ金属材料ノ製造加工作業者 男	其ノ他ノ金属材料ノ製造加工作業者 女
十二歳以下									2	2												
十三歳									5	4												
十四歳									5	1												
十五歳	1		1						10	4												
十六歳									5	1	1										1	
十七歳									6	3				1		1						
十八歳									4	1												
十九歳									10	1					1						1	1
二十歳									9													
二十一歳									2													
二十二歳									6						1							
二十三歳									4													
二十四歳									3													
二十五歳									2								1					
二十六歳									2													
二十七歳									5													
二十八歳	1		1						3													
二十九歳									4										1			
三十歳	1						1		5													
三十一歳									5													
三十二歳									3													
三十三歳	1				1				2													
三十四歳									1													
三十五歳									4													
三十六歳																						
三十七歳									1													
三十八歳																						
三十九歳									1													
四十歳									1													
四十一歳									2													
四十二歳																						
四十三歳									1													
四十四歳																						
四十五歳																						
四十六歳																						
四十七歳																						
四十八歳																						
四十九歳									1													
五十歳																						
五十一歳									3										1			
五十二歳																						
五十三歳																						
五十四歳																						
五十五歳																						
五十六歳																						
五十七歳																						
五十八歳																						
五十九歳																						
六十歳以上																						
年齢不詳																						
合計	4		2		1		1		117	17	1			1	2	1	1		2		2	1

136其ノ他ノ時計製造業

年齢＼職業＼男女	旋盤工(金属ニ加工スルモノ)		旋盤工(木材以外ノ非金属ニ加工スルモノ)		卓上旋盤工,小型機械工		歯切盤工		研磨盤工,ラツプ盤工		金属プレス工,打抜工		鍛附工		金属彫刻工		其ノ他ノ機械器具製作作業者		手仕上工		時計組立工,修繕工	
	男	女	男	女	男	女	男	女	男	女	男	女	男	女	男	女	男	女	男	女	男	女
十二歳以下																					1	1
十三歳	2				1					1										1	1	
十四歳	2									1											1	
十五歳	1				1		1		1					1					1		5	
十六歳																					3	1
十七歳	1														1		1				2	1
十八歳	1				1																2	1
十九歳	2		1		1																2	
二十歳	2																				4	
二十一歳																			1		1	
二十二歳	1																				4	
二十三歳											1										3	
二十四歳																			1		2	
二十五歳																					1	
二十六歳					1																1	
二十七歳																					4	
二十八歳																					3	
二十九歳																					3	
三十歳					1																4	
三十一歳																					5	
三十二歳																	1				2	
三十三歳																					2	
三十四歳																					1	
三十五歳																					4	
三十六歳																						
三十七歳																						
三十八歳																						
三十九歳																					1	
四十歳	1																					
四十一歳																					2	
四十二歳																						
四十三歳																					1	
四十四歳																						
四十五歳																						
四十六歳																						
四十七歳																						
四十八歳																						
四十九歳																					1	
五十歳																						
五十一歳																					2	
五十二歳																						
五十三歳																						
五十四歳																						
五十五歳																						
五十六歳																						
五十七歳																						
五十八歳																						
五十九歳																						
六十歳以上																						
年齢不詳																						
合計	13		1		6		1		1	2	1			1	1		2		3	1	68	4

職業 / 年齢 / 男女	136 其ノ他ノ時計製造業														137 測量機械器具製造業							
	其ノ他ノ製品ノ製造作業者		パフ磨工		選別工, 検査工		荷造夫, 仲仕, 倉庫夫, 運搬夫, 配達夫		店員, 売子, 注文取, 集金人		小使, 給仕, 雑役者		見習工, 養成工(他ニ分類セラレザルモノ)		総数		経営者		タイピスト, 筆耕		旋盤工(金属ニ加工スルモノ)	
	男	女	男	女	男	女	男	女	男	女	男	女	男	女	男	女	男	女	男	女	男	女
十二歳以下											1	1										
十三歳						1							1	1	1							
十四歳									1				1		1						1	
十五歳				1								1		1	3						2	
十六歳																						
十七歳											1				2	2						
十八歳																1				1		
十九歳													2		2							
二十歳	1								1				1		2							
二十一歳															4						1	
二十二歳															1							
二十三歳																						
二十四歳															1							
二十五歳															2							
二十六歳															1							
二十七歳			1																			
二十八歳																						
二十九歳															2						1	
三十歳																						
三十一歳																						
三十二歳															1		1					
三十三歳															1							
三十四歳																						
三十五歳																						
三十六歳																						
三十七歳							1															
三十八歳																						
三十九歳																						
四十歳																						
四十一歳																						
四十二歳																						
四十三歳																						
四十四歳															1							
四十五歳																						
四十六歳																						
四十七歳																						
四十八歳																						
四十九歳																						
五十歳																						
五十一歳																						
五十二歳															1		1					
五十三歳																						
五十四歳																						
五十五歳																						
五十六歳																						
五十七歳																						
五十八歳																						
五十九歳																						
六十歳以上																						
年齢不詳																						
合計	1		1	1		1	1		2		2	2	5	2	26	3	2			1	5	

年齢＼職業・男女	137測量機械器具製造業																					
	旋盤工(木材以外ノ非金属ニ加工スルモノ)		卓上旋盤工,小型機械工		平削盤工,形削盤工,竪削盤工		歯切盤工		其ノ他ノ機械器具製作作業者		手仕上工		機械器具部品仕上組立工		機械器具総組立工		機械器具検査工		小使,給仕,雑役者		見習工,養成工(他ニ分類セラレザルモノ)	
	男	女	男	女	男	女	男	女	男	女	男	女	男	女	男	女	男	女	男	女	男	女
十二歳以下																						
十三歳			/																			
十四歳																						
十五歳									/													
十六歳																						
十七歳											/							/	/			/
十八歳																						
十九歳					/								/									
二十歳	/												/									
二十一歳					/						/				/							
二十二歳																			/			
二十三歳																						
二十四歳					/																	
二十五歳											/								/			
二十六歳											/											
二十七歳																						
二十八歳																						
二十九歳																			/			
三十歳																						
三十一歳																						
三十二歳																						
三十三歳							/															
三十四歳																						
三十五歳																						
三十六歳																						
三十七歳																						
三十八歳																						
三十九歳																						
四十歳																						
四十一歳																						
四十二歳																						
四十三歳																						
四十四歳													/									
四十五歳																						
四十六歳																						
四十七歳																						
四十八歳																						
四十九歳																						
五十歳																						
五十一歳																						
五十二歳																						
五十三歳																						
五十四歳																						
五十五歳																						
五十六歳																						
五十七歳																						
五十八歳																						
五十九歳																						
六十歳以上																						
年齢不詳																						
合計	/		/		3		/		/		4		3		/			/	4			1

138 試験及検査機械器具製造業

年齢 \ 職業 \ 男女	総数		経営者		一般事務者		機械技術者		機械火造工		其ノ他ノ金属材料ノ製造加工作業者		旋盤工(金属ニ加工スルモノ)		旋盤工(木材以外ノ非金属ニ加工スルモノ)		研磨盤工, ラツプ盤工		鋲打工		金属プレス工, 打抜工	
	男	女	男	女	男	女	男	女	男	女	男	女	男	女	男	女	男	女	男	女	男	女
十二歳以下																						
十三歳	1												1									
十四歳	2	1																				
十五歳	4												2									
十六歳	2												1									
十七歳	5												1								1	
十八歳	8												3									
十九歳	7												3				1					
二十歳	6												3		1							
二十一歳	4																1				1	
二十二歳	2						1															
二十三歳	5				1								3				1					
二十四歳	4						1						2									
二十五歳	4												1				1					
二十六歳	3												2									
二十七歳	6								1		1											
二十八歳	1												1									
二十九歳	3		1																			
三十歳	1																		1			
三十一歳	2												1									
三十二歳	2				1																	
三十三歳																						
三十四歳																						
三十五歳	3								1				1									
三十六歳	1																					
三十七歳																						
三十八歳	1												1									
三十九歳																						
四十歳																						
四十一歳																						
四十二歳																						
四十三歳																						
四十四歳																						
四十五歳																						
四十六歳																						
四十七歳																						
四十八歳																						
四十九歳																						
五十歳																						
五十一歳																						
五十二歳																						
五十三歳																						
五十四歳																						
五十五歳																						
五十六歳																						
五十七歳																						
五十八歳																						
五十九歳																						
六十歳以上																						
年齢不詳																						
合計	77	1	1		2		2		2		1		26		1		4		1		2	

年齢＼産業・職業・男女	138試験及検査機械器具製造業																				139学術用機械器具製造業	
	ガス熔接工		手仕上工		機械器具部品仕上組立工		計器組立工		紡績工		塗装工		機械器具検査工		荷造夫, 梱仕, 倉庫夫, 運搬夫, 配達夫		小使, 給仕, 雑役者		見習工, 養成工（他ニ分類セラレザルモノ）		総数	
	男	女	男	女	男	女	男	女	男	女	男	女	男	女	男	女	男	女	男	女	男	女
十二歳以下																						
十三歳																						
十四歳			1							1									1		8	
十五歳							1												1		3	
十六歳																			1		3	
十七歳			1														1		1		10	1
十八歳			1		1												3				8	
十九歳					1										1				1		1	
二十歳			1		1																1	1
二十一歳			2																		1	
二十二歳					1																4	
二十三歳																						
二十四歳													1								1	
二十五歳			1								1										2	
二十六歳																	1				1	
二十七歳			4																		3	
二十八歳																					1	
二十九歳			1		1																	
三十歳																					1	
三十一歳			1																		1	
三十二歳			1																			
三十三歳																						
三十四歳																						
三十五歳	1																				1	
三十六歳			1																			
三十七歳																						
三十八歳																						
三十九歳																						
四十歳																						
四十一歳																						
四十二歳																						
四十三歳																						
四十四歳																						
四十五歳																						
四十六歳																						
四十七歳																					1	
四十八歳																						
四十九歳																						
五十歳																						
五十一歳																						
五十二歳																						
五十三歳																						
五十四歳																						
五十五歳																						
五十六歳																						
五十七歳																						
五十八歳																						
五十九歳																						
六十歳以上																						
年齢不詳																						
合計	1		15		5		1			1	1		1		1		5		5		51	2

年齢 ＼ 職業・男女	139学術用機械器具製造業																					
	経営者		一般事務者		其ノ他ノ理化学研究員		機械製図工		金属切断工		其ノ他ノ金属材料ノ製造加工作業者		旋盤工(金属ニ加工スルモノ)		旋盤工(木材以外ノ非金属ニ加工スルモノ)		ボール盤工		プライス盤工		金属プレス工, 打抜工	
	男	女	男	女	男	女	男	女	男	女	男	女	男	女	男	女	男	女	男	女	男	女
十二歳以下																						
十三歳																						
十四歳											2						1		1			
十五歳													1		1							
十六歳																						
十七歳				1			2				2		1									
十八歳			1																			
十九歳									1													
二十歳				1															1			
二十一歳																						
二十二歳													1									
二十三歳																						
二十四歳																						
二十五歳																						
二十六歳			1																			
二十七歳					1														1		1	
二十八歳																						
二十九歳																						
三十歳																						
三十一歳																						
三十二歳																						
三十三歳																						
三十四歳																						
三十五歳	1																					
三十六歳																						
三十七歳																						
三十八歳																						
三十九歳																						
四十歳																						
四十一歳																						
四十二歳																						
四十三歳																						
四十四歳																						
四十五歳																						
四十六歳																						
四十七歳																						
四十八歳																						
四十九歳																						
五十歳																						
五十一歳																						
五十二歳																						
五十三歳																						
五十四歳																						
五十五歳																						
五十六歳																						
五十七歳																						
五十八歳																						
五十九歳																						
六十歳以上																						
年齢不詳																						
合計	1		2	2	1		2		1		4		3		1		1		3		1	

年齢＼職業＼男女	139学術用機械器具製造業																		140医療用機械器具製造業			
	電気熔接工		手仕上工		機械器具部品仕上組立工		機械器具総組立工		鋳職		ガラス加工工，細工工		其ノ他ノ製品ノ製造作業者		パフ磨工		塗装工 晃漆工（他ニ分類セラレザルモノ）		総数		経営者	
	男	女	男	女	男	女	男	女	男	女	男	女	男	女	男	女	男	女	男	女	男	女
十二歳以下																			3	1		
十三歳																			8	3		
十四歳																	4		12	2		
十五歳			1																10	1		
十六歳			2						1										16			
十七歳			1		2						1		1						20	2		
十八歳			4		2						1								10			
十九歳																			13			
二十歳																			12			
二十一歳			1																5	2		
二十二歳	1		2																6	1		
二十三歳																			8		1	
二十四歳			1																7			
二十五歳			1				1												7	1		
二十六歳																			7			
二十七歳																			6			
二十八歳			1																9	1		
二十九歳																			4			
三十歳															1				6			
三十一歳											1								2	1		
三十二歳																			6			
三十三歳																			1			
三十四歳																			2			
三十五歳																			4			
三十六歳																						
三十七歳																			1			
三十八歳																			2			
三十九歳																						
四十歳																			1			
四十一歳																			1			
四十二歳																						
四十三歳																						
四十四歳																			1			
四十五歳																			1			
四十六歳																						
四十七歳									1													
四十八歳																			1			
四十九歳																			1			
五十歳																						
五十一歳																						
五十二歳																						
五十三歳																						
五十四歳																						
五十五歳																						
五十六歳																						
五十七歳																						
五十八歳																						
五十九歳																						
六十歳以上																						
年齢不詳																						
合計	1		14		4		1		2		3		1		1		4		199	15	1	

140医療用機械器具製造業

年齢 ＼ 職業・男女	一般事務者		販売仕入係事務者		電気技術者		金属板圧延伸張工		金属小物圧延伸張工		金属疵取工		金属切断工		鋳物砂型工		鋳造工		其ノ他ノ金属材料ノ製造加工作業者		旋盤工(金属ニ加工スルモノ)	
	男	女	男	女	男	女	男	女	男	女	男	女	男	女	男	女	男	女	男	女	男	女
十二歳以下																						
十三歳																					1	
十四歳													1									
十五歳																					1	
十六歳							1														2	
十七歳							1														1	
十八歳	1																				1	
十九歳																					2	
二十歳	1																				3	
二十一歳																			1			
二十二歳																						
二十三歳									1												2	
二十四歳															1							
二十五歳																						
二十六歳					1												1					
二十七歳																						
二十八歳																						
二十九歳																						
三十歳																						
三十一歳																						
三十二歳			1																			
三十三歳																						
三十四歳																						
三十五歳																						
三十六歳																						
三十七歳																						
三十八歳							1				1											
三十九歳																						
四十歳																						
四十一歳																						
四十二歳																						
四十三歳																						
四十四歳																						
四十五歳																						
四十六歳																						
四十七歳																						
四十八歳																						
四十九歳																						
五十歳																						
五十一歳																						
五十二歳																						
五十三歳																						
五十四歳																						
五十五歳																						
五十六歳																						
五十七歳																						
五十八歳																						
五十九歳																						
六十歳以上																						
年齢不詳																						
合計	2		1		1		3		1		1		1		1		1		1		13	

140医療用機械器具製造業

職業 男女 年齢	タレット工		卓上旋盤工,小型機械工		ボール盤工		プライス盤工		研磨盤工,ラツプ盤工		板金工,ブリキ職		金属プレス工,打抜工		電気熔接工		針金細工工		機械製鋲工		義肢仕上工,組立工	
	男	女	男	女	男	女	男	女	男	女	男	女	男	女	男	女	男	女	男	女	男	女
十二歳以下																						
十三歳														1							1	
十四歳										1											1	
十五歳																						
十六歳											1											
十七歳													1	1							1	
十八歳							1				1											
十九歳			1								2		1									
二十歳											1											
二十一歳																		1			1	
二十二歳															1							
二十三歳											1											
二十四歳																						
二十五歳									1													
二十六歳																			1		1	
二十七歳	1				1																2	
二十八歳																						
二十九歳																						
三十歳													1									
三十一歳											1											
三十二歳																						
三十三歳																						
三十四歳																						
三十五歳																						
三十六歳																						
三十七歳																						
三十八歳																						
三十九歳																						
四十歳																						
四十一歳																						
四十二歳																						
四十三歳																						
四十四歳																						
四十五歳																						
四十六歳																						
四十七歳																						
四十八歳																						
四十九歳																						
五十歳																						
五十一歳																						
五十二歳																						
五十三歳																						
五十四歳																						
五十五歳																						
五十六歳																						
五十七歳																						
五十八歳																						
五十九歳																						
六十歳以上																						
年齢不詳																						
合計	1		1		1		1		1	1	7		3	2	1			1	1		7	

年齢＼産業・職業・男女	140医療用機械器具製造業																					
	其ノ他ノ機械器具製作作業者		手仕上工		機械器具部品仕上組立工		機械器具総組立工		電気機械器具組立工		其ノ他ノ薬品製造工		セルロイド成型工,加工工		其ノ他ノ化学製品ノ製造作業者		成型工（陶磁器ニ依ルモノヲ除ク）		焼成工		ガラス熔融工	
	男	女	男	女	男	女	男	女	男	女	男	女	男	女	男	女	男	女	男	女	男	女
十二歳以下					1																	
十三歳	1				1																	
十四歳	1		1															1				
十五歳		1									1		1									
十六歳			1		1										1		1					
十七歳			2								1						2		1			
十八歳																						
十九歳																						
二十歳	1		1												1							
二十一歳																						
二十二歳	1																					
二十三歳							1															
二十四歳	3						1															
二十五歳	1		1		1				1													
二十六歳																						
二十七歳							1															
二十八歳	2				1						1											
二十九歳																						
三十歳	2								1													
三十一歳																						
三十二歳											1											
三十三歳																						
三十四歳							1															
三十五歳	1																					
三十六歳																						
三十七歳																					1	
三十八歳																						
三十九歳																						
四十歳																						
四十一歳																						
四十二歳																						
四十三歳																						
四十四歳																						
四十五歳																						
四十六歳																						
四十七歳																						
四十八歳																						
四十九歳																						
五十歳																						
五十一歳																						
五十二歳																						
五十三歳																						
五十四歳																						
五十五歳																						
五十六歳																						
五十七歳																						
五十八歳																						
五十九歳																						
六十歳以上																						
年齢不詳																						
合計	13	1	6		5		4		2		4		1		2		3	1	1		1	

年齢 \ 男女 \ 職業 \ 産業	140医療用機械器具製造業																				
	ガラス吹工		ガラス加工工,細工工		其ノ他ノ窯業,土石類ノ加工作業者		其ノ他ノ被服,身ノ廻リ品製造作業者		其ノ他ノ製品ノ製造作業者		実験工,試験工,分析工		人力車夫,馬方,馭者		艀夫,船仕,舸夫,運搬夫,配達夫		歯科技工		店員,売子,注文取,集金人		荷造工	
	男	女	男	女	男	女	男	女	男	女	男	女	男	女	男	女	男	女	男	女	男	女
十二歳以下		1	2																			
十三歳	1	1	2	1																		
十四歳			4		1																	
十五歳			7								1						1		2			
十六歳			6														1					
十七歳			6	1							1						1					
十八歳			4														1					
十九歳			5														1					
二十歳			2																		1	
二十一歳			2	1																		
二十二歳			3					1														
二十三歳			2																			
二十四歳			2																			
二十五歳			2	1																		
二十六歳			2														2					
二十七歳			2																			
二十八歳			1	1													2					
二十九歳			2								1		1									
三十歳			1														1					
三十一歳	1									1												
三十二歳			1				1										1					
三十三歳																	1					
三十四歳			1																			
三十五歳			2																			
三十六歳																						
三十七歳																						
三十八歳																						
三十九歳																						
四十歳															1							
四十一歳			1																			
四十二歳																						
四十三歳																						
四十四歳			1																			
四十五歳			1																			
四十六歳																						
四十七歳																						
四十八歳			1																			
四十九歳			1																			
五十歳																						
五十一歳																						
五十二歳																						
五十三歳																						
五十四歳																						
五十五歳																						
五十六歳																						
五十七歳																						
五十八歳																						
五十九歳																						
六十歳以上																						
年齢不詳																						
合計	2	2	66	5	1		1	1		1	3		1		1		12		2		1	

産業／職業／男女／年齢	140医療用機械器具製造業						141写真機械製造業															
	小使, 給仕, 雑役者		見習工 養成工 (他ニ分類セラレザルモノ)		其ノ他ノ作業者		総数		一般事務者		簿記係事務者		機械製図工		其ノ他ノ製図工		写図工, 青写真工		金属線伸張工		金属切断工	
	男	女	男	女	男	女	男	女	男	女	男	女	男	女	男	女	男	女	男	女	男	女
十二歳以下								2														
十三歳			1					2														
十四歳			3				1	1														
十五歳			1		1		4															
十六歳			1				7								1						1	
十七歳	1		1				6	1		1			1									
十八歳	1						6										1					
十九歳			1				11	1	1		1											
二十歳	1						5										2					
二十一歳			1				5												1			
二十二歳	1						2		1													
二十三歳							2															
二十四歳							5															
二十五歳							2															
二十六歳							2		1													
二十七歳																						
二十八歳							3		1													
二十九歳							1															
三十歳							1															
三十一歳																						
三十二歳			1				2															
三十三歳																						
三十四歳							1															
三十五歳			1																			
三十六歳							1															
三十七歳																						
三十八歳																						
三十九歳							1															
四十歳							3		1													
四十一歳																						
四十二歳																						
四十三歳																						
四十四歳							1															
四十五歳																						
四十六歳																						
四十七歳																						
四十八歳																						
四十九歳							1															
五十歳																						
五十一歳																						
五十二歳																						
五十三歳																						
五十四歳																						
五十五歳																						
五十六歳																						
五十七歳																						
五十八歳																						
五十九歳																						
六十歳以上																						
年齢不詳																						
合計	4		11		1		73	7	5	1	1		1		1		3		1		1	

141 写真機械製造業

産業 職業 男女 年齢	熱処理工		鋳造工		其ノ他ノ金属材料ノ製造加工作業者		旋盤工(金属ニ加工スルモノ)		旋盤工(木材以外ノ非金属ニ加工スルモノ)		プライス盤工		板金鋲打工		板金工, ブリキ職		金属プレス工, 打抜工		電気熔接工		其ノ他ノ機械器具製作作業者	
	男	女	男	女	男	女	男	女	男	女	男	女	男	女	男	女	男	女	男	女	男	女
十二歳以下																						
十三歳																						
十四歳							1			1												
十五歳							3															
十六歳					1		2										1					
十七歳					1		1															
十八歳					1		1												1			
十九歳																					2	
二十歳					1		1															
二十一歳					1																	
二十二歳											1											
二十三歳							1															
二十四歳	1																				1	
二十五歳							1															
二十六歳																						
二十七歳																						
二十八歳					1						1											
二十九歳																						
三十歳																						
三十一歳																						
三十二歳	1		1																			
三十三歳																						
三十四歳																						
三十五歳																						
三十六歳																					1	
三十七歳																						
三十八歳																						
三十九歳													1									
四十歳																						
四十一歳																						
四十二歳																						
四十三歳																						
四十四歳															1							
四十五歳																						
四十六歳																						
四十七歳																						
四十八歳																						
四十九歳																						
五十歳																						
五十一歳																						
五十二歳																						
五十三歳																						
五十四歳																						
五十五歳																						
五十六歳																						
五十七歳																						
五十八歳																						
五十九歳																						
六十歳以上																						
年齢不詳																						
合計	2		1		6		11			1	2		1		1		1		1		4	

141 写真機械製造業

産業・職業・男女／年齢	手仕上工		機械器具部品仕上組立工		機械器具総組立工		レンズ調整工, バルサム工		機械器具装置工, 検査工, 保全工		写真師, 写真工		其ノ他ノ印刷, 紙製品製造作業者		其ノ他ノ土木建築作業者		塗装工		店員, 売子, 注文取, 集金人		小使, 給仕, 雑役者	
	男	女	男	女	男	女	男	女	男	女	男	女	男	女	男	女	男	女	男	女	男	女
十二歳以下		/																				
十三歳																						
十四歳																						
十五歳																						
十六歳																						
十七歳					/								/						/			
十八歳					/						/											
十九歳			/		2						/						/		/		/	/
二十歳			/																			
二十一歳					/												/					
二十二歳																						
二十三歳																					/	
二十四歳	2																		/			
二十五歳							/															
二十六歳					/																	
二十七歳																						
二十八歳																						
二十九歳																	/					
三十歳																			/			
三十一歳																						
三十二歳																						
三十三歳																						
三十四歳					/																	
三十五歳																						
三十六歳																						
三十七歳																						
三十八歳																						
三十九歳																						
四十歳	/								/													
四十一歳																						
四十二歳																						
四十三歳																						
四十四歳																						
四十五歳																						
四十六歳																						
四十七歳																						
四十八歳																						
四十九歳														/								
五十歳																						
五十一歳																						
五十二歳																						
五十三歳																						
五十四歳																						
五十五歳																						
五十六歳																						
五十七歳																						
五十八歳																						
五十九歳																						
六十歳以上																						
年齢不詳																						
合計	3	/	2		7		/		/		2		/		/		3		4		2	/

産業 職業 年齢 男女	142 其ノ他ノ光学機械器具製造業																					
	見習工養成工(他ニ分類セラレザルモノ)		総数		経営者		一般事務者		販売仕入係事務者		レンズ技術者		製鉄工(炉前炉其ノ他ニ依ルモノ)		機械製図工		其ノ他ノ金属材料ノ製造加工作業者		旋盤工(金属ニ加工スルモノ)		旋盤工(木材以外ノ非金属ニ加工スルモノ)	
	男	女	男	女	男	女	男	女	男	女	男	女	男	女	男	女	男	女	男	女	男	女
十二歳以下		1	3	4																		
十三歳		2	10	3															1			
十四歳			11	3																	1	
十五歳	1		20	2													1					
十六歳	1		16	8																		
十七歳			31	10													1		3			
十八歳			22	6				1											3			
十九歳			24	5													1					
二十歳			30				4								1		1					
二十一歳	1		21										1									
二十二歳			19	6				1									1					
二十三歳			22	2							1								1			
二十四歳			18	3																		
二十五歳			16																1		1	
二十六歳			21	1															1			
二十七歳			17	1	1																	
二十八歳			21	1																		
二十九歳			14																			
三十歳			14	2																		
三十一歳			9	3													1					
三十二歳			11	4																		
三十三歳			7	1																		
三十四歳			8	1																		
三十五歳			11						1													
三十六歳			7	1																		
三十七歳			6	2																		
三十八歳			8														1					
三十九歳			6																			
四十歳			6	2																		
四十一歳			6																			
四十二歳			1																			
四十三歳			1																			
四十四歳			2																			
四十五歳			4																			
四十六歳																						
四十七歳			1	1																		
四十八歳			1																			
四十九歳																						
五十歳			2																			
五十一歳			1																			
五十二歳			1																			
五十三歳																						
五十四歳			2																			
五十五歳			1																			
五十六歳																						
五十七歳			1																			
五十八歳			1																			
五十九歳																						
六十歳以上			1																			
年齢不詳																						
合計	3	3	455	72	1		4	2	1		1		1		1		7		10		2	

職業 / 年齢	142 其ノ他ノ光学機械器具製造業																					
	タレツト工		平削盤工,形削盤工,堅削盤工		プライス盤工		板金工,ブリキ職		金属プレス工,打抜工		鉛管工,鉛工		刃物研ギ工		レンズ研磨工		レンズ心出,心取工		其ノ他ノレンズ工		其ノ他ノ機械器具製作作業者	
	男	女	男	女	男	女	男	女	男	女	男	女	男	女	男	女	男	女	男	女	男	女
十二歳以下																			2	2		
十三歳															1	1			5	2		
十四歳					1										2				3	2		
十五歳															9	1			5	1		
十六歳			1												8	3			3	2		
十七歳									2						12	5			6	4		
十八歳															10	2			2	2		
十九歳									1		1				11	3			3	1		
二十歳									1						13				6			
二十一歳															9				9			
二十二歳									1						10	3	1		2	2		
二十三歳															9	1			7	1		
二十四歳															14	2			3	1		
二十五歳															5		1		4			
二十六歳	1														8				5	1		
二十七歳															8				3	1		
二十八歳															13				4	1		
二十九歳															8				1			
三十歳							1						1		7	1				1		
三十一歳															4	2			1	1	1	
三十二歳															5	3			5			
三十三歳															4	1			1			
三十四歳															5	1			1			
三十五歳															8				2			
三十六歳															6					1		
三十七歳															3	2			2			
三十八歳															2				3			
三十九歳															4				1			
四十歳															4	2			1			
四十一歳															3				2			
四十二歳															1							
四十三歳															1							
四十四歳															2							
四十五歳															3				1			
四十六歳																						
四十七歳															1	1						
四十八歳															1							
四十九歳																						
五十歳															1							
五十一歳																			1			
五十二歳															1							
五十三歳																						
五十四歳															1							
五十五歳																						
五十六歳																						
五十七歳																			1			
五十八歳																			1			
五十九歳																						
六十歳以上															1							
年齢不詳																						
合計	1		1		1		1		5		1		1		218	34	2		96	26	1	

年齢＼職業・男女	142 其ノ他ノ光学機械器具製造業																					
	手仕上工		機械器具部品仕上組立工		機械器具総組立工		レンズ調整工, バルサム工		計器組立工		セルロイド成型工, 加工工		ガラス吹工		型物ガラス工, 機械製壜工		ガラス加工工, 細工工		其ノ他ノ木、竹、草、蔓類製品ノ製造作業者		其ノ他ノ製品ノ製造作業者	
	男	女	男	女	男	女	男	女	男	女	男	女	男	女	男	女	男	女	男	女	男	女
十二歳以下								1				1										
十三歳											1				1							
十四歳							1										1	1				
十五歳											1						2					
十六歳							1						2					1		1		
十七歳	1						1				2		1					1				
十八歳	1						1		1									1			1	
十九歳	1		1				1						2					1				
二十歳	1																					
二十一歳																	1					
二十二歳							1						2									
二十三歳													2		1							
二十四歳															1							
二十五歳							1				1						1					
二十六歳							1						1				1					
二十七歳					1		1												1			
二十八歳							1						2				1					
二十九歳							1						2				2					
三十歳	1												2				2					
三十一歳																	1					
三十二歳					1													1				
三十三歳													1				1					
三十四歳							1															
三十五歳																						
三十六歳																						
三十七歳																						
三十八歳																	1					
三十九歳																						
四十歳																	1					
四十一歳																						
四十二歳																						
四十三歳																						
四十四歳																						
四十五歳																						
四十六歳																						
四十七歳																						
四十八歳																						
四十九歳																						
五十歳																						
五十一歳																						
五十二歳																						
五十三歳																						
五十四歳																						
五十五歳																						
五十六歳																						
五十七歳																						
五十八歳																						
五十九歳																						
六十歳以上																						
年齢不詳																						
合計	5		1		2		12	1	1		5	1	17		3		15	6	1	1	1	

職業 / 男女 / 年齢	142 其ノ他ノ光学機械器具製造業																					
	其ノ他ノ機械器具製作作業者		パフ磨工		選別工,検査工		自動車運転手		物品売買業者,仲買人		店員,売子,注文取,集金人		企画手		火夫,油差		小使,給仕,雑役者		見習工養成工(他ニ分類セラレザルモノ)		其ノ他ノ作業者	
	男	女	男	女	男	女	男	女	男	女	男	女	男	女	男	女	男	女	男	女	男	女
十二歳以下																			/			
十三歳											/											
十四歳																			2			
十五歳											/								/			
十六歳																			/	/		
十七歳											/								/			
十八歳	/		/														/					
十九歳					/														/			
二十歳											/		/				/					
二十一歳											/											
二十二歳	/																					
二十三歳													/									
二十四歳																						
二十五歳																						
二十六歳							/		/				/									
二十七歳									/						/							
二十八歳																						
二十九歳																						
三十歳																						
三十一歳															/							
三十二歳																						
三十三歳																						
三十四歳															/							
三十五歳																						
三十六歳															/							
三十七歳	/																					
三十八歳									/													
三十九歳																	/					
四十歳																						
四十一歳																					/	
四十二歳																						
四十三歳																						
四十四歳																						
四十五歳																						
四十六歳																						
四十七歳																						
四十八歳																						
四十九歳																						
五十歳	/																					
五十一歳																						
五十二歳																						
五十三歳																						
五十四歳																	/					
五十五歳															/							
五十六歳																						
五十七歳																						
五十八歳																						
五十九歳																						
六十歳以上																						
年齢不詳																						
合計	4		/		/		/		3		5		3		5		4		7	/	/	

年齢 \ 職業 \ 男女	其ノ他ノ職業者		143 電球製造業 総数		経営者		一般事務者		販売仕入係事務者		電気技術者		金属板圧延伸張工		機械火造工		鋳物木型工		其ノ他ノ金属材料ノ製造加工作業者		旋盤工(金属ニ加工スルモノ)	
	男	女	男	女	男	女	男	女	男	女	男	女	男	女	男	女	男	女	男	女	男	女
十二歳以下			6	10																1		
十三歳			18	21																1		
十四歳			36	19																2	1	
十五歳			40	23																3		
十六歳			41	17																1	1	
十七歳			34	15			2				1										1	
十八歳			33	11															1	2	1	
十九歳			34	9			1														1	
二十歳			32	3			2															
二十一歳			18	3																		
二十二歳			24	4			1													1	1	
二十三歳			22	1																		
二十四歳			24	2																		
二十五歳	1		26	3			1								1		1		1			
二十六歳			22	2					1													
二十七歳			21	3			1						1							2	1	
二十八歳			18	1			1															
二十九歳			14																			
三十歳			10	4																		
三十一歳			16				1															
三十二歳			6	2																1		
三十三歳			10																			
三十四歳			6																			
三十五歳			8	4	1														1			
三十六歳			6	1																		
三十七歳			3	1																		
三十八歳			3																			
三十九歳			6																			
四十歳			5	1	1																	
四十一歳			5	1																		
四十二歳			4	1																		
四十三歳			3	1																		
四十四歳			1																			
四十五歳			1																			
四十六歳																						
四十七歳			1																			
四十八歳			2																			
四十九歳																						
五十歳				1																		
五十一歳			1																			
五十二歳																						
五十三歳																						
五十四歳				1																		
五十五歳																						
五十六歳																						
五十七歳																						
五十八歳																						
五十九歳																						
六十歳以上																						
年齢不詳																						
合計	1		557	168	2		10		1		1		1		1		1		3	14	7	

年齢 \ 職業 男女	旋盤工（木材以外ノ非金属ニ加工スルモノ）		金属プレス工，打抜工		電気熔接工		其ノ他ノ熔接工		金属彫刻工		電線被装工		巻線工		絶縁工		乾電池組立工		電球，放電管製造工		其ノ他ノ機械器具製作業者	
143 電球製造業	男	女	男	女	男	女	男	女	男	女	男	女	男	女	男	女	男	女	男	女	男	女	男	女
十二歳以下			1	1																	3	7		1
十三歳																					6	12		2
十四歳							2			1											22	9		
十五歳			4														1	1			17	13		
十六歳			6		1	1								1							16	13		
十七歳			1	1																	22	10		1
十八歳							1							1							20	4	1	1
十九歳											1										25	8		
二十歳			2				1												1		20			
二十一歳	1																				14	3		
二十二歳																					15	3		
二十三歳							1						1								15	1		
二十四歳			2		1																15	2	1	
二十五歳							1														16	1		
二十六歳																					15	1		
二十七歳			1			1															15			
二十八歳																					10			
二十九歳																					8			
三十歳																					8	2	1	
三十一歳			1		1																7			
三十二歳			1									1									3			
三十三歳					1																8		1	
三十四歳																					3			
三十五歳																					4	2		
三十六歳					1																2			1
三十七歳											1										2	1		
三十八歳																					3			
三十九歳																					5			
四十歳																					3	1		
四十一歳																					3			1
四十二歳																					2	1		
四十三歳																					2			
四十四歳																					1			
四十五歳																					1			
四十六歳																								
四十七歳																					1			
四十八歳																					2			
四十九歳																								
五十歳																						1		
五十一歳																					1			
五十二歳																								
五十三歳																								
五十四歳																						1		
五十五歳																								
五十六歳																								
五十七歳																								
五十八歳																								
五十九歳																								
六十歳以上																								
年齢不詳																								
合計	1		19	2	5	2	6			1	2	1	1	2	1	1	1		335	96	4	7		

産業 職業 男女 年齢	143 電球製造業																				
	機械器具総組立工		電気機械器具組立工		成型工（旋盤ニ依ルモノヲ除ク）		ガラス熔融工		ガラス吹工		型物ガラス工，機械製壜工		特殊ガラス工		ガラス加工工，細工工		紙函製造工		鳶職		其ノ他ノ電工	
	男	女	男	女	男	女	男	女	男	女	男	女	男	女	男	女	男	女	男	女	男	女
十二歳以下															1							
十三歳									1	1	3					1						1
十四歳							2		2	1					3	1						
十五歳	1						2		1	1					4	2						
十六歳							1								2						2	
十七歳							2	1	3	1											1	
十八歳									3				1		1	1					1	1
十九歳							1		1						1							
二十歳							1								2						1	
二十一歳							3															
二十二歳									1						2							
二十三歳							1		2													
二十四歳							1		2						1						1	
二十五歳									1						1	1			1			1
二十六歳			1				1		1						2							
二十七歳									2													
二十八歳								1	3						2		1					
二十九歳					1		1		2						1							
三十歳				1					1													
三十一歳									4													
三十二歳															1							
三十三歳																						
三十四歳																						
三十五歳												1										1
三十六歳									1						2							
三十七歳																						
三十八歳																						
三十九歳															1							
四十歳															1							
四十一歳															1							
四十二歳									1						1							
四十三歳							1					1										
四十四歳																						
四十五歳																						
四十六歳																						
四十七歳																						
四十八歳																						
四十九歳																						
五十歳																						
五十一歳																						
五十二歳																						
五十三歳																						
五十四歳																						
五十五歳																						
五十六歳																						
五十七歳																						
五十八歳																						
五十九歳																						
六十歳以上																						
年齢不詳																						
合計	1		1	1	1		17	2	32	4	3	2	1		30	6	1		1		6	4

143電　球　製　造　業

年齢＼男女＼職業＼産業	画工,絵付工 男	画工,絵付工 女	塗装工 男	塗装工 女	金属酸洗工,洗滌工 男	金属酸洗工,洗滌工 女	砂吹工 男	砂吹工 女	実験工,試験工,分析工 男	実験工,試験工,分析工 女	機械器具部品検査工 男	機械器具部品検査工 女	龍夫,仲仕,舗夫,運搬夫,配達夫 男	龍夫,仲仕,舗夫,運搬夫,配達夫 女	物品売買業者,仲買人 男	物品売買業者,仲買人 女	店員,売子,注文取,集金人 男	店員,売子,注文取,集金人 女	小使,給仕,雑役者 男	小使,給仕,雑役者 女	見習工,養成工(他ニ分類セラレザルモノ) 男	見習工,養成工(他ニ分類セラレザルモノ) 女
十二歳以下																					1	
十三歳																			1	1	4	2
十四歳																				4	4	1
十五歳			2				1					1	2						2	1	3	1
十六歳			2										3						2		5	
十七歳						1															1	
十八歳			1						1												1	1
十九歳													1						2			1
二十歳													1				1			1		1
二十一歳																						
二十二歳	1												2								1	
二十三歳													2									
二十四歳																						
二十五歳					1				1													
二十六歳		1							1													
二十七歳																						
二十八歳			1																			
二十九歳																						
三十歳															1							1
三十一歳													1		1							
三十二歳																			1			
三十三歳																						
三十四歳													1						2			
三十五歳					1								1									
三十六歳																						
三十七歳																						
三十八歳																						
三十九歳																						
四十歳																						
四十一歳															1							
四十二歳																						
四十三歳																						
四十四歳																						
四十五歳																						
四十六歳																						
四十七歳																						
四十八歳																						
四十九歳																						
五十歳																						
五十一歳																						
五十二歳																						
五十三歳																						
五十四歳																						
五十五歳																						
五十六歳																						
五十七歳																						
五十八歳																						
五十九歳																						
六十歳以上																						
年齢不詳																						
合計	1	1	6		2	1	1		3			1	14		3		1		10	7	20	8

144 其ノ他ノ照明用機械器具製造業

年齢 \ 職業 \ 男女	其ノ他ノ作業者		総数		一般事務者		販売仕入係事務者		機械技術者		金属板圧延伸張工		機械火造工		中子工		鋳造工		其ノ他ノ金属材料ノ製造加工作業者		旋盤工(金属ニ加工スルモノ)	
	男	女	男	女	男	女	男	女	男	女	男	女	男	女	男	女	男	女	男	女	男	女
十二歳以下				1																		
十三歳			2	1																		
十四歳			1	3																1		
十五歳			9																		2	
十六歳		1	6																1			
十七歳			7				1												1			
十八歳			9	1							1								2			
十九歳			7								1								1			
二十歳		1	5	1																1	1	
二十一歳			10								1										1	
二十二歳			4	1							1											
二十三歳			8																1		1	
二十四歳			4														1					
二十五歳																						
二十六歳			5		2																	
二十七歳			8																			
二十八歳			3																			
二十九歳			5										1									
三十歳			1																			
三十一歳				1																		
三十二歳			2																1			
三十三歳			3						1													
三十四歳			2																			
三十五歳			2																			
三十六歳			2																			
三十七歳																						
三十八歳																						
三十九歳																						
四十歳			1																			
四十一歳																						
四十二歳			2																1			
四十三歳			1												1							
四十四歳																						
四十五歳																						
四十六歳			3																			
四十七歳																						
四十八歳			1																			
四十九歳																						
五十歳			1																			
五十一歳																						
五十二歳																						
五十三歳																						
五十四歳																						
五十五歳																						
五十六歳																						
五十七歳																						
五十八歳																						
五十九歳																						
六十歳以上																						
年齢不詳																						
合計		2	114	9	2		1		1		4		1		1		1		8	2	5	

年齢 ＼ 職業 ＼ 男女	144 其ノ他ノ照明用機械器具製造業 旋盤工（木材以外ノ非金属ニ加工スルモノ） 男	女	タレット工 男	女	ボール盤工 男	女	平削盤工，形削盤工，竪削盤工 男	女	板金工，ブリキ職 男	女	金属プレス工，打抜工 男	女	ガス熔接工 男	女	金属彫刻工 男	女	其ノ他ノ機械器具製作作業者 男	女	手仕上工 男	女	機械器具部品仕上組立工 男	女
十二歳以下																						
十三歳																						
十四歳																		/				
十五歳	/										/						/					
十六歳													/									
十七歳			/								/				/		/					
十八歳											3	/							/			
十九歳									/		/						/		/			
二十歳					/						/											
二十一歳			/		/		/		/		2						/					
二十二歳																	/					
二十三歳			/								2						2					
二十四歳											/						/				/	
二十五歳																						
二十六歳															/		/					
二十七歳									/						/				3			
二十八歳																			/			
二十九歳											2											
三十歳																			/			
三十一歳																						
三十二歳																	/					
三十三歳									/													
三十四歳									/													
三十五歳									/		/											
三十六歳											/											
三十七歳																						
三十八歳																						
三十九歳																						
四十歳																						
四十一歳																						
四十二歳																						
四十三歳																						
四十四歳																						
四十五歳																						
四十六歳											2											
四十七歳																						
四十八歳																						
四十九歳																						
五十歳									/													
五十一歳																						
五十二歳																						
五十三歳																						
五十四歳																						
五十五歳																						
五十六歳																						
五十七歳																						
五十八歳																						
五十九歳																						
六十歳以上																						
年齢不詳																						
合計	/		3		2		/		7		18	/	/		3		10	/	7		/	

年齢＼職業・男女	144 其ノ他ノ照明用機械器具製造業																					
	機械器具総組立工		電気機械器具組立工		ガラス加工工, 細工工		其ノ他ノ窯業土石類ノ加工作業者		其ノ他ノ製品ノ製造作業者		其ノ他ノ電工		塗装工		メツキ工(皮膜防錆工ヲ含ム)		選別工, 検査工		自動車運転手		荷扱夫, 仲仕, 倉庫夫, 運搬夫, 配達夫	
	男	女	男	女	男	女	男	女	男	女	男	女	男	女	男	女	男	女	男	女	男	女
十二歳以下																						
十三歳					/													/				
十四歳																						
十五歳											/		/								/	
十六歳											/		/									
十七歳																						
十八歳															/				/			
十九歳																						
二十歳																						
二十一歳	/																					
二十二歳																					/	
二十三歳																						
二十四歳																						
二十五歳																						
二十六歳											/											
二十七歳			2								/											
二十八歳			/																			
二十九歳			/																/			
三十歳																						
三十一歳																						
三十二歳																						
三十三歳			/																			
三十四歳			/																			
三十五歳																						
三十六歳																						
三十七歳																						
三十八歳																						
三十九歳																						
四十歳									/													
四十一歳																						
四十二歳			/																			
四十三歳																						
四十四歳																						
四十五歳																						
四十六歳																						
四十七歳																						
四十八歳							/															
四十九歳																						
五十歳																						
五十一歳																						
五十二歳																						
五十三歳																						
五十四歳																						
五十五歳																						
五十六歳																						
五十七歳																						
五十八歳																						
五十九歳																						
六十歳以上																						
年齢不詳																						
合計	/		7		/		/		/		4		2		1			/	2		2	

職業 / 男女 / 年齢	144 其ノ他ノ照明用機械器具製造業										145 楽器類製造業											
	火夫, 油差		荷造工		小使, 給仕, 雑役者		製罐工 (他ニ分類セラレザルモノ)		其ノ他ノ作業者		総数		旋盤工(金属ニ加工スルモノ)		研磨盤工, ラップ盤工		其ノ他ノ機械器具製作作業者		手仕上工		機械器具部品仕上組立工	
	男	女	男	女	男	女	男	女	男	女	男	女	男	女	男	女	男	女	男	女	男	女
十二歳以下						/																
十三歳							/															
十四歳							/	/			/	/										
十五歳							/				3				/							
十六歳							2				2		/									
十七歳	/										/	/										
十八歳											2											
十九歳							/				3								/			
二十歳					/		/															
二十一歳											2								/		/	
二十二歳							/			/	4											
二十三歳			/								2								/			
二十四歳											3						/					
二十五歳											/											
二十六歳																						
二十七歳											/											
二十八歳					/																	
二十九歳											/											
三十歳																						
三十一歳										/	/											
三十二歳																						
三十三歳											2											
三十四歳											/											
三十五歳																						
三十六歳					/						/											
三十七歳											/											
三十八歳																						
三十九歳																						
四十歳																						
四十一歳											/											
四十二歳																						
四十三歳																						
四十四歳																						
四十五歳																						
四十六歳					/																	
四十七歳																						
四十八歳																						
四十九歳																						
五十歳											/											
五十一歳																						
五十二歳																						
五十三歳																						
五十四歳																						
五十五歳											/											
五十六歳																						
五十七歳																						
五十八歳																						
五十九歳																						
六十歳以上																						
年齢不詳																						
合計	/		/		4	/	8	/		2	35	2	/		/		/		3		/	

職業 / 男女 / 年齢	145楽器類製造業																					
	機械器具総組立工		製材工		木工		木型工(鋳物木型工ヲ除ク)		其ノ他ノ木,竹,草,蔓類製品ノ製造作業者		其ノ他ノ製品ノ製造作業者		漆工,蒔絵師		塗装工		バフ磨工		店員,売子,注文取,集金人		小使,給仕,雑役者	
	男	女	男	女	男	女	男	女	男	女	男	女	男	女	男	女	男	女	男	女	男	女
十二歳以下																						
十三歳																						
十四歳										1												
十五歳																			1			
十六歳					1																	
十七歳			1							1												
十八歳									1												1	
十九歳			1		1																	
二十歳																						
二十一歳																						
二十二歳	1				2												1					
二十三歳																						
二十四歳					1														1			
二十五歳											1											
二十六歳																						
二十七歳											1											
二十八歳																						
二十九歳															1							
三十歳																						
三十一歳																					1	
三十二歳																						
三十三歳	1												1									
三十四歳					1																	
三十五歳																						
三十六歳															1							
三十七歳									1													
三十八歳																						
三十九歳																						
四十歳																						
四十一歳							1															
四十二歳																						
四十三歳																						
四十四歳																						
四十五歳																						
四十六歳																						
四十七歳																						
四十八歳																						
四十九歳																						
五十歳							1															
五十一歳																						
五十二歳																						
五十三歳																						
五十四歳																						
五十五歳					1																	
五十六歳																						
五十七歳																						
五十八歳																						
五十九歳																						
六十歳以上																						
年齢不詳																						
合計	2		2		7		2		2	2	2		1		2		1		2		2	

年齢＼産業・職業・男女	見習工・養成工（他ニ分類セラレザルモノ）		総数		電気通信機械技術者		其ノ他ノ金属材料ノ製造加工作業者		旋盤工（金属ニ加工スルモノ）		卓上旋盤工，小型機械工		ボール盤工		研磨盤工，ラップ盤工		其ノ他ノ機械器具製作作業者		機械器具部品仕上組立工		電気機械器具組立工	
	男	女	男	女	男	女	男	女	男	女	男	女	男	女	男	女	男	女	男	女	男	女
十二歳以下				/																		
十三歳			3	/			/				/											
十四歳	/			/																		
十五歳	/		/	/					/													
十六歳			3								2		/									
十七歳			/	/							/											
十八歳			/												/							
十九歳			4	2														/			/	
二十歳			2						/								/					
二十一歳			/				/															
二十二歳			/																			
二十三歳	/		4				/		3													
二十四歳			3		/				/													
二十五歳			/				/															
二十六歳																						
二十七歳																						
二十八歳			/	/					/													
二十九歳																						
三十歳			/						/													
三十一歳																						
三十二歳																						
三十三歳			/																			
三十四歳			/																/			
三十五歳																						
三十六歳																						
三十七歳																						
三十八歳																						
三十九歳																						
四十歳																						
四十一歳																						
四十二歳																						
四十三歳																						
四十四歳																						
四十五歳																						
四十六歳																						
四十七歳																						
四十八歳																						
四十九歳																						
五十歳																						
五十一歳																						
五十二歳																						
五十三歳																						
五十四歳																						
五十五歳																						
五十六歳																						
五十七歳																						
五十八歳																						
五十九歳																						
六十歳以上																						
年齢不詳																						
合計	3		29	8	/		4		8		4		/		/		/	/	/		/	

年齢 \ 職業 \ 男女	146蓄音機製造業						147銃砲, 弾丸, 兵器類製造業															
	塗装工		小使, 給仕, 雑役者		塑造工 鋳成工(他ニ分類セラレザルモノ)		総数		経営者		一般事務者		販売仕入係事務者		簿記係事務者		機械技術者		木工技術者		其ノ他ノ工業技術者	
	男	女	男	女	男	女	男	女	男	女	男	女	男	女	男	女	男	女	男	女	男	女
十二歳以下				1			8	6														
十三歳				1	1		45	3														
十四歳				1			86	12														
十五歳				1			130	9			2											
十六歳							147	13			1											
十七歳				1			155	4			1											
十八歳							162	8									1					
十九歳			1		2	1	156	4			1				1							
二十歳							138	2			2											
二十一歳							109	4			1											
二十二歳			1				122										1					
二十三歳							111	1			1											
二十四歳					1		84	1														
二十五歳							98	1			2						1					
二十六歳							95	2	1		1											
二十七歳							87								1							
二十八歳				1			67				1											
二十九歳							63	1														
三十歳							48															
三十一歳							67				3											
三十二歳							43	1											1			
三十三歳	1						52	2														
三十四歳							44	1														
三十五歳							35	1			1											
三十六歳							34	1														
三十七歳							29						1								1	
三十八歳							33	1														
三十九歳							27															
四十歳							23															
四十一歳							21															
四十二歳							23															
四十三歳							20															
四十四歳							14															
四十五歳							9		1													
四十六歳							12		1													
四十七歳							9															
四十八歳							11															
四十九歳							7		1													
五十歳							7	1														
五十一歳							4															
五十二歳							2															
五十三歳							1															
五十四歳																						
五十五歳							3															
五十六歳							1															
五十七歳							5															
五十八歳							4															
五十九歳																						
六十歳以上							1															
年齢不詳																						
合計	1		2	6	4	1	2452	79	4		17		1		2		3		1		1	

年齢 \ 産業・職業・男女	147銃砲、弾丸、兵器類製造業																					
	土砂採取夫		焙焼工、焼結工、団鉱工		製銑工（溶鉱炉其ノ他ニ依ルモノ）		製鋼工（電気炉ニ依ルモノ）		製鋼工（平炉其ノ他ニ依ルモノ）		非鉄金属製錬工（電気炉ニ依ルモノ）		造塊工		其ノ他ノ金属製錬作業者		非金属精錬工		機械製図工		其ノ他ノ現図工	
	男	女	男	女	男	女	男	女	男	女	男	女	男	女	男	女	男	女	男	女	男	女
十二歳以下																						
十三歳																						
十四歳																				/		
十五歳													/									
十六歳																	/				/	
十七歳															/							
十八歳											/											
十九歳															/				3			
二十歳															/				/			
二十一歳			/				/															
二十二歳																						
二十三歳							/						/									
二十四歳																						
二十五歳																						
二十六歳	/																					
二十七歳					/																	
二十八歳	/																					
二十九歳									/													
三十歳																						
三十一歳			/				/															
三十二歳																						
三十三歳																						
三十四歳	/																					
三十五歳																						
三十六歳																						
三十七歳																						
三十八歳																						
三十九歳																						
四十歳																						
四十一歳																						
四十二歳																						
四十三歳																						
四十四歳																						
四十五歳																						
四十六歳							/															
四十七歳																						
四十八歳																						
四十九歳																						
五十歳																						
五十一歳																						
五十二歳																						
五十三歳																						
五十四歳																						
五十五歳																						
五十六歳																						
五十七歳																						
五十八歳																						
五十九歳																						
六十歳以上																						
年齢不詳																						
合計	3		2		/		4		/		/		2		3		/		4	/	/	

147 銃砲弾丸兵器類製造業

年齢＼職業＼男女	金属加熱炉工 男	金属加熱炉工 女	金属板圧延伸張工 男	金属板圧延伸張工 女	金属棒,条圧延伸張工 男	金属棒,条圧延伸張工 女	金属製管工 男	金属製管工 女	金属小物圧延伸張工 男	金属小物圧延伸張工 女	金属線伸張工 男	金属線伸張工 女	金属疵取工 男	金属疵取工 女	金属切断工 男	金属切断工 女	鍛冶職,刃物職 男	鍛冶職,刃物職 女	機械火造工 男	機械火造工 女	熱処理工 男	熱処理工 女
十二歳以下																						
十三歳																	1					
十四歳																			1		1	
十五歳															2				2			
十六歳															1		1		2			
十七歳															1		1					
十八歳																			2			
十九歳							1								1				4			
二十歳															1		1		6			
二十一歳							1										2					
二十二歳							1										1		2			
二十三歳							1												4			
二十四歳			1														1		2		1	
二十五歳			1										1				1		1			
二十六歳							1		1								1					
二十七歳																	1		5		1	
二十八歳																			2		1	
二十九歳							1								2							
三十歳																			1			
三十一歳							1								1		1		1			
三十二歳	1														2				1		1	
三十三歳							1								1				2			
三十四歳	1																1		1			
三十五歳																			1			
三十六歳											1								2			
三十七歳																						
三十八歳																			1			
三十九歳																			2			
四十歳			1														1		1			
四十一歳																						
四十二歳					1																	
四十三歳							1															
四十四歳																						
四十五歳																						
四十六歳																						
四十七歳																	1					
四十八歳																			1			
四十九歳																						
五十歳																			1			
五十一歳																						
五十二歳																						
五十三歳																						
五十四歳																						
五十五歳															1							
五十六歳																						
五十七歳																						
五十八歳																						
五十九歳																						
六十歳以上																						
年齢不詳																						
合計	2		3		1		9		1		1		1		13		15		48		5	

年齢 \ 職業 男女	147銃砲弾丸,兵器類製造業																							
	金属熔融工		鋳物木型工		鋳物砂型工		鋳造工		特殊鋳物工		其ノ他ノ金属材料ノ製造加工作業者		ケガキ工		旋盤工(金属ニ加工スルモノ)		旋盤工(木材以外ノ非金属ニ加工スルモノ)		タレット工		卓上旋盤工,小型機械工	
	男	女	男	女	男	女	男	女	男	女	男	女	男	女	男	女	男	女	男	女	男	女
十二歳以下												1			1		1					
十三歳											2				13		1		2			
十四歳					1		4				1				35		2		4		2	
十五歳					1	1	7				2				53	2	4		2			
十六歳							1				3				58	1	3		4		2	
十七歳			2				5				4				74	1	3		5		3	
十八歳			1		1		9				1				66		4		2	1	4	
十九歳							5				1				71		4		3		1	
二十歳	2						4				1				48				5		5	
二十一歳	1						7				5				36	1			4			
二十二歳							10								36		2		4			
二十三歳					3		8								32	1	1		2			
二十四歳					1	1	5								23				3		2	
二十五歳			1		2		3		1		3				32		4		2		1	
二十六歳					2		6				2				15		2		1		1	
二十七歳	1		1		1		1				2				17		1		1			
二十八歳	1						3				1				14							
二十九歳					1		1				2				8						1	
三十歳					1		5				1				6							
三十一歳					1		6								12				1		1	
三十二歳							4								6				1		1	
三十三歳	2						2				1		1		6				1		1	
三十四歳	1				1		3				2				1							
三十五歳					1		5								4				2			
三十六歳							1								6				1			
三十七歳							2								2							
三十八歳	1						3								1				1		1	
三十九歳	1										1				3							
四十歳							1														1	
四十一歳							2				1				2							
四十二歳							1				1										1	
四十三歳							2										1					
四十四歳															1							
四十五歳							1															
四十六歳																						
四十七歳											1											
四十八歳																						
四十九歳							1															
五十歳							1		1		1											
五十一歳																						
五十二歳											1											
五十三歳																						
五十四歳																						
五十五歳																						
五十六歳																						
五十七歳																						
五十八歳																						
五十九歳																						
六十歳以上																						
年齢不詳																						
合計	10		5		17	2	113		2		40	1	1		682	6	33		51	1	28	

147 銃砲，弾丸，兵器類製造業

職業 / 男女 / 年齢	中グリ盤工		ボール盤工		平削盤工，形削盤工，竪削盤工		プライス盤工		歯切盤工		研磨盤工，ラップ盤工		撓鉄工		鋲打工		板金鋲打工		板金工，ブリキ職		金属プレス工，打抜工	
	男	女	男	女	男	女	男	女	男	女	男	女	男	女	男	女	男	女	男	女	男	女
十二歳以下																						
十三歳			1																			
十四歳			1	1	1						1											
十五歳	1		2	1	4		1				1								1			
十六歳				1	2		2	1			1		2		1						1	
十七歳			1								1								1		3	
十八歳	2		3		4						1				1						3	
十九歳			3				1				1					1					1	
二十歳	1		3				2				1								2		3	
二十一歳			1		2								1		1						2	
二十二歳	1				1		1														1	
二十三歳			3												1						1	
二十四歳			1								2								2		2	
二十五歳					2		1				1										2	
二十六歳			3								2		1								1	
二十七歳																					1	
二十八歳			2		1						1		1						1		2	
二十九歳			2						1		1		1		2		1		2		3	
三十歳					1		1						2									
三十一歳											2										1	
三十二歳			1				1												1			
三十三歳	1										1											
三十四歳			1		2						3		2		1				1		1	
三十五歳											1		1								2	
三十六歳			1																			
三十七歳																						
三十八歳																						
三十九歳																					1	
四十歳							1				1				1							
四十一歳					1														1			
四十二歳			1		1										1							
四十三歳			1																			
四十四歳																						
四十五歳																						
四十六歳															1							
四十七歳																						
四十八歳																					1	
四十九歳																						
五十歳																						
五十一歳																						
五十二歳																						
五十三歳																						
五十四歳																						
五十五歳																						
五十六歳																						
五十七歳																						
五十八歳																						
五十九歳																						
六十歳以上																						
年齢不詳																						
合計	6		31	3	22		11	1	1		22		11		10	1	1		12		32	

年齢＼職業・男女	147 銃砲、弾丸、兵器類製造業																					
	ドラム罐、ブリキ罐製造工		ガス熔接工		電気熔接工		パイプ工(造船所ノ鋼工ヲ含ム)		金属彫刻工		レンズ研磨工		巻線工		配線工		機械製鋲工		其ノ他ノ機械器具製作作業者		手仕上工	
	男	女	男	女	男	女	男	女	男	女	男	女	男	女	男	女	男	女	男	女	男	女
十二歳以下															1					1	1	
十三歳																			1			
十四歳																			5	5	3	1
十五歳			1																2	1	6	
十六歳																			2	1	7	1
十七歳																	1		1		9	1
十八歳			1																3		8	
十九歳			1		1														3		9	1
二十歳																			4		10	1
二十一歳			1								1								1		8	
二十二歳			1		2												1		5		14	
二十三歳																			2		11	
二十四歳													1						1		7	
二十五歳																			1		9	
二十六歳					1														2		13	
二十七歳					1														1		14	
二十八歳			1		1														3		9	
二十九歳							1												1		7	1
三十歳			1																1		4	
三十一歳																			2		2	
三十二歳																					3	
三十三歳					1														3		3	
三十四歳					1																5	
三十五歳																			1		1	
三十六歳																						
三十七歳	1																		1		2	
三十八歳																					2	
三十九歳									1										1		1	
四十歳																					1	
四十一歳																			1		1	
四十二歳																	1				2	
四十三歳																					2	
四十四歳																			1			
四十五歳			1																		1	
四十六歳																			1			
四十七歳																					1	
四十八歳																			2			
四十九歳																						
五十歳																						1
五十一歳																						
五十二歳																						
五十三歳																						
五十四歳																						
五十五歳																						
五十六歳																						
五十七歳																						
五十八歳																						
五十九歳																						
六十歳以上																						
年齢不詳																						
合計	1		8		8		1		1		1		1		1		3		52	8	170	7

年齢 \ 産業・職業・男女	147銃砲、弾丸、兵器類製造業																					
	機械器具部品仕上組立工		機械器具総組立工		電気機械器具組立工		機械器具装置工、修繕工、保全工		工具保全工		火薬工		火工		人造レジン成型工、加工工（旋盤ニ依ルモノヲ除ク）		バルブ工		電極工（旋盤ニ依ル仕上工ヲ除ク）		アルミナ製造工	
	男	女	男	女	男	女	男	女	男	女	男	女	男	女	男	女	男	女	男	女	男	女
十二歳以下																						
十三歳												1										
十四歳	1																					
十五歳	1																					
十六歳	2		1					1						1								
十七歳	2													1								
十八歳	3				1										2		1					
十九歳	3		1																			
二十歳	2																					
二十一歳	1		1				1					1										
二十二歳	2										1										1	
二十三歳	4		1				2								1							
二十四歳	2		1																1			
二十五歳			1				1				1											
二十六歳	2														1							
二十七歳	3														1							
二十八歳	1																					
二十九歳	3																					
三十歳	1														1							
三十一歳	1		1																			
三十二歳	2																					
三十三歳	3		2																			
三十四歳											1				1							
三十五歳			1																			
三十六歳					1																	
三十七歳	1						1						1									
三十八歳																						
三十九歳			1																			
四十歳																						
四十一歳													1									
四十二歳																						
四十三歳							1		1													
四十四歳			1																			
四十五歳																						
四十六歳																						
四十七歳																						
四十八歳																						
四十九歳																						
五十歳																						
五十一歳																						
五十二歳																						
五十三歳																						
五十四歳																						
五十五歳	1																					
五十六歳																						
五十七歳																						
五十八歳																						
五十九歳																						
六十歳以上																						
年齢不詳																						
合計	41		13		2		6	1	1		3	2	2	2	7		1		1		1	

年齢	焼成工 男	焼成工 女	窯業仕上工(旋盤ニ依ルモノヲ除ク) 男	窯業仕上工(旋盤ニ依ルモノヲ除ク) 女	其ノ他ノ窯業、土石類ノ加工作業者 男	其ノ他ノ窯業、土石類ノ加工作業者 女	洋裁師 男	洋裁師 女	ミシン工 男	ミシン工 女	其ノ他ノ印刷、紙製品製造作業者 男	其ノ他ノ印刷、紙製品製造作業者 女	革縫工 男	革縫工 女	ガラス加工工 男	ガラス加工工 女	木工 男	木工 女	木型工(鋳物木型工ヲ除ク) 男	木型工(鋳物木型工ヲ除ク) 女	其ノ他ノ木、竹、草、蔓類製品ノ製造作業者 男	其ノ他ノ木、竹、草、蔓類製品ノ製造作業者 女
十二歳以下																						
十三歳			1																			
十四歳																						
十五歳										1									1		2	
十六歳	1									1											2	
十七歳											1											
十八歳										1												
十九歳																						
二十歳											1						2					
二十一歳																						
二十二歳																						
二十三歳																			1			
二十四歳																						
二十五歳																						
二十六歳																						
二十七歳																						
二十八歳																						
二十九歳																						
三十歳															1							
三十一歳																						
三十二歳																						
三十三歳																						
三十四歳																						
三十五歳																						
三十六歳					1								1									
三十七歳																						
三十八歳																						
三十九歳																						
四十歳																						
四十一歳							1															
四十二歳																						
四十三歳																	1					
四十四歳	1																					
四十五歳																						
四十六歳																						
四十七歳																						
四十八歳																						
四十九歳																						
五十歳																						
五十一歳																						
五十二歳																						
五十三歳																						
五十四歳																						
五十五歳																						
五十六歳																						
五十七歳																						
五十八歳																						
五十九歳																						
六十歳以上																						
年齢不詳																						
合計	2		1		1		1			3	2		1		1		3		2		4	

147 銃砲,弾丸,兵器類製造業

年齢 \ 職業	料理人,コツク 男	料理人,コツク 女	其ノ他ノ製品ノ製造作業者 男	其ノ他ノ製品ノ製造作業者 女	鉄筋工,鉄網工 男	鉄筋工,鉄網工 女	コンクリート工 男	コンクリート工 女	煉瓦積工,タイル職,築炉工 男	煉瓦積工,タイル職,築炉工 女	線路工夫,保線夫 男	線路工夫,保線夫 女	鳶職 男	鳶職 女	其ノ他ノ土木建築作業者 男	其ノ他ノ土木建築作業者 女	発変電工 男	発変電工 女	其ノ他ノ電工 男	其ノ他ノ電工 女	塗装工 男	塗装工 女
十二歳以下																						
十三歳																						
十四歳															1							
十五歳			1																			
十六歳							2								2				3		1	
十七歳			1												3				1		2	
十八歳							1								6						3	
十九歳							1								7							
二十歳							2								12							
二十一歳							1								6						1	
二十二歳							1						1		13							
二十三歳					1		1						1		14						1	
二十四歳															10							
二十五歳	1				1										5				1		1	
二十六歳					1								1		12	1						
二十七歳															9							
二十八歳	1				1		1				1				3						1	
二十九歳							1								8		1				1	
三十歳					1		1								7				1			
三十一歳															4						1	
三十二歳															5							
三十三歳							1								4						1	
三十四歳															2							
三十五歳															5							
三十六歳													1		10							
三十七歳							1								5							
三十八歳							1						1		2							
三十九歳													1		4							
四十歳									1				1		2							
四十一歳															3						1	
四十二歳																						
四十三歳															4							
四十四歳													1		4							
四十五歳															3							
四十六歳																						
四十七歳													1									
四十八歳															3							
四十九歳																						
五十歳															1							
五十一歳													1		1							
五十二歳																						
五十三歳															1							
五十四歳																						
五十五歳															1							
五十六歳																						
五十七歳															2							
五十八歳															1							
五十九歳																						
六十歳以上																						
年齢不詳																						
合計	2		2		5		15		1		1		10		195	1	1		6		14	

147 銃砲，弾丸，兵器類製造業

年齢＼職業・男女	メツキ工(皮膜防錆工ヲ含ム) 男	メツキ工(皮膜防錆工ヲ含ム) 女	金属酸洗工，洗滌工 男	金属酸洗工，洗滌工 女	砂吹工 男	砂吹工 女	パフ磨工 男	パフ磨工 女	機械器具部品検査工 男	機械器具部品検査工 女	機械器具検査工 男	機械器具検査工 女	選別工，検査工 男	選別工，検査工 女	自動車運転手 男	自動車運転手 女	人力車夫，馬方，馭者 男	人力車夫，馬方，馭者 女	運搬夫，仲仕，鉄道夫，運搬夫，配達夫 男	運搬夫，仲仕，鉄道夫，運搬夫，配達夫 女	物品売買業者，仲買人 男	物品売買業者，仲買人 女
十二歳以下																						
十三歳									1					1								
十四歳							1		1					1								
十五歳													1	1								
十六歳												1		1					1			
十七歳							1												2			
十八歳							1			1			2	3	1				1			
十九歳	1								1					1			1		1		1	
二十歳							1				1		2									
二十一歳				1											1				2			
二十二歳															1				5			
二十三歳							1								1							
二十四歳							1												7			
二十五歳	1													1	1				4			
二十六歳							1								1		1		4			
二十七歳			1		1		1												6			
二十八歳															2		1		2			
二十九歳																						
三十歳																			3			
三十一歳			1																3			
三十二歳							1												2			
三十三歳																			6			
三十四歳													1						3			
三十五歳																			2			
三十六歳														1			1		2			
三十七歳																			4			
三十八歳																			7			
三十九歳																			1			
四十歳																						
四十一歳																			2			
四十二歳																			5			
四十三歳																			1			
四十四歳																			4			
四十五歳																						
四十六歳													1				1		1			
四十七歳																			1			
四十八歳																	1		2			
四十九歳																			1			
五十歳																			1			
五十一歳																			1			
五十二歳																						
五十三歳																						
五十四歳																						
五十五歳																						
五十六歳																						
五十七歳																			1			
五十八歳															1				1			
五十九歳																						
六十歳以上																			1			
年齢不詳																						
合計	2		2	1	1		9		3	1	1	1	7	10	9		6		90		1	

年齢 \ 職業 \ 男女	147銃砲弾丸兵器類製造業																						148事務用機械製造業	
	店員,売子,注文取,集金人		守衛,監督		起重機運転工		汽罐士		火夫,油差		包装掛,壜詰工,樽詰工		荷造工		小使,給仕,雑役者		見習工 養成工(他ニ分類セラレザルモノ)		其ノ他ノ作業者		総数	
	男	女	男	女	男	女	男	女	男	女	男	女	男	女	男	女	男	女	男	女	男	女
十二歳以下															1	1	2	1	1	2		
十三歳															5		16	1	1			
十四歳															5	1	15	1		1	1	
十五歳															8	1	26	1	1			
十六歳												1			8	2	28				3	
十七歳															10	1	15				3	1
十八歳									1						11	1	10	1			3	1
十九歳															6		13	1	2		2	
二十歳															8	1	5				2	
二十一歳															13	1	4		1		1	
二十二歳									2						10		1				1	
二十三歳															6		2		2		1	
二十四歳															7						1	1
二十五歳															6		1		1		1	
二十六歳							1								11	1			1			
二十七歳															9		3		1		1	
二十八歳					1										10		1		1		1	
二十九歳															8		2					
三十歳			1												7							
三十一歳															8				1		1	
三十二歳															8	1			1		1	
三十三歳															8	1				1		
三十四歳															6				1	1		
三十五歳	1														6			1				
三十六歳															4		1					
三十七歳													1		5							
三十八歳															10	1	1					
三十九歳													1		6				3		1	
四十歳															9						1	
四十一歳													1		4						1	
四十二歳															8							
四十三歳															5							
四十四歳															1							
四十五歳															1				1		1	
四十六歳															2				2			
四十七歳															4							
四十八歳															2							
四十九歳															2				1			
五十歳															2							
五十一歳															1							
五十二歳															1							
五十三歳																						
五十四歳																						
五十五歳																						
五十六歳															1							
五十七歳															2							
五十八歳															1							
五十九歳																						
六十歳以上																						
年齢不詳																						
合計	1		1		1		1		3			1	3		256	13	146	7	22	5	27	2

148 事務用機械製造業																						
産業 職業 男女 年齢	一般事務者		タイピスト，筆耕		金属小物圧延伸張工		機械火造工		其ノ他ノ金属材料ノ製造加工作業者		旋盤工(金属ニ加工スルモノ)		プライス盤工		板金工，ブリキ職		金属プレス工，打抜工		其ノ他ノ機械器具製作作業者		手仕上工	
	男	女	男	女	男	女	男	女	男	女	男	女	男	女	男	女	男	女	男	女	男	女
十二歳以下																						
十三歳																						
十四歳							1															
十五歳																						
十六歳																			1			
十七歳																						
十八歳		1																			2	
十九歳	1										1											
二十歳											1						1					
二十一歳									1													
二十二歳																						
二十三歳													1									
二十四歳				1	1																	
二十五歳	1																					
二十六歳																						
二十七歳																						
二十八歳																						
二十九歳																						
三十歳																						
三十一歳																			1			
三十二歳																						
三十三歳																						
三十四歳																						
三十五歳																						
三十六歳																						
三十七歳																						
三十八歳																						
三十九歳															1							
四十歳																					1	
四十一歳									1													
四十二歳																						
四十三歳																						
四十四歳																						
四十五歳																						
四十六歳																						
四十七歳																						
四十八歳																						
四十九歳																						
五十歳																						
五十一歳																						
五十二歳																						
五十三歳																						
五十四歳																						
五十五歳																						
五十六歳																						
五十七歳																						
五十八歳																						
五十九歳																						
六十歳以上																						
年齢不詳																						
合計	2	1		1	1		1		2		2		1		1		1		2		3	

産業 / 職業 / 男女 / 年齢	148 事務用機械製造業														149 金庫製造業							
	機械器具装置工, 修繕工, 保全工		塗装工		選別工, 検査工		荷造夫, 梱包夫, 倉庫夫, 運搬夫, 配達夫		店員, 売子, 注文取, 集金人		小使, 給仕, 雑役者		見習工, 養成工 (他ニ分類セラレザルモノ)		総数		非鉄金属製錬工 (電解ニ依ルモノ)		金属製管工		金属切断工	
	男	女	男	女	男	女	男	女	男	女	男	女	男	女	男	女	男	女	男	女	男	女
十二歳以下																						
十三歳															2							
十四歳															2							
十五歳															4							
十六歳									1		1				3	1						
十七歳	1			1					1				1									
十八歳									1						1							
十九歳															4							
二十歳																						
二十一歳															2		1					
二十二歳			1												1							
二十三歳																						
二十四歳																						
二十五歳															1							
二十六歳																						
二十七歳											1				2							
二十八歳									1						2							
二十九歳															2							
三十歳																						
三十一歳															2							
三十二歳					1										1				1			
三十三歳																						
三十四歳															1							
三十五歳															2				1		1	
三十六歳																						
三十七歳																						
三十八歳																						
三十九歳																						
四十歳															2						1	
四十一歳																						
四十二歳																						
四十三歳																						
四十四歳																						
四十五歳							1															
四十六歳																						
四十七歳																						
四十八歳																						
四十九歳																						
五十歳																						
五十一歳																						
五十二歳																						
五十三歳																						
五十四歳																						
五十五歳																						
五十六歳																						
五十七歳																						
五十八歳																						
五十九歳																						
六十歳以上																						
年齢不詳																						
合計	1		1	1	1		1		4		2		1		34	1	1		2		2	

産業 職業 男女 年齢	149金庫製造業																					
	鍛冶職, 刃物職		其ノ他ノ金属材料ノ製造加工作業者		旋盤工(金属ニ加工スルモノ)		ボール盤工		平削盤工, 形削盤工, 竪削盤工		板金工, ブリキ職		金属プレス工, 打抜工		其ノ他ノ機械器具製作作業者		手仕上工		塗装工		店員, 売子, 注文取, 集金人	
	男	女	男	女	男	女	男	女	男	女	男	女	男	女	男	女	男	女	男	女	男	女
十二歳以下																						
十三歳							1				1											
十四歳															1							
十五歳											1						1					
十六歳					1						1					1	1					
十七歳																						
十八歳											1											
十九歳											1						1					
二十歳																						
二十一歳			1																			
二十二歳															1							
二十三歳																						
二十四歳																						
二十五歳	1																					
二十六歳																						
二十七歳			1								1											
二十八歳																			1		1	
二十九歳											2											
三十歳																						
三十一歳													2									
三十二歳																						
三十三歳																						
三十四歳									1													
三十五歳																						
三十六歳																						
三十七歳																						
三十八歳																						
三十九歳																						
四十歳																						
四十一歳																						
四十二歳																						
四十三歳																						
四十四歳																						
四十五歳																						
四十六歳																						
四十七歳																						
四十八歳																						
四十九歳																						
五十歳																						
五十一歳																						
五十二歳																						
五十三歳																						
五十四歳																						
五十五歳																						
五十六歳																						
五十七歳																						
五十八歳																						
五十九歳																						
六十歳以上																						
年齢不詳																						
合計	1		2		1		1		1		8		2		2	1	3		1		1	

年齢 \ 産業・職業・男女	149金庫製造業				150ガス器具製造業																	
	小使,給仕,雑役者		塗装工(他ニ分類セラレザルモノ)		総数		一般事務者		製鋼工(電気炉ニ依ルモノ)		金属板圧延伸張工		金属切断工		機械火造工		熱処理工		鋳造工		其ノ他ノ金属材料ノ製造加工作業者	
	男	女	男	女	男	女	男	女	男	女	男	女	男	女	男	女	男	女	男	女	男	女
十二歳以下					/																	
十三歳					/														/			
十四歳			/		3	/																/
十五歳	/		/		2																	
十六歳					4																	
十七歳					4								/									
十八歳					2																	
十九歳	/		/																			
二十歳					3																	
二十一歳					4																	
二十二歳																						
二十三歳					2				/													
二十四歳					/																	
二十五歳					3										/							
二十六歳					2						/											
二十七歳					/																	
二十八歳					4						/				/							
二十九歳					/						/											
三十歳																						
三十一歳																						
三十二歳					2																	
三十三歳					/																	
三十四歳					/																	
三十五歳					/																	
三十六歳					/										/							
三十七歳																						
三十八歳					2		/															
三十九歳					/														/			
四十歳	/				/																	
四十一歳																						
四十二歳					/						/											
四十三歳					/												/					
四十四歳																						
四十五歳																						
四十六歳																						
四十七歳																						
四十八歳					/																	
四十九歳																						
五十歳					/																	
五十一歳					/																	
五十二歳																						
五十三歳																						
五十四歳																						
五十五歳																						
五十六歳																						
五十七歳																						
五十八歳																						
五十九歳																						
六十歳以上					/										/							
年齢不詳																						
合計	3		3		54	/	/		/		4		/		4		/		2			/

150 ガス器具製造業

年齢＼職業・男女	旋盤工(金属ニ加工スルモノ)		卓上旋盤工,小型機械工		ボール盤工		プライス盤工		板金工,ブリキ職		金属プレス工,打抜工		パイプ工(造船所ノ鋼工ヲ含ム)		針金細工工		其ノ他ノ機械器具製作作業者		手仕上工		機械器具部品仕上組立工	
	男	女	男	女	男	女	男	女	男	女	男	女	男	女	男	女	男	女	男	女	男	女
十二歳以下	/																					
十三歳																						
十四歳	/																					
十五歳											/								/			
十六歳	/		/				/															
十七歳	3																					
十八歳																						
十九歳																						
二十歳	/				/																	
二十一歳			/						/								/				/	
二十二歳																						
二十三歳			/																			
二十四歳									/													
二十五歳					/																	
二十六歳	/																					
二十七歳																						
二十八歳					/																	
二十九歳																						
三十歳																						
三十一歳																						
三十二歳			/																			
三十三歳			/																			
三十四歳																						
三十五歳													/									
三十六歳																						
三十七歳																						
三十八歳																			/			
三十九歳																						
四十歳	/																					
四十一歳																						
四十二歳																						
四十三歳																						
四十四歳																						
四十五歳																						
四十六歳																						
四十七歳																						
四十八歳													/									
四十九歳																						
五十歳																						
五十一歳															/							
五十二歳																						
五十三歳																						
五十四歳																						
五十五歳																						
五十六歳																						
五十七歳																						
五十八歳																						
五十九歳																						
六十歳以上																						
年齢不詳																						
合計	9		5		3		/		2		/		2		/		/		2		/	

年齢 \ 職業 男女	150 ガス器具製造業										151 弁及コツク製造業											
	自動車組立工, 修繕工		塗装工		荷造夫, 構内夫, 倉庫夫, 運搬夫, 配達夫		小使; 給仕, 雑役者		見習工 養成工 (他ニ分類セラレザルモノ)		総数		経営者		一般事務者		販売仕入係事務者		機械技術者		焙焼工, 焼結工, 団鉱工	
	男	女	男	女	男	女	男	女	男	女	男	女	男	女	男	女	男	女	男	女	男	女
十二歳以下											2	3										
十三歳											13											
十四歳									2		26	2										
十五歳											31	2										
十六歳									1		34										1	
十七歳											42											
十八歳	1								1		42											
十九歳											31	1			1							
二十歳			1								27	2		1								
二十一歳											19											
二十二歳											29				1							
二十三歳											22											
二十四歳											31											
二十五歳			1								23											
二十六歳											20		1				1					
二十七歳											23	1										
二十八歳							1				30				1		1					
二十九歳											17		1		2							
三十歳											14		1									
三十一歳											16	1			1							
三十二歳					1						13								1			
三十三歳											16		2									
三十四歳							1				8		1									
三十五歳											10											
三十六歳											9											
三十七歳											8		1		1							
三十八歳											6				1							
三十九歳											4											
四十歳											9											
四十一歳											2	1										
四十二歳											4											
四十三歳											3											
四十四歳											2		1									
四十五歳											7		2								1	
四十六歳											1											
四十七歳											1											
四十八歳											3											
四十九歳											2											
五十歳					1						1											
五十一歳											1											
五十二歳											3											
五十三歳											1											
五十四歳																						
五十五歳																						
五十六歳																						
五十七歳																						
五十八歳																						
五十九歳																						
六十歳以上											2											
年齢不詳											1											
合計	1		2		2		32		4		609	13	10	1	8		2		1		2	

151 弁及コツク製造業

年齢＼職業・男女	製銑工(熔鉱炉其ノ他ニ依ルモノ)		其ノ他ノ金属製錬作業者		非金属精錬工		機械製図工		写図工，青写真工		金属加熱炉工		金属製管工		金属線伸張工		金属切断工		鍛冶職，刃物職		機械火造工	
	男	女	男	女	男	女	男	女	男	女	男	女	男	女	男	女	男	女	男	女	男	女
十二歳以下																						
十三歳			1																			
十四歳													1	1								
十五歳																						
十六歳					1								1						1		1	
十七歳													1									
十八歳							1						1									
十九歳							1														2	
二十歳																						
二十一歳																						
二十二歳																					1	
二十三歳																						
二十四歳											1											
二十五歳																						
二十六歳																						
二十七歳			1										1						1			
二十八歳																	1					
二十九歳															1							
三十歳																						
三十一歳	1																					
三十二歳																						
三十三歳									1										1			
三十四歳																						
三十五歳																						
三十六歳																						
三十七歳																						
三十八歳																						
三十九歳																						
四十歳													1									
四十一歳														1								
四十二歳																						
四十三歳																						
四十四歳																						
四十五歳													1									
四十六歳																						
四十七歳																						
四十八歳																						
四十九歳																						
五十歳																						
五十一歳																						
五十二歳																						
五十三歳																						
五十四歳																						
五十五歳																						
五十六歳																						
五十七歳																						
五十八歳																						
五十九歳																						
六十歳以上																						
年齢不詳																						
合計	1		2		1		2		1		1		7	2	1		1		3		4	

年齢＼職業＼男女	熱処理工 男	熱処理工 女	金属熔融工 男	金属熔融工 女	鋳物木型工 男	鋳物木型工 女	鋳物砂型工 男	鋳物砂型工 女	中子工 男	中子工 女	鋳造工 男	鋳造工 女	特殊鋳物工 男	特殊鋳物工 女	其ノ他ノ金属材料ノ製造加工作業者 男	其ノ他ノ金属材料ノ製造加工作業者 女	旋盤工(金属ニ加工スルモノ) 男	旋盤工(金属ニ加工スルモノ) 女	旋盤工(木材以外ノ非金属ニ加工スルモノ) 男	旋盤工(木材以外ノ非金属ニ加工スルモノ) 女	タレツト工 男	タレツト工 女
十二歳以下																	1					
十三歳					1										1		3				1	
十四歳							2						1				7		1			
十五歳			1				1				2				1	1	13					
十六歳			1				1				4						14					
十七歳							1				5				1		16		1			
十八歳			1				2		1		3		2		1		20					
十九歳							2	1									17					
二十歳							1				5				2		7					
二十一歳											2				1		10				1	
二十二歳							1				3		2				8					
二十三歳							2				2				1		10					
二十四歳	1								1		1				1		11					
二十五歳							2				4		1		2		6					
二十六歳					1		3				3				1		5				1	
二十七歳			1				2				3		3				1					
二十八歳							1				3				1		7					
二十九歳											2				1		2				1	
三十歳							1		1		6						1					
三十一歳							1				3				2		2	1				
三十二歳	1		1				1		1		1						1					
三十三歳					1						2						1					
三十四歳											1											
三十五歳							1				1						1					
三十六歳											2		1		1							
三十七歳															2		1					
三十八歳											1		1		1							
三十九歳																	3					
四十歳							1						2		1		1					
四十一歳							1															
四十二歳											1											
四十三歳											1											
四十四歳															1							
四十五歳											1				1		1					
四十六歳																	1					
四十七歳																						
四十八歳											1				1							
四十九歳																						
五十歳																						
五十一歳																						
五十二歳											1											
五十三歳											1											
五十四歳																						
五十五歳																						
五十六歳																						
五十七歳																						
五十八歳																						
五十九歳																						
六十歳以上											1						1					
年齢不詳																						
合計	2		5		3		27	1	4		72		13		24	1	172	1	2		4	

151 弁及コツク製造業

151 弁及コツク製造業

年齢＼職業・男女	卓上旋盤工, 小型機械工		ボール盤工		プライス盤工		研磨盤工, ラツプ盤工		ラッピング工(手作業ニ依ルモノ)		金属プレス工, 打抜工		ガス熔接工		電気熔接工		パイプ工(造船所ノ銅工ヲ含ム)		針金細工工		機械製鋲工	
	男	女	男	女	男	女	男	女	男	女	男	女	男	女	男	女	男	女	男	女	男	女
十二歳以下																						
十三歳																						
十四歳																						
十五歳			1																			
十六歳	1				1																	
十七歳																	2				1	
十八歳	1																1					
十九歳							1															
二十歳	1																2		1			
二十一歳											1											
二十二歳	1		1		1				1				1				1					
二十三歳	1				1												1					
二十四歳	2				1						1						1					
二十五歳			1				1										1					
二十六歳																	1					
二十七歳			2								1						1					
二十八歳											1		1									
二十九歳							1										1					
三十歳													1									
三十一歳																	1					
三十二歳															1		1					
三十三歳																	1					
三十四歳																	3					
三十五歳			1														1					
三十六歳	1																3					
三十七歳							1															
三十八歳																	2					
三十九歳																						
四十歳	1																					
四十一歳																						
四十二歳																						
四十三歳																						
四十四歳																						
四十五歳																						
四十六歳																						
四十七歳																						
四十八歳																						
四十九歳																	1					
五十歳																	1					
五十一歳																						
五十二歳																						
五十三歳																						
五十四歳																						
五十五歳																						
五十六歳																						
五十七歳																						
五十八歳																						
五十九歳																						
六十歳以上																						
年齢不詳																	1					
合計	9		6		4		4		1		4		3		1		27		1		1	

年齢 \ 職業 \ 男女	151 弁及コツク製造業																					
	其ノ他ノ機械器具製作作業者		手仕上工		機械器具部品仕上組立工		機械器具総組立工		バルブ工		調木工, 木羽割職		機械器具検査工		自動車運転手		職夫, 附仕, 鉱夫, 職夫, 配達夫		物品売買業者, 仲買人		店員, 売子, 注文取, 集金人	
	男	女	男	女	男	女	男	女	男	女	男	女	男	女	男	女	男	女	男	女	男	女
十二歳以下		1																				
十三歳																						
十四歳			1			1																
十五歳	2	1	3														1					
十六歳													1									
十七歳	2		1		1				1		1											
十八歳			1				1		1													
十九歳	1		2						1													
二十歳	2		4		1																	
二十一歳	1		2																			
二十二歳			2				1															
二十三歳			1		1																1	
二十四歳					1				2													
二十五歳	1						1		2													
二十六歳	1		2																			
二十七歳	1		4				1															
二十八歳			4						1								2					
二十九歳			2		1														1			
三十歳			2														1					
三十一歳			4						1													
三十二歳	1		1						1													
三十三歳	2		3		1																	
三十四歳	1														1							
三十五歳			3																			
三十六歳			1																			
三十七歳					1												1					
三十八歳																						
三十九歳																						
四十歳			1																			
四十一歳			1																			
四十二歳			2																			
四十三歳																						
四十四歳																						
四十五歳																						
四十六歳																						
四十七歳									1													
四十八歳	1																					
四十九歳									1													
五十歳																						
五十一歳																						
五十二歳																						
五十三歳																						
五十四歳																						
五十五歳																						
五十六歳																						
五十七歳																						
五十八歳																						
五十九歳																						
六十歳以上																						
年齢不詳																						
合計	16	2	47		7	1	4		12		1		1		1		5		1		1	

年齢 \ 産業 職業 男女	151 弁及コツク製造業										152 軸受製造業											
	火夫,油差		小使,給仕,雑役者		見習工 養成工(他ニ分類セラレザルモノ)		其ノ他ノ作業者		総数		経営者		一般事務者		金属加熱炉工		金属板圧延伸張工		金属製管工		金属線伸張工			
	男	女	男	女	男	女	男	女	男	女	男	女	男	女	男	女	男	女	男	女	男	女		
十二歳以下			1	1		1			3	1														
十三歳					6				8	3														
十四歳			4		8				24	1														
十五歳			2		5				33	2														
十六歳					6				22	2														
十七歳					8				26	3			1											
十八歳			2		3				29										1					
十九歳	1		1		1				29	5														
二十歳			1	1					28															
二十一歳			1						26	1														
二十二歳			2		1				29	2			1											
二十三歳	1		1						27	1														
二十四歳			1						29															
二十五歳			1						16															
二十六歳									13	1			1											
二十七歳				1					16	1											1			
二十八歳			6						19				1											
二十九歳			1						20															
三十歳									12		1				1									
三十一歳									14				1											
三十二歳			1						4															
三十三歳	1								9															
三十四歳			1						8		1													
三十五歳			2						11															
三十六歳									4															
三十七歳									1															
三十八歳																								
三十九歳			1						2															
四十歳	1								3															
四十一歳									4															
四十二歳			1						2															
四十三歳			1				1		2															
四十四歳																								
四十五歳									2								1							
四十六歳																								
四十七歳																								
四十八歳									1															
四十九歳																								
五十歳									1															
五十一歳			1																					
五十二歳			2						1															
五十三歳									1															
五十四歳																								
五十五歳																								
五十六歳																								
五十七歳																								
五十八歳																								
五十九歳																								
六十歳以上									1															
年齢不詳									1															
合計	4		34	3	38	1	1		481	23	2		5		1		1		1		1			

年齢 \ 職業 / 男女	152軸受製造業																					
	金属切断工		鍛冶職，刃物職		機械火造工		熱処理工		金属熔融工		鋳物砂型工		鋳造工		特殊鋳物工		其ノ他ノ金属材料ノ製造加工作業者		旋盤工（金属ニ加工スルモノ）		旋盤工（木材以外ノ非金属ニ加工スルモノ）	
	男	女	男	女	男	女	男	女	男	女	男	女	男	女	男	女	男	女	男	女	男	女
十二歳以下																						
十三歳																			2			
十四歳	1														1		1		8			
十五歳	2																	1	11	1	1	
十六歳					1								1				1		7		1	
十七歳													1						10		1	
十八歳							1						2						16			
十九歳													3						13		2	
二十歳			1		1								1						13			
二十一歳													2						5		1	
二十二歳																	2		11			
二十三歳					1								1		1		1		7			
二十四歳	1				3		1						1				2		6			
二十五歳											1								6			
二十六歳																	1		6			
二十七歳																			4			
二十八歳																			7			
二十九歳																			6			
三十歳																			3		1	
三十一歳			1																4			
三十二歳																						
三十三歳													1				1					
三十四歳																	1		1			
三十五歳					1														2			
三十六歳																			1			
三十七歳							1															
三十八歳																						
三十九歳																						
四十歳																						
四十一歳									1										1			
四十二歳																	1					
四十三歳													1						1			
四十四歳																						
四十五歳																						
四十六歳																						
四十七歳																						
四十八歳													1									
四十九歳																						
五十歳							1															
五十一歳																						
五十二歳																						
五十三歳																						
五十四歳																						
五十五歳																						
五十六歳																						
五十七歳																						
五十八歳																						
五十九歳																						
六十歳以上																	1					
年齢不詳																						
合計	4		2		7		4		1		1		15		2		12	1	151	1	7	

年齢	152軸受製造業 タレット工 男	タレット工 女	卓上旋盤工,小型機械工 男	卓上旋盤工,小型機械工 女	中グリ盤工 男	中グリ盤工 女	ボール盤工 男	ボール盤工 女	平削盤工,形削盤工,堅削盤工 男	平削盤工,形削盤工,堅削盤工 女	プライス盤工 男	プライス盤工 女	研磨盤工,ラップ盤工 男	研磨盤工,ラップ盤工 女	鋲打工 男	鋲打工 女	板金工,ブリキ職 男	板金工,ブリキ職 女	金属プレス工,打抜工 男	金属プレス工,打抜工 女	ガス熔接工 男	ガス熔接工 女
十二歳以下													1									
十三歳	1						1						1									
十四歳													3						1			
十五歳			1		1								6				1					
十六歳							1						3						1	1		
十七歳			1					1					7	1					3			
十八歳					1								4						1			
十九歳													4						4	2		
二十歳													5						4			
二十一歳													9						6	1		
二十二歳							2						3						8	1		
二十三歳													7						4			
二十四歳													5						3			
二十五歳	1										1		1						4			
二十六歳																			1			
二十七歳													5						5	1		
二十八歳													4						5			
二十九歳					1		1						7						2			
三十歳													1		1				2			
三十一歳									1				5								1	
三十二歳																			1			
三十三歳													3						3			
三十四歳			1				1						1									
三十五歳													3						3			
三十六歳													1									
三十七歳																						
三十八歳																						
三十九歳													2									
四十歳													1						1			
四十一歳													1									
四十二歳																						
四十三歳																						
四十四歳																						
四十五歳													1									
四十六歳																						
四十七歳																						
四十八歳																						
四十九歳																						
五十歳																						
五十一歳																						
五十二歳																						
五十三歳																						
五十四歳																						
五十五歳																						
五十六歳																						
五十七歳																						
五十八歳																						
五十九歳																						
六十歳以上																						
年齢不詳																						
合計	2		3		3		6	1	1		1		94	1	1		1		62	6	1	

年齢 \ 職業 \ 男女	152 軸受製造業																							
	其ノ他ノ機械器具製作作業者		手仕上工		機械器具部品仕上組立工		機械器具総組立工		工具保全工		火工		鳶職		其ノ他ノ土木建築作業者		パフ磨工		機械器具検査工		選別工, 検査工			
	男	女	男	女	男	女	男	女	男	女	男	女	男	女	男	女	男	女	男	女	男	女		
十二歳以下																								
十三歳	1																							
十四歳	1		1																					
十五歳	1				1												1							
十六歳	1																							
十七歳	1																			1				
十八歳			3																					
十九歳	1			3																				
二十歳	1																							
二十一歳																			1					
二十二歳	1		1																					
二十三歳			1				1										1							
二十四歳	3																1							
二十五歳													1											
二十六歳	1		1														1							
二十七歳																								
二十八歳	1										1													
二十九歳	1		1																					
三十歳	1																							
三十一歳					1																			
三十二歳																								
三十三歳			1																					
三十四歳									1															
三十五歳																					1			
三十六歳																								
三十七歳																								
三十八歳																								
三十九歳																								
四十歳															1									
四十一歳			1																					
四十二歳																								
四十三歳																								
四十四歳																								
四十五歳																								
四十六歳																								
四十七歳																								
四十八歳																								
四十九歳																								
五十歳																								
五十一歳																								
五十二歳																								
五十三歳																								
五十四歳																								
五十五歳																								
五十六歳																								
五十七歳																								
五十八歳																								
五十九歳																								
六十歳以上																								
年齢不詳																								
合計	15		10	3	2		1		1		1		1		1		4		1	1	1			

産業 / 職業 / 男女 / 年齢	152軸受製造業														153歯車製造業							
	荷扱夫,仲仕,倉庫夫,運搬夫,配達夫		企画手		包装掛,壜詰工,樽詰工		荷造工		小使,給仕,雑役者		見習工(他ニ分類セラレザルモノ)		其ノ他ノ作業者		総数		一般事務者		簿記係事務者		機械技術者	
	男	女	男	女	男	女	男	女	男	女	男	女	男	女	男	女	男	女	男	女	男	女
十二歳以下									1		1	1			1							
十三歳										3	2				5							
十四歳										1	7				7							
十五歳											7				6							
十六歳									2	1	3				11							
十七歳									1						7							
十八歳															9							
十九歳	1								1						5							
二十歳									2						5				1			
二十一歳									1				1		2							
二十二歳						1									7		1					
二十三歳									1	1	1				4							
二十四歳									1		2				4							
二十五歳									1						3						1	
二十六歳									1	1					3							
二十七歳							1								5							
二十八歳															4							
二十九歳							1															
三十歳									1													
三十一歳															2							
三十二歳									3						1							
三十三歳															1							
三十四歳					1																	
三十五歳									1													
三十六歳			1						1													
三十七歳															1							
三十八歳																						
三十九歳															1							
四十歳																						
四十一歳															1							
四十二歳									1													
四十三歳															1							
四十四歳																						
四十五歳															1							
四十六歳																						
四十七歳																						
四十八歳															3							
四十九歳																						
五十歳																						
五十一歳															1							
五十二歳									1													
五十三歳									1													
五十四歳																						
五十五歳																						
五十六歳																						
五十七歳																						
五十八歳															1							
五十九歳									1													
六十歳以上																						
年齢不詳																						
合計	1		1		1	1	2		22	7	23	1	1		102		1		1		1	

年齢＼産業・職業・男女	153 歯車製造業																					
	其ノ他ノ現図工		金属切断工		機械火造工		鋳物砂型工		鋳造工		旋盤工(金属ニ加工スルモノ)		旋盤工(木材以外ノ非金属ニ加工スルモノ)		卓上旋盤工,小型機械工		ボール盤工		平削盤工,形削盤工,竪削盤工		プライス盤工	
	男	女	男	女	男	女	男	女	男	女	男	女	男	女	男	女	男	女	男	女	男	女
十二歳以下			1																			
十三歳																						
十四歳																	1					
十五歳																						
十六歳											2		1									
十七歳							1				1						1					
十八歳											5				1						1	
十九歳					1				1													
二十歳																	1					
二十一歳			1																			
二十二歳	1				1																	
二十三歳																			1			
二十四歳											1											
二十五歳											2											
二十六歳									1													
二十七歳					1						1											
二十八歳					1																	
二十九歳																						
三十歳																						
三十一歳											1											
三十二歳																						
三十三歳																						
三十四歳																						
三十五歳																						
三十六歳																						
三十七歳																						
三十八歳																						
三十九歳																						
四十歳																						
四十一歳																						
四十二歳																						
四十三歳									1													
四十四歳																						
四十五歳																						
四十六歳																						
四十七歳																						
四十八歳					1																	
四十九歳																						
五十歳																						
五十一歳																						
五十二歳																						
五十三歳																						
五十四歳																						
五十五歳																						
五十六歳																						
五十七歳																						
五十八歳																						
五十九歳																						
六十歳以上																						
年齢不詳																						
合計	1		2		5		1		3		13		1		1		3		1		1	

年齢＼職業	歯切盤工 男	歯切盤工 女	捲鉄工 男	捲鉄工 女	金属プレス工，打抜工 男	金属プレス工，打抜工 女	ガス熔接工 男	ガス熔接工 女	電気熔接工 男	電気熔接工 女	其ノ他ノ機械器具製作作業者 男	其ノ他ノ機械器具製作作業者 女	手仕上工 男	手仕上工 女	機械器具部品仕上組立工 男	機械器具部品仕上組立工 女	バフ磨工 男	バフ磨工 女	荷扱夫，仲仕，倉庫夫，運搬夫，配達夫 男	荷扱夫，仲仕，倉庫夫，運搬夫，配達夫 女	企画手 男	企画手 女
十二歳以下																						
十三歳	3																					
十四歳	2																					
十五歳	1										1											
十六歳	4												1		1							
十七歳	1																					
十八歳	1		1																			
十九歳	1										1		1									
二十歳	2												1									
二十一歳	1																					
二十二歳	1				1		1															
二十三歳	2												1								1	
二十四歳	2												1									
二十五歳																						
二十六歳	2																					
二十七歳	2												1									
二十八歳									1						1							
二十九歳																						
三十歳																						
三十一歳											1											
三十二歳	1																					
三十三歳	1																					
三十四歳																						
三十五歳																						
三十六歳																						
三十七歳																			1			
三十八歳																						
三十九歳											1											
四十歳																						
四十一歳													1									
四十二歳																						
四十三歳																						
四十四歳																						
四十五歳																			1			
四十六歳																						
四十七歳																						
四十八歳																	1					
四十九歳																						
五十歳																						
五十一歳	1																					
五十二歳																						
五十三歳																						
五十四歳																						
五十五歳																						
五十六歳																						
五十七歳																						
五十八歳													1									
五十九歳																						
六十歳以上																						
年齢不詳																						
合計	28		1		1		1		1		4		8		2		1		2		1	

年齢 ＼ 産業・職業・男女	153 歯車製造業				154 ベルト車，車両及車軸製造業																	
	小使，給仕，雑役者		見習工，養成工（他ニ分類セラレザルモノ）		総数		製鋼工（平炉其ノ他ニ依ルモノ）		金属棒，条圧延伸張工		金属線伸張工		鍛冶職，刃物職		機械火造工		鋳物砂型工		鋳造工		其ノ他ノ金属材料ノ製造加工作業者	
	男	女	男	女	男	女	男	女	男	女	男	女	男	女	男	女	男	女	男	女	男	女
十二歳以下																						
十三歳	1		1																			
十四歳	2		2		1																	
十五歳			4		2		1															
十六歳	1		1																			
十七歳			3		3				1													
十八歳					7																	
十九歳					1																	
二十歳					4																	
二十一歳					6						1								1			
二十二歳					2																	
二十三歳					2																	
二十四歳					5				1								1					
二十五歳					2				1										1			
二十六歳					4										1							
二十七歳					6										2							
二十八歳	1																					
二十九歳					4														1			
三十歳					2								1									
三十一歳																						
三十二歳					2																	
三十三歳																						
三十四歳					7				4				1								1	
三十五歳					2				1													
三十六歳																						
三十七歳																						
三十八歳					1				1													
三十九歳					2																	
四十歳																						
四十一歳					2								1									
四十二歳																						
四十三歳					1								1									
四十四歳																						
四十五歳					1				1													
四十六歳																						
四十七歳					1				1													
四十八歳	1																					
四十九歳																						
五十歳																						
五十一歳																						
五十二歳																						
五十三歳																						
五十四歳																						
五十五歳																						
五十六歳																						
五十七歳																						
五十八歳																						
五十九歳																						
六十歳以上																						
年齢不詳																						
合計	6		11		70		1		11		1		4		3		1		3		1	

154 ベルト車, 車両及車軸製造業

年齢 \ 職業・男女	旋盤工(金属ニ加工スルモノ)		ラッピング工(手作業ニ依ルモノ)		撓鉄工		金属プレス工, 打抜工		電気熔接工		機械製鋲工		其ノ他ノ機械器具製作作業者		手仕上工		機械器具総組立工		木工		金属酸洗工, 洗滌工	
	男	女	男	女	男	女	男	女	男	女	男	女	男	女	男	女	男	女	男	女	男	女
十二歳以下																						
十三歳																						
十四歳																			1			
十五歳	1																					
十六歳																						
十七歳	2																					
十八歳	1										1				1							
十九歳																						
二十歳					1								1									
二十一歳	2						1															
二十二歳													1									
二十三歳																					1	
二十四歳	2																					
二十五歳																						
二十六歳																	1					
二十七歳	1								1												1	
二十八歳																						
二十九歳	1						1														1	
三十歳													1									
三十一歳																						
三十二歳			1																			
三十三歳																						
三十四歳													1									
三十五歳																						
三十六歳																						
三十七歳																						
三十八歳																						
三十九歳			1																			
四十歳																						
四十一歳																						
四十二歳																						
四十三歳																						
四十四歳																						
四十五歳																						
四十六歳																						
四十七歳																						
四十八歳																						
四十九歳																						
五十歳																						
五十一歳																						
五十二歳																						
五十三歳																						
五十四歳																						
五十五歳																						
五十六歳																						
五十七歳																						
五十八歳																						
五十九歳																						
六十歳以上																						
年齢不詳																						
合計	10		2		1		2		1		1		4		1		1		1		3	

年齢 \ 産業 職業 男女	154 ベルト車，車両及車軸製造業												155 前掲以外ノ部分品及付属品製造業											
	店員，売子，注文取，集金人		守衛，監督		起重機運転工		小使，給仕，雑役者		[illegible]工（他ニ分類セラレザルモノ）		其ノ他ノ作業者		総数		一般事務者		販売仕入係事務者		機械技術者		金属棒，条圧延伸張工	
	男	女	男	女	男	女	男	女	男	女	男	女	男	女	男	女	男	女	男	女	男	女
十二歳以下													1									
十三歳													3									
十四歳													7									
十五歳													7	4								
十六歳													8	2								
十七歳													8									
十八歳									2		2		10	1								
十九歳							1						10									
二十歳	1						1						12									
二十一歳							1						6									
二十二歳									1				8	1								
二十三歳							1						8	1			1					
二十四歳					1								7									
二十五歳													4	1	1							
二十六歳			1				1						5	2								
二十七歳									1				3									
二十八歳													8								1	
二十九歳													5									
三十歳													5	1	1							
三十一歳													2									
三十二歳							1						3									
三十三歳													2									
三十四歳													1									
三十五歳							1						2									
三十六歳													2									
三十七歳													1									
三十八歳													3									
三十九歳							1						2	1								
四十歳																						
四十一歳							1						1									
四十二歳													2						1			
四十三歳													4									
四十四歳													1									
四十五歳													1									
四十六歳																						
四十七歳													1									
四十八歳																						
四十九歳																						
五十歳																						
五十一歳																						
五十二歳																						
五十三歳																						
五十四歳																						
五十五歳																						
五十六歳																						
五十七歳																						
五十八歳																						
五十九歳																						
六十歳以上																						
年齢不詳																						
合計	1		1		1		9		4		2		153	14	2		1		1		1	

年齢 \ 産業・職業・男女	155 前掲以外ノ部分品及付属品製造業																					
	金属小物圧延伸張工		金属線伸張工		金属切断工		鍛冶職, 刃物職		機械火造工		熱処理工		鋳造工		其ノ他ノ金属材料ノ製造加工作業者		旋盤工(金属ニ加工スルモノ)		タレット工		卓上旋盤工, 小型機械工	
	男	女	男	女	男	女	男	女	男	女	男	女	男	女	男	女	男	女	男	女	男	女
十二歳以下																					1	
十三歳																	1					
十四歳																	3				1	
十五歳									1							1	3					
十六歳																	1		1		1	
十七歳													1				3					
十八歳							1										4					
十九歳									1				1		1		3					
二十歳							1								1		4					
二十一歳	2														2		1					
二十二歳															1							
二十三歳																	2				1	
二十四歳													1				2				1	
二十五歳											1		1			1						
二十六歳	1						1		1													
二十七歳							1															
二十八歳							1															
二十九歳															1		1					
三十歳					1				1						1							
三十一歳	1						1															
三十二歳			1														1					
三十三歳																	1					
三十四歳											1											
三十五歳																						
三十六歳									1													
三十七歳																						
三十八歳									2													
三十九歳															1	1						
四十歳																						
四十一歳																	1					
四十二歳																						
四十三歳															1							
四十四歳															1							
四十五歳																						
四十六歳																						
四十七歳																						
四十八歳																						
四十九歳																						
五十歳																						
五十一歳																						
五十二歳																						
五十三歳																						
五十四歳																						
五十五歳																						
五十六歳																						
五十七歳																						
五十八歳																						
五十九歳																						
六十歳以上																						
年齢不詳																						
合計	4		1		1		6		7		2		4		10	3	32		1		5	

年齢＼産業・職業・男女	155 前掲以外ノ部分品及付属品製造業																					
	ボール盤工		平削盤工, 形削盤工, 竪削盤工		プライス盤工		金属プレス工, 打抜工		パイプ工(造船所ノ鋼工ヲ含ム)		鉛管工, 鉛工		其ノ他ノ機械器具製作作業者		手仕上工		機械器具部品仕上組立工		機械器具総組立工		機械器具装置工, 修理工, 保全工	
	男	女	男	女	男	女	男	女	男	女	男	女	男	女	男	女	男	女	男	女	男	女
十二歳以下																						
十三歳																						
十四歳													1		1							
十五歳							1															
十六歳			1																			
十七歳	1												1		1							
十八歳															2							
十九歳					1								1		1							
二十歳							1						2		1							
二十一歳	1																					
二十二歳							1	1							1							
二十三歳													1									
二十四歳															1							
二十五歳	1																					
二十六歳													1	1								
二十七歳	1																					
二十八歳													2						2			
二十九歳																	1					
三十歳																1						
三十一歳																						
三十二歳																						
三十三歳									1													
三十四歳																						
三十五歳																						
三十六歳							1															
三十七歳													1									
三十八歳																						
三十九歳																					1	
四十歳																						
四十一歳																						
四十二歳																						
四十三歳											1		1									
四十四歳																						
四十五歳																						
四十六歳																						
四十七歳																						
四十八歳																						
四十九歳																						
五十歳																						
五十一歳																						
五十二歳																						
五十三歳																						
五十四歳																						
五十五歳																						
五十六歳																						
五十七歳																						
五十八歳																						
五十九歳																						
六十歳以上																						
年齢不詳																						
合計	4		1		1		4	1	1		1		11	1	8	1	1		2		1	

年齢＼職業＼男女	155前掲以外ノ部分品及付属品製造業																					
	工具保全工		ゴム成製工加工工(旋盤ニ依ルモノヲ除ク)		其ノ他ノ皮革製品製造工		其ノ他ノ木,竹,草,蔓類製品ノ製造作業者		其ノ他ノ土木建築作業者		塗装工		パフ磨工		機械器具部品検査工		選別工,検査工		荷造夫,梱包夫,運搬夫,配達夫		包装掛,壜詰工,樽詰工	
	男	女	男	女	男	女	男	女	男	女	男	女	男	女	男	女	男	女	男	女	男	女
十二歳以下																						
十三歳																						
十四歳																						
十五歳																1		1				
十六歳																			1			
十七歳																						
十八歳	1																					
十九歳																						
二十歳					1																	
二十一歳																						
二十二歳																						
二十三歳			1					1													1	
二十四歳											1											
二十五歳																						
二十六歳																		1				
二十七歳																			1			
二十八歳							1															
二十九歳									1													
三十歳																			1			
三十一歳																						
三十二歳																						
三十三歳																						
三十四歳																						
三十五歳																						
三十六歳																						
三十七歳									1													
三十八歳																						
三十九歳																						
四十歳																						
四十一歳																						
四十二歳																						
四十三歳													1									
四十四歳																						
四十五歳																						
四十六歳																						
四十七歳																						
四十八歳																						
四十九歳																						
五十歳																						
五十一歳																						
五十二歳																						
五十三歳																						
五十四歳																						
五十五歳																						
五十六歳																						
五十七歳																						
五十八歳																						
五十九歳																						
六十歳以上																						
年齢不詳																						
合計	1		1		1		1	1	2		1		1			1		2	3		1	

年齢 \ 職業 \ 男女	155前掲以外ノ部分品及付属品製造業						156其ノ他ノ機械器具製造業															
	小使,給仕,雑役者		見習工 養成工(他ニ分類セラレザルモノ)		其ノ他ノ作業者		総数		経営者		一般事務者		販売仕入係事務者		機械製図工		写図工,青写真工		金属疵取工		金属切断工	
	男	女	男	女	男	女	男	女	男	女	男	女	男	女	男	女	男	女	男	女	男	女
十二歳以下							3															
十三歳			2				3	1														
十四歳			1				19	2														
十五歳		1	2				19	2														
十六歳			2	1		1	25														1	
十七歳			1				34	1							1				1			
十八歳				1	1		25	2							1				1			
十九歳					1		24								3							
二十歳	1						30								1		1					
二十一歳							26	1			1											
二十二歳	1				2		12														3	
二十三歳	1						17	1			1											
二十四歳	1				1		13															
二十五歳							20				1						1					
二十六歳	1						16	1			1											
二十七歳							14															
二十八歳	1						11														1	
二十九歳					1		14															
三十歳							8															
三十一歳							12															
三十二歳	1						6															
三十三歳							3															
三十四歳							7															
三十五歳	1						6															
三十六歳							3				1										1	
三十七歳							4	1			1											
三十八歳	1						4															
三十九歳							4						1									
四十歳							5															
四十一歳							2															
四十二歳							4															
四十三歳	1						3															
四十四歳							2															
四十五歳	1																					
四十六歳							1	1														
四十七歳	1																					
四十八歳																						
四十九歳							1															
五十歳							1		1													
五十一歳							1															
五十二歳							1															
五十三歳							1															
五十四歳								1														
五十五歳																						
五十六歳																						
五十七歳							1															
五十八歳							1															
五十九歳																						
六十歳以上																						
年齢不詳																						
合計	12	1	1	2	6	1	406	14	1		6		1		6		2		2		6	

年齢＼職業	鍛冶職，刃物職 男	鍛冶職，刃物職 女	機械火造工 男	機械火造工 女	金属熔融工 男	金属熔融工 女	鋳物砂型工 男	鋳物砂型工 女	鋳造工 男	鋳造工 女	特殊鋳物工 男	特殊鋳物工 女	其ノ他ノ金属材料ノ製造加工作業者 男	其ノ他ノ金属材料ノ製造加工作業者 女	ケガキ工 男	ケガキ工 女	旋盤工（金属ニ加工スルモノ） 男	旋盤工（金属ニ加工スルモノ） 女	旋盤工（木材以外ノ非金属ニ加工スルモノ） 男	旋盤工（木材以外ノ非金属ニ加工スルモノ） 女	タレット工 男	タレット工 女
十二歳以下									1				1				1					
十三歳																	2					
十四歳											1		1				8					
十五歳																	6					
十六歳							1		1								8					
十七歳			1				1		1				2		1		9	1	1		1	
十八歳					1		2		1								9					
十九歳									1				2				8					
二十歳							1		1								13					
二十一歳									2				2				4					
二十二歳									1								5					
二十三歳					1		1										2					
二十四歳	1		1						1				3		1							
二十五歳	2		1				2		1								3					
二十六歳			1						2				1				3					
二十七歳									1				1				2					
二十八歳									1				1				2					
二十九歳	1												3				1					
三十歳			1						1				1				1					
三十一歳			1				1		3								1		1			
三十二歳																	1					
三十三歳													1				1					
三十四歳		1	1				1		1				1									
三十五歳									1													
三十六歳													1				1					
三十七歳									1													
三十八歳			1														1					
三十九歳					1																	
四十歳									1								1					
四十一歳																						
四十二歳			1																			
四十三歳							1						1									
四十四歳													2									
四十五歳																						
四十六歳																						
四十七歳																						
四十八歳																						
四十九歳																						
五十歳																						
五十一歳					1																	
五十二歳					1																	
五十三歳																						
五十四歳														1								
五十五歳																						
五十六歳																						
五十七歳																						
五十八歳																	1					
五十九歳																						
六十歳以上																						
年齢不詳																						
合計	5		9		5		11		22		1		24	1	2		94	1	2		1	

156 其ノ他ノ機械器具製造業

156 其ノ他ノ機械器具製造業

年齢＼職業	卓上旋盤工, 小型機械工		ボール盤工		プライス盤工		歯切盤工		研磨盤工, ラツプ盤工		撓鉄工		填隙工		鋲打工		板金鋲打工		板金工, ブリキ職		金属プレス工, 打抜工	
	男	女	男	女	男	女	男	女	男	女	男	女	男	女	男	女	男	女	男	女	男	女
十二歳以下																						
十三歳																						
十四歳	1		1				1															
十五歳	1																1					
十六歳	1																					
十七歳	2																		1			
十八歳	1				1														1			
十九歳	1																		1			
二十歳	3																					
二十一歳											1											
二十二歳	1								1													
二十三歳	2		1		1						1								2			
二十四歳	2																					
二十五歳			1																3		1	
二十六歳																			1			
二十七歳															1				2			
二十八歳											1											
二十九歳	3		1		1														1			
三十歳																						
三十一歳	1		1																			
三十二歳	1																		1		1	
三十三歳																						
三十四歳	1		1																			
三十五歳											1											
三十六歳																						
三十七歳			1														1					
三十八歳																						
三十九歳									1												1	
四十歳			1						1													
四十一歳																						
四十二歳			1																			
四十三歳																						
四十四歳																						
四十五歳																						
四十六歳																						
四十七歳																						
四十八歳																						
四十九歳	1																					
五十歳																						
五十一歳																						
五十二歳																						
五十三歳													1									
五十四歳																						
五十五歳																						
五十六歳																						
五十七歳																						
五十八歳																						
五十九歳																						
六十歳以上																						
年齢不詳																						
合計	22		9		3		1		3		4		1		1		2		13		3	

年齢 \ 産業・職業・男女	156其ノ他ノ機械器具製造業																					
	ガス熔接工		電気熔接工		其ノ他ノ熔接工		パイプ工(造船所ノ銅工ヲ含ム)		目立工		網具工.索具工		其ノ他ノ機械器具製作作業者		手仕上工		機械器具部品仕上組立工		機械器具総組立工		機械器具装置工,修繕工,保全工	
	男	女	男	女	男	女	男	女	男	女	男	女	男	女	男	女	男	女	男	女	男	女
十二歳以下																						
十三歳																						
十四歳															2	1						
十五歳	1														1	1						
十六歳									1				2									
十七歳			1										2				1					
十八歳													1		2	2			1			
十九歳					1								2		3							
二十歳													1		2							
二十一歳						1							3		4							
二十二歳															1		1					
二十三歳	1										1		1		1							
二十四歳							1								3							
二十五歳															4							
二十六歳							1						2		1							
二十七歳	1												1		1							
二十八歳							1								2							
二十九歳																	2					
三十歳													2				1					
三十一歳					1										1							
三十二歳													1		2							
三十三歳																						
三十四歳															1							
三十五歳													1									
三十六歳																						
三十七歳																						
三十八歳																						
三十九歳													1									
四十歳															1							
四十一歳																					1	
四十二歳																	1					
四十三歳																						
四十四歳																						
四十五歳																						
四十六歳							1															
四十七歳																						
四十八歳																						
四十九歳																						
五十歳																						
五十一歳																						
五十二歳																						
五十三歳																						
五十四歳																						
五十五歳																						
五十六歳																						
五十七歳																						
五十八歳																						
五十九歳																						
六十歳以上																						
年齢不詳																						
合計	3		1		2	1	4		1		1		20		32	4	6		1		1	

156 其ノ他ノ機械器具製造業

年齢 ＼ 職業 ＼ 男女	其ノ他ノ化学製品ノ製造作業者		其ノ他ノ紡織品製造作業者		木工		其ノ他ノ製品ノ製造作業者		煉瓦積工, タイル職, 築炉工		窯職		塗装工		メツキ工(皮膜防錆工ヲ含ム)		機械器具検査工		自動車運転手		荷扱夫, 仲仕, 倉庫夫, 運搬夫, 配達夫	
	男	女	男	女	男	女	男	女	男	女	男	女	男	女	男	女	男	女	男	女	男	女
十二歳以下																						
十三歳																						
十四歳																						
十五歳																						
十六歳																						
十七歳															1				1			
十八歳			1		1																	
十九歳																						
二十歳							1								1				1			
二十一歳	1														1							
二十二歳					1																	
二十三歳															1				1			
二十四歳																						
二十五歳																						
二十六歳																						
二十七歳																						
二十八歳											1											
二十九歳																						
三十歳																						
三十一歳																						
三十二歳																						
三十三歳																						
三十四歳																						
三十五歳													1									
三十六歳																						
三十七歳																						
三十八歳																					1	
三十九歳																						
四十歳																						
四十一歳							1															
四十二歳																	1					
四十三歳									1													
四十四歳																						
四十五歳																						
四十六歳																						
四十七歳																						
四十八歳																						
四十九歳																						
五十歳																						
五十一歳																						
五十二歳																						
五十三歳																						
五十四歳																						
五十五歳																						
五十六歳																						
五十七歳																						
五十八歳																						
五十九歳																						
六十歳以上																						
年齢不詳																						
合計	1		1		2		2		1		1		1		4		1		3		1	

年齢	156其ノ他ノ機械器具製造業 物品売買業者,仲買人 男	物品売買業者,仲買人 女	店員,売子,注文取,集金人 男	店員,売子,注文取,集金人 女	火夫,油差 男	火夫,油差 女	荷造工 男	荷造工 女	小使,給仕,雑役者 男	小使,給仕,雑役者 女	農置工(他ニ分類セラレザルモノ) 男	農置工(他ニ分類セラレザルモノ) 女	其ノ他ノ作業者 男	其ノ他ノ作業者 女	157電気機械器具装置業 総数 男	総数 女	一般事務者 男	一般事務者 女	簿記係事務者 男	簿記係事務者 女	電気通信機械技術者 男	電気通信機械技術者 女
十二歳以下																						
十三歳										1	1				1							
十四歳											5				6							
十五歳									1		7	1	1		4	1						
十六歳			2						1		6				6							
十七歳									3		5				9							
十八歳									1		1				11							
十九歳			1						1		1				11		1					
二十歳									2		1				9							
二十一歳			1						2						7							
二十二歳															5							
二十三歳															8		1					
二十四歳															3				1			
二十五歳															4							
二十六歳									3					1	3							
二十七歳							1		2						1							
二十八歳	2														5							
二十九歳									1						7							
三十歳									1						3							
三十一歳															8		1					
三十二歳															4							
三十三歳									1						2							
三十四歳															6							
三十五歳					1										4							
三十六歳															3							
三十七歳										1					2						1	
三十八歳															2							
三十九歳															1							
四十歳															3							
四十一歳															1							
四十二歳																						
四十三歳									1													
四十四歳															1							
四十五歳																						
四十六歳																						
四十七歳										1												
四十八歳															1							
四十九歳															3							
五十歳																						
五十一歳																						
五十二歳																						
五十三歳																						
五十四歳																						
五十五歳																						
五十六歳																						
五十七歳									1													
五十八歳																						
五十九歳																						
六十歳以上																						
年齢不詳																						
合計	2		4		1		1		21	3	27	1	1	1	144	1	3		1		1	

年齢 ＼ 職業・男女	157 電気機械器具装置業																					
	電気技術者		其ノ他ノ工業技術者		鋳造工		旋盤工(金属ニ加工スルモノ)		旋盤工(木材以外ノ非金属ニ加工スルモノ)		パイプ工(造船所ノ鋼工ヲ含ム)		鉛管工，鉛工		電線被装工		配線工		乾電池組立工		機械器具総組立工	
	男	女	男	女	男	女	男	女	男	女	男	女	男	女	男	女	男	女	男	女	男	女
十二歳以下																						
十三歳																						
十四歳											1				1		1					
十五歳																	1					
十六歳											1											
十七歳											1						1					
十八歳									1								1					
十九歳							1										3					
二十歳	1																1					
二十一歳			1				1										1					
二十二歳							1															
二十三歳	1																3					
二十四歳																						
二十五歳																			1			
二十六歳	1																					
二十七歳																						
二十八歳																	1					
二十九歳	1										1											
三十歳																						
三十一歳	1												1									
三十二歳																						
三十三歳																					1	
三十四歳																	1					
三十五歳					1																	
三十六歳																						
三十七歳																						
三十八歳																						
三十九歳	1																					
四十歳																						
四十一歳																						
四十二歳																						
四十三歳																						
四十四歳																						
四十五歳																						
四十六歳																						
四十七歳																						
四十八歳																						
四十九歳																						
五十歳																						
五十一歳																						
五十二歳																						
五十三歳																						
五十四歳																						
五十五歳																						
五十六歳																						
五十七歳																						
五十八歳																						
五十九歳																						
六十歳以上																						
年齢不詳																						
合計	6		1		1		3		1		4		1		1		14		1		1	

年齢＼職業・男女	電気機械器具組立工 男	電気機械器具組立工 女	電気通信機組立工 男	電気通信機組立工 女	鋳職 男	鋳職 女	機械器具装置工、据付工、保全工 男	機械器具装置工、据付工、保全工 女	石工 男	石工 女	其ノ他ノ土木建築作業者 男	其ノ他ノ土木建築作業者 女	発変電工 男	発変電工 女	其ノ他ノ電工 男	其ノ他ノ電工 女	店員、売子、注文取、集金人 男	店員、売子、注文取、集金人 女	小使、給仕、雑役者 男	小使、給仕、雑役者 女	見習工、養成工（他ニ分類セラレザルモノ） 男	見習工、養成工（他ニ分類セラレザルモノ） 女
十二歳以下																						
十三歳															1							
十四歳							1								2							
十五歳															2				1	1		
十六歳							1								4							
十七歳							1								6							
十八歳							1								5		1		2			
十九歳															4				1		1	
二十歳															7							
二十一歳															4							
二十二歳															3		1					
二十三歳															3							
二十四歳															2							
二十五歳											1				2							
二十六歳									1						1							
二十七歳																			1			
二十八歳	1														3							
二十九歳															4		1					
三十歳															3							
三十一歳			1								1				3							
三十二歳															3							
三十三歳	1														1							
三十四歳											1		1		3							
三十五歳							1								2							
三十六歳			1												2							
三十七歳															1							
三十八歳					1										1							
三十九歳																						
四十歳											1				2							
四十一歳											1											
四十二歳																						
四十三歳																						
四十四歳															1							
四十五歳																						
四十六歳																						
四十七歳																			1			
四十八歳															2				1			
四十九歳																						
五十歳																						
五十一歳																						
五十二歳																						
五十三歳																						
五十四歳																						
五十五歳																						
五十六歳																						
五十七歳																						
五十八歳																						
五十九歳																						
六十歳以上																						
年齢不詳																						
合計	2		2		1		5		1		5		1		77		3		7	1	1	

（157 電気機械器具装置業）

年齢 \ 職業・男女	158 其ノ他ノ機械器具装置業 総数 男	総数 女	一般事務者 男	一般事務者 女	機械技術者 男	機械技術者 女	土木技術者 男	土木技術者 女	其ノ他ノ工業技術者 男	其ノ他ノ工業技術者 女	機械製図工 男	機械製図工 女	金属加熱炉工 男	金属加熱炉工 女	金属製管工 男	金属製管工 女	機械火造工 男	機械火造工 女	鋳造工 男	鋳造工 女	其ノ他ノ金属材料ノ製造加工作業者 男	其ノ他ノ金属材料ノ製造加工作業者 女
十二歳以下																						
十三歳	1																					
十四歳	2	1																				
十五歳	4																					
十六歳	3										1											
十七歳	6																					
十八歳	10		1				1														1	
十九歳	7				1		1															
二十歳	3																				1	
二十一歳	4																1					
二十二歳	3																		1			
二十三歳	5										1										1	
二十四歳	7												1									
二十五歳	3																					
二十六歳	3																1					
二十七歳	5																					
二十八歳	5								1													
二十九歳	3	1															1					
三十歳	7												1				1					
三十一歳	4																					
三十二歳	3																					
三十三歳	7																					
三十四歳	3																					
三十五歳	3																					
三十六歳	3																					
三十七歳	4																				1	
三十八歳	5	1														1						
三十九歳	5				1																	
四十歳	4																					
四十一歳	5														1							
四十二歳	1																					
四十三歳	2																					
四十四歳	2																					
四十五歳																						
四十六歳																						
四十七歳	1																					
四十八歳	2																					
四十九歳																						
五十歳	3																					
五十一歳	2																					
五十二歳																						
五十三歳																						
五十四歳	1																					
五十五歳																						
五十六歳																						
五十七歳																						
五十八歳																						
五十九歳																						
六十歳以上	1																					
年齢不詳																						
合計	142	3	1		2		2		1		2		2		1	1	4		1		4	

年齢 \ 産業・職業・男女	158 其ノ他ノ機械器具装置業																					
	旋盤工(金属ニ加工スルモノ)		旋盤工(木材以外ノ非金属ニ加工スルモノ)		タレツト工		鋲打工		板金鋲打工		ドラム罐ブリキ罐製造工		ガス熔接工		パイプ工(造船所ノ銅工ヲ含ム)		鉛管工,鉛工		其ノ他ノ機械器具製作作業者		手仕上工	
	男	女	男	女	男	女	男	女	男	女	男	女	男	女	男	女	男	女	男	女	男	女
十二歳以下																						
十三歳					1																	
十四歳																						
十五歳	2																					
十六歳															1							
十七歳	2														1		1					
十八歳							1										2					
十九歳	1														1		2					
二十歳			1												1							
二十一歳																						
二十二歳															1							
二十三歳	1														1							
二十四歳	1														2		1					
二十五歳	1												1									
二十六歳															1							
二十七歳															2							
二十八歳																	2					
二十九歳																					1	
三十歳															1		1				1	
三十一歳																	3					
三十二歳															2							
三十三歳															4							
三十四歳															1				1			
三十五歳											1				1							
三十六歳	1																					
三十七歳									1													
三十八歳															1		2				1	
三十九歳																	1					
四十歳															1							
四十一歳															2							
四十二歳																						
四十三歳																						
四十四歳																						
四十五歳																						
四十六歳																						
四十七歳																	1					
四十八歳																						
四十九歳																						
五十歳															1							
五十一歳																			1			
五十二歳																						
五十三歳																						
五十四歳																						
五十五歳																						
五十六歳																						
五十七歳																						
五十八歳																						
五十九歳																						
六十歳以上																						
年齢不詳																						
合計	9		1		1		1		1		1		1		25		16		2		3	

年齢＼産業・職業・男女	158 其ノ他ノ機械器具装置業																					
	機械器具部品仕上組立工		機械器具装置工,据付工,保全工		工具保全工		石綿工,保温工		コンクリート枠組工		鉄筋工,鉄網工		煉瓦積工,タイル職,築炉工		道路工夫,アスファルト舗装工		鳶職		其ノ他ノ土木建築作業者		塗装工	
	男	女	男	女	男	女	男	女	男	女	男	女	男	女	男	女	男	女	男	女	男	女
十二歳以下																						
十三歳																						
十四歳																						
十五歳																						
十六歳																						
十七歳																						
十八歳	1		1																			
十九歳																						
二十歳																						
二十一歳											1								1			
二十二歳			1																			
二十三歳	1																					
二十四歳															1				1			
二十五歳																						
二十六歳																						
二十七歳			1														1					
二十八歳					1		1															
二十九歳																			1			
三十歳																	1					
三十一歳							1															
三十二歳																			1			
三十三歳													1						2			
三十四歳													1									
三十五歳			1																			
三十六歳																			2			
三十七歳			1																1			
三十八歳																			1			
三十九歳													1						1			
四十歳																	1				1	
四十一歳							1												1			
四十二歳																						
四十三歳																			1			
四十四歳									1										1			
四十五歳																						
四十六歳																						
四十七歳																						
四十八歳			1																			
四十九歳																						
五十歳																			2			
五十一歳																						
五十二歳																						
五十三歳																						
五十四歳																						
五十五歳																			1			
五十六歳																						
五十七歳																						
五十八歳																						
五十九歳																						
六十歳以上																						
年齢不詳																			1			
合計	2		6		1		3		1		1		3		1		3		18		1	

年齢	158其ノ他ノ機械器具装置業 荷扱夫,梱包夫,倉庫夫,運搬夫,配達夫 男	女	店員,売子,注文取,集金人 男	女	原動機(電動機ヲ除ク),[illegible] 男	女	荷造工 男	女	小使,給仕,雑役者 男	女	見習工,養成工(他ニ分類セラレザルモノ) 男	女	其ノ他ノ作業者 男	女	159製薬業 総数 男	女	経営者 男	女	一般事務者 男	女	販売仕入係事務者 男	女
十二歳以下																5						
十三歳															6	20						
十四歳			1						1			1			20	17			2			
十五歳											2				11	10				1		
十六歳											1				25	22			2	1		
十七歳											2				31	15			1			
十八歳									2						32	8			1			
十九歳			1												43	3			4	1		
二十歳															27	3			2			
二十一歳	1														34				1			
二十二歳															28	1					2	
二十三歳															21	1			1			
二十四歳															32	1			3		1	
二十五歳									1						23	1			2		1	
二十六歳	1														20	2						
二十七歳													1		16	1			1			
二十八歳															19							
二十九歳										1					13	1			1			
三十歳									1						9				1			
三十一歳															15	1						
三十二歳															6	2						
三十三歳															14	2			3		1	
三十四歳															16	1	2					
三十五歳															23				1			
三十六歳															8		1					
三十七歳															13							
三十八歳															12				2			
三十九歳					1										10	2						
四十歳									1						16				1		1	
四十一歳															8	1						
四十二歳															9				1			
四十三歳							1								8	1						
四十四歳															7		1		1			
四十五歳															4							
四十六歳															5	1						
四十七歳															3	1						
四十八歳									1						6	1						
四十九歳															2							
五十歳															7							
五十一歳	1														2	2						
五十二歳															2							
五十三歳															1	1						
五十四歳																						
五十五歳															1							
五十六歳															1							
五十七歳																						
五十八歳																						
五十九歳															1							
六十歳以上															5		1					
年齢不詳																						
合計	3		2		1		1		7	1	5	1	1		615	127	5		31	3	6	

159 製　薬　業

年齢＼職業・男女	簿記係事務者		タイピスト, 筆耕		化学技術者		薬剤師		医学研究員		其ノ他ノ理化学研究員		機械製図工		其ノ他ノ金属材料ノ製造加工作業者		旋盤工(金属ニ加工スルモノ)		ドラム罐, ブリキ罐製造工		パイプ工(造船所ノ鋲工ヲ含ム)	
	男	女	男	女	男	女	男	女	男	女	男	女	男	女	男	女	男	女	男	女	男	女
十二歳以下																						
十三歳																						
十四歳																						
十五歳													/									
十六歳															/							
十七歳																						
十八歳				/								/										
十九歳							/															
二十歳	/						/															
二十一歳	/				/																	
二十二歳					/																	
二十三歳					/																	
二十四歳																	/					
二十五歳										/												
二十六歳																			/			
二十七歳									/													
二十八歳																						
二十九歳																						
三十歳							2															
三十一歳																					/	
三十二歳																						
三十三歳																						
三十四歳																						
三十五歳																						
三十六歳																						
三十七歳																						
三十八歳																						
三十九歳																						
四十歳									/													
四十一歳																						
四十二歳																						
四十三歳																						
四十四歳							/															
四十五歳																						
四十六歳																						
四十七歳																						
四十八歳																						
四十九歳																						
五十歳																						
五十一歳							/										/					
五十二歳																						
五十三歳																						
五十四歳																						
五十五歳																						
五十六歳																						
五十七歳																						
五十八歳																						
五十九歳																						
六十歳以上									/													
年齢不詳																						
合計	2			/	3		6		3	/		/	/		/		2		/		/	

年齢 ＼ 産業・職業・男女	159製薬業																					
	鉛管工，鉛工		機械器具部品仕上組立工		機械器具装置工，修理工，保全工		硫酸工		塩酸工		硝酸工		ソーダ工		硫安工		火工		染料工		顔料工	
	男	女	男	女	男	女	男	女	男	女	男	女	男	女	男	女	男	女	男	女	男	女
十二歳以下																						
十三歳																						
十四歳																						
十五歳																						
十六歳																						
十七歳																	1					1
十八歳	1																					
十九歳													1									
二十歳									1				1									
二十一歳																						
二十二歳													1									
二十三歳															1							
二十四歳																	1					
二十五歳							1															
二十六歳																						
二十七歳													2									
二十八歳					1																	
二十九歳																			1			
三十歳																						
三十一歳																						
三十二歳																						
三十三歳																						
三十四歳																						
三十五歳							1						1									
三十六歳																						
三十七歳															1							
三十八歳			1				2															
三十九歳																						
四十歳													1									
四十一歳																						
四十二歳																						
四十三歳									1													
四十四歳																						
四十五歳																						
四十六歳							1															
四十七歳																						
四十八歳											1											
四十九歳																						
五十歳									1				1									
五十一歳																						
五十二歳																						
五十三歳													1									
五十四歳																						
五十五歳																						
五十六歳																						
五十七歳																						
五十八歳																						
五十九歳																						
六十歳以上																						
年齢不詳																						
合計	1		1		1		5		3		1		9		2		2		1			1

年齢＼職業・男女	159製薬業																					
	二酸化炭素工		其ノ他ノ薬品製造工		油脂搾出工,精製工		油脂加工工		人造レジン工		其ノ他ノ化学製品ノ製造作業者		染物職,浸染工		紙函製造工		其ノ他ノ印刷,紙製品製造作業者		木工		製粉工,澱粉工	
	男	女	男	女	男	女	男	女	男	女	男	女	男	女	男	女	男	女	男	女	男	女
十二歳以下				2																		
十三歳				9					1		1	1										
十四歳			8	3							2	2										
十五歳			3	2							2	1										
十六歳			10	4							3	2				1			1			
十七歳			13	3					1		1											
十八歳			14	2							3											
十九歳			16	1							3											
二十歳			7	1							4	1										
二十一歳			12								4											
二十二歳			16								1											
二十三歳			7																			
二十四歳			8								3						1		1			1
二十五歳	1		4				1				1											
二十六歳			12	1							1											
二十七歳			3		2																	
二十八歳			6		1						3											
二十九歳			3	1	1																	
三十歳			2																			
三十一歳			4								2											1
三十二歳			1	1	1						2											
三十三歳			2	1							2											
三十四歳			6																			
三十五歳			5																1		1	
三十六歳			3										1									
三十七歳			3								2											
三十八歳			2																			
三十九歳			1								2											
四十歳			3								2											
四十一歳			2									1										
四十二歳			3																			
四十三歳			1								1	1										
四十四歳			1								1											
四十五歳			3																			
四十六歳			1								1											
四十七歳			2																			
四十八歳			1																		1	
四十九歳			1								1											
五十歳			3																			
五十一歳																						
五十二歳											1											
五十三歳				1																		
五十四歳																						
五十五歳																						
五十六歳			1																			
五十七歳																						
五十八歳																						
五十九歳			1																			
六十歳以上																						
年齢不詳																						
合計	1		194	32	5		1		2		49	9	1			1	1		3		2	2

産業 / 職業 / 男女 / 年齢	159 製薬業																					
	其ノ他ノ酒類製造工		料理人,コツク		其ノ他ノ製品ノ製造作業者		其ノ他ノ土木建築作業者		発変電工		其ノ他ノ電工		塗装工		実験工,試験工,分析工		選別工,検査工		自動車運転手		人力車夫,馬方,馭者	
	男	女	男	女	男	女	男	女	男	女	男	女	男	女	男	女	男	女	男	女	男	女
十二歳以下																						
十三歳						1										1						
十四歳																1						
十五歳															1							
十六歳																	1					
十七歳	1								1													
十八歳													1						2			
十九歳					2																	
二十歳											1											
二十一歳			1												1							
二十二歳																	1					
二十三歳																						
二十四歳							1															
二十五歳															1							
二十六歳					1																	
二十七歳																						
二十八歳																			2			
二十九歳	1																					
三十歳															1							
三十一歳							1															
三十二歳																						
三十三歳																						
三十四歳							1												1			
三十五歳																					2	
三十六歳																						
三十七歳																						
三十八歳																						
三十九歳					1																	
四十歳							1															
四十一歳																						
四十二歳							1															
四十三歳																			1			
四十四歳																						
四十五歳																						
四十六歳																						
四十七歳																						
四十八歳							1														1	
四十九歳																						
五十歳																						
五十一歳														1								
五十二歳																						
五十三歳																						
五十四歳																						
五十五歳																						
五十六歳																						
五十七歳																						
五十八歳																						
五十九歳																						
六十歳以上					1																	
年齢不詳																						
合計	2		1		5	1	6		1		1		1	1	4	2	2		5		3	

年齢＼産業・職業・男女	159製薬業																					
	荷扱夫,仲仕,倉庫夫,運搬夫,配達夫		其ノ他ノ医療従事者		物品売買業者,仲買人		店員,売子,注文取,集金人		守衛,監督		原動機(電動機ヲ除ク),電動機,ポンプ,送風機,起重機,コンベヤノ運転工		汽罐士		火夫,油差		包装掛,壜詰工,樽詰工		荷造工		小使,給仕,雑役者	
	男	女	男	女	男	女	男	女	男	女	男	女	男	女	男	女	男	女	男	女	男	女
十二歳以下																		2				
十三歳																	1	6			3	1
十四歳	1						2											5			3	4
十五歳																		3			2	2
十六歳	1						3										1	7			2	5
十七歳	2						2										1	7			4	3
十八歳	1						1								1		1	3			4	1
十九歳	4						1						1				1	1			6	
二十歳	1						1										1	1	2		2	
二十一歳	2		1				1														9	
二十二歳	2						2											1			2	
二十三歳	1						3												1		5	
二十四歳	4										1							1	1		6	
二十五歳							2						1						3		3	
二十六歳	2														1				1		1	1
二十七歳	5								1								1	1				
二十八歳	1						1														4	
二十九歳	3						1						1								1	
三十歳	2																				1	
三十一歳	3				1																2	
三十二歳	1																				1	1
三十三歳	4																	1			2	
三十四歳	4																	1			2	
三十五歳	5														1						5	
三十六歳																			1		2	
三十七歳	1						2						1								2	
三十八歳	1				1										1						2	
三十九歳	1														1			1			4	
四十歳					1		1														4	
四十一歳					1								1								3	
四十二歳																					4	
四十三歳							1								1						2	
四十四歳	1																				1	
四十五歳																						
四十六歳																		1			1	
四十七歳															1							1
四十八歳																		1			1	
四十九歳																						
五十歳	1																				1	
五十一歳																		1				
五十二歳																					1	
五十三歳																						
五十四歳																						
五十五歳							1															
五十六歳																						
五十七歳																						
五十八歳																						
五十九歳																						
六十歳以上																						
年齢不詳																					2	
合計	54		1		4		25		1		1		5		7		7	44	9		100	19

産業 / 職業 / 男女 / 年齢	159製薬業						160ソーダ製造業															
	見習工 養成工(他ニ分類セラレザルモノ)		其ノ他ノ作業者		画家, 図案家, 彫塑家		総数		一般事務者		販売仕入係事務者		タイピスト, 筆耕		機械技術者		土砂採取夫		鍛冶職, 刃物職		機械火造工	
	男	女	男	女	男	女	男	女	男	女	男	女	男	女	男	女	男	女	男	女	男	女
十二歳以下		1					1															
十三歳		1						2														
十四歳	1	2	1				6	2														
十五歳			1	1			11	2		1												
十六歳	1	1		1			11	2														
十七歳			2	1	1		13	3														
十八歳			2				15															
十九歳			3				13															
二十歳	1		1				18				1								1		1	
二十一歳							12															
二十二歳							14	1		1												
二十三歳							14												1			
二十四歳			1				20	1														
二十五歳			1				27	1														
二十六歳	1						22															
二十七歳							24								1							
二十八歳							25														1	
二十九歳							26															
三十歳							21															
三十一歳			1				17	1														
三十二歳							12															
三十三歳							8															
三十四歳							15	1														
三十五歳							13															
三十六歳							11															
三十七歳	1						8															
三十八歳							18	1									1					
三十九歳				1			11															
四十歳							11															
四十一歳			1				4															
四十二歳							6	1														
四十三歳							10										1					
四十四歳							6	1									1					
四十五歳			1				3	1														
四十六歳			1				4															
四十七歳							5															
四十八歳							8															
四十九歳							3															
五十歳							4						1									
五十一歳							1															
五十二歳							1															
五十三歳							1	1														
五十四歳																						
五十五歳																						
五十六歳							1															
五十七歳																						
五十八歳							1															
五十九歳							1															
六十歳以上							3															
年齢不詳																						
合計	5	5	16	4	1		479	21		2	1		1		1		3		2		2	

年齢	160ソーダ製造業																					
	旋盤工(金属ニ加工スルモノ)		鋲打工		ガス熔接工		其ノ他ノ機械器具製作作業者		手仕上工		ソーダ工		石灰炉工		其ノ他ノ薬品製造工		其ノ他ノ化学製品ノ製造作業者		焼成工		大工	
	男	女	男	女	男	女	男	女	男	女	男	女	男	女	男	女	男	女	男	女	男	女
十二歳以下																						
十三歳																						
十四歳												1										
十五歳											2											
十六歳	1										3											
十七歳							1				4						2					
十八歳									1		3		1								1	
十九歳					1						5											
二十歳					1						2											
二十一歳					1												1					
二十二歳											1										1	
二十三歳											1				1							
二十四歳			1								3											
二十五歳											4						2					
二十六歳											2						2					
二十七歳			1								1										1	
二十八歳											4				1		1					
二十九歳											2						1					
三十歳																	2					
三十一歳											1										1	
三十二歳																	1					
三十三歳											1											
三十四歳															1		2					
三十五歳																	3				1	
三十六歳											2											
三十七歳											2											
三十八歳													1				1					
三十九歳																	1					
四十歳											1		1				1					
四十一歳																						
四十二歳																	1					
四十三歳											1						1					
四十四歳																	1					
四十五歳																						
四十六歳											1						1					
四十七歳																	1					
四十八歳											1								1			
四十九歳											1											
五十歳																	1					
五十一歳																						
五十二歳																						
五十三歳												1										
五十四歳																						
五十五歳																						
五十六歳																						
五十七歳																						
五十八歳											1											
五十九歳																						
六十歳以上																						
年齢不詳																						
合計	1		2		3		1		1		49	2	3		3		26		1		5	

160 ソーダ製造業

年齢 ＼ 職業・男女	コンクリート工 男	コンクリート工 女	石工 男	石工 女	鳶職 男	鳶職 女	其ノ他ノ土木建築作業者 男	其ノ他ノ土木建築作業者 女	其ノ他ノ電工 男	其ノ他ノ電工 女	実験工,試験工,分析工 男	実験工,試験工,分析工 女	機械試運転工 男	機械試運転工 女	選別工,検査工 男	選別工,検査工 女	自動車運転手 男	自動車運転手 女	ノ人力車夫,馬方,馭者, 男	ノ人力車夫,馬方,馭者, 女	荷扱夫,仲仕,倉庫夫,運搬夫,配達夫 男	荷扱夫,仲仕,倉庫夫,運搬夫,配達夫 女
十二歳以下																			1			
十三歳																						1
十四歳									2													
十五歳							2		1												2	1
十六歳							1								1						2	
十七歳																					4	
十八歳							1								1						5	
十九歳					1		1										1				3	
二十歳																					4	
二十一歳	2						1														7	
二十二歳							2														6	
二十三歳			1				1												1		7	
二十四歳	1						2														7	1
二十五歳					1		3						1								11	1
二十六歳							3												1		9	
二十七歳							2												1		12	
二十八歳	1						1														11	
二十九歳	1						5														12	
三十歳							2														8	
三十一歳							5		1												7	1
三十二歳	1																				8	
三十三歳							1														3	
三十四歳					1		1														9	1
三十五歳							3														3	
三十六歳	2																				6	
三十七歳							2												1		3	
三十八歳							2				1										8	
三十九歳							2														4	
四十歳							2														4	
四十一歳							1														2	
四十二歳							1														3	1
四十三歳							1												2		1	
四十四歳																					2	1
四十五歳							1														1	1
四十六歳							1														1	
四十七歳							1														1	
四十八歳							3														3	
四十九歳																					1	
五十歳							1															
五十一歳							1															
五十二歳																					1	
五十三歳							1															
五十四歳																						
五十五歳																						
五十六歳																						
五十七歳																						
五十八歳																						
五十九歳																						
六十歳以上																					1	
年齢不詳																						
合計	8		1		3		57		4		1		1		2		1		7		182	9

年齢 \ 職業 \ 産業	160ソーダ製造業																161硫酸製造業					
	守衛,監督		原動機（電動機ヲ除ク），発電機，ポンプ，送付機，圧搾機，コンベヤノ運転工		起重機運転工		火夫，油差		包装掛，壜詰工，樽詰工，		小使，給仕，雑役者		見習工，発蒙工（他ニ分類セラレザルモノ），		其ノ他ノ作業者		総数		炭焼夫		機械火造工	
	男	女	男	女	男	女	男	女	男	女	男	女	男	女	男	女	男	女	男	女	男	女
十二歳以下																						
十三歳												1										
十四歳											2	1	2				1	1				
十五歳			1								1		2					1				
十六歳										1	3	1					2					
十七歳											1	3	1				6	1				
十八歳											1		3		1		5	1				
十九歳											1						6					
二十歳							2				2				1		7					
二十一歳																	9					
二十二歳											2				2		10		1			
二十三歳									1								12					
二十四歳	1						1				3				1		12					
二十五歳											3				2		9	1				
二十六歳											5						5					
二十七歳											4				1		10		1			
二十八歳											5						16	1				
二十九歳											3				2		13					
三十歳					2						2				5		10					
三十一歳											2						7	1	1			
三十二歳											2						14	1				
三十三歳											2				1		15					
三十四歳											1						8					
三十五歳											3						11					
三十六歳															1		6					
三十七歳																	7					
三十八歳											4	1					3					
三十九歳											4						4					
四十歳															2		6				1	
四十一歳											1						7					
四十二歳											1						9					
四十三歳											1				2		6					
四十四歳											1				1		3					
四十五歳											1						7					
四十六歳																	4					
四十七歳											2						3	1				
四十八歳																	6					
四十九歳											1						3					
五十歳											1						1	1				
五十一歳																						
五十二歳																	1					
五十三歳																						
五十四歳																	2					
五十五歳																	2					
五十六歳											1						1					
五十七歳																						
五十八歳																	2					
五十九歳											1						1					
六十歳以上											1				1		1					
年齢不詳																						
合計	1		1		2		3		1	1	68	7	8		23		273	10	3		1	

年齢＼産業・職業・男女	161硫酸製造業																					
	硫酸工		塩酸工		其ノ他ノ薬品製造工		コンクリート枠組工		鳶職		其ノ他ノ土木建築作業者		発変電工		荷扱夫,仲仕,倉庫夫,運搬夫,配達夫		守衛,監督		火夫,油差		荷造工	
	男	女	男	女	男	女	男	女	男	女	男	女	男	女	男	女	男	女	男	女	男	女
十二歳以下																						
十三歳																						
十四歳		1																				
十五歳																1						
十六歳																						
十七歳	3														1							
十八歳	2	1													2						1	
十九歳	1														1						1	
二十歳	1								1						3							
二十一歳	3														6							
二十二歳	3												1		1							
二十三歳	5								1						2							
二十四歳	2														5						1	
二十五歳	3	1													6							
二十六歳	3																					
二十七歳	1														5				1		1	
二十八歳	5														8	1					2	
二十九歳	4														4						2	
三十歳	1														8							
三十一歳	3														3							
三十二歳	4	1													8						1	
三十三歳	4										1				6							
三十四歳	2				1										2						1	
三十五歳	5														5							
三十六歳	2		1												1						1	
三十七歳	2						1								1		1		1			
三十八歳															3							
三十九歳	2														1							
四十歳	1														2						1	
四十一歳	3														3							
四十二歳	6														2							
四十三歳	1														4							
四十四歳	2																					
四十五歳	1														4						1	
四十六歳		1													2							
四十七歳	1																					
四十八歳	2								1						2							
四十九歳	1														1				1			
五十歳	1	1																				
五十一歳																						
五十二歳	1																					
五十三歳																						
五十四歳											1				1							
五十五歳															2							
五十六歳																						
五十七歳																						
五十八歳															2							
五十九歳															1							
六十歳以上	1																					
年齢不詳																						
合計	82	6	1		1		1		3		2		1		108	2	1		3		13	

年齢 \ 職業 \ 男女 \ 産業	161硫酸製造業				162燐製造業						163圧縮ガス製造業											
	小使, 給仕, 雑役者		其ノ他ノ作業者		総数		燐製造工		其ノ他ノ電工		総数		旋盤工(金属ニ加工スルモノ)		中グリ盤工		手仕上工		圧縮ガス工		其ノ他ノ化学製品ノ製造作業者	
	男	女	男	女	男	女	男	女	男	女	男	女	男	女	男	女	男	女	男	女	男	女
十二歳以下																						
十三歳																						
十四歳	1																					
十五歳											1											
十六歳	2																					
十七歳	2	1									3				2		1					
十八歳					1		1															
十九歳	3										3								1			
二十歳	2				1				1		2										1	
二十一歳											3										1	
二十二歳	4				1		1															
二十三歳	3		1								2								1			
二十四歳	4										3		1						1			
二十五歳					1		1				1											
二十六歳	2										5											
二十七歳	1										1											
二十八歳	1										7								1			
二十九歳	3										2											
三十歳	1										1											
三十一歳		1									2											
三十二歳	1										3											
三十三歳	4										2				1		1					
三十四歳	2				1		1															
三十五歳	1										2											
三十六歳	1										1											
三十七歳	1										2				1							
三十八歳											1											
三十九歳	1										1											
四十歳	1										2											
四十一歳	1										1											
四十二歳	1										2											
四十三歳	1																					
四十四歳	1										2											
四十五歳	1										2								1			
四十六歳	2																					
四十七歳	2										1											
四十八歳	1										1											
四十九歳																						
五十歳																						
五十一歳											1											
五十二歳																						
五十三歳																						
五十四歳																						
五十五歳																						
五十六歳	1																					
五十七歳																						
五十八歳																						
五十九歳																						
六十歳以上																						
年齢不詳																						
合計	52	2	1		5		4		1		60		1		4		2		5		2	

年齢	163 圧縮ガス製造業 鳶職 男	鳶職 女	其ノ他ノ土木建築作業者 男	女	自動車運転手 男	女	人力車夫,馬方,馭者 男	女	荷扱夫,仲仕,倉庫夫,運搬夫,配達夫 男	女	火夫,油差 男	女	小使,給仕,雑役者 男	女	見習工,[illegible](他ニ分類セラレザルモノ) 男	女	其ノ他ノ作業者 男	女	164 カーバイド製造業 総数 男	総数 女	簿記係事務者 男	簿記係事務者 女
十二歳以下																						
十三歳																						
十四歳																						
十五歳									1													
十六歳																						
十七歳																			2	1		
十八歳																			6			
十九歳															2				2		1	
二十歳	1																		2			
二十一歳									2										5	1		
二十二歳																						
二十三歳					1														3			
二十四歳													1						3			
二十五歳									1										2			
二十六歳									5										1			
二十七歳									1										6			
二十八歳					2				2				1				1		3			
二十九歳									2										5			
三十歳									1													
三十一歳							1						1						1			
三十二歳									2				1						1			
三十三歳																			3			
三十四歳																			1			
三十五歳									1		1											
三十六歳									1										1			
三十七歳									1										1			
三十八歳									1										1			
三十九歳									1													
四十歳									2										1			
四十一歳									1										2			
四十二歳									2										2			
四十三歳																			2			
四十四歳									2										1			
四十五歳									1										1	1		
四十六歳																						
四十七歳			1																			
四十八歳									1													
四十九歳																			1			
五十歳																			1			
五十一歳													1									
五十二歳																						
五十三歳																						
五十四歳																						
五十五歳																						
五十六歳																						
五十七歳																			1			
五十八歳																						
五十九歳																						
六十歳以上																						
年齢不詳																						
合計			1		3		1		31		1		5		2		1		61	3	1	

年齢 \ 産業・職業・男女	164 カーバイド製造業												165 其ノ他ノ工業薬品製造業									
	其ノ他ノ金属材料ノ製造加工作業者		カーバイド工		其ノ他ノ化学製品ノ製造作業者		小使, 給仕, 雑役者		見習工, 養成工(他ニ分類セラレザルモノ)		其ノ他ノ作業者		総数		一般事務者		化学技術者		醸造技術者		土砂採取夫	
	男	女	男	女	男	女	男	女	男	女	男	女	男	女	男	女	男	女	男	女	男	女
十二歳以下													1									
十三歳													1	2								
十四歳													10	1								
十五歳													8	1								
十六歳													7	2								
十七歳			2					1					19	1								
十八歳			2						4				25	1								
十九歳									1				29	1					1			
二十歳									2				31	1								
二十一歳			1					1	4				25	2	1				2			
二十二歳													26									
二十三歳			1				1		1				23									
二十四歳							1		2				25	1								
二十五歳			1						1				27	1								
二十六歳			1										32	2								
二十七歳			4				1		1				43	1			1					
二十八歳			3										28		1							
二十九歳			2				1		2				24	1			1					
三十歳													27									
三十一歳			1										30									
三十二歳			1										23									
三十三歳			2				1						25				1					
三十四歳									1				16									
三十五歳													20	1								
三十六歳											1		16								1	
三十七歳			1										15									
三十八歳													15									
三十九歳							1						21	1								
四十歳									1				12									
四十一歳							1		1				12									
四十二歳	1		1										11	1	1							
四十三歳			1				1						6									
四十四歳							1						7									
四十五歳			1										3									
四十六歳								1					4									
四十七歳													4									
四十八歳			1										7									
四十九歳					1								4									
五十歳													9									
五十一歳													1									
五十二歳													6									
五十三歳													1	1								
五十四歳													1									
五十五歳													1									
五十六歳													2									
五十七歳							1						1									
五十八歳													1									
五十九歳																						
六十歳以上													2									
年齢不詳																						
合計	1		26		1		10	3	21		1		687	21	3		3		3		1	

年齢＼産業・職業・男女	165 其ノ他ノ工業薬品製造業																					
	鍛冶職, 刃物職		機械火造工		其ノ他ノ金属材料ノ製造加工作業者		板金鋲打工		ドラム罐, ブリキ罐製造工		ガス熔接工		電気熔接工		其ノ他ノ機械器具製作作業者		手仕上工		機械器具装置工, 据付工, 保全工		硫酸工	
	男	女	男	女	男	女	男	女	男	女	男	女	男	女	男	女	男	女	男	女	男	女
十二歳以下																						
十三歳																						
十四歳																						
十五歳	1																					
十六歳																						
十七歳																						
十八歳																						
十九歳																						
二十歳																					1	
二十一歳																						
二十二歳																					1	
二十三歳							1				1											
二十四歳					1																	
二十五歳									1													
二十六歳																	1		1			
二十七歳													1									
二十八歳																						
二十九歳					1																	
三十歳																						
三十一歳																						
三十二歳																						
三十三歳																						
三十四歳																						
三十五歳																						
三十六歳																						
三十七歳																						
三十八歳															1							
三十九歳																						
四十歳																						
四十一歳																						
四十二歳			1																			
四十三歳																					1	
四十四歳																						
四十五歳																						
四十六歳																						
四十七歳																						
四十八歳																						
四十九歳																					1	
五十歳																						
五十一歳																						
五十二歳																						
五十三歳																						
五十四歳																						
五十五歳																						
五十六歳																						
五十七歳																						
五十八歳																						
五十九歳																						
六十歳以上																						
年齢不詳																						
合計	1		1		2		1		1		1		1		1		1		1		4	

年齢 ＼ 職業・男女	塩酸工 男	塩酸工 女	硝酸工 男	硝酸工 女	醋酸工 男	醋酸工 女	ソーダ工 男	ソーダ工 女	石炭炉工 男	石炭炉工 女	人造研磨材製造工(旋盤ニ依ル仕上工ヲ除ク) 男	人造研磨材製造工(旋盤ニ依ル仕上工ヲ除ク) 女	硫安工 男	硫安工 女	醋酸繊維素工 男	醋酸繊維素工 女	火工 男	火工 女	染料工 男	染料工 女	塗装工 男	塗装工 女
十二歳以下																						
十三歳																					1	
十四歳	1						1															
十五歳											1											
十六歳																						
十七歳	2				1																	
十八歳							4		1													
十九歳	1						5				1											
二十歳	2										1						1					
二十一歳							2															
二十二歳	1				1		4										1					
二十三歳							1		1		1											
二十四歳							3															
二十五歳	1						1										1		1			
二十六歳	3						2				1	1										
二十七歳							6		1		1								1			
二十八歳	2						3												1			
二十九歳	1						7						1									
三十歳	2				1		2				1											
三十一歳	3				1		4				3										1	
三十二歳	1						2				2		1									
三十三歳							5		1								1				1	
三十四歳	1						4															
三十五歳	1						3				1											
三十六歳	1						2		1													
三十七歳	3						1															
三十八歳																						
三十九歳	1																					
四十歳	1																					
四十一歳																						
四十二歳	1						1															
四十三歳																						
四十四歳					1																	
四十五歳																						
四十六歳																						
四十七歳	1		1																			
四十八歳	1						1															
四十九歳																	1					
五十歳																						
五十一歳																						
五十二歳																						
五十三歳																						
五十四歳															1							
五十五歳																						
五十六歳																						
五十七歳																						
五十八歳																						
五十九歳																						
六十歳以上																						
年齢不詳																						
合計	31		1		5		64		5		13	1	1		1		5		3		3	

Table title: 165 其ノ他ノ工業薬品製造業

年齢 \ 職業 \ 男女	165 其ノ他ノ工業薬品製造業																					
	アンモニヤ合成工		二酸化炭素工		其ノ他ノ薬品製造工		圧縮ガス工		油脂搾出工,精製工		グリセリン工		其ノ他ノ化学製品ノ製造作業者		焼成工		其ノ他ノ窯業,土石類ノ加工作業者		精練,漂白工		其ノ他ノ製品ノ製造作業者	
	男	女	男	女	男	女	男	女	男	女	男	女	男	女	男	女	男	女	男	女	男	女
十二歳以下																						
十三歳																						
十四歳					2								3	1								
十五歳					3								1									
十六歳					3								1	2								
十七歳					9								2									
十八歳					9																	
十九歳					7								3									
二十歳					11		1						1						1			
二十一歳					7								2				1					
二十二歳			2		3								5									
二十三歳					5								4									
二十四歳			1		3								1									
二十五歳					4								1									
二十六歳					6						1		3									
二十七歳			1		3	1							3		1		1					
二十八歳			1		3								3				1					
二十九歳					4								2									
三十歳	1		1		3																	
三十一歳	1		1		5						1		1									
三十二歳			1		5				1				1				1					
三十三歳			1		4								1									
三十四歳					2		1						1									
三十五歳			1		2								1									
三十六歳					2																	
三十七歳					2								2									
三十八歳			1		1						1		1									
三十九歳	1		1		3								3									
四十歳			1										3									
四十一歳					4						1		2									
四十二歳														1							1	
四十三歳					2																	
四十四歳					2																	
四十五歳													1									
四十六歳					1								1									
四十七歳					1																1	
四十八歳													1									
四十九歳													1									
五十歳			1		2																	
五十一歳																						
五十二歳													1									
五十三歳																		1				
五十四歳																						
五十五歳																						
五十六歳																						
五十七歳													1									
五十八歳													1									
五十九歳																						
六十歳以上																						
年齢不詳																						
合計	3		14		123	1	2		1		4		58	4	1		4	1	1		2	

年齢＼職業＼男女	165 其ノ他ノ工業薬品製造業																					
	大工		石工		鳶職		其ノ他ノ土木建築作業者		選別工, 検査工		自動車運転手		舵手, 水夫, 舟夫		人力車夫, 馬方, 馭者		運搬夫, 仲仕, 配達夫, 運搬夫, 配達夫		店員, 売子, 注文取, 集金人		汽罐士	
	男	女	男	女	男	女	男	女	男	女	男	女	男	女	男	女	男	女	男	女	男	女
十二歳以下									1													
十三歳																						
十四歳																	1					
十五歳																	1					
十六歳																	1					
十七歳																	2					
十八歳																	2					
十九歳											1						5					
二十歳																	6					
二十一歳							1			1	1						3					
二十二歳																	4					
二十三歳			1								1						3					
二十四歳																	3					
二十五歳																	11					
二十六歳											1						8					
二十七歳	1										1		1				12					
二十八歳																	5				1	
二十九歳											1						1					
三十歳											1						8					
三十一歳							1										4					
三十二歳																	4					
三十三歳					1						1						4					
三十四歳																	1					
三十五歳																	8					
三十六歳															1		4					
三十七歳																	3					
三十八歳																	7					
三十九歳							1										5					
四十歳																	4				1	
四十一歳																	3					
四十二歳																	2					
四十三歳																	2					
四十四歳																	1					
四十五歳																						
四十六歳																	1					
四十七歳																						
四十八歳																						
四十九歳							1										2					
五十歳							2										1					
五十一歳																	1					
五十二歳																	2					
五十三歳																	1					
五十四歳																						
五十五歳																						
五十六歳																			1			
五十七歳																						
五十八歳																						
五十九歳																						
六十歳以上																	1					
年齢不詳																						
合計	1		1		1		6		1	1	8		1		1		137		1		2	

年齢＼産業・職業・男女	165 其ノ他ノ工業薬品製造業										166 製塩業													
	火夫,油差		包装掛,壜詰工,樽詰工		荷造工		小使,給仕,雑役者		其ノ他ノ作業者		総数		経営者		製塩作業者		雑夫,伸仕,鍋夫,運搬夫,配達夫		包装掛,壜詰工,樽詰工		荷造工	
	男	女	男	女	男	女	男	女	男	女	男	女	男	女	男	女	男	女	男	女	男	女
十二歳以下																						
十三歳				1				1														
十四歳							2				1	1			1	1						
十五歳							1	1			1	1			1	1						
十六歳							2				2	2			2	2						
十七歳	1						2	1			6	2			6	2						
十八歳							9				4	4			3	4			1			
十九歳							5	1			3	3			3	3						
二十歳					1		4		1	1	7	3			4	3	1					
二十一歳							5	1			5	2			5	2						
二十二歳					1		3				8	4			8	4						
二十三歳	1						1		2		8	1			7	1						
二十四歳	1			1	1		9		2		2	6			1	4			1	1		
二十五歳	2						4	1			8	3			7	3	1					
二十六歳	1				1		3	1			10	3			10	3						
二十七歳	1				1		3		3		14	3			14	3						
二十八歳							7				12	5			10	5	1					
二十九歳							5			1	12	1			12	1						
三十歳	1				1		4		1		13	2			12	2	1					
三十一歳					1		2		1		10	5			10	5						
三十二歳	1						2		2		11				10						1	
三十三歳							4				6	1			6	1						
三十四歳	1						3		2		8	2			8	2						
三十五歳							3	1			11	1			11	1						
三十六歳	3						1				6	1			5	1	1					
三十七歳					1		2		1		9	1			8	1	1					
三十八歳	2						1				6				6							
三十九歳	3						3	1			6	1			4		2	1				
四十歳							2				4	2			3	2	1					
四十一歳									2		3	1			3	1						
四十二歳							2		1		4				4							
四十三歳							2				7				7							
四十四歳							3															
四十五歳							2															
四十六歳							1															
四十七歳																						
四十八歳							2				2						2					
四十九歳											2				1		1					
五十歳					1		2															
五十一歳											3				2		1					
五十二歳							3				1		1									
五十三歳											2				2							
五十四歳																						
五十五歳	1																					
五十六歳							1															
五十七歳											1				1							
五十八歳																						
五十九歳																						
六十歳以上							1				3				3							
年齢不詳																						
合計	19			2	9		111	9	18	2	221	61	1		200	58	13	1	2	1	1	

産業 / 職業 / 男女 / 年齢	166 製塩業 小使, 給仕, 雑役者 男	166 製塩業 小使, 給仕, 雑役者 女	167 天然染料製造業 総数 男	167 天然染料製造業 総数 女	167 天然染料製造業 染料工 男	167 天然染料製造業 染料工 女	167 天然染料製造業 小使, 給仕, 雑役者 男	167 天然染料製造業 小使, 給仕, 雑役者 女	168 硫化染料製造業 総数 男	168 硫化染料製造業 総数 女	168 硫化染料製造業 染料工 男	168 硫化染料製造業 染料工 女	168 硫化染料製造業 其ノ他ノ薬品製造工 男	168 硫化染料製造業 其ノ他ノ薬品製造工 女	168 硫化染料製造業 其ノ他ノ化学製品ノ製造作業者 男	168 硫化染料製造業 其ノ他ノ化学製品ノ製造作業者 女	168 硫化染料製造業 塗装工 男	168 硫化染料製造業 塗装工 女	168 硫化染料製造業 鑵夫, 火夫, 運搬夫 等 男	168 硫化染料製造業 鑵夫, 火夫, 運搬夫 等 女	168 硫化染料製造業 看貫掛, 検量工 男	168 硫化染料製造業 看貫掛, 検量工 女
十二歳以下																						
十三歳																						
十四歳																						
十五歳																						
十六歳																						
十七歳																						
十八歳									2						1							
十九歳																						
二十歳	2								2		1											
二十一歳									1		1											
二十二歳				1		1				1												
二十三歳	1								1		1											
二十四歳		1	1		1				2		1		1									
二十五歳									1		1											
二十六歳			1		1				3		2											
二十七歳									1													
二十八歳	1								1		1										1	
二十九歳																						
三十歳									1								1					
三十一歳																						
三十二歳			1				1		2	1	2											
三十三歳																						
三十四歳									3		2								1			
三十五歳			1	1			1	1	1		1											
三十六歳																						
三十七歳									1		1											
三十八歳																						
三十九歳									1		1											
四十歳									1													
四十一歳																						
四十二歳									1		1											
四十三歳																						
四十四歳									1				1									
四十五歳									1		1											
四十六歳																						
四十七歳																						
四十八歳																						
四十九歳			1		1																	
五十歳																						
五十一歳																						
五十二歳																						
五十三歳																						
五十四歳																						
五十五歳																						
五十六歳																						
五十七歳																						
五十八歳																						
五十九歳																						
六十歳以上																						
年齢不詳																						
合計	4	1	5	2	3	1	2	1	27	2	17		2		1		1		1		1	

年齢	168 硫化染料製造業 小使,給仕,雑役者 男	168 小使,給仕,雑役者 女	169 其ノ他ノ合成染料及中間物製造業 総数 男	総数 女	一般事務者 男	一般事務者 女	其ノ他ノ金属材料ノ製造加工作業者 男	其ノ他ノ金属材料ノ製造加工作業者 女	ボール盤工 男	ボール盤工 女	ガス熔接工 男	ガス熔接工 女	パイプ工(造船所ノ鋼工ヲ含ム) 男	パイプ工(造船所ノ鋼工ヲ含ム) 女	機械器具製造工,修繕工,保全工 男	機械器具製造工,修繕工,保全工 女	染料工 男	染料工 女	塗料工 男	塗料工 女	其ノ他ノ薬品製造工 男	其ノ他ノ薬品製造工 女
十二歳以下																						
十三歳			1																			
十四歳			4				1										2					
十五歳			3														2					
十六歳			8														8					
十七歳			8														8					
十八歳	1		5	1													5	1				
十九歳			9	1		1											6					
二十歳	1		10														7				1	
二十一歳			8														7					
二十二歳		1	9												1		4					
二十三歳			6														2					
二十四歳			6														3					
二十五歳			9														4					
二十六歳	1		12														3					
二十七歳			9														3					
二十八歳			13				1										5					
二十九歳			17						1								7					
三十歳			12								1						7					
三十一歳			20														8					
三十二歳		1	11	1									1				6	1				
三十三歳			8														3					
三十四歳			5														3					
三十五歳			5								1						2					
三十六歳			5														1					
三十七歳			3																			
三十八歳			3														2					
三十九歳			5														3					
四十歳	1		6														4					
四十一歳			3														1					
四十二歳			2																			
四十三歳			8														5		1			
四十四歳			3														3					
四十五歳			3														1					
四十六歳			4														2					
四十七歳			2														1					
四十八歳			4														2					
四十九歳			3														2					
五十歳			2														1					
五十一歳			1														1					
五十二歳			1														1					
五十三歳			1																			
五十四歳																						
五十五歳																						
五十六歳																						
五十七歳																						
五十八歳																						
五十九歳																						
六十歳以上			1	1														1				
年齢不詳																						
合計	4	2	258	4		1	2		1		2		1		1		135	3	1		1	

年齢 ＼ 職業 ＼ 男女	169 其ノ他ノ合成染料及中間物製造業																					
	其ノ他ノ化学製品ノ製造作業者		染物職, 浸染工		コンクリート工		其ノ他ノ土木建築作業者		塗装工		運転手, 助手(電気機関車, 電車, 気動車)		自動車運転手		人力車夫, 馬方, 馭者		鍛冶夫, 鋳物工, 鍛工, 製缶工, 鉄鋼工		汽罐士		火夫, 油差	
	男	女	男	女	男	女	男	女	男	女	男	女	男	女	男	女	男	女	男	女	男	女
十二歳以下																						
十三歳																						
十四歳																						
十五歳																						
十六歳																						
十七歳																						
十八歳																						
十九歳							1										1					
二十歳							1										1					
二十一歳																						
二十二歳																						
二十三歳																	1					
二十四歳																	2					
二十五歳							1										3					
二十六歳			1														3					
二十七歳																	3				1	
二十八歳															1		4					
二十九歳							2		1								2		1			
三十歳					2												1					
三十一歳	1																7					
三十二歳									1								1					
三十三歳							1								1							
三十四歳																						
三十五歳	1						1															
三十六歳					1								1									
三十七歳																	2					
三十八歳																						
三十九歳											1						1					
四十歳									1												1	
四十一歳					1		1															
四十二歳															1							
四十三歳																	1					
四十四歳																						
四十五歳																	1					
四十六歳																	1					
四十七歳																	1					
四十八歳	1																					
四十九歳																	1					
五十歳																	1					
五十一歳																						
五十二歳																						
五十三歳																						
五十四歳																						
五十五歳																						
五十六歳																						
五十七歳																						
五十八歳																						
五十九歳																						
六十歳以上																	1					
年齢不詳																						
合計	3		1		4		8		3		1		1		3		39		1		2	

産業 / 職業 / 男女 / 年齢	169 其ノ他ノ合成染料及中間物製造業								170 漆液製造業								171 塗料製造業					
	荷造工		小使, 給仕, 雑役者		見習工 養成工(他ニ分類セラレザルモノ)		其ノ他ノ作業者		総数		其ノ他ノ機械器具製作作業者		塗料工		其ノ他ノ化学製品ノ製造作業者		総数		経営者		一般事務者	
	男	女	男	女	男	女	男	女	男	女	男	女	男	女	男	女	男	女	男	女	男	女
十二歳以下																	/	/				
十三歳					/																	
十四歳					/												3	5				
十五歳					/												3	2				
十六歳									/				/				12	2			/	
十七歳																	10					
十八歳																	16					
十九歳			/														14				/	
二十歳																	11					
二十一歳			/						/						/		7	/				
二十二歳	2		2														10	/				
二十三歳	/		/				/										14					
二十四歳			/														13					
二十五歳			/						/		/						8					
二十六歳	/		4														7	/				
二十七歳	/		/														2					
二十八歳	/						/										11					
二十九歳			2				/										5					
三十歳			/														9					
三十一歳			4														5	/				
三十二歳	/		/														6					
三十三歳	/		2														5					
三十四歳			2														3	/				
三十五歳																	6					
三十六歳	/		/														6	/				
三十七歳			/														4					
三十八歳			/														2				/	
三十九歳																	5				/	
四十歳																	4				/	
四十一歳																	3					
四十二歳			/														2					
四十三歳							/										5		/			
四十四歳																	/	/				
四十五歳			/														3					
四十六歳			/														2					
四十七歳																						
四十八歳							/											/				
四十九歳																	/					
五十歳																	/					
五十一歳																						
五十二歳																	/					
五十三歳			/																			
五十四歳																	/					
五十五歳																						
五十六歳																						
五十七歳																						
五十八歳																						
五十九歳																						
六十歳以上																	/					
年齢不詳																						
合計	9		31		3		5		3		/		/		/		223	18	/		5	

年齢＼職業・男女	171塗料製造業																					
	販売仕入係事務者		タイピスト，筆耕		化学技術者		鍛冶職，刃物職		其ノ他ノ金属材料ノ製造加工作業者		電気熔接工		手仕上工		硫酸工		顔料工		塗料工		其ノ他ノ化学製品ノ製造作業者	
	男	女	男	女	男	女	男	女	男	女	男	女	男	女	男	女	男	女	男	女	男	女
十二歳以下																			1	1		
十三歳																						
十四歳																			2	3		
十五歳				1																		
十六歳												1					2		3	1		
十七歳																			1			
十八歳					1												2		2			
十九歳																			6		1	
二十歳																			5			
二十一歳																			4	1	1	
二十二歳																			3	1	1	
二十三歳									1										7			
二十四歳	1																		6			
二十五歳																			3			
二十六歳																			3	1	1	
二十七歳																			1			
二十八歳							1												7			
二十九歳																			2		1	
三十歳															1				4			
三十一歳																	1			1	1	
三十二歳					1								1									
三十三歳													1						2		1	
三十四歳																			2			
三十五歳					1														3			
三十六歳																			2			
三十七歳																			1			
三十八歳																						
三十九歳																			2			
四十歳																			1			
四十一歳																			1			
四十二歳																			1			
四十三歳																			1			
四十四歳																						
四十五歳																	1		1			
四十六歳																	1					
四十七歳																						
四十八歳																						
四十九歳																						
五十歳																			1			
五十一歳																						
五十二歳																			1			
五十三歳																						
五十四歳																						
五十五歳																						
五十六歳																						
五十七歳																						
五十八歳																						
五十九歳																						
六十歳以上																						
年齢不詳																						
合計	1			1	3		1		1			1	2		1		7		79	9	7	

年齢 ＼ 産業 職業 男女	171塗料製造業																					
	其ノ他ノ窯業，土石類ノ加工作業者		其ノ他ノ製品製造作業者		其ノ他ノ土木建築作業者		漆工，蒔絵師		塗装工		メツキ工(皮膜防錆工ヲ含ム)		パフ磨工		実験工，試験工，分析工		自動車運転手		雑役夫，小使，給仕，運搬夫，配達夫		店員，売子，注文取，集金人	
	男	女	男	女	男	女	男	女	男	女	男	女	男	女	男	女	男	女	男	女	男	女
十二歳以下																						
十三歳																						
十四歳									1													
十五歳	1								1					1								
十六歳							1		2										1			
十七歳							1		3						2				3			
十八歳									2										3		1	
十九歳									1								1		1			
二十歳					1				1										2			
二十一歳									1								1					
二十二歳									1										1			
二十三歳																			3			
二十四歳									1		1								2			
二十五歳									2										2			
二十六歳																	1		1			
二十七歳																			1			
二十八歳									1										1			
二十九歳																			1			
三十歳									1										2			
三十一歳									1										2			
三十二歳																			4			
三十三歳																			1			
三十四歳										1									1			
三十五歳																			2			
三十六歳									1										2	1		
三十七歳																			1			
三十八歳									1													
三十九歳									1													
四十歳									1													
四十一歳																			1			
四十二歳			1																			
四十三歳									1										1			
四十四歳										1												
四十五歳									1													
四十六歳																						
四十七歳																			1			
四十八歳																				1		
四十九歳									1													
五十歳																						
五十一歳																						
五十二歳																						
五十三歳																						
五十四歳																						
五十五歳																						
五十六歳																						
五十七歳																						
五十八歳																						
五十九歳																						
六十歳以上																						
年齢不詳																						
合計	1		1		1		2		26	2	1			1	2		3		40	2	1	

産業／職業／男女／年齢	171塗料製造業														172顔料製造業							
	火夫, 油差		包装掛, 壜詰工, 罐詰工		荷造工		小使, 給仕, 雑役者		見習工, 發展工(他ニ分類セラレザルモノ)		其ノ他ノ作業者		総数		経営者		販売仕入係事務者		焙焼工, 焼結工, 団鉱工		其ノ他ノ金属材料ノ製造加工作業者	
	男	女	男	女	男	女	男	女	男	女	男	女	男	女	男	女	男	女	男	女	男	女
十二歳以下														1								
十三歳													1	1								
十四歳								1					2									
十五歳							1						3	2								
十六歳							2						4									
十七歳													4	1								
十八歳							5						11	5								
十九歳							1		2				5	1								
二十歳							2						6									
二十一歳													6									
二十二歳							4						5									
二十三歳					1		1				1		4									
二十四歳							2						7	1								
二十五歳							1						6									
二十六歳							1						8									
二十七歳													9									
二十八歳							1						6									
二十九歳							1						12						1			
三十歳							1						6									
三十一歳													7	1								
三十二歳													11									
三十三歳													5									
三十四歳													8				1					
三十五歳													6	1								
三十六歳							1						3	2							1	
三十七歳							2						3		1							
三十八歳													4									
三十九歳							1						8									
四十歳							1						4									
四十一歳	1												6									
四十二歳													4									
四十三歳							1						1									
四十四歳											1		3									
四十五歳													2									
四十六歳													6									
四十七歳													2									
四十八歳													1									
四十九歳													2						1			
五十歳													2									
五十一歳																						
五十二歳													1									
五十三歳													1									
五十四歳							1						1									
五十五歳																						
五十六歳																						
五十七歳																						
五十八歳																						
五十九歳																						
六十歳以上							1															
年齢不詳																						
合計	1			1	1		31	1	2		2		196	16	1		1		2		1	

年齢 \ 職業	172顔料製造業																					
	研磨盤工, ラップ盤工		配管工, 鉛工		手仕上工		硫酸工		染料工		顔料工		塗料工		其ノ他ノ薬品製造工		合成ゴム工		其ノ他ノ化学製品ノ製造作業者		窯業原料工	
	男	女	男	女	男	女	男	女	男	女	男	女	男	女	男	女	男	女	男	女	男	女
十二歳以下																						
十三歳																						
十四歳											1								1			
十五歳											2								1			
十六歳											2		1						1			
十七歳										1	3								1			
十八歳										1	6								3			1
十九歳											2		1						1			1
二十歳											4								1			
二十一歳									1		2		1						1			
二十二歳											2								1			
二十三歳									1				1		1						1	
二十四歳											4		1							1	1	
二十五歳											2		1									
二十六歳									1		4		1									
二十七歳											4		1						1		1	
二十八歳											3								2			
二十九歳							1				3		1								1	
三十歳											2								3			
三十一歳					1						3	1							1			
三十二歳									1		4								2			
三十三歳											2								2			
三十四歳	1										2		1						3			
三十五歳							1				1	1	1						1			
三十六歳											2											2
三十七歳									1													
三十八歳											2								1			
三十九歳											1		2				1		1			
四十歳											2								2			
四十一歳											3		1						1			
四十二歳											1		1						1			
四十三歳																						
四十四歳			1								1								1			
四十五歳																						
四十六歳											3											
四十七歳															1							
四十八歳											1											
四十九歳											1											
五十歳											1		1									
五十一歳																						
五十二歳																						
五十三歳											1											
五十四歳											1											
五十五歳																						
五十六歳																						
五十七歳																						
五十八歳																						
五十九歳																						
六十歳以上																						
年齢不詳																						
合計	1		1		1		2		5	2	78	2	16		2		1		33	1	4	4

172 顔料製造業

年齢＼職業・男女	其ノ他ノ製品ノ製造作業者 男	其ノ他ノ製品ノ製造作業者 女	自動車運転手 男	自動車運転手 女	人力車夫, 馬方, 馭者 男	人力車夫, 馬方, 馭者 女	醱酵夫, 仲仕, 鑛夫, 運搬夫, 配達夫 男	醱酵夫, 仲仕, 鑛夫, 運搬夫, 配達夫 女	店員, 売子, 注文取, 集金人 男	店員, 売子, 注文取, 集金人 女	汽罐士 男	汽罐士 女	火夫, 油差 男	火夫, 油差 女	看貫掛, 検量工 男	看貫掛, 検量工 女	包装掛, 壜詰工, 樽詰工 男	包装掛, 壜詰工, 樽詰工 女	荷造工 男	荷造工 女	小使, 給仕, 雑役者 男	小使, 給仕, 雑役者 女
十二歳以下																		1				
十三歳																					1	1
十四歳																						
十五歳																		1				1
十六歳																						
十七歳																						
十八歳															1			1			1	1
十九歳																					1	
二十歳																						
二十一歳																					1	
二十二歳									1													
二十三歳																						
二十四歳			1																			
二十五歳																			1		2	
二十六歳																			1			
二十七歳													1								1	
二十八歳																					1	
二十九歳							2												1		1	
三十歳											1											
三十一歳																					2	
三十二歳					1				1				1								1	
三十三歳							1															
三十四歳																						
三十五歳																					2	
三十六歳																						
三十七歳	1																					
三十八歳													1									
三十九歳							2														1	
四十歳																						
四十一歳													1									
四十二歳							1															
四十三歳																			1			
四十四歳																						
四十五歳							1														1	
四十六歳													2						1			
四十七歳							1															
四十八歳																						
四十九歳																						
五十歳																						
五十一歳																						
五十二歳																					1	
五十三歳																						
五十四歳																						
五十五歳																						
五十六歳																						
五十七歳																						
五十八歳																						
五十九歳																						
六十歳以上																						
年齢不詳																						
合計	1		1		1		8		5		1		6		1			3	5		17	3

年齢 \ 産業・職業・男女	172顔料製造業 其ノ他ノ作業者		173マッチ製造業 総数		燐製造工		マッチ工		其ノ他ノ化学製品ノ製造作業者		印刷工		紙函製造工		製材工		調木工，木羽割職		其ノ他ノ木，竹，草，蔓類製品ノ製造作業者		其ノ他ノ製品ノ製造作業者	
	男	女	男	女	男	女	男	女	男	女	男	女	男	女	男	女	男	女	男	女	男	女
十二歳以下			3	14			3	6												2		
十三歳			6	8			2	7				1			1							
十四歳			5	11			5	9														
十五歳			4	15		2	7	6									1	1				
十六歳			3	20			1	11										1				
十七歳			6	20			4	15									1	1	1			1
十八歳			3	8			1	6									2					
十九歳			2	8			2	5										1				
二十歳	1		3	10			3	6						1								
二十一歳			2	6			1	4									1	1				
二十二歳	1		1	6				5														
二十三歳				9				6										1				
二十四歳			3	2			1	2									1					
二十五歳			1	2				1											1			
二十六歳	1		1				1															
二十七歳				3														1				
二十八歳			1	4				3									1					
二十九歳	1		1	4			1	4														
三十歳				1				1														
三十一歳			1	6				3										1				1
三十二歳				2				2														
三十三歳				6				4										1				
三十四歳			3	6			1	4									1	1				
三十五歳			2	1			1	1	1													
三十六歳																						
三十七歳																						
三十八歳				2				1														
三十九歳			1	3			1	1										1		1		
四十歳				2				2														
四十一歳			2	2				2														
四十二歳				2				1												1		
四十三歳			2	4			2	2										1				
四十四歳			1	1															1			
四十五歳				1																		
四十六歳				3				1						1				1				
四十七歳				1				1														
四十八歳			1	1			1	1														
四十九歳																						
五十歳																						
五十一歳				1														1				
五十二歳			1	1				1														
五十三歳			1				1															
五十四歳																						
五十五歳																						
五十六歳																						
五十七歳																						
五十八歳																						
五十九歳																						
六十歳以上			3				2															
年齢不詳																						
合計	4		63	196		2	35	124	1			1		2	1		8	14	3	4		2

年齢 \ 産業 職業 男女	173マッチ製造業												174其ノ他ノ発火物製造業									
	軸木削，軸木並，軸木乾燥，軸木選別，軸木配給夫		包装掛，燐詰工，箱詰工		荷造工		小使，給仕，雑役者		器械工，発送工（他ニ分類セラレザルモノ）		総数		販売仕入係事務者		旋盤工（金属ニ加工スルモノ）		刃物研ギ工		火薬工		火工	
	男	女	男	女	男	女	男	女	男	女	男	女	男	女	男	女	男	女	男	女	男	女
十二歳以下				5				1				1										
十三歳			1				2					5								2		2
十四歳				1				1				3										1
十五歳				5			2	1			3	1	1						1	1		
十六歳				8			2				4	5			1					2	1	1
十七歳				3																		
十八歳				2							2	5							1	1		4
十九歳				2							1											
二十歳				3							3	1							3	1		
二十一歳				1							1	1							1			1
二十二歳				1			1				1											
二十三歳				1				1			3								1			
二十四歳					1						1	1								1		
二十五歳				1																		
二十六歳											4								1			
二十七歳				2							2								1			
二十八歳				1								1										
二十九歳																						
三十歳											1											
三十一歳	1			1							4						1					
三十二歳											2	2										1
三十三歳				1							1											
三十四歳	1							1			1	1								1		
三十五歳											1											
三十六歳											1											
三十七歳											2											
三十八歳				1								1								1		
三十九歳											1											
四十歳																						
四十一歳							1		1		1											
四十二歳											2											
四十三歳				1							4	1							1			1
四十四歳		1																				
四十五歳				1							2											
四十六歳																						
四十七歳											2											
四十八歳											1	1										
四十九歳											2											
五十歳																						
五十一歳																						
五十二歳	1										1											
五十三歳																						
五十四歳											1	1								1		
五十五歳																						
五十六歳																						
五十七歳																						
五十八歳																						
五十九歳																						
六十歳以上							1															
年齢不詳																						
合計	3	1	1	41	1		9	5	1		55	31	1		1		1		10	11	1	11

174 其ノ他ノ発火物製造業

年齢 \ 職業	マッチ工 男	マッチ工 女	加工紙工 男	加工紙工 女	其ノ他ノ化学製品ノ製造作業者 男	其ノ他ノ化学製品ノ製造作業者 女	コンクリート枠組工 男	コンクリート枠組工 女	コンクリート工 男	コンクリート工 女	其ノ他ノ土木建築作業者 男	其ノ他ノ土木建築作業者 女	自動車運転手 男	自動車運転手 女	舵手, 水夫, 舟夫 男	舵手, 水夫, 舟夫 女	荷扱夫, 担夫, 舗夫, 運搬夫, 配達夫 男	荷扱夫, 担夫, 舗夫, 運搬夫, 配達夫 女	物品売買業者, 仲買人 男	物品売買業者, 仲買人 女	包装掛, 壜詰工, 樽詰工 男	包装掛, 壜詰工, 樽詰工 女
十二歳以下																						
十三歳																						1
十四歳																						
十五歳																						
十六歳		1			1										1							
十七歳																						
十八歳																						
十九歳																	1					
二十歳																						
二十一歳																						
二十二歳													1									
二十三歳											2											
二十四歳																						
二十五歳																						
二十六歳							1				2											
二十七歳					1																	
二十八歳				1																		
二十九歳																						
三十歳											1											
三十一歳					2						1											
三十二歳											1						1					
三十三歳											1											
三十四歳					1																	
三十五歳											1											
三十六歳					1																	
三十七歳											1											
三十八歳																						
三十九歳											1											
四十歳																						
四十一歳																						
四十二歳											1											
四十三歳							1		1													
四十四歳																						
四十五歳											2											
四十六歳																						
四十七歳											1											
四十八歳											1											
四十九歳					1						1											
五十歳																						
五十一歳																						
五十二歳																			1			
五十三歳																						
五十四歳																						
五十五歳																						
五十六歳																						
五十七歳																						
五十八歳																						
五十九歳																						
六十歳以上																						
年齢不詳																						
合計		1		1	7		2		1		17		1		1		2		1			1

年齢 \ 産業・職業・男女	174 其ノ他ノ発火物製造業						175 コールタール及コールタール分溜物製造業															
	荷造工		小使, 給仕, 雑役者		其ノ他ノ作業者		総数		石炭乾溜工		メツキ工(皮膜防錆工ヲ含ム)		コンクリート工		道路工夫, アスファルト舗装工		荷役夫, 陸仲仕, 倉庫夫, 運搬夫, 配達夫		荷造工		小使, 給仕, 雑役者	
	男	女	男	女	男	女	男	女	男	女	男	女	男	女	男	女	男	女	男	女	男	女
十二歳以下				1																		
十三歳																						
十四歳				2																		
十五歳			1				1														1	
十六歳				1																		
十七歳																						
十八歳	1																					
十九歳							1				1											
二十歳								1				1										
二十一歳								1				1										
二十二歳																						
二十三歳																						
二十四歳			1				1				1											
二十五歳							1		1													
二十六歳							2		1		1											
二十七歳							2				1										1	
二十八歳							1				1											
二十九歳							1						1									
三十歳							3				2		1									
三十一歳							1						1									
三十二歳				1																		
三十三歳							1										1					
三十四歳																						
三十五歳							3				1				1		1					
三十六歳							1										1					
三十七歳					1																	
三十八歳							1						1									
三十九歳							2		1												1	
四十歳																						
四十一歳			1				1	1												1	1	
四十二歳																						
四十三歳			1		1		2				2											
四十四歳							1										1					
四十五歳																						
四十六歳																						
四十七歳			1				2		1												1	
四十八歳				1																		
四十九歳								1				1										
五十歳							1				1											
五十一歳																						
五十二歳																						
五十三歳																						
五十四歳					1																	
五十五歳																						
五十六歳																						
五十七歳																						
五十八歳																						
五十九歳																						
六十歳以上																						
年齢不詳																						
合計	1		5	6	3		29	4	4		11	3	4		1		4			1	5	

産業 職業 男女 年齢	総数 男	総数 女	一般事務者 男	一般事務者 女	気象手 男	気象手 女	鍛冶職, 刃物職 男	鍛冶職, 刃物職 女	ドラム罐, ブリキ罐製造工 男	ドラム罐, ブリキ罐製造工 女	ガス熔接工 男	ガス熔接工 女	電気熔接工 男	電気熔接工 女	鍛附工 男	鍛附工 女	油脂搾出工, 精製工 男	油脂搾出工, 精製工 女	油脂加工工 男	油脂加工工 女	石油工 男	石油工 女
十二歳以下		1																				
十三歳	1	1																	1			
十四歳	4																				1	
十五歳	1																					
十六歳	5																				2	
十七歳	7	2			1												1				1	
十八歳	5																1				1	
十九歳	5												1								1	
二十歳	3																					
二十一歳	6										1										1	
二十二歳	2																1					
二十三歳	5																					
二十四歳	4																				1	
二十五歳	3																				1	
二十六歳	7																				1	
二十七歳	8																				2	
二十八歳	7								1								1		1			
二十九歳	10		1												1				1		2	
三十歳	4																1				1	
三十一歳	5																1					
三十二歳	4																				2	
三十三歳	2																					
三十四歳	10						1														2	
三十五歳	3																					
三十六歳	2																		1			
三十七歳	3																				1	
三十八歳	5																		1		1	
三十九歳	2																					
四十歳	4																					
四十一歳	2																					
四十二歳	7																1				1	
四十三歳	2																					
四十四歳	2																					
四十五歳	2																					
四十六歳	2																					
四十七歳	3																				1	
四十八歳	4	1																				
四十九歳	1																					
五十歳	2																					
五十一歳																						
五十二歳	1																				1	
五十三歳	1																					
五十四歳																						
五十五歳	1																					
五十六歳	1																					
五十七歳																						
五十八歳																						
五十九歳																						
六十歳以上	5		1																			
年齢不詳																						
合計	163	5	2		1		1		1		1		1		1		7		5		24	

年齢 ＼ 職業	176 石油精製業																							
	其ノ他ノ化学製品ノ製造作業者		樽,桶職		其ノ他ノ木,竹,草,蔓類製品ノ製造作業者		コンクリート工		其ノ他ノ土木建築作業者		塗装工		金属酸洗工,洗滌工		自動車運転手		舵手,水夫,舟夫		荷扱夫,仲仕,倉庫夫,運搬夫,配達夫		店員,売子,注文取,集金人	
	男	女	男	女	男	女	男	女	男	女	男	女	男	女	男	女	男	女	男	女	男	女	男	女
十二歳以下		1																						
十三歳																								
十四歳			1																					
十五歳																								
十六歳																			1					
十七歳									1								1		2					
十八歳									1															
十九歳																			2		1			
二十歳					1				1								1							
二十一歳									1										1					
二十二歳									1															
二十三歳									1				1						1					
二十四歳									1								1		1					
二十五歳															1									
二十六歳									4		1								1					
二十七歳			1						2						1				1					
二十八歳									1										2					
二十九歳																			2					
三十歳																								
三十一歳	1								2															
三十二歳									1										1					
三十三歳											1								1					
三十四歳			1																2					
三十五歳																			1					
三十六歳																								
三十七歳									1										1					
三十八歳									1										1					
三十九歳																			1					
四十歳																			3					
四十一歳																			1					
四十二歳							1				1								1					
四十三歳																			1					
四十四歳									1										1					
四十五歳																			2					
四十六歳	1																		1					
四十七歳																			1					
四十八歳																			1					
四十九歳																								
五十歳																			1					
五十一歳																								
五十二歳																								
五十三歳																								
五十四歳																								
五十五歳																			1					
五十六歳																								
五十七歳																								
五十八歳																								
五十九歳																								
六十歳以上																			2					
年齢不詳																								
合計	2	1	3		1		1		20		3		1		2		3		38		1			

年齢	176石油精製業 守衛,監督 男	守衛,監督 女	火夫,油差 男	火夫,油差 女	荷造工 男	荷造工 女	小使,給仕,雑役者 男	小使,給仕,雑役者 女	見習工 養成工(他ニ分類セラレザルモノ) 男	見習工 養成工(他ニ分類セラレザルモノ) 女	其ノ他ノ作業者 男	其ノ他ノ作業者 女	総数 男	総数 女	177人造石油製造業 一般事務者 男	一般事務者 女	土砂採取夫 男	土砂採取夫 女	ガス熔接工 男	ガス熔接工 女	電気熔接工 男	電気熔接工 女
十二歳以下																						
十三歳																						
十四歳							1				1											
十五歳							1															
十六歳									2				1									
十七歳								1				2	4									
十八歳							1						3						1			
十九歳							1						1						1			
二十歳													3									
二十一歳							2						2								1	
二十二歳													2									
二十三歳					1		1						5									
二十四歳													5									
二十五歳							1						1									
二十六歳													3	1			1					
二十七歳							1						3	1								
二十八歳							1						3									
二十九歳					1		1				1											
三十歳							2						4									
三十一歳											1		6		1							
三十二歳													1									
三十三歳																						
三十四歳	1				1		1				1		3									
三十五歳							1				1		3									
三十六歳							1															
三十七歳													1									
三十八歳											1		1									
三十九歳											1											
四十歳							1															
四十一歳							1						1									
四十二歳							1				1		1									
四十三歳											1		1									
四十四歳																						
四十五歳																						
四十六歳								1														
四十七歳											1											
四十八歳							1				2		2									
四十九歳							1						1									
五十歳											1											
五十一歳													1									
五十二歳																						
五十三歳			1																			
五十四歳													1									
五十五歳																						
五十六歳							1															
五十七歳																						
五十八歳																						
五十九歳																						
六十歳以上											2											
年齢不詳																						
合計	1		1		3		22	2	2		15	2	63	2	1		1		2		1	

年齢＼職業・産業・男女	177人造石油製造業														178植物油脂製造業							
	油脂搾出工,精製工		人造石油工		コンクリート枠組工		其ノ他ノ土木建築作業者		荷扱夫,仲仕,倉庫夫,運搬夫,配達夫		小使,給仕,雑役者		其ノ他ノ作業者		総数		一般事務者		簿記係事務者		化学技術者	
	男	女	男	女	男	女	男	女	男	女	男	女	男	女	男	女	男	女	男	女	男	女
十二歳以下																1						
十三歳																1						
十四歳																1						
十五歳															5	3						
十六歳							1								6	2						
十七歳											3		1		10							
十八歳											2				13	1						
十九歳															17				1			
二十歳							1		1		1				19							
二十一歳							1								22		1					
二十二歳											2				31	1						
二十三歳			1				1		1		2				26							
二十四歳	1				1		1				1		1		26	1						
二十五歳													1		33	1						
二十六歳									2			1			30	1						
二十七歳				1			1		2						22						1	
二十八歳							1				2				25							
二十九歳															24							
三十歳									2		2				21							
三十一歳			1				2		1		1				24	1						
三十二歳													1		20							
三十三歳															16							
三十四歳							1		1		1				32							
三十五歳							1		1		1				17							
三十六歳															16							
三十七歳											1				13		1					
三十八歳															26							
三十九歳							1								28	1	1					
四十歳															30							
四十一歳											1				13							
四十二歳													1		15							
四十三歳							1								8							
四十四歳															10							
四十五歳															5	1						
四十六歳															11							
四十七歳															10							
四十八歳							1		1						5	1						
四十九歳											1				7							
五十歳															7							
五十一歳									1						6							
五十二歳															6							
五十三歳															2							
五十四歳									1						5	1						
五十五歳															2							
五十六歳															1							
五十七歳																						
五十八歳																						
五十九歳															2							
六十歳以上															2							
年齢不詳																						
合計	1		2	1	1		14		14		21	1	5		669	18	3		1		1	

178 植物油脂製造業

年齢＼職業	食料品技術者		電気通信技術者(有線、無線電信通信士以外ノモノ)		伐木夫,造材夫		其ノ他ノ農産,林産作業者		其ノ他ノ金属材料ノ製造加工作業者		旋盤工(木材以外ノ非金属ニ加工スルモノ)		ドラム罐,ブリキ罐製造工		手仕上工		機械器具装置工,修繕工,保全工		其ノ他ノ薬品製造工		圧縮ガス工	
	男	女	男	女	男	女	男	女	男	女	男	女	男	女	男	女	男	女	男	女	男	女
十二歳以下																						
十三歳																						
十四歳																						
十五歳																			1			
十六歳																	1					
十七歳											1											
十八歳																						
十九歳									1													
二十歳							1												1			
二十一歳																						
二十二歳																						
二十三歳																						
二十四歳							1												1			
二十五歳																						
二十六歳													1									
二十七歳	1														1							
二十八歳					3		2															
二十九歳							1															
三十歳							1															
三十一歳																						
三十二歳																						
三十三歳																						
三十四歳			1		2																	
三十五歳					1																1	
三十六歳																						
三十七歳																						
三十八歳							1															
三十九歳																	1					
四十歳																						
四十一歳																						
四十二歳																						
四十三歳																						
四十四歳																						
四十五歳																						
四十六歳																						
四十七歳																						
四十八歳																						
四十九歳																						
五十歳																						
五十一歳																						
五十二歳																						
五十三歳																						
五十四歳																						
五十五歳																						
五十六歳																						
五十七歳																						
五十八歳																						
五十九歳																						
六十歳以上							1															
年齢不詳																						
合計	1		1		6		8		1		1		1		1		2		3		1	

年齢 \ 職業 \ 男女	178 植物油脂製造業																					
	油脂搾出工,精製工		油脂加工工		其ノ他ノ化学製品ノ製造作業者		其ノ他ノ飲食料品嗜好品製造作業者		其ノ他ノ製品ノ製造作業者		其ノ他ノ土木建築作業者		自動車運転手		人力車夫,馬方,馭者		荷扱夫,仲仕,倉庫夫,運搬夫,配達夫		物品売買業者,仲買人		守衛,監督	
	男	女	男	女	男	女	男	女	男	女	男	女	男	女	男	女	男	女	男	女	男	女
十二歳以下																						
十三歳																						
十四歳																						
十五歳	3	1																				
十六歳	3						1										1					
十七歳	4		2														1					
十八歳	9			1									1				2					
十九歳	8		2														1					
二十歳	11		2														2					
二十一歳	10		3						1				1				2					
二十二歳	11		4		2												5					
二十三歳	13		1														8					
二十四歳	15	1			1								1				4					
二十五歳	19	1	1								1						3					
二十六歳	9														1		7					
二十七歳	10																5					
二十八歳	10		2														3					
二十九歳	13		2														6					
三十歳	7				1												2					
三十一歳	14	1															4					
三十二歳	9																4		1			
三十三歳	6						1										7					
三十四歳	15		2														7					
三十五歳	4										1						4					
三十六歳	8		1				1										4					
三十七歳	6														1		3					
三十八歳	8		2												1		6					
三十九歳	11		1				1	1									6					
四十歳	15		1		1												6					
四十一歳	4																4					
四十二歳	7		1														5					
四十三歳	4																2					
四十四歳	4				1												4					
四十五歳	2						1										2					
四十六歳	6																4					
四十七歳	6																2					
四十八歳	2	1	1																			
四十九歳	4		1														1					
五十歳	2		1														1					
五十一歳	2		2														1				1	
五十二歳	3																1					
五十三歳	2																					
五十四歳	2	1															1					
五十五歳																	2				1	
五十六歳	1																					
五十七歳																						
五十八歳																						
五十九歳	1		1																			
六十歳以上	1																					
年齢不詳																						
合計	304	6	33	1	6		5	1	1		2		3		3		133		1		2	

年齢＼産業・職業・男女	178植物油脂製造業												179樟脳製造業									
	火夫, 油差		包装掛, 壜詰工, 樽詰工		荷造工		小使, 給仕, 雑役者		見習工 養成工 (他ニ分類セラレザルモノ)		其ノ他ノ作業者		総数		伐木夫, 造材夫		樟脳精製工		人力車夫, 馬方, 馭者		小使, 給仕, 雑役者	
	男	女	男	女	男	女	男	女	男	女	男	女	男	女	男	女	男	女	男	女	男	女
十二歳以下								1														
十三歳										1												
十四歳								1														
十五歳							1	2														
十六歳								2					1				1					
十七歳							2															
十八歳							1						2		1		1					
十九歳							4						3		1		2					
二十歳							2						5		1		2				2	
二十一歳							3				1		3				3					
二十二歳					2		7	1					2		1		1					
二十三歳							4															
二十四歳							2		1				3		2		1					
二十五歳					2		7															
二十六歳					3		9	1					2				2					
二十七歳					1		3						5		1		4					
二十八歳					2		2				1		2		1		1					
二十九歳					1		1						2		1		1					
三十歳					5		5						3		2		1					
三十一歳	1				1		4						2				1				1	
三十二歳	1				3		2						2				2					
三十三歳					1		1						1				1					
三十四歳					2		1		1		1		2				2					
三十五歳							6						1		1							
三十六歳					1		1															
三十七歳					1		1															
三十八歳	1				3		4						2		1		1					
三十九歳					2		5						2				1		1			
四十歳	1						6						1		1							
四十一歳					1		4						1		1							
四十二歳							2						1		1							
四十三歳	1						1															
四十四歳			1										1				1					
四十五歳								1					1				1					
四十六歳	1																					
四十七歳					1		1															
四十八歳					1		1															
四十九歳							1															
五十歳							2						1				1					
五十一歳							1															
五十二歳							2															
五十三歳																						
五十四歳					1																	
五十五歳																						
五十六歳																						
五十七歳																						
五十八歳																						
五十九歳																						
六十歳以上																						
年齢不詳																						
合計	6		1		34		99	9	2	1	3		51		16		31		1		3	

年齢 \ 職業・男女 \ 産業	179 樟脳製造業 総数 男	女	油脂加工工 男	女	荷扱夫, 仲仕, 倉庫夫, 運搬夫, 配達夫 男	女	小使, 給仕, 雑役者 男	女	181 其ノ他ノ植物性揮発油製造業 総数 男	女	経営者 男	女	販売仕入係事務者 男	女	化学技術者 男	女	伐木夫, 造材夫 男	女	其ノ他ノ農産, 林産作業者 男	女	油脂搾出工, 精製工 男	女
十二歳以下									1													
十三歳																						
十四歳																						
十五歳									1													
十六歳																						
十七歳									2													
十八歳																			1			
十九歳									2	1			1								1	1
二十歳	1				1				1													
二十一歳	1		1						3										1		2	
二十二歳									2	1							1				1	1
二十三歳	1						1		3										1			
二十四歳									5		1		1								3	
二十五歳									4												2	
二十六歳									3												1	
二十七歳									5												2	
二十八歳									4												2	
二十九歳									3												2	
三十歳									5										1		3	
三十一歳									5						1				2		2	
三十二歳									2												2	
三十三歳																						
三十四歳																						
三十五歳									4										2		1	
三十六歳																						
三十七歳									1												1	
三十八歳	1								2												1	
三十九歳									2												2	
四十歳									4								1		1			
四十一歳									2										1		1	
四十二歳									1												1	
四十三歳	1						1		2										1		1	
四十四歳									1										1			
四十五歳									1								1					
四十六歳									1													
四十七歳																						
四十八歳																						
四十九歳									3								1				2	
五十歳									1												1	
五十一歳																						
五十二歳									1										1			
五十三歳																						
五十四歳																						
五十五歳																						
五十六歳																						
五十七歳																						
五十八歳																						
五十九歳																						
六十歳以上																						
年齢不詳																						
合計	5		1		1		2		77	2	1		2		1		4		13		34	2

年齢	181其ノ他ノ植物性揮発油製造業 油脂加工工 男	油脂加工工 女	クール分留工 男	クール分留工 女	其ノ他ノ化学製品ノ製造作業者 男	其ノ他ノ化学製品ノ製造作業者 女	其ノ他ノ製品ノ製造作業者 男	其ノ他ノ製品ノ製造作業者 女	運搬夫,仲仕,倉庫夫,荷造夫,配達夫 男	運搬夫,仲仕,倉庫夫,荷造夫,配達夫 女	小使,給仕,雑役者 男	小使,給仕,雑役者 女	其ノ他ノ作業者 男	其ノ他ノ作業者 女	182魚油製造業 総数 男	総数 女	一般事務者 男	一般事務者 女	船舶機関士(総噸数40噸以上ノ船舶ノ機関長及機関士) 男	船舶機関士 女	金属製管工 男	金属製管工 女
十二歳以下							1															
十三歳																						
十四歳																						
十五歳					1																	
十六歳																						
十七歳			1																			
十八歳															2							
十九歳															2							
二十歳													1		1							
二十一歳															3							
二十二歳															4							
二十三歳									1				1		3							
二十四歳															6							
二十五歳											1		1		4							
二十六歳	1												1		2							
二十七歳									1				2		1				1			
二十八歳					1				1						3							
二十九歳													1		6		1					
三十歳									1													
三十一歳															1							
三十二歳																						
三十三歳															1							
三十四歳															2							
三十五歳									1						2							
三十六歳															1							
三十七歳															1		1					
三十八歳					1																	
三十九歳																						
四十歳			1						1						2							
四十一歳															1							
四十二歳															3							
四十三歳																						
四十四歳															1							
四十五歳																						
四十六歳									1													
四十七歳															1							
四十八歳															1							
四十九歳															1							
五十歳															2							
五十一歳																						
五十二歳															1							
五十三歳																						
五十四歳																						
五十五歳																						
五十六歳																						
五十七歳																						
五十八歳																						
五十九歳																						
六十歳以上															1						1	
年齢不詳																						
合計	1		2		3		1		7		1		7		59		2		1		1	

年齢	182魚油製造業																		183獣脂類製造業			
	油脂搾出工, 精製工		油脂加工工		其ノ他ノ化学製品ノ製造作業者		其ノ他ノ製品ノ製造作業者		荷扱夫, 仲仕, 倉庫夫, 運搬夫, 配達夫		物品売買業者, 仲買人		火夫, 油差		荷造工		小使, 給仕, 雑役者		総数		畜産作業者	
	男	女	男	女	男	女	男	女	男	女	男	女	男	女	男	女	男	女	男	女	男	女
十二歳以下																						
十三歳																						
十四歳																						
十五歳																			2			
十六歳																						
十七歳																			4			
十八歳	1								1										3			
十九歳	1												1						2			
二十歳					1														6			
二十一歳	1								1								1		4			
二十二歳	1				1				2										1			
二十三歳	2								1										3			
二十四歳	2		1						2				1						3			
二十五歳	1		2						1													
二十六歳	1		1																1			
二十七歳																			2			
二十八歳	1		1						1										1			
二十九歳	3				1		1												4		1	
三十歳																			2			
三十一歳									1										1			
三十二歳																			1			
三十三歳	1																		1			
三十四歳									1		1											
三十五歳									1				1						1			
三十六歳					1														1			
三十七歳																			1			
三十八歳																						
三十九歳																			1			
四十歳	1								1										2			
四十一歳															1							
四十二歳			1														2		1			
四十三歳																						
四十四歳									1										2			
四十五歳																						
四十六歳																			1			
四十七歳																	1					
四十八歳	1																					
四十九歳									1													
五十歳									2													
五十一歳																						
五十二歳			1																			
五十三歳																						
五十四歳																						
五十五歳																						
五十六歳																						
五十七歳																						
五十八歳																						
五十九歳																						
六十歳以上																						
年齢不詳																						
合計	17		7		4		1		17		1		3		1		4		50		1	

年齢 \ 産業・職業・男女	183 獣脂類製造業																		184 木蝋製造業			
	油脂搾出工, 精製工		油脂加工工		其ノ他ノ繊維品製造作業者		其ノ他ノ製品ノ製造作業者		自動車運転手		荷扱夫, 仲仕, 倉庫夫, 運搬夫, 配達夫		店員, 売子, 注文取, 集金人		小使, 給仕, 雑役者		其ノ他ノ作業者		総数		油脂搾出工, 精製工	
	男	女	男	女	男	女	男	女	男	女	男	女	男	女	男	女	男	女	男	女	男	女
十二歳以下																				1		
十三歳																						
十四歳																						
十五歳	1				1														1			
十六歳																			1			
十七歳	4																		1		1	
十八歳	2																1		1		1	
十九歳	1				1																	
二十歳	3		1		1								1									
二十一歳	3				1																	
二十二歳					1														1		1	
二十三歳	1														1		1					
二十四歳			1						1													
二十五歳																			1		1	
二十六歳			1																			
二十七歳	1						1															
二十八歳	1																					
二十九歳	1												2									
三十歳	2																					
三十一歳							1												2		2	
三十二歳			1																1			
三十三歳			1																1			
三十四歳																			1		1	
三十五歳	1																					
三十六歳	1																					
三十七歳	1																		2		1	
三十八歳																						
三十九歳			1																			
四十歳											1				1							
四十一歳																			1			
四十二歳			1																			
四十三歳																						
四十四歳	1		1																			
四十五歳																						
四十六歳	1																					
四十七歳																						
四十八歳																						
四十九歳																						
五十歳																						
五十一歳																						
五十二歳																						
五十三歳																						
五十四歳																						
五十五歳																						
五十六歳																						
五十七歳																						
五十八歳																						
五十九歳																						
六十歳以上																						
年齢不詳																						
合計	25		8		5		2		1		1		3		2		2		14	1	8	

年齢 \ 職業 \ 産業	18 184 木蠟製造業								185 蠟燭製造業													
	油脂加工工		荷造夫,仲仕,艀夫,運搬夫,配達夫		小使,給仕,雑役者		見習工 養成工(他ニ分類セラレザルモノ)		総数		油脂加工工		其ノ他ノ化学製品ノ製造作業者		其ノ他ノ製品ノ製造作業者		店員,売子,注文取,集金人		荷造工		小使,給仕,雑役者	
	男	女	男	女	男	女	男	女	男	女	男	女	男	女	男	女	男	女	男	女	男	女
十二歳以下		1								1				1								
十三歳									1		1											
十四歳									1	2		1					1					
十五歳							1															
十六歳					1					2		1		1								
十七歳										2		2										
十八歳									1													
十九歳									2		1								1			
二十歳																						
二十一歳									1								1					
二十二歳									1		1											
二十三歳																						
二十四歳																						
二十五歳									1		1											
二十六歳																						
二十七歳									1		1											
二十八歳																						
二十九歳									1												1	
三十歳																						
三十一歳																						
三十二歳			1																			
三十三歳			1																			
三十四歳																						
三十五歳																						
三十六歳																						
三十七歳					1																	
三十八歳									2		1				1							
三十九歳																						
四十歳																						
四十一歳			1																			
四十二歳									1		1											
四十三歳																						
四十四歳																						
四十五歳																						
四十六歳																						
四十七歳																						
四十八歳																						
四十九歳																						
五十歳																						
五十一歳																						
五十二歳																						
五十三歳																						
五十四歳																						
五十五歳																						
五十六歳																						
五十七歳																						
五十八歳																						
五十九歳																						
六十歳以上																						
年齢不詳																						
合計		1	3		2		1		13	7	7	4		2	1		2		1		1	

産業 / 職業 / 男女 / 年齢	185 蠟燭製造業		186 加工油製造業																			
	其ノ他ノ作業者		総数		一般事務者		化学技術者		其ノ他ノ薬品製造工		油脂搾出工, 精製工		油脂加工工		其ノ他ノ化学製品ノ製造作業者		自動車運転手		舵手, 水夫, 舟夫		荷造夫, 梱包夫, 倉庫夫, 運搬夫, 配達夫	
	男	女	男	女	男	女	男	女	男	女	男	女	男	女	男	女	男	女	男	女	男	女
十二歳以下																						
十三歳																						
十四歳		1																				
十五歳			3		1								1									
十六歳			4								1		3									
十七歳			1										1									
十八歳	1		4								1		2		1							
十九歳			6								2		2		1						1	
二十歳			6								2		2				1				1	
二十一歳			7								1		3								3	
二十二歳			1								1											
二十三歳			2																		1	
二十四歳			3								1						1					
二十五歳			4										2									
二十六歳			2				1								1							
二十七歳																						
二十八歳			2										1								1	
二十九歳			2										2									
三十歳																						
三十一歳			1												1							
三十二歳			3										1						1		1	
三十三歳																						
三十四歳			5	1							1		3								1	
三十五歳																						
三十六歳			1	1												1						
三十七歳																						
三十八歳			2						1		1											
三十九歳																						
四十歳																						
四十一歳			2								1		1									
四十二歳			1																			
四十三歳			1																		1	
四十四歳			1								1											
四十五歳																						
四十六歳			1										1									
四十七歳				1												1						
四十八歳			1										1									
四十九歳			1								1											
五十歳																						
五十一歳			1																			
五十二歳			1										1									
五十三歳																						
五十四歳																						
五十五歳																						
五十六歳																						
五十七歳																						
五十八歳																						
五十九歳			1										1									
六十歳以上																						
年齢不詳																						
合計	1	1	70	3	1		1		1		14		28		4	2	2		1		10	

年齢 ＼ 産業・職業・男女	186加工油製造業 荷造工		小使,給仕,雑役者		187ゴム製品製造業 総数		経営者		一般事務者		販売仕入係事務者		簿記係事務者		化学技術者		非鉄金属製錬工(電解ニ依ルモノ)		金属加熱炉工		金属熔融工	
	男	女	男	女	男	女	男	女	男	女	男	女	男	女	男	女	男	女	男	女	男	女
十二歳以下					13	30																
十三歳					29	74																
十四歳					44	73																
十五歳			1		69	87																
十六歳					77	64			1													
十七歳					104	68			2													
十八歳					114	45													1			
十九歳					105	45			1										1			
二十歳					96	26										1						
二十一歳					87	20			1													
二十二歳					93	14					1											
二十三歳			1		113	13			2													
二十四歳			1		93	12			1													
二十五歳	1		1		87	12			1													
二十六歳					109	17					1						1					
二十七歳					93	10	1		1		2											
二十八歳					97	14			1		1											
二十九歳					106	10	1															
三十歳					93	6	1			1	1											
三十一歳					87	12	3				1											
三十二歳					100	4	2				1											
三十三歳					64	9	1		1													
三十四歳				1	88	6	4															
三十五歳					81	4	3		1		1											
三十六歳			1		47	5			1													
三十七歳					57	8																
三十八歳					50	1																
三十九歳					49	4			1													
四十歳					45	2			1												1	
四十一歳					36	6																
四十二歳			1		28	1							1				1					
四十三歳					36	2																
四十四歳					28	2	1															
四十五歳					15	6	1															
四十六歳					13	1																
四十七歳					16	2	1															
四十八歳					20	2	2															
四十九歳					9	2	1															
五十歳					9	1																
五十一歳			1		13																	
五十二歳					5																	
五十三歳					9																	
五十四歳					5	1																
五十五歳					1																	
五十六歳					1																	
五十七歳					2																	
五十八歳					4																	
五十九歳					1																	
六十歳以上					5	2																
年齢不詳																						
合計	1		7	1	2546	723	22		16	1	9		1			1	2		2		1	

年齢 \ 職業	旋盤工(金属ニ加工スルモノ) 男	旋盤工(金属ニ加工スルモノ) 女	旋盤工(木材以外ノ非金属ニ加工スルモノ) 男	旋盤工(木材以外ノ非金属ニ加工スルモノ) 女	ラッピング工(手作業ニ依ルモノ) 男	ラッピング工(手作業ニ依ルモノ) 女	ガス熔接工 男	ガス熔接工 女	絶縁工 男	絶縁工 女	其ノ他ノ機械器具製作作業者 男	其ノ他ノ機械器具製作作業者 女	手仕上工 男	手仕上工 女	機械器具装置工,修繕工,保全工 男	機械器具装置工,修繕工,保全工 女	其ノ他ノ薬品製造工 男	其ノ他ノ薬品製造工 女	合成ゴム工 男	合成ゴム工 女	ゴム精練工 男	ゴム精練工 女
187 ゴム製品製造業																						
十二歳以下																			3	1		2
十三歳																			3	4	3	3
十四歳																			3	3	6	
十五歳			1												1				2	3	12	4
十六歳	1						1				1				1				6	3	13	1
十七歳	1				1														2	5	25	2
十八歳															1				10	2	29	4
十九歳				1															8	2	28	
二十歳									1		1								5		27	
二十一歳			2						1										5	2	18	2
二十二歳			1														1		5		16	
二十三歳			1												1				6		33	
二十四歳			1																6	1	25	
二十五歳					1										1				1	1	21	
二十六歳																			5	1	29	
二十七歳									1		1								4	1	13	1
二十八歳																			8		30	2
二十九歳			1																1	3	25	
三十歳																			7		23	1
三十一歳																			7		21	2
三十二歳																			6		26	
三十三歳																			4		11	
三十四歳															1				5		14	
三十五歳																			3	2	23	
三十六歳															1				1		11	
三十七歳																			6		10	
三十八歳																			5		6	
三十九歳																			1	1	12	
四十歳																			1		9	
四十一歳																			1		4	
四十二歳																			2		4	
四十三歳																			1		6	
四十四歳																			1		8	1
四十五歳																			1		2	
四十六歳													1								2	
四十七歳																			3		3	
四十八歳																			1		1	
四十九歳													1							1	2	
五十歳																					2	
五十一歳																					1	
五十二歳																					1	
五十三歳																						
五十四歳																						1
五十五歳																					1	
五十六歳																						
五十七歳																						
五十八歳																						
五十九歳																						
六十歳以上																					1	
年齢不詳																						
合計	2		7	1	2		1		3		3		2		7		1		139	36	557	26

187 ゴム製品製造業

年齢	ゴム成型工加工工（護謨ニ依ルモノヲ除ク） 男	女	ゴム加硫工 男	女	セルロイド成型工、加工工 男	女	人造レジン成型工、加工工（護謨ニ依ルモノヲ除ク） 男	女	加工紙工 男	女	其ノ他ノ化学製品ノ製造作業者 男	女	其ノ他ノ窯業、土石類ノ加工作業者 男	女	編物工、組紐工、メリヤス縫立工 男	女	裁断工 男	女	ミシン工 男	女	草履、履物表、鼻緒製造職 男	女
十二歳以下	6	11		2															1	10		
十三歳	14	47		4																12		
十四歳	18	51	4	1								2				1	1		4	9		
十五歳	34	41		6								1					2		2	18		
十六歳	34	41	6	2								1					1		1	13		
十七歳	55	99	3												1		1		1	16		
十八歳	53	27	4	1	1						1	1								4		
十九歳	46	28	5								1	1					1		2	8		
二十歳	41	21	6								3						1			1		
二十一歳	39	9	4									1					1		4			
二十二歳	51	10	8																2	2		
二十三歳	46	8	3								1						1		6	3		
二十四歳	40	9	5																7	1		
二十五歳	34	9	5														2		7	1		
二十六歳	49	11	5																7	1		
二十七歳	45	6	8														2		2	1		
二十八歳	40	9	3																6	2		
二十九歳	52	3	4	1			1				1						2		6			
三十歳	34	2	6														1		5	1		
三十一歳	35	7	6																8	1		
三十二歳	45	2	4														1		3		1	
三十三歳	26	5	4				1										1		3	1		
三十四歳	43	4	6		1												1	1	7	1		
三十五歳	35	1	4																4			
三十六歳	22	5	2														2		1			
三十七歳	25	5	8																3			
三十八歳	26		2																2			
三十九歳	23	2	2										1				1		3	1		
四十歳	22	1	3																2			
四十一歳	23	5	3														1					
四十二歳	15	1															2		1			
四十三歳	22	1	1																1			
四十四歳	13	1							1													
四十五歳	7	3	1														1					
四十六歳	7	1									1											
四十七歳	9	2																				
四十八歳	9	2	1																			
四十九歳	4	1																				
五十歳	5	1	1																			
五十一歳	6		2																			
五十二歳	3		1																			
五十三歳	4																					
五十四歳	4																					
五十五歳																						
五十六歳	1																					
五十七歳	1		1																			
五十八歳	2																					
五十九歳	1																					
六十歳以上	2	1																	1			
年齢不詳																						
合計	1171	433	131	17	2		2		1		8	7	1		1	1	26	1	102	107	1	

年齢 \ 職業 \ 男女	187ゴム製品製造業																					
	其ノ他ノ被服、身ノ廻リ品製造作業者		文選工，植字工，解版工		紙函製造工		其ノ他ノ印刷，紙製品製造作業者		革選定工，截断工		革縫工		其ノ他ノ皮革製品製造工		木工		其ノ他ノ木，竹，草，蔓類製品ノ製造作業者		其ノ他ノ製品ノ製造作業者		其ノ他ノ土木建築作業者	
	男	女	男	女	男	女	男	女	男	女	男	女	男	女	男	女	男	女	男	女	男	女
十二歳以下																						
十三歳	3																					
十四歳																						
十五歳		4															1	1	1			
十六歳	1																					
十七歳											1									1		
十八歳	1				1																1	
十九歳	2	1					1		1													
二十歳	1																					
二十一歳																						
二十二歳					1		1								1		1					
二十三歳		2	1				1															
二十四歳	1	1																				
二十五歳	3																					
二十六歳	3										1						1					
二十七歳																			1			
二十八歳	2																					
二十九歳	3																					
三十歳	2												1									
三十一歳	2																					
三十二歳	2	1																				
三十三歳	1																					
三十四歳											1											
三十五歳	1										1											
三十六歳	1																					
三十七歳		1						1	1													
三十八歳	2																		1			
三十九歳																	1					
四十歳	1																		1			
四十一歳																						
四十二歳																						
四十三歳	1																					
四十四歳																						
四十五歳	1																					
四十六歳																						
四十七歳																						
四十八歳																						
四十九歳	1																					
五十歳																						
五十一歳	2																					
五十二歳																						
五十三歳	1																					
五十四歳	1																					
五十五歳																						
五十六歳																						
五十七歳																						
五十八歳																						
五十九歳																			1			
六十歳以上																						
年齢不詳																						
合計	39	10	1		2		3	1	2		4		1		1		4	1	5	1	1	

187 ゴム製品製造業

年齢＼職業	塗装工		パフ磨工		実験工,試験工,分析工		自動車運転手		雑役夫,倉庫夫,運搬夫		物品売買業者,仲買人		店員,売子,注文取,集金人		企画手		守衛,監督		汽罐士		火夫,油差	
	男	女	男	女	男	女	男	女	男	女	男	女	男	女	男	女	男	女	男	女	男	女
十二歳以下													1									
十三歳																						
十四歳									1				1									
十五歳																						
十六歳									1				1									
十七歳									1													
十八歳					1				1													
十九歳													2									
二十歳																			1			
二十一歳						1			1				1						1			
二十二歳	1								1				1	1								
二十三歳									2				2									
二十四歳																					2	
二十五歳			1						1				3						1			
二十六歳													1		1				2			
二十七歳											1										1	
二十八歳											2										1	
二十九歳									1		2											
三十歳							1		1		1		2						1			
三十一歳											1			1					1			
三十二歳			1						1				1				1				1	
三十三歳			1						2		4			1								
三十四歳																			1			
三十五歳													1				1				2	
三十六歳									2										1			
三十七歳																					1	
三十八歳													1								1	
三十九歳													1									
四十歳											1								1			
四十一歳									1		1											
四十二歳																						
四十三歳																			1			
四十四歳											1											
四十五歳																						
四十六歳																						
四十七歳																						
四十八歳																						
四十九歳																	1					
五十歳																						
五十一歳																						
五十二歳																					1	
五十三歳																						
五十四歳																						
五十五歳																						
五十六歳																						
五十七歳																						
五十八歳																						
五十九歳																						
六十歳以上																						
年齢不詳																						
合計	1		3		1	1	1		17		14		19	3	1		3		11		10	

産業 / 職業 / 男女 / 年齢	187 ゴム製品製造業												188 再製ゴム素地製造業									
	看貫掛, 検量工		包装掛, 壜詰工, 樽詰工		荷造工		小使, 給仕, 雑役者		見習工・養成工(他ニ分類セラレザルモノ)		其ノ他ノ作業者		総数		経営者		一般事務者		販売仕入係事務者		金属プレス工, 打抜工	
	男	女	男	女	男	女	男	女	男	女	男	女	男	女	男	女	男	女	男	女	男	女
十二歳以下								3	2			1										
十三歳							4	3	2	1			1									
十四歳							4	3	2	2		1	1									
十五歳							10	5	3	3		1	2									
十六歳							5	1	2		1	1	9	1								
十七歳				1	1		6	3	1		1	2	7	3							1	
十八歳							5	2	4	1	1	3	7	3								
十九歳							2	3	3			1	11	1								
二十歳							5	2	2		2	1	8	1								
二十一歳				1			9	2		1	1	1	5									
二十二歳				1			1						8									
二十三歳	1						4		1		1		8				1					
二十四歳							5						9									
二十五歳							3	1			1		12	1								
二十六歳	1						2	3			1	1	14		1							
二十七歳				1			8				2		5									
二十八歳							2	1			1		7						1			
二十九歳							3	3			3		9									
三十歳							6	1					7		1		1					
三十一歳										1	2		12				1					
三十二歳							4	1					10									
三十三歳							2	1			2	1	15	1								
三十四歳							2				2		7	1								
三十五歳							1			1			4	1					1			
三十六歳							2						4									
三十七歳				1							3		4									
三十八歳					2					1	2		5	1								
三十九歳							1				1		5				1					
四十歳							1	1			2		3				1					
四十一歳							2	1					1									
四十二歳							2						3									
四十三歳							2	1			1		2									
四十四歳							2				1											
四十五歳								2			1	1	1									
四十六歳							2						1									
四十七歳													2									
四十八歳							3				2		2									
四十九歳																						
五十歳							1															
五十一歳							1						1									
五十二歳																						
五十三歳							4															
五十四歳																						
五十五歳																						
五十六歳													1									
五十七歳																						
五十八歳											1		1									
五十九歳																						
六十歳以上				1			1						1	11								
年齢不詳																						
合計	2			6	3		117	43	22	11	35	15	215	15	2		5		2		1	

年齢 ＼ 職業 ＼ 男女	188 再製ゴム素地製造業																					
	合成ゴム工		ゴム精練工		ゴム成型加工工(旋盤ニ依ルモノヲ除ク)		ゴム加硫工		其ノ他ノ製品ノ製造作業者		選別工, 検査工		自動車運転手		荷扱夫, 梱包夫, 倉庫夫, 運搬夫, 配達夫		店員, 売子, 注文取, 集金人		汽罐士		火夫, 油差	
	男	女	男	女	男	女	男	女	男	女	男	女	男	女	男	女	男	女	男	女	男	女
十二歳以下																						
十三歳			1																			
十四歳			1																			
十五歳			2																			
十六歳			5		1	1	2															
十七歳			4			3	1															
十八歳			5	1	1	2																
十九歳			4		2	1	1				1											
二十歳			8	1																		
二十一歳			3				1															
二十二歳			2		3		1		1						1							
二十三歳			5				1										1					
二十四歳			8		1																	
二十五歳			11			1																
二十六歳			9		2		1															
二十七歳			3								1											
二十八歳	1		3																		1	
二十九歳			7		1														1			
三十歳			3		1		1															
三十一歳	2		9																			
三十二歳			9		1																	
三十三歳	1	1	6		5																	
三十四歳	1		3		1								1									
三十五歳	1		1		1																	
三十六歳	1				1																	
三十七歳			3		1																1	
三十八歳			4		1	1																
三十九歳			3																			
四十歳			2																			
四十一歳			1																			
四十二歳			3																			
四十三歳	1																1					
四十四歳																						
四十五歳	1																					
四十六歳			1																			
四十七歳	1		1																			
四十八歳			1		1																	
四十九歳																						
五十歳																						
五十一歳					1																	
五十二歳																						
五十三歳																						
五十四歳																						
五十五歳																						
五十六歳	1																					
五十七歳																						
五十八歳			1																			
五十九歳																						
六十歳以上				1	1																	
年齢不詳																						
合計	11	1	132	3	26	9	9		1		2		1		1		2		1		2	

年齢 \ 職業・男女 \ 産業	188 再製ゴム素地製造業 小使,給仕,雑役者 男	小使,給仕,雑役者 女	見習工 養成工 (他ニ分類セラレザルモノ) 男	見習工 養成工 女	189 パルプ製造業 総数 男	総数 女	一般事務者 男	一般事務者 女	伐木夫,造材夫 男	伐木夫,造材夫 女	金属撚線工 男	金属撚線工 女	金属切断工 男	金属切断工 女	機械火造工 男	機械火造工 女	鋳物砂型工 男	鋳物砂型工 女	中子工 男	中子工 女	鋳造工 男	鋳造工 女
十二歳以下					1	1			1													
十三歳					2	1																
十四歳					9	5							1									
十五歳					12	3			1													
十六歳			1		12	1																
十七歳	1				12	1			1						1						2	
十八歳	1				20	6											2				1	
十九歳	3				19	1					1											
二十歳					15	2			1											1		
二十一歳	1				17				2													
二十二歳					7	1											1					
二十三歳					12				1													
二十四歳					16	1																
二十五歳	1				20																	
二十六歳	1				19	1	1		1												1	
二十七歳	1				13	2			2													
二十八歳	1				15																	
二十九歳					10	1															1	
三十歳					7																	
三十一歳					14				1				1									
三十二歳					17	1			1												1	
三十三歳	3				12																	
三十四歳	1	1			12	3																
三十五歳		1			7	2											1					
三十六歳	1				10	2			2													
三十七歳					8		1															
三十八歳					4																	
三十九歳	1				9	2			1													
四十歳					3	1																
四十一歳					11	1			1													
四十二歳					8												1					
四十三歳					8																	
四十四歳					7																	
四十五歳					2																	
四十六歳					1	1																
四十七歳																						
四十八歳					2																	
四十九歳					6																	
五十歳					3																	
五十一歳					3	2																
五十二歳					6	1																
五十三歳					1																	
五十四歳					1																	
五十五歳					1																	
五十六歳					1																	
五十七歳					1																	
五十八歳					9																	
五十九歳																						
六十歳以上					6				3													
年齢不詳																						
合計	16	2	1		405	43	2		11		1		2		1		5			1	6	

年齢＼職業	特殊鋳物工 男	特殊鋳物工 女	其ノ他ノ金属材料ノ製造加工作業者 男	其ノ他ノ金属材料ノ製造加工作業者 女	旋盤工(金属ニ加工スルモノ) 男	旋盤工(金属ニ加工スルモノ) 女	卓上旋盤工,小型機械工 男	卓上旋盤工,小型機械工 女	ボール盤工 男	ボール盤工 女	パイプ工(造船所,鋼工ヲ含ム) 男	パイプ工(造船所,鋼工ヲ含ム) 女	其ノ他ノ機械器具製作作業者 男	其ノ他ノ機械器具製作作業者 女	手仕上工 男	手仕上工 女	機械器具部品仕上組立工 男	機械器具部品仕上組立工 女	パルプ工 男	パルプ工 女	製紙工 男	製紙工 女
十二歳以下																						
十三歳																						
十四歳																			1			
十五歳					1														1		3	1
十六歳	1				2														5			
十七歳					2														4			
十八歳					5														3			
十九歳																			6	1	1	1
二十歳					2								1						5		1	1
二十一歳					1														6			
二十二歳					1														8			
二十三歳					1				1										3			
二十四歳			1				1				1								2			
二十五歳																			3		1	
二十六歳													1		1				6			
二十七歳																			9	1	1	
二十八歳															1		1		4			
二十九歳																			4		1	
三十歳																			3			
三十一歳																			4			
三十二歳					1														5			
三十三歳																			3			
三十四歳																			6			
三十五歳																			8	1		
三十六歳																			3	1		
三十七歳	1																		4			
三十八歳																						
三十九歳																			1			
四十歳																			3			
四十一歳																			2			
四十二歳																			4			
四十三歳																			4			
四十四歳	1														1				1		1	
四十五歳																			4			
四十六歳																						
四十七歳																			1			
四十八歳																						
四十九歳																			2			
五十歳																			2			
五十一歳																			2			
五十二歳															1				1	1		
五十三歳																			4			
五十四歳																			1			
五十五歳																			1			
五十六歳																			1			
五十七歳																						
五十八歳																						
五十九歳																						
六十歳以上																						
年齢不詳																			1			
合計	3		1		16		1		1		1		2		4		1		141	5	9	3

産業 / 職業 / 男女 / 年齢	189パルプ製造業																							
	加工紙工		其ノ他ノ化学薬品ノ製造作業者		其ノ他ノ窯業,土石類ノ加工作業者		其ノ他ノ印刷,紙製品製造作業者		調木工,木羽割職		其ノ他ノ木,竹,草,蔓類製品ノ製造作業者		左官		其ノ他ノ土木建築作業者		其ノ他ノ電工		自動車運転手		人力車夫,馬方,馭者			
	男	女	男	女	男	女	男	女	男	女	男	女	男	女	男	女	男	女	男	女	男	女		
十二歳以下																								
十三歳										1														
十四歳			1						1	2														
十五歳									1	2														
十六歳									1	1														
十七歳									1	1	1													
十八歳		1							2	1		1												
十九歳									3								1							
二十歳							1		2	1														
二十一歳									2												1			
二十二歳										1														
二十三歳									3										1					
二十四歳									3	1					1									
二十五歳									4						1				1					
二十六歳					1				1															
二十七歳									2	1														
二十八歳									7												1			
二十九歳	1								2	1					1									
三十歳									2															
三十一歳									4															
三十二歳									3	1											1			
三十三歳									1												2			
三十四歳									4	1														
三十五歳									7	1														
三十六歳									1	2														
三十七歳									2				1		1									
三十八歳											1													
三十九歳									2	1											1			
四十歳									1	1														
四十一歳									2															
四十二歳									1															
四十三歳									3						1									
四十四歳																								
四十五歳																					1			
四十六歳																								
四十七歳																								
四十八歳																								
四十九歳									1												1			
五十歳									1															
五十一歳										1														
五十二歳									1	1														
五十三歳																								
五十四歳																								
五十五歳																								
五十六歳																								
五十七歳															1									
五十八歳									2															
五十九歳																								
六十歳以上									2															
年齢不詳																								
合計	1	1	1		1		1		69	22	2	1	1		6		1		2		8			

年齢＼産業・職業・男女	189パルプ製造業																		190製紙業			
	荷扱夫,仲仕,倉庫夫,運搬夫,配達夫		守衛,監督		汽罐士		火夫,油差		看貫掛,検量工		荷造工		小使,給仕,雑役者		見習工,養成工(他ニ分類セラレザルモノ)		其ノ他ノ作業者		総数		一般事務者	
	男	女	男	女	男	女	男	女	男	女	男	女	男	女	男	女	男	女	男	女	男	女
十二歳以下																		1	2	14		
十三歳													1						5	15		
十四歳	1												1	2					12	11		
十五歳									1				1	1	2				21	16		
十六歳													4						18	8		
十七歳	1																		30	6		
十八歳	2													1			1		30	18		
十九歳	3						1						2		1				31	9		
二十歳	3																		46	5	1	
二十一歳	2												1						29	5	1	
二十二歳	1																		29	2		
二十三歳	1																2		38	2		1
二十四歳	3												3						20	4		1
二十五歳	2				1								3						21	3		
二十六歳													4						27	1		
二十七歳	2	1											1						32	2		
二十八歳							1				1								32	3		
二十九歳	2																		36	5		
三十歳	1																		24	2	1	
三十一歳	1												2						29	1		
三十二歳	2												5						21	2		
三十三歳	1												2						25	2		
三十四歳														1					34	3		
三十五歳			1										1						29	2	2	
三十六歳			1										2						17	1		
三十七歳													2						25	5		
三十八歳	1												1						24	3		
三十九歳													1	1			1		17	1		
四十歳																			26	2	1	
四十一歳	2												1	1			1		27	4		
四十二歳													2						18	5		
四十三歳	1																		17	6		
四十四歳	1														1				18	6		
四十五歳													1						10	3		
四十六歳														1					17	1		
四十七歳																			11	3		
四十八歳																			12	2		
四十九歳													2						6			
五十歳																			8	1		
五十一歳							1												4	1		
五十二歳	1																		8	1		
五十三歳																			6			
五十四歳																						
五十五歳																			3	1		
五十六歳													1									
五十七歳																			2			
五十八歳													1						1	2		
五十九歳																			4	2	1	
六十歳以上																			5	3		
年齢不詳																						
合計	34	1	2		1		3		1		1		45	8	4		5	1	907	193	7	2

年齢 \ 産業・職業・男女	190製紙業																					
	電気技術者		伐木夫,造材夫		其ノ他ノ農産,林産作業者		土砂採取夫		旋盤工(金属ニ加工スルモノ)		手仕上工		機械器具部品仕上組立工		機械器具製造工,修繕工,保全工		パルプ工		製紙工		加工紙工	
	男	女	男	女	男	女	男	女	男	女	男	女	男	女	男	女	男	女	男	女	男	女
十二歳以下												1							2	6		2
十三歳																		1	2	8		1
十四歳																		2	6	3	1	3
十五歳																		3	10	6	1	3
十六歳																		2	12	3	1	1
十七歳																	1	2	16	1	1	
十八歳																		1	15	6		1
十九歳																	1		10	2		
二十歳									1						1				18	1	1	
二十一歳															1		1	1	15	2	1	
二十二歳																			17	1		
二十三歳	1																		11	1	1	
二十四歳	1																		7	2		
二十五歳																			9	3		
二十六歳																	1		10	1	1	
二十七歳																			13			1
二十八歳											1				1		3	1	10	1		
二十九歳																			12	5	1	
三十歳																			10			1
三十一歳																			10			
三十二歳																			6	2		
三十三歳																			12			1
三十四歳							1												9	1		
三十五歳					1														6		1	1
三十六歳																			7	1	1	
三十七歳																		1	11	4		
三十八歳																			6	2		
三十九歳																	1		8	1		
四十歳																			8	1		
四十一歳																		1	10	1	1	
四十二歳														1					5	1		1
四十三歳							1											1	10			
四十四歳																		2	7	6		
四十五歳																	1		2	2		
四十六歳																			7		2	
四十七歳											1								1	1		
四十八歳			1																4	2		
四十九歳																			1			
五十歳																			5			
五十一歳																			1			
五十二歳																			6	1	1	
五十三歳																			2			
五十四歳																						
五十五歳																		1	1			
五十六歳																						
五十七歳																			1			
五十八歳																			1			
五十九歳																		1	1			
六十歳以上																			3	1		
年齢不詳																						
合計	2		1		1		2		1		2	1		1	3		9	26	356	74	15	16

年齢 \ 職業	パルガナイズドファイバー工（旋盤ニ依ル仕上工ヲ除ク） 男	女	其ノ他ノ化学薬品ノ製造作業者 男	女	ミシン工 男	女	文選工, 植字工, 解版工 男	女	製版工, 紙型工 男	女	印刷工 男	女	紙函製造工 男	女	其ノ他ノ印刷, 紙製品製造作業者 男	女	調木工, 木羽割職 男	女	料理人, コツク 男	女	其ノ他ノ製品ノ製造作業者 男	女
十二歳以下						1										3						
十三歳		1														2						
十四歳																2						
十五歳			1												2	1			1			
十六歳															1	1						
十七歳															4	2	1					
十八歳				1					2						3	4					1	
十九歳						1									3	3						
二十歳															7	2						
二十一歳				1							1				2							
二十二歳															3							
二十三歳															2							
二十四歳															4	1						
二十五歳															2							
二十六歳															3							
二十七歳													1		5		1					
二十八歳															1		1					
二十九歳									1						4							
三十歳															1	1						
三十一歳																						
三十二歳															1							
三十三歳															2							
三十四歳															1		1					
三十五歳															5							
三十六歳															2							
三十七歳															3							
三十八歳							1								2	1						
三十九歳															1							
四十歳																						
四十一歳													1		2	1						
四十二歳															2	1						
四十三歳						1									2	1						
四十四歳															1	1						
四十五歳															2							
四十六歳																1						
四十七歳															2							
四十八歳															2							
四十九歳															1							
五十歳															2	1						
五十一歳																1						
五十二歳																						
五十三歳															1							
五十四歳																						
五十五歳																						
五十六歳																						
五十七歳															1							
五十八歳																						
五十九歳															1							
六十歳以上																						
年齢不詳																						
合計		1	1	2		3	1		3		1		2		83	30	4		1		1	

表題：190 製紙業

年齢 \ 産業・職業・男女	190製紙業																							
	左官		鳶職		其ノ他ノ土木建築作業者		其ノ他ノ電工		画工,絵付工		選別工,検査工		運転手,助手(電気機関車,電車,気動車)		自動車運転手		舵手,水夫,舟夫		人力車夫,馬方,馭者		荷造夫,仲仕,倉庫夫,運搬夫,配達夫	
	男	女	男	女	男	女	男	女	男	女	男	女	男	女	男	女	男	女	男	女	男	女
十二歳以下																						
十三歳												1										
十四歳											1										1	
十五歳												1									1	
十六歳												1									1	
十七歳					1																1	
十八歳												2							1		5	
十九歳					1																8	
二十歳															1						5	
二十一歳							1															
二十二歳																					3	
二十三歳																					10	
二十四歳					2																2	
二十五歳																					4	
二十六歳					1										1				1		3	
二十七歳	1																				4	
二十八歳											1										7	
二十九歳					2						1				1						10	
三十歳					1												1				7	
三十一歳	1											1	1		1						8	
三十二歳					1																9	
三十三歳					1																6	
三十四歳			1						1			1									12	
三十五歳																					6	
三十六歳																					2	
三十七歳					1																5	
三十八歳					2																11	
三十九歳																					3	
四十歳																					10	
四十一歳					2																5	
四十二歳					1																4	
四十三歳																					3	
四十四歳																					5	1
四十五歳					1																3	
四十六歳																					4	
四十七歳					1																4	
四十八歳																					2	
四十九歳					1																2	
五十歳																						
五十一歳																					2	
五十二歳																						
五十三歳																					1	
五十四歳																						
五十五歳																						
五十六歳																						
五十七歳																						
五十八歳																						
五十九歳																						
六十歳以上																					1	
年齢不詳																						
合計	2		1		19		1		1		3	7	1		4		1		2		180	1

産業	190 製紙業																191 セロフアン紙製造業					
職業	物品売買業者, 仲買人		店員, 売子, 注文取, 集金人		汽罐士		火夫, 油差		荷造工		小使, 給仕, 雑役者		見習工 養成工 (他ニ分類セラレザルモノ)		其ノ他ノ作業者		総数		一般事務者		旋盤工 (木材以外ノ非金属ニ加工スルモノ)	
年齢 / 男女	男	女	男	女	男	女	男	女	男	女	男	女	男	女	男	女	男	女	男	女	男	女
十二歳以下												1						1		1		
十三歳									1		2			1								
十四歳											2		1	1								
十五歳											5	1										
十六歳									2				1									
十七歳											5	1					2					
十八歳											3	1				2	2	1				
十九歳											8	2				1	1	2				
二十歳							1				8	2			2		4					
二十一歳									1		5	1					2					
二十二歳											6	1					3					
二十三歳	1						1				11						3	1				
二十四歳											4						5				1	
二十五歳									1		3				2		1	1				
二十六歳							1				4				1		2					
二十七歳											7	1					1					
二十八歳							2				4	1			1							
二十九歳	1				1						2							1		1		
三十歳					1		1				1						1					
三十一歳									1		6				1							
三十二歳	1										2				1							
三十三歳					1						2				1	1						
三十四歳					1		1				6	1										
三十五歳					1		1		1		3	1			2		2					
三十六歳							1		1		3											
三十七歳					1						1				3							
三十八歳											2											
三十九歳											2				2							
四十歳											4	1			3							
四十一歳			1		1						3	1			1							
四十二歳							1		1		4	1										
四十三歳											1	3										
四十四歳							2				3	1					1					
四十五歳			1									1					1					
四十六歳											4											
四十七歳											2	1				1						
四十八歳											3											
四十九歳											1											
五十歳											1											
五十一歳											1											
五十二歳											1											
五十三歳											2											
五十四歳																						
五十五歳															2							
五十六歳																						
五十七歳																						
五十八歳												1				1						
五十九歳												1			1							
六十歳以上											1	1				1						
年齢不詳																						
合計	3		2		7		12		9		138	26	2	2	23	7	31	7		2	1	

年齢	191 セロファン紙製造業 人絹,スフ,セロファン原液工 男	人絹,スフ,セロファン原液工 女	セロファン証紙工 男	セロファン証紙工 女	其ノ他ノ化学製品ノ製造作業者 男	其ノ他ノ化学製品ノ製造作業者 女	其ノ他ノ製品ノ製造作業者 男	其ノ他ノ製品ノ製造作業者 女	荷扱夫,仲仕,倉庫夫,運搬夫,配達夫 男	荷扱夫,仲仕,倉庫夫,運搬夫,配達夫 女	火夫,油差 男	火夫,油差 女	小使,給仕,雑役者 男	小使,給仕,雑役者 女	192 セルロイド素地製造業 総数 男	総数 女	経営者 男	経営者 女	硝化綿工 男	硝化綿工 女	セルロイド素地工 男	セルロイド素地工 女
十二歳以下																1						
十三歳															1	1					1	
十四歳															3	1					2	
十五歳																1						
十六歳															5						1	
十七歳			2												5						3	
十八歳			1		1									1	1						1	
十九歳	1			1										1	6	2					4	1
二十歳			3				1								8						7	
二十一歳	2																					
二十二歳			3												6						3	
二十三歳			2	1									1		4						2	
二十四歳			3						1													
二十五歳	1			1											6						5	
二十六歳									1				1		4						1	
二十七歳									1						9						5	
二十八歳															2	2	1				1	1
二十九歳															2				1			
三十歳			1																			
三十一歳															2						2	
三十二歳															1						1	
三十三歳															3						2	
三十四歳															3				1		1	
三十五歳	1		1												2							
三十六歳															1						1	
三十七歳															1						1	
三十八歳																						
三十九歳															3						2	
四十歳																1						1
四十一歳															1	1						1
四十二歳															1						1	
四十三歳															2							
四十四歳											1				2						1	
四十五歳			1												1						1	
四十六歳																						
四十七歳															4							
四十八歳																						
四十九歳															1						1	
五十歳																						
五十一歳																						
五十二歳																						
五十三歳																						
五十四歳															1							
五十五歳																						
五十六歳																						
五十七歳															1							
五十八歳																						
五十九歳															1						1	
六十歳以上															1						1	1
年齢不詳																						
合計	5		17	3	1		1		3		1		2	2	94	11	1		2		52	5

年齢 \ 産業・職業・男女	192 セルロイド素地製造業												193 セルロイド製品製造業									
	セルロイド成型工, 加工工		其ノ他ノ化学製品ノ製造作業者		実験工, 試験工, 分析工		機関夫, 罐焚, 鍛冶夫, 運搬夫, 配達夫		火夫, 油差		小使, 給仕, 雑役者		総数		経営者		一般事務者		販売仕入係事務者		手仕上工	
	男	女	男	女	男	女	男	女	男	女	男	女	男	女	男	女	男	女	男	女	男	女
十二歳以下		1											7	8								
十三歳		1											13	13								
十四歳	1	1											15	23								
十五歳				1									27	12								
十六歳	1		1		1						1		39	19							1	
十七歳	1										1		52	10								
十八歳													31	12								
十九歳		1									2		38	4								
二十歳	1												63	5								
二十一歳													47	2								
二十二歳	2						1						47	3								
二十三歳	1		1										53	2								
二十四歳													68	1					1			
二十五歳	1												55	3			1					
二十六歳	2										1		69	2					1			
二十七歳	2		1								1		62	5	1		1		1			
二十八歳												1	53	2								
二十九歳	1												63	2			1					
三十歳													43									
三十一歳													58	3			1					
三十二歳													42									
三十三歳	1												37	3			1					
三十四歳	1												42	3	1							
三十五歳	1						1						29	2			1					
三十六歳													28	1			1		1			
三十七歳													29									
三十八歳													27	3	1							
三十九歳	1												22	1								
四十歳													12									
四十一歳											1		12									
四十二歳													16	2			1					
四十三歳									1		1		12	1								
四十四歳	1												8	1								
四十五歳													8									
四十六歳													8	1								
四十七歳	2										2		6	2								
四十八歳													4	1								
四十九歳													2	1								
五十歳													3	1								
五十一歳													4									
五十二歳													1									
五十三歳													4									
五十四歳	1												1									
五十五歳													2									
五十六歳													2									
五十七歳	1																					
五十八歳													1	1	1							
五十九歳													2									
六十歳以上													2									
年齢不詳																						
合計	22	4	3	1	1		2		1		10	1	1269	155	4		8		4		1	

年齢 \ 産業・職業・男女	193 セルロイド製品製造業 機械器具製造工,修繕工,保全工 男	女	ゴム加硫工 男	女	セルロイド素地工 男	女	セルロイド成型工,加工工 男	女	其ノ他ノ化学薬品ノ製造作業者 男	女	其ノ他ノ窯業,土石類ノ加工作業者 男	女	其ノ他ノ被服,身ノ廻リ品製造作業者 男	女	印刷工 男	女	其ノ他ノ木,竹,草,蔓類製品ノ製造作業者 男	女	其ノ他ノ製品ノ製造作業者 男	女	其ノ他ノ土木建築作業者 男	女
十二歳以下				1			7	5														
十三歳							8	12			1											
十四歳			1				14	22														
十五歳							21	11														
十六歳							33	15											1	1		
十七歳				1	1		48	9														
十八歳							47	11	1				1									
十九歳					2		33	2														
二十歳					1		53	5	2								1					
二十一歳							44	1	1													
二十二歳			1				39	3							1							
二十三歳					1		50	2														
二十四歳							63	1	1													
二十五歳					1		51	3											1			
二十六歳					1		64	2	1				1									
二十七歳							55	5														
二十八歳			1		3		46	2														
二十九歳					2		55	2														
三十歳					3		35															
三十一歳	1				1		55	3											1		1	
三十二歳			1		1		38														1	
三十三歳							34	3														
三十四歳							41	3														
三十五歳			1		1		26	2														
三十六歳							26	1														
三十七歳							29															
三十八歳					2		23	2														
三十九歳							21	1														
四十歳							12															
四十一歳							12															
四十二歳						1	14	1														
四十三歳							12	1														
四十四歳							7	1														
四十五歳							7															
四十六歳							7	1														
四十七歳							6	2														
四十八歳							4															
四十九歳							2	1														
五十歳							3	1														
五十一歳							3															
五十二歳																						
五十三歳							4														1	
五十四歳																						
五十五歳							2															
五十六歳							2															
五十七歳																						
五十八歳								1														
五十九歳							2															
六十歳以上							2															
年齢不詳																						
合計	1		5	2	26	1	1143	140	6		1		2		1		1		3	1	3	

年齢＼産業・職業・男女	193 セルロイド製品製造業																					
	画工,絵付工		塗装工		パフ磨工		自動車運転手		荷扱夫,仲仕,倉庫夫,運搬夫,配達夫		店員,売子,注文取,集金人		守衛,監督		荷造工		小使,給仕,雑役者		見習工,養成工(他ニ分類セラレザルモノ)		其ノ他ノ作業者	
	男	女	男	女	男	女	男	女	男	女	男	女	男	女	男	女	男	女	男	女	男	女
十二歳以下												1						1				
十三歳					1						1				1		1			1		
十四歳																		1				
十五歳					1						1						2					
十六歳	2				2	1											1					
十七歳					2						1											
十八歳									1								1	1				
十九歳					2	2					1											
二十歳					4												1				1	
二十一歳					1	1											1					
二十二歳					2				1		1						2					
二十三歳					1												1					
二十四歳	1				2																	
二十五歳													1									
二十六歳					1																	
二十七歳											1											
二十八歳					1		1				1											
二十九歳					4						1											
三十歳							1										2					
三十一歳																						
三十二歳																	1					
三十三歳			1		1																	
三十四歳																						
三十五歳																						
三十六歳																						
三十七歳																						
三十八歳																	1	1				
三十九歳											1											
四十歳																						
四十一歳																						
四十二歳																	1					
四十三歳																						
四十四歳																	1					
四十五歳																					1	
四十六歳									1													
四十七歳																						
四十八歳																		1				
四十九歳																						
五十歳																						
五十一歳					1																	
五十二歳																						
五十三歳																						
五十四歳																	1					
五十五歳																						
五十六歳																						
五十七歳																						
五十八歳																						
五十九歳																						
六十歳以上																						
年齢不詳																						
合計	3		1		26	4	2		3		9	1	1		1		18	5		1	2	

編纂者紹介

木村　健二（きむら　けんじ）

1950年　愛媛県生まれ
1986年　早稲田大学大学院商学研究科博士後期課程満期退学
1990年～99年　東京農工大学，1999年～2016年　下関市立大学教員
下関市立大学名誉教授，在日朝鮮人運動史研究会会員
〈著作〉
『史料と分析：「韓国併合」直後の在日朝鮮人・中国人』（小松裕共編）明石書店，1998年
『一九三九年の在日朝鮮人観』ゆまに書房，2017年　他

在日朝鮮人資料叢書18　〈在日朝鮮人運動史研究会監修〉

在日朝鮮人国勢調査資料 1

2019年8月30日　第1刷発行

編纂者……………木村健二
発行者……………南里知樹

発行所……………株式会社 緑蔭書房
〒173-0004 東京都板橋区板橋 1-13-1
電話 03(3579)5444・FAX 03(6915)5418

印刷所……………長野印刷商工株式会社
製本所……………ダンクセキ株式会社

Printed in Japan
落丁・乱丁はお取替えいたします。
ISBN978-4-89774-189-5